지각의 기술

지각심리학의 실습적 이해

오성주 지음

서울대학교출판문화원

지은이 오성주

2011년 서울대학교 심리학과 조교수 임용 후 현재 부교수로 근무하고 있다. 경남대학교에서 전임강사를 전북대학교, 우석대학교, 이화여자대학교에서 시간강사를 하였다. 미국 Rutgers-Newark 대학교 심리학과에서 얼굴 지각 연구로 박사학위(2008)를 받았고, 서울대학교와 전북대학교 심리학과에서 각각 석사학위(2000)와 학사학위(1996)를 받았다. 형태 지각(얼굴, 예술), 사건 지각(인과성), 교차 지각에 연구 관심이 있으며, 착시에 관련된 다수의 논문이 있다.

지각의 기술

지각심리학의 실습적 이해

초판 1쇄 인쇄 2019년 2월 20일
초판 1쇄 발행 2019년 2월 25일

지은이 오성주
펴낸이 오세정
펴낸곳 서울대학교출판문화원

출판등록 제15-3호

주소 08826 서울 관악구 관악로 1
대표전화 02-880-5252 | 팩스 02-889-0785
홍보마케팅팀(주문 상담) 02-889-4424, 02-880-7995
이메일 snubook@snu.ac.kr
홈페이지 www.snupress.com

ISBN 978-89-521-2037-3 93180

머리말

우리는 매 순간 시각, 청각, 후각, 미각, 피부 감각을 통해 외부 대상을 파악한다. 또한 몸속에서 오는 생리적·물리적 신호를 통해 얼마나 배가 고픈지, 자세가 똑바른지를 탐지한다. 이 지각 과정은 동물이 살아가는 데 필수적이며 세상을 이해하는 창문이기도 하다. 또한 지각을 통해 우리는 세상에서 일어나는 사건들의 인과 관계를 파악하고 통제할 수도 있다. 망원경, 현미경, 청진기, 보청기, X-레이, 초음파 장비, MRI, 라이고(LIGO) 등의 장비들은 맨 감각으로 지각하기 어려운 신호들을 시각화 또는 청각화해 준다. 따라서 과학의 역사는 자연 현상의 지각화의 역사라 할 만하며 지각의 중요성을 시연한다.

지각 과정이 인간에게 필수임에도 사람들은 평소에 이에 대해서 고민해 볼 기회가 적다. 지각이 거의 자동으로 그리고 너무 빠르게 일어나 면밀히 관찰하기 어렵기 때문이다. 또한 우리는 어려서부터 거의 언제나 지각과 물리적 실제가 거의 일치하는 경험을 하여, 지각 결과에 대한 신뢰가 아주 높아 지각을 의심조차 하지 않고, 잘 알고 있는 것으로 착각한다. 그러나 착시와 같은 매우 특수한 예를 통해 언제나 물리적 실제와 지각이 같은 것은 아님을 알게 되고, 자신의 감각기관의 고장을 통해 지각이 얼마나 중대한 과정을 거치는지를 깨닫는다.

지각심리학이 삶에 근본적이고, 심리학에서도 중요한 기초 분야임에도 국내에서 관심은 매우 낮아 보인다. 심지어 신경과학과 인지심리학의 발전으로 지각심리학이 쇠퇴한 것처럼 보이거나 이 분야들의 하위 분야쯤으로 여겨지기도 한다. 하지만 지각심리학은 이 신생 분야들에서 핵심적인 위치에 있다. 또한 의학, 생물학, 전자공학, 로봇학, 물리학, 체육학, 인문학, 예술학, 디자인 등 여러 분야에 걸쳐 이전보다 훨씬 정밀하게 연구되고 있다. 다른 분야에서 지각은 응용을 위해서 연구되지만, 지각심리학에는 중요한 목적이 하나 더 있는데 그것은 우리 스스로 지각하는 주체로서 우리 인식 과정에 대한 통찰과 반성이다. 실제로 지각심리학은 자신을 성찰하는 도구로도 훌륭하다. 이 점 때문에 로봇과 인공지능이 흔해지는 미래에도 지각심리학의 가치는 여전히 유효할 것이다. 자동차를 운전하는 것과 자동차가 어떻게 굴러가는지를 이해하는 일은 분명 다른 문제이다.

지각심리학에 관한 좋은 번역서가 몇 종이 있는데 우리 형편에 꼭 맞는 것은 아니다. 최근 연구 결과가 즉각적으로 반영되기 어렵고, 국내 연구가 소개되기도 어렵다. 이런 이유로 9년 전 경남대학교에 있을 때부터 이 책을 집필하기 시작하였다. 가볍게 시작했지만, 공부를 좀 더 깊이 하고 싶은 학생들을 위해 조금씩 내용을 더하다 보니 책이 커지게 되었다. 이 책에서 독자들은 손으로 자료를 만들어 보기, 소프트웨어를 이용해 현상을 구현해 보기, 인터넷에 올라와 있는 동영상을 시청하기 등 다양한 방법을 통해 주요 지각심리학 현상들을 체험해 볼 수 있다. 이런 뜻에서 이 책의 부제목을 '지각심리학의 실습적 이해'로 달았다. 추가 자료는 저자 사이트에서 내려받을 수 있다(☞http://perception.snu.ac.kr/).

강의 시간에 학생들이 던진 수준 높은 질문은 책을 쓰는 내내 큰 에너지였다. 우리나라 대학의 교수 평가 방식을 생각할 때, 조교수 또는 부교수로서 시간이 많이 드는 교과서를 쓰는 일은 주저하게 된다. 학과의 지지와 배려가 이 책에 들어 있다. 권석만 교수님과 박주용 교수님께 특별히 감사드린다. 삶의 자세가 닮아 많은 이야기를 함께한 이훈진 교수님과 고성룡 교수님께 감사드린다. 매 학기 경남대학교 조증열 교수님과 영남대학교 이광오 교수님의 지속적인 관심과 응원이 있었다. 2년 전 서울대학교출판문화원에 투고한 이 책의 원고를 심사해 주시고 좋은 제안을 해 주신 익명의 두 분 평가자에게 감사드린다.

저자의 삶과 학문적 배경은 책에 반영되기 마련이다. 학사 과정에서 2년 이상 생물 실험실에서 뇌 손상 연구 방법을 지켜볼 기회를 주신 전북대학교 권혁철 교수님께 감사드린다. 3년 이상 지각 실험실에서 역치 측정을 비롯한 주요 심리물리학 방법들을 익히고 1:1 원서 강독으로 읽기 기초를 닦게 하고, 박사 후에 강의 자리를 주선해 주시고, 무엇보다 지각심리학을 알게 해 주신 전북대학교 박창호 교수님께 감사드린다. 석사 과정에서 학문적 열정과 따뜻한 시선으로 등을 두드려 주시고 어려운 시절을 지켜보신 서울대학교 김정오 교수님께 감사드린다. 박사 과정에서 의사소통의 중요성을 깨닫게 해 주시고 먹고 사는 데 실질적인 도움을 주신 Rutgers 대학교의 Maggie Shiffrar 교수님께 감사드린다. 아내와 가족은 이 책을 쓰는 동안 늘 곁에서 감정적 지지를 하였으므로 사실상 공저자이다.

2019년 2월

저자 오성주

차례

01 지각의 시작

감각기관은 외부 자극이 닿았을 때 즉각적으로 전기/생리적 신호를 일으킨다. 지각은 감각기관에서 보내준 신호에 의미를 부여하는 과정이다. 시각을 예로 들면, 스마트폰 화면은 끊임없이 빛의 점멸이 일어나는데 이를 탐지하는 것이 감각이며 화면에서 무슨 일이 일어나는지를 이해하는 것이 지각이다. 감각은 외부 세계와 마음을 연결해 주는 다리로서 전통적으로 감각은 크게 3가지로 분류된다(☞샛길 1). 초기 수준에서 감각기관은 생김새와 처리하는 물리적 정보가 다르다. 눈은 동그랗고 빛을 처리하며, 귀는 수제비처럼 생겨 음파를 처리하고, 코는 툭 튀어나와 냄새 분자를 분석한다. 그런데 시각, 청각, 후각 등 감각기관들에서 출발한 신호는 뇌의 깊은 수준에서 다양한 경로로 서로 만난다. 또한 비슷한 기능을 갖기도 한다. 신체 균형에 시각과 청각 각각이 기여할 수 있다. 따라서 지각처리의 고수준으로 갈수록 생리적 정보는 독립적으로 처리되기보다 통합적으로 처리된다(☞11장).

모든 생물체는 자신이 사는 환경을 파악해야 하므로 외원지각은 매우 중요하다. 각 생물체는 저마다 자신이 사는 환경에 알맞은 외원지각체계를 갖추고 있다. 들판에 사는 포유동물들은 빛을 이용해 세상을 본다. 벌은 자외선을 볼 수 있어 꿀이 들어 있는 꽃을 멀리서도 알아볼 수 있다. 풀숲에서 사는 뱀은 열을 탐지할 수 있고, 어두운 곳에 사는 박쥐는 초음파를 탐지할 수 있다. 물고기는 몸에 나 있는 옆줄에 붙은 감각을 이용해 물에서 전달되는 온도나 물의 압력을 탐

샛길 1 **감각의 분류**

외원감각(exteroception): 외부에서 전달되는 자극들은 감각기관에 의해 탐지되어 분석되는데 시각, 청각, 후각, 체감각, 미각이 있다. 이 감각기관에서 탐지된 자극 정보는 화학적·전기적 신호로 변환되어 뇌로 전달된다. 뇌에서 이 신호는 의미를 부여받는다. 외원감각 덕택으로 생물체는 외부 사건에 대해 적절히 대처할 수 있다.

내원감각(interoception): 신체의 내적 상태를 알려주는 감각으로 심혈관계, 호흡계, 소화계, 내분비계 등이 있으며, 의식되지 않고 자동으로 작동하는 것이 대부분이다. 하지만 위장에서 오는 배고픔, 뼈에서 오는 통증, 심장에서 오는 압박감 등 의식되는 자극들도 많다. 내원감각을 통해 생물체는 신체의 생리적 상태를 안정되게 유지할 수 있다.

고유감각(proprioception): 몸의 부분(팔, 다리)의 위치, 몸의 자세, 몸의 균형에 대한 감각이다. 근육, 관절, 건, 그리고 청각계의 전정기관에서 발생하는 자극에 기초한다. 하지만 신체는 중력에 영향을 받고 거의 언제나 땅이나 다른 물체와 접촉하므로 이때 발생하는 외부의 자극에 의해서도 고유감각이 발생할 수 있으므로 자극이 신체 내부 또는 외부 어느 한쪽에서만 온다고 말하기 어렵다.

지하여 어두운 밤에도 물의 깊이와 흐름 또는 다른 물고기의 위치를 탐지할 수 있다. 메기, 쥐, 고양이는 수염을 이용해 진동을 탐지할 수 있다.

우리 인간에게 시각의 역할은 가장 막강하다. 뇌에서 시각으로부터 정보를 받는 영역은 전체의 70%를 넘는다. 시각처리는 눈이 빛을 탐지하는 것부터 시작한다. 여기서 시각을 중심으로 지각처리의 특징을 살펴보자.

빛과 눈

우리는 눈을 통해 세상을 선명하게 들여다볼 수 있는데 빛이 이를 가능하게 해 준다. 하지만 인간을 포함한 모든 동물은 빛 자체에는 관심이 없고 빛이 실어다 주는 정보에만 관심이 있다. 뉴턴은 예외적인 사람으로 빛 자체에 대해 관심이 많았다. 그는 가느다란 광선을 프리즘에 투과시켜 반대쪽에 무지개색을 만들고 틈이 좁은 종이를 이용해 이 색 가운데 하나만 통과시켰다. 그리고 선택된 색을 두 번째 프리즘으로 통과시키자 색은 1가지만 나타났다(그림 1-1). 이 실험 결과로 뉴턴은 빛은 여러 가지 색이 섞인 것이라는 결론을 내렸다.

물리학에서 빛은 입자와 파의 성질을 가졌다고 한다. 파의 성질로 빛을 분류할 때 빛은 가시광선(visible light)으로 불리는 전자기 스펙트럼(electro-magnetic spectrum)의 일부이다(그림 1-2). 눈은 빛을 탐지하는 일종의 안테나로 볼 수 있다. 물체의 색이란 물체에서 반사된 빛의 파장에 대응하는 심리적인 경험이다. 단파장(short wavelength)을 파란색으로 지각하고, 중파장(medium wavelength)을 초록색으로 지각하며, 장파장(long wavelength)을 빨간색으로 지각한다(☞2장). 빛은 시각과 관련하여 몇 가지 중요한 성질이 있다.

그림 1-1 뉴턴의 이중 프리즘 실험 개념도.
왼쪽에서 빛이 들어와서 첫 번째 프리즘을 거치며 색이 파장에 따라 나눠진다. 갈라져 나온 한 줄기 빛만 걸러서 두 번째 프리즘에 통과시키면 이 빛만 나타난다. 이 그림은 이해를 위해 과장되었으며, 일반 환경에서 이를 관찰하기는 매우 어렵다. 뉴턴도 동료들로부터 이 관찰 결과에 대해 심하게 의심을 받았다.

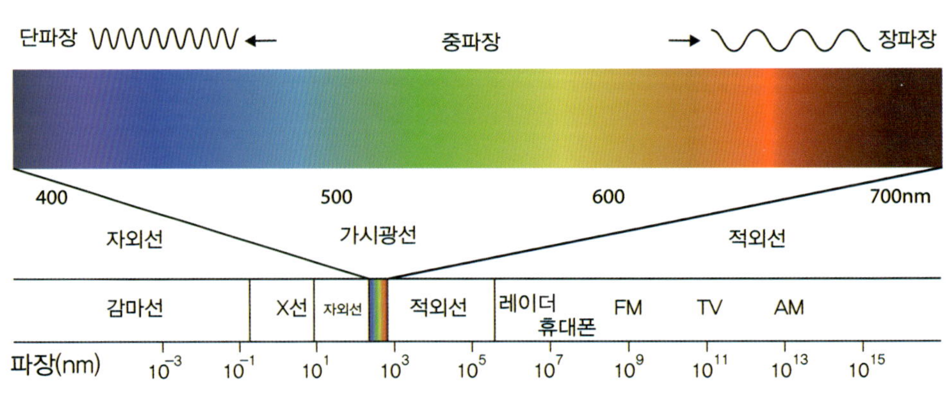

그림 1-2 전자기 스펙트럼.
우리가 볼 수 있는 가시광선은 스펙트럼의 일부분이다.

- **흡수**(absorption): 빛은 물체 표면에 흡수될 수 있다. 빛을 연탄에 비추면 대부분의 빛이 흡수되고 5% 정도만 반사하여 검게 보이고 한겨울의 눈은 75% 이상을 반사하여 하얗게 보인다.
- **반사**(reflection): 빛은 물체 표면에 닿으면 입사각에 따라 반사된다. 이때 거울처럼 표면이 매끈한 표면은 빛줄기들이 들어올 때와 나갈 때 서로의 공간적 순서가 일정하게 유지되는 정반사(specular reflection)를 한다. 돌멩이처럼 불규칙한 표면에 반사된 빛은 이리저리 퍼지는 확산 반사(diffuse reflection)를 한다. 물체 표면의 성질에 따라 빛 반사가 달라지기 때문에 우리는 눈으로 물체의 표면 구조를 볼 수 있다.
- **투과**(transmission): 빛은 공기, 물, 유리처럼 투명한 물질을 통과할 수 있는데 물질에 따라 속도가 다르다. 빛은 공기를 통과할 때보다 밀도가 높은 물속을 통과할 때 더 느리며, 물속보다 각막을 통과할 때 더 느리다. 진공을 1로 놓았을 때, 물은 1.333 정도이며 각막은 1.376 정도이다.
- **굴절**(refraction): 빛은 밀도가 서로 다른 투명한 두 물체를 똑바른 방향이 아닌 비스듬한 방향으로 통과할 때 휘어진다. 물속에서 눈을 뜨면 물과 각막 사이에 빛의 굴절이 일어나 물체가 흐리게 보인다. 프리즘을 통과한 빛이나 물속에 잠긴 막대가 휘어 보이는 이유와 같다.

만일 어떤 물체가 빛을 흡수하지 않고 완전히 통과시키면 어떻게 될까? 유리문이 그런 경우로, 너무 투명하여 얼굴을 부딪칠 정도로 위험할 수도 있다. 박쥐는 자신들이 쏜 초음파를 분석해 앞에 무엇이 있는지를 보는데, 분석이 잘못되어 착시를 경험할 수 있다. Greif 등(2017)은 엉뚱한 아이디어로 박쥐들을 놀려 주었다. 그들은 어떤 각도에서는 박쥐의 초음파가 매끄러운 표면에 닿으면 그대로 달아나고 되돌아오지 않아 박쥐들이 아무것도 없다고 착각할 것으로 생각하였다. 이에 따라 매끈한 금속판을 바닥에 깔거나 땅 위에 세워 놓고 박쥐들의 행동을 관찰하였다. 박쥐들은 세워 놓은 금속판을 특정 각도에서는 알아보지 못하고 날아와 부딪치거나 바닥에 깔린 금속판을 물이라고 판단하고 날아와 빨아먹는 동작을 하였다!

흡수와 반사는 물체가 보내오는 표면 정보를 알아내는 데 중요하며, 투과와 굴절은 우리 눈에서 빛을 이용할 때 중요하다. 눈에서 어떻게 이 빛의 특징들을 이용하는지를 살펴보자.

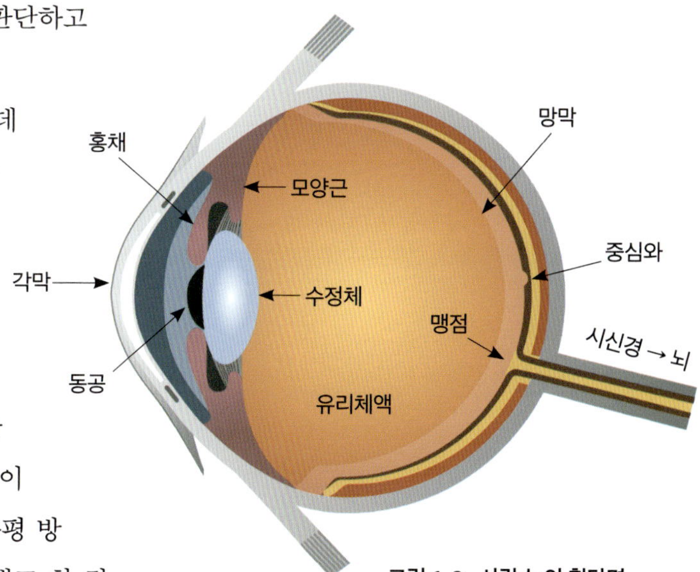

그림 1-3 사람 눈의 횡단면.

그림 1-3은 사람 눈의 구조를 대략적으로 표현한 것이다. 사람의 눈은 지름이 약 2.4cm 크기이다. 시각장(visual field)은 눈이 담당하는 바깥세상의 공간을 뜻하는데 각 눈의 시각장은 가로 방향이 좀 더 길다. 또한 두 눈이 가로로 나란히 배열되어 두 눈의 시각장은 옆으로 누운 달걀 모양이다. 이 방향은 생태적으로 유리한데, 바깥세상의 정보가 수직보다 수평 방향에 훨씬 많이 분포되어 있기 때문이다. 벽 가까이 얼굴을 대고 한 점

을 응시한 채 보일락 말락 하는 지점들을 연결하여 자신의 시각장 형태를 살펴볼 수 있다.

눈은 단지 빛을 받아들이는 역할만 하지 않고 초점 조절, 빛의 양 조절 등을 통해 빛을 적극적으로 처리한다. 신체의 많은 기관이 이중적인 기능을 갖는다. 혀는 음식물의 맛도 보지만 음식물이 잘 씹힐 수 있도록 이리저리 운반하기도 한다. 손은 손에 닿는 물체의 표면을 느끼기도 하지만 그 물체를 좀 더 자세히 느낄 수 있도록 이리저리 움직이기도 한다.

- **각막**(cornea): 각막은 빛이 눈으로 들어가는 첫 번째 기관으로 빛 굴절의 75%가량을 담당한다. 수정체는 나머지 양의 굴절을 담당한다. 따라서 각막은 굴절이라는 기준에서 가장 중요한 기관이다.
- **홍채**(iris): 각막과 수정체 사이에 있는 기관으로 흔히 눈 색깔을 말할 때 이 부분의 색을 말하며, 한국인은 대부분 짙은 갈색이다. 홍채 가운데 작은 구멍이 있는데 이것이 동공이다.
- **동공**(pupil): 홍채에 둘러싸여 수정체로 들어가는 빛의 양을 조절한다. 빛이 강하면 홍채에 의해 동공이 작아지고 빛이 약하면 커진다. 그렇지만 동공이 인지적인 원인으로도 크기가 바뀌는데, 예를 들어 관심이 있는 대상을 보거나 이성을 볼 때 동공이 커진다(Mathôt & Stigchel, 2015). 동공의 크기를 보고 눈치 빠른 점원은 손님이 물건을 얼마나 좋아하는지 알아챈다.
- **수정체**(lens): 눈에 들어오는 빛은 수정체를 지나며 25% 정도의 굴절이 일어난다. 망막에 초점이 잘 맺히도록 알맞은 각도로 휘도록 진화되었다. 빛은 공기를 지나 수정체에 들어갈 때 밀도 차이 때문에 휘는데 수정체 중심에서 멀어지는 지점일수록 크게 휜다. 물속에서 눈을 뜬다면 렌즈의 밀도와 물의 밀도가 비슷해서 빛이 덜 휘게 되고, 망막에 빛이 제대로 맺히지 못해 흐리게 보일 것이다. 이때 물과 눈 사이에 공기층을 만들어 주면 다시 선명해진다. 물안경을 쓰는 이유이다. 다른 방법은 수정체를 훨씬 더 휘어지게 하는 일인데, 실제로 물고기의 렌즈는 사람보다 훨씬 더 휘어 있다.

동공, 각막, 수정체는 이미지의 초점 형성에 매우 중요한 역할을 한다. 이 기관들을 지나면서 이미지는 망막에 상하좌우가 바뀌어 맺힌다(**그림 1-4**). 그러나 단지 눈의 구조가 전체적으로 볼록렌즈이기 때문에 상의 방향이 바뀌는 것은 아니다. 이미지 역전은 매우 작은 구멍으로 만들어진 핀홀 카메라(pinhole camera)에서도 일어난다. 두 방식은 통과하는 빛에서 큰 차이가 있다. 즉, 핀홀은 물체의 한 지점에서만 빛 정보를 전달하지만 렌즈는 훨씬 많은 빛 정보를 전달하여 훨씬 선명한 이미지를 얻을 수 있다. 이 효과는 렌즈가 클수록 더 커지는데 빛이 아주 적은 밤에 주로 활동하는 동물들의 눈이 큰 이유이기도 하다. 심해오징어의 눈의 지름은 40cm에 이른다! 하지만 눈이 크면 그만큼 에너지를 많이 소비하게 될 것이다.

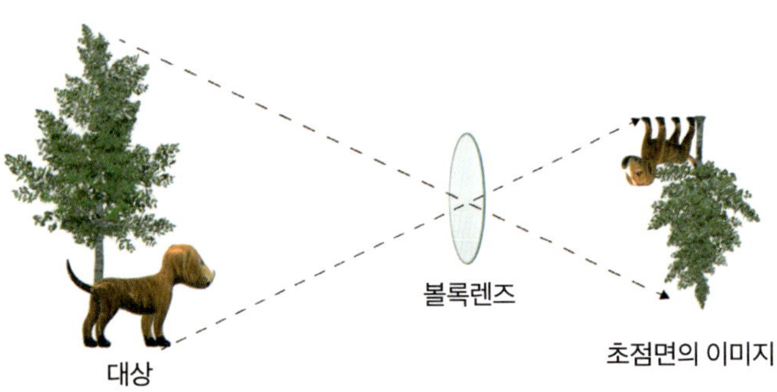

그림 1-4. 물체의 상은 볼록렌즈를 지나면서 상하좌우가 바뀐다.

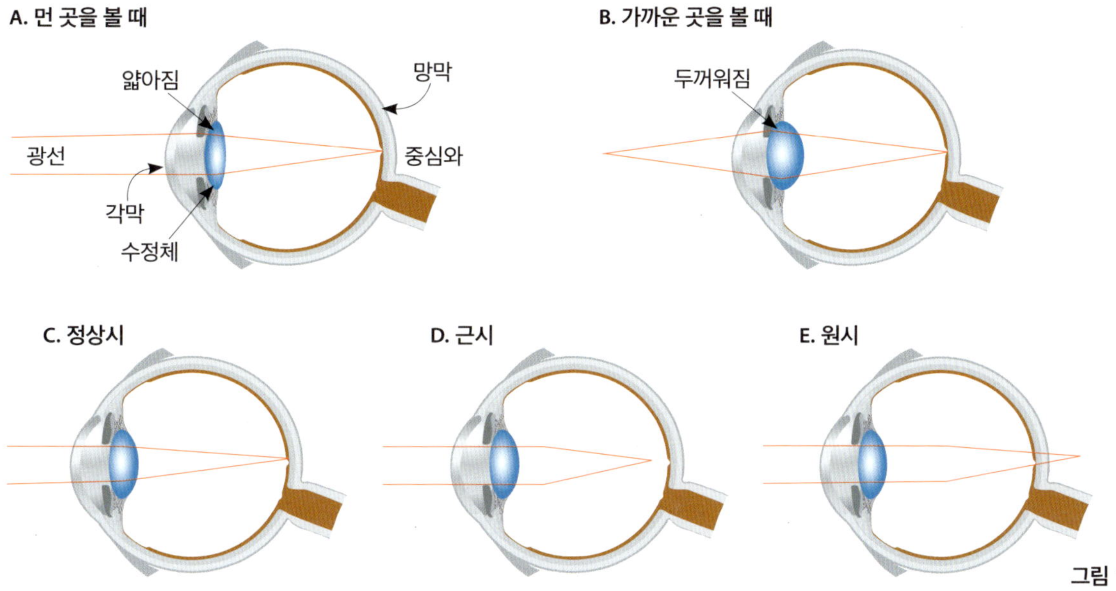

그림 1-5 초점과 시각의 관계.

걸어 다니는 파리는 10%의 산소를 눈에 쓴다. 눈이 크면 안경값도 크게 오를 것이다.

눈은 그 자체로 초점을 찾는 기계이다. 우리가 바라보는 사물은 가까이 있기도 하고 멀리 있기도 하다. 우리가 바라보는 곳에 놓인 사물의 이미지가 가장 잘 망막에 초점이 맺히도록 수정체의 두께는 끊임없이 바뀐다. 이것은 수정체에 붙어 있는 근육이 수정체의 두께를 조절해서 가능하다. 멀리 있는 사물을 볼 때 수정체는 얇아지고, 가까운 곳에 있는 사물을 볼 때 수정체는 두꺼워진다. 근시(myopia)의 수정체는 두꺼워져 초점이 대체로 망막 앞쪽에 맺히며 원시(hyperopia)의 수정체는 얇아져 초점이 망막 뒤쪽에 맺힌다(그림 1-5).

앞에서, 눈이 클수록 빛을 더 많이 모아 이미지가 더 선명하다고 하였다. 그런데, 이는 초점이 정확히 맺힐 때 그렇다. 만일 초점이 맞지 않으면 오히려 서로 다른 상이 망막에 중첩되어 뿌옇게 보인다. 작은 구멍을 뜻하는 핀홀은 매우 적은 양의 빛을 통과시키지만 더 깊은 범위에 걸쳐 초점을 맺게 한다. 핀홀 안경(pinhole glasses)은 이 효과를 이용한 것으로 표면에 매우 작은 구멍이 뚫려 있다. 핀홀 안경을 착용하면 이웃에서 초점이 맞지 않은 채 들어오는 빛이 차단되어 상이 선명하게 보일 수 있다. 핀홀 안경을 1주일 정도 착용하면 시력이 좋아진다는 보고가 있다(Kim 등, 2014). 그렇지만 이 두꺼운 안경으로 인해 주변에 놓인 중요한 대상을 놓칠 수 있고, 입체시를 떨어뜨리므로 운전 시 사용하는 것은 위험하며, 장기적으로 사용했을 경우 시력에 어떤 영향을 주는지에 대한 이해는 부족하므로 사용을 자제하여야 한다.

- **망막(retina)**: 망막은 약 5mm 두께로 시각세포들이 빽빽하게 들어차 눈으로 들어오는 빛을 탐지하고 신경전달물질을 이용하여 뇌로 정보를 보내는 곳이다. 망막에는 2가지 종류의 빛탐지세포가 있다. 색에 민감한 원추세포(cone cell)가 약 6백만 개 있고, 빛의 세기에 민감한 막대세포(rod cell)가 약 1억 2천만 개 있다.
- **중심와(fovea)**: 우리가 멀리 있는 한 점을 응시할 때 빛은 각막과 수정체를 통과하여 망막에 초점이 맺히는데 약간 안으로 들어가 있으므로 움푹 들어갔다는 '와(窩)' 자를 써서 중

샛길 2 자극의 의미

자극(stimulus)이란 감각 활동을 촉발하는 모든 외부 원천을 말한다. 눈앞에 제시된 작은 불빛이나 귀에 제시된 '삐' 소리처럼 단순한 에너지일 수도 있고, 이것들의 조합으로 나타난 변화나 패턴일 수도 있다. 또한 단어나 얼굴처럼 의미를 띨 수도 있고, 이들의 조합으로 만들어진 사건일 수도 있다. 자극은 가만히 있는 생물체에 수동적으로 주어질 수도 있고, 생물체가 움직임에 따라 능동적으로 획득될 수도 있다. 한편, 자극은 신체 내부에서도 발생할 수 있으며, 내원지각의 시작이 되기도 한다. 지각심리학 실험실에서 보통 자극은 모니터, 스피커 등에 제시되는데 크기와 세기를 정밀하게 제어할 수 있다.

심와(fovea)라고 한다. 사람 눈의 중심와에는 원추세포들만 빽빽하게 들어차 있는데 1mm2 넓이당 약 15만 개가 있다(그림 1-6). 중심와에 맺히는 이미지는 가장 선명하고 이곳에서 벗어날수록 이미지는 흐려진다. 중심와 바로 옆에는 부중심와(parafovea)가 그리고 그 주변에는 중심와둘레(perifovea)가 둘러싸고 있는데 이 세 영역이 모여 황반(macular)이라는 망막의 중심영역을 이룬다. 이심도(eccentricity)는 중심와 한가운데서 멀어진 거리를 표시하는 용어로 중심와를 기준으로 mm와 같은 거리 또는 각도로 표현한다.

그림 1-6 B에서, 중심와를 0° 라고 했을 때 이로부터 일정한 거리에 떨어져 있는 지점을 X° 라고 할 수 있다. 망막상 이 두 지점의 거리는 눈앞에 제시된 자극 F를 응시하고 있을 때 이로부터 떨어진 P 사이의 거리와 일치하기도 한다(자극의 의미 ☞샛길 2). 읽기와 관련된 심리학 실험에서 종종 이심도는 망막상 거리보다 바깥세상에 제시된 자극 간 거리를 이용하여 측정된다. 그러므로 이심도는 시야각을 재는 방법을 이용하여 구할 수 있다.

눈앞의 의자를 살펴보자. 의자는 방 어디에 있든지 늘 크기가 같다. 그러나 눈에 맺힌 상은 가까이에서 보면 눈에 크게 맺히지만 멀어질수록 작게 맺힌다. 밤하늘의 달은 실제로는 아주 크지만 멀리 떨어져 있어서 매우 작게 맺힌다. 이렇게 눈에 맺힌 물체의 크기를 지각심리학에서는 주로 시각(visual angle, 視角)이라는 용어로 표현한다. 그런데 시각(visual sensation, 視覺)은 눈으로 사물을 보고 알아차린다는 뜻도 있다. 이 두 용어가 따로 쓰일 때는 맥락으로 뜻을 정확히 파악할 수 있지만 동시에 쓰일 때는 서로 음이 같아 혼란스럽다. 그러므로 이 책에서 물체의 시각적 크기를 말할 때는 시각 대신에 '시야각'이라는 용어를 쓰고자 한다.

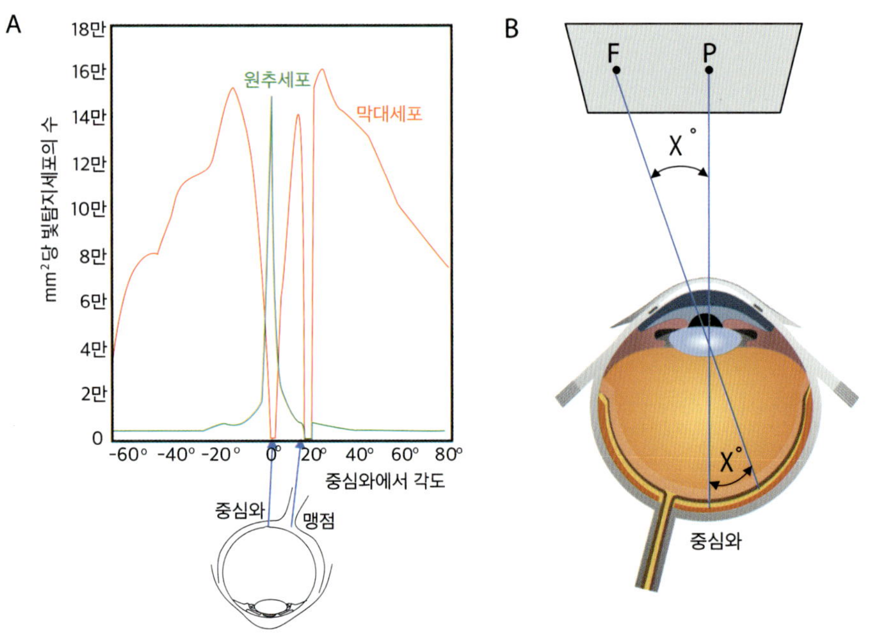

그림 1-6 빛탐지세포의 분포와 이심도. (A) 망막 위치에 따른 빛탐지세포들의 배열 농도. 중심와에 원추세포가 몰려 있다. (B) 이심도의 개념. 중심와로부터 떨어진 특정 거리가 이심도이며 χ°로 표현되어 있는 것으로 눈앞에 제시된 F와 P의 시야각 거리와 일치한다.

실험실에서 종종 자극의 시야각을 측정해야 할 때가 있다. 보통 모니터에 자극을 제시하는 경우가 흔하다(☞샛길 3). 그림 1-9는 눈앞에 놓인 가상의 물체를 간략하게 그린 것이다. 시야각의 단위는 도(degree), 분(minute), 초(second)로 세분된다. 즉, 1도(1°, 1 degree)는 60분(60′, 60 arcmin)과 같고 1분은 60초(60″, 60 arcsec)와 같다. 예를 들어, 0.5도(0.5°, 0.5 degree)는 30분(30′, 30 arcmin)이기도 하고 1,800초(1,800″, 1,800 arcsec)이기도 하다. 시야각은 망막이 아닌 수정체를 중심으로 재기 때문에 인간의 눈의 경우 시야각 1도는 대략 중심와의 0.288mm를 차지한다(그림 1-6). 한 가지 주의할 점은 이렇게 시야각을 재는 것은 완전한 것이 아니라는 것이다. 어떤 물체가 눈에서부터 거리를 두 배 늘리면 시각은 두 배 작아진다. 즉, 시야각은 거리와 선형적인 관계에 있다. 그렇지만 높이는 아니다. 물체는 언제나 눈 앞쪽에서 하늘과 땅을 향해 직선으로 뻗

샛길 3 시야각 재기

삼각함수의 탄젠트 함수를 이용하면 그림 1-7에서 *tan*(V)=H/D가 된다. 이는 V=2*arctan*(H/2D)으로 변환된다. 이 값은 호도법에 따르므로 육십분법으로 바꾸면 일반적으로 말하는 시야각이 나온다. 그렇지만 여전히 삼각함수를 이해하기 어려우므로 더 쉬운 방법으로 해결해 보자.

1) 엑셀로 계산한다. 만일 높이 10cm 물체를 100cm 거리에서 보여준다고 하자. 그림 1-7에 제시된 것처럼, 각도가 나오는 셀을 활성화시킨 후 이곳에 물체의 크기와 거리를 나타내는 참조셀(가령 A2와 B2)을 대상으로 '=2*DEGREES(ATAN(A2/(2*B2)))'라는 함수를 넣어 구한다. 여기서 DEGREES는 호도법을 육십분법으로 바꿔 주는 함수이며, ATAN은 삼각함수의 ARCTAN을 뜻한다. 또한 A2는 A열의 2행에 해당하는 10을 B2는 B열의 2행에 있는 100을 참조한다. 세로 높이가 아닌 가로 넓이에 대한 시야각 역시 같은 방법으로 계산한다.

	A	B	C	D	E	F
1	크기	거리				
2	10	100	5.7			
3						

그림 1-7 물체의 시각을 엑셀로 구하기. 높이 10cm 물체를 100cm 거리에서 관찰했을 때 시각이 약 5.7도이다. 이 식에서 넓이는 높이와 바꿔 구할 수 있고, 높이와 거리의 단위가 같아야 한다는 점에 주의해야 한다.

2) 각도기를 이용하는 것이다. 각도기가 작으므로 먼저 빈 종이에 거리와 물체의 크기를 축소해서 그린다. 가령 20cm 길이의 물체를 80cm 거리에서 제시한 경우, 물체와 거리를 각각 1/10로 축소하여 2cm와 8cm로 바꾸어 자를 이용해 빈 종이에 그리고 각도기로 각을 잰다. 그림 1-8은 이를 예시한다.

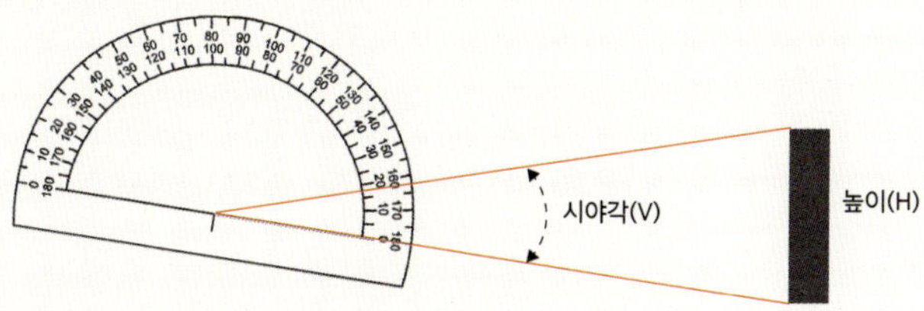

그림 1-8 각도기를 이용하여 재는 방법.

3) Google에서 'visual angle calculator'를 검색하여 제공된 프로그램을 이용해 시야각을 계산한다.

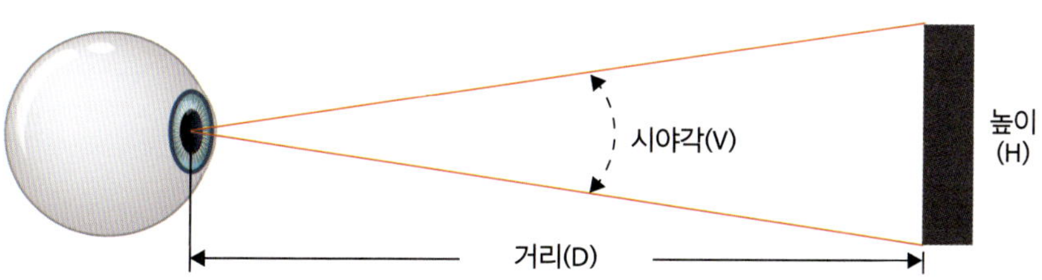

그림 1-9 물체의 관찰 거리와 시야각의 관계. 만일 두 눈으로 자극을 본다면 두 눈 사이에 가상의 눈(cyclopean eye)을 상정하여 이를 기준으로 시야각을 잰다.

기 때문에 아무리 높이가 길어 봐야 180°에 미치지 못한다. 따라서 높이가 두 배 늘어났다고 하여 시야각이 두 배만큼 늘어나는 것은 아니다. 이런 이유로 시야각을 잴 때 중요한 것은 눈과 물체의 중심이 일치하는 것으로 가정하는 것이다. 따라서 이런 방식으로 시야각을 재는 것은 물체에 대한 것이다. 안과에서 재는 것은 눈의 시야(시각장, visual field)이기 때문에 이를 재기 위해 시야측정기(perimetry)라는 구를 이용하는데 사람이 그 안으로 머리를 들이밀어 시야각을 잰다. 그 이유는 시야가 높이에 따른 자극 위치의 왜곡을 줄여 정확한 시야각을 잴 수 있기 때문이다.

망막세포

망막은 카메라로 치면 이미지가 맺히는 필름에 해당하는 평면이다. 망막은 다양한 신경세포들이 복잡하게 연결되어 있다(그림 1-10). 망막세포들은 크게 3가지로 분류된다. (1) 빛탐지세포는 원추세포와 막대세포 2가지 유형으로 최초로 빛을 탐지하여 생리/전기적 정보로 변환하여 (2) 개재신경인 수평세포(horizontal cell), 양극세포(bipolar cell), 아마크린세포(amacrine cell)를 거치며, 마지막으로 빛 정보는 (3) 신경절세포(ganglion cell)로 모이고 시신경(optic nerve)을 타고 망막을 떠나 뇌로 전달된다. 원추세포와 막대세포부터 신경절세포에 이르기 전까지 다른 세포들은 실무율적인 활동전위가 아닌 자극 강도에 반응하는 등급 전위를 보인다. 예를 들어, 5의 세기의 신호를 받으면 5만큼, 10의 세기의 신호를 받으면 10만큼 보내며 거리가 멀수록 힘이 약해진다.

신경절세포는 망막에서 유일하게 활동전위로 작동하며 하나 이상의 빛탐지세포로부터 입력을 받는다. 또한 하나의 원추세포 또는 막대세포는 자신이 처리한 빛 정보를 개재신경을 통해 신경절세포 하나만이 아닌 여러 개로 전달할 수 있다. 따라서 이웃한 신경절세포들은 빛 정보의 입력 범위가 서로 겹칠 수 있는데 이 범위는 규칙적으로 배열되지 않고 얼기설기 중첩되어 있다. 이렇게 어떤 신경이 입력을 받는 하위 수준의 감각세포들의 범위를 수용장(receptive field)이라고 한다. 당연하게도 뇌 깊은 곳에 위치한 신경세포일수록 수용장의 크기는 넓어진다. 신경절세포 하나는 원추세포들에서만 또는 막대세포들에서만 입력을 받는다. 중심와에서 주변부로 갈수록 빛탐지세포와 신경절세포의 연결 비율이 많이 늘어나 중심와 부분을 맡고 있는 신경절세포는 주변부를 맡고 있는 신경절세포보다 훨씬 밀집해 있다. 이는 중심와에 놓이는 빛 정보의 공간 해상도가 높음을 의미한다. 망막 신경세포들의 복잡한 연결은 유전 정보와 생애 초기의 시각 경험을 통해 이뤄지는데 아직 완전하게 이해되지 않고 있다.

신경절세포는 유형이 30가지 정도로 다양하며 연구자들은 각 신경절세포의 기능을 이해하기 위해 많은 노력을 해 왔다. 신경절세포의 수용장은 대체로 동심원 구조인데 흥미롭게도 빛이 놓이는 위치에 따라 신경절세포의 활동 전위(action potential)의 발화빈도가 달라진다. 즉, 중심-흥분(on-center cell) 신경절세포는 빛이 수용장 중심부에 있는 빛탐지세포들에 떨어지면 흥분하지만 주변에 떨어지면 억제된다. 중심-억제(off-center) 신경절세포는 빛이 수용장 주변부의 빛탐지세포에 떨어지면 흥분하지만 중심에 떨어지면 억제된다(그림 1-11). 흥분과 억제라는 표현을 쓰는 이유는 아무런 빛 신호가 없을 때도 자발적으로 발생하는 활동 전위 빈도인 기저선(base line)

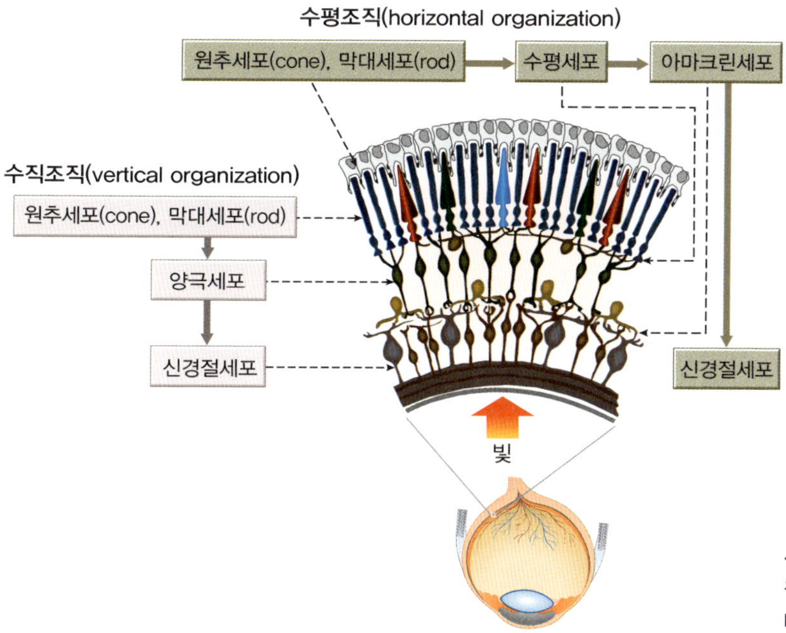

그림 1-10 망막의 구조.
위계에 따라 수평조직과 수직조직으로 나눌 수 있다.

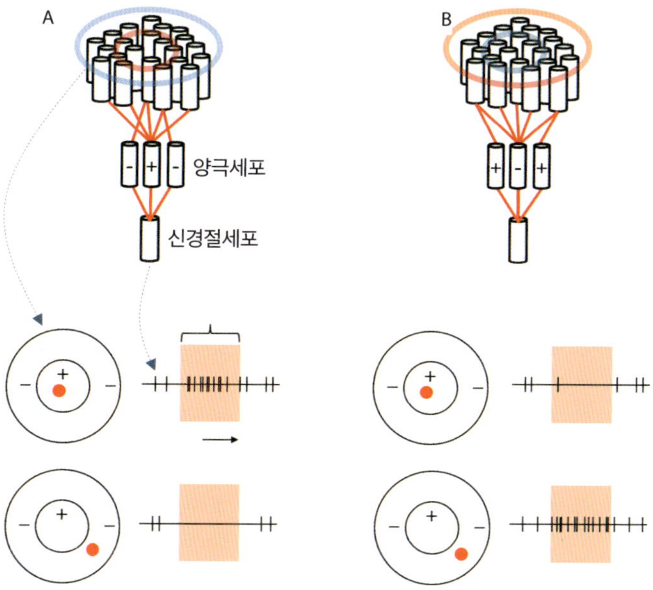

그림 1-11 신경절세포의 수용장과 자극에 대한 반응.
(A) 중심-흥분 세포의 활동. (B) 중심-억제 세포의 활동. 동심원에서 빨간색 점은 빛을 의미한다. 막대의 수는 빛이 켜져 있을 때와 그렇지 않을 때 발화빈도를 의미한다. 만일 수용장 전체가 밝은 빛을 받으면 기저선보다 높은, 그렇지만 최고 수준보다 낮은 발화율을 보인다.

이상으로 또는 이하로 활동빈도가 변하기 때문이다. 예를 들어, 자발적인 발화가 초당 10회를 보이는 신경절세포가 20회를 발화한다면 흥분 활동으로 5회를 발화한다면 억제 활동으로 볼 수 있다. 이렇게 수용장의 중심부와 주변부에 떨어진 빛 자극에 대해 신경절세포가 반대의 활동을 보이는 것을 '길항적이다'라고 표현하며, 특히 수용장의 주변부가 밝아 발화율이 떨어지는 현상을 외측억제(lateral inhibition)라고 한다.

그림 1-12는 외측억제를 수용장에 떨어진 빛의 위치와 신경절세포의 발화율로 설명한 것이다. 3번 수용장의 주변에 어둠에 있어 상대적으로 중심-흥분의 발화율이 높고, 4번 수용장은 주변에 밝음으로 인한 억제가 있어 상대적으로 발화율이 떨어진다. 중심-흥분 신경절세포와 중심-억제 신경절세포의 수는 비슷하며 수용장이 겹치기도 하지만 서로의 활동으로부터 단절되

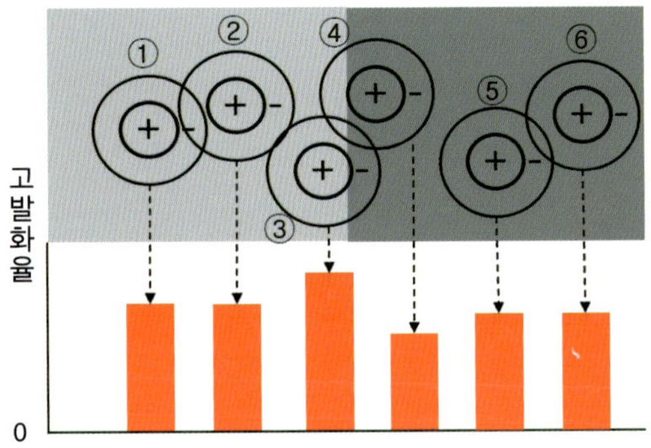

그림 1-12 밝기가 다른 두 표면에 대한 수용장의 위치와 각 중심-흥분 신경절세포의 발화율.

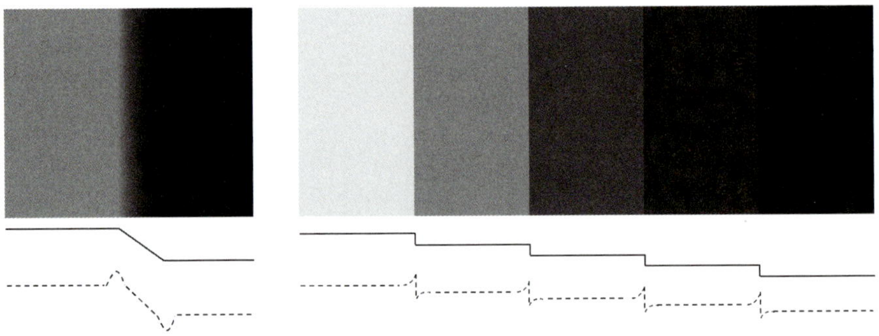

그림 1-13 Mach 띠와 밝기 프로파일.
(왼쪽) 3개의 면으로 구성되어 있으며, 왼쪽과 오른쪽은 밝기가 다르지만 면 안에서는 균등한 밝기이고, 가운데 면은 점차 어두워지는 밝기로 구성되었다. 밝기가 바뀌는 경계선 부분에 흰 띠와 검은 띠가 보인다. (오른쪽) Mach 띠의 다른 버전으로 5개의 면이 밝기는 다르지만 면 안에서는 균등한 밝기로 구성되었다. 밝은 면과 어두운 면의 경계선 부분에 각각 흰 띠와 검은 띠가 보인다.

어 망막을 떠난 후 1차 시각피질(V1)에서 정보가 통합된다.

외측억제설이 완벽하게 설명하는 밝기 현상은 있을까? 음속을 처음 측정한 물리학자 Mach는 그림 1-13에 제시된 현상을 보고하였는데 오늘날 이를 Mach 띠(Mach band)라고 한다. 이 그림에서 밝기가 갑자기 바뀌는 경계선에서 실제로는 없음에도 가느다란 희거나 검은 띠를 볼 수 있다. 이 현상은 중심-흥분 신경절세포의 활동으로 설명될 수 있다. 초기 시각처리에서 외측억제가 존재하는 이유는 물체들의 경계선이 분명해지는 효과를 낳기 때문으로 추론된다. 즉, 조명이 약한 경우 물체들의 경계가 물리적으로 흐릿해질 수 있는 외측억제 기제를 이용한다면 이를 좀 더 분명하게 처리할 수 있을 것이다. 사실 이 기능은 카메라, 복사기, 스캐너, CCTV 등에 적용되어 활용되고 있다.

한편, 신경절세포는 모양과 연결 특징에 따라 몇 가지 유형으로 나눌 수 있다. 80% 정도가 P-신경절세포(또는 midget cell)로 분류되는데 '소형(parvo)'의 의미로 수상돌기의 수가 적으며 좁게 퍼져 있다. 대부분 원추세포로부터 입력을 받으며 외측슬상핵의 소세포층(parvocellular layers)으로 연결된다. 8~10%는 M-신경절세포(또는 parasol cell)로 분류되는데 '거대한(magno)'의 의미로 신호 입력을 받는 수상돌기가 많으며 넓게 펼쳐져 있다. 대부분 막대세포로부터 외측슬상핵의 거대세포층(magnocellular layers)으로 연결된다. 그림 1-14는 이 2가지 신경절세포의 입력을 보여 준다. P-신경절세포와 소세포층 경로는 주로 색을 기반으로 하여 정지해 있는 이미지를 정밀하게 처리하는 것으로 추정된다. M-신경절세포와 거대세포층은 주로 움직임 신호를 처리하는 것으로 추정된다. 나머지 신경절세포들은 2가지 이상이 더 있는데 기능과 연결이 정확히 밝혀지지 않았다.

앞서 인간의 망막에는 약 1억 2천6백만 개의 빛탐지세포들이 있다고 배웠다. 그런데 빛탐지세포들과 신경절세포들의 연결 구조에서 알 수 있듯이 신경절세포의 수는 훨씬 적은데 약 70만~120만 개가 있다. 빛탐지세포와 신경절세포의 연결 비율은 망막 전체로 볼 때 대략 100:1이다. 눈에 맺힌 이미지 정보가 뇌로 가기 전에 중요한 정보들만 추려지는 과정이며, 망막에서 이미 상당한 정도의 처리가 일어남을 시사하는데 이를 이미지 압축(image compression)이라고 한

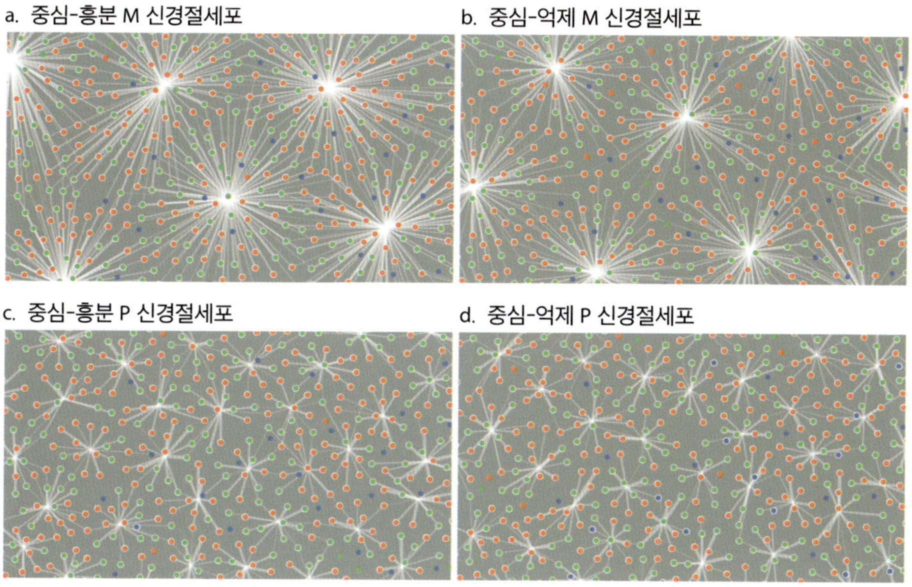

그림 1-14 M 신경절세포와 P 신경절세포의 원추세포들로부터 입력.

4가지 그림에서 원추세포들의 위치가 동일하며, 같은 원추세포가 여러 신경절세포로 동시에 신호를 보냄에 주목하라. 원의 색은 각각의 색에 민감함을 뜻한다. M 신경절세포의 수용장이 P 신경절세포의 수용장보다 크고 넓음에 주목하라. 이 그림은 원숭이의 망막에 수백 개의 미세전극을 동시에 삽입한 후 세포의 활동을 관찰하여 얻었다(Field 등, 2010).

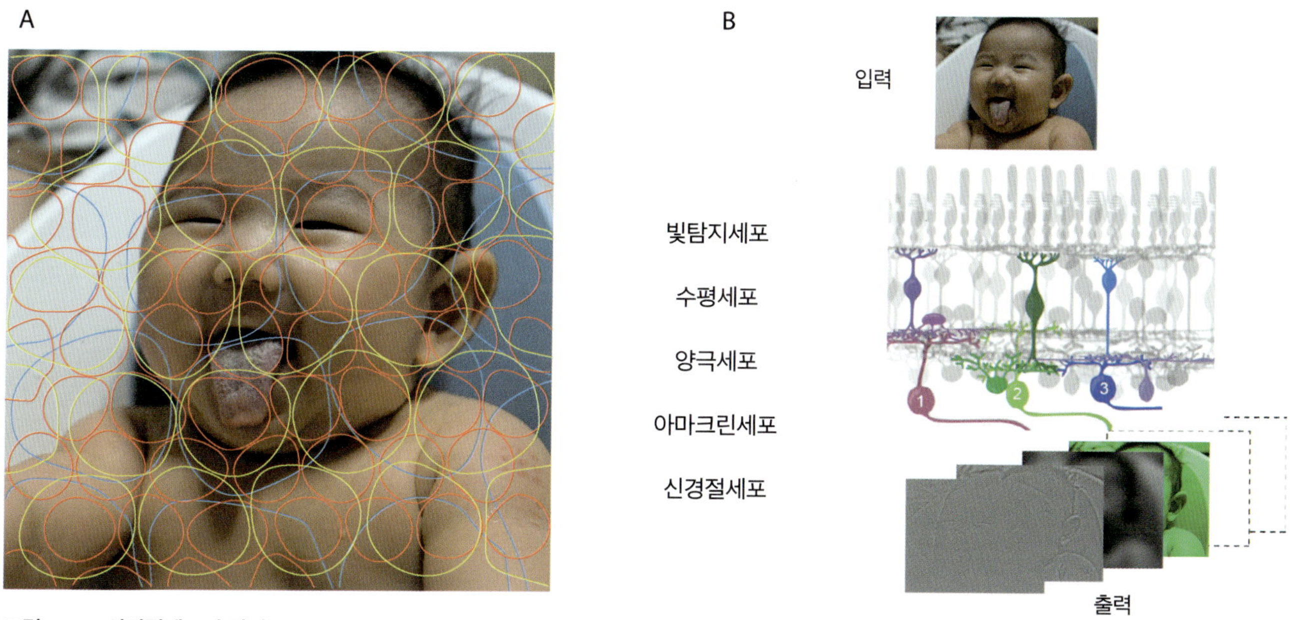

그림 1-15 신경절세포의 처리.

(A) 신경절세포는 약 30가지 유형이 있다. 각 유형의 신경절세포는 움직임, 밝기, 색, 공간빈도 등을 독립적으로 처리하며 수용장의 크기가 다르다. 이 그림에서는 3가지 유형의 신경절세포의 수용장을 예시하는데 각 유형의 수용장이 망막 전체를 빽빽하게 담당한다. Masland(2012)에서 재편집. (B) 시각 입력에 대한 신경절세포 유형에 따른 출력 예시. Roska & Sahel(2018)에서 재편집.

다. 그러나 이미지 압축이 정보의 손실을 말하는 것은 아니다. 이미지 처리의 기능에 따라 신경절세포는 약 30가지 유형이 있다. 이 각각의 유형은 공간빈도, 움직임, 형태, 밝기, 색 등에 관한 정보들을 독립적으로 수집한다(그림 1-15). 그러므로 각 신경절세포는 이미지를 처리하는 소형 컴퓨터로서 특정 정보를 추출한다.

시각경로

망막의 시신경에서 탐지된 빛 정보는 망막을 떠나 시교차(optic chiasm)와 외측슬상핵(LGN: lateral geniculate nucleus)을 거쳐 머리 뒤편에 있는 시각피질에 이른다. 각 눈의 망막은 오른쪽과 왼쪽으로 나뉘어 있는데 오른쪽은 시야의 왼편을, 왼쪽은 시야의 오른편을 담당한다. 흥미롭게도 각 눈에서 같은 시야에 대한 망막 출력경로는 시교차에서 서로 모여 시각피질에 있는 1차 시각피질로 향한다. 즉, 왼쪽 눈의 망막 왼쪽이 맡아 발생한 경로는 오른쪽 눈의 망막 왼쪽이 맡아 발생한 경로와 모이고, 왼쪽 눈의 망막 오른쪽이 맡아 발생한 경로는 오른쪽 눈의 망막 오른쪽이 맡아 발생한 경로와 모인다. 결국 시야의 오른쪽은 좌뇌에서 시야의 왼쪽은 우뇌에서 최종적으로 처리된다. 이렇게 망막에서부터 1차 시각피질로 이어지는 경로를 1차 시각경로(primary visual pathway)라고 한다(그림 1-16).

하지만 시각경로가 하나만 있는 것은 아니다. 상당한 정도의 신경과학적 증거들은 망막에서 출발한 시각 정보는 상구(superior colliculus)와 후시상핵(posterior thalamic nuclei)을 거쳐 편도체(amygdala)에 이르는 경로가 있음을 시사한다. 물론 이 경로는 자세한 시각처리가 덜 되었기 때문에 이곳으로 들어가는 시각 정보는 매우 거칠 것이다. 예를 들어, 얼굴이 눈에 맺혔을 때 선명한 상이 아니라 김 서린 창문 너머에 보이는 얼굴 같은 흐릿한 상에 불과할 것이다. 이 가운데 상구는 거친 빛 정보를 이용해 필요한 곳으로 시선을 이동시키거나 홍채 조절 같은 눈 자체의 기능을 통제하는 역할을 한다. 편도체는 감정을 관장하는 영역으로 알려져 있는데 왜 이 경로가 필요한지에 대해 학자들은 감정적인 대처가 필요한 시각 대상을 효율적으로 처리하기 위해서라고 생각한다. 이 피질하 경로(subcortical pathway)는 1차 시각경로보다 처리속도가 빠르다(Johnson, 2005; Hannula 등, 2005).

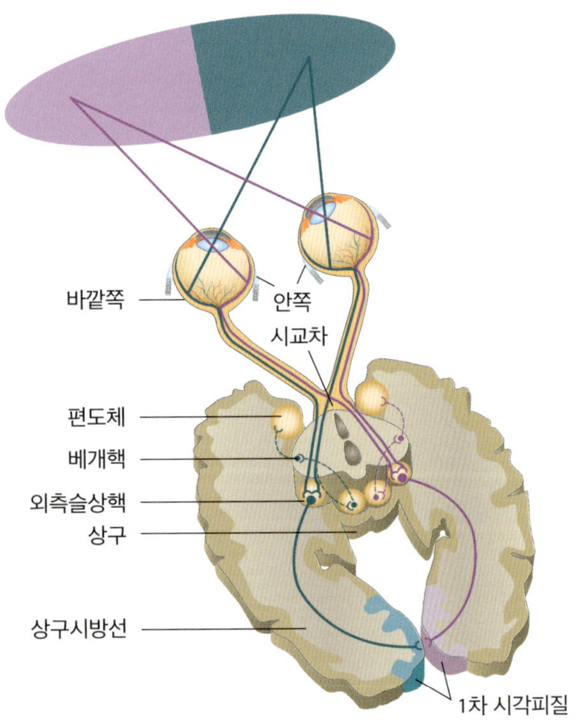

그림 1-16 시각경로.
굵은 선은 1차 시각경로를, 점선은 피질하 경로를 뜻한다(Hannula 등, 2005).

감정은 우리 신체로 하여금 적절한 동작을 준비시키는 기능이 있다. 무서운 대상과 마주쳤을 때 대충의 모습만 보고도 재빨리 도망쳐야 하는데 피질하 경로는 이 동작이 신속하게 일어나도록 돕는다. 특히 피질하 경로는 1차 시각경로보다 진화적으로 훨씬 먼저 형성된 것으로 알려져 있는데 무의식적인 두려움과 관련될 가능성이 있다. Whalen 등(2004)은 공포에 싸인 얼굴과 행복한 얼굴을 각각 17ms 동안 매우 짧게 제시하면서 참여자들의 뇌활동을 관찰했는데 공포에 싸인 얼굴에 편도체가 더 크게 활성화되는 것을 밝혔다(그림 1-17).

시각의 시각피질 경로와 피질하 경로는 전두피질을 포함하여 뇌 전반에 넓게 전달된다(그림 1-18). 심지어 뇌의 70% 이상이 시각 정보를 처리하는 데 관련된다고 제안되기도 한다. 그만큼 시각 정보는 뇌에서 매우 중요하게 처리됨

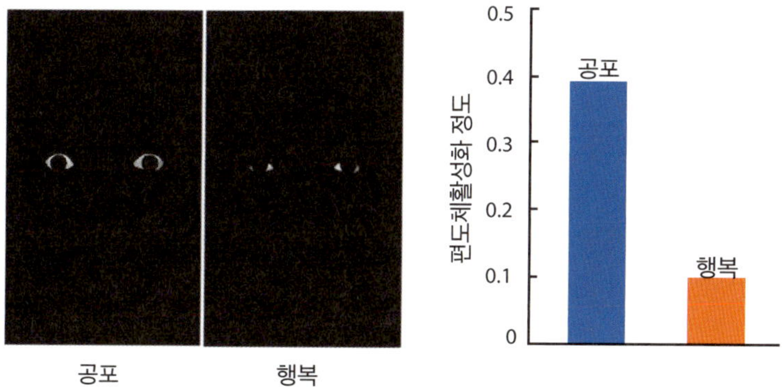

그림 1-17 Whalen 등(2004)의 연구에서 제시된 얼굴 자극과 결과.

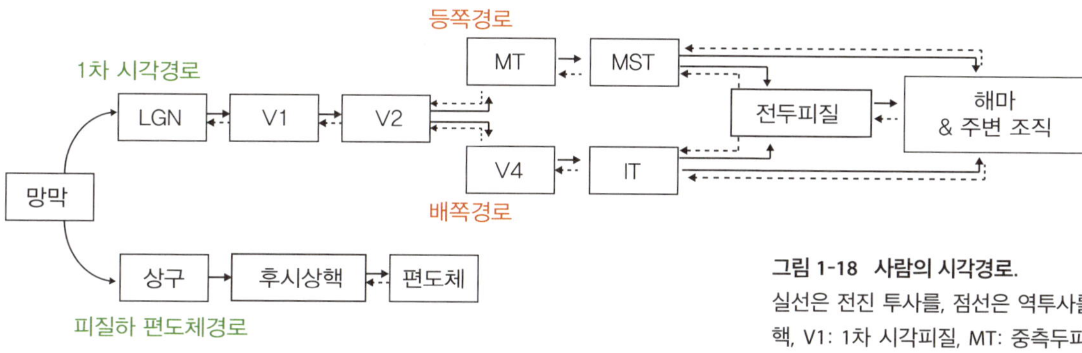

그림 1-18 사람의 시각경로.
실선은 전진 투사를, 점선은 역투사를 뜻한다(LGN: 외측슬상핵, V1: 1차 시각피질, MT: 중측두피질, MST: 중상측두영역, IT: 하측두피질). Blumberg과 Kreiman(2010)에서 재편집.

을 시사한다.

공간빈도

지각심리학 연구자들이 해낸 가장 큰 발견 가운데 하나로 공간빈도라는 개념이 있다. 공간빈도(spatial frequency)란 일정한 간격에 같은 넓이의 막대 한 쌍이 들어갈 수 있는 횟수를 말한다(☞샛길 4).

공간대비와 격자대비의 관계를 직관적으로 이해하기 위해 그림 1-20을 보자. 이 그림에서는 밝음과 어두움이 세 번 정도 교차하는데 넓이를 시야각 1°라고 했을 때 공간대비는 3cdp가 된다. 두 밝기의 차이가 작을수록 격자대비 값은 0을 향해 가며 서로 잘 구분되지 않고, 차이가 클수록 격자대비 값은 1에 가까워지며 선명하게 보인다.

눈앞에 다음과 같이 줄무늬가 그려진 종이가 있고, 격자대비가 거의 1에 이를 정도로 밝은 부분과 어두운 부분의 차이가 커 선명하게 보인다고 하자. 이 종이를 벽에 붙이고 점점 뒤로 멀어지면 어떤 일이 벌어질까? 막대는 점점 좁아지면서 밝은 부분과 어두운 부분이 점점 흐려져 잘 구분되지 않을 것이다. 대비민감도(contrast sensitivity)란 물체를 얼마나 세밀하게 볼 수 있는지

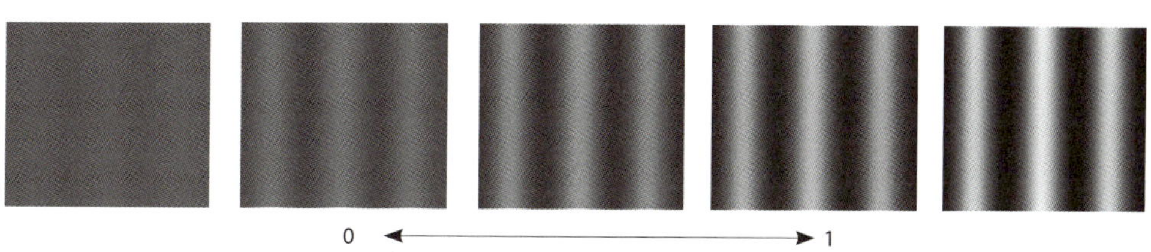

그림 1-20 격자대비의 예.
왼쪽으로 갈수록 밝은 막대와 어두운 막대의 대비가 감소하고, 오른쪽으로 갈수록 증가한다.

샛길 4 공간빈도와 격자대비

한 쌍의 막대 가운데 하나는 밝고 다른 하나는 어두운데, 이 한 쌍을 사이클(cycle)이라고 부른다. 또한 공간빈도를 기술할 때 막대라는 용어 대신 격자(grating)라는 용어가 더 자주 쓰이는데, 이는 막대가 여러 개 있음을 내포한다. 그런데 공간빈도는 눈에서부터 거리에 따라 달라질 수 있다(그림 1-19). 똑같은 공간빈도 자극이 멀어질수록 그 자체는 바뀌지 않지만 눈에 들어오는 격자의 수는 증가한다. 따라서 공간빈도는 시야각을 이용하여 정의하는데, 반복되는 사이클의 횟수를 시야각으로 나눈 값으로 기술한다. 만일 시야각 1° 안에 밝은 격자와 어두운 격자 한 쌍이 한 번 배열되는 자극이라면 1회/1°=1cycle/deg가 된다. 만일 4회 반복된다면 4회/1°=4cycle/deg가 되며, 1사이클이 다 채워지지 못한다면 1보다 작은 값이 된다. 단위는 'cycle/deg'를 사용하는데 cycle per degree의 앞글자를 따서 'cpd'를 쓰기도 한다. 따라서 cpd는 소리나 빛의 파동 사이클을 1초 기준으로 표시하는 Hz와 비슷한 개념이다.

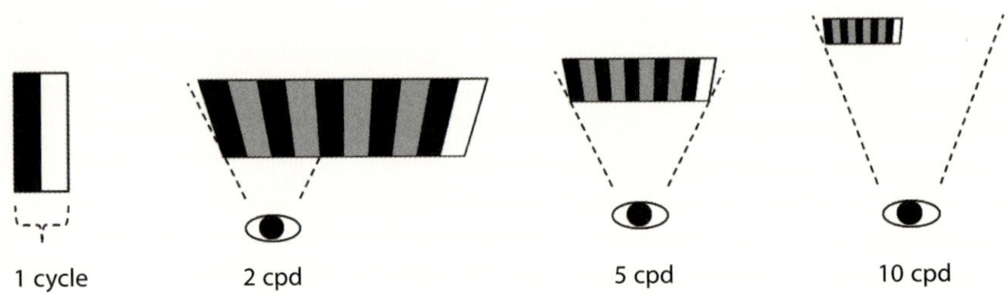

그림 1-19 공간빈도.
(왼쪽) 공간빈도 사이클. (오른쪽) 점선으로 벌어진 각을 시야각 1° 라고 했을 때 각각 2, 5, 10 cpd를 예시한다.

격자대비(grating contrast)는 격자의 밝은 부분과 어두운 부분의 밝기 차이를 뜻한다. 격자대비는 다양한 수식으로 표현되는데 가장 널리 쓰이는 것은 다음과 같은 공식을 이용한다. 이를 개발자의 이름을 따서 미켈슨 대비(Michelson contrast)라고 부르기도 하는데, L_{max}는 밝은 격자의 밝기를 L_{min}은 어두운 격자의 밝기를 의미한다. 결괏값은 두 격자의 밝기가 같을 때 0이 되며, 완전한 흑백인 경우 최댓값이 1이 된다. 이론적으로 0과 1이 가능하지만 실제로 완전한 검은색과 흰색을 구현하기는 힘들어 격자대비는 0과 1 사이에 놓이게 된다. 예를 들어, 가장 밝은 영역의 밝기가 80cd/m²이고 어두운 영역이 20cd/m²이라고 했을 때, 격자대비는 (80-20)/(80+20) = 60/100이 되어 결국 0.6이 된다.

$$\text{격자대비} = \frac{L_{max} - L_{min}}{L_{max} + L_{min}}$$

에 대한 것이다. 일반적으로 말하는 시력과 비슷한 개념으로, 같은 크기의 글씨를 똑같은 밝기 조건에서 얼마만큼 멀리 떨어져서도 잘 볼 수 있는지에 관한 것이다. 이론적으로 대비민감도는 공간빈도와 밝기대비의 크기로 표현할 수 있다(그림 1-21). 인간의 경우 시야각 1°에서 바라볼 때 공간빈도 4~5사이클에 가장 민감하며 나이에 따라 다르다.

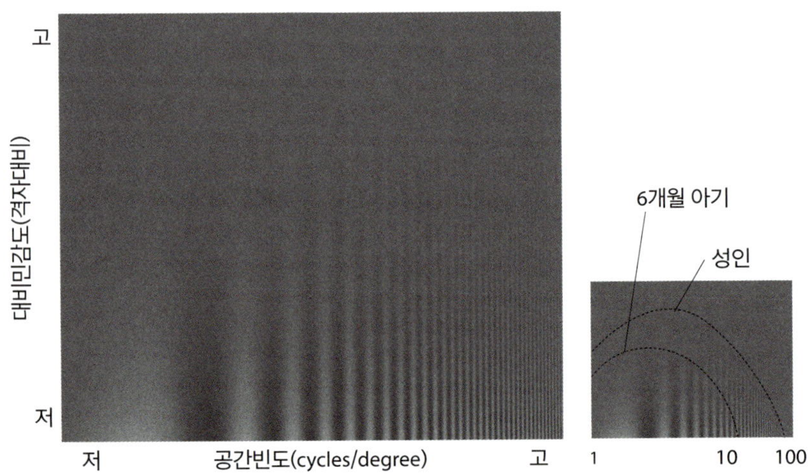

그림 1-21 대비민감도.
(왼쪽) 대비민감도를 표현하기 위한 자극. 책에서 어느 정도 떨어져 관찰하면 오른쪽 끝쪽이 사라짐을 알 수 있으며, 왼쪽 눈과 오른쪽 눈에 따라 조금 다를 수 있다. (오른쪽) 실험 결과의 예. 역치를 측정하여 볼 수 있는 영역을 성인과 아기를 기준으로 표시한 것으로 포물선 아래가 보이는 영역이다(숫자는 공간빈도를 로그로 표현한 것임).

공간빈도 채널

그렇다면 지각 과정에 공간빈도 개념이 왜 필요한지 궁금할 것이다. 왜냐하면 우리가 일상에서 보는 대상들은 다양한 모양과 크기를 가지고 있어 격자들의 배열처럼 단순함과 거리가 멀기 때문이다. 이를 이해하기 위해 먼저 재미있는 그림을 살펴보자. Oliva 등(2006)은 시각 연구에서 밝혀진 원리를 적용하여 2개의 사물을 겹쳐 재미있는 그림들을 만들었다. 이를 하이브리드 이미지(hybrid image)라고 부르는데 그림 1-22는 가장 유명한 예이다. 가까이에서 보거나 눈을 크게 뜨고 보면 아인슈타인이 보인다. 반면, 책을 멀리해서 보거나 눈을 잔뜩 찡그려 보거나 곁눈질로 보면 메릴린 먼로가 보인다. 이 그림은 포토샵을 이용해 간단히 만들어 볼 수 있다(☞샛길 5). 그렇다면 대체 어떤 원리가 이 그림에 숨어 있는 것일까? 이 원리는 바로 공간빈도 채널(spatial frequency channel)이라는 개념에 있다.

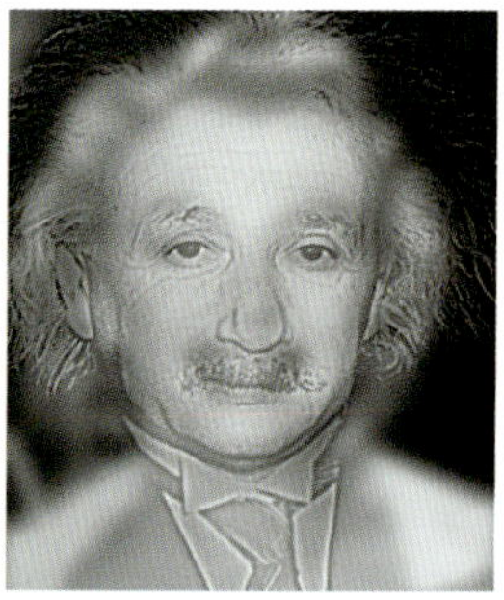

그림 1-22 하이브리드 이미지 예(Oliva 등, 2006).

지각심리학자들은 망막에 맺히는 상이 몇 가지 종류의 공간빈도 정보가 중첩되어 이뤄진다고 믿는다. 그림 1-24는 이를 예시한다. 여기서 고빈도, 중빈도, 저빈도로 이뤄진 3가지 빈도 채널이 통합되어 하나의 풍경을 이루는지를 보여 준다. 채널은 망막에서 뇌로 이어지는 시각경로에서 특정 지각 속성만을 처리하는 통로의 뜻으로 독립적으로 기능한다는 가정이 깔려 있다(Livingstone & Hubel, 1987). 이 그림에서 볼 수 있듯이 고빈도는 윤곽이 분명한 정보를 담고 있는

샛길 5 하이브리드 이미지 만들어 보기

카메라로 사진을 찍어 공간빈도를 다루는 일은 전문적인 프로그램 기술이 필요하다. 그렇지만 포토샵을 이용해 어느 정도 체험할 수 있다. 절차는 사진 두 장을 준비하여 하나는 고빈도로 다른 하나는 저빈도로 조작하여 이 둘을 중첩시키면 된다(그림 1-23). 내용이 서로 다른 두 이미지를 합성하면 효과는 더욱 크다. 예를 들어, 남성과 여성, 웃는 얼굴과 우는 얼굴, 엄마와 아빠, 오른쪽 눈으로 윙크하는 얼굴과 왼쪽 눈으로 윙크하는 눈 등이 있다. 포토샵이 없는 경우 무료 소프트웨어인 김프(GIMP)를 이용해 동일한 절차를 거쳐 가능하다(☞Google: GIMP).

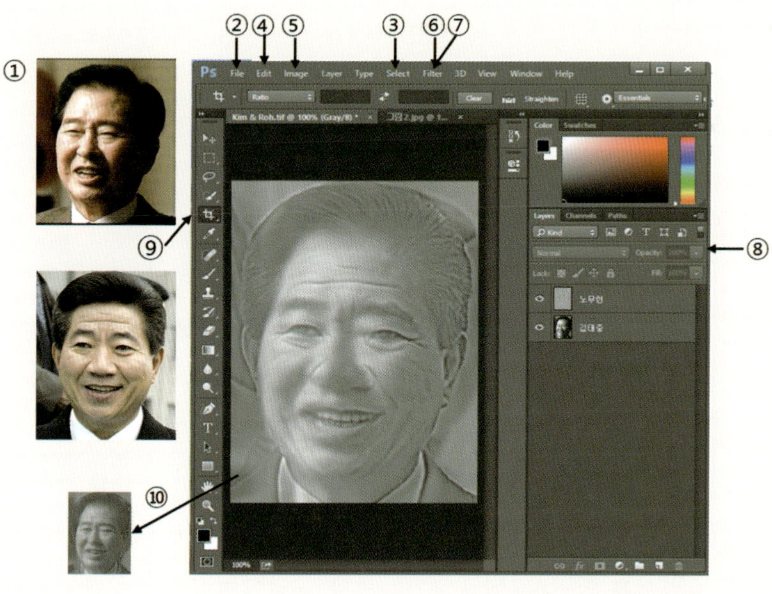

그림 1-23 포토샵으로 하이브리드 이미지 만들기. ① 인터넷에서 유명인사 2명의 사진을 고르고 파워포인트 등에서 사진 크기를 비슷하게 편집하여 각각 다른 이름으로 저장한다. ② 포토샵을 열고 파일에서 불러오기 하여 두 사진을 띄운다. ③ 두 번째 사진 창을 활성화시키고 선택 버튼을 눌러 모두 선택한다. ④ 편집을 선택하여 복사한다. ⑤ 첫 번째 사진 창으로 돌아와 편집 버튼을 눌러 복사한 사진을 붙이기 한다. 오른쪽 하단에 레이어가 두 장 만들어진다. 두 얼굴을 겹치되 눈 부분이 일치하도록 한다. ⑥ 위에 있는 사진을 지정한 후 메뉴에서 필터 옵션의 기타 옵션에서 하이패스를 선택한다. 적당한 정도의 고빈도로 만들어 준다. ⑦ 아래 사진을 활성화시키고 필터 옵션에서 가우시안 흐림을 선택하여 적당한 정도로 변환시킨다. ⑧ 위에 놓인 사진의 투명도를 조절하여 아래 그림이 보이도록 한다. 이 옵션을 미리 해도 상관없다. ⑨ 잘라내기 하여 마무리한다. ⑩ 완성된 이미지를 축소한 것이다.

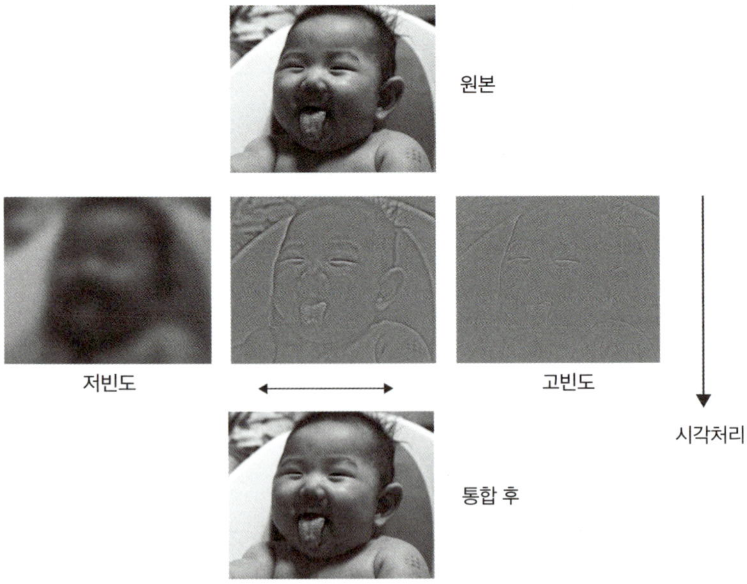

그림 1-24 원본이 빈도처리를 거쳐 통합되는 과정.

반면, 저빈도는 넓고 흐릿한 윤곽 정보를 담고 있다. 공간빈도 채널이 이 3가지 수준만 있는 것은 아니며 대여섯 수준이 있을 수 있다. 또한 앞서 살펴본 격자들은 두께 차원만 달랐으나 격자는 길이 차원과 방향 차원에서도 다를 수 있다. 즉, 우리가 보는 실제 장면들은 수많은 격자로 이뤄져 있는데 두께뿐만 아니라 방향과 길이가 매우 다르다. 이런 특징 차원들도 함께 고려해야 정확한 공간빈도 분석이 가능하다. 하이브리드 이미지는 고빈도와 저빈도로 이뤄진 두 장의 그림을 중첩한 것이다. 그리고 이 그림들은 관찰 조건에 따라 의식된다. 가까운 거리에서 또는 그림을 크게 볼 때 고빈도 정보가 의식되며, 저빈도 정보는 의식되지 않는다. 반대로 먼 거리에서 또는 그림을 작게 볼 때 저빈도 정보가 의식되며, 고빈도 정보는 의식되지 않는다. 공간빈도 정보가 의식되지 않는다고 하여 시각체계에서 처리되지 않는다는 뜻은 아니다. 실험에 따르면 저빈도 정보는 고빈도 정보보다 훨씬 빨리 처리되는 것으로 알려져 있는데 30ms 정도 고빈도와 저빈도가 중첩된 그림을 보여 줄 때 저빈도 정보만 의식되며, 150ms 이상 노출되면 저빈도가 아닌 고빈도 정보가 의식된다(Schyns & Oliva, 1994).

이미지의 공간빈도에 따라 지각 결과가 다른 현상은 시각체계 어디에서인가 각 공간빈도를 맡고 있는 세포들이 따로 존재함을 시사한다. De Valois 등(1982)은 원숭이 눈에 공간빈도가 다른 자극을 보여 주면서 1차 시각피질의 세포들 활동을 살펴보았다. 일련의 실험들을 통해 이곳의 세포들은 저마다 가장 민감하게 반응하는 공간빈도가 있음이 밝혀졌다. 이 결과는 여러 연구에서 사람의 뇌활동에서도 확인되었는데 초기 시각영역(V1, V2, V3A)이 공간빈도에 민감하다(Henriksson 등, 2008). 따라서 적어도 V1 수준에서부터 공간빈도가 분석되는 것으로 추론된다.

물체의 색은 표면의 한 점 한 점에서 오는 신호만으로 색이 탐지될 수 있지만, 공간빈도는 넓은 면적에서 오는 정보가 한꺼번에 분석되어야 하므로 이를 직관적으로 이해하기는 쉽지 않을 것이다. 시각계에 공간빈도 채널이 있다는 증거는 다양한 심리물리학 실험을 통해 밝혀졌다. 강력한 증거는 격자 적응이라는 실험 패러다임을 통해 살펴볼 수 있다.

격자 적응

만일 특정 공간빈도만 처리하는 세포들이 있다고 가정하였을 때, 이 세포들이 맡고 있는 특정 공간빈도 격자를 계속 응시하고 있으면 이 공간빈도를 처리하는 세포들은 피로해질 것이다. 반면, 이 공간빈도를 담당하지 않는 세포들은 격자 적응에도 피로해지지 않을 것이다. 이런 실험 방법을 격자 적응(grating adaptation) 패러다임이라고 하며, 전극을 꽂지 않고 세포의 존재와 활동을 가늠할 수 있는 세련된 방법이기도 하다. 그림 1-25는 특정 공간빈도에만 눈을 선택적으로 적응시켰을 때 나타나는 현상을 예시한다. 이 그림에서 왼쪽의 격자를 20초가량 응시하다가 가운데 그림을 보면 적응 전 영역이 둥근 모양에서 가운데가 파인 모양으로 바뀔 것이다. 이 파인 부분을 함몰(notch)이라고 한다. Blakemore와 Campbell(1969)은 적응되는 격자의 공간빈도를 체계적으로 바꾸어 가면서 나타나는 함몰이 적응된 빈도와 일치함을 발견하였다. 이 결과를 바탕으로 연구자들은 시각체계에 특정 공간빈도에 민감한 세포들이 있다고 추론하였다. 흥미롭게도 한 눈에만 적응된 공간빈도가 다른 눈에도 전이되는데 이를 양안간 전이(interocular transfer)라고 한다. 공간빈도가 양안간 전이를 보인다는 것은 무엇을 뜻하는 것일까? 연구자들은 공간빈도 분석은 최소한 두 눈에 들어오는 정보가 통합되는 시각피질에서 일어나는 증거로 본다.

그림 1-25 격자 적응 예시.
먼저 가운데 그림을 보면 보이는 영역이 오른쪽 그림에서 적응 전 점선처럼 둥근 모양을 띤다. 왼쪽 그림의 가운데 사각형을 20초가량 응시하다가 가운데 그림을 보면 오른쪽 그림의 실선 표시처럼 가운데 부분이 잘 보이지 않는다. 주의할 점은 왼쪽 그림의 격자를 볼 때 한 곳을 계속 바라보면 망막에 있는 시신경이 적응되어 이에 따른 잔상이 남을 수 있다. 이를 막기 위해 눈을 가운데 사각형 중간쯤에 두고 좌우로 움직여야 한다. 그러면 공간빈도를 처리하는 것으로 여겨지는 좀 더 상위 수준에 있는 세포가 적응된다고 가정하는데 이 세포의 수용장은 크기 때문에 눈을 이리저리 움직여도 격자 적응이 일어날 수 있다.

정리

이 장에서는 시각처리의 초기 수준을 간략히 살펴보았다. 눈은 빛을 탐지하여 생리/전기적 신호를 생성하고, 뇌는 분석을 통해 눈에 맺힌 이미지를 재인한다. 망막에 있는 빛 또는 색 탐지세포들은 여러 다른 세포를 경유하여 신호를 신경절세포로 전달한다. 신경절세포가 뇌로 보내는 이미지 정보는 망막의 빛탐지세포들에 탐지된 정보 그대로가 아니라 이미지에 담긴 다양한 정보를 유형에 따라 적극적으로 간추린 것이다. 모든 학자가 지각 과정을 감각과 지각으로 나누는 것을 좋아하는 것은 아니다. 형태주의 심리학자와 생태주의 심리학자들은 감각과 지각을 단일한 체계로 본다.

더 읽어 보기

능동적 시각에 대해서는 Gibson(1966; 박형생 등 역)을 보라. 신경절세포의 동심원적 활동 특징에 대해서는 Schiller(1992)를 보라. 망막세포들의 연결에 대한 개관은 Sanes와 Masland(2015), Masland(2012), Wässle(2004)를 보라. 시각처리의 채널이라는 개념을 좀 더 숙고해 보려면 Livingstone과 Hubel(1987)을 보라. 시각의 피질하 경로에 대해서는 Johnson(2005)과 Hannula(2005)를 보라. 이심도에 따른 글자의 시각처리 능력에 대해서는 Battista(2005)를 보라. 하이브리드 이미지의 원리와 만드는 방법에 대해서는 Oliva(2013)와 Oliva 등(2006)을 보라. 시력, 대비민감도, 암적응 등 시각 능력은 나이가 듦에 따라 기능이 크게 떨어진다. 노화와 시각 능력의 관계에 대한 개관은 Owsley(2011)를 보라.

| 참고문헌 |

Battista, J., Kalloniatis, M., & Metha, A. (2005). Visual function: the problem with eccentricity. *Clinical and Experimental Optometry, 88*(5), 313-321.

Blakemore, C. T. & Campbell, F. W. (1969). On the existence of neurons in the human visual system selectively sensitive to the orientation and size of retinal images. *Journal of Physiology, 203*(1), 237.

Blumberg, J. & Kreiman, G. (2010). How cortical neurons help us see: visual recognition in the human brain. *Journal of Clinical Investigation, 120*(9), 3054-3063.

De Valois, R. L., Albrecht, D. G., & Thorell, L. G. (1982). Spatial frequency selectivity of cells in macaque visual cortex. *Vision Research, 22*(5), 545-559.

Field, G. D., Gauthier, J. L., Sher, A., Greschner, M., Machado, T. A., Jepson, L. H., ... & Paninski, L. (2010). Functional connectivity in the retina at the resolution of photoreceptors. *Nature, 467*(7316), 673-677.

Gibson, J. J. (1966). *The Senses Considered as Perceptual Systems*. Boston: Houghton Mifflin. 역) 박형생, 오성주, 박창호(2016). 지각 체계로 본 감각. 아카넷.

Greif, S., Zsebök, S., Schmieder, D., & Siemers, B. M. (2017). Acoustic mirrors as sensory traps for bats. *Science, 357* (6355), 1045-1047.

Hannula, D. E., Simons, D. J., & Cohen, N. J. (2005). Imaging implicit perception: promise and pitfalls. *Nature Reviews Neuroscience, 6*(3), 247-255.

Henriksson, L., Nurminen, L., Hyvärinen, A., & Vanni, S. (2008). Spatial frequency tuning in human retinotopic visual areas. *Journal of Vision, 8*(10), 5-5.

Johnson, M. H. (2005). Subcortical face processing. *Nature Reviews Neuroscience, 6*(10), 766-774.

Kim, W. S., Park, I. K., & Chun, Y. S. (2014). Quantitative analysis of functional changes caused by pinhole glasses. *Investigative Ophthalmology & Visual Science, 55*(10), 6679-6685.

Livingstone, M. S. & Hubel, D. H. (1987). Psychophysical evidence for separate channels for the perception of form, color, movement, and depth. *Journal of Neuroscience, 7*(11), 3416-3468.

Masland, R. H. (2012). The neuronal organization of the retina. *Neuron, 76*(2), 266-280.

Mathôt, S. & Van der Stigchel, S. (2015). New light on the mind's eye: the pupillary light response as active vision. *Current Directions in Psychological Science, 24*(5), 374-378.

Oliva, A. (2013). The art of hybrid images: two for the view of one. *Art & Perception, 1*(1-2), 65-74.

Oliva, A., Torralba, A., & Schyns, P. G. (2006). Hybrid images. *ACM Transactions on Graphics (TOG), 25*(3), 527-532.

Owsley, C. (2011). Aging and vision. *Vision Research, 51*(13), 1610-1622.

Roska, B. & Sahel, J.-A. (2018). Restoring vision. *Nature, 557*(7705), 359-367. doi:10.1038/s41586-018-0076-4.

Sanes, J. R. & Masland, R. H. (2015). The types of retinal ganglion cells: current status and implications for neuronal classification. *Annual Review of Neuroscience, 38*, 221-246.

Schiller, P. H. (1992). The ON and OFF channels of the visual system. *Trends in Neurosciences, 15*(3), 86-92.

Schyns, P. G. & Oliva, A. (1994). From blobs to boundary edges: evidence for time-and spatial-scale-dependent scene recognition. *Psychological Science, 5*(4), 195-200.

Wässle, H. (2004). Parallel processing in the mammalian retina. *Nature Reviews Neuroscience, 5*(10), 747-757.

Whalen, P. J., Kagan, J., Cook, R. G., Davis, F. C., Kim, H., Polis, S., ... & Johnstone, T. (2004). Human amygdala responsivity to masked fearful eye whites. *Science, 306*(5704), 2061.

02 색 지각

심리학이 태어나기 훨씬 전에 철학자들은 색을 가장 기초적인 지각질로 여겼다. 왜냐하면 색이 있어야 깊이, 거리, 물체 등 다른 종류의 지각이 가능하기 때문이다. 색 지각은 매우 일찍 발달하는 것으로 알려져 있다. 생후 1개월에서 1년 사이의 유아들은 어른처럼 색을 자세하게 본다는 증거는 없지만 적어도 3원색을 모두 볼 수 있는 것으로 조사된다. 태어날 때부터 어둠 속이나 흑백 조명 아래서 자란 원숭이들도 나중에 색을 보여 주면 구별하는 데 전혀 문제가 없었다(Bornstein, 2015). 이 결과는, 색 지각은 선천적인 능력이며 학습의 영향이 적음을 시사한다.

한편, 지각심리학에서 색 지각은 오랜 연구 역사를 가졌음에도 아직 연구가 완전히 끝난 것이 아니다. 색 지각이 단지 색을 탐지하고 구별하는 것만이 아니라 움직임, 깊이, 물체, 얼굴 등 다른 지각 속성들의 처리에 영향을 주거나 감정, 주의, 건강, 매력, 문화, 언어 등 다른 여러 상위 수준의 심리 속성들의 처리에도 영향을 주는 복잡한 양상을 띠기 때문이다. 이 장에서 이 모든 것을 훑어보기는 어렵지만 기초적인 사실들을 중심으로 색 지각에 대해 살펴보고자 한다.

색의 기술

색에 관한 용어는 매우 다양하고 복잡하다. 가장 중요한 색의 3가지 성질을 살펴보자. 색상(hue)은 흔히 말하는 파란색, 빨간색, 노란색 등의 색깔이며 물리학적으로 파장의 종류이다. 채도(chroma/saturation)는 다른 색과 섞이지 않은 순수한 정도를 의미하며 물리학적으로 빛의 파장이 순수한 정도이다. 채도가 높을수록 원색의 유채색(chromatic color)으로 보이며 낮을수록 흰색-회색-검은색의 무채색(achromatic color)으로 보인다. 명도(brightness/lightness)는 표면의 밝기를 의미하며 물리학적으로 빛의 세기이다. 명도는 심리학적 용어에 가까우며 물리학적으로 휘도(輝度, luminance)를 자주 사용하는데 단위는 cd/m²(candela per square meter)이다(그림 2-1). 명도에 관해서는 좀 더 복잡한 이야기가 있는데

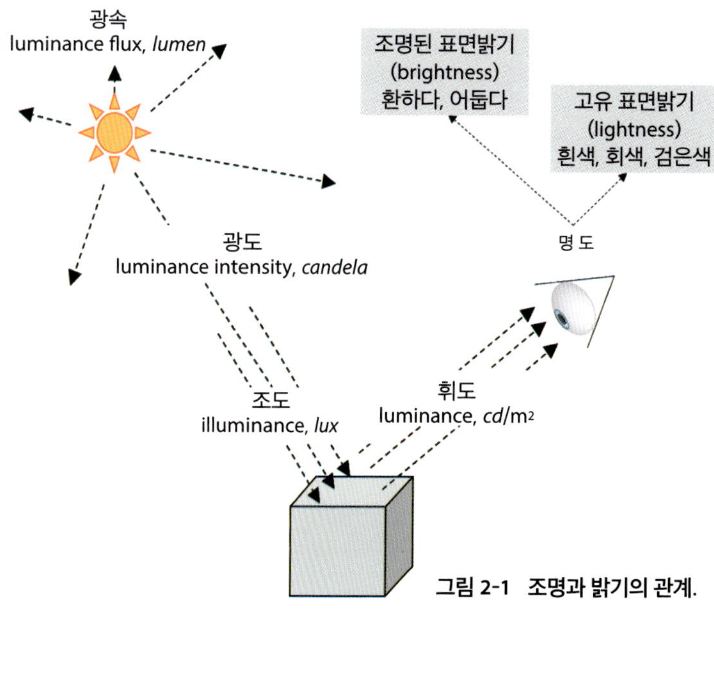

그림 2-1 조명과 밝기의 관계.

나중에 살펴보도록 하자.

색 공간

색 공간은 색을 객관적으로 기술하기 위한 좌표계이다. 색 공간을 1장에서 보았던 전자기파 스펙트럼처럼 1차원으로 기술하지는 않는다(☞그림 1-2). 왜냐하면 많은 색이 단일 파장만으로 표현되지 않기 때문이다. 예를 들어, 분홍색은 빨간색에 흰색이, 갈색은 빨간색에 검은색이 섞인 것이다. 그런데 흰색과 검은색은 여러 파장의 혼합이므로 결국 이 색을 섞은 색은 단일한 파장이 아니며, 모든 무채색도 이에 해당한다. 이렇게 여러 파장이 혼합된 색을 비스펙트럼 색(nonspectral color)이라고 한다. 색 공간은 1차원, 2차원, 3차원 등으로 표현되며 형태도 삼각형, 원, 원뿔, 나무 등 다양하다. 심리학에서는 주로 종이와 모니터를 통해 자극을 제시하는데 종이의 경우 미국의 Munsell 색 체계를 사용하며 모니터의 경우 국제 조명 위원회(CIE: Commission Internationale de l'Eclairage)의 색 체계를 사용한다.

국제 조명 위원회가 개발한 색 공간의 1차적인 목적은 산업 장면에서 색을 경제적이고 객관적으로 기술하기 위한 것인데, 색의 물리학적 특징과 인간의 색 지각 특징을 결합한 것이다. 예를 들어, 인쇄소나 직물업체 등에서 인간이 볼 수 있는 모든 색에 대한 잉크를 준비해 놓는 것은 경제적이지 않다. 몇 가지 색을 혼합하여 다양한 색을 표현하는 것이 경제적이다. CIE는 3가지 원색을 기본으로 하여 색 대응(color matching)에 따른 조건등색 원리(metamarism)를 이용하여 색 공간을 만들었다. 단일한 색으로 표현할 때와 여러 색의 혼합으로 표현할 때 같아 보이는 것을 조건등색(metamer)이라고 한다. 예를 들어, 스크린에 프로젝터를 이용해 노란색을 표현할 때, 프로젝터는 모든 색을 가지고 있지 않고 3원색에 해당하는 필터만 갖고 초록색과 빨간색의 세기를 조절해 빛을 쏘는데 이때 스크린이 노랗게 보인다(그림 2-2).

Wright(1929)와 Guild(1931)의 두 독립적인 연구에서 참여자들은 색 대응 과제를 수행하였다. 스크린에 표적 영역과 대응 영역이 나란히 제시되었다. 두 공간 면적은 시각으로 2°로 맞췄는데 그 이유는 그 당시 망막에서 이 정도 면적에 색 탐지세포들이 밀집된 것으로 알려졌기 때문이다(이후 1964년에 10°로 늘린 실험 결과에 기반한 색 공간이 발표되었다). 표적 영역은 단일한 조명으로 비췄고 대응 영역은 3개의 조명을 섞어 비췄는데 각각 빨간색, 초록색, 파란색으로 지각되는 파장이었다. 관찰자들은 대응 영역을 비추는 조명 3개의 세기를 조절하여 최대한 표적 영역의

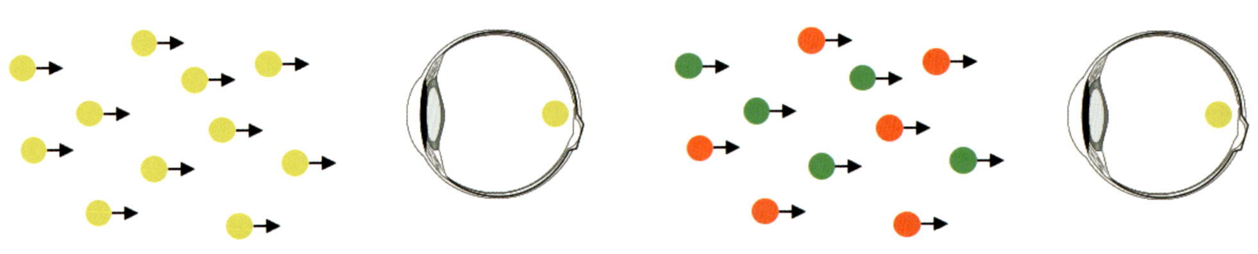

그림 2-2 조건등색의 예시.
노란색은 노란색 파장을 눈에서 흡수하여 지각될 수 있지만, 초록색 파장과 빨간색 파장의 혼합을 통해서도 지각될 수 있다.

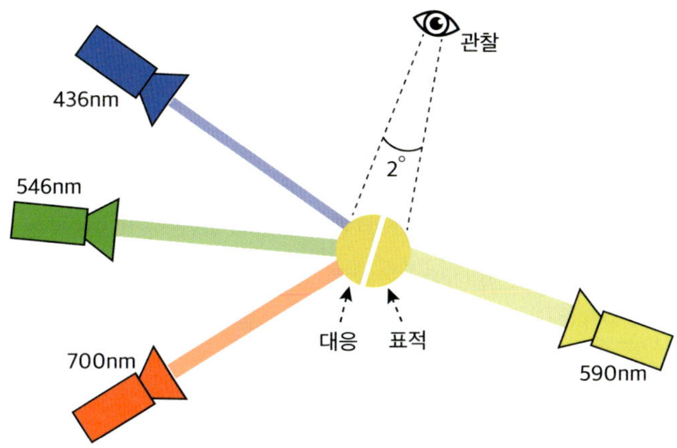

그림 2-3 조건등색 실험.

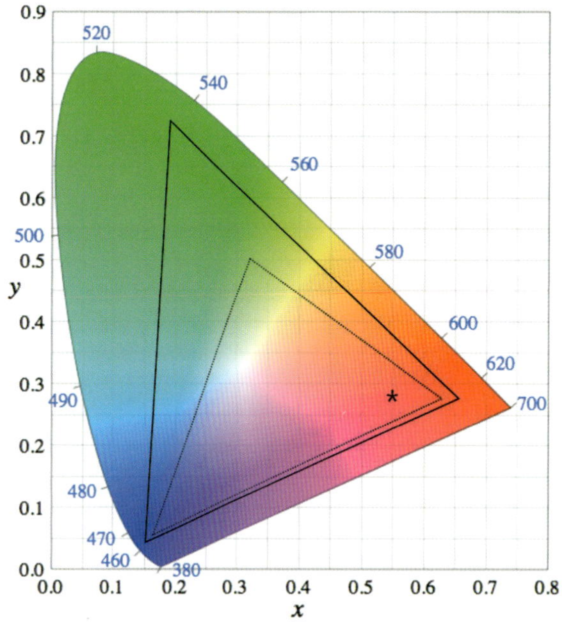

그림 2-4 CIE(1931) 색 공간.

색과 맞추는 과제를 수행하였다(그림 2-3).

CIE는 두 연구자의 실험 결과에 따라 CIE 색 공간을 표준화하였다(그림 2-4). 이 공간은 단파장(파란색), 중파장(초록색), 장파장(빨간색)이 세 꼭짓점에 위치해 있는데 대부분 색은 이 세 조명 값의 혼합으로 표현이 가능하다. 세 꼭짓점을 연결하여 안쪽은 3가지 조명의 혼합으로 만들어 낼 수 있는 색이며 바깥쪽은 만들 수 없는 색이다. 색상은 χ축과 y축의 한 지점으로 표현될 수 있다. 실험에 사용한 색 조각의 색을 전문 학술지에 보고할 때 이 값들을 적는다(☞샛길 1). 중앙으로 갈수록 인접한 색의 혼합으로 채도가 떨어지며 χ와 y의 값이 0.33에서 완전히 무채색으로 바뀐다. 점선 삼각형 영역은 3원색을 기반으로 색을 표현하는 LCD 모니터가 표현할 수 있는 영역이며 굵은 선 삼각형은 OLED나 UHD와 같은 고급 모니터가 표현할 수 있는 영역이다. 이 책에 인쇄된 CIE 색 공간은 조명으로 구현된 CIE 색 공간을 대략 표현한 것이므로 실제와 크게 다르다. 외곽에 쓰인 숫자는 색 파장을 나노미터로 표시한 것으로 모두 스펙트럼 색이다.

샛길 1 **색의 기술과 보고**

실험실에서 제시하는 자극의 색을 기술할 때 CIE 색 공간을 이용한다. 자극에 색휘도계(chroma meter)의 센서를 부착하거나 원거리에서 렌즈를 향하게 하여 측정하는데, 색휘도계는 x값과 y값 그리고 휘도 값을 보여 준다. 전문 학술지에 이 3가지 값을 보고하는데, 예를 들어 모니터에 제시된 빨간색 원의 색상을 색휘도계로 측정해서 그 값을 'CIE x = 0.557, y = 0.288, Luminance 20.2cd/m^2' 또는 휘도는 대문자 Y를 써서 'CIE x = 0.557, y = 0.288, Y = 20.2cd/m^2'으로도 보고한다. 그림 2-4의 *은 이 지점을 나타낸다.

색 이론

3원색 이론

Thomas Young은 1802년, Hermann von Helmholtz는 1850년 인간의 망막에 빨강, 초록, 파

랑 3가지 색 각각에 민감한 색 탐지세포들이 있으며 이 세포들의 조합적 활동으로 색이 지각된다고 제안하였다. 이를 **Young-Helmholtz 3원색 이론**(trichromatic color theory)이라고 한다. 3원색 이론은 **색 혼합**(color mixing)이라는 심리물리학적 과제를 통해 정립되었다. 예를 들어, 왼쪽에 연두색 원을 조명으로 비추어 제시하고 오른쪽에 똑같은 색의 원을 만들되 빨간색, 초록색, 파란색 조명의 세기를 조절하여 섞어 만들어 보라고 했을 때 사람들은 이 일을 매우 정확히 수행할 수 있었다. 이는 빨간색과 초록색의 조합으로 존재하지 않는 제3의 색을 지각할 수 있음을 의미하므로 3원색 이론을 지지한다. 오늘날 안과에서 색 지각 능력을 정밀하게 측정할 때 **색각경**(Anomaloscope)이라는 장비를 사용하는데 이때도 색 혼합 과제가 사용된다(☞Google: RGB Anomaloscope).

시각의 색 탐지

3원색 이론은 신경과학에서 지지를 받고 있다. Dartnell 등(1983)은 34~74세 성인 남녀 7명의 망막을 기증받아 빛탐지세포들의 흡수율을 조사하였다. 이 사람들은 눈 주변에 악성종양으로 눈을 제거해야만 하였을 뿐 눈 자체의 능력은 정상이었다. 이 연구자들은 수술실 밖에서 대기하고 있다가 외과의사들에게 안구를 넘겨받아 어둠침침한 방에서 망막세포들을 분리해 냈다. 그리고 매우 좁은 파장만 가진 빛을 막대세포와 세 종류의 원추세포들에 쪼여 특정 파장을 얼마나 많이 흡수하는지를 살펴보았다.

실험 결과(그림 2-5)에서 알 수 있듯이 세 가지 종류의 원추세포는 특정 파장에 가장 민감하다. 하지만 다른 파장에도 여전히 반응함을 알 수 있다. 따라서 빨간색, 초록색, 파란색은 각각 장파장, 중파장, 단파장과 대응하므로 3가지 색에 가장 민감한 원추세포를 각각 단파장 원추세포(Short-wave cone, S-cone), 장파장 원추세포(Long-wave cone, L-cone), 중파장 원추세포(Medium-wave cone, M-cone)라고 부르는 게 관습이다. Roorda와 Williams(1999)는 좀 더 멋진 방법으로 3원색 설을 지지하였는데 인간의 눈에서 3원색에 대응하는 원추세포의 분포를 시각적으로 보여주는 기법을 고안하였다(그림 2-6).

그런데 원추세포들 자체의 독립적인 활동만으로는 빛의 세기와 파장을 구별하지 못한다. 이를 **외변산 원리**(principle of univariance)라고 한다. 예를 들어, 빨간색에 가장 민감한 세포에 50 정

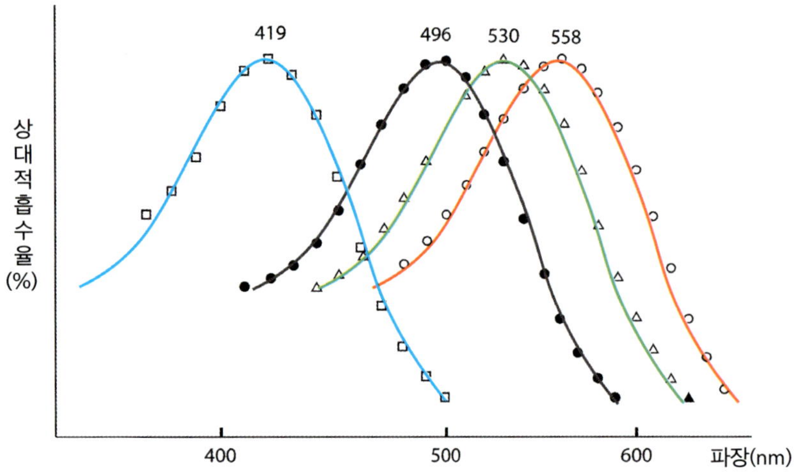

그림 2-5 시각세포의 흡수율.
각 그래프에서 파란색, 초록색, 빨간색 선은 각각 단파장(S), 중파장(M), 장파장(L)에 민감한 원추세포들의 흡수율이며, 회색은 밝기에 민감한 막대세포의 흡수율이다. 그래프 위의 값은 최대 흡수율이다. 각 점은 원자료이며, 곡선은 자료맞춤을 통해 구한 것이다(Dartnell 등, 1983).

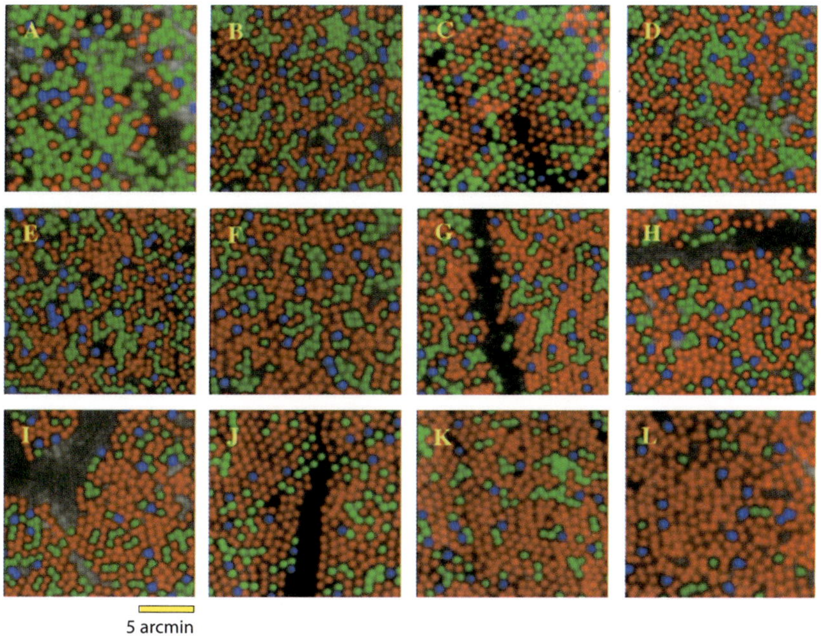

그림 2-6 가색(psudocolor) 기법으로 표시한 색탐지 세포들의 분포(Roorda & Williams, 1999; Williams, 2011).
각 그림은 정상적인 색 시각 능력을 갖춘 12명의 망막에서 얻은 것으로 파란색, 초록색, 빨간색 점들은 각각 단파장, 중파장, 장파장에 민감한 원추세포를 의미한다. 원추세포의 분포가 개인마다 크게 다름을 알 수 있다. 하지만 이 사람들의 색 시각이 모두 정상이라는 사실은, 색 지각은 눈이 아닌 뇌의 역할이 중요함을 시사한다.

도 세기의 빨간색 빛이 전달될 때와 100 정도 세기의 초록색 빛이 전달될 때 비슷한 수준으로 활성화될 수 있으므로 빛이 어두운 빨간색인지 밝은 초록색인지 구분할 수 없다. 시각체계가 이 문제를 해결하는 전략은 주변의 여러 세포가 받는 신호를 참조하는 일이다. 만일 이 세포 옆에 초록색에 가장 민감한 세포가 있다면 100 정도 세기의 초록색에 대해 빨간색에 가장 민감한 세포보다 더 높은 반응을 일으킬 것이므로 뇌에서는 탐지된 빛이 초록색이라고 판단할 것이다. 이 비교는 원추세포들로부터 정보를 전달받은 이후의 신경세포들 사이의 연결을 통해 일어나는데 망막 하층, 외측슬상핵, 대뇌피질이 등 다양하다.

그렇다면 왜 눈은 모든 색깔에 각각 대응하는 원추세포들을 망막에 배치하지 않고 단지 3가지 종류의 세포들만 망막에 두었을까? 이것은 해상도의 경제학 때문이다. 사람이 볼 수 있는 모든 색깔에 대응하는 세포들을 따로따로 망막에 배치했다고 생각해 보자. 그렇다면 이들이 차지하는 공간 때문에 위치적 정밀성이 크게 떨어질 것이다. 즉, 이 모든 세포가 들어차는 데 가로 1cm×세로 1cm 넓이의 망막 공간이 필요하다고 하였을 때, 이 단위 공간으로 단지 한 점의 색밖에 처리하지 못한다면 좋은 전략이 아니다. 이런 경제성 원리는 TV나 컴퓨터 모니터에서 볼 수 있다. 이 방식의 디스플레이에서 픽셀(Pixel: Picture element, Picture cell)이라는 개념은 화면의 최소 단위를 말하며, 픽셀 하나에 빨강(Red), 초록(Green), 파랑(Blue)을 담당하는 서브픽셀(subpixel)이 존재하고, 이 세 서브픽셀의 조합으로 색을 표현한다(☞샛길 2).

물체 표면에 색을 가진 입자들이 매우 가까이 붙어 있을 때 서로 섞인 것처럼 보이는데 이를 색 동화(color assimilation)라고 한다. 색 동화는 주변에 있는 색들이 서로 비슷해지는 현상이므로 주변 색과 달라 보이는 색 대비와 반대이다. 색 동화는 표면의 색을 구분하기 위해서는 최소한의 공간 역치가 필요함을 시사한다. 회화에서 점묘법(pointillism)을 이용하여 그린 그림은 색 동화를 일으킨다.

색 동화는 원반을 재빨리 돌려 만들 수도 있다. 원반 색 혼합(disk color mixture) 또는 뉴턴이

샛길 2 RGB 디스플레이에서 색 표현

빨강, 초록, 파랑, 이 3가지 색은 빛의 3원색으로 알려져 있다. 그림 2-7은 픽셀 하나가 서브픽셀 3개로 이뤄져 색을 표현하는 예를 보여 준다. LCD 모니터의 경우 RGB 값을, 각각 0~255까지 256개씩 모두 16,777,216개의 색을 표현할 수 있다. 예를 들어, 3가지 색의 서브픽셀 모두를 255 값으로 설정하는 경우 흰색으로 보인다. 이는 윈도우즈 보조 프로그램인 그림판에서 확인할 수 있다. 모니터 빛은 색을 더할수록 색이 밝아지는 가산 혼합(additive color mixture)이 일어나므로 3가지 색의 빛이 더해질수록 흰색으로 보인다.

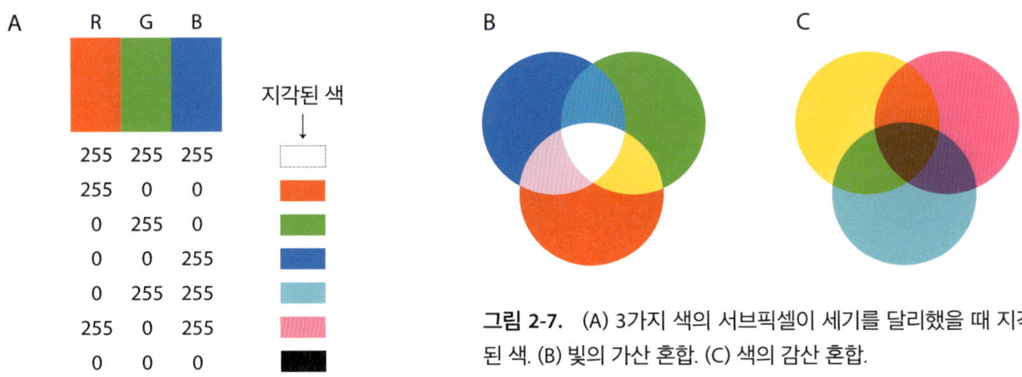

그림 2-7. (A) 3가지 색의 서브픽셀이 세기를 달리했을 때 지각된 색. (B) 빛의 가산 혼합. (C) 색의 감산 혼합.

그림 2-8은 모니터에서 빨간색, 초록색, 파란색을 따로 투사하여 천연색을 표현하는 예를 보여 준다. 물감의 경우 색을 더할수록 상대의 빛을 흡수하게 되어 색이 어두워지는 감산 혼합(subtractive color mixture)이 일어난다. 화가들은 빨간색, 파란색, 노란색을 색의 3원색이라고 한다. 컬러프린터의 경우 토너의 색을 처음부터 명도가 높은 밝은 자주색(magenta), 청록색(cyan), 노란색(yellow)을 쓰고, 좀 더 순수한 검정을 표현하기 위해 검은색을 추가한다.

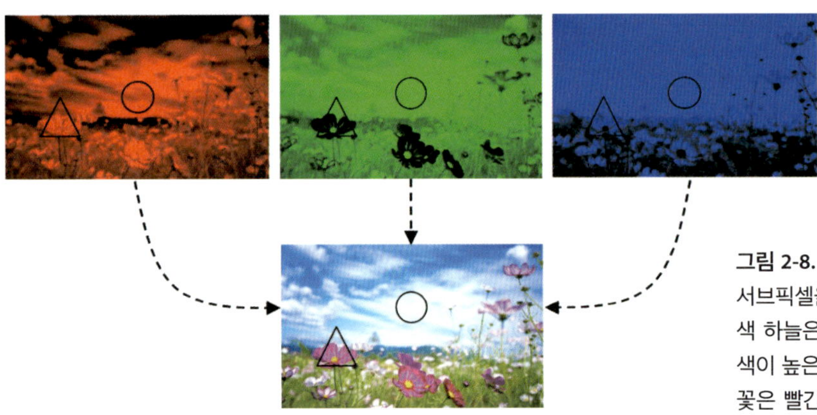

그림 2-8. 모니터는 빨간색, 초록색, 파란색 3개의 서브픽셀을 섞어 색을 표현한다. 아래 그림에서 흰색 하늘은 각각 위 그림에서 빨간색, 초록색, 파란색이 높은 값으로 표현됨을 알 수 있다(원). 분홍색 꽃은 빨간색과 파란색이 최곳값이며 초록색은 값이 낮아 검은색을 띤다(삼각형).

개발했기 때문에 뉴턴 원반(Newton disk)이라고 불리는 현상으로 2가지 이상의 색으로 칠한 원반을 빨리 돌리면 두 색의 혼합색이 지각된다. 이 결과는 물체의 표면색을 정확히 탐지하는 데 최소한의 공간이 필요하듯이 움직이는 대상에 대해서도 최소한의 시간이 필요함을 시사한다. 이때 광자(photon)라는 개념을 이용하면 이해가 쉽다. 즉, 특정 표면의 색을 탐지하기 위해서는 그 표면에서 날아오는 최소한의 광자가 필요하다. 일정한 속도로 광자가 눈에 도달한다고 했을 때, 일정한 시간 동안 표면이 그 자리에 서 있어야 할 것이다. 그런데 원반이 계속 돌아간다면 눈으

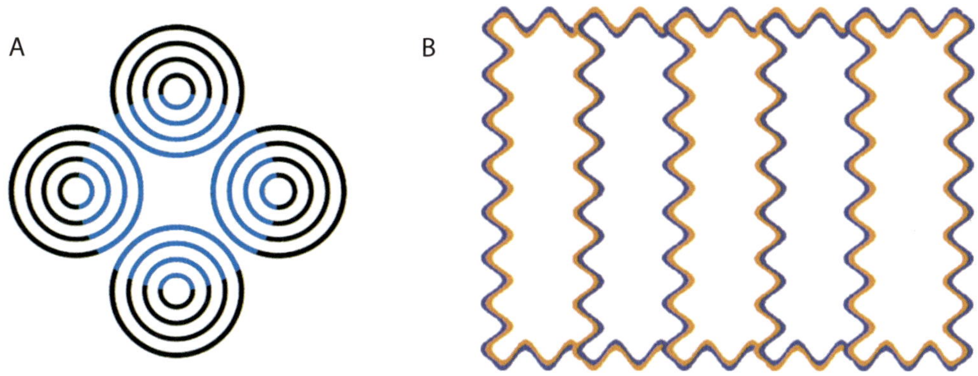

그림 2-9 네온 확산 색과 수채색 효과(Pinna & Grossberg, 2005).

로 전달되는 광자는 여러 표면에서 오는 혼합일 것이다. 따라서 여러 색이 혼합되어 지각된다(☞YouTube: disk color mixture). 그런데 공간적 해상도가 충분함에도 색 동화는 일어날 수 있다. 네온 확산 색(neon spreading color)과 수채색 효과(watercolor effect)는 대표적인 예로, 실제는 흰 바탕인데 주변의 색으로 번진 것처럼 보인다. 그림 2-9에서 A와 B의 하얀 바탕이 각각 파란색과 주황색이 번진 것처럼 보인다. 이러한 색 동화는 대뇌피질에서 일어나는 것으로 추정될 뿐 아직 명확한 기제는 알지 못한다(Komatsu, 2006).

색 탐지 결함

색은 물체를 탐지하는 데 매우 중요한 단서를 제공한다. 그림 2-10은 이를 잘 보여 준다. 인간을 비롯해 단지 몇 종의 영장류만이 빨간색, 초록색, 파란색을 구별할 수 있으며 이를 3원색 체계(trichromatic system)라고 한다. 대부분 다른 동물들은 노란색과 파란색만 구분하는 2원색 체계(dichromatic system)를 가지고 있다. 사람의 경우 3원색을 탐지하는 원추세포의 기능적 결함으로 색 시각이 완전하지 못할 수 있는데 이를 색맹(color blindness, achromatopsia)이라고 한다. 흥미롭게도 망막의 원추세포 결함으로 색맹을 경험하는 대부분 사람은 남성으로, 전체 남성 중 2% 정도로 조사된다. 특정 색에 대한 색맹을 체험하는 일은 포토샵이나 인터넷에서 제공하는 간단한 프로그램을 이용해 가능하다(☞Google: Color Blindness Simulator). 그림 2-11은 Colblindor 사이트에서 제공하는 프로그램을 이용하여 구현한 색맹 시범이다. 여기서 볼 수 있듯이 정상 색 시각자에게 풍성하게 보이는 장면이 색맹이 있는 사람에게는 빈약하게 보일 수 있다.

색을 구별하지 못하면 일상생활에서 어려움에 직면할 수 있다. 신호등을 잘 구분하지 못할 수도 있고, 과일이 얼마나 잘 익었는지 음식이 얼마나 잘 요리되었는지 알아보지 못할 수도 있

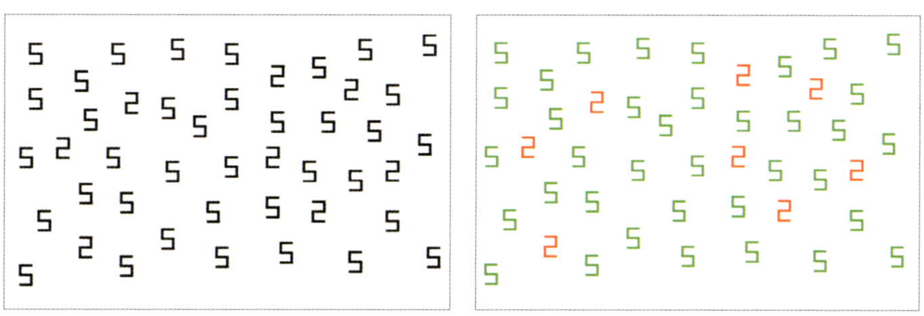

그림 2-10. 숫자 5와 2가 서로 다른 색일 때 구별하기 쉽다.

그림 2-11 색 시각 이상 시범. (A) 정상 색 시각. (B) 빨간색 탐지 이상 시각. (C) 초록색 탐지 이상 시각. (D) 파란색 탐지 이상 시각(경남대학교 정문 앞 튤립 정원).

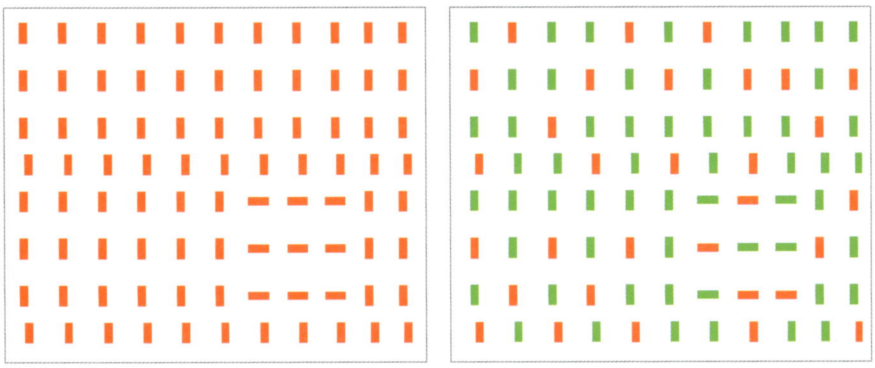

그림 2-12. 막대들이 모두 같은 색인 경우 방향이 다른 영역이 쉽게 구별되지만, 다른 색인 경우는 구별이 어렵다. 두 그림에서 목표는 제 4사분면에 있다. 실제 실험에서 막대들은 모두 초록색 또는 빨간색이었다. 한 자극 그림은 막대가 모두 30x30개였으며, 모니터에 0.2초만 제시되었다.

다. 그렇지만 모든 경우에서 불리한 것만은 아니다. Morgan 등(1992)은 매우 당연하면서도 재미있는 실험을 하였다. 그림 2-12와 같은 자극을 만들어 0.2초만 보여 주고 정상 색 시각자들과 적녹 색맹자들에게 방향 또는 크기가 다른 막대들이 몇 사분면에 있는지를 버튼 4개 중 하나를 눌러 반응하게 하였다. 실험 결과, 찾아야 하는 목표가 모두 빨간색 또는 초록색으로 같은 경우 두 집단 모두 비슷한 정확률을 보였다. 그런데 빨간색과 초록색이 섞여 있는 경우 3원색을 모두 잘 구별하는 사람들보다 오히려 이 색들을 잘 구별하지 못하는 사람들이 더 정확하였다. 즉, 정상 색 시각자들은 색들에 현혹되어 목표를 찾기 어려웠지만 적녹 색맹자들은 그렇지 않았다.

대립색 이론

Ewald Hering(1872) 색 잔효 실험을 통해 대립색 이론(opponent color theory)을 제안하였다. 색 잔효(color aftereffect)를 이해하기 위해 그림 2-13의 시범을 수행해 보라. 검은색, 빨간색, 파란색 영역은 색 적응 이후에 각각 흰색, 초록색, 노란색으로 대체될 것이다. Hering은 색 잔효 과제를 통해 왜 특정 색끼리만 색 잔효가 일어나는지를 확인하였고, 3원색 이론으로는 색 잔효가 설명되지 않으므로 다른 추가적인 설명이 필요하다고 제안하였다(☞샛길 3).

오늘날 색 대립 가설은 신경과학적인 증거로 지지된다. 1장에서 망막의 신경절세포는 수용장 중심과 주변의 밝기 신호에 대한 길항적인 반응을 보인다고 배웠다. 색에 대해서도 비슷한

샛길 3 Hering의 관찰은 옳았는가?

Hering의 색 잔효 실험에서 그가 보고한 색 잔상은 실제와 다르다는 지적이 최근에 있었다. Manzotti(2017)는 참여자들에게 다양한 색 잔상을 보고하게 하였는데, 특히 빨간색을 20초 동안 응시한 후 흰 바탕을 보았을 때 99% 참여자들은 초록색이 아닌 청록색(cyan) 잔상을 경험하였다(그림 2-13으로 돌아가 확인해 보라. 좀 더 분명한 효과를 얻고 싶으면 파워포인트로 이 그림을 그리고 컴퓨터 모니터로 확인해 보는 것이다). Manzotti(2017)의 RGB 필터 모형에 따르면, 우리 눈은 빨간색에 적응되었을 때 빨간색 처리 신경세포에 피로가 오고, 이때 바탕의 흰색을 보게 되면 빨간색, 초록색, 파란색이 우리 눈에 전달되는데 빨간색은 처리되지 못하고, 초록색과 파란색만 처리되어 이 두 색의 조합인 청록색이 지각된다. 다른 색 잔상 역시 이 모형으로 간단히 설명할 수 있다. 이 연구는 주류 학술지에 실리지 않았지만 현상이 분명하므로 Hering의 제안에 바탕을 둔 대립색 이론은 재고될 가능성이 크다. Hering 이후 얼마나 많은 위대한 학자들이 이 잘못된 관행을 따랐는가!

일이 일어나는데 초록색-빨간색 조합과 파란색-노란색 조합으로 일어나는 것으로 밝혀졌다. 즉, 중심 또는 주변에 초록색 또는 빨간색이 신호될 때 흥분 또는 억제되는 신경절세포들이 있으며, 중심 또는 주변에 파란색 또는 노란색이 신호될 때 흥분 또는 억제되는 세포들이 각기 존재한다(그림 2-14). L, M, S는 각각 빨간색, 초록색, 파란색에 민감한 원추세포이다. 노란색은 빨간색과 초록색에 민감한 원추세포의 합산된 활동으로 발생한다. 대립색에 대한 길항적 반응을 보이는 세포는 망막에서도 관찰되지만 동심원 구조로 길항적인 반응을 보이는 세포는 외측슬상핵(LGN: lateral geniculate nucleus)에서 확인된다(De Valois 등, 1966). 예를 들어, R+/G- 세포는 중심에 빨간색, 주변에 초록색 신호가 떨어질 때 최대 흥분을 보인다. 만일 수용장 전체를 빨간색이 뒤덮으면 가장 높은 수준은 아니어도 기저선보다는 높은 수준으로 흥분하지만 초록색 신호가 전체를 덮으

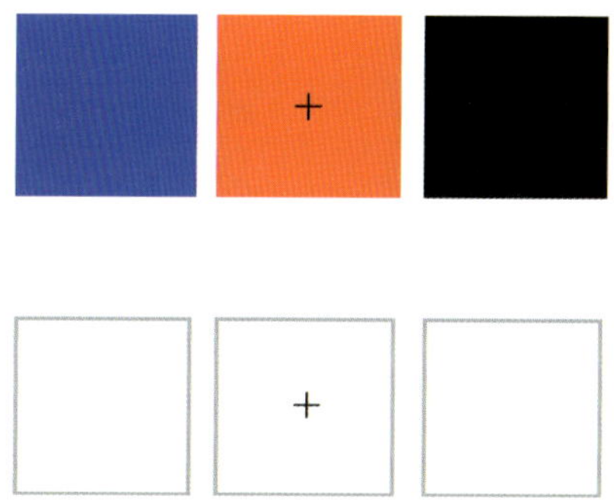

그림 2-13 색 잔효 실험.
위쪽 십자를 30초가량 응시한 후 아래쪽 십자로 재빨리 시선을 옮겨 보라. 무슨 색이 보이는가?

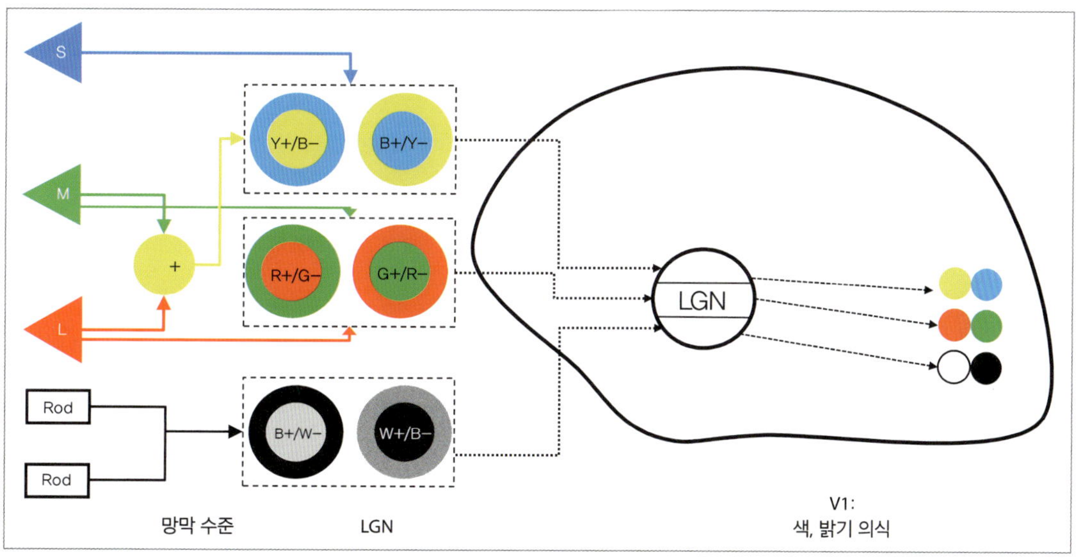

그림 2-14 대립색의 신경 모형.
망막 수준에서 3가지 파장에 민감한 원추세포들과 밝기에 민감한 막대세포들이 빛 신호를 받는다. 단파장(S) 원추세포의 신호는 중파장(M)과 장파장(L)의 합산된 신호(노란색)와 대립한다(Y/B). 중파장(M)과 장파장(L)의 신호는 서로 대립한다(R/G). 막대세포에서 온 밝고 어두운 신호는 대립한다(B/W). 이 3가지 대립세포들의 신호는 LGN을 거쳐 시각피질에 도달하여 색이 의식된다(+는 흥분, -는 억제를 의미한다).

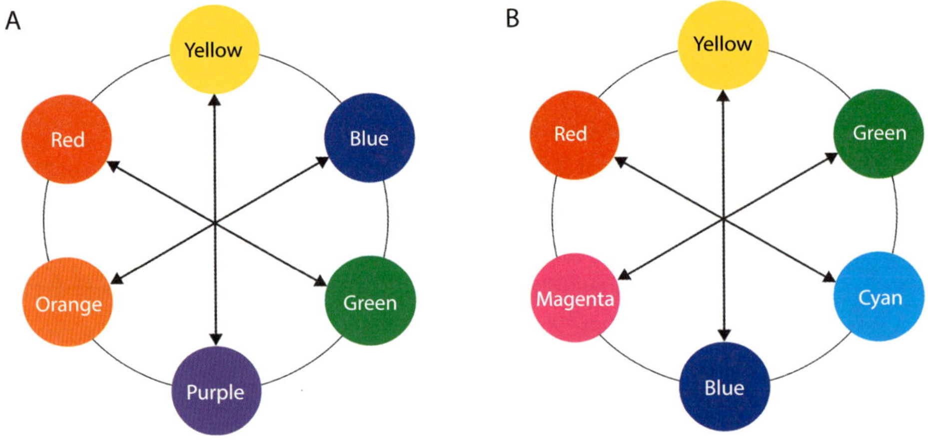

그림 2-15. (A) 물감의 혼합에 따른 보색 관계. (B) 잔상에 따른 보색 관계이며, 빛의 물리적 보색과 거의 일치한다.

면 기저선 아래로 억제된다. 반대로 G+/R-는 중심에 초록색, 주변에 빨간색 신호가 떨어질 때 최대로 흥분한다. 이 모형에 따르면 색 잔효가 일어나는 이유는 대립색을 한동안 응시할 경우 해당 색을 처리하는 세포가 점점 피로해지다가 흰색을 바라보게 되면 함께 묶여 있던 다른 세포의 활동이 상대적으로 증가한 것으로 계산되기 때문이다.

색을 원으로 늘어놓은 색환(color wheel)에서 대응하는 색을 보색(complementary color)이라고 한다. 그런데 색환을 어떻게 정의하느냐에 따라 보색은 다양하게 다를 수 있다. 크게 물리적 보색과 심리적 보색으로 나눈다. 물리적 보색은 색을 섞었을 때 무채색이 되는 관계를 말한다. 가산 혼합의 원리를 따르는 빛에서 보색과 감산 혼합의 원리를 따르는 물감에서 보색은 서로 다르다. 화가들이 그림을 그릴 때 대상을 배경에서 돋보이게 하도록 사용하는 보색대비(complementary color contrast)는 후자를 말한다. 심리적 보색은 색 잔상에서 나타나는 대응을 말한다. 그림 2-15는 물감의 보색과 심리적 보색의 예를 보여 준다.

그렇다면 왜 지각체계는 3원색 처리에 대립색 처리를 더한 이중처리(dual process)를 채택하였을까? 이에 대한 명확한 설명은 아직 없다. 이 질문에 답하는 가장 빠른 길은 대립색 처리 세포들의 활동을 모두 정지시키고 결과를 지켜보는 것이다. 이에 따른 검증은 현재 기술로는 어렵다. 그 대신 정보처리적 관점에서, 3원색 처리만 거쳤을 때 비해 대립색 처리를 추가했을 때 정보가가 높은 신호가 추출되는 효과를 가져온다(Buchsbaum & Gottschalk, 1983). 이를 이해하기 위해서는 외변산 원리로 다시 돌아가야 한다. 여기서 3가지 종류의 원추세포는 각각 특정 파장에 가장 민감하게 반응할 뿐 다른 파장에도 둔감하게나마 반응하므로, 어떤 색을 탐지하는 데 애매함이 남아 있다. 원추세포가 특정 파장에 대해 민감하게 반응하는 것을 효율성(efficiency)이라고 하며 효율성이 높다는 것이 색을 구별할 수 있다는 뜻은 아니다. 특히 중파장과 장파장에 민감한 세포들의 반응영역은 서로 크게 중첩된다. 따라서 서로의 반응은 높은 상관을 보인다. 그러므로 이 세포들의 하위 세포들은 상관이 높은 신호를 굳이 많이 받을 필요가 없다. 그보다는 서로 상관이 적은 신호가 정보로서 가치가 있다. 예를 들어, 무기력 질문지를 개발한다고 하자. '나는 온종일 재미가 없다'라는 질문과 '나는 무엇을 해도 신이 나지 않는다'라는 질문에 '아주 그렇다'부터 '아주 아니다'의 7점 척도로 응답하게 했을 때, 사람들의 답변이 거의 언제나 일치하여 상관이 높다면 굳이 두 질문을 모두 사용할 필요가 없다. 하나만 고르고 다른 하나는 버리는 게 효율적인 질문지이다. 이와 같이 대립색 처리는 원추세포들이 보내온 상관이 높은 신호를 약화시키고 서로 다른 신호에 가중치를 부여하는 역할을 하여 색에 대한 민감도를 높인다.

V1에 모인 색 정보는 V2를 거쳐 V4에 이른다. 원숭이의 V4에 있는 세포들은 특정 색에 선택적으로 민감한 반응을 보인다(Zeki, 1983). 인간의 경우에도 흑백 그림을 볼 때와 천연색을 볼 때 뇌활동에서 V4 영역이 차이를 보인다(Lueck 등 1989). 이에 따라 색 중추는 V4라고 제안된다. 실제로 이 영역의 손상은 색 지각의 결함을 초래할 수 있다(Zeki, 1993). 대뇌 수준에서 색 처리 이상으로 색 지각에서 결함을 보이는 것을 **대뇌색맹**(cerebral achromatopsia)이라고 한다. 다음으로 V4의 신호는 하측두엽(IT), 해마, 전두엽 등 상위 수준의 뇌 영역으로 보내진다. 이 영역들은 색에 대한 명명, 경험, 감정 등의 개인적 기억들을 담고 있다. 어떤 환자들은 색 처리와 색 지식이 제대로 연결되지 못함을 보여 준다(Tanaka 등, 2001). 예를 들어, 바나나를 흑백으로 보여 주고 이것이 무엇인지 그리고 실제 색은 무엇인지 말하라고 했을 때 바나나라고 말하지만 노란색을 떠올리지는 못한다. 또는 특정 색을 보여 주고 무슨 색인지를 말해 보라고 했을 때 대답을 하지 못한다. 이러한 증거들은 색 지각과 색과 관련된 지식의 연결이 해리됨을 보여 준다. 그러므로 V4 이후의 여러 뇌 영역은 색에 관한 지식을 맡고 있으며, 색 지각의 가장 높은 수준의 처리를 담당하는 것으로 추론된다(Zeki & Marini, 1998).

색/밝기 항등성

색과 밝기는 물체 표면의 고유 흡수율과 반사율뿐만 아니라 광원의 변화에 의해 바뀔 수 있다. 햇빛이 쨍쨍할 때가 있는가 하면 황혼처럼 어두운 노란색이 가득할 때가 있다. 또한 다양한 인공조명들은 저마다 다른 색과 밝기로 세상을 비춘다. 만약 조명에 따라 물체 표면의 색과 밝기를 지각한다면 큰 혼란에 빠질 것이다. 그런데 다행히 우리는 광원의 변화에도 물체의 색/밝기를 안정되게 보는데 이를 **색/밝기 항등성**(color/lightness constancy)이라고 한다. 색 항등성에 관한 아이디어는 오래전부터 존재하였다. 그러나 완전하게 설명하는 이론은 아직 나타나지 않았는데 지각체계는 색 항등성을 매우 다양한 기법을 이용하여 획득하는 것처럼 보인다.

표면의 고유한 밝기인 **반사율**(reflectance, albedo)은 조명과 관계없이 언제나 일정하다. 따라서 반사율을 아는 것이 밝기 항등성을 획득하는 길이다. 예를 들어, 흰색의 반사율은 90% 이상이며, 검은색의 반사율은 5% 이하이므로 이를 알면 표면이 무슨 색인지 알 수 있다. 그런데 반사율을 알기 위해서는 조명 세기를 알아야 한다. 문제는 일상에서 조명은 대체로 감춰져 있다는 것이다. 그럼에도 사람들은 색/밝기 항등성을 대체로 잘 획득한다! 이 문제를 **Hering의 패러독스**(Hering's paradox)라고 한다(Gilchrist 등, 1999). 조명과 물체의 표면 성질의 관계가 가져오는 문제를 좀 더 자세히 생각해 보자.

우리 눈에 들어오는 물체에 반사되는 빛의 세기와 파장은 단지 조명만이 아니고 물체의 표면 성질에 의해서도 달라질 수 있다. 예를 들어, 흰 종이에 약한 불빛을 비추면 약한 빛이 반사되고 이와 똑같은 세기의 빛을 회색 종이에 강한 빛을 비춰서도 만들 수 있다. 또는 초록색 조명을

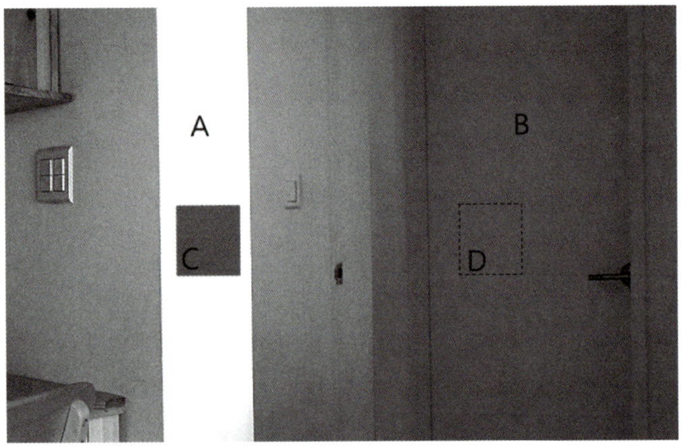

그림 2-16. 면 A와 B는 눈에 맺히는 빛 세기가 다르지만 같은 흰색으로 보인다(밝기 항등성). 면 C는 비록 D와 눈에 맺히는 빛 세기는 같지만, 조명 조건이 A와 같아 진한 회색으로 보인다(동시밝기대비).

비추면 흰 종이는 초록색 파장을 우리 눈에 보내는데 이는 흰색 빛을 초록색 종이에 비출 때도 그렇다. 물론 이렇게 똑같은 상황은 3차원 모델링 프로그램상에서나 가능하겠지만 이론적으로 불가능한 일은 아니다. 따라서 우리 눈에 들어오는 빛 정보가 무엇을 의미하는지 그 자체는 애매하다고 할 수 있다. 그럼에도 일상에서 우리는 광원에서 나온 빛 때문인지 표면 반사 때문인지 헷갈리는 경우가 매우 드물다.

그림 2-16은 가정집 실내를 보여 준다. 이 집의 벽은 똑같은 흰색 페인트로 칠해져 있다. 하지만 조명이 하나이기 때문에 방향에 따라 눈에 비치는 빛의 세기가 다르다. 기둥이 있는 A 부분에서 우리 눈으로 들어오는 빛은 강하고 문이 있는 B 부분에서 들어오는 빛은 약하다. 그런데 정말로 A 부분은 더 하얀 페인트로 칠해져 있고 B 부분은 어두운 회색 페인트로 칠해져 있을 수도 있다. 그리고 조명이 여러 개 있어 모든 면을 똑같은 세기로 비추고 있다면 같은 결과가 나올 수 있다.

그림 2-17 색의 애매성. (왼쪽) 노란색 종이 위에 흰 조명. (오른쪽) 흰 종이 위에 노란색 조명.

색에 대해서도 같은 문제가 발생할 수 있다. 먼저 어떤 물체 표면의 밝기를 조명된 밝기와 표면의 고유 밝기로 구분하듯이 색에 대해서도 조명의 색과 표면색에 따라 구분할 필요가 있다(☞샛길 4). **조명된 색**(light color)이란 조명 색으로 인해 표면이 특정 파장으로 보이는 것을 말하며, **표면색**(surface color)이란 물체 표면의 고유한 성질에 의해 결정되는 것을 말한다. 조명된 색과 고유색을 구분하기 위해서는 두 색을 모두 알아야 한다. 하지만 대부분 조명은 감춰져 있으며 사람들은 조명을 일일이 확인하지 않아도 색을 잘 구분한다. 즉, 눈에 비치는 대상만 보고 사람들은 정확히 고유색을 잘 알아낸다. 예를

샛길 4 조명된 밝기와 표면의 고유 밝기

영어권에서는 조명된 밝기를 brightness, 표면의 고유 밝기를 lightness로 구분하여 부르지만, 아쉽게도 우리말에 이 두 용어에 대응하는 말은 없다. 이 각각을 조명된 **밝기/명도(brightness)**, **고유밝기/명도(lightness)**라고 부르면 어떨까? 조명된 밝기는 조명 수준과 관련이 깊고 '환하다', '어둡다'와 같은 용어로 표현되며, 고유 밝기는 표면색과 관련이 깊어 흰색, 회색, 검은색 등으로 표현된다. 실제 실험에서 이 두 밝기를 실험하는 방법도 다르다. 조명된 밝기 연구에서 참여자는 제시되는 자극의 빛 세기에 주의하도록 요구받는 반면, 고유 밝기 연구에서 참여자는 표면색에 주의하도록 요구받는다.

들어, 그림 2-17을 보자. 이론적으로 눈에 맺힌 원의 색을 조명된 색과 고유색을 조절해서 똑같이 만들 수 있다. 실제로 이런 상황에서 우리는 조명된 색과 고유색을 거의 구분하지 못한다. 그렇다면 어떻게 사람들은 일상생활에서 이런 혼란을 겪지 않고 정확히 색/밝기를 지각하는 것일까? 이것이 색/밝기 항등성에 관한 문제이다.

밝기의 비율 원리

형태주의 심리학자인 Gelb(1929/1937)는 밝기 실험에서 가장 중요한 발견을 하였다. 그가 발견한 것은 우리가 어떤 표면의 밝기를 판단할 때 표면의 고립된 **절대적 밝기**(absolute lightness)가 아니라 주변의 다른 표면의 밝기 **관계**(relation)에서 나오는 **상대적 밝기**(relative lightness)에 의존한다는 사실이다(☞샛길 5).

Wallach(1948)는 Gelb의 실험에서 큰 영감을 얻어 사람들이 상대적 밝기를 어떤 과정을 거쳐 지각하는지를 살펴보았다. 그의 실험에서는 그림 2-19처럼 고리와 원으로 구성된 두 쌍의 자극이 강한 불빛으로 제시되었다. 한 쌍은 비교 자극으로 조명 밝기가 고정되었고(A와 B), 다른 한 쌍(C와 T)은 실험 자극으로, 비교 자극의 원(A)과 실험 자극의 원(T)의 밝기가 같아 보일 때까지 실험 자극의 고리(C)의 밝기를 바꿔 가며 제시되었다. 이렇게 자극의 세기를 처음에 임의로 더 어둡거나 밝게 보이는 지점에서부터 시작해서 점진적인 단계로 바꾸어 제시하면서 관찰자에게 같아 보이는 지점을 찾는 방법을 **한계법**(method of limits)이라고 한다. 이와 비슷한 개념인 **조절법**(method of adjustment)은 참여자가 두 면이 같아 보일 때까지 직접 단추를 조작하는 것이다.

샛길 5 Gelb의 시범

관찰자는 어두운 방으로 안내되고 과제는 곧 등장하게 될 사각 면의 색을 말하는 것이다. 사각 면은 모두 무채색이었다. 사각형이 5개가 준비되었고 뒤쪽은 모두 쇠막대로 따로따로 연결되어 처음에는 천장을 향하고 있었다. 각 사각형은 실험자가 쇠막대를 90° 방향으로 꺾어서 관찰자 정면으로 내리게 할 수 있었다(뒤에 경첩이 달려 있어 꺾이는 게 자유로웠다). 5개의 사각형이 내려오게 될 영역에는 매우 강한 불빛이 비치고 있었지만, 빛이 떨어지는 벽면 쪽에는 책상이 놓여 있어 관찰자에게는 보이지 않았다. 맨 먼저 가장 어두운 사각형이 내려왔고 불빛 안에 놓였다(그림 2-18에서 1번). 이 사각형은 사실은 완전한 검은색이었지만 불빛을 받아 물리적 밝기는 주변보다 높은 상태이다. 관찰자는 놀랍게도 밝은 회색 또는 흰색으로 보인다고 말한다. 그런데 두 번째 좀 더 밝은 회색이 내려오면 이번에는 처음에 보았던 사각형이 갑자기 검은색으로 보이면서 두 번째 내려온 사각형이 흰색으로 보인다고 말한다. 좀 더 밝은 회색인 세 번째 사각형이 내려오면 이번에는 두 번째 사각형이 갑자기 어두운 회색으로 바뀌고 맨 처음에 보았던 사각형은 아주 검게 보인다. 이런 식으로 좀 더 밝은 사각형이 내려올 때마다 새로 나타난 사각형이 가장 흰색으로 보이고 다른 나머지 사각형들은 점점 어두운색으로 보인다. 이 시범은 깜깜한 방에서 파워포인트로 미리 회색 사각형을 5개 만들어 두고 마우스로 하나씩 나타나게 하면 비슷하게 경험할 수 있다. 수업 시간에도 이를 활용하는 데 학생들의 반응은 놀랍다!

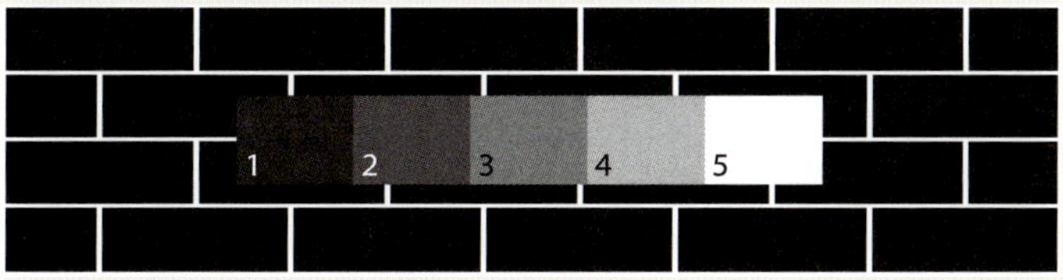

그림 2-18 Gelb의 계단식 시범.
무채색의 반사율이 점진적으로 다른 5개의 사각형을 준비하여 1번부터 5번까지 하나씩 내리면서 강한 조명으로 비춰 주면 새로 나타난 사각형이 늘 흰색으로 보이고 이전에 보았던 것은 늘 어두운색으로 보인다(숫자는 실제 실험에서 보이지 않음)(Cataliotti & Gilchrist, 1995).

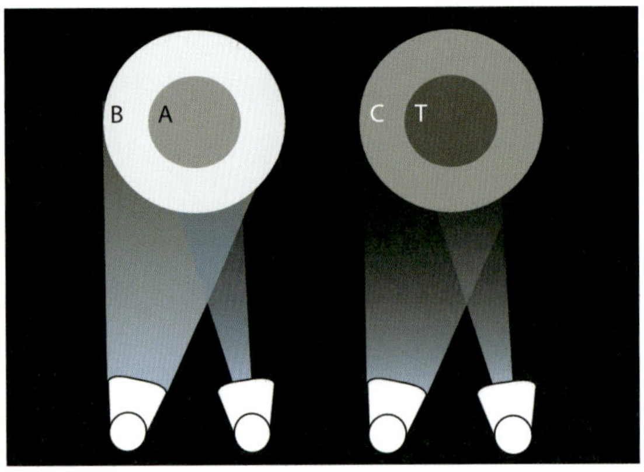

그림 2-19 Wallach의 실험 자극 예시.
(왼쪽) 비교 자극. (오른쪽) 실험 자극. 실험자는 참여자가 A와 T가 같은 색처럼 보일 때까지 C를 바꿔 제시하였다(실제 현장에서 볼 때와 종이로 인쇄된 것을 볼 때 다름에 주의해야 한다).

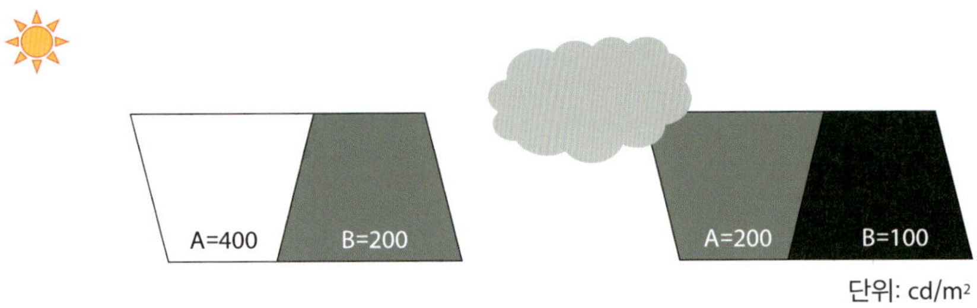

그림 2-20.
(왼쪽) 햇빛 아래에 있어 조명 수준이 강하다. (오른쪽) 햇빛이 구름에 가려 조명 수준이 낮다. 두 조명 조건에서 두 면의 절대적 밝기는 달라도 상대적 밝기는 2:1로 같다.

한계법과 조절법은 모두 2개의 비교되는 자극이 동시에 제시되므로 색 대응이라는 더 큰 범주에서 보았을 때 같은 방법이다. 색 대응 방법을 사용했을 때 단점은 참여자가 실험 과제가 요구하는 밝기가 조명된 밝기인지 고유 밝기인지를 혼동할 수 있다는 점이다. 따라서 실험자는 참여자에게 실험 전에 어떤 밝기를 보고해야 하는지를 분명하게 알려야 한다.

실험 결과, 목표 자극의 원 밝기와 주변 고리의 밝기는 늘 일정한 비율이 유지됨이 밝혀졌다. 즉, 비교자극의 원과 고리의 휘도가 200과 400이었다면 실험 자극에서 목표인 원의 밝기가 100으로 제시되면 참여자들은 고리의 밝기가 대략 200 정도일 때 비교 자극의 원과 실험 자극의 원의 밝기가 같아 보인다고 보고하였다. 따라서 이 실험 결과는 어떤 물체의 표면 밝기는 인접 표면의 밝기와 비율에 의해 정해짐을 시사하는데 이를 비율 원리(ratio principle)라고 한다. 실제로 햇빛 아래서 보는 환경과 햇빛이 구름에 가려진 환경을 볼 때 전체 밝기는 어두워지겠지만, 물체들의 상대적 밝기 비율은 그대로 유지된다. 따라서 Wallach의 실험 결과는 광원 조건의 변화에도 일상생활에서 밝기 항등성이 유지되는 현상을 멋지게 설명하는 것처럼 보인다(그림 2-20).

그렇지만 비율 원리만으로 밝기 항등성이 설명되지 않는데 어떻게 밝은 면과 어두운 면이 구체적으로 흰색, 회색 또는 검은색 등과 같이 고유색이 결정되는지의 과정이 필요하다. 이를 기점화(anchoring) 문제라고 한다. 이에 Wallach(1948)은 가장 밝은 면이 흰색으로 기점화되고 나머지 다른 면들은 흰색을 기준으로 비율 원리에 의해 밝기가 상대적으로 결정된다고 제안하였다. Gilchrist 등(1999)은 반구를 이용한 자극 제시를 통해 실제로 어두운 회색과 더 어두운 회색을 제시했을 때 더 밝은 면이 흰색으로 지각됨을 증명하였다.

비율 원리는 극단적인 밝기 환경에서는 적용되지 않을 수도 있다. 예를 들어, 그림 2-19처럼 두 쌍의 원으로 자극을 구성하되 비교 자극의 쌍의 원과 고리를 각각 900과 1,000cd/m^2으로 매우 밝게 제시하고, 실험 자극의 원과 고리를 각각 90과 100cd/m^2으로 상대적으로 매우 어둡게 제시할 때, 두 쌍의 원과 고리의 밝기가 9:10의 같은 비율이 된다고 해서 목표 자극 두 원이 같은 밝기로 지각되는 것이 아니라 900으로 제시된 원이 90으로 제시된 원보다 한참 밝아 보일 수 있다. 나중에 지적되었지만(Gilchrist, 1980), 이 실험에서 간과된 다른 변인은 4개의 자극이 한꺼번에 비교된다는 점이었다. 즉, 각 쌍에서 원과 주변 고리는 서로 국지처리(local process)를 이룸과 동시에 다른 쌍에 대해 전역처리(global process)가 작용한다. 따라서 인접한 2개의 표면 이외에 동시에 다른 표면이 조금 멀리 떨어진 곳에 제시된다면 이 표면 때문에 가까이 붙어 있는 두 표면의 밝기 관계도 변할 가능성이 있다. 하지만 만일 그림 2-19의 자극 쌍이 동시에 제시되지 않고 다른 방에 따로따로 제시된다면 국지처리와 전역처리가 같으므로 비율 원리가 유지되는 것으로 밝혀졌다.

색적응 이론

우리 시각체계는 광원의 변화에 적응한다. 영화가 시작한 뒤에 영화관에 들어간 기억을 떠올려 보라. 처음에는 잘 보이지 않아 간신히 중간에 비어 있는 자리를 찾는다. 자리에 앉은 후에야 서서히 실내가 잘 보이게 된다. 담임 선생님과 사모님 옆자리에 앉게 된 친구도 있다! 반대로 영화관에서 바깥으로 나올 때는 눈이 부셔 제대로 보기 어렵다. 빛탐지세포들은 광원에 적응하는 능력이 있는데 어둠에 대한 것을 암적응(dark adaptation) 밝음에 대응하는 것을 명적응(light adaptation)이라고 한다. 암적응은 명적응에 비해 상당히 긴 시간 동안 일어나는데 원추세포와 막대세포의 적응 시간이 다르기 때문이다(그림 2-21).

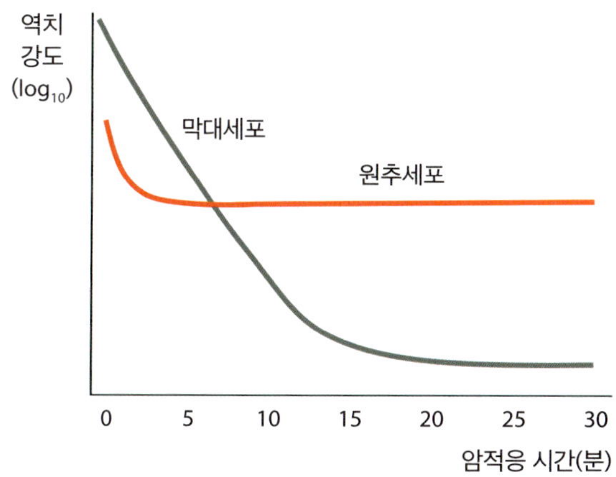

그림 2-21 빛탐지세포의 적응 곡선.

또한 조명의 색에 대한 적응도 일어나는데 이를 유채색 적응(chromatic adaptation)이라고 한다. 예를 들어, 빨간색 조명 아래 있다가 초록색 조명 아래로 가면 서서히 조명 색이 중립적인 것처럼 지각될 수 있다. 이것은 특정 파장에 대해 담당 원추세포가 점차 피로해지면서 일어나는 것으로 추론된다. 그러나 적응 이론으로 색/밝기 항등성을 설명하는 데 중요한 한계가 있다. 적응은 눈에 보이는 전체 이미지에 대한 전반적인 민감도에 대해서는 말해 주지만 이미지를 구성하는 표면들의 구조의 효과에 대해서는 아무것도 말해 주지 못한다.

레티넥스 이론

폴라로이드 회사를 세운 Edwin Land(1909~1991)는 카메라, 필터, 조명 분야에서 많은 발명을 하였는데 인간의 색 지각 과정에도 관심이 높았다. 그는 Wallach의 비율 원리에 큰 감명을 받았는데 색 처리 과정 역시 조명의 세기와 관계없이 변하지 않는 특징인 반사율과 비슷한 특징을 이

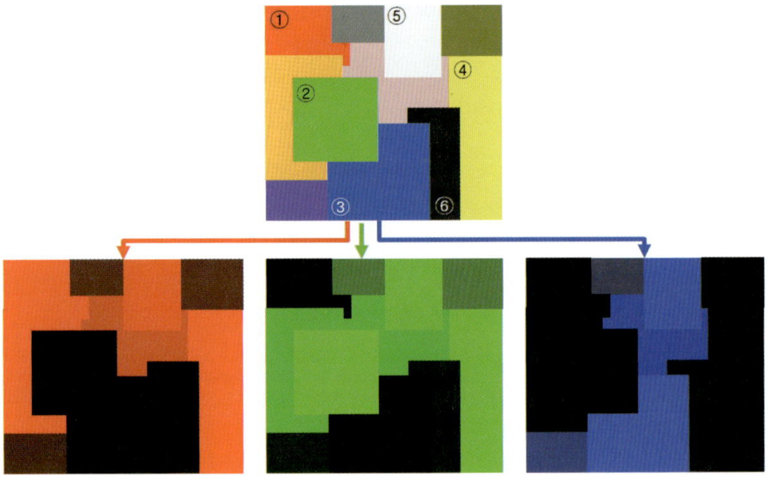

그림 2-22 레티넥스 이론 예시.
(위) 제시된 원 자극. (아래) 빨간색, 초록색, 파란색 조명만 비췄을 때. 위에서 1~6번 영역은 아래 각 채널에서 자체적으로 밝기 서열이 다름을 알 수 있다.

용할 것으로 추측하였다. 그가 제안한 레티넥스(retinex) 이론은 망막(retina)과 대뇌(cortex)의 합성어로 색은 눈과 대뇌의 작동으로 처리된다는 뜻이다. 이 이론의 논리는 아름다울 만큼 간단하다. 즉, 3가지 종류의 원추세포는 자신들에게 떨어진 빛을 색 자체가 아니라 자신들의 기준에 의해 밝기를 계산하고, 계산 결과를 서로 비교하여 나온 결과물이 색이라는 것이다(Land, 1977).

이 설명을 이해하기 위해 그림 2-22를 보자. 그는 화가인 Mondrian의 그림을 연상시키는 자극을 벽에 제시하고 빨간색, 초록색, 파란색의 3가지 조명을 조합하여 비추었다. 관찰자들의 과제는 특정 표면의 색을 맞추는 것이었다. 물론 3가지 조명을 동시에 비추었을 때 사람들은 거의 완벽하게 색을 맞추었다. 그런데 2가지 조명만 비추어도 거의 완벽하게 맞추었다. 빨간색 조명과 초록색 조명을 비추었을 때 파란색 파장은 없었으므로 망막에도 파란색이 닿지 않았다. 그럼에도 관찰자들이 색을 정확히 보는 데는 문제가 없었다.

레티넥스 이론으로 이 일이 어떻게 가능한지 생각해 보자. 그림 2-22에서 영역 1은 빨간색 조명에서 가장 밝으며 다른 두 조명에서 매우 어둡다. 이때 각 세 영역을 대략 100, 5, 5라고 밝기 세기를 갖는다고 가정하자. 여기서 색을 복원하기 위해 단순히 세 값을 조합하여 100:5:5의 비율로 빨간색, 초록색, 파란색 조명을 비추면 된다. 그러면 빨간색이 나타난다! 마찬가지로 영역 5번은 세 채널 모두에서 밝으므로 100:100:100으로 조명을 비추면 흰색이 나온다(물론 표면의 밝기 세기는 다양하므로 각 조명 안에서 밝기 강도에 따라 표면 밝기의 서열을 세밀하게 정해야 하는 문제는 남아 있다). 이 이론에서 3가지 종류의 원추세포는 각각 저마다 대상을 비추는 특정 조명처럼 특정한 색만을 투과시키는 필터의 역할을 한다고 제안한다. 그러므로 색은 탐지되는 것이 아니라 비교를 통해 얻어지는 결과물인 셈이다. 레티넥스 이론은 색 탐지만이 아니라 색 항등성도 설명할 수 있다. 만일 대상이 빨간색 조명이나 파란색 조명을 좀 더 강하게 비출지라도 각 채널의 비교 결과는 상대적으로 결정되므로 달라지지 않는다. 실제로 Land의 실험 결과도 이를 증명하는데 특정 파장의 조명을 강하게 비춰도 사람들은 정확히 색을 맞출 수 있었다.

레티넥스 이론을 인간의 색 지각에 적용하기에 몇 가지 제약이 있다. 첫째, 이 이론에서 조명이 대상을 균일하게 비추는 것으로 가정하지만 실세계에서 조명은 다양한 곳에 위치하여 일부분을 비추기도 한다. 둘째, 이 이론에서 조명은 2차원 평면을 비추고 있지만 실세계는 3차원 구조이다. 따라서 대상의 구조와 그림자 및 음영에 의해 망막에 맺힌 색이 다를 수 있다. 이 제약에도 사람들은 색을 거의 정확히 볼 수 있다. 현재 연구자들은 정확히 색 항등성이 어떻게 일어나는지 알지 못하지만 Land의 제안과 같은 채널들의 규칙적 상관을 이용하는 기제와 함께 경험을 통해 체득한 다양한 어림법들을 동원하는 것으로 추정하고 있다. Land의 레티넥스 이론은 오늘날 디지털카메라에서 채택하고 있는 정교한 색 처리 알고리즘의 이론적 기초가 되었다.

무의식적 추론

Hermann von Helmholtz(1821~1894)는 조금 다른 제안을 하였다. 즉, 비록 조명을 볼 수는 없지만 다양한 경험을 통해 조명의 특징을 무의식적으로 추론하는 능력이 있을 수 있다는 것이다. 이를 무의식적 추론(unconscious inference)이라고 한다. 예를 들어, 낮에만 생활하는 사람들은 삼파장이 골고루 있는 햇빛에 익숙해져 이를 추론하여 대상의 색/밝기를 지각할 것이다. 반대로, 파란색과 초록색 파장이 많이 분포되어 있는 인공조명에 익숙해진 사람들은 이를 고려하여 대상의 색/밝기를 지각할 것이다. 최근에 있었던 드레스 색 논란은 조명의 무의식적 추론과 관련이 깊다.

드레스 색 논란

그림 2-23에 제시된 모네의 그림에서 그늘진 부분은 약한 파란색이지만, 사람들은 파란색이 아닌 흰색으로 지각한다. 물론 그늘진 부분에만 집중해서 색을 보고하게 하면 약간 파랗게 보인다고 말할 것이다. 색에 대한 경험 효과는 그림자에서 강력하게 나타날 수 있다. 이에 관한 또 다른 강력한 현상은 애매한 드레스 색이다.

한때 인터넷에서 큰 논란이 되었던 드레스 색 현상에 대해 살펴보자(그림 2-24). 1,400여 명을 조사한 연구에 따르면, 이 드레스를 파란색과 검은색으로 보는 사람이 57%, 흰색과 금색으로 보는 사람이 30%, 갈색과 연한 파란색으로 보는 사람이 11%였다(Lafer-Sousa 등, 2015). 이 드레

그림 2-23 모네의 그림(*The Magpie*, 까치).
그늘에 있는 눈의 색 자체는 약간 파란 색이 도는 회색이다. 사람들은 유독 파란 색을 그림자로 지각하려는 경향이 강하다(Churma, 1994; Winkler 등, 2015).

그림 2-24 드레스 색 착시.
드레스의 원이 놓인 두 지점과 같은 색을 오른편의 검사지에서 하나씩 골라보자. 흰색-금색으로 보는 사람이 파랑-검정으로 보는 사람보다 조금 밝은 쪽을 고를 가능성이 있지만, 아주 큰 차이는 보이지 않는다. 그렇지만 옷 색을 고르라고 하면 큰 차이를 보일 수 있다.

스의 조명된 색 자체는 갈색과 연한 파란색이므로 대부분의 사람이 보는 색은 조명된 색이 아닌 드레스의 고유색으로 추론된다. 그림 2-24의 두 지점에 대응하는 색을 오른쪽 색 검사지에서 고르게 하면 아마도 흰색과 금색으로 보는 사람들이 더 밝게 보거나 파란색과 검은색으로 본 사람들이 좀 더 파랗거나 어둡게 볼 가능성은 있다.

그렇다면 왜 어떤 사람은 흰색-검은색으로 드레스를 보고 어떤 사람은 파란색-금색으로 볼까? 어떤 학자들은 망막의 색 탐지 세포들의 차이에서 설명을 찾으려고 한다. 그렇지만 그럴 가능성은 매우 낮다. 그 이유는 앞서 그림 2-6에서 보았듯이, 개인마다 망막의 색 탐지 세포들의 배열과 수에서 큰 차이를 보이지만 색 지각에 아무런 문제를 보이지 않기 때문이다. 따라서 드레스 색 현상은 뇌 수준에서 설명을 찾는 게 합리적으로 보인다. 먼저 이 드레스가 우리 눈에 제시되는 조건을 살펴볼 필요가 있다. 이 드레스는 고정된 채로 우리 눈에 투사되며 옷 이외에 다른 맥락은 없다. 이렇게 주어진 단서가 제한된 경우 사람들은 조명된 색과 고유색에 대한 이전 경험에 의존할 가능성이 크다.

Lafer-Sousa 등(2015)의 조사에 따르면 여성이 남성보다 드레스를 흰색-금색으로 보는 비율이 높았고, 나이가 많을수록 흰색/금색으로 보는 경향이 강하였다. 이 연구자들은 이 성별 효과와 나이 효과를 사람들의 조명에 대한 경험 차이로 설명하였다. 즉, 낮에는 파란 하늘로 인해 단파장의 파란색 조명이 강한데 낮에 주로 활동하는 사람들의 경우 이 파란색 조명을 낮추어 드레스를 흰색-금색으로 볼 가능성이 크다는 것이다. 즉, 드레스에서 약간 파란 색 줄무늬 부분에서 파란색을 조명이라고 생각하여 흰색으로 본다. 반면, 야간에는 백열등, 형광등, 할로겐 등처럼 따뜻한 색상의 인공조명이 많은데 이 조명 색은 장파장(노란색과 빨간색)에 가깝고 이에 익숙한 사람들은 장파장의 조명을 디스카운트하여 드레스를 파란색-검은색으로 볼 가능성이 크다는 것이다. 즉, 드레스에서 약간 파란 색 줄무늬 부분에 따뜻한 색의 조명이 비친 것으로 생각하여 더 진한 파란색으로 본다. 결국 여성과 나이가 적은 사람일수록 주로 낮에 활동하므로 상대적으로 야간의 인공조명 경험이 적어 드레스를 흰색-금색으로 본다는 것이다. 따라서 여러분에게 이 드레스가 만일 파란색-검은색으로 보인다면 야간 활동을 많이 했음을 시사한다. 이 말에 동의하는가?

드레스 색 현상 자체는 토끼/오리 애매한 상처럼 애매한 상의 범주에 속한다(☞4장 참조). 그런데 애매한 상 연구를 고려하면, 학습된 조명의 차이가 이 드레스 색 논란을 완전히 설명하지는 않는 것으로 보인다. 왜냐하면 토끼/오리 그림처럼 애매한 도형들에서 사람들은 두 대상을 번갈아 지각하는데 드레스 색은 거의 고정된 것으로 지각되기 때문이다. 아마도 아직 알려지지 않은 생리적인 이유가 남아 있을 가능성이 있다. 예를 들어, 동공의 크기와 드레스 색 지각이 관련되어 있을 수 있다는 제안이 있으며(Vemuri 등, 2015), 망막에서 단파장 흡수율에서 차이 때문이라는 제안이 있다(Brainard & Hurlbert, 2015).

표면의 구조와 밝기 지각

실생활에서 물체의 표면은 3차원 구조를 갖는다. 이에 따라 조명을 더 받는 표면이 있고 그렇지 못한 표현이 있다. 따라서 색/밝기 항등성을 획득하기 위해서는 표면의 3차원 구조를 잘 파악해야 한다. 이에 대한 증거들은 풍부하다. 2가지 대표적인 실험을 살펴보자.

3차원 구조 효과

Gilchrist(1977)는 밝기 지각은 표면의 3차원 배치 방향이 밝기 지각에 영향을 주는지를 살펴보았다. 그는 그림 2-25와 같은 실험 자극 상자를 고안하였다. 2개의 종이를 직각으로 붙여 'ㄱ' 자로 된 배경 구조의 윗면은 흰색으로 아랫면은 검은색이었다. 이 배경 구조 모서리에 작은 사다리꼴 형태의 실험 종이를 부착하였고, 관찰자들은 이 종이의 표면색을 보고하는 것이었다. 실험 종이 중 하나는 흰색, 다른 하나는 검은색이었고, 부착된 위치 때문에 한 눈으로 보면 흰색 종이는 검은색 바탕과 동일한 표면의 한 부분으로 보였고, 두 눈으로 보면 실제 구조가 드러나 흰색 바탕과 동일 표면으로 보였다. 관찰자들은 두 집단으로 나뉘었고 한 집단은 한 눈으로 실험 자극을 들여다보았고 다른 집단은 두 눈으로 들여다보았다. 이들의 과제는 두 실험 종이를 관찰한 후, 고개를 아래로 돌려 별도의 형광등이 내장된 상자 속 먼셀 회색 스케일(Munsell Gray Scale)에서 2개의 회색을 고르는 것이었다. 이때 잠깐이지만 위에서 보았던 색을 머릿속에 기억해야 한다. 먼셀 회색 검사지는 16개의 작은 무채색 조각으로 구성되는데 가장 어두운색은 2에서부터 0.5씩 증가하여 가장 밝은 흰색은 9.5의 값을 가진다. 실험 결과, 참여자들은 한 눈으로 볼 때와 두 눈으로 볼 때 실험 자극의 밝기를 반대로 지각하였다. 따라서 이 결과는 밝기 지각은 표면의 3차원 구조를 반영함을 시사한다.

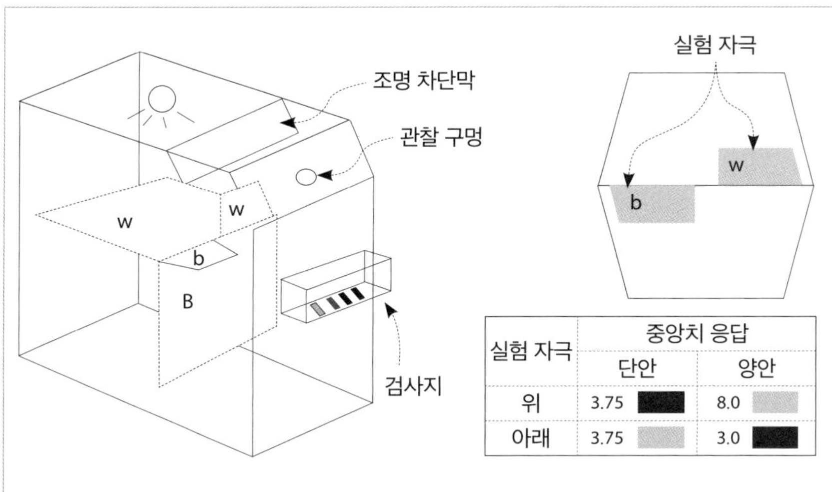

실험 자극	중앙치 응답	
	단안	양안
위	3.75	8.0
아래	3.75	3.0

그림 2-25 실험 개요(Gilchrist, 1977).
(왼쪽) 실험 상자. 조명은 가려져 있어 관찰자는 어디에서 빛이 오는지 몰랐다. 관찰 구멍을 통해 관찰자는 단 한 번 들여다보고 2개의 실험 자극이 각각 어느 색상인지 16개 검사 조각에서 하나씩 골랐다. (오른쪽 위) 관찰자에게 보이는 자극 모습. b는 검은색이었고 w는 흰색이었지만, 놓인 방향을 조절하여 눈에 맺히는 빛 세기는 동일하였다. (오른쪽 아래) 실험 결과, 한 눈으로 볼 때는 검사 자극의 실제 구조를 파악하지 못하여 b는 누워 있는 것으로 w는 서 있는 것으로 지각되며, b가 w보다 훨씬 밝게 지각되었다. 하지만 두 눈으로 보게 했을 때 두 검사 자극의 실제 방향을 알 수 있었고, w를 b보다 더 밝게 지각하였다.

조명과 음영 효과

Adelson(1993)은 컴퓨터 모니터를 이용하여 밝기 지각에 대한 표면의 3차원 구조 효과를 살펴보았다. 그림 2-26의 왼쪽 그림에서 A와 B면은 물리적으로 동일한 밝기이다. 그렇지만 A보다 B가 더 밝아 보인다. 그런데 똑같은 면이 가운데 그림 같은 구조에 대비가 거의 사라진다. 이 연구에서 참여자들은 A면과 똑같은 밝기로 보이도록 B면의 밝기를 조절하였다. 조절을 할 때마다 자극은 0.5초만 제시되었는데 구조를 무시하고 두 면의 밝기가 면밀히 비교하는 것을 막기 위해서였다. 실험 결과, 왼쪽 그림의 경우 B면을 A면보다 34%가량 밝게 보았고, 오른쪽

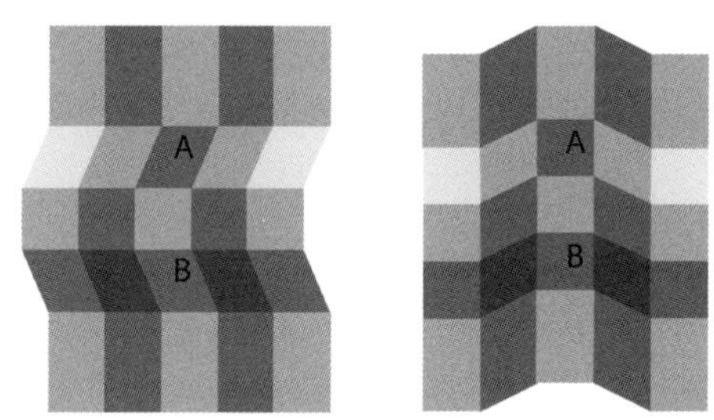

그림 2-26 골판지 착시.
(왼쪽) A가 B보다 더 어두워 보인다. (오른쪽) A와 B가 거의 비슷하게 보인다. 이는 표면 밝기에서 표면의 3차원 구조가 고려됨을 시사한다(Adelson, 1993).

그림 조건에서는 10% 정도 더 밝게 보았다. 따라서 구조에 따라 밝기대비에서 차이가 나타났다. 이는 각 두 면이 방향에 따라 다르게 집단화되기 때문일 것이다. 즉, 왼쪽 그림의 경우 A면은 좌우에 있는 면들과 함께 같은 방향을 향하고 있는데 다른 면들이 더 밝으므로 상대적으로 표면색이 어둡기 때문으로 추론된다. 한편, B면의 경우 함께 방향을 향하고 있는 다른 면들에 비해 비슷하거나 더 밝기 때문에 조명이 어두운 조건이라면 표면색이 밝기 때문이라고 추론할 수 있다. 따라서 이 두 추론에 의해 조명의 이점이 덜함에도 물리적으로 같은 밝기인 B면이 표면이 더 밝을 것이라고 추론할 수 있다. 그런데 오른쪽 그림의 인접한 면들의 밝기는 동일하지만 구조가 바뀌어 A와 B가 같은 방향을 향하고 있다. 따라서 조명에서 같은 조건이라는 추론 때문에 밝기 차이가 거의 일어나지 않은 것으로 풀이된다.

색/밝기대비

물체 표면의 밝기는 주변에 비교되는 표면에 따라 더 밝거나 어둡게 보이는데 이를 색/밝기대비(lightness contrast)라고 한다. 예를 들어, 모기는 갈색 벽지보다 흰색 벽지에 앉았을 때 더 검게 잘 보인다. 기원전부터 화가들은 이 현상을 잘 알고 있어 돋보이고 싶은 물체는 주변을 대비된 색을 칠하였다. 우리나라의 경우에도 오래전부터 산수화를 그리거나 도자기에 그림을 넣을 때 밝기대비를 이용한 표현을 쉽게 볼 수 있다(그림 2-27). 이렇게 달을 밝게 보이고자 달 영역은 흰 종이 그대로 둔 채 주변의 구름을 어둡게 그리는데 이를 홍운탁월(烘雲拓月) 기법이라고 한다.

만일 대비를 일으키는 표면이 동시에 두 쌍이 서로 배열되어 이중으로 대비를 일으키는 경우를 동시밝기대비(simultaneous lightness contrast)라고 한다(그림 2-28). 동시밝기대비는 일상에서 흔히 볼 수 없는 현상으로 괴테가 1810년에 처음 보고하였다(Wade, 2000). 앞서 그림 2-16에서 보았듯이, 동시밝기대비는 단순히 착시가 아니라 색/밝기 항등성을 추구하려는 과정에서 나오는 것으로 이해해야 한다.

동시밝기대비를 보여 주는 그림은 생리학에서 밝혀진 외측억제(lateral inhibition) 기제에 대한 소개와 함께 종종 등장한다. 외측억제 이론에 따르면, 예를 들어 A와 B라는 면이 서로 붙어

그림 2-27 김홍도의 *소림명월도*(1745).

그림 2-28 동시 색/밝기대비.

샛길 6 말굽게의 외측억제

Hartline(1949)은 바다에 사는 말굽게(horseshoe crab)의 시각 조직을 탐구하였다. 말굽게가 가진 2개의 복합눈은 각각 약 1,000개의 낱눈으로 구성되어 있고 이들 각각이 빛 탐지를 하는 탐지기 역할을 하는데, 인간의 빛탐지세포보다 100배가량 크기 때문에 연구하기가 수월하였다. Hartline은 일렬로 붙어 있는 낱눈들의 활동을 볼 수 있는 전기 탐침기를 낱눈 안쪽에 꽂고 윤곽이 매우 분명한 불빛을 특정 낱눈 위에만 쪼였다. 이때 빛탐지세포의 활동은 발화율을 이용하여 표현하는데 1초에 일어나는 신경 충동의 수를 말한다(그림 2-29). 실험 결과, 빛을 쪼인 탐지세포에서 발화율이 증가하였고, 빛을 끄면 평소대로 감소하였다. 이 결과는 당연히 예상된 것이었다. 그런데 빛을 쪼인 탐지세포 바로 옆에 있는 탐지세포들의 활동은 정반대로 발화율이 기저선 이하로 감소되는 현상이 관찰되었다. 외측억제라는 말은 훨씬 전부터 있었던 것이지만, 이렇게 신경 활동으로 드러나기는 처음이었다. 얼마 뒤 많은 연구에서 외측억제 현상은 인간과 시각 조직이 비슷하다고 여겨지는 원숭이의 망막에 있는 신경절세포에서도 발견되었다(이는 1장에서 이미 설명하였다). 물론 원숭이의 시각 신경이 외측억제를 일으키는 기제는 말굽게보다 훨씬 복잡하지만 결과는 매우 비슷하다.

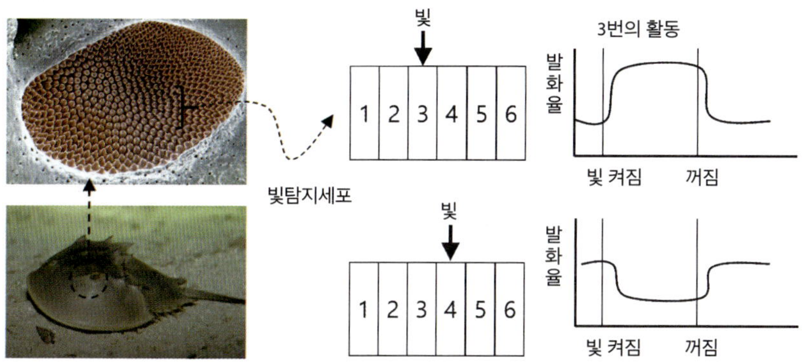

그림 2-29 외측억제 시범. 말굽게의 낱눈 3번에 빛을 쪼였을 때와 그 옆 4번에 주었을 때 3번 세포의 발화율. 빛이 켜지고 꺼짐에 따라 발화율의 변화가 있다. 처리 속도로 인해 빛에 대한 반응이 약간 늦다.

있고, A보다 B가 밝다면 A는 어둡게 보이는 현상을 예측한다(☞샛길 6). 바로 동시밝기대비를 설명할 수 있다. 즉, 왼쪽에 놓인 작은 사각형은 주변의 밝은 사각형 때문에 더 어둡게 보이는 것이다. 그렇지만 외측억제 설명에는 적어도 2가지 한계가 있다. 외측억제는 말 그대로 밝음이 어두움을 만들어 내는 것이며, 어두움이 밝음을 만들어 내는 외측촉진은 아니다. 따라서 그림 2-28에서 검은색 사각형은 이 안에 둘러싸인 작은 회색 사각형의 밝기에 대해서는 아무런 역할을 하지 못함을 예측한다. 그렇지만 이 검은색 사각형의 역할도 동시밝기대비 크기에 매우 중요하다. 또한 외측억제가 일어나는 범위는 매우 좁아서 경계선 정도에서 밝기 변화를 이끌어 내며 동시밝기대비에 적용될 정도는 아니다.

더욱이 고양이의 V1의 신경활동을 살펴본 다른 연구에서, 주변 밝기가 바로 옆에 붙어 있지 않고 10~20°(50cm 거리에서 볼 때 약 9~18cm의 간격) 이상 떨어진 거리에 있는 공간의 밝기에 간섭을 받아 회색 자극을 맡은 신경세포들의 활동이 더 증가하거나 감소하는 것으로 나타났다(MacEvoy 등, 1998). 이 결과는 밝기대비가 바로 붙어 있는 면들끼리 상호작용만으로 일어나는 것이 아니라 먼 거리에 있는 표면에 의해서도 일어날 수 있음을 시사한다. 시각처리의 좀 더 상위 수준에 위치한 신경세포들의 활동에 관한 이러한 연구들은 망막 수준의 외측억제로 설명하지 못하는 부분을 매우 성공적으로 보완하고 있다.

그렇다면 위에서 제기한 밝기대비에 대한 외측억제설의 한계를 생각하면 또는 아래에 외측억제설과 정반대로 작동하는 밝기대비 현상을 생각해 보면 외측억제설은 폐기되어야 할까? 그렇지는 않아 보인다. 외측억제를 말굽게의 빛 탐지 수준이나 포유류의 망막수준으로 제한한다면 밝기대비에 적용되기 어렵겠지만, 오늘날 외측억제는 대뇌 수준에 있는 신경들 사이에서 흔히 관찰되는 상호작용의 한 유형임이 관찰되었다. Rossi 등(1996)은 고양이의 눈에 회색 사각형을 제시하고 주변 밝기를 어둡거나 밝게 하면서 가운데 회색 사각형이 놓인 공간을 담당하는 제1차 시각피질(V1)에 있는 신경세포들의 활동을 살펴보았다. 그 결과, 이 세포들은 주변이 밝으면 발화율이 감소하였고 어두우면 증가하였다. 발화율이 증가하면 밝게 보았다고 전제하면 전자의 결과는 외측억제로 후자는 외측촉진(lateral facilitation)으로 볼 수 있다. 따라서 이 연구 결과는 사람들이 밝기대비 자극을 볼 때 비슷한 신경처리를 거칠 것임을 시사한다.

밝기대비 현상이 신경활동으로 설명되었다고 해서 행동적 수준의 설명이 의미를 잃은 것은 아니다. 다만 같은 현상에 대해 설명의 수준이 다를 뿐이다. 계속해서 밝기대비에 대한 의식적 수준의 설명을 살펴보자.

형태주의 이론

형태주의 심리학자들은 밝기 지각에 대해 형태의 조직화와 소속성을 강조한다. 특히 전경과 배경의 조직화가 중요한데, 어떤 전경의 밝기는 이 전경이 속해 있는 배경에 의존한다. 예를 들어, Benary 십자가(그림 2-30)를 살펴보면 검정 십자가가 있고 2개의 삼각형이 있다. 그런데 이 두 삼각형은 크기와 밝기는 동일하지만 위의 삼각형이 더 밝아 보인다. Benary(1924/1938)에 따르면 위 삼각형은 검정 십자가에 속해 있고, 아래 삼각형은 흰 배경에 속해 있어 각 삼각형의 밝기 기준이 달라 밝기대비가 일어난다. 이에 따라 그는 도형들이 서로 소속되려는 성질인 소속성(belongingness)이라는 개념을 도입하였고 이 차이가 밝기대비를 일으킨다고 설명하였다. 이 결과는 밝기 지각이 도형들의 관계 해석이 우선되기 때문으로 볼 수 있다.

더 분명해 보이는 대비 현상은 White(1981)가 고안한 대비에서도 나타난다(그림 2-30). 회색 사각형들의 밝기는 모두 동일하지만 왼쪽의 사각형들이 더 밝아 보인다. 이 예에서도 왼쪽의 사각형들은 검은색 줄에 소속되고 오른쪽 사각형들은 흰 바탕에 소속되기 때문이라고 설명할 수 있다. Benary 십자가와 White 착시와 같은 전경과 배경에 바탕을 둔 밝기대비 그림들은 교차(junction) 관계로 잘 정리된다. 비슷한 이유로 그림 2-31에서, 왼쪽의 회색 원의 밝기가 오른쪽이 더 어둡게 지각된다. 형태주의자들은 왼쪽 원의 배경은 흰색이고 오른쪽의 배경은 검은색이기 때문이라고 설명할 것이다. 이렇게 구조가 분석되기 위해서는 몇 단계의 깊이로 층들이 나뉘어야 한다. 먼저, 가장 위에 사각형들이 놓여 있어야 하며,

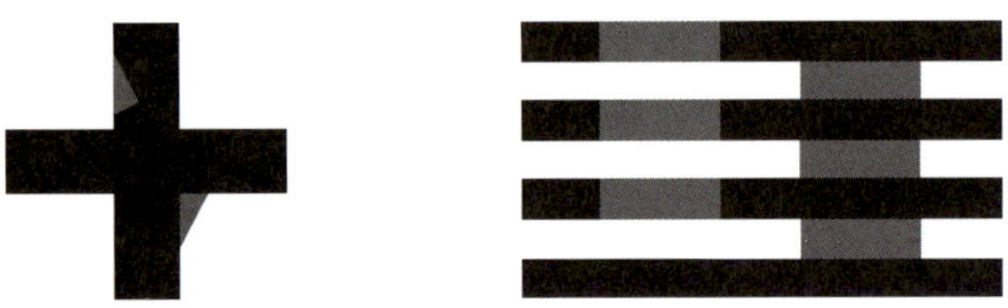

그림 2-30 Benary 십자가 착시와 White 착시. 속해 있는 면에 따라 밝기가 달라 보인다.

그림 2-31 Todorovic(1997)의 자극과 T-교차 원리.

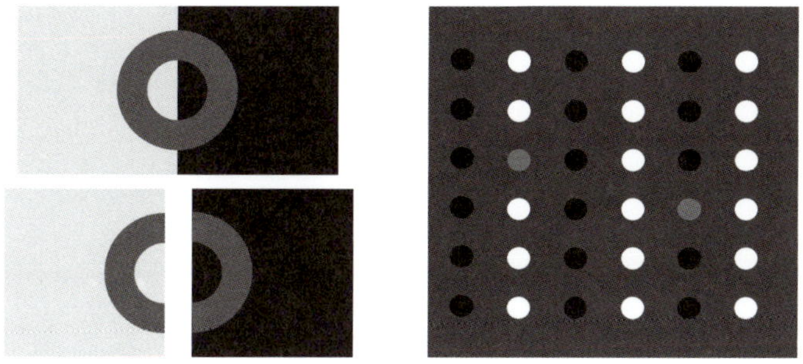

그림 2-32 집단화와 밝기.
(왼쪽) Koffka의 고리(1935). 하나일 때 나타나지 않던 밝기대비가 따로 나눠질 때 나타난다. (오른쪽) 좋은 연속 원리에 의해 흰 줄에 속해 있는 회색 원이 더 어둡게 보이고 검은 줄에 속해 있는 회색 원은 더 밝게 보인다(Agostini & Proffitt, 1993).

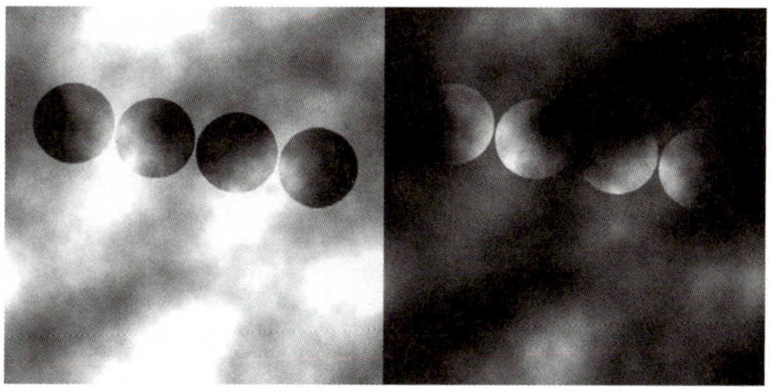

그림 2-33. 물리적으로 똑같은 밝기의 원들이 왼쪽은 어둡게 오른쪽은 밝게 보인다(Anderson & Winawer, 2005). 원 주변을 가리고 확인해 보아야 믿을 수 있다.

그 아래에 회색 원이 있고 그 뒤에 전체 배경이 있어야 한다. 여기서 회색 원과 바탕은 앞에 놓은 사각형들에 의해서 일부분이 가려지는데 이 부분들은 지각적 채움(perceptual filling-in)이 일어나 완전한 원과 구멍이 없는 배경이 회복된다.

이 그림의 전경-배경 구조 분석에서 사각형들과 다른 깊이에 있는 회색 원과 전체 바탕의 분절(segmentation)에 T-교차(T-junction)라는 특징이 매우 중요한 역할을 한다. 즉, T자의 머리 부분에 해당하는 '-'를 모서리로 갖는 면이 맨 위에 있고 그 아래 두 면이 'I' 부분을 차지하는 깊이 층의 위계를 상징한다. 실제로 우리 주변을 살펴보라. 책상 위에 포개져 있는 책들에는 많은 T-교차들이 있고 깊이 관계는 이 해석과 일치한다. Todorovic(1997)은 아마도 시각체계는 이 T-교차를 기반으로 회색 원들의 밝기 판단을 사각형들이 아닌 전체 바탕에 우선으로 두고 할 것이라고 제안한다.

T-교차는 그림 2-32의 Koffka의 고리에도 잘 적용된다. 똑같은 밝기의 회색이 고리 하나를 이룰 때는 대비가 거의 일어나지 않다가 서로 분리될 때 잘 일어나는데 위에서는 맨 위에서 독립적인 고리로 있으면서 밝기의 내적 일관성을 유지하고 있는 반면, 아래서는 각각 밝은 회색과 어두운 회색에 소속된 반원으로 조직화되기 때문으로 볼 수 있다. 밝기대비의 소속성 원리는 형태주의 심리학자들이 주장한 다른 집단화 원리들에 의해서도 쉽게 드러나는데 그림 2-32의 오른쪽은 좋은 연속(good continuation)을 이루려는 점들의 힘에 의해서 흰 점들에 속하는 왼쪽의 회색 점보다 검은 점들에 속하는 회색 점이 더 밝게 지각된다. 이외에도 함께 움직이는 요소들은 집단화되는 원리인 공동 운명(common fate)에 의해서도 밝기대비는 일어난다(Agostini & Proffitt, 1993). 주의해서 살펴본 학생이라면 눈치챘겠지만, 위에서 보여 준 밝기대비 현상들은 말굽게의 낮은 수준에서 볼 수 있는 외측억제설로 설명하기 어렵다. 이 수준의 외측억제설에 따르면 주변 표면이 밝으면 중심 표면이 어두워야 하는데 이 그림들에서는 정반대이거나 주변 밝기 조건이 비슷하기 때문이다.

이미지의 깊이 층의 분절은 반드시 T-교차와 같은 특징으로만 일어나는 것이 아니다. 그림 2-33에 제시된 원들은 자세히 살펴보면 완전히 같은 밝기이다. 그럼에도 왼쪽의 원들은 흰 구름 사이에 검은색 원들이 오른쪽은 검은색 구름 사이에 흰 원들처럼 보인다! 이런 예를 살펴보면 구름과 같은 무정형의 물질도 밝기 지각처리 과정에서 고려됨을 깨닫게 되며, 지각 조직의 이런 정밀한 기능에 대해 새삼 놀라게 된다.

경험 효과

색 지각은 경험과 학습 같은 인지적 요인이 침투하지 못할 정도로 견고한 지각질일까? 그렇지 않으면 경험이 색 지각에 영향을 미칠 수 있을까? 이 논쟁은 오래되었다. 경험이 색 지각에 영향을 준다는 증거들은 꾸준히 제기되었지만 대체로 효과는 크지 않다. 이에 대한 연구들을 몇 가지 살펴보자.

조명은 늘 천장 위나 하늘처럼 늘 위에서 온다. Lotto와 Purves(1999)는 이 규칙이 밝기대비에 유의미한 효과를 미치는지를 살펴보았다. 그림 2-34의 A와 B는 이들이 참여자에게 제시하기 위해 고안한 그림이다. 참여자들에게 위와 아래 중간에 놓인 회색 사각형의 밝기를 판단하도록 묻자 똑같은 그림임에도 조명이 밝은 맥락이 아래에 놓였을 때 밝기대비가 더 큰 것으로 나타났다. 아마도 늘 천장은 바닥보다 어둡다는 경험이 어두운 맥락이 위에 있을 때 더 크게 회색 표면의 밝기 지각에 영향을 미친 것으로 보인다.

계속해서 Purves와 동료들(1999)은 Cornsweet 착시(1970)를 이용하여 경험이 어떻게 밝기대비에 영향을 주는지 살펴보았다. 이 착시에서 밝기가 동일한 두 회색 표면이 가운데 경계선을 점진적으로 어둡게 한 표면이 점진적으로 밝게 한 표면보다 더 어둡게 지각된다(그림 2-35). 같은 자극의 외형을 입체적으로 바꾸고 방향을 똑바르게 돌려서 살펴본 결과 어둡게 보이는 면에 대한 밝게 보이는 면의 착시율이 10%에서 27%로 증가하였다. 이는 변형된 그림이 평소에 사람들이 경험한 조명 수준을 잘 내포하고 있기 때문으로 풀이된다. 즉, 조명이 위에 있다는 추론이 밝기 판단에 개입하여 같은 밝기라면 위에 있는 표면이 실제로는 표면이 훨씬 어두울 것이라는 추론이 가능하다.

그림 2-34 밝기대비의 방향 효과.
A와 B는 위/아래 방향이 다르다. (C) 아랫면 정 가운데 있는 칩과 윗면 정 가운데 있는 칩은 똑같은 색이지만 아래쪽은 주황색으로 위쪽은 갈색으로 보인다(Lotto & Purves, 1999/2002).

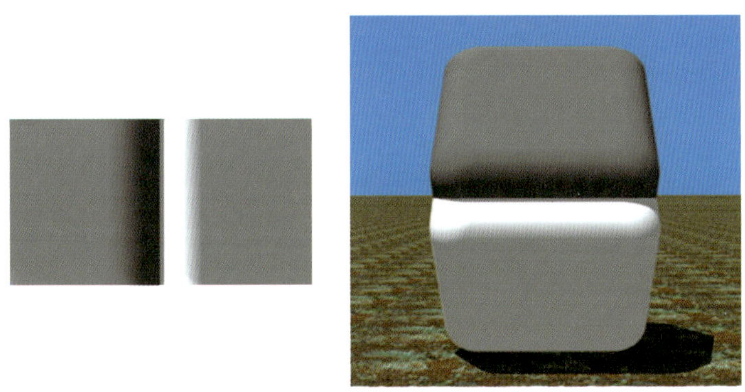

그림 2-35 Cornsweet 착시.
같은 자극을 좀 더 현실적 맥락이 풍부해지도록 똑바로 세우고 모양을 입체적으로 바꾸면 착시가 훨씬 더 커진다(Purves 등, 1999).

기억색

바나나처럼 어떤 물체들은 거의 언제나 같은 색을 보여 준다. 기억색(memory color)은 물체를 볼 때 학습된 색을 지각하려는 경향이다. 기억색 효과를 보여 주는 대표적인 현상은 바나나를 회색으로 보여 주었을 때 옅은 노란색을 지각하는 것이다. 수박의 속도 거의 언제나 붉으므로 이에 대한 기억 효과를 시범할 수 있다. 자른 수박을 각각 자연광, 파란광, 초록광 조명을 가정하여 수박의 색을 조작할 수 있는데(그림 2-36) 실제 색은 다르지만 세 경우 모두 수박색이 붉게 지각될 수 있다.

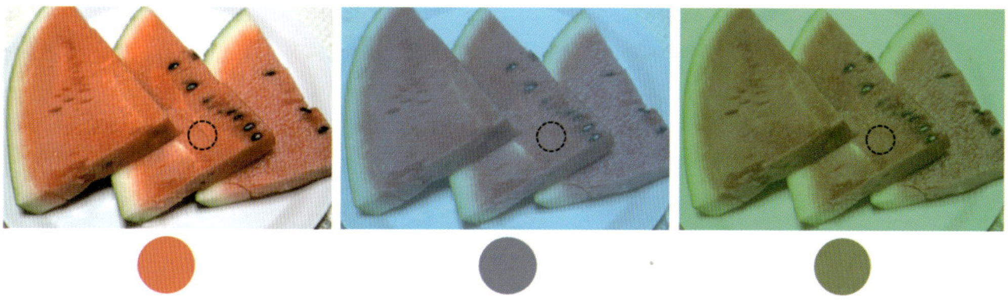

그림 2-36 기억색에 따른 색 항등성 시범. 다른 두 그림은 가리고 각 그림을 따로 관찰해 보라. 각 그림에서 점선으로 표시된 원 안의 색은 아래 놓인 원의 색과 같다.

전통적으로 기억색 효과에 대한 증거는 비판을 많이 받았다. 관찰자들이 말하는 것은 지각이 아니라 인지적 추론이라는 비판에 시달려 왔다. 최근 이 비판을 피하는 정교한 기법들이 개발되었다. 바나나를 모니터로 보여 주고 회색으로 보일 때까지 색을 조절하라고 했을 때 회색을 넘어 대립색인 약한 파란색이 되었을 때 회색으로 지각된다고 보고한다(Olkkonen 등, 2008). fMRI를 이용한 실험에서, 특정 색과 잘 연합된 물체들(바나나, 클로버, 배, 체리)을 중립적인 색으로 제시했을 때 색 처리와 관련된 영역들이 활성화되었지만 같은 색으로 된 기하학적 도형(원, 삼각형 등) 또는 무의미한 도형들을 볼 때는 그렇지 않았다(Vandenbroucke 등, 2014).

한편, 기억색 효과를 증명하는 물체들의 수는 제한적이다. 바나나, 양상추, 딸기, 당근 등의 자연물과 소화전, 우체통과 같은 인공물 정도이다. 개인적으로 몇 개월 또는 몇 년 친숙한 물체들에 대한 기억색 효과는 밝혀진 것이 없다. 즉, 일생에 걸쳐 형태와 색이 매우 강력하게 연합된 경우에 한해 기억색 효과가 나타나는 것으로 보인다. 종합하면 기억색 효과는 아주 크지는 않지만 유의미한 수준에서 지지된다. 비록 작은 효과이지만 경험이 색 지각에 영향을 줄 수 있다는 것은 색 지각이 형태 지각과 완전히 별개의 처리를 거친다는 가설을 반박한다.

색 선호

성별에 따라 좋아하는 색이 다르다. 여성은 빨간색 계열의 옷이 파란색 계열의 옷보다 많고, 남성은 그 반대일 가능성이 크다. 여성의 경우 빨간색을 선호하고, 남성의 경우 빨간색보다는 초록색이나 파란색을 선호한다(Hurlbert & Ling, 2007). 따라서 옷 색과 성별의 관계에 대한 고정관념이 있을 수 있다. 그렇다면 어떻게 이런 차이가 발생하는 것일까? 여성은 태어날 때부터 분홍색 옷을 좋아하고, 남성은 진한 청색을 좋아할까? 그렇지 않으면, 자라면서 학습된 것일까?

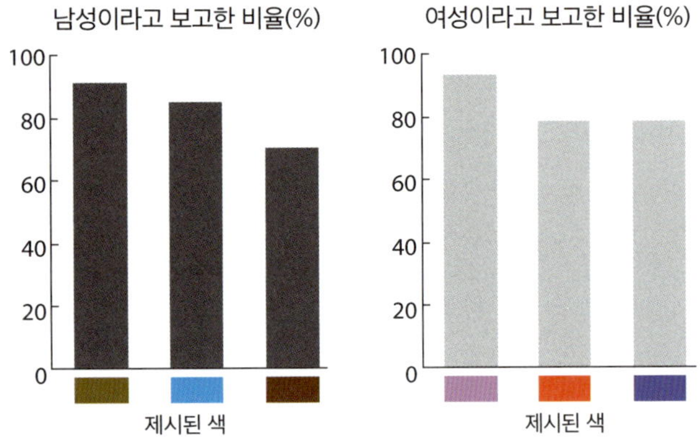

그림 2-37 실험 결과.

이 의문에 답하기 위해 Picariello 등(1990)은 유치원 어린이들에서 색 선호 실험을 하였다. 실험 전에, 여성적 또는 남성적이라고 평가된 색 3가지씩 모두 6가지 색이 준비되었다. 이 색들은 성인 여성 5명과 남성 5명이 각 색에 대해 1점부터 5점까지 5점 척도('1: 아주 남성적이다'부터 '5: 아주 여성적이다'까지)로 평가되었다. 여성적으로 분류된 색은 라이트 핑크(분홍색에 가까운 색으로 평균 4.9점), 브라이트 핑크(빨간 장미색에 가까우며 평균 4.6점), 라벤더(보라색 비슷한 색으로 평균 4점)였고, 남성적이라고 평가받은 색은 파란색(평균 1.8점), 갈색(평균 2점), 그리고 고동색(평균 2.1점)이었다.

실험에 참여한 유치원생들의 나이는 만 39~72개월이었고 모두 34명(여아 17명, 남아 16명)이었다. 1명씩 아이가 실험이 진행 중인 방에 들어가면 검은색 펠트 천으로 덮인 탁자 위에 6가지 색으로 칠해진 돼지 인형 6개와 마주치게 된다. 아이들은 실험자에게 2가지 질문을 받았다. 이에 따라 인형 중에서 가장 좋은 돼지가 어떤 것인지 그리고 각 돼지는 성별이 있는데 어떤 돼지가 암컷인지 또는 수컷인지를 고르도록 하였다.

실험 결과(그림 2-37), 아이들은 가장 좋아하는 색을 고르라고 했을 때 여아의 경우 성인이 여성스럽다고 말한 색을, 남아의 경우 성인이 남성스럽다고 말한 색을 골랐는데 일치하는 비율이 70%였다. 돼지 인형의 성별을 말하라고 했을 때 갈색-파랑-고동색 돼지가 수컷이라고 응답한 비율이 91%-85%-70%였다. 반면, 암컷이라고 지목된 색은 라이트 핑크, 브라이트 핑크, 그리고 라벤더 순으로 각각 94%-79%-79%였다.

이 연구 결과는 취학 전 아이들도 성인처럼 좋아하는 색이 성별에 따라 정해지고 색에 따라 성별을 판단하는 고정관념이 이미 형성되었음을 시사한다. 그렇지만 이 연구는 여전히 색-성별 고정관념이 학습된 것인지 타고난 것인지 답을 주지 않는다. 따라서 훨씬 나이가 어린 대상자를 상대로 진행된 연구를 살펴볼 필요가 있다.

색 선호의 이유

왜 사람들은 특정 색을 좋아할까? 이 질문에 대한 답은 색 선호의 심리를 이해하고 싶은 심리학자들뿐만 아니라 자동차나 옷을 만들어 파는 기업 입장에서도 매우 중요하다. 그동안 제기된 색 선호에 대한 이론은 크게 3가지로 분류할 수 있다.

- **진화-적응 가설**: 이 설명은 색 선호의 남녀 차이에 주목한다(예를 들어, Marlowe, 2005). 사냥-채집 가설(hunter-gatherer hypothesis)이라고 불리기도 하는 이 설명에 따르면, 농경 사회 이전의 초기 인류의 삶에 대한 여성의 주요 과제는 집 근처에서 과일 따기나 열매 줍기였던 반면, 남성의 주요 과제는 집에서 멀리 나가서 동물을 사냥해 오는 것이었다. 이러한 삶의 방식에서 남녀의 차이는 색 시각체계의 발달에도 영향을 주었을 가능성이 있다. 즉, 여성은 빨간색 계열의 구분이, 남성은 초록색 계열의 구분이 유리하도록 발달하

였을 것이다. 남성은 여성보다 가느다랗고 빠르게 움직이는 물체를 탐지하는 데 여성보다 더 정확하다(Abramov 등, 2012). 또한 적-녹 색맹은 절대적으로 남성에게 많은데, 적-녹 색맹이 있는 관찰자는 적-녹으로 위장한 물체를 찾는 데 더 정확하고 빠르다(Morgan 등, 1992). 남성과 달리 여성은 딸기처럼 익은 열매를 탐지하는 데 적합한 시각으로 발달했을 것이다. 실제로 여성은 장파장에 해당하는 적색 계열의 물체 탐지가 남성보다 앞섰다(Abramov 등, 2012). 요약하면 초기 인류는 성별에 따라 작업 환경에서 달랐고 이에 적응하기 위해 색 선호 기제가 다르게 발달했을 수도 있다. 최근 이 가설은 근거 없이 남성 우월적이라는 비판에 직면하고 있다.

그렇지만 이 3가지 범주의 가설들이 색 선호를 모두 설명할 수 없는 예들도 있다. Taylor 등(2013)은 영국인들과 서구 문명과 먼 거리에 있는 아프리카 케냐에 있는 Himba 부족 사람들을 대상으로 색 선호를 조사하였다. 영국인들의 자료는 대체로 생태-가치 가설로 설명이 가능했지만, Himba 부족 사람들의 자료는 위 3가지 가설 어느 것에도 설명되기 어려웠다. 특히 Himba 부족 남자들은 더럽거나 싫어하는 물체의 색과 관련되어 있는 색일지라도 채도가 높은 원색을 좋아하는 경향이 강하였다. 이 결과는 색 선호는 경험과 별개로 일어날 수 있음을 시사한다. 연구자들은 색 선호에 다른 문화적인 이유가 개입되었을 가능성을 제안하였는데, 예를 들어 채도가 높은 원색은 단지 눈에 띄기 때문에 또는 이들에게는 매우 구하기 어려운 희소성 때문이라는 것이다. 이 연구 결과는 전 세계적으로 색 선호가 언제나 일치하지는 않음을 보여 주었으며 생물적·기능적·감정적 이유 외에 다른 사회문화적 이유도 색 선호에 기여할 수 있음을 시사한다.

- **생태가치 이론**: Palmer와 Schloss(2010)는 생태가치 이론(ecological valence theory)을 제안하였다. 이 이론에 따르면, 사람들은 오랜 학습을 통해 자신들이 좋아하는 물체와 연합된 색을 좋아하고(예를 들어, 파란색은 깨끗한 하늘과 물과 연합되므로 좋아하고), 싫어하는 물체와 연합된 색은 싫어한다(예를 들어, 갈색은 똥과 썩은 음식과 연합되어 싫어한다).
- **색 선호와 맥락**: 색 선호를 알아보려는 대부분의 연구에서 색은 사각형 또는 원처럼 무의미한 도형에 칠해져 제시된다. 그런데 이렇게 무의미한 도형을 이용한 실험 결과를 구체적인 형태를 가진 색에 적용할 수 있을까? 예를 들어, 빨간색을 좋아한다고 해서 빨간색 바지를 입는 경우는 드물며, 초록색을 좋아한다고 해서 자신의 구두가 초록색인 경우는 드물다. Schloss 등(2013)은 이런 의문을 품고 색을 소파, 티셔츠, 드레스, 베개, 넥타이, 자동차, 커튼 등 일상적인 물체와 정사각형으로 제시하였고, 참여자들은 각각의 색을 좋아하는 정도를 보고하였다.

실험 결과, 정사각형으로 색이 제시될 때는 색이 원색에 가까울 때 선호되는 반면, 구체적인 형태를 띨 때는 색이 덜 선명할 때 선호되었다. 대표적으로 정사각형으로 제시되었을 때는 빨간색, 파란색, 자주색에 대한 선호가 높았지만 셔츠/블라우스, 소파, 베개, 커튼 등으로 제시되었을 때는 오히려 비선호 경향이 나타났다. 이러한 경향은 상상으로 물체를 떠올리거나 2차원 이미지로 제시되거나 실제 물체로 제시되어도 마찬가지였다. 계속해서 연구자들은 왜 구체적인 형태에 따라 선호하는 색이 달라지는지를 검토하기 위해 다양한 질문들을 만들어 색을 고를 때 어떤 요인들을 따지는지를 물었다. 자료를 요인 분석해 보니, 대부분 '관습적-독특한', '유행에 무관한-눈에 띄거나 눈부신', '중립적-트렌디' 같은 의미 차원들로 색 선호가 묶였다. 연구자들은 이를 적절성(appropriateness)이라고 불렀다. 좀 더 자세히 말해, 사람들은 물건의 색을 고를 때 자신이 선호하는 색을 우선으로 생각하는 경우도 있지만 배치될 때 주변 환경과의 적절성 또는 조화를 우선으로 따지는 경향도 있었다. 예를 들어, 티셔츠의 경우 선호하는 색에 따라 고르는 경향이 큰 반면, 자동차를 고를 때는 선호하는 색보다 적절성을 따지는 경향이 컸다.

우리나라 자동차 색상의 경우, 자동차를 만드는 Axalta의 2015년 조사에 따르면, 전 세계적으로 가장 인기 있는 색상은 흰색이 35%, 검은색이 18%, 밝은 회색이 13%, 어두운 회색이 10% 등으로 무채색이 70% 이상이다. 이 실험 결과는 일상에서 우리의 경험과 상당히 일치하는 것처럼 보인다.

정리

색 탐지는 단일한 원추세포 체계로는 어렵다. 3원색 처리와 대립색 처리는 서로 갈등적이지 않은 보완 관계이다. 빨간색에 대한 잔상은 초록색이 아닌 청록색(cyan)이다. 항등성은 조명과 관계없이 늘 같은 표면의 색과 밝기를 지각하려는 경향을 말한다. 색 항등성을 추구하기 위해, 지각체계는 표면의 색과 밝기의 절대적인 세기가 아닌 상대적 세기에 민감하다. 대비는 항등성의 관점에서 이해해야 한다. 눈앞에 놓인 물체들의 표면은 서로에게 맥락을 제공하여 색과 밝기를 정확히 지각하는 데 기여한다.

더 읽어 보기

색에 대한 가장 종합적인 책으로 Elliot 등(2015)이 있다. 색에 대한 신경과학적 통찰을 얻고 싶으면 Zeki(1993)를 보라. 책이 아닌 논문으로는 Conway 등(2010), Solomon과 Lennie(2007), 그리고 Gegenfurtner(2003)를 보라. 네온 확산 색처럼 색 채움 현상에 관한 신경과학적 개관은 Komatsu(2006)를 보라. 색 선호에 대한 개관은 Elliot와 Maier(2014)를 보라. 색 항등성에 관한 개관은 Foster(2011)를 보라.

| 참고문헌 |

Abramov, I., Gordon, J., Feldman, O., & Chavarga, A. (2012). Sex and vision II: color appearance of monochromatic lights. *Biology of Sex Differences*, *3*(1), 21.

Agostini, T. & Proffitt, D. R. (1993). Perceptual organization evokes simultaneous lightness contrast. *Perception*, *22*, 263-272.

Anderson, B. L. & Winawer, J. (2005). Image segmentation and lightness perception. *Nature*, *434*(7029), 79-83.

Benary, W. (1924/1938). The influence of form on brightness contrast. In W. D. Ellis (Ed.), *A Sourcebook of Gestalt Psychology* (pp. 104-108). London: Routledge & Kegan Paul.

Bornstein, M. (2015). Emergence and early development of color vision and color perception. In A. Elliot, M. Fairchild, & A. Franklin (Eds.), *Handbook of Color Psychology* (Cambridge Handbooks in Psychology, pp. 149-179). Cambridge: Cambridge University Press.

Brainard, D. H. & Hurlbert, A. C. (2015). Colour vision: understanding # The Dress. *Current Biology*, *25*(13), R551- R554.

Buchsbaum, G. & Gottschalk, A. (1983). Trichromacy, opponent colours coding and optimum colour information transmission in the retina. *Phil. Trans. R. Soc. Lond. B.*, *220*(1218), 89-113.

Cataliotti, J. & Gilchrist. A. L. (1995). Local and global processes in surface lightness perception. *Perception & Psychophysics*, *57*(2), 125-135.

Churma, M. E. (1994). Blue shadows: physical, physiological, and psychological causes. *Applied Optics*, *33*(21), 4719-4722.

Conway, B. R., Chatterjee, S., Field, G. D., Horwitz, G. D., Johnson, E. N., Koida, K., & Mancuso, K. (2010). Advances in color science: from retina to behavior. *Journal of Neuroscience*, *30*(45), 14955-14963.

Cornsweet, T. (1970). *Visual Perception*. New York: Academic Press.

Dartnall, H. J., Bowmaker, J. K., & Mollon, J. D. (1983). Human visual pigments: microspectrophotometric results from the eyes of seven persons. *Phil. Trans. R. Soc. Lond. B.*, *220*(1218), 115-130.

De Valois, R. L., Abramov, I., & Jacobs, G. H. (1966). Analysis of response patterns of LGN cells. *JOSA*, *56*(7), 966-977.

Elliot, A. J. & Maier, M. A. (2014). Color psychology: effects of perceiving color on psychological functioning in humans. *Annual Review of Psychology*, *65*, 95-120.

Elliot, A. J., Fairchild, M. D., & Franklin, A. (Eds.). (2015). *Handbook of Color Psychology*. Cambridge, MA: Cambridge University Press.

Foster, D. H. (2011). Color constancy. *Vision Research*, *51*(7), 674-700.

Gegenfurtner, K. R. (2003). Cortical mechanisms of colour vision. *Nature Reviews Neuroscience*, *4*(7), 563-572.

Gelb, A. (1929/1937). Color constancy. In W. D. Ellis (Ed.), *A Sourcebook of Gestalt Psychology* (pp. 196-209). London: Routledge & Kegan Paul.

Gilchrist, A. L. (1977). Perceived lightness depends on perceived spatial arrangement. *Science*, *195*(4274), 185-187.

Gilchrist, A. L. (1980). When does perceived lightness depend on perceived spatial arrangement? *Perception & Psychophysics*, *28*(6), 527-538.

Gilchrist, A., Kossyfidis, C., Bonato, F., Agostini, T., Cataliotti, J., Li, X., ... & Economou, E. (1999). An anchoring theory of lightness perception. *Psychological Review*, *106*(4), 795.

Guild, J. (1931). The colorimetric properties of the spectrum. *Phil. Trans. R. Soc. Lond. A.*, *230*(681-693), 149-187.

Hartline, H. K. (1949) Inhibition of activity of visual receptors by illuminating nearby retinal areas in the Limulus eye. *Federation Proceedings*, *8*(1), 69-69.

Hurlbert, A. C. & Ling, Y. (2007). Biological components of sex differences in color preference. *Current Biology*, *17*(16), R623-R625.

Koffka, K. (1935). *Principles of Gestalt Psychology*. London: Lund Humphries.

Komatsu, H. (2006). The neural mechanisms of perceptual filling-in. *Nature Reviews Neuroscience*, *7*(3), 220.

Lafer-Sousa, R., Hermann, K. L., & Conway, B. R. (2015). Striking individual differences in color perception uncovered by 'the dress' photograph. *Current Biology*, *25*, R1-R2.

Land, E. H. (1977). The retinex theory of color vision. *Scientific American*, *237*(6), 108-128.

Lotto, R. B. & Purves, D. (1999). The effects of color on brightness. *Nature Neuroscience*, *2*, 1010-1014.

Lotto, R. B. & Purves, D. (2002). The empirical basis of color perception. *Consciousness and Cognition*, *11*(4), 609-629.

Lueck, C. J., Zeki, S., Friston, K. J., Deiber, M. P., Cope, P., Cunningham, V. J., ... & Frackowiak, R. S. J. (1989). The colour centre in the cerebral cortex of man. *Nature*, *340*(6232), 386-389.

MacEvoy, S. P., Kim, W., & Paradiso, M. A. (1998). Integration of surface information in primary visual cortex. *Nature Neuroscience*, *1*(7), 616-620.

Manzotti, R. (2017). A perception-based model of complementary afterimages. *SAGE Open*, *7*(1), 2158244016682478.

Marlowe, F. W. (2005). Hunter-gatherers and human evolution. *Evolutionary Anthropology*, *14*, 54-67.

Morgan, M. J., Adam, A., & Mollon, J. D. (1992). Dichromats detect colour-camouflaged objects that are not detected by trichromats. *Phil. Trans. R. Soc. Lond. B.*, *248*, 291-295.

Olkkonen, M., Hansen, T., & Gegenfurtner, K. R. (2008). Color appearance of familiar objects: effects of object shape, texture, and illumination changes. *Journal of Vision*, *8*(5), 13-13.

Palmer, S. E. & Schloss, K. B. (2010). An ecological valence theory of human color preference. *Proceedings of the National Academy of Sciences*, *107*(19), 8877-8882.

Picariello, M. L., Greenberg, D. N., & Pillemer, D. B. (1990). Children's sex-related stereotyping of colors. *Child Development*, *61*(5), 1453-1460.

Pinna, B. & Grossberg, S. (2005). The watercolor illusion and neon color spreading: a unified analysis of new cases and neural mechanisms. *JOSA A.*, *22*(10), 2207-2221.

Purves, D., Shimpi, A., & Lotto, R. B. (1999). An empirical explanation of the cornsweet effect. *Journal of Neuroscience*, *19*(19), 8542-8551.

Roorda, A. & Williams, D. R. (1999). The arrangement of the three cone classes in the living human eye. *Nature*, *397*(6719), 520-522.

Rossi, A. F., Rittenhouse, C. D., & Paradiso, M. A. (1996). The representation of brightness in primary visual cortex. *Science*, *273*(5278), 1104-1107.

Schloss, K. B., Strauss, E. D., & Palmer, S. E. (2013). Object color preferences. *Color Research & Application, 38*(6), 393-411.

Solomon, S. G. & Lennie, P. (2007). The machinery of colour vision. *Nature Reviews Neuroscience, 8*(4), 276-286.

Tanaka, J., Weiskopf, D., & Williams, P. (2001). The role of color in high-level vision. *Trends in Cognitive Sciences, 5*(5), 211-215.

Taylor, C., Clifford, A., & Franklin, A. (2013). Color preferences are not universal. *Journal of Experimental Psychology: General, 142*(4), 1015.

Todorovic, D. (1997). Lightness and junctions. *Perception, 26*(4) 379-394.

Vandenbroucke, A. R., Fahrenfort, J. J., Meuwese, J. D. I., Scholte, H. S., & Lamme, V. A. F. (2014). Prior knowledge about objects determines neural color representation in human visual cortex. *Cerebral Cortex, 26*(4), 1401-1408.

Vemuri, K., Bisla, K., Mulpuru, S., & Varadarajan, S. (2015). Does normal pupil diameter differences in population underlie the color selection of the# dress? arXiv preprint arXiv: 1507.08747.

Wade, N. J. (2000). *A Natural History of Vision*. Cambridge, MA: MIT Press.

Wallach, H. (1948). Brightness constancy and the nature of achromatic colors. *Journal of Experimental Psychology, 38*, 310-324.

White, M. (1981). The effect of the nature of the surround on the perceived lightness of grey bars within square-wave test gratings. *Perception, 10*, 215-230.

Williams, D. R. (2011). Imaging single cells in the living retina. *Vision Research, 51*(13), 1379-1396.

Winkler, A. D., Spillmann, L., Werner, J. S., & Webster, M. A. (2015). Asymmetries in blue-yellow color perception and in the color of 'the dress'. *Current Biology, 25*, R523-R548.

Wright, W. D. (1929). A re-determination of the trichromatic coefficients of the spectral colours. *Transactions of the Optical Society, 30*(4), 141.

Zeki, S. (1983). Colour coding in the cerebral cortex: the responses of wavelength-selective and colour-coded cells in monkey visual cortex to changes in wavelength composition. *Neuroscience, 9*(4), 767-781.

Zeki, S. (1993). *A Vision of the Brain*. Cambridge, MA: Blackwell Scientific Publications.

Zeki, S. & Marini, L. (1998). Three cortical stages of colour processing in the human brain. *Brain, 121*(9), 1669-1685.

03 물체 지각

어떤 물체를 보고 알아보는 데 얼마나 시간이 걸릴까? Thorpe 등(1996)의 실험에서, 참여자들은 동물이 화면에 나오면 버튼을 누르고 비동물(물체/장면)이 나오면 버튼을 누르지 않는 고/노고 과제(go/nogo task)를 수행하였다. 참여자들은 머리에 뇌전도(EEG: electroencephalogram)를 측정하는 장비를 쓰고 있었다. 이렇게 자극이 제시되고 이에 따라 나타나는 뇌전도 반응을 사건관련전위(ERP: event related potential)라고 한다. 뇌전도 분석 결과, 화면에 그림이 제시되고 불과 150ms 쯤에 머리 앞쪽에서 흘러나온 뇌전도에서 동물일 때와 그렇지 않을 때의 차이가 감지되었다! 즉, 0.2초도 안 되는 짧은 시 간에 뇌는 동물과 비동물을 구별할 수 있었다. 물론 인공지능 시각도 연산 속도와 알고리즘의 발달로 이 정도 시간에 물체를 분류할 수 있다. 하지만 아직 인공지능 시각은 3차원 구조를 재인하지 못한다. 사람은 물체의 한 단면만 보고서 나머지 전체를 떠올려 마음속으로 회전시키거나 이동시킬 수 있다. 또한 성질이 어떤지를 파악하여 적절히 대응할 수 있다. 누군가 달걀을 던졌을 때와 인형을 던졌을 때 받는 동작은 다르다. 아직 어떻게 이런 일이

그림 3-1 물체 지각 과정.
초기-중급-고급 수준으로 이어지는 처리를 상향 처리(bottom-up process)/자료 주도적 처리(data driven process)라고 한다. 반대로, 상위 수준의 지식에 의한 처리를 하향 처리(top-down process)/개념 주도적 처리(concept driven process)라고 한다. 이 모형은 이해를 돕기 위한 것이며 이 두 처리는 거의 언제나 함께 일어나는 것으로 가정된다. 사실 최근의 신경과학적 증거에 따르면 낮은 수준의 감각 신호는 피드백 신호를 통해 내려온 상위 수준의 '기대 정보'가 반영되어 위로 전달되는데 이를 예측 부호화(predictive coding)라고 한다. 즉, 순수한 형태의 감각 신호는 없으며 상위 수준에서 발생되는 가설 또는 모형이 상위 수준으로 올라가는 감각 신호에 실시간으로 반영된다(Rao & Ballard, 1999). 비록 이 가설의 기원은 오래되었지만, 이에 대한 증거들은 신경과학에서 혁명적인 것으로 평가된다(Friston, 2018).

가능한지 완전히 이해된 것은 아니지만 주요 이론들을 중심으로 물체 지각에 대해서 살펴본다.

물체를 알아본다는 것은 눈에 맺힌 이미지를 3차원 구조로 파악하는 것만이 아니며, 이 물체의 재질은 무엇인지, 기능은 무엇인지, 이름은 무엇인지, 어떤 범주에 속해 있는지 등 다양한 절차를 의미한다(그림 3-1). 가장 단순한 의미에서, 물체 지각이란 바깥 세계에 놓인 대상을 알아보는 일이다. 대상의 이미지는 망막에 맺히고 이를 대상으로 지각체계는 여러 단계를 거쳐 현실 세계의 개와 같은 모습을 표상한다. 이 과정에 대해 형태주의 심리학자들이 중요한 기여를 하였으므로 주요 제안들을 먼저 살펴보자.

지각적 조직화

눈의 망막에 맺힌 물체의 이미지는 그 자체로는 아무런 의미가 없다. 여기에 의미를 부여하는 위계적 과정을 지각적 조직화(perceptual organization)라고 한다. 심리학의 설립자로 알려진 독일의 Wilhelm Wundt(1832~1920)는 전체는 작은 부분들의 연합이라고 생각하였다. 따라서 부분들을 하나하나 분석하는 것이 지각적 조직화를 이해하는 길이라고 믿었는데 이를 구조주의(structuralism)적 관점이라고 한다. Max Wertheimer는 이 관점에 의문을 제기하였다(☞샛길 1). 그에 따르면 전체는 부분의 합이 아닌 새로운 무엇이다. 다음은 형태주의 심리학의 설립자인 Max Wertheimer(1923/1938)의 유명한 글이다.

> 나는 창문 앞에 서서 집, 나무, 하늘을 바라본다. 이론적으로, 327개의 밝기 또는 색깔들을 본다고 말할 수도 있겠지만. 정말로 나는 327을 경험하는가? 아니다. 하늘, 집, 그리고 나무를 경험한다. 있는 그대로 327을 보기는 불가능하다. 혹시라도 그런 기발한 계산이 가능하면, 나는 전체를 그런 식으로 봤어야만 할 텐데, 가령 집은 120, 나무는 90, 하늘은 117로, 또는 150과 177의 배열과 구분으로 보아야만 할 것이다.

샛길 1 왜 Max Wertheimer는 형태주의자가 되었을까?

Max Wertheimer(1880~1943)는 1910년 독일 기차 여행 중 건널목에 세워진 점멸 신호기와 마주하게 되었다. 두 지점에서 불빛이 번갈아 깜박였는데 마치 불빛 하나가 움직이는 것으로 보였다. 어찌나 이 가현운동 현상이 강렬했던지 프랑크푸르트 기차역에 내려 스트로보스코프 장난감을 사서 호텔 방에 들어앉아 한동안 가현운동 현상에 골몰하였다. 물론 이 현상은 훨씬 오래전에 알려져 있었지만 그는 다른 시각으로 의미를 해석하였다. 그가 보기에 점멸기 자체는 그 자리에 있고 그 사이로 귀신 같은 무엇이 지나가는 것처럼 보였다. 이를 파이 현상(Phi phenomenon)이라고 하는데 물체가 함께 움직이는 베타 현상과 다르다(☞7장). 그에게 파이 현상은 순수한 움직임 자체였으며 새로운 무엇이었기에 움직임은 전체 현상이었다. 그는 더 나아가 이 아이디어를 움직임뿐만 아니라 정지해 있는 대상에 대한 해석에도 적용하였다.

나중에 프랑크푸르트 대학교에 교수 자리를 얻어 지각에서 전체의 중요성에 대해 본격적으로 연구하였는데, 그때 고용된 조수가 Wolfgang Köhler와 Kurt Koffka였다. 나중에 이 세 사람은 형태주의 심리학의 설립자로 불린다. 형태주의 심리학에서 전체, 출현, 지각적 조직화, 좋은 형태, 프레그난츠 등은 중요한 개념이다.

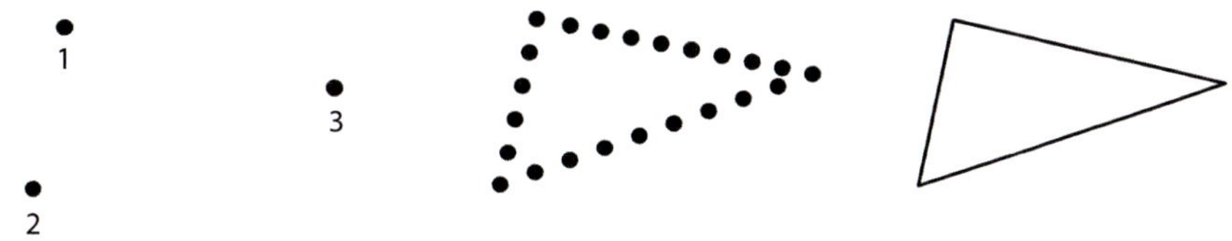

그림 3-2 출현 속성 예시. 점 또는 선들이 모여 삼각형이라는 출현 속성이 떠오른다.

이 글에서 숫자들은 부분들을, 집, 나무, 하늘은 전체를 상징한다. 그는 '전체(whole)는 부분들(parts)의 합과 다르게 지각된다'고 감상하고 있다. 고정된 이미지뿐만 아니라 움직임에 대해서도 비슷한 입장인데 일정한 거리를 두고 있는 2개의 불빛을 하나씩 번갈아 깜박이면 불빛 하나가 움직이는 가현운동(apparent motion)이 지각되는데 이 움직임 역시 부분의 합이 아닌 새로운 무엇이라고 주장한다. Wertheimer의 이론에서 전체적 특징인 형태가 강조되므로 형태주의 심리학(Gestalt psychology)이라고 부른다.

형태주의 심리학자들은 전체라는 지각 현상을 시범하기 위해 점이나 선 같은 매우 단순한 부분들을 배열해 놓고 그에 대한 인상을 살펴보곤 하였다. 예를 들어, 그림 3-2를 보라. 무의미해 보이는 3개의 점들에서 사람들은 삼각형을 본다. 여기서 각 점은 부분(parts) 또는 요소(elements)라고 하며 부분들이 모여 떠오르는 새로운 형태를 전체(whole) 또는 게스탈트(Gestalt)라고 한다. 전체가 갖는 특정한 형상을 출현속성(emergent feature)이라고도 하는데 이 예에서는 삼각형을 말한다. 사실 당시에 부분들이 모여 새로운 성질이 나타나는 현상은 화학이나 물리학에서 쉽게 관찰할 수 있었다. 물은 2개의 수소 원자와 1개의 산소 원자 하나가 만날 때 나타나는 새로운 물질이다. 출현(emergence)이라는 현상은 형태주의 이전에 자연과학에서 널리 받아들여졌으므로 형태주의 심리학자들의 생각이 아주 급진적이지 않다.

집단화(grouping)는 부분들이 하나가 되는 현상을 일컫는 말로 이 예에서 (1) 뇌 수준에서 부분들이 하나로 묶이는 현상과 (2) 의식 수준에서 삼각형이 지각되는 현상 2가지를 모두 말한다(☞샛길 2). 즉, 뇌활동과 의식 사이의 대응이라는 동형설(isomorphism)을 가정한다. '삼각형'이라는 새로운 성질은 단순히 점 3개를 더한다고 해서 나타나는 것이 아니다. 집단화는 반드시 점들로만 일어나는 것이 아니며 그림 3-2의 오른쪽에 보이는 것처럼 실선으로 된 삼각형의 예에서도 똑같이 일어난다. 실선으로 된 삼각형도 확대해 보면 매우 작은 점으로 분리될 수 있으므로 선이나 면에도 적용되는 개념이다.

삼각형을 보는 순간, 각 부분은 삼각형이라는 새로운 형태의 지배에 놓이게 되어 개별 점들의 지각 속성인 밝기, 색, 크기, 방향, 위치 등에서 다른 의미를 갖게 될 수도 있다. 예를 들어, 그림 3-3에서 볼 수 있듯이 어떤 도형이 전체 도형의 부분이 되면 그 자체가 지각되기 어려울 수도 있

샛길 2 지각적 조직화와 집단화

학자들은 종종 지각적 조직화와 집단화를 같은 의미로 사용하곤 한다. 그렇지만 집단화는 지각적 조직화의 하위 개념이다. 집단화는 지각 과정의 초기 수준에서 그리고 수평적인 수준에서 부분들의 연결을 설명할 때 주로 사용하고, 지각적 조직화는 집단화의 의미에 더해서 부분들이 위계적인 구조를 이루는 과정까지 포함하며 지각 과정의 후기 수준까지 포함하여 사용하는 경향이 있다. 따라서 지각적 조직화가 처음 표상(initial organization)이 나중에 뒤집히는 재조직화(reorganization)가 일어날 수도 있으므로 여러 단계에서 일어나는 역동적인 개념으로 보아야 한다(Palmer, 1999: 266). 즉, 물체를 처음에 잘못 보았다가 나중에 다르게 보는 경우를 떠올려 보라.

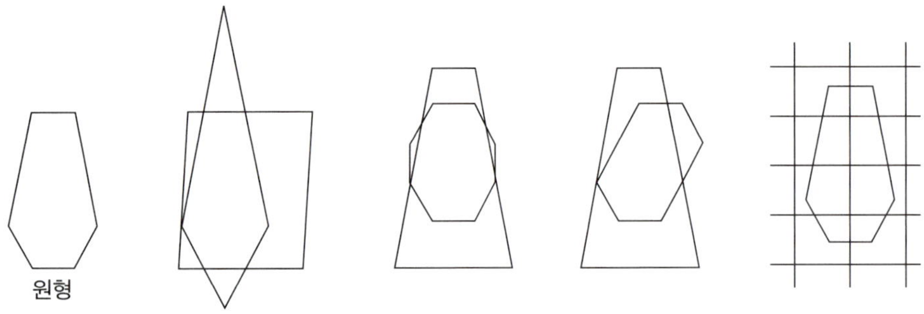

그림 3-3 내재 도형의 예.
내재 도형에서 특정 도형만을 보기 위해서는 주의가 필요한데 이를 주의 집단화(attentional grouping)라고 하며 그렇지 않은 경우를 무주의 집단화(inattentional grouping)라고 한다. 일반적으로 집단화라고 하면 주의 없이 자동으로 일어나는 처리를 뜻한다.

다. 이를 내재 도형(embedded figure)이라고 하는데 내재되어 감추어지는 정도는 부분이 전체에 대한 지각적 소속성(perceptual belongingness)에 비례할 것이다. 내재 도형 검사에서 여성이 남성보다 더 어려워한다. 이는 내재된 도형 찾기가 도형의 소속성만이 아닌 다른 요인도 존재하는 것으로 보인다(Witkin, 1950). 이 검사가 우리나라의 여러 적성 검사에 등장하는데 사람의 인지 능력의 차이를 드러내는지에 대한 학문적 근거는 없다.

앞서 점 3개로 이뤄진 삼각형의 예로 돌아가서, 점 3개가 이룰 수 있는 이론적인 조합은 삼각형만이 아니고, 다양할 수 있다. 이 예에서, 점이 3개뿐이므로 2개 이상으로 묶일 가능성은 모두 4개이다(3개 전체: 1-2-3 + 2개씩 3개: 1-2, 1-3, 2-3). Wertheimer는 그의 연구에서 집단화 원리들을 제시하였는데 이를 프레그난츠(Prägnanz)라고 한다. 이는 좋은 형태(good form), 단순성(simplicity), 최소 원리(minimum principle) 등 여러 의미가 내포되어 있다. 근접성은 거리가 가까운

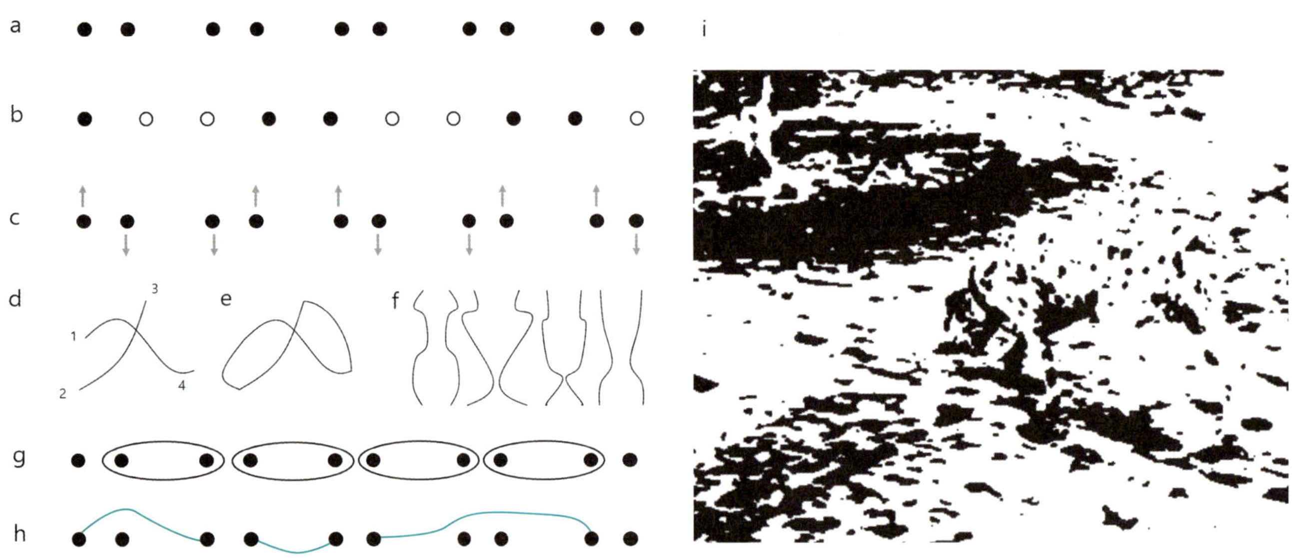

그림 3-4 집단화 원리들.
(a) 근접성(proximity): 부분들의 거리가 가까우면 묶인다. (b) 유사성(similarity): 같은 거리라면 같은 색끼리 묶인다. 이 이외에 형태의 크기, 방향, 모양 등이 비슷하면 묶인다. (c) 공동 운명(common fate): 시간상에서 같은 방향으로 변화를 보이는 부분들이 집단화되는 경향이다. 같은 방향으로 움직이는 부분들이 하나로 지각되는 예가 대표적이지만, 색 또는 밝기가 같은 방향으로 변하는 부분들이 하나로 묶이는 것처럼 다른 지각 속성에도 해당한다(Sekuler & Bennett, 2001). (d) 좋은 연속(good continuation): 1과 4가 묶이고, 2와 3이 묶이듯이 좋은 연속을 갖는 집단으로 묶인다. (e) 폐쇄(closure): 좋은 연속이어도 덩어리로 뭉치려는 성질로 이번에는 1과 2가 하나로, 3과 4가 하나로 묶인다. (f) 대칭(symmetry): 대칭을 보이는 한 쌍의 선들끼리 묶인다. (g) 공동영역(common region): 경계선으로 묶인 영역이 한 집단으로 보인다. (h) 연결(connectedness): 선분에 의해 연결되면 하나로 묶인다. (i) 과거 경험(past experience): 이전에 보았던 경험에 따라 부분들이 묶인다. 이 예에서, 정원에 코를 박고 킁킁대고 있는 달마티안 개를 이루는 점들과 정원의 이루는 점들은 따로 집단화된다. 이는 집단화가 물체 재인 수준만큼 늦게 일어날 수 있음을 시사하기도 한다.

샛길 3 **형태주의 착시**

요소들이 집단화 과정에서 본래의 지각적 성질이 달라질 수 있는데, 이를 **형태주의 착시**(Gestalt illusion)라고 하며 거리, 크기, 깊이, 밝기, 색 등 다양하다. Coren과 Girgus(1980)는 근접성, 유사성, 폐쇄성, 좋은 연속 등으로 집단화를 조작하여 같은 집단에 속한 요소들의 물리적 거리가 짧게 지각됨을 밝혔다. 이 연구에서, 참여자들은 그림 3-5의 왼쪽 도형에서 a1과 a2의 거리는 실제로 똑같지만 좋은 형태인 삼각형에 함께 집단화된 a1을 a2보다 더 짧게 지각하고, 오른쪽 그림에서 두 선분의 거리가 폐쇄의 원리에 의해 집단화된 위의 도형에서 더 짧게 지각하였다. 이 결과로 볼 때, 점들은 집단화에 1차적으로 기여하며, 그 다음 전체에 의해 재조직화되는 것처럼 보인다.

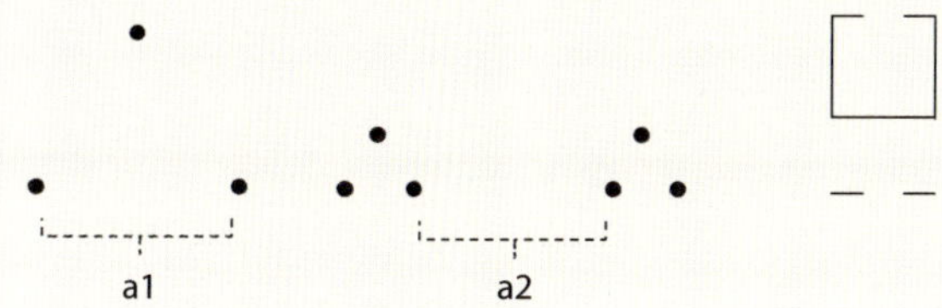

그림 3-5 집단화에 따른 거리 지각.

요소들이 서로 묶이는 경향으로 가장 강력한 집단화 원리로 알려져 있다. 유사성은 색, 모양, 방향 등이 비슷한 요소들이 묶이는 경향을 말한다. 공동 운명은 같은 방향으로 움직이는 요소들이 묶이는 것이다(그림 3-4). 흥미롭게도 집단화는 종종 착시를 일으키기도 하는데 형태주의 착시라고 한다(☞샛길 3).

지각에 대한 형태주의 심리학자들의 기여는 분명하다. 부분들의 합은 전체와 다르다는 생각을 널리 퍼뜨렸고, 이를 지지하는 다양한 증거들을 발견하였다. 그렇지만 부분들이 체계적이고 위계적으로 조직화된다는 생각은 구조주의자들의 생각과 아주 다른 것은 아니다. 오히려 형태주의가 발전하면서 점점 구조주의자들의 생각과 구분하기 어렵게 되었다. 더욱이 오늘날 신경과학적 증거들 역시 형태가 위계적으로 일어남을 지지한다. 그러므로 형태주의와 구조주의는 서로 보완하는 개념으로 받아들여야 한다.

초급 수준

모서리 탐지

초기 시각처리에서 망막에 맺힌 이미지를 대상으로 형태의 모서리 탐지와 영역 분절이 일어난다. 모서리 탐지(edge detection)란 대상의 내부와 외부의 윤곽을 파악하는 과정이다. 모서리 탐지는 작은 막대들의 집단화를 가정해서 가능하다. 앞서 그림 3-1의 왼쪽에서 개와 들판 사이에 경계선이 존재하는데 이는 선분들의 집단화 과정을 통해 가능하다.

Field 등(1993)은 좋은 연속이 어떻게 탐지되는지를 영리한 심리물리학적 방법으로 체계적으로 살펴보았다. 그림 3-6의 A와 B를 250ms 동안 차례대로 제시하고서 참여자들에게 두 그림 가운데 어디에 선분이 있는지 하나를 고르게 하였다. 이렇게 두 대안 중 하나를 고르는 과제를 2안 강제 선택(2AFC: two-alternative forced choice) 과제라고 한다. 각 그림은 작은 벌레 같은 요소들로 이뤄져 있는데 개발자의 이름을 따서 가보패치(Gabor patch)라고 한다. 단순한 막대가 아닌 가보

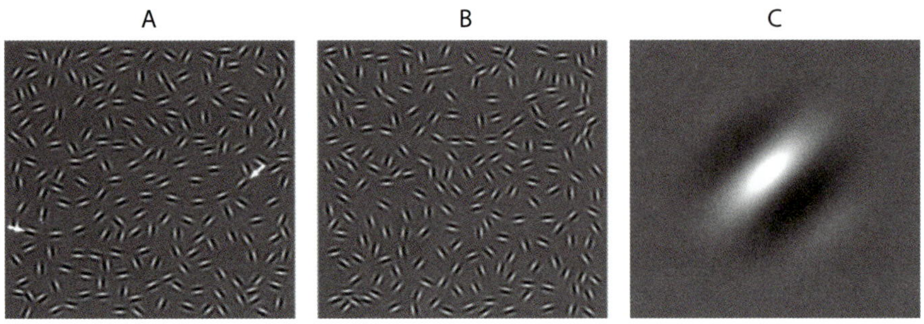

그림 3-6 내재된 윤곽.
A와 B는 여러 개의 가보패치 C로 구성되어 있다. A에는 좋은 연속에 따른 선이 있고 B에는 없다(Hess & Field, 1999).

패치를 사용하여 자극을 구성하는 이유는 막대 자극을 이용할 때보다 실험적 이점들이 많기 때문이다. 각 패치는 밝음과 어둠이 교차하는 공간대비 속성을 수학 함수를 이용해 정밀하게 조절할 수 있다. 연구자들은 패치의 공간빈도와 방향을 체계적으로 바꿔 제시하면서 윤곽 탐지에 기여하는 자극의 특징들을 좀 더 자세히 찾을 수 있다. 이 실험에서, 주어진 시간 동안 선분이 탐지되기 위해 허용되는 이웃한 패치들의 방향, 거리, 공간빈도의 크기 등을 알아낼 수 있었다.

이 연구에서 선분이 탐지되기 쉬운 요인들이 밝혀졌다. 즉, 각 패치 사이의 간격이 짧을수록, 각 패치의 방향이 전체 선분과 일치할수록 전체 선분이 부드러울수록 탐지율이 높았다. 이 결과들은 형태주의 심리학자들이 제안한 좋은 연속(good continuation) 원리와 일치한다.

Hubel과 Wiesel은 형태 지각을 신경과학적으로 연구한 선구자들로 많은 기념비적인 발견을 하였다. 대표적으로, 고양이와 원숭이를 대상으로 단일세포 기록법(single cell recording)을 이용하여 모서리 탐지가 1차 시각피질(V1)에서 일어남을 알아냈다(1962; 1968). 이 연구자들은 유리 슬라이드에 살짝 금이 간 것을 원숭이에게 보여 주었을 때 V1의 세포들이 반응하는 것을 우연히 발견하였고 이를 단순세포(simple cells)라고 이름 붙였다. 원숭이의 뇌는 사람의 뇌와 구조가 비슷하므로 시각처리를 이용하는 데 원숭이 모형이 쓰인다. 그림 3-7은

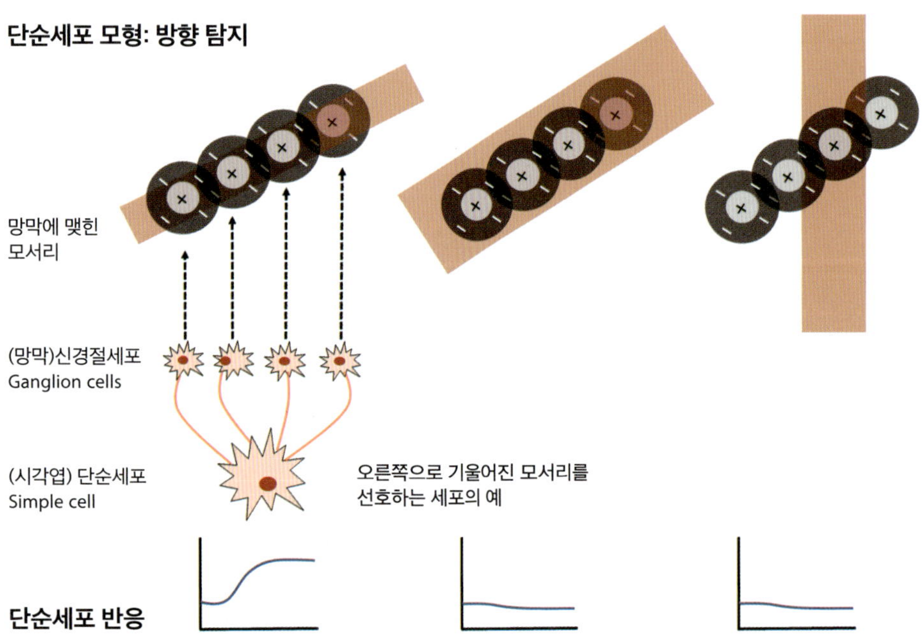

그림 3-7 망막 이미지와 V1의 단순세포의 반응.

샛길 4 복호화와 인간 컴퓨터 상호작용

최근에 살아 있는 동물 또는 사람의 뇌에서 신경세포의 활동을 들여다보는 기법이 크게 발달하였다. 전기 탐침 수백 개를 동시에 뇌피질에 삽입하거나 뇌전도 측정과 같은 비침습적 방법을 통해 대량의 데이터를 실시간으로 얻을 수 있다. 수백 수천 개 이상 신경들의 집단적 활동을 **신경 앙상블**(neural ensembles)이라고 하는데 단일 신경 활동의 분석으로 알 수 없는 정보들이 담겨 있다. 여러 신경의 복합적인 자료 패턴을 통해 동물 또는 사람이 무엇을 지각하고, 꿈을 꾸고, 상상하고, 동작을 계획하는지 상당한 정도로 알아낼 수 있는데 이를 **복호화**(decoding)라고 한다(Wallis, 2018). 신경들의 집단적 활동이 담긴 신호는 매우 복잡하므로 해독하는 데 컴퓨터의 도움이 필수이며, 컴퓨터를 딥러닝(deep learning) 같은 기계 학습을 시켜 가능하다. 복호화 기술을 통해 전신 마비 환자가 마우스를 작동시켜 이메일을 확인하거나 로봇 팔을 작동시켜 컵을 쥘 수도 있다. **인간 컴퓨터 상호작용**(HCI: human-computer interaction) 또는 인간 기계 인터페이스(human machine interface, **HMI**)는 최근 큰 인기를 끌고 있는 분야이다.

이 연구자들이 제안한 선분 탐지 모형으로, LGN의 세포들은 작은 점만 탐지하지만 이들로부터 입력을 받는 1차 시각피질의 세포들은 특정 방향의 선분을 탐지할 수 있도록 연결망을 가진 것으로 추론되었다. 물론 이 모형은 확인되지 않은 가설이다. 즉, 이 연결이 사실인지 알기 위해서는 LGN부터 시작하는 신경 신호가 정말로 특정 단순세포로 이어지는지를 확인해야 하는데 아직 이 점이 확인되지 않았기 때문이다. 그렇다면 동물의 단순세포 활동을 통해서 동물이 어떤 방향의 막대를 보고 있는지 알아맞힐 수 있을까? 단순세포는 특정 막대에만 반응하는 것은 아니고 특정 색, 움직임, 공간대비 등 여러 속성에도 반응하므로 단일세포 측정법으로 이에 대한 답을 찾을 수는 없다. 다만 여러 개 세포의 활동을 통해 가능할 수 있다(☞샛길 4).

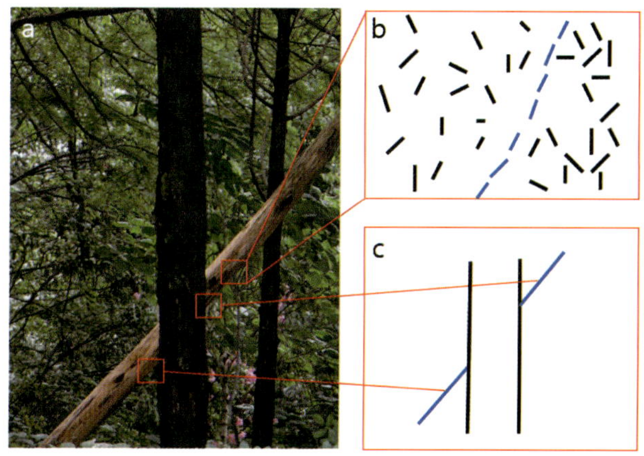

그림 3-8 좋은 연속의 예.
(a) 서로 다른 나무 기둥이 중첩되어 있다. (b) 근접 영역에서 좋은 연속 원리에 의해 부분들이 집단화를 이룬다. (c) 다른 기둥에 가려져 있어 원거리 영역에 대해서도 좋은 연속에 의해 집단화된다.

좋은 연속의 원리는 일상생활에서도 쉽게 관찰할 수 있다. 그림 3-8처럼 숲속에 있는 나무들을 알아보는 데에도 여러 단계의 좋은 연속의 원리가 작동한다. 모서리 탐지는 매우 가까운 거리에서부터 상당히 먼 거리에 걸쳐 여러 공간 크기에서 일어날 수 있다. 좋은 연속에 따른 선분 탐지는 두 선분이 상당히 멀리 떨어져 있어도 1차 시각피질(V1)에서 탐지되는 것처럼 보인다(Iacaruso 등, 2017). 특히 원거리 선분들끼리의 집단화는 Hubel과 Wiesel이 발견한 단순세포가 처리할 수 있는 수용장의 범위를 훨씬 넘는 것이므로 흥미롭다. 아마도 피드백 신호 또는 이웃한 세포들로부터 수평적 신호를 받아 가능한 것으로 추론된다.

더욱이 좋은 연속 현상은 형태의 전체적인 구조에도 영향을 받는다(그림 3-9). 이를 전역 형태의 효과라고 하는데 국지 형태 효과와 대비된다.

어떤 대상은 대체로 폐쇄된 영역을 이루므로 윤곽 부분의 모서리들이 서로 연결되면 **영역분리**(region segregation)가 뒤따른다. 그런데 영역분리는 윤곽의 모서리만으로 일어나는 것은 아니다. 즉, 가느다란 모서리를 대상으로 한 탐지 이외에 영역을 구성하는 요소들의 방향, 크기, 농도의 차이로 일어날 수도 있는데 이를 **결분리**(texture segregation)라고 한다. Beck(1966)은 결분리

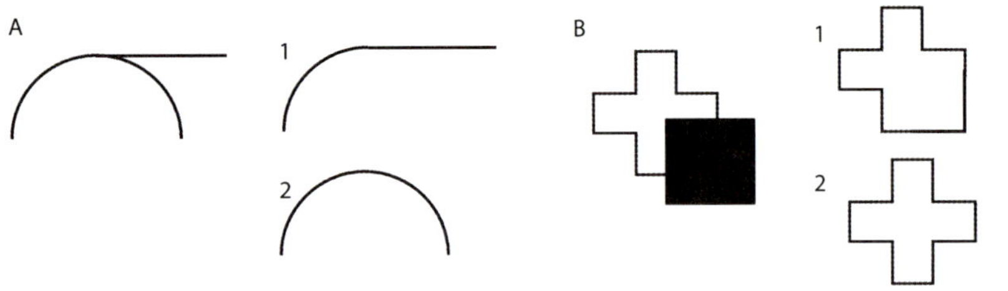

그림 3-9 전역 형태의 효과.
좋은 연속이 언제나 국지적으로 일어나는 것은 아니다. (A) 국지적인 좋은 연속은 1이 지각될 것으로 예상하지만 전체적인 형상에 따라 2로 지각될 가능성이 크다. (B) 국지적인 좋은 연속에 따라 1이 지각될 수 있지만, 대칭의 원리에 의해 2로 지각될 가능성이 크다.

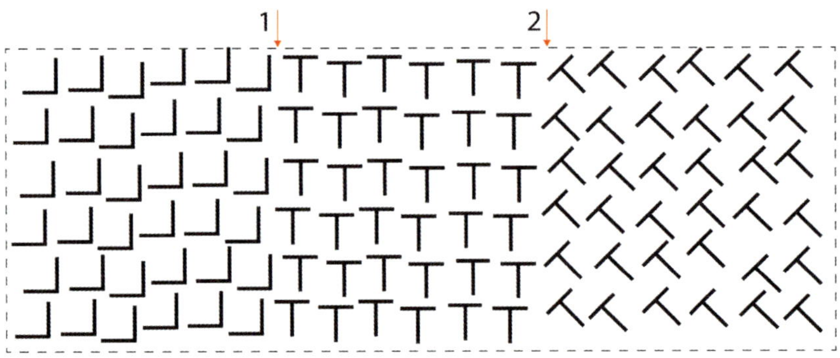

그림 3-10 영역분할과제 예.
1지점보다 2지점에서 더 분명하게 결분리가 일어난다(Beck, 1966).

에 관해 창의적으로 연구 분야를 개척하였다. 그는 단순한 도형들로 이뤄진 패턴들을 뒤섞어 놓고 사람들에게 영역이 구분되는지를 물었다. 그는 그림 3-10과 같은 그림을 참여자들에게 4초 동안 보여 주면서 어느 지점에서 영역이 잘 구분되는지를 답하게 하였다. 대부분 이 자극에 대해서는 1보다 2 지점을 골랐다. 그는 실험 전에, 사람들은 도형들이 단독으로 제시되었을 때 'T와 옆으로 기운 T'가 'T와 L'보다 모양이 더 유사하다고 평가하였기 때문에 실험 결과는 도형의 유사성이 아닌 도형이 집단으로 있을 때 나타나는 전역적인 특징 때문이라고 결론 내렸다. 이 연구에서 다양한 도형이 체계적으로 비교되었는데 방향이 영역분리에 중요한 단서로 밝혀졌다. Beck은 색(밝기), 크기, 움직임 등도 비슷한 효과를 낸다고 믿었다. 후속 연구자들은 영역이 구분되는 독특한 특징들을 더 찾아내고 좀 더 정밀한 가설을 냈지만(Julesz, 1981) Beck의 결론은 크게 바뀌지 않았다.

컴퓨터식 접근(computational approach)이란 프로그래밍언어로 짠 알고리즘으로 입력된 이미지에서 유의미한 정보가 획득되는 과정을 보여 줌으로써 인간의 물체 재인 과정을 이해하는 방법인데 인공지능 시각은 모두 이에 해당한다. 흔히 계산론적 접근이라고 불리기도 하는데 책상에 놓인 계산기를 떠올리게 되어 가볍게 느껴진다. 1960년대부터 다양한 아이디어가 이 분야에서 나왔는데 성공적이라고 평가할 만한 것은 없었지만 최근에 와서 컴퓨터 처리 속도의 증가와 알고리즘의 발전으로 성과가 나오기 시작하였다.

Sharon 등(2006)이 이미지의 영역을 밝기 유사성을 기반으로 분절하는 알고리즘을 개발하였다. 그림 3-11에서, 각 픽셀은 자료의 기초 지점인 노드(node)이며 가까운 노드들과 선분으로 연결되어 일종의 그래프를 형성한다. 이 그래프에서 노드 간의 유사성이 계산되어 군집이 형성되는데, 이 그림에서 노드들의 밝기 유사성이 색과 굵기로 표시되었다. 특히 각 노드의 연결들은 단순히 가까운 거리에 있는 노드들과 유사성만 아니라 멀리 있는 노드들과의 유사성까지 수학적으로 고려된다. 이렇게 이미지를 그래프로 표현하여 계산을 적용하는 것을 그래프-이론 접근(graph theoretic approach)이라고 한다(Shi & Malik, 2000). 다음으로 작은 군집을 대표하는 노드가

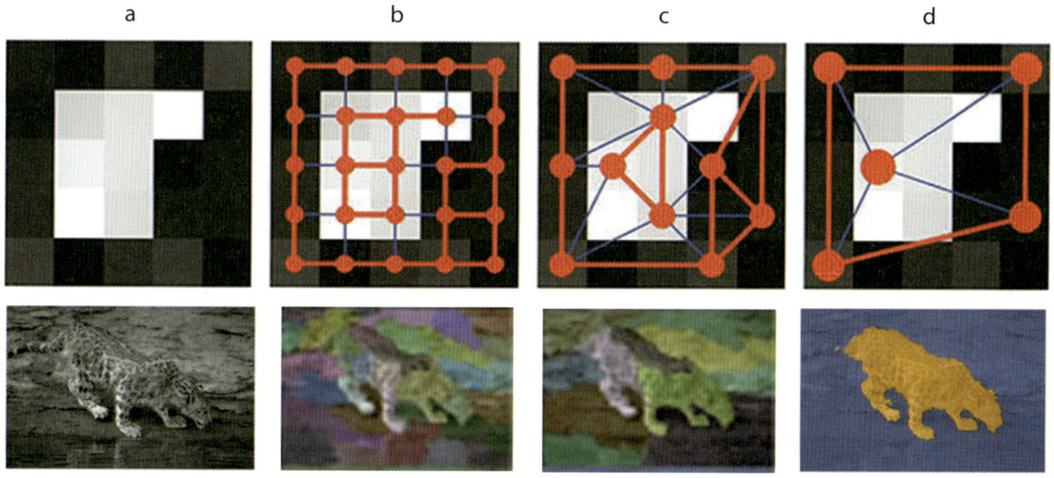

그림 3-11 그래프-이론 접근을 이용한 영역분리.
(a) 주어진 이미지. (b) 각 픽셀에 노드를 부여하고, 노드 사이의 밝기 유사성에 따라 가까운 픽셀끼리 군집처리를 한다. 빨간색은 상관이 크고 파란색은 상관이 적음을 의미한다. (c) 인근 영역을 대표하는 노드를 선택하여 노드 수를 줄이고, 범위를 조금씩 넓혀 노드끼리 군집처리를 반복하되 전체 노드가 1보다 클 때까지 계속한다. (d) 최종 결과. 밝은 영역과 어두운 영역이 구분된다. 아래 그림은 이 방법을 사용하여 얻어진 예이다(Sharon 등, 2006).

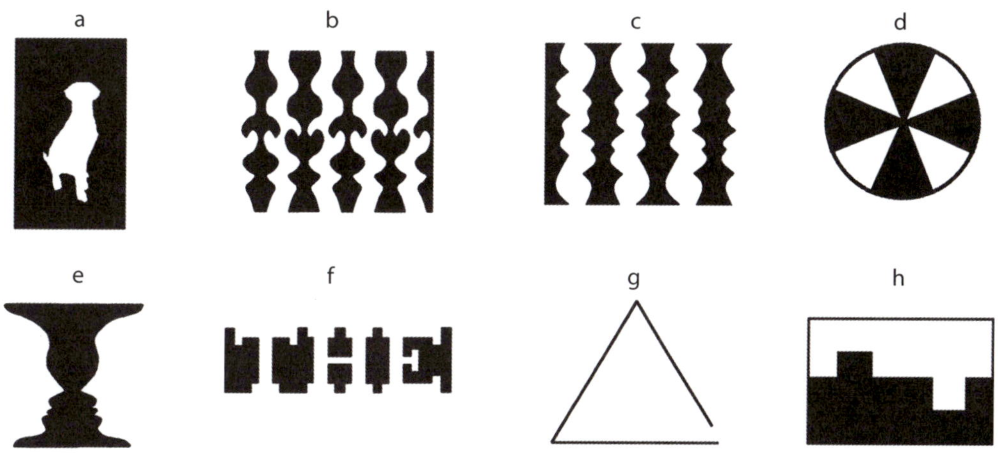

그림 3-12 전통적인 전경-배경 할당의 원리들.
(a) 둘러싸임(surroundedness): 크기가 작고, 주변에 둘러싸인 영역이 전경이 될 가능성이 크다. (b) 대칭(symmetry): 대칭을 보이는 상이 전경일 가능성이 크다. (c) 볼록(convexity): 오목보다 볼록한 상이 전경이 될 가능성이 크다. (d) 수평-수직(horizontality-verticality): 수평-수직 위치에 놓인 상이 전경일 가능성이 크다. (e~f) 친숙성(familiarity): 친숙하거나 의미 있는 상이 전경일 가능성이 크다. 'THE'를 본다면 검정 바탕이 보인다. (g) 폐쇄(closure): 완전한 삼각형으로 지각되려는 성질이 있다. (h) 낮은 영역(lower region): 위보다 아래가 더 전경으로 보일 가능성이 크다.

다시 설정되고 거리를 좀 더 확대하여 이웃한 노드들과 유사성이 평가되어 또 다른 군집이 형성된다. 이 계산 과정은 노드가 임의의 수(예를 들어, 1보다 큰)까지 작아질 때까지 계속된다. 연구자들은 이 방법으로 위장이 심한 이미지를 대상에 대해서도 상당히 성공적으로 영역을 구분할 수 있었다. Sharon 등(2006)의 방법은 순수하게 상향적 처리에만 기반한 것이다. 그렇지만 만일 컴퓨터가 학습을 통해 대표적인 전경들을 추출하여 메모리에 저장해 놓고 이를 참고로 주어진 이미지에서 영역을 나눈다면 훨씬 정확한 영역분리가 일어날 수 있는데 최근 알고리즘들은 이를 적용한다(Borenstein & Ullman, 2008).

Sharon 등(2006)의 연구에서 시험 이미지들은 450×450의 픽셀로 제시되었고, 알고리즘은

펜티엄 4 컴퓨터에서 구동되어 각 이미지를 2초 걸려 처리하였다. 이 정도는 인공지능 시각에서 매우 놀랄 만한 성과이지만 인간의 물체 재인이 수만 픽셀의 이미지에 대해서도 10배가량 빠르게 일어난다는 점을 고려한다면 아직 부족하다. 또한 그림 3-12에서, 원본 이미지에서 표범의 꼬리가 분명해 보임에도 이 처리의 결과물에는 꼬리가 표범영역으로 인식되지 않음은 이 처리가 아직은 완전하지 않음을 보여 준다.

중급 수준

전경-배경 조직화

모서리 탐지가 일어나고 영역이 구분된 다음에 전경-배경 조직화 과정이 필요하다. 전경(figure)은 물체의 후보가 되는 영역을 뜻하며 이곳을 대상으로 좀 더 정밀한 처리가 일어난다. 전경은 배경(ground)보다 앞에 있고 배경에 둘러싸여 있고, 경계선을 소유하고 있다(border ownership). 일상생활에서 배경을 땅, 벽, 산, 바다처럼 넓은 표면을 일컫는데, 이보다 훨씬 작은 단일한 물체나 여러 물체의 집합도 배경이 될 수 있다. 전경-배경 조직화에 적용되는 지각 원리들이 제안되었다. 덴마크 심리학자 Edgar Rubin(1886~1951)은 전경-배경 조직화(figure-ground organization) 개념을 정립하였고, 얼굴/꽃병(face/vase) 애매한 도형을 고안한 사람으로 유명하다.

샛길 5 **윤곽의 음영 효과**

그림 3-13-A는 수채색 효과(watercolor effect)라고 하는데 검은색 가장자리를 따라 유채색의 선을 그리면 도형 내부에 색 번짐이 일어나 전경으로 지각되는 경향이 크다(Pinna 등, 2003). 효과 자체는 네온 확산 색과 동일하지만 전경/배경 조직화와 연결되어 있다는 점이 다르다.

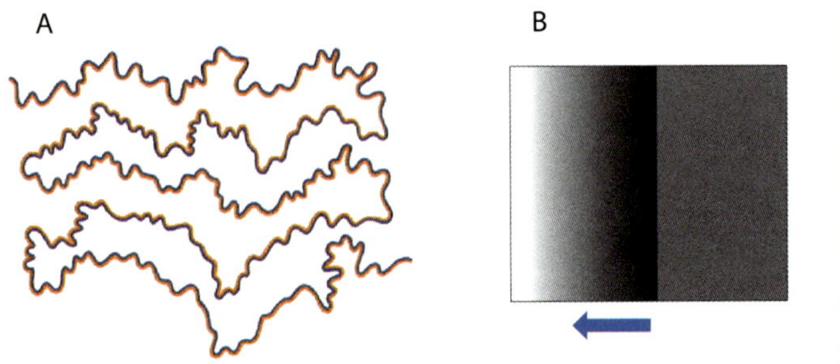

그림 3-13 윤곽의 음영에 따른 전경/배경 조직화. (A) 수채색 효과로 인한 전경/배경 조직화(Pinna 등, 2003). (B) 전경/배경 조직화에 대한 극단 모서리 효과로 전경의 표면에서 화살표 방향으로 점진적 밝기가 관찰된다(Palmer & Ghose, 2008).

또 다른 연구에서, 전경/배경 조직화에 대한 가장자리 윤곽의 음영을 적극적으로 검토하였다. 3차원 세계에 놓인 물체들은 조명으로 인해 앞에 놓인 물체와 뒤에 놓인 물체 가장자리 부분에서 차이를 보인다. 즉, 앞에 놓인 물체의 가장자리는 점진적인 밝기 변화가 있지만 밑에 놓인 물체의 표면은 대체로 균질하다(그림 3-13-B). 이를 이용해 전경/배경 조직화를 할 수 있는데 이를 극단 모서리(extremal edges) 단서라고 한다(Palmer & Ghose, 2008). Pinna 등(2003)의 수채색 효과도 가장자리에서 음영의 변화를 보이므로 극단 모서리 효과와 얼핏 원리가 비슷해 보인다. 아마도 Palmer가 워낙 저명한 학자이기 때문에 별개의 현상으로 수용된 면도 있을 수 있다. 무명 학자가 보고했다면 묻혔을 가능성이 있다. 학문 세계에 이런 일은 흔하다.

전경/배경 조직화 연구에서 사용하는 자극 표면은 균질한 밝기와 색으로 이뤄져 있다. 그렇지만 모든 연구에서 그렇지는 않다. 많지 않지만, 도형의 가장자리에 음영을 넣어 전경/배경 조직화가 어떻게 달라지는지를 살펴보는 연구들도 있다(☞샛길 5).

그림 3-14 전경/배경 조직화에 대한 친숙성 효과. 위의 열과 아래의 열 그림들은 위와 아래가 뒤집혀 있다. 위의 열에서 검은색 영역이 더 전경으로 보일 가능성이 높다(Peterson & Gibson, 1994).

경험 효과

전경/배경 조직화는 물체 재인보다 선행하여 일어난다고 보는 견해가 일반적이다(예: Marr, 1982). 이에 따라 전경/배경 조직화가 거의 언제나 상향적 처리에서 일어난다는 믿음이 강하다. 그런데 이 전통적인 견해에 반기를 든 연구자들도 있다. 즉, 경험에 따른 형태의 친숙성으로 물체 재인이 먼저 일어나고, 그다음 전경/배경 조직화가 하향적으로 일어날 수 있다(Peterson & Gibson, 1994). 이 견해의 증거들은 주로 전경-배경이 애매한 도형을 방향을 위아래로 돌려서 제시할 때 똑바른 방향에서 친숙한 물체가 전경으로 지각되는 현상에서 온다(그림 3-14). 예를 들어, Rubin의 얼굴/꽃병을 뒤집어서 제시할 때 얼굴이 전경으로 보일 가능성과 똑바른 방향일 때 얼굴이 전경으로 보일 가능성을 살펴보면 후자의 조건에서 전경이 보일 가능성이 더 클 것이다. 그러므로 전경-배경 조직화와 물체 재인은 반드시 한 방향이 아닌 상호의 방향으로 일어날 수 있다고 보는 것이 타당할 것이다.

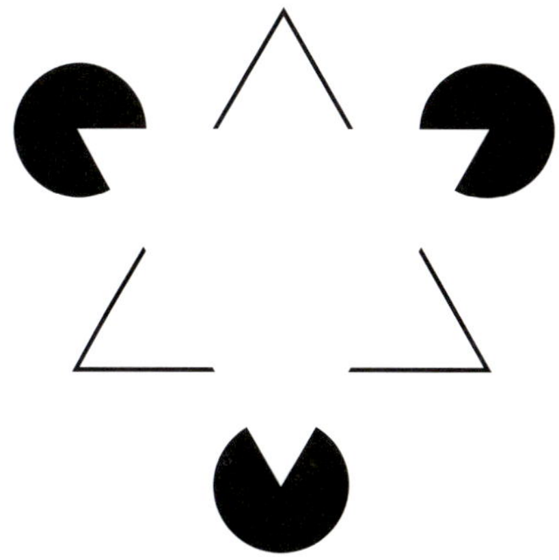

그림 3-15 Kanizsa의 삼각형. 앞에 흰 삼각형이 의식되는데 이를 유감 완성이라고 하며, 흰 삼각형에 가려져 있는 원의 일부분이 의식되는데 이를 무감 완성이라고 한다.

친숙성에 의해 형태가 재인되는 또 다른 현상은 시각적 완성이다. 종종 지각적 조직화 과정을 통해 실제로 눈에 보이지 않는 부분들이 의식되곤 한다. 다른 물체 또는 물체들에 가려져 보이지 않지만 지각적으로 의식되는 것을 무감 완성(amodal completion)이라고 한다. 그런데 가려진 부분들의 절분 과정을 통해 가리고 있는 대상이 실제로 존재하지 않음에도 지각적으로 의식될 수 있는데 이를 유감 완성(modal completion)이라고 한다. 이 2가지 현상은 시각적 완성(visual completion)이라는 큰 범주에 속한다. 시각적 완성은 마술에서 자주 사용되는 현상으로 자동으로 일어난다(☞14장). 착시적/주관적 윤곽(illusory/subjective contour)을 일으키는 자극은 이 두 유형의 완성을 동시에 볼 수 있다. 그림 3-15는 이탈리아 심리학자인 Kanizsa(1976)가 고안한 것으로 3개의 팩맨 도형이 삼각형 대형으로 늘어섰을 때 삼각형이 위에 얹혀진 것으로 지각된다. 팩맨 도형은 얼핏 피자 조각을 떠올리기도 하는데 아마도 이탈리아 사람들이 피자를 많이 먹어서 나온 착시인지도 모른다. 착시적 윤곽은 윤곽을 이루는 부분들의 모서리가 좋은 연속일수록 그리고 부분들이 좋은 모양일수록 더 강해지는 경향이 있다.

지각체계는 우연적인 해석보다 개연적인 해석을 선호한다. 착시적 삼각형에서 3개의 팩맨이 우연히 삼각형을 이루는 방향으로 늘어서 있다기보다 작은 원 3개 위에 흰색 삼각형이 놓여 있다고 해석하려고 한다. 이 해석에 따라 흰 바탕 위에 흰 삼각형을 경험한다. 이를 형태주의 심리학자들은 지각은 의미충만성(perceptual meaningfulness)을 따른다고 표현한다. 신경과학 증거

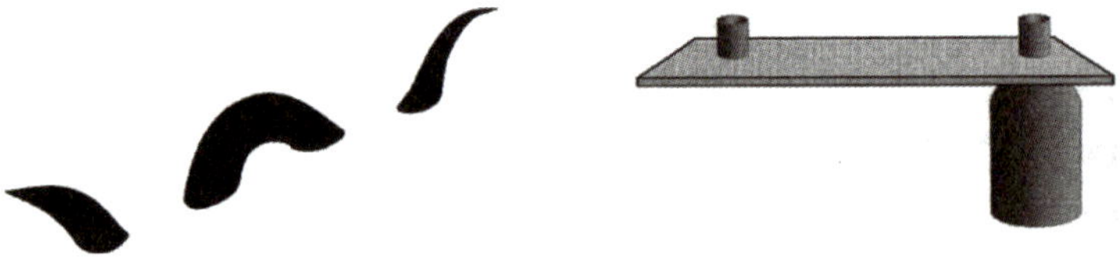

그림 3-16 전역적 완성의 예.
(왼쪽) 마치 물속에서 일부분을 드러낸 뱀처럼 보인다. (오른쪽) 맥락에 따라 선반 위의 물체가 선반에 묻힌 것처럼 보일 수도 있다(Tse & Albert, 1998).

에 따르면 착시적 윤곽은 이미 시각처리의 초기 단계인 V1의 신경들에 의해 탐지된다(Grosof & Shapleyi, 1993). 그렇지만 V1은 하측두 영역(IT)과 같은 훨씬 더 높은 수준에 있는 신경들과도 연결되어 영향을 받는다. 따라서 착시적 윤곽은 보이는 것만큼 그렇게 간단한 처리를 거치는 것이 아니라 매우 복잡한 연결을 통해 일어나는 현상이다(Murray & Herrmann, 2013).

Kanizsa의 삼각형은 주관적 윤곽을 일으키는 유도 형태들이 좋은 연속을 가지고 있다. 그렇지만 지식과 맥락 같은 전역적인 요인으로 시각적 완성이 나타날 수도 있다. 그림 3-16은 좋은 예를 보여 주는데, 여기서 물속에 잠긴 뱀이 완성되거나 작은 잔이 맥락에 따라 병의 입으로 보이기도 한다. 이 예시들은 부분들의 좋은 연속 같은 국지적 특징만이 아니라 물체 지식에 따른 전역적 특징에 의해서도 시각적 완성이 일어남을 시사한다.

고급 수준

물체 지각의 고급 수준에서 눈에 맺힌 상은 뇌에 자리 잡은 기억과 대응이 일어나야 한다. 따라서 이 과정을 물체 재인(object recognition)이라고 부를 수도 있다. 재인에 관한 이론으로 크게 2가지가 있다. 형판대응(template matching) 이론은 물체의 형태와 꼭 일치하는 형판이 기억되어 있고, 어떤 물체에 대한 이미지가 망막에 맺히면 형판과 대응시켜 무엇인지 알아본다고 제안한다. 수표의 일련번호나 자동차 번호는 거의 같은 크기와 방향이므로 이를 판독기로 읽는 과정은 형판대응이라 할 수 있다. 그렇지만 사람이 대하는 물체들은 관찰 거리와 방향에 따라 형판과 맞지 않을 수 있다. 이때 입력 자료를 기억된 자료와 크기, 방향 등이 일치하도록 변환하는 정상화(normalization) 과정이 필요하다(그림 3-17-A).

형판대응은 물체 재인을 매우 간명하게 설명하는 장점이 있다. 얼굴처럼 거의 언제나 같은 구조를 보이는 대상은 형판대응을 이용한 재인이 좋을 것이다. 하지만 형판대응에 대한 단점도 분명하다. 예를 들어, 'A'에 대한 사례가 무수하게 많은데 이에 대한 모든 형판을 뇌에 저장해 두고 있는 것은 매우 비효율적이다. 이에 대한 다른 해결책은 원초(primitives)라고 불리는 작은 단위의 형판을 가지고 있고, 이들의 연결을 통해서 물체를 재인하는 것이다. 이는 저장 부담을 크게 줄일 수 있는데 이를 위계적 형판(hierarchical templates)이라고 한다. 즉, 가장 단순한 단계에서 모든 방향에 대한 막대(— | / …)를 가지고 있고, 이들의 조합을 통해 복잡한 형태들을 만들 수 있다. 형태 A의 경우 서로 마주 보는 사선 / 2개와 가로 막대 — 하나의 연결로 구성할 수 있다. 그렇지만 만일 위치 정보가 없으면 이 세 속성이 다른 곳에 있어 도저히 A라고 보기 어려운 것도 A로 재인될 것이다(그림 3-17-B). 각 원초의 형태 정보와 함께 위치 정보까지 들어 있는 것을 속성 지도(feature maps)라고 한다(그림 3-17-C). 사선 /은 왼쪽에, 가로막대 — 은 두 사선 중간쯤

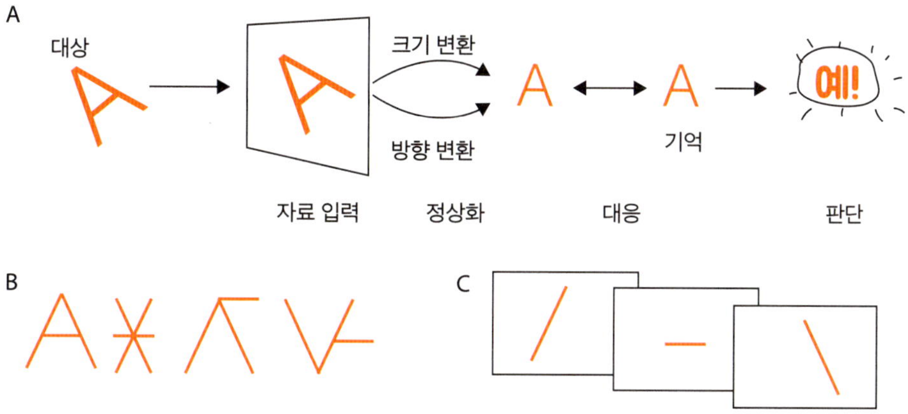

그림 3-17 형판대응.
(A) 형판대응 과정과 정상화. Lindsay와 Norman(2013)에서 편집. (B) 3가지 같은 원초로 다양한 형태를 만들 수 있다. (C) 속성 지도.

에 다른 방향의 사선은 오른쪽에 있는 각각의 지도가 가정된다. 속성지도 개념은 스마트폰, 디지털카메라, 검색 로봇 등 많은 인공지능 시각이 얼굴 같은 특정 대상을 찾을 때 적용되고 있다. 한편, 위계적 형판이론은 신경과학적 발견으로 지지받는다. 1차 시각피질(V1)의 세포들은 특정 방향의 짧은 막대에 반응하고 4차 시각피질(V4)에 있는 세포들은 좀 더 복잡한 형태에 반응한다.

형판대응이 제안하는 재인은 2차원의 대상 이미지에 제한된다. 그렇지만 일상생활에서 마주하는 대상들은 대부분 3차원 구조를 가지고 있다. 예를 들어, 큐브는 깊이와 방향을 조금만 바꾸어도 사선과 직선이 뒤바뀌므로 형판이론을 적용하기 어렵다. 그렇다고 모든 방향에 대한 형판을 가지고 있기에 뇌 부담이 너무 크다. 구조기술(structure description)은 형판대응의 대안이 될 수 있다. 이 이론은 막대, 원, 색, 방향 등 원초들을 가지고 있고 이 원초들이 상징적인 정의에 의해 연결된다고 제안한다. 상징적 정의는 화살표와 다이어그램과 같은 그림 표기로도 가능하지만 의미가 담긴 언어로도 가능하다. 예를 들어, A는 '서로 마주 보며 한쪽 끝이 서로 맞닿아 있고 가로 막대가 두 사선 중간 정도에 붙어 있다'고 기술할 수 있다. 이렇게 정의하면, 수많은 사례의 A를 A로 재인 가능하다. 더욱 중요하게도 3차원으로 된 물체에 대해서도 상징적 정의를 적용하면 깊이, 방향, 모양이 바뀌어도 큰 문제가 없다. 3D 물체에 대한 구조기술은 점, 선, 면 등 여러 수준에서 가능하며, 연구자들은 작은 단위들의 원초들이 어떻게 서로 연결되는지에 관심이 있다. 하지만 구조기술 자체는 추상적인 수준의 제안이며, 구체적인 알고리즘을 구현하여 정말로 이미지로 주어진 3차원 물체를 잘 재인하는지를 확인하여 검증 가능하다. 구조기술을 적용하여 물체 재인을 설명하려는 대표적인 시도들을 살펴보자.

절분

지각적 조직화는 부분들을 모으는 집단화만 의미하는 것이 아니다. 부분들 또는 물체들이 어떤 식으로 결합되었는지를 알기 위해 부분들로 나누는 과정이 필요한데 이를 절분(節分, parsing) 또는 부분화(partitioning)라고 한다. 절분은 간단한 기하학적 단서를 통해서도 일어날 수도 있고 부분들의 재인을 통해서도 일어날 수 있다.

Hoffman과 Richards(1984)은 어떤 물체를 이루는 부분들이 만나는 지점이 늘 오목함을 지적한다. 예를 들어, 컵의 몸통과 손잡이가 만나는 지점에 오목 주름(concave crease)이 있다(그림

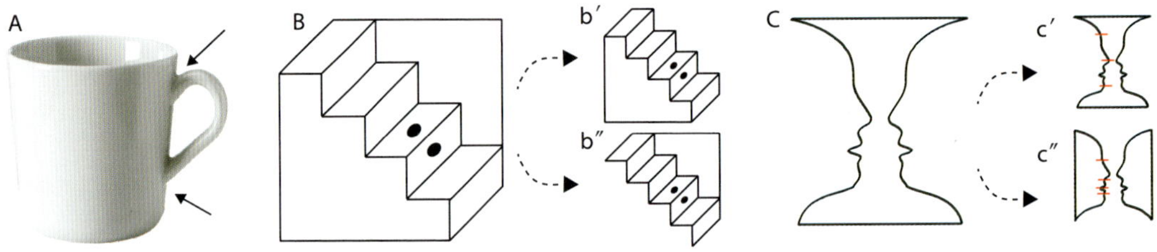

그림 3-18 횡단성 규칙.
(A) 컵의 몸통과 손잡이가 만나는 지점에 오목 주름이 발생한다. (B) Schroeder의 애매한 계단. 바닥에 붙어 있는 계단(b′) 또는 천장에 붙어 있는 계단(b″)으로 해석된다. (C) Rubin의 꽃병/잔 애매한 도형. 꽃병(c′) 또는 얼굴(c″)로 해석된다. 무엇으로 보이느냐에 따라 오목한 부분이 다르다(빨간색 선분).

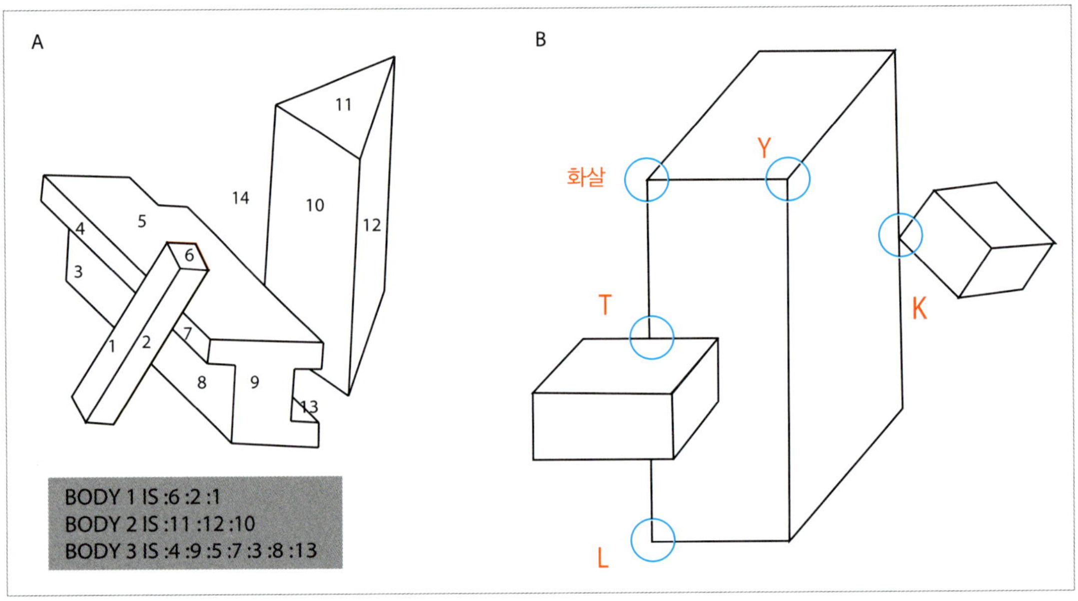

그림 3-19 도형에 대한 컴퓨터의 해석과 대표적 교차 유형.
(A) Guzman(1968)이 개발한 물체 재인 알고리즘에 제시된 그림과 그 결과(회색 영역). (B) 여러 유형의 교차.

3-18). 횡단성 규칙(transversality regularity)이란 부분들이 만나는 지점에 오목 주름이 발생함을 말한다. 반면, 컵과 손잡이 각각은 볼록한 형태로 볼록 주름(convex crease)이 있다. 따라서 오목한 형태와 볼록한 형태를 단서로 절분의 기초로 삼을 수 있다. 이 연구자들은 오목한 지점을 중심으로 부분으로 나눠야 한다고 제안하는데 이를 부분화의 최소 원리(minima rule)라고 한다. 이 아이디어는 간단하게 보이지만 강력한 원리로 평가받는다. 그림 3-18의 B는 슈레더 계단(Schroeder stairs)이라 불리는 착시로, 계단이 아래에 놓인 것으로 보일 수도 있고(b′), 위 천장에 붙어 있는 것으로 보일 수도 있다(b″). 그런데 계단에 표시된 두 점이 그림의 해석에 따라 같은 계단에 놓인 것으로 지각될 수도 있고(b′), 서로 다른 계단에 놓인 것으로 지각될 수 있다(b″). 루빈의 꽃병/잔 도에서 무엇으로 보이느냐에 따라 볼록한 지점이 다르다. Hoffman과 Richards(1984)에 따르면, 그림의 해석에 따라 오목한 곳이 달라지고 이로 인해 부분화가 다르게 일어나기 때문이라고 설명한다.

절분에 관한 다른 기하학적 단서는 선분들의 교차(junction)이다. 교차는 그 자체로 국지적인 속성으로 다각형의 경우 3차원 구조를 내포하고 있다. 대표적으로 T-교차는 두 다각형이 중첩될 때 발생하며, L-교차는 같은 도형에서 표면의 단절을 말하며, 화살표 교차는 두 표면이 연결됨을, Y-교차는 세 표면이 연결됨을 알려 준다. Guzman(1968)의 알고리즘은 교차단서만으로 화면에 제시된 도형들의 3차원 구조를 성공적으로 표상할 수 있었다. 그림 3-19는 컴퓨터로 작업한 입력 이미지와 이를 처리한 결과물을 보여 준다. 더욱 놀랍게도 컴퓨터가 이 다각형들을 학습이나 기억 없이 처음 마주하고도 이 일을 수행했다는 것이다. Guzman 이후로 연구자들은 다양한 교차 속성들을 찾아내었고, 이에 대한 최소한의 기억만을 바탕으로 점점 더 정교한 알고리즘을 구현하여 사람이 재인하기에도 어려워 보이는 다각형 구조를 재빨리 파악할 수 있었다.

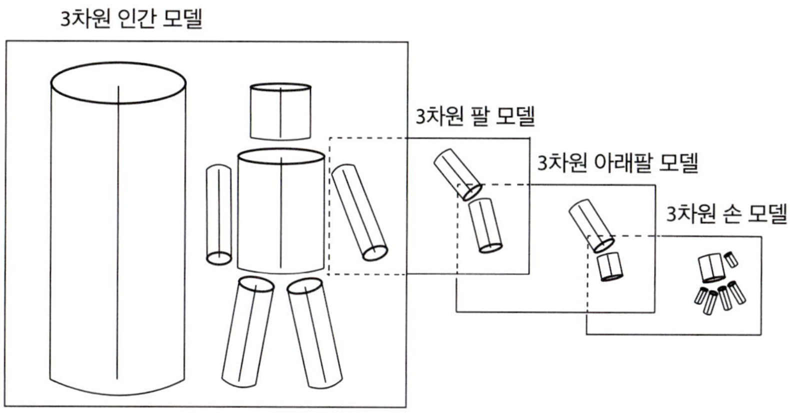

그림 3-20 3차원 모형의 구조기술.
각 상자의 왼쪽은 모형 축이며, 오른쪽은 모형을 이루는 성분들의 축이다. 상자의 중첩된 부분처럼 어떤 성분들은 자체의 모형을 가지고 있다(중첩된 부분)(Marr & Nishihara, 1978).

그렇지만 이런 접근의 한계는 너무나 분명하다. 쉬운 대상만 성공적으로 재인한다. 일상에서 사람들이 마주하는 물체들 가운데 다각형은 일부분에 지나지 않는다. 매끄러운 곡선뿐만 아니라 다양한 비선형적 윤곽들이 훨씬 더 많다. 더군다나 3차원 구조를 상징하지 않음에도 표면 자체 색의 변화나 그림자에 의한 교차들은 얼마든지 나타날 수 있다. 이런 이유로 Guzman 스타일의 접근은 물체 재인을 설명하기에 턱없이 부족하다. 다만 교차 속성들이 3차원 구조를 파악하는 데 중요한 단서임을 보여 준 것은 큰 업적이다.

또 다른 인공지능 이론가인 David Marr는 Guzman 스타일의 접근 한계를 절감하였다. 대신 그는 좀 더 현실적인 대안을 찾고 있었다. 그가 내놓은 생각은 실제로 알고리즘으로 구현되지는 못했지만 개념적으로 훨씬 높은 설득력을 가지고 있다. Marr와 Nishirara(1978)의 논문에서 물체는 기본 단위인 원초로 구성된다. 이 원초는 부피(volume)를 갖는 원뿔이며 변형, 크기 조절, 방향 바꿈 등을 통해 다양한 형태를 지닐 수 있는데, 이런 변형들을 일반화된 원뿔(generalized cone)이라고 한다. 다음으로 원초들은 물체의 부분을 이뤄 결합 방식을 달리하여 거의 모든 물체를 이룰 수 있다. 각 원초는 중심에 축(axis)이 하나씩 있는데 이는 원초의 좌표를 기술한다. 예를 들어, 사람 형상의 경우 전체를 상징하는 축이 존재하며 다시 각 부분으로 나뉠 때마다 새로운 축들이 계속 발생하는데, 각 축은 위계적으로 연결되어 상대적인 위치가 표현된다(그림 3-20). 사람의 형상을 구성하는 원초들은 서로 상대적으로 기술되며 관찰자 시점과 무관한데 이를 물체중심 표상(object-centered representation)이라고 한다.

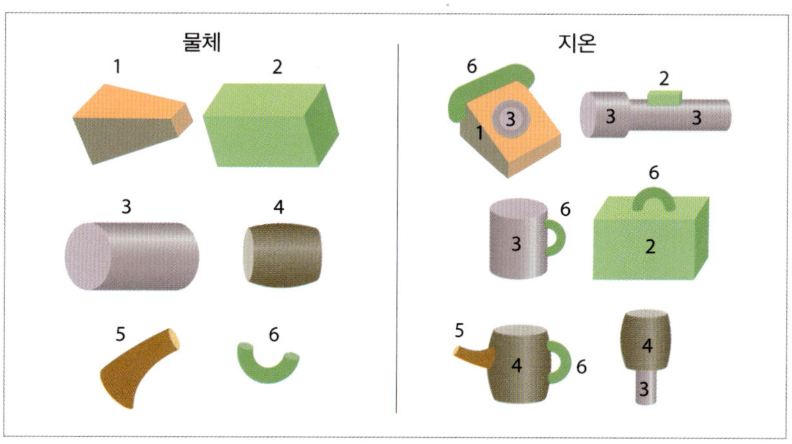

그림 3-21 지온과 지온들의 연결로 만들어진 물체들(Biederman, 1987).

3D 소프트웨어에서 수많은 작은 단

위로 구성된 어떤 모델은 간단한 마우스 움직임만으로 시점이 무수하게 바뀔 수 있는데 이는 공통된 좌표 체계를 이용하여 단순한 산술적 계산을 통해 가능하다. 인간의 뇌에 원뿔이나 원통과 같은 원초 하나만으로 변형과 연결을 통해 물체를 재인할 수 있다면 뇌의 기억 부담은 획기적으로 줄어들 것이다. 그렇지만 아쉽게도 Marr의 이론은 개념적으로는 환상적이지만 아직 알고리즘으로 성공적인 구현은 되지 못하고 있다.

Biederman(1987)은 성분 재인(RBC: recognition-by-components)이라는 모형을 제시하였다. 이 모형에서는 Marr가 제안한 것처럼 원뿔 하나가 아니라 육각형, 원뿔, 원기둥, 쐐기 등 지온(geon: geometric ion)이라 기본 부피들이 물체 재인의 기초를 이룬다고 가정한다. 지온은 모두 40개 미만이 존재하는 것으로 가정되며 다양한 결합을 통해 수십만 개의 독특한 물체를 구성할 수 있다. 예를 들어, 컵은 큰 원통의 몸통과 가느다랗고 휘어진 원통의 손잡이로 구성된다. 가방은 사각 벽돌의 몸통과 가느다란 원통의 손잡이로 구성된다(그림 3-21). 마찬가지로 시각체계는 지온들을 기억하고 있으며 이것들의 조합으로 구성된 물체가 눈으로 들어올 때 연결 구조를 파악하여 물체를 재인한다. 이 이론은 Marr의 모델과 달리 축이 아닌 정점들에 기반한 재인을 한다고 가정된다. 정점(vertex)은 지온을 이루는 선들이 만나는 지점 또는 지온들끼리 만나는 지점에서 발생하는 속성으로 물체의 부분들이 어떻게 연결되어 있는지에 대한 결정적인 단서이다. 지온들은 언제나 사람의 눈에 비우연적인 관점으로 투사되는데 이를 비우연의 원리(nonaccidental principle)라고 한다. 즉, 2차원 망막에 똑같은 이미지를 남길 수 있는 3차원 구조는 무수하게 많다(5장 역투사 문제 참조). 성분 재인 모형에서는 비우연 시점을 가정하므로 지온들의 기하학적 특징인 평행선, 수렴선, 곡선, 정점 등의 속성들은 시점이 바뀌지라도 대부분 현실에서 개연성이 있는 3차원 정보를 제공한다.

Biederman(1987)은 정점의 중요성을 검증하기 위해 부분 삭제 패러다임을 이용한 다양한

샛길 6 정점 삭제 패러다임

Biederman(1987)의 한 실험에서, 18개의 물체가 선분 도형으로 준비되었는데 각 도형에서 선분의 중간 부분이 삭제되거나 선분들이 만나는 정점이 지워진 채 참여자들에게 제시되었다. 삭제된 비율은 25%, 45%, 65%로 다양하였으며, 삭제된 비율이 같은 경우 정점 조건과 중간 조건에서 삭제된 물리적 길이는 동일하였다. 참여자들은 가능한 빨리 대상이 무엇인지 이름을 말해야 하였는데 이를 **명명 과제(naming task)**라고 한다. 명명 과제에서 참여자들은 마이크에 대고 대상의 이름을 말해야 하며, 얼마나 빨리 말하는지를 보기 위해 종종 발성이 시작되는 시점을 반응시간의 기준으로 삼는다. 그림 3-22는 실험에 사용된 1가지 물체의 예와 여러 제시 조건 가운데 200ms 동안만 자극을 제시하였을 때 얻어진 결과이다.

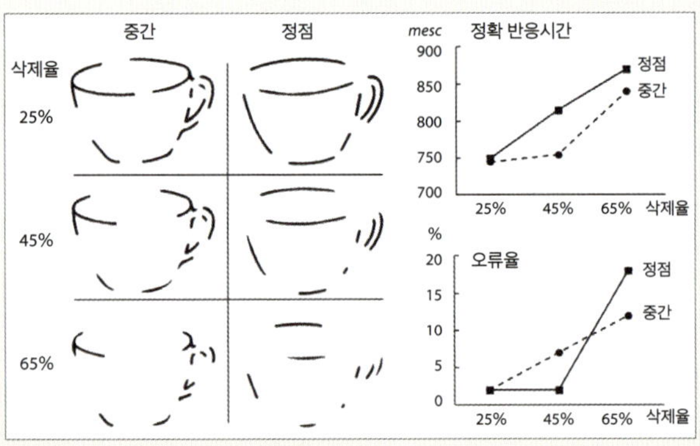

그림 3-22 실험 자극 예시와 결과.
(왼쪽) 변의 중간과 변들이 만나는 정점을 삭제한 대상들. (오른쪽) 각 조건에서 정확반응시간과 오류율. 삭제 비율이 같은 조건에서는 삭제된 물리적 길이는 동일하였다(Biederman, 1987). 이런 도형을 만드는 방법에 대해서는 Koch 등(2006)을 보라.

실험을 수행하였다. 도형의 정점이 삭제되어 제시될 때 참여자들은 무엇인지 재인하는 데 시간이 더 걸리고 더 자주 오류를 범하곤 하였다. 이 결과는 정점이 재인에 매우 중요함을 시사한다(☞샛길 6).

시점의 효과

어떤 물체들은 특정 관찰 조건에서만 잘 재인되는 특징이 있다. 예를 들어, 얼굴과 글씨는 뒤집어진 방향보다 똑바른 방향에서 보일 때 가장 빠르게 재인된다. 이렇게 어떤 물체가 가장 잘 재인되는 특정한 시점을 전형적 관점(canonical view)이라고 한다. 많은 물체는 시점에 무관하게 쉽게 잘 재인된다. 예를 들어, 다리미는 옆에서 보든 위에서 보든 어떤 각도에서도 잘 재인되는 반면, 사람 얼굴처럼 똑바른 방향에서 가장 잘 처리되는 경우도 있다. 전자를 시점-불변적 처리(viewpoint invariant/independent process)라고 하며 후자를 시점-의존적 처리(viewpoint dependent process)라고 한다. 그림 3-23은 대상이 방향에 따라 다르게 보이는 현상을 예시한다. 어떤 물체들은 거의 언제나 특정한 방향으로만 제시되므로, 방향이 이 물체들의 재인을 결정할 수 있다. Gustave Verbe는 시점을 이용한 애매한 도형 현상을 예술로 승화시킨 예술가이다(☞Google: Gustave Verbeek). 이 그림에서 예시하는 물체들은 평소에 모두 특정한 방향에서 경험하는 것들임에 주목하라. 현재의 물체 재인 이론들은 대체로 구조기술 가설을 따르며 얼굴과 같은 특정 물체들에 대해서는 전형적 관점이나 특징을 포함하고 있는 원형(prototype)을 가정하여 보완한다.

그림 3-23 재인의 방향 효과.
(A) 물고기와 사람으로 보이지만 방향을 돌리면 새와 사람으로 보인다(Gustave Verbeek). (B) 문으로 보이지만 옆으로 돌리면 해변으로 보인다(트위터 이용자 agustin@agustinXali).

불변문제와 형태 항등성

일상에서 우리가 마주치는 물체들은 여러 가지 지각 속성들이 일정하게 제시되는 것이 아니다. 같은 물체라고 할지라도 관찰 각도, 거리, 조명 조건들에 따라 방향, 크기, 위치, 색 등이 다르게 제시될 수 있다. 이렇게 다양한 지각 조건의 차이와 관계없이 사람들은 물체를 거의 언제나 재빠르고 정확하게 재인한다. 이 과정을 이해하는 일은 오랫동안 수수께끼로 남아 있는데 이를 불변문제(invariance problem)라고 한다. 우리 스스로 경험으로 보아 뇌는 이 문제를 매우 잘 푸는 것 같다. 동물의 뇌를 대상으로 한 다양한 연구에서 물체 재인은 배측시각경로를 따라 일어나는데, 이 경로에서 가장 깊숙한 곳에 위치한 하측두피질(IT: inferior temporal cortex)의 세포들은 같은 물체가 관찰 조건이 달라짐에도 비슷한 수준으로 활성화되는 것으로 알려져 있다(DiCarlo 등, 2012). 이 결과들은 이 영역의 세포들이 물체들을 관찰 조건과 무관하게 처리함을 시사한다(그림 3-24).

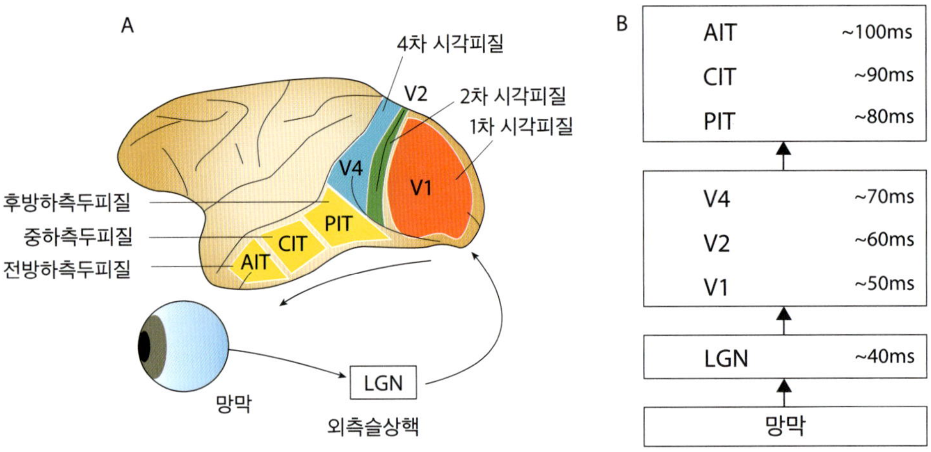

그림 3-24 물체 지각 경로와 처리시간. (A) 원숭이 뇌에서 물체처리를 위한 배측 시각경로. (B) 각 영역에서 정보처리 시간. 망막에서 출발한 정보가 전방하측두피질(AIT)까지 닿는 시간은 대략 0.1초이다. 사람의 뇌는 좀 더 커서 이 영역까지 0.17초 이상 걸린다. 즉, 원숭이와 마주쳐 무엇인지 알아챘을 때 이미 원숭이는 우리를 파악한 뒤이다.

물론 인간이 모든 물체를 시점에 불변하게 처리하는 것은 아니다.

불가능한 물체

어떤 대상이 2차원의 도형상으로는 가능하지만 3차원 실세계에서는 가능하지 않을 때 (실세계에서) 불가능한 물체(impossible object)라고 한다. 다양한 불가능한 물체에 대한 도형들이 심리학자들과 예술가들에 의해 고안되었는데, 대부분 깊이와 관련되어 있다(그림 3-25).

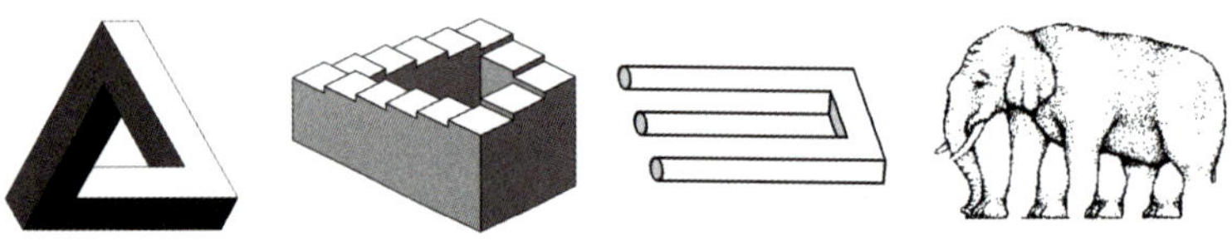

그림 3-25 불가능한 물체.

불가능한 물체 도형은 지각처리에 대해 몇 가지 교훈을 준다. 첫째, 2차원 도형을 3차원 물체로 보려는 성질이 자동으로 일어난다. 이는 부분들의 교차가 깊이 단서를 제공하기 때문이다. 둘째, 사람들은 이 도형들이 왜 불가능한지 즉각적으로 깨닫지 못하곤 한다. 특히 이 문제는 지각 과정을 실세계의 있는 그대로를 머릿속에 표상하는 현상을 우선으로 설명하려는 심리학자들을 괴롭혀 왔다. 사물이 있는 그대로 표상하는 것을 축어적 지각(literal perception)이라고 한다. 불가능한 도형의 부분들은 그 자체로 논리적이지만 부분들이 연결된 전체를 고려하면 논리적이지 않다. 그러므로 지각체계는 부분들보다 전체가 우선으로 처리한다거나 좋은 형태를 추구한다는 형태주의 주장을 의심케 한다. 한편, 이런 도형들은 실세계에 존재하지 않으므로 경험에 바탕을 둔 물체 지각 이론가들의 입장도 곤혹스럽게 한다. 불가능한 물체에 대한 도형의 존재는 아마도 지각체계가 정확한 표상보다는 대략 그럴싸한 표상을 선호함을 말하는 것처럼 보이기도 한다. Gibson은 사물의 의미에 영향을 받아 일어나는 것을 도식적 지각(schematic perception)이라고 하고, 이로 인해 애매한 도형이 다르게 보일 수 있을 뿐이지 사람들이 축어적 지각을 할 수 없다는 뜻은 아니라고 지적하였다(1950: 210).

애매한 도형

어떤 대상들은 감각 정보가 적거나 분명하지 않아 지식의 역할이 중요해지며 다양한 해석이 가능한데 이를 애매한 도형(ambiguous figure) 또는 역전 도형(reversible figure)이라고 부르고, 해석 가능성이 2개인 경우 이중 역전 도형(bi-stable reversible figure), 3개인 경우 삼중 역전 도형(tri-stable reversible figure)이라고 부른다. 애매한 물체가 아닌 애매한 도형이라고 하는 이유는 물체 자체는 애매성과 관련이 없고 다만 관찰자의 표상이 애매하기 때문이다. 애매한 도형의 예는 우리 주변에서 쉽게 찾아볼 수 있다(그림 3-26). 전북 진안에 있는 마이산(馬耳山)은 말의 두 귀를 닮아 붙여진 이름이다. 훨씬 이전에는 용이 승천한다는 용출산(龍出山)이라 불렀다고 한다. 오른쪽 그림은 밤하늘에 떠 있는 달이다. (수긍하기 어렵지만) 옛날부터 사람들은 달에서 '계수나무 아래서 방아를 찧는 토끼'를 보았다. 그렇지만 다른 나라 사람들은 달에서 토끼가 아닌 다른 대상을 본다.

그림 3-26 애매한 도형의 실제 예. 진안 마이산과 달.

애매한 도형은 크게 3가지 범주로 나누는데 방향, 의미, 전경/배경이 있다(그림 3-27). 이런 도형에서 해석이 가능한 대안 가운데 관찰자 자신이 어떤 한 도형을 마음으로 선택해 지각하는 일이 어느 정도 가능한데 이를 의도적 보기(intentional seeing)라고 한다. 주의해야 할 것으로, 의도적으로 대상을 볼 수 있다고 해서 모든 물체를 마음대로 볼 수 있다는 뜻은 아니다. 단지 해석이 가능한 대안들이 여러 개 있는 경우 의도적인 선택이 가능하다는 뜻이다. 아무리 의도해도 대상이 잘 바뀌지 않을 수도 있는데 이는 대상의 감각 자료가 너무나 분명할수록 그렇다. 따라서 의도적 보기는 대상의 지각 속성이 불충분할 때 더 강력해질 수 있다.

그렇다면 왜 도형이 애매하게 보일까? 이에 대해 형태주의 심리학자 Köhler(1940)는 신경피로(neural fatigue)로 설명하였다. 즉, 한 가지 해석이 어느 정도 지속되면 이를 처리하는 신경세포들이 피로해져 다른 해석을 맡은 신경세포들이 상대적으로 활성화된다는 것이다. 실제로 애매한 도형들은 몇 초 간격으로 해석이 오락가락하는데 신경 피로 가설이 이를 잘 설명하는 것처럼

그림 3-27 세 유형의 애매한 도형. (왼쪽) 방향 또는 깊이가 두 해석 사이에서 애매하다. (가운데) 여성/노파, 토끼/오리, 대머리/쥐, 인디언/벽에 칠하는 사람 사이에서 애매하다. (오른쪽) 옆얼굴과 꽃병 또는 색소폰 부는 남자와 여성 얼굴이 전경-배경으로 바뀔 수 있다.

샛길 7 애매한 도형에 대한 사전지식 효과

이 연구에는 고등학생 20명이 참여하였다. 대학생은 애매한 도형을 알 가능성이 훨씬 컸기 때문이었다. 실험은 두 단계로 이뤄졌다. 무정보 조건(uninformed condition)에서 도형의 애매성에 대해 사전에 전혀 듣지 못하였다. 참여자들은 그림 3-28에 나와 있는 것처럼 도형 7개를 차례대로 보면서 실험자가 5초에 한 번씩 책상을 두드릴 때마다 보고 있는 도형이 무엇인지 말해야 하였다. 실험 준비 단계에서 실험자는 정삼각형과 모래시계 도형을 보여 주었고, 모래시계는 '두 삼각형' 또는 'X'로 보일 수 있다고 말하였다. 이 과정을 통해 참여자들은 어떻게 대답해야 하는지를 배웠다. 본 실험에서 원, 사각형, 눈사람 도형이 차례대로 15초 동안 제시되었다. 실험자는 그림이 제시될 때부터 0, 5, 10, 15초에 한 번씩 책상을 두드렸고, 참여자들은 매번 무엇을 보는지 말하였다. 마지막으로, Necker 큐브와 Rubin의 얼굴/꽃병 도형이 차례대로 30초씩 제시되었다. 실험자는 0, 5, 10, 15, 20, 25, 30초에 한 번씩 책상을 두드렸고, 참여자는 무엇을 보았는지 말하였다.

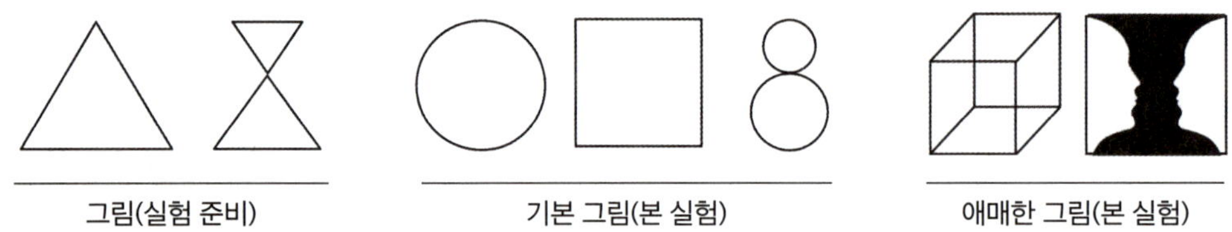

그림 3-28 실험에 쓰인 그림 자극들(Girgus, Rock & Egatz, 1977).

실험이 끝나고 실험자는 학생들을 면밀하게 인터뷰하였다. 이때 Necker 큐브와 Rubin의 얼굴/꽃병 도형이 해석될 수 있는 두 대안들이 단서가 충분하여 애매하지 않은 버전으로 제시되었다. 학생들은 만일 실험 중에 서로 다른 해석을 번갈아 했는지 보고하였다. 정보 조건(informed condition)에서 참여자들은 무정보 조건과 똑같이 본 실험에서 5개의 그림을 차례대로 보았다. 다만 참여자들은 모두 무정보 조건에서 Necker 큐브와 Rubin의 얼굴/꽃병 도형이 애매하다는 사실을 알고 있다는 점만 달랐다. 실험 결과는, Necker 큐브는 어떤 방향으로 보았는지 기억이 어려워 Rubin의 얼굴/꽃병 자극에 대해서만 보고되었는데, 무정보 조건에서 20명 가운데 9명(45%)만 역전을 경험한 반면에 정보 조건에서 20명 모두가 빈번하게 경험하였다. 따라서 도형이 애매하다는 사전지식이 도형 역전을 경험하는 데 매우 중요해 보인다. 그렇지만 여전히 절반 정도의 고등학생들은 스스로 도형 역전을 경험하였다.

보인다. 한편, Girgus 등(1977)은 신경 피로 가설을 반박하는 실험을 진행하였다. 이 실험에 따르면 관찰자가 애매한 도형을 경험하기 위해서는 도형이 애매할 수 있다는 역전성(reversibility)에 대한 지식이 필수이다(☞샛길 7).

하지만 이 실험에서 상당수의 고등학생이 도형의 역전성을 경험하였는데 역전 가능한 도형들을 잡지, 책, TV 등에서 이미 여러 번 경험했을 수 있다. 이를 검증하기 위해 Rock 등(1994)은 3~4세 아이들이 도형 역전을 볼 수 있는지 살펴보았다. 이 실험에서 토끼/오리, 대머리/쥐, 얼굴/꽃병 애매한 도형이 60초 동안 아이들에게 제시되었다. 결과는 아무도 역전을 경험하지 못하였다. 이 실험 결과는 애매한 도형에서 애매성을 경험하기 위해서는 대안적 해석들 사이에서 '애매하다'는 사실을 단 한 번이라도 경험하는 것이 중요함을 보여 준다. 이는 애매성에 대한 Köhler의 신경 피로 가설에 대한 수정을 제기한다.

그림 3-29 애매한 그림 해석의 문화 차이.
여성의 머리 위에 있는 것은 무엇일까?

애매한 자극에서 애매성을 보기 위해 해석 가능한 상들을 모두 알아야 한다는 것은 감각과 지각이 다르다는 사실을 다시금 일깨워 준다. 즉, 애매한 자극은 눈에 똑같이 맺히더라도 상에 대한 기억이 사전에 있지 않으면 지각할 수 없다. 때로는 상에 대한 기억이 달라 지각이 다르게 일어나기도 한다. 그림 3-29를 보고 아프리카인들은 여성의 머리 위에 무엇인가 얹혀 있다고 지각한다. 반면, 대부분의 서양 사람들은 창문으로 지각한다. 이는 각 문화에서 이 2가지 해석이 다르게 익숙해져 있기 때문이다. 집에 창문이 작고 머리에 무엇인가를 이고 있는 여성에 익숙한 아프리카인들과 머리에 물체를 이고 있는 모습에 익숙하지 않은 서양인들의 차이인 것이다. 이런 예를 지각에서 문화차(cultural difference)라고 한다. 물론 이 그림의 예는 그림에서만 확인할 수 있으며 실제로 여성이 머리에 무엇인가를 이고 있는 모습을 현장에서 보고 있다면 서양인들도 그렇게 볼 것이다. 그렇지만 실제 현장에서 경험하는 것이라도 문화의 관습적 의미가 다르다면 다르게 지각할 수 있다. 예를 들어, 연장자와 대화를 나누는 젊은이가 바지 주머니에 손을 넣고 있는 모습을 서양인들은 자연스럽게 보는 반면, 우리나라 사람들은 예의 없으며, 심지어 도전적인 마음이 있다고 지각할 수 있다.

사전지식과 맥락

사전지식만이 대상의 애매성을 해결하는 것은 아니다. 또 다른 단서는 대상이 놓인 주변 맥락이다. 우리가 마주하는 대상은 거의 언제나 특정 맥락과 함께 오며, 이 맥락은 일종의 '기대'라는 하향적 처리를 낳는다(de Lange 등, 2018). 이에 따라 종종 주변 맥락에 의해 대상의 애매함이 해결되곤 한다. 이를 맥락 효과(contextual effect)라고 한다. 이는 물체 재인에 대한 하향적 처리로 분류된다. 그림 3-30은 몇 가지 예를 보여 준다. 또한 낱자가 단어와 함께 제시될 때 단독으로 제시될 때보다 더 빠르고 정확하게 재인되는데 이를 단어 우월 효과(word superiority effect)라고 한다.

지식의 개념 종종 지각심리학자들은 지식, 경험, 친숙성 등의 효과라는 말을 한다. 이 용어들은 모두 기억이라는 같은 의미를 담고 있다. 하지만 이 기억은 '지구는 둥글다'와 같은 학교에서 배우는 개념적 지식과 다르다. 개념적 지식은 쉽게 잊히거나 새로운 지식으로 교체가 가능하여 휘발성이 있지만 지각심리학자들이 말하는 지식은 뇌에 매우 강력하게 자리 잡고 있어 심지어 의식되지도 않는 것을 말한다. 지식에 의한 효과를 하향적 처리(top-down processing) 또는 개념 주도적 처리(knowledge based processing)라고 한다. 하향적 처리의 존재를 드러내기 위해 지각심리학자들은 상향적 처리를 약화시키는 전략을 사용한다. 즉, 눈에 맺힌 자극의 분명함을 줄여 자극을 충분히 알아보기 어렵거나 애매한 상태로 놓아 관찰자에게 무엇으로 보이는지를 묻는 것이다. 앞서 그림 3-3의 달마티안 그림은 가장 널리 알려진 것 가운데 하나이다. 이 그림을 처음 보는 사람들은 무의미한 점들만 본다. 그렇지만 어느 순간 정원에 있는 달마티안 개를 재인하면 그림이 의미 있게 보이기 시작하며 그 이후로 다시는 무의미하게 보기 어려워진다. 이 그

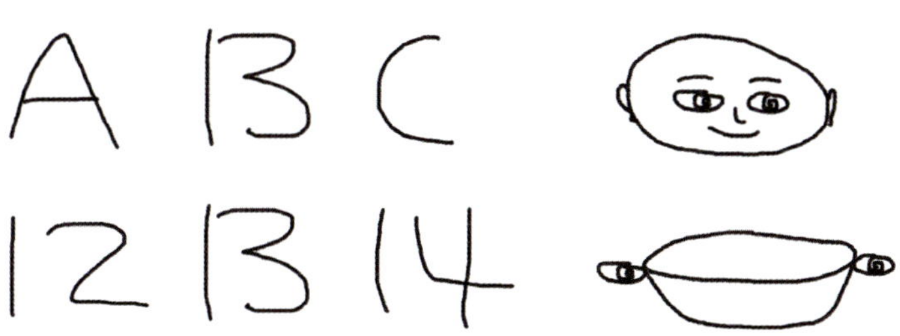

그림 3-30 맥락 효과 예.
(왼쪽) 집단화에 따라 위 열에서 B로 아래 열에서 13으로 보인다. (오른쪽) 맥락에 따라 눈으로 보이기도 하고 손잡이로 보이기도 한다.

림은 달마티안 개를 보기 전까지는 하향적 처리가 잘못된 해석으로 작동했지만 달마티안 개를 본 이후로는 하향적 처리가 제대로 작동하기 시작함을 시범한다.

물체 재인과 베이지언 추론

Hermann von Helmholtz(1821~1894)는 망막에 맺힌 상 자체만으로는 어떤 물체인지 애매하다고 가정하였다. 깊이를 예를 들면, 무수히 많은 3차원 물체들이 똑같은 2차원 망막상을 만들 수 있다(☞5장: 역투사 문제). Helmholtz(1867)는 지각체계는 사전지식을 이용해 이 근본적 애매성을 해결한다고 제안하였는데 이를 무의식적 추론(unconscious inference) 이론이라고 한다. 그의 이론은 최근에 베이지언 추론(Bayesian inference)이라는 수학적 가정과 결합되어 다시 주목받고 있는데 오늘날 지각 연구에서 가장 인기 있는 패러다임이다. 베이지언 추론은 영국의 Thomas Bayes(1701~1761)에 의해 제안된 조건부 확률에 관한 정리이다. 그의 정리는 지각심리학 전 분야(밝기, 색, 물체, 깊이, 움직임, 사건 지각 등)에 적용되고 있다. 여기서 물체 재인에서 베이지언 추론이 어떻게 쓰이는지를 매우 간단한 예를 통해 살펴보자.

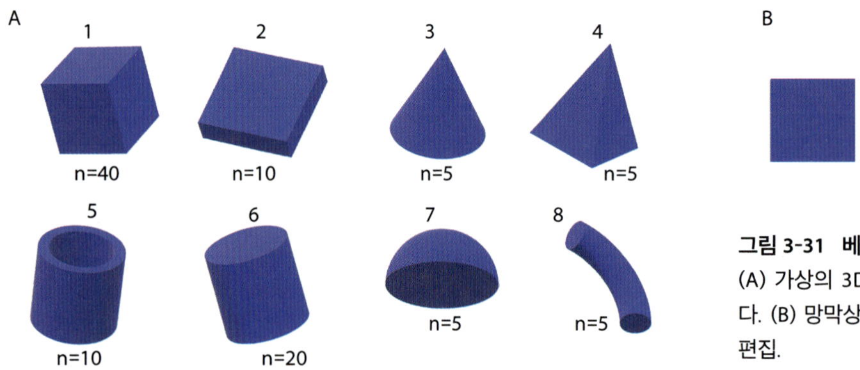

그림 3-31 베이지언 추론. (A) 가상의 3D 물체들. 아래는 빈도이다. (B) 망막상. Marther(2006)에서 재편집.

이해를 위해 매우 작은 가상의 세계를 가정하자. 이 세계에 존재하는 물체는 모두 여덟 가지이고 각각 빈도가 다르다고 가정하자. 그림 3-31에 나타나 있듯이 이 물체들은 모두 3차원으로 되어 있다. 만일 이 세계에 사는 생물체의 눈에 2차원의 네모난 형태가 맺혔다고 하자(그림 3-31-B). 이 생물체에게 네모는 물체 1, 2, 4 가운데 어떤 것인지 애매하다. 왜냐하면 이 물체들의 한 면이 네모이기 때문이다. 그렇다면 과연 이 물체들 가운데 어떤 것이 가장 확률이 높을까? 이 물음을 다시 정리하면 '특정 망막상이 주어졌을 때, 이 상이 특정 물체일 확률은 얼마일까?'이다. 이에 대한 베이지언 함수식을 지각심리학적 모형으로 변형하여 기술하면 다음과 같다(Kersten 등, 2004).

$$P(S \mid I) = P(I \mid S) \times P(S)$$

사후 확률 = 우도 × 사전 확률

특정 물체를 S, 눈에 맺힌 상을 I라고 하면, 이 예제에서 망막에 맺힌 네모는 I이며, 8개의 후보 물체는 S1부터 S8로 표기할 수 있다. P(S | I)는 조건부 확률로 '어떤 이미지 I가 주어졌을 때 이것이 특정 물체 S일 확률'을 뜻하며 사후 확률(posterior probability)이라고도 한다. P(I | S)는 '어떤 물체가 주어졌을 때 특정 이미지를 투사할 가능성'이며 우도(likelihood)라고도 한다. 이 예

제에서 물체 1, 2, 4가 모두 네모를 투사할 가능성이 있는데 가령 0.8의 값을 갖는다고 하면 나머지 물체들의 우도는 0에 가깝다. P(S)는 특정 물체 S가 나타날 확률로 사전 확률(prior probability)이라고도 하며, 관찰자가 사전에 이 물체에 대한 경험이 높을수록 값이 크다. 존재하는 빈도수가 높을수록 관찰자의 경험의 빈도도 높을 것이므로 이에 따라 8개 물체의 사전 확률을 계산할 수 있는데, 물체 1, 2, 4의 사전 확률은 각각 0.4, 0.1, 0.05이다. 사후 확률은 우도와 사전 확률의 곱의 값으로 관찰자가 알고 싶은 값이며 어떤 물체인지를 판단하는 최종 기준이다. 이 정의에 따라 사후 확률을 계산해 보면 물체 1의 값이 0.32로 가장 높다(표 3-1). 결국 이 생물체가 이상적으로 베이지언 추론을 이용한다면 망막에 맺힌 네모를 정육면체라고 판단할 것이다(만일 망막에 맺힌 상이 동그라미일 경우 사후 확률은 다른 결과가 나올 것이다).

표 3-1 베이지언 함수식을 적용한 결과.

	사후 확률(AXB)	우도(B)	사전 확률(A)
물체 1	0.32	0.8	0.4
물체 2	0.08	0.8	0.1
물체 3	0	0	0.05
물체 4	0.04	0.8	0.05
물체 5	0	0	0.1
물체 6	0	0	0.2
물체 7	0	0	0.05
물체 8	0	0	0.05

그림 3-32는 지금까지 논의한 것을 간략하게 정리한 것이다. 물체의 상이 망막에 맺히면 이에 대한 우도와 사전 확률이 발생하고 이 두 증거의 곱이 사후 확률이 되며, 이를 근거로 확률이 가장 높은 특정 물체가 선택되어 재인된다. (사전 확률과 사후 확률이라는 용어는 알맞은 번역이 아닌 것 같다. 왜냐하면 이 용어들은 어떤 사건이 일어나기 전과 후라는 폐쇄적인 어감을 주기 때문이다. 이 확률들의 관계는 경험에 따라 끊임없이 새롭게 바뀐다. 즉, 사전 확률이 사후 확률이 되고 사후 확률은 사전 확률이 된다. 그러므로 사전 확률은 선행 확률 또는 기존 확률로 그리고 사후 확률은 후속 확률 또는 신생 확률이라는 용어로 바뀌는 게 더 낫다.)

이 예에서는 매우 극단적으로 애매한 자극이 소개되었으며 개인의 차이는 생략되었다. 실생활에서 망막에 맺히는 상들은 개인마다 다를 수 있다. 시력이 좋아 상이 좀 더 선명하게 맺히거나 조명이 밝아 관찰 조건이 좀 더 유리할 수 있는데 이런 경우 우도의 역할은 사전 확률보다 상대적으로 증가할 것이다. 즉, 우도와 사전 확률의 역할은 자극의 정보가 얼마나 풍부하냐에 따라 상대적으로 달라질 수 있다. 물론 어떤 개인은 특정 물체에 대한 경험이 다른 사람보다 다르거나 기대가 다르다면 같은 자극에 대해서 다른 사람들에 비해 우도보다 사전 확률에 대한 의존이 커질 수 있다.

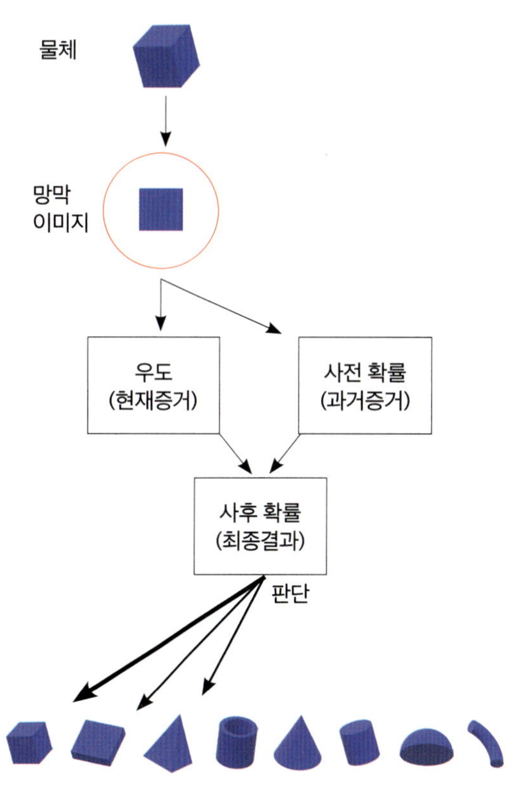

그림 3-32 물체 재인의 베이지언 추론 모형.
사후 확률의 크기는 화살표의 두께로 표현되었다.

지각적 동기

Bruner와 Goodman(1947)은 아이들의 빈부 차이에 따라 동전의 크기가 다르게 지각될 수 있다고 보고하였다. 이 연구에는 10세 아이들이 부유한 집에서 10명, 가난한 지역 수용 시설에서 10명씩 모집되었다. 각각의 아이들은 왼손에 1, 5, 10, 25, 50센트 동전을 쥔 채 앞쪽 스크린에 동전이 얼마나 큰지를 투사된 흰 원의 크기를 조절하여 응답하였다. 이 연구가 나왔던 1947년 이후 화폐 가치가 엄청나게 상승했다는 점을 고려하면, 실험에 쓰인 동전들은 결코 적은 액수가 아니었을 것이다. 실험 결과(그림 3-33), 가난한 집 아이들이 부잣집 아이들에 비해 동전을 더 크게 지각하였다. 통제 조건으로, 동전 대신 원형의 판지들로 실험했을 때는 이 두 집단 모두 큰 차이 없이 실제와 비슷하게 크기를 판단하였다. 따라서 두 집단의 아이들이 크기 지각을 처음부터 다르게 했을 가능성은 적다.

그런데 이 연구는 많은 비판을 낳았다. 가장 큰 비판은 아이들이 판단한 것은 동전의 크기가 아니라 동전의 가치 또는 사회적 의미이었을 가능성이다. 즉, 동전 크기는 부잣집 아이들이건 가난한 집 아이들이건 똑같았을지라도 동전의 의미가 다르기 때문에 이 차이가 크기 판단에 영향을 주었을 가능성이 있다는 것이다. 놀랍게도 이 논쟁은 아직 심리학에서 계속되고 있다! 이 연구자들을 괴롭히는 일이 더 있다. 다른 연구자들이 같은 실험을 반복 실험하였는데, 가난한 집 아이들이건 부잣집 아이들이건 실제 동전 크기를 정확하게 판단한 일이 벌어진 것이다. 다만 동전이 실제로 주어졌을 때가 아니고 기억해서 그려 보라고 했을 때인데, 가난한 집 아이들이 동전을 더 크게 판단하였다(Carter & Schooler, 1949). 그런데 후자의 연구 결과는 잘 알려져 있지 않다. 심리학자들 역시 바라는 것만 기억하는 경향이 있다.

Bruner와 Goodman(1947)의 동전 연구 이후로 비슷한 흐름의 연구들이 끊이지 않고 나오고 있으며, 최근 연구 경향은 좀 더 정교한 실험 방법과 통계 기법을 사용하여 대안적인 비판을 떨쳐 내려 애쓰고 있다. 예를 들어, 배고픈 사람이 화면에 제시된 음식 단어를 더 잘 지각한다(Radel & Clément-Guillotin, 2012). 그림 3-34와 같은 애매한 도형에 대해 그림을 보기 전에 육지

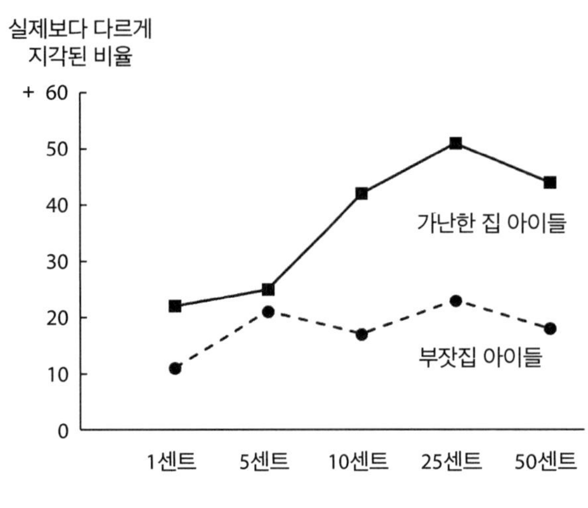

그림 3-33 집안 형편에 따른 아이들의 동전 크기 지각.
+는 실제 동전 크기보다 더 크게 지각되었음을 의미한다
(Bruner와 Goodman, 1947).

그림 3-34 물개/말 애매한 도형.

동물에 관한 동화책을 읽은 사람은 말로 보일 가능성이 크며, 바다 관련 동화책을 읽은 사람은 물개로 볼 가능성이 크다(Balcetis & Dale, 2007). 목이 마른 사람에게는 물병이 더 가깝게 지각된다(Balcetis & Dunning, 2010). 이렇게 관찰자의 욕구 또는 기대에 따른 지각을 희망적 보기(wishful seeing)라는 용어로 범주화되고 있다.

그렇다면 희망적 보기는 단지 실험실 상황에서나 볼 수 있는 것일까? 일상생활에서 무엇인가를 잘못 보는 경우는 대부분 희망적 보기일 가능성이 크다. 어떤 경우 희망적 보기는 매우 치명적인 결과로 이어진다. 예를 들어, 멧돼지 사냥을 나간 사냥꾼이 숲에서 약초를 캐는 사람이나 잠복 중인 다른 사냥꾼을 멧돼지로 오인하고 총을 쏴 숨지게 하는 사고를 생각해 보자. 사냥꾼에게 멧돼지를 보려는 마음이 강하고 주어진 시간이 매우 짧기 때문에 풀숲 사이로 보이는 대상을 멧돼지로 오인할 가능성이 커진다.

범주화

어떤 물체를 볼 때 우리는 그 물체의 3차원 구조를 표상하는 데 그치지 않고 기능을 떠올릴 수도 있다. 예를 들어, 문구점에서 처음 본 볼펜일지라도 모양을 보고 글씨 쓰는 기능을 예상할 수 있다. 아마도 이미 수없이 많이 보았던 다른 볼펜들과 형태가 비슷하기 때문에 볼펜이라고 범주화했을 것이다. 그런데 막상 위의 단추를 누르자 볼펜 끝이 나오지 않고 밑에서 뜨거운 불이 나온다고 하자. 즉, 볼펜의 형태를 띤 라이터인 것이다. 그렇다면 이를 볼펜이라고 할 것인가? 아니면 라이터라고 할 것인가? 아마도 라이터로 분류할 것이다. 즉, 이번에는 형태가 아니라 기능을 기준으로 라이터 범주로 받아들일 것이다. 더 나아가 집에 일주일간 모아 둔 재활용 쓰레기를 버린다고 하자. 이번에는 모양과 기능이 아니라 만들어진 재료를 고려한다. 이런 식으로 범주화는 물체의 모양, 색, 크기, 무게 같은 지각적 속성뿐만 아니라 기능, 재료, 의미 같은 훨씬 정교한 지식이 필요한 속성들을 기준으로 일어날 수 있다. 이렇게 특정 속성에 따라 물체들을 특정 범주(category)로 묶는 과정을 범주화(categorization)라고 한다.

범주화는 공통 속성과 차이 속성을 학습하고 이해하는 과정이 필요하므로 단순히 물체를 재인하는 과정보다 더 큰 노력이 든다. 또한 속성들의 개념이 추상적이고 복잡할수록 이들에 관한 지식을 습득하는 데 시간이 더 걸릴 것이다. 예를 들어, 좀 더 어린 사람은 범주화를 지각적인 속성에 따르려는 반면, 어른들은 기능과 재료와 같은 좀 더 학습이 필요한 속성들에 따를 것이다. Landau 등(1998)은 어린이들과 어른들의 범주화를 관찰하여 나이에 따른 범주화의 차이를 살펴보았다.

이 실험에 3세 24명, 5세 24명, 그리고 성인 24명이 참여하여 범주화 과제를 수행하였다. 각 나이에서 절반씩 나누어 '기능-제시' 조건과 '기능-무제시' 조건으로 나누었다. 기능-제시 조건에서 실험자는 사람들에게 먼저 표준 모형을 보여 주면서 RIF 물체의 경우 이렇게 설명하였다. "이것을 RIF라고 부릅니다. 이 물체는 특별한 기능이 있는데, 이렇게 책상 위에 물을 빨아들일 수 있습니다. 이거 보세요, 이렇게 책상에 물을 닦아 낼 수 있어요." 마찬가지로 DAX 물체의

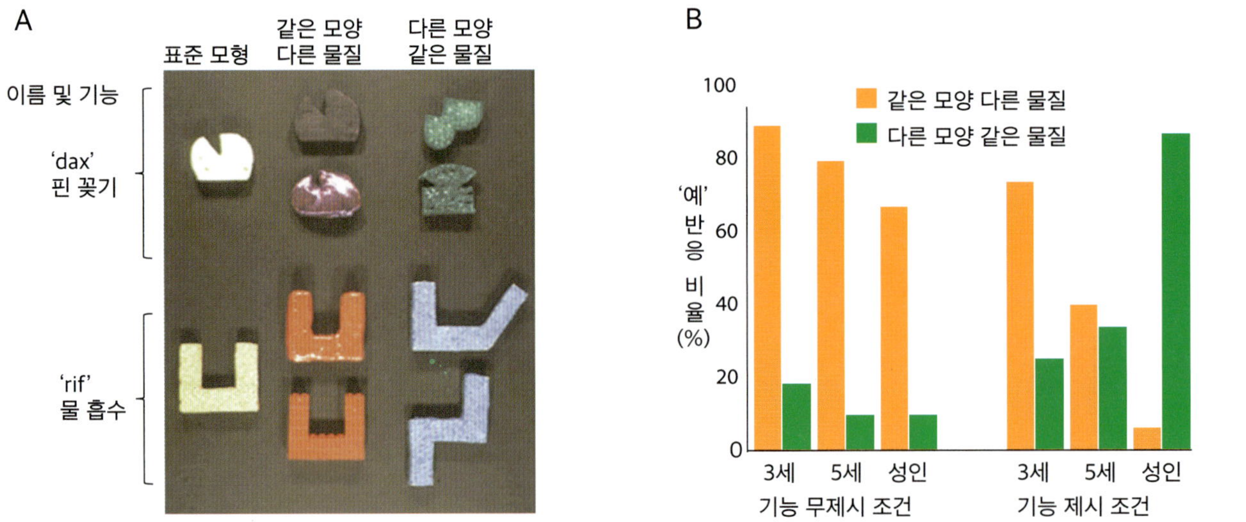

그림 3-35. (A) 실험에 쓰인 물체. 표준 모형과 과제 물체들. (B) 실험 결과. 나이에 따라 표준 모형과 이름이 같은지에 대해 '예'라고 답한 비율이 모양과 물질에 따라 나타나 있다(Landau, Smith, & Jones, 1998).

경우 "이것을 DAX라고 부릅니다. 이 물체는 특별한 기능이 있는데, 이렇게 핀을 꽂을 수가 있어요." 하고 설명하였다. 설명이 끝나면 참여자가 정말로 말을 잘 알아들었는지 확인하기 위해 해당 기능을 실제로 해 보도록 기회를 주었다. 기능-무제시 조건에서는 기능에 대해 말하지 않고 어떻게 불리는지 이름만 말해 주었다. 각 참여자는 표준 모형을 학습한 다음, 예시 모형 8개에 대해 이것이 표준 모형과 같은 이름의 물체인지를 '예/아니오'로 말하였다. 예시 모형 4개는 그림 3-35에 제시되어 있는데, 다른 4개는 단순히 이들을 약간 변형한 물체들이었다. 4개는 표준 모형과 만들어진 재료가 같지만 모양이 다른 것이었고, 다른 4개는 재료가 다르지만 모양이 같았다. 이 모형 8개는 무작위 순서로 두 번씩 바구니에서 선택되어 참여자에게 제시되었고, 참여자들은 이 물체가 표준 모형과 이름이 같은지를 답하였다. 따라서 두 종류의 물체와 16개씩의 변형을 합해 모두 36회의 시행이 있었다.

실험 결과(그림 3-35), 기능이 제시되지 않은 조건에서는 나이와 무관하게 모양을 중시해서 이름을 일반화하려는 경향이 있었다. 반면, 기능이 제시된 조건에서 나이가 많을수록 모양보다 재료에 따라 일반화하려는 경향이 컸다. 나이가 어릴수록 물체의 범주화에서 기능의 역할을 과소평가하였는데 이는 기능에 따른 범주화가 아직 덜 형성되었기 때문으로 추론된다.

신경과학적으로 시각적 유사성에 따른 범주화 효과는 인간과 다른 동물의 범주화를 비교하는 데서도 알 수 있다. Kriegeskorte 등(2008)은 사람과 원숭이에게 여러 종류의 물체들을 보여 주면서 하측두엽(IT)의 활동을 각각 fMRI와 단일세포 기록 방법으로 살펴보았다. 각 물체에 대해 활성화 정도의 상관에 따라 물체들을 분류했을 때 사람과 원숭이 사이에서 놀라울 정도로 유사하다는 것이 밝혀졌다. 얼굴과 몸, 생물체와 무생물체, 자연물과 인공물 등이 잘 구분되었다(그림 3-36). 얼굴과 몸, 생물체와 무생물체의 구분이 사람과 원숭이에서 비슷한 것은 아마도 경험이 비슷했기 때문일 가능성이 있다. 그런데 무생물체 내에서도 범주화가 비슷한 것은 경험보다는 대상의 시각적 유사성이 중요한 범주화 기준임을 시사한다. 오랫동안 하측두엽은 물체 재인의 최

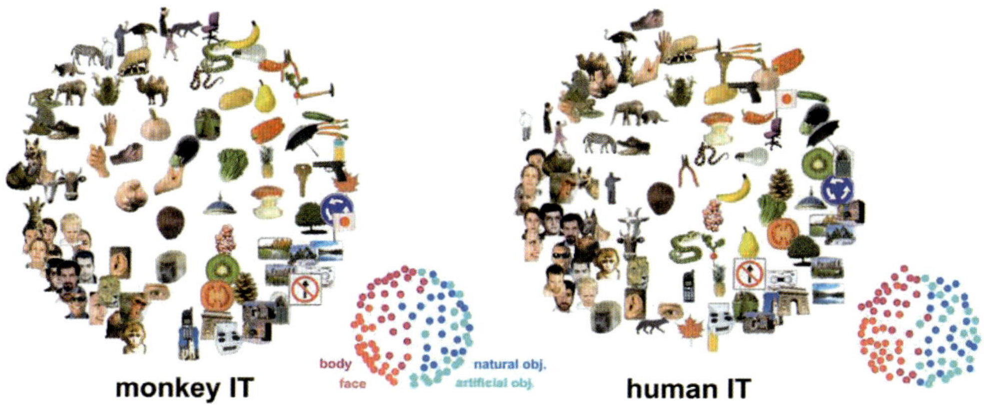

그림 3-36. 특정 물체들을 보았을 때 하측두엽의 신경들이 활성화되는 상관에 따라 물체들이 분류되었다. 얼굴과 몸, 생물과 무생물체, 자연물과 인공물이 잘 범주화된다(Kriegeskorte 등, 2008).

종 영역으로 알려져 있는데, 이 연구는 범주화에도 매우 중요한 역할을 한다는 것을 보여 준다.

한편, 범주화 능력 자체는 많은 시간이 걸리지만 물체를 마주하고 범주화하는 데 걸리는 시간은 다른 문제일 수 있다. 이 장에서는 물체 지각을 낮은 수준부터 높은 수준까지 위계적으로 살펴보았고, 암묵적으로 높은 단계로 올라갈수록 시간이 더 소요될 것이라고 가정하였다. 그런데 어떤 연구자들은 범주화 지각도 매우 빠르게 일어날 수 있음을 보여 주었다. 한 연구에서, 참여자들은 모니터에 매우 짧게 제시된 대상들을 보고 물체인지 단순한 패턴인지(물체탐지 과제), 자동차인지 다른 물체인지(물체 범주화 과제), 독일 셰퍼드인지 다른 종의 개인지(물체 확인 과제)를 판단해야 하였다(Grill-Spector & Kanwisher, 2005). 실험 결과, 사람들은 물체 범주화 과제를 물체 탐지 과제만큼이나 빠르고 정확하게 수행하였고, 물체 확인 과제는 느리고 부정확하였다. 아마도 같은 범주의 물체들은 비슷한 시각적 유사성을 보이기 때문에 과제 수행에서 이득이 있었을 것이다. 즉, 자동차의 경우는 자동차의 특징인 바퀴와 번호판만으로도 자동차로 범주화를 할 수 있는 반면, 셰퍼드의 경우는 비슷한 속성들이 많으므로 종을 구별하기 위한 좀 더 깊은 수준의 처리가 필요하였을 것이다. 실제로 물체 이미지에서 중간 수준 크기의 조각이 범주화 과제에 충분한 정도의 정보를 제공하는 것으로 평가된다(Ullman 등, 2002). 예를 들어, 얼굴의 경우 눈과 눈썹으로 이뤄진 조각은 각기 눈과 눈썹만 제시된 경우보다 범주화가 쉬운데 그 이유는 눈과 눈썹은 다른 동물들에서도 비슷하게 나타날 수 있기 때문이다. 한편, 눈과 눈썹의 조각은 전체 얼굴보다 효율적인 정보인데, 그 이유는 사람의 얼굴인지 동물의 얼굴인지를 판단하는 데 사람의 전체 얼굴 이전에 눈과 눈썹 이미지만으로도 충분하기 때문이다.

정리

물체 지각의 초기 수준에서, 예를 들어 개를 보는 경우, 시각체계는 개의 표면이 반사한 빛 정보를 받아들여 이미지를 형성한다. 중급 수준에서, 이미지에 나타난 요소들을 의미 있는 덩어리를 조직화하는데, 요소들을 집단화, 영역 구분, 전경-배경 조직화, 부분들의 연결에 관한 3차원 구조기술을 이룬다. 이 단계에서 집단화 원리가 개입한다. 상위 수준에서, 다른 동물들 또는 물체들과 차별화되는 특징들을 갖는 '개'라는 물체로 범주화가 일어난다. 더 나아가 개에 대한 기억으로 감정이 활성화될 수도 있다. 물체 재인이 망막 이미지를 대상으로 상향적으로만 일어나는 것이 아니라 끊임없이 지식의 도움을 받아 하향적으로도 일어난다. 지각적 조직화는 물체 지각의 각 수준에서 그리고 수준 간에서 매우 중요한 역할을 한다.

더 읽어 보기

부분들의 집합에서 새로운 성질의 출현 현상에 대한 신경과학적 고민은 Gazzaniga(2010)를 보라. 물체 재인의 계산론적 접근에 대한 지난 50년 동안의 발전과 한계에 대해서는 Andreopoulos와 Tsotsos(2013)를 보라. 도형 애매성에 대한 현상학적 개관은 Long과 Toppino(2004)를 보고, 신경과학적 이해는 Leopold와 Logothetis(1999)를 보라. 희망적 보기에 대한 개관은 Dunning과 Balcetis(2013)를 보라. 착시적 윤곽에 대한 심층적인 이해는 Petry와 Meyer(2012)를 보고, 최근의 신경과학적 이해에 대해서는 Murray와 Herrmann(2013)의 짧은 개관을 보라. 하향적 처리에 대한 신경과학적 이해는 Engel 등(2001) 또는 Gilbert와 Li(2013)를 보라. 대상의 애매성을 시각적 경쟁(visual competition)의 틀에서 이해하는 관점이 있다. 이에 대해서는 Blake와 Logothetis(2002)를 보라. 애매한 도형 또는 지각의 애매성은 의식을 탐구하는 데 좋은 재료이기도 하다. 이에 관한 방법론적 개관은 Kim과 Blake(2005)를 보라. 형태주의 심리학에 대한 고전적 저서는 Koffka(1935)와 Ellis(1938)이며, 최근 개관은 Wagemans 등(2012)을 보라. 소리를 이용하여 물체를 알아볼 수도 있다. 이를 청각 물체라고 하는데, 이에 대한 개관은 Griffiths와 Warren(2004)을 보라.

| 참고문헌 |

Andreopoulos, A. & Tsotsos, J. K. (2013). 50 years of object recognition: directions forward. *Computer Vision and Image Understanding*, *117*(8), 827-891.

Balcetis, E. & Dale, R. (2007). Conceptual set as a top-down constraint on visual object identification. *Perception*, *36*, 581-595.

Balcetis, E. & Dunning, D. (2010). Wishful seeing more desired objects are seen as closer. *Psychological Science*, *21*(1), 147-152.

Beck, J. (1966). Effect of orientation and of shape similarity on perceptual grouping. *Attention, Perception, & Psychophysics*, *1*(5), 300-302.

Biederman, I. (1987). Recognition-by-components: a theory of human image understanding. *Psychological Review*, *94*(2), 115.

Blake, R. & Logothetis, N. K. (2002). Visual competition. *Nature Reviews Neuroscience*, *3*(1), 13-21.

Borenstein, E. & Ullman, S. (2008). Combined top-down/bottom-up segmentation. *IEEE Transactions on Pattern Analysis And Machine Intelligence*, *30*(12), 2109-2125.

Bruner, J. S. & Goodman, C. C. (1947). Value and need as organizing factors in perception. *Journal of Abnormal and Social Psychology*, *42*(1), 33.

Carter, L. F. & Schooler, K. (1949). Value, need, and other factors in perception. *Psychological Review*, *56*(4), 200.

Coren, S. & Girgus, J. S. (1980). Principles of perceptual organization: the gestalt illusions. *Journal of Experimental Psychology: Human Perception and Performance*, *6*, 404-412.

de Lange, F. P., Heilbron, M., & Kok, P. (2018). How do expectations shape perception? *Trends in Cognitive Sciences*, *22*(9), 764-779.

DiCarlo, J. J., Zoccolan, D., & Rust, N. C. (2012). How does the brain solve visual object recognition? *Neuron*, *73*(3), 415-434.

Dunning, D. & Balcetis, E. (2013). Wishful seeing how preferences shape visual perception. *Current Directions in Psychological Science*, *22*(1), 33-37.

Ellis, W. D. (1938). *A Sourcebook of Gestalt Psychology*. London: Kegan Paul, Trench, Trubner & CO., LTD.

Engel, A. K., Fries, P., & Singer, W. (2001). Dynamic predictions: oscillations and synchrony in top-down processing. *Nature Reviews Neuroscience*, *2*(10), 704-716.

Friston, K. (2018). Does predictive coding have a future? *Nature Neuroscience*, *21*(8), 1019.

Field, D. J., Hayes, A., & Hess, R. F. (1993). Contour integration by the human visual system: evidence for a local "association field". *Vision Research*, *33*(2), 173-193.

Gazzaniga, M. S. (2010). Neuroscience and the correct level of explanation for understanding mind. *Trends in Cognitive Sciences*, *14*(7), 297.

Gibson, J. J. (1950). *The Perception of the Visual World*. Boston: Houghton Mifflin.

Gilbert, C. D. & Li, W. (2013). Top-down influences on visual processing. *Nature Reviews Neuroscience*, *14*(5), 350-363.

Girgus, J. J., Rock, I., & Egatz, R. (1977). The effect of knowledge of reversibility on the reversibility of ambiguous figures. *Perception & Psychophysics*, *22*(6), 550-556.

Griffiths, T. D. & Warren, J. D. (2004). What is an auditory object? *Nature Reviews Neuroscience*, *5*(11), 887-892.

Grill-Spector, K. & Kanwisher, N. (2005). Visual recognition: as soon as you know it is there, you know what it is. *Psychological Science*,

16(2), 152-160.

Grosof, D. H., Shapley, R. M., & Hawken, M. J. (1993). Macaque VI neurons can signal 'illusory'contours. *Nature, 365*(6446), 550-552.

Guzmán, A. (1968). Decomposition of a visual scene into three-dimensional bodies. In *Proceedings of the December 9-11, 1968, fall joint computer conference, part I* (pp. 291-304). ACM.

Hess, R. & Field, D. (1999). Integration of contours: new insights. *Trends in Cognitive Sciences, 3*(12), 480-486.

Hoffman, D. & Richards, W. (1984). Parts of recognition. *Cognition, 18*, 65-96.

Hubel, D. H. & Wiesel, T. N. (1962). Receptive fields, binocular interaction, and functional architecture of the cat's visual cortex. *Journal of Physiology, 160*, 106-154.

Hubel, D. H. & Wiesel, T. N. (1968). Receptive fields and functional architecture of monkey striate cortex. *Journal of Physiology, 195*, 215-243.

Iacaruso, M. F., Gasler, I. T., & Hofer, S. B. (2017). Synaptic organization of visual space in primary visual cortex. *Nature, 547*, 449-455.

Julesz, B. (1981). Textons, the elements of texture perception, and their interactions. *Nature, 290*(5802), 91-97.

Kanizsa, G. (1976). Subjective contours. *Scientific American, 234*(4), 48-52; April 1976.

Kersten, D., Mamassian, P., & Yuille, A. (2004). Object perception as Bayesian inference. *Annual Review of Psychology, 55*, 271-304.

Kim, C. Y. & Blake, R. (2005). Psychophysical magic: rendering the visible 'invisible'. *Trends in Cognitive Sciences, 9*(8), 381-388.

Koch, C., Strandy, B., & Wilson, B. (2006). Creating partially deleted objects for perception research. *Behavior Research Methods, 38*(2), 229-231.

Koffka, K. (1935). *Principles of Gestalt Psychology*. New York: Harcourt, Brace.

Köhler, W. (1940). *Dynamics in Psychology*. New York: Liveright.

Kriegeskorte, N., Mur, M., Ruff, D. A., Kiani, R., Bodurka, J., Esteky, H., ... & Bandettini, P. A. (2008). Matching categorical object representations in inferior temporal cortex of man and monkey. *Neuron, 60*(6), 1126-1141.

Landau, B., Smith, L., & Jones, S. (1998). Object shape, object function, and object name. *Journal of Memory and Language, 38*, 1-27.

Lee, S. H. & Blake, R. (1999). Visual form created solely from temporal structure. *Science, 284*(5417), 1165-1168.

Leopold, D. A. & Logothetis, N. K. (1999). Multistable phenomena: changing views in perception. *Trends in Cognitive Sciences, 3*(7), 254-264.

Lindsay, P. H. & Norman, D. A. (2013). *Human Information Processing: An Introduction to Psychology*. San Diego, CA: Academic Press.

Long, G. M. & Toppino, T. C. (2004). Enduring interest in perceptual ambiguity: alternating views of reversible figures. *Psychological Bulletin, 130*(5), 748.

Marr, D. (1982). *Vision: A Computational Investigation into the Human Representation and Processing of Visual Information*. New York: Henry Holt and Co.

Marr, D. & Nishihara, H. K. (1978). Representation and recognition of the spatial organization of three-dimensional shapes. *Proceedings of the Royal Society of London B: Biological Sciences, 200*(1140), 269-294.

Mather, G. (2006). *Foundations of Perception*. Taylor & Francis.

Murray, M. M. & Herrmann, C. S. (2013). Illusory contours: a window onto the neurophysiology of constructing perception. *Trends in Cognitive Sciences, 17*(9), 471-481.

Palmer, S. E. (1999). *Vision Science: Photons to Phenomenology*. Cambridge, MA: MIT press.

Palmer, S. E. & Ghose, T. (2008). Extremal edge: a powerful cue to depth perception and figure-ground organization. *Psychological Science, 19*(1), 77-83.

Peterson, M. A. & Gibson, B. S. (1994). Must figure-ground organization precede object recognition? An assumption in peril. *Psychological Science, 5*, 253-259.

Petry, S. & Meyer, G. E. (Eds.). (2012). *The Perception of Illusory Contours*. Springer Science & Business Media.

Pinna, B., Werner, J. S., & Spillmann, L. (2003). The watercolor effect: a new principle of grouping and figure-ground organization. *Vision Research, 43*(1), 43-52.

Radel, R. & Clément-Guillotin, C. (2012). Evidence of motivational influences in early visual perception hunger modulates conscious access. *Psychological Science, 23*(3), 232-234.

Rock, I., Gopnik, A., & Hall, S. (1994). Do young children reverse ambiguous figures? *Perception, 23*(6), 635-644.

Rubin, E. (1921). *Visuell Wahrgenommene Figuren: Studien in Psychologischer Analyse*. Kobenhaven: Gyldendalske boghandel.

Rubin, E. (2001). Figure and Ground. In S. Yantis (Ed.), *Visual Perception* (pp. 225-229). Philadelphia: Psychology Press.

Sekuler, A. B. & Bennett, P. J. (2001). Generalized common fate: grouping by common luminance changes. *Psychological Science, 12*(6), 437-444.

Sharon, E., Galun, M., Sharon, D., Basri, R., & Brandt, A. (2006). Hierarchy and adaptivity in segmenting visual scenes. *Nature, 442*(7104), 810-813.

Shi, J. & Malik, J. (2000). Normalized cuts and image segmentation. *IEEE Transactions on Pattern Analysis and Machine Intelligence,*

22(8), 888-905.

Thorpe, S., Fize, D., & Marlot, C. (1996). Speed of processing in the human visual system. *Nature, 381*(6582), 520-522.

Tse, P. U. & Albert, M. K. (1998). Amodal completion in the absence of image tangent discontinuities. *Perception, 27*(4), 455-464.

Ullman, S., Vidal-Naquet, M., & Sali, E. (2002). Visual features of intermediate complexity and their use in classification. *Nature Neuroscience, 5*(7), 682-687.

Wagemans, J., Feldman, J., Gepshtein, S., Kimchi, R., Pomerantz, J. R., van der Helm, P. A., & van Leeuwen, C. (2012). A century of Gestalt psychology in visual perception: II. Conceptual and theoretical foundations. *Psychological Bulletin, 138*(6), 1218.

Wallis, J. D. (2018). Decoding cognitive processes from neural ensembles. *Trends in Cognitive Sciences, 22*(12), 1091-1102.

Wertheimer, M. (1923/1938). Laws of organization in perceptual forms. In W. D. Ellis (Ed.), *A Sourcebook of Gestalt Psychology* (pp. 71-88). London: Kegan Paul, Trench, Trubner & Co., LTD.

Witkin, H. A. (1950). Individual differences in ease of perception of embedded figures. *Journal of Personality, 19*(1), 1-15.

04 얼굴 지각

사람의 얼굴은 사회생활에서 가장 중요한 지각 대상이다. 성인은 평균 5,000명가량의 서로 다른 얼굴을 알고 지낸다(Jenkins 등, 2018). 뇌에서 얼굴처리는 매우 빠르고 정확하게 일어나는데, 불과 0.1초 만에 얼굴을 보고서 좋거나 나쁜 인상을 형성한다(Willis & Todorov, 2006). 타인의 얼굴에서 의도와 감정을 읽을 수도 있고 얼굴 요소들의 속성과 배열이 조금만 달라도 호감이 크게 달라질 수 있다. 우리는 수없이 많은 사람의 얼굴을 잘 알아보는 능력은 뛰어나지만 다른 인종의 얼굴과 동물의 얼굴은 잘 알아보지 못한다. 얼굴과 관련된 다양한 현상은 사람 얼굴이 특별한 시각처리 대상임을 시사한다. 이 장에서는 얼굴에 대한 시각처리의 주요 특징들을 살펴본다.

얼굴 지각의 발달

얼굴 지각은 선천적일까? Goren 등(1975)은 이 물음에 답하기 위해 부모의 허락을 받아 태어난 지 9분 정도 된 남아 22명과 여아 18명에게 얼굴 지각이 가능한지를 살펴보았다. 4개의 얼굴 자극이 준비되었는데 눈, 코, 입의 위치가 정상적인 얼굴, 조금 뒤섞인 얼굴, 많이 뒤섞인 얼굴이 있었고, 눈, 코, 입이 없는 텅 빈 얼굴이었다(그림 4-1). 실험자는 마스크와 모자로 얼굴을 가리고, 장갑과 가운으로 몸을 가린 채, 얼굴 모형을 커다란 각도기에 연결하여 15~30cm 간격을 두고 아기 정면에 제시하였다. 아기가 얼굴 모형을 응시하면 천천히 모형을 왼쪽 또는 오른쪽으로 움직여 90°까지 돌렸다. 아기의 목은 실험자의 손으로 지지되었다. 그렇지만 이 실험자에게 얼굴 모형은 보이지 않았고 다른 실험자가 아기 얼굴의 시선이 얼마나 돌아갔는지 또는 코를 중심으로 고개가 얼마나 얼굴 모형을 따라 돌아갔는지 기술하였다. 아기가 어느 한쪽 방향 90°까지 성공적으로 고개를 돌리면 다른 쪽으로 얼굴 모형을 돌려 끝까지 따라오는지를 측정하였다. 따라서 양방향 끝까지 고개를 돌린 아기의 점수는 180°였다. 아기가 실험에 집중하기 어려웠기 때문에 각 도형 조건에서 3회 중 가장 잘한 시

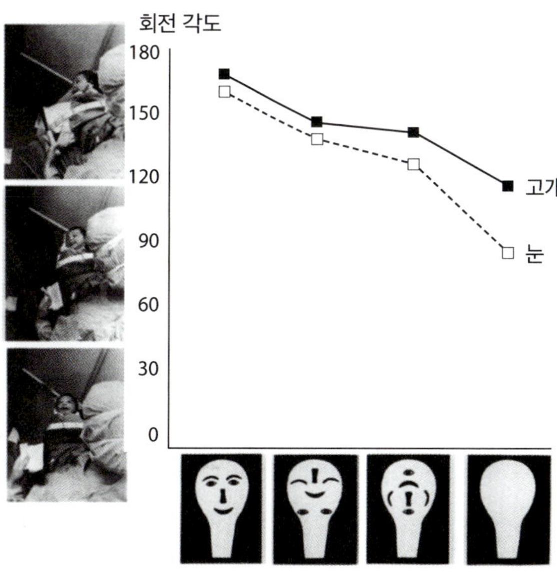

그림 4-1 얼굴 지각의 선천성.
세로축은 고개와 시선이 돌아가는 각도이고, 그림은 실제 예를 보여준다. 가로축은 아기에게 제시된 차례대로 온전한 얼굴, 약간 뒤섞인 얼굴, 많이 뒤섞인 얼굴, 텅 빈 얼굴이다(Goren 등, 1975).

행을 기준으로 점수를 주었다. 각 아기는 얼굴 모형 4개를 무작위 순서로 경험하였다.

실험 결과, 성차 없이 온전한 얼굴은 다른 3개의 얼굴보다 높은 점수를 얻었고 조금 뒤섞인 얼굴과 많이 뒤섞인 얼굴은 텅 빈 얼굴보다 통계적으로 높은 점수를 얻었다. 연구자들은 실험에 참여한 아기들이 태어나서 경험한 얼굴이 모형 얼굴이 처음이었기 때문에 선천적으로 '얼굴스러움(faceness)'을 지각하는 능력이 있다고 결론 내렸다.

Goren 등(1975)의 연구 결과는 몇 차례 다른 연구팀에 의해 반복 검증되었다. 그렇지만, 아기들이 성인처럼 얼굴 재인을 잘한다는 뜻은 아니다. 많은 연구에서 얼굴 재인 능력은 나이가 듦에 따라 점점 정교해진다는 증거가 밝혀졌다.

속성 효과와 형상 효과

얼굴은 눈, 눈썹, 코, 입, 이마, 턱, 수염, 피부, 윤곽 등 여러 부분 또는 속성으로 이뤄져 있다. 이 가운데 어느 하나만 특징이 바뀌거나 모양을 달리해도 인상이 크게 달라지는데 속성 효과(feature effect)라고 한다. 예를 들어, 포토샵으로 작은 눈을 크게 바꿔도 인상이 달라진다.

한편, 속성들의 위치 배열에서 오는 전체적인 형상이 얼굴 재인을 크게 바꾸는데 형상 효과(configuration effect) 또는 전체 효과(holistic effect)라고 한다. 얼굴의 형상에는 1차 순서 관계(first-order relation)와 2차 순서 관계(second-order relation)가 주요 성분을 이룬다. 전자는 '두 눈은 코와 입보다 위쪽에 있다'와 같은 얼굴 속성들의 위치적 순서에 관한 것이며, 후자는 눈과 코 사이의 거리처럼 특정 속성들 사이의 양적인 거리에 관한 것이다(Maurer 등, 2002). 그림 4-2-A는 형상 효과를 시범하는 것이다. 그림에서, 두 사람의 눈과 코의 거리만 다름에도 다른 사람처럼 지각되는데 2차 순서 관계를 예시한다. 얼굴을 위아래로 뒤집으면 1차 순서 관계가 깨지는데 이때는 얼굴을 잘 알아보지 못한다. 그림 4-2-A에서, 위의 두 얼굴은 분명하게 다르게 보이지만 아래 그림에서는 그렇지 않다. 그림 4-2-B는 얼굴 역전 효과를 처음으로 시범하여 유명해진 대처 착시(Thatcher illusion)이다. 형상 효과는 얼굴 합성 기법으로도 잘 드러나는데 얼굴 위아래가 서로 붙어 있을 때 전체적인 인상이 분명해진다(그림 4-2-C).

얼굴을 뒤집었을 때 정상일 때보다 재인이 크게 떨어지는데 이 방법은 얼굴 연구에서 매우

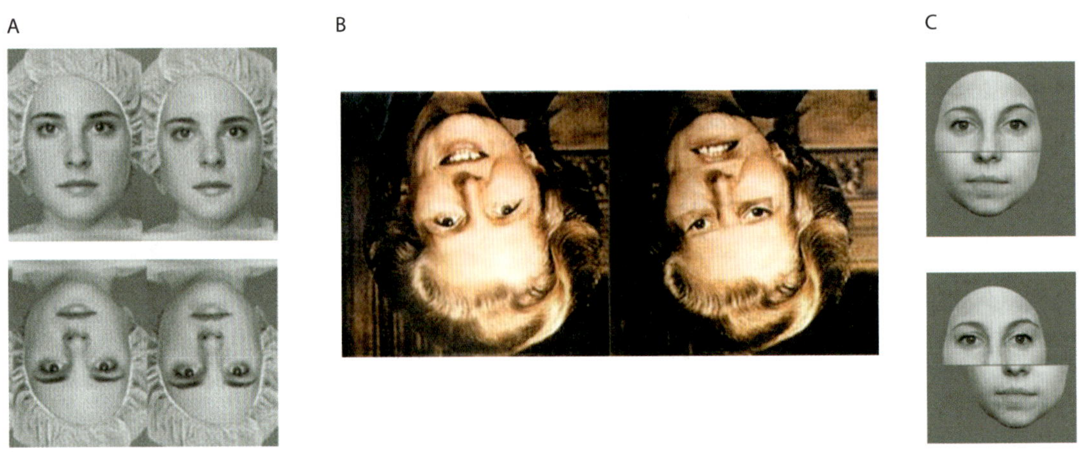

그림 4-2 형상 효과를 알아보기 위한 방법.
(A) 방향 역전 효과(Le Grand 등, 2001). (B) 대처 착시(Thompson, 1980). (C) 얼굴 합성(Rossion, 2013).

샛길 1 얼굴 역전 효과는 특별한가?

왜 우리는 다른 물체들에 비해 얼굴 방향에 민감한 것일까? 한 가지 가능성은 얼굴이 보이는 방향 특수성 때문일 것이다. 즉, 다른 물체들에 비해 얼굴은 거의 언제나 똑바른 방향으로 관찰되므로 지각체계는 이에 적응되었을 것이다. 실제로 얼굴이 아니어도 한 방향으로만 경험되는 빈도가 높은 대상은 역전 효과가 나타날 수 있다. Dianmond와 Carey(1986)의 연구에 따르면, 풍경화 역시 역전 효과가 있으며 개 전문가들도 개의 모습에 대한 역전 효과가 있었다. 그러므로 이 연구자들은 다른 물체들 역시 얼굴처리와 비슷한 특징이 있으므로 얼굴이 특별한 것은 아니라고 주장한다. 그렇다면, 처음에 소개한 것처럼, 갓 태어난 아이들이 똑바른 얼굴을 선호하는 것은 어떻게 설명할 수 있을까?

중요하게 사용된다. 그런데 이런 효과는 얼굴에만 있는 것은 아니다. 평소에 어느 한 방향으로만 경험하는 대상은 방향의 역전 효과를 일으킬 수 있다(☞샛길 1).

유아의 얼굴 지각 연구에 따르면, 발달 초기에는 타인을 알아보는 데 얼굴 속성에 의존하는 반면, 나이가 많아질수록 형상을 이용하는 능력이 증가한다. Carey와 Diamond(1977)는 속성(모자, 입 모양 등)의 생김새보다 형상을 중시해야 답을 찾을 수 있는 얼굴 자극을 마련하였다(그림 4-3). 6~8세의 어린이들에게 얼굴 사진을 보여 주고 위의 얼굴을 찾으라고 하였다. 실험 결과, 나이가 많아질수록 정확도가 증가하였는데, 이는 나이가 많아질수록 형상을 처리하는 능력이 향상함을 시사한다.

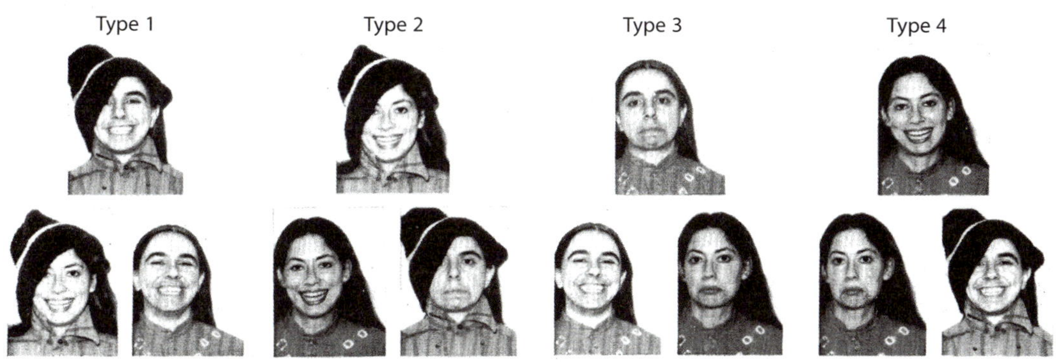

그림 4-3 얼굴의 형상 효과.
각 유형의 세트에서 위에 있는 얼굴은 아래 두 얼굴 가운데 어느 것일까? 속성(모자, 입 모양 등)의 생김새보다 형상을 중시해야 답을 찾을 수 있다(Carey & Diamond, 1977).

얼굴 재인 능력이 얼마나 좋은지를 평가하기 위한 검사가 다수 개발되어 있다. 이 검사를 이용하면 나이에 따라 얼굴 재인 능력이 어떻게 발달하는지를 알 수 있다. Lawrence 등(2008)은 6~16세까지 500명의 참여자에게 얼굴 재인 검사를 실시하였다. 이 연구에서 Warrington 얼굴 재인 기억 검사(WRMF: Warrington recognition memory for face)가 사용되었다. 이 검사에서, 참여자들은 얼굴들을 짧은 시간 동안 학습하고 나중에 새 얼굴들이 섞여 제시될 때 이미 본 것인지 아닌지를 응답해야 하였다. 실험 결

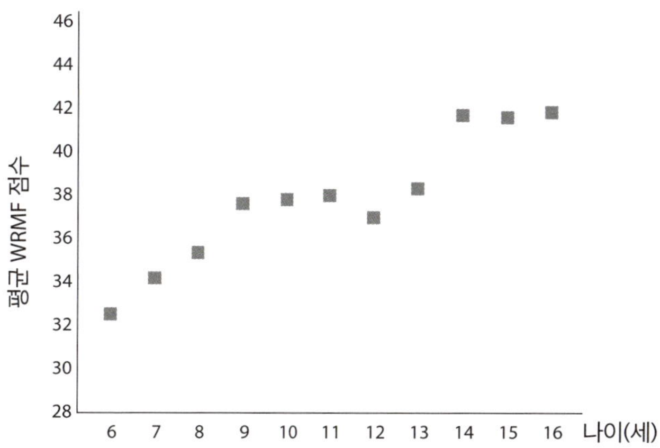

그림 4-4 얼굴 재인 검사와 결과(Lawrence 등, 2008).

과, 나이가 증가함에 따라 얼굴 재인 점수도 증가함이 밝혀졌다(그림 4-4). 이 연구에서, 얼굴을 단순히 재인하는 능력뿐만 아니라 얼굴이 어디를 응시하고 있는지 표정은 무엇인지를 맞추는 능력도 나이와 함께 증가하였다.

얼굴 경험 효과

사람들은 사람 얼굴을 잘 알아보지만 소, 개, 돼지, 닭, 원숭이들처럼 다른 동물들의 얼굴은 잘 구별하지 못한다. 이는 얼굴 재인에서 종 특수성이 있음을 시사한다. 사람들에게 다른 사람들의 얼굴을 학습시키고 일정한 시간이 흐른 후 기억 검사를 했을 때 같은 인종의 얼굴을 다른 인종의 얼굴보다 더 잘 알아보는데 이를 자기 인종 편향(own race bias) 또는 타 인종 효과(other race effect)라고 한다(Meissner & Brigham, 2001).

대체로 같은 인종끼리 함께 산다는 점을 고려하면, 이 효과들은 얼굴에 대한 경험 효과를 시사한다. 흥미롭게도 경험은 특정 인종을 더 잘 알아보는 능력을 갖게 하지만, 동시에 경험이 적은 다른 인종의 얼굴을 재인하는 능력을 감퇴시키는 것처럼 보이는데 이를 지각적 협소화(perceptual narrowing)라고 한다. 대표적으로, Kelly 등(2009)은 습관화-탈습관화 기법(☞14장)을 이용하여 이를 검증하였는데, 3개월 된 중국 유아들은 중국인 얼굴, 아프리카인 얼굴, 백인 얼굴을 모두를 비슷한 수준으로 재인하는 것처럼 보였지만, 6개월 된 중국 유아들은 중국인 얼굴과 백인 얼굴만을 비슷한 수준으로 재인할 수 있었고, 9개월 된 아이들은 중국인 얼굴만을 잘 재인하는 것처럼 나타났다. 모든 것을 잘할 수는 없는 것이다!

'경험은 같은 인종의 얼굴보다 다른 인종의 얼굴을 더 잘 알아보게 할 수도 있다.' 즉, 자기 인종 효과는 함께 사는 인종에 친숙한 정도에 따라 사라지고 오히려 자기 인종보다 다른 인종의 얼굴을 더 잘 재인할 수 있다. 갓 태어나 백인 사회에 입양된 3~9세의 한국인 유아는 아시아인 얼굴보다 백인 얼굴을 더 잘 재인한다(Sangrigoli 등, 2005). 비슷하게 미국에 사는 중국계 미국인은 중국인보다 백인 얼굴에서 감정을 더 정확하고 빠르게 읽을 수 있다(Elfenbein & Ambady, 2003). 한편, 얼굴 재인에서 자기 연령 효과(own age effect)도 보고되는데 어린이, 젊은 성인, 노인은 같은 연령의 다른 사람들의 얼굴을 다른 연령의 다른 사람들의 얼굴보다 더 잘 재인한다(Wiese 등, 2008; Anastasi & Rhodes, 2005). 이 연구들은 상호작용하는 대상에 대한 친숙성이 얼굴 재인과 깊은 관련이 있음을 가리킨다. 초등학생과 대학생을 대상으로 얼굴 표정 재인 능력을 검토한 국내 연구에서도 비슷한 효과들이 밝혀졌다. Choi 등(2014)은 한국인, 동남아시아인, 백인, 흑인의 얼굴에 4가지 얼굴 표정(기쁨, 슬픔, 화, 공포)을 담아 자극으로 제시하였는데, 참여자들은 이 인종 순서대로 얼굴 표정을 정확히 재인하였다. 또한 대학생 참여자들이 초등학생 참여자들에 비해 모든 인종 조건에서 정확도가 높았다. 이 연구에 성인 얼굴 사진이 사용된 점을 감안하면 자기 인종 효과와 자기 연령 효과가 동시에 나타난 것으로 보인다.

그렇다면 자기와 같은 성별에 대해서는 어떨까? 여성은 여성끼리 남성은 남성끼리 상호작용하는 경우가 많다는 사회문화적 관습을 고려하면, 과연 여성은 여성의 얼굴을 남성은 남성의 얼굴을 더 잘 재인할까? 이에 관한 몇 편의 연구들에 따르면, 여성은 여성의 얼굴을 더 잘 재인하는데 남성은 여성과 남성 얼굴 재인에서 차이가 없는 것으로 나타난다(Lovén 등, 2011). 자기 성별에 관한 얼굴 재인의 이점이 여성에게서만 나타나는 이유는 아직 확실하지 않다. 다만 얼굴 재인에는 어린 시절의 경험이 중요한데, 양육하는 어른이 대체로 여성이기 때문에 여성 얼굴에 대한 편향된 처리가 일찍 발달하기 때문이라는 가설이 있다(Hugenberg 등, 2013).

자기 인종 편향, 집단-내 효과, 자기 연령 효과는 상호작용하는 대상이 자기와 비슷한 인종과 연령대의 타인들일 가능성이 크다는 점을 고려하면 아주 이상한 일이 아니다. 물체 지각에서 더 자주 대하는 대상을 더 민감하게 처리하는 모습은 쉽게 찾아볼 수 있기 때문이다. 다른 한편 얼굴 재인에 대한 여러 경험 효과는 나이가 얼굴 재인 능력에 중요함을 시사하기도 한다.

얼굴 재인 모형

얼굴 지각은 물체 지각과 마찬가지로 얼굴 탐지, 얼굴 지각, 얼굴 정체 확인 및 범주화 등의 단계를 거친다. 또한 이 단계 이외에 얼굴 표정과 감정 등 다른 차원의 처리와 연결되어 있다. 얼굴 재인 모형이 심리학적 관점, 임상학적 관점, 신경과학적 관점 등 다양하게 제안되었다.

Bruce와 Young 모형

Bruce와 Young(1986)은 여러 임상 사례와 심리학 실험을 바탕으로 기능적인 관점에서 그리고 정보처리적 관점의 형태로 얼굴 재인 모형을 제안하였다(그림 4-5). 이 모형은 물체 탐지에 해당하는 낮은 수준의 처리 과정은 생략한 채 시작한다. 이 모형은 7개의 단계로 구성되고 각 단계의 전달은 계열적이고 병렬적으로 일어난다. 정면 얼굴 또는 옆얼굴이 눈에 맺히면 곧바로 분석의 첫 단계에서 구조 부호화(structural coding)가 일어나는데, 일종의 밝기/색/형태 항등성이 이미 적용되어 특정 조명이나 관찰 조건을 초월하는 상태의 분석이 일어난다. 이 모형에 나타나지 않았지만, 그림 부호화(pictorial coding)에서, 사진처럼 특정 조명이나 관찰 조건이 그대로 담겨 있는 초벌 수준의 스냅숏이 기술된다. 친숙하지 않은 얼굴은 그림 부호화에 주로 머물고 구조 부호화는 약하게 일어날 것이다. 친숙한 얼굴은 구조 부호화 이후로 얼굴 재인, 개인 정체, 이름 생성 경로를 따라 처리가 주요하게 일어나며, 상대적으로 부차적인 처리가 표정 분석, 얼굴 발화 분석, 지향된 시각처리 경로를 따라 일어난다.

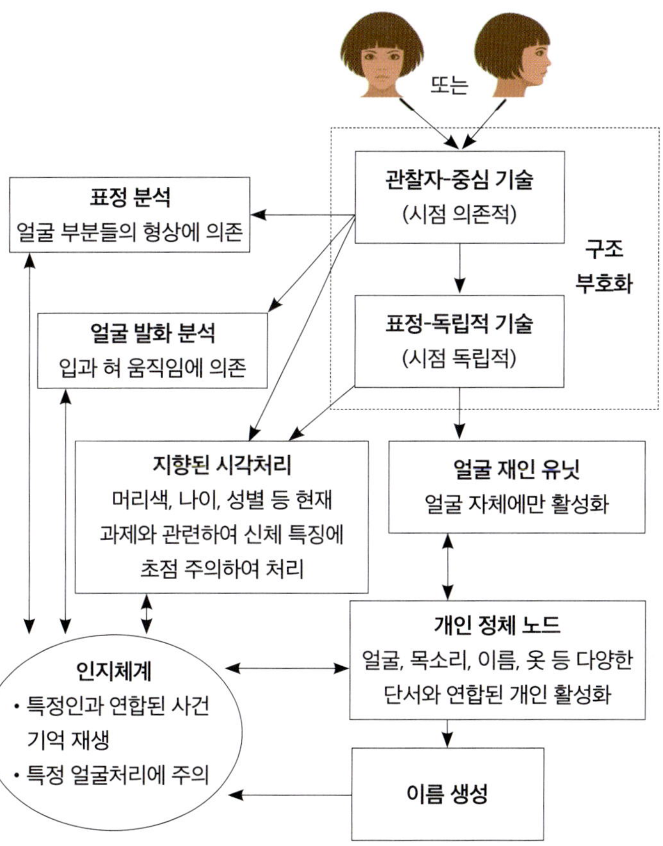

그림 4-5 얼굴 재인 모형(Bruce & Young, 1986; 2012).

얼굴 재인 유닛(face recognition units)은 기억 속에 저장된 얼굴과 대응이 확인될 때만 얼굴 재인이

샛길 2 얼굴 재인 결함

얼굴맹 환자들은 모두가 그런 것은 아니지만 대부분 특정 얼굴을 떠올리는 능력도 결여된다. 후천성 얼굴맹(acquired prosopagnosia)은 살면서 얼굴 재인에 관여하는 뇌 영역에 문제가 있기 때문에 일어나는 것으로 알려져 있다. 얼굴맹이어도 얼굴 자체가 아닌 목소리나 옷 등의 다른 단서로도 상대가 누구인지 알아볼 수 있기 때문에 자신이 다른 사람들에 비해 얼굴을 못 알아보는지를 전문적인 검사를 받지 않는 한 잘 깨닫지 못할 수 있다. 태어날 때부터 얼굴 재인 능력이 현저히 낮은 선천성 얼굴맹(congenital prosopagnosia)은 학문적으로 잘 이해되어 있지 않다. 후천성 얼굴맹과 달리 얼굴처리 영역이 겉으로는 정상적임에도 얼굴 재인에 문제가 있는 경우가 많다.

한편, 어떤 개인들은 얼굴 재인에는 아무런 문제가 없는데 부모를 보고 다른 사람들이 부모의 얼굴을 하고 가짜 행사를 하고 있다고 느낀다. 이를 처음 보고한 프랑스 의사 Capgras의 이름을 따서 캡그라 망상(Capgras' delusion)이라고 한다. 정상인들 입장에서 캡그라 망상이 어떤 느낌인지 비슷한 에피소드를 생각해 보자. 평소에 서로 친하게 알고 지내던 학교 친구를 다른 장소에서 만났을 때 전혀 모른 체하면서 평소와 다른 행동을 보인다면 매우 낯설게 느껴질 것이다. 자신이 알고 있던 사람이 사실은 쌍둥이 형제의 다른 쪽이었음을 깨달을 때 모든 의문이 풀린다! 캡그라 망상은 특정 얼굴을 보고 그 얼굴과 연합된 과거의 기억들과 감정을 함께 떠올리지 못하기 때문이다(Ramachandran, 1998).

일어난다. 그러므로 얼굴 재인 유닛은 친숙한 얼굴에 대해서만 가용된다. 개인 정체 노드(person identity nodes)는 얼굴뿐만 아니라 목소리, 적혀 있는 이름, 옷 등 다른 단서를 통해서도 신원이 파악되는 단계이다. 개인 정체 노드를 따로 둔 이유는 환자 PH가 얼굴로는 상대가 누구인지 못 알아보는데 다른 단서로는 그 사람과 연합된 기억을 정확히 떠올릴 수 있기 때문이다. 얼굴을 보고서 누구인지 못 알아보는 것을 얼굴맹(prosopagnosia)이라고 하는데(☞샛길 2), 얼굴 재인 유닛 단계의 문제이거나 구조 부호화 단계의 문제일 수도 있다.

다차원 얼굴 공간 모형

사람들의 얼굴을 형태를 기준으로 분류한다고 하자. 한쪽 끝에는 각진 얼굴이 있고 다른 끝에는 둥근 형태의 얼굴이 있을 수 있다. 그러면 사람들의 얼굴은 평균을 중심으로 이 연속선상 어딘가에 놓일 것이다. 이때 얼굴 형태는 일종의 차원(dimension)으로 볼 수 있다. 그다음으로, 두 눈 사이의 거리를 기준으로 얼굴을 분류할 수 있는데 한쪽 끝은 매우 좁은 얼굴이 있고 다른 쪽 끝은 매우 넓을 것이다. 이때 눈 사이의 거리는 또 다른 차원이다. 이런 식으로 다차원 얼굴 공간 모형(multidimensional face space model)은 개인들의 얼굴이 여러 차원의 공간으로 표상된다고 제안한다. 얼굴의 빈도는 각 차원의 평균을 중심에 가까울수록 높고 멀어질수록 낮아지며, 평균에 가까운 얼굴이 전형적이라고 평가된다. 얼굴 속성이 매우 많으므로 수십 가지 이상의 차원을 동시에 가정할 수 있는데, 그림으로 표현하는 것은 어렵다. 그림 4-6은 임의의 2가지 차원을 가정하고 각 얼굴의 위치를 공간에 표시한 것이다. 이 그림에서 각 얼굴은 2가지 차원

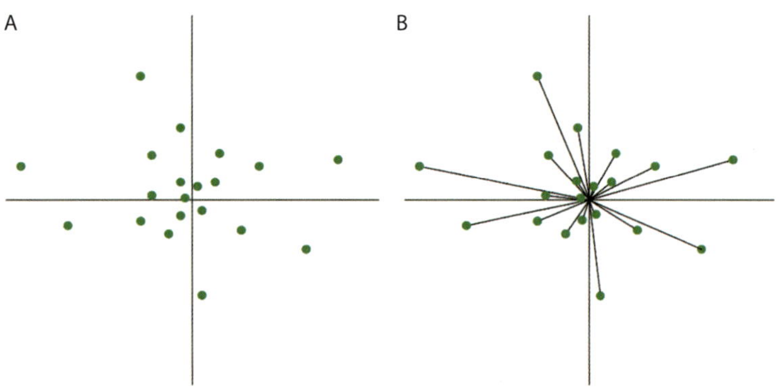

그림 4-6 다차원 얼굴 공간 모형.
(A) 사례-기반 모형. 특정 얼굴의 위치가 독립적으로 존재한다. (B) 규준-기반 모형. 특정 얼굴의 위치가 원점의 규준을 기반으로 상대적으로 존재한다.

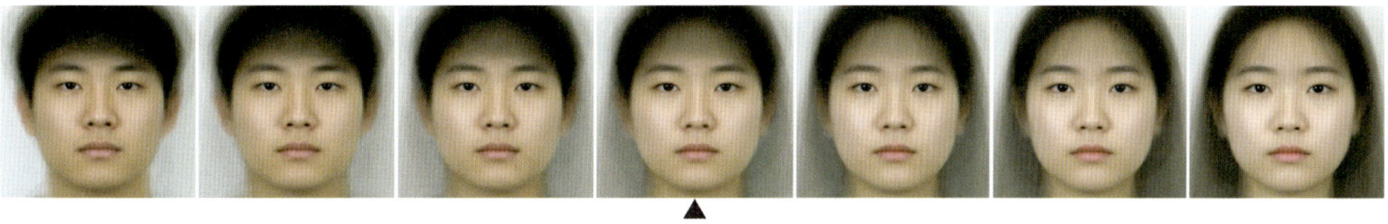

그림 4-7 얼굴 잔효 시범.
먼저 가운데 얼굴이 중성적임을 확인하라. 맨 왼쪽 또는 오른쪽 얼굴을 20초가량 바라보다 가운데 얼굴로 시선을 옮겨라. 중성적인 얼굴이 반대의 성 쪽으로 지각된다.

에서 특정 위치에 표현할 수 있다.

다차원 공간 모형은 2가지 유형이 제안되었다(Valentine, 1991). 사례-기반 모형(examplar-based model)은 특정 개인의 얼굴들이 얼굴 공간의 절대적 위치에 놓인다. 규준-기반 모형(norm-based model)에서, 개인의 얼굴들 위치는 규준을 중심으로 상대적으로 결정되는데 규준 위치인 원점을 기준으로 벡터(방향, 거리)로 기술될 수 있다. 두 모형의 차이는 명확히 잘 드러나지는 않는다. 오히려 많은 얼굴 재인 현상들을 공통으로 잘 설명한다. 대표적으로 독특한 얼굴은 잘 기억되고 재인되는 반면, 얼굴로 범주화되는 시간은 전형적인 얼굴에 비해 느린데, 얼굴 재인의 독특성 효과(distingctiveness effect)라고 한다. 사례-기반과 규준-기반 공간 모형 모두 비전형적인 얼굴은 주변에 다른 얼굴들이 적으므로 간섭을 덜 받아 잘 재인되지만 따로 떨어져 있어 얼굴로서 범주화가 느리다고 설명한다.

최근의 증거들은 규준-기반 모형을 지지하는 것처럼 보인다. Webster와 Maclin(1999)은 얼굴 잔효(face after effect)를 처음으로 보고하였다. 그림 4-7의 시범에서, 어느 한쪽 끝의 얼굴을 20초가량 바라보다 가운데 중립적인 얼굴을 보라. 중립적으로 보이던 얼굴이 여성스럽게 보이거나 남성스럽게 보인다! 규준-기반 모형에 따르면, 한쪽 극단의 얼굴을 계속 보면 이 얼굴이 속해 있는 차원의 전체 얼굴의 규준이 계속 보고 있는 얼굴 방향으로 이동하고, 관찰자가 평균적인 얼굴로 눈을 돌렸을 때 이동한 규준보다 더 다른 방향이므로 왜곡되어 지각된다. 즉, 적응하는 짧은 시간 동안 얼굴의 재규준화가 일어났기 때문이다. 이 현상은 얼굴이 절대적인 좌표에 고정된다는 사례-기반 모형으로 설명이 어렵다.

Webster와 MacLeod(2011)는 얼굴 잔효를 색 잔효의 원리와 비슷하게 설명하였다(☞2장). 이 설명에 따르면 얼굴 세포들은 서로 반대되는 시각 특징들을 처리하는 것들끼리 묶여 기능한다. 예를 들어, 행복한 얼굴-우울한 얼굴, 여성적인 얼굴-남성적인 얼굴, 백인 얼굴-아시아인 얼굴 등이 연합을 이룰 수 있다. 따라서 어느 한 특징 또는 채널만 담긴 얼굴을 계속 보고 있으면 이를 처리하는 세포는 점점 피로해지고, 중립적인 얼굴을 보면 반대되는 특징을 처리하는 세포의 상대적 활성화로 잔효가 일어난다. 그렇다면 왜 서로 반대되는 특징의 채널들을 맡고 있는 얼굴 세포들끼리 연결되어 있는 것일까? 정확한 기제는 아직 밝혀지지 않았지만, 아마도 두 채널의 세포들이 한 축으로 묶임에 따라 입력되는 얼굴의 특징을 민감하게 파악하는 데 유리하기 때문일 것이다.

할머니 세포 가설과 축 모형 가설

1980년대 얼굴 재인을 단일신경세포 기록법으로 이해하려는 시도가 다수 있었다. 몇몇 연구자들은 역사적인 관찰을 하였는데, 하측두엽에 있는 신경세포들이 얼굴을 처리한다는 것을 알아내었다. Bruce 등(1981)은 얼굴 같은 대상에 대해서 활성화가 높고, 손이나 낙서 같은 얼굴이 아닌 대상에 대해서는 활성화가 낮은 세포들을 원숭이의 하측두엽에서 찾았다. 이곳의 어떤 세포들은 시각 자극 속성들에 선택적으로 반응하였다. 반응을 일으킨 자극들에는 막대, 원, 사각형과 같은 형태, 크기, 색, 움직이는 방향 등이 있었고 원숭이 손, 사람 손, 다른 원숭이 얼굴, 사람 얼굴 등이 있었다(Buruce 등, 1981; Perrett 등 1982). 따라서 측두피질은 사람 얼굴과 몸에 대한 시각적 처리를 위해 특화된 곳으로 추론되었다. 원숭이의 측두피질 가운데 얼굴을 처리하는 데 주로 관여하는 영역으로는 하측두피질(IT: inferior temporal cortex)과 상측두고랑(STS: superior temporal sulcus)이 잘 알려져 있다.

비교적 최근, 사람의 뇌를 대상으로도 단일신경세포 기록법이 수행되었다. Quiroga 등(2005)은 간질 환자를 대상으로 일련의 실험을 수행하였는데, 빌 클린턴과 제니퍼 애니스톤과 같은 유명인의 얼굴에 특별하게 활성화되는 세포들을 중측두엽에서 발견하였다. 이 세포들은 다른 사람의 얼굴에는 상대적으로 매우 약하게 활성화되었고, 특정 얼굴에 대해서만 활성화가 높았다. 따라서 이 연구자들에게 마치 특정 얼굴은 특정 세포를 갖고 있는 것처럼 보였다. 아마도 이 세포들은 얼굴의 구성 성분들인 눈, 코, 입, 턱, 머리, 형상 등을 처리하는 하위 세포들로부터 입력을 받을 것이다. 할머니 세포 가설(grandmother cell hypothesis)에 따르면 얼굴 재인 경로의 가장 깊이 위치한 특정 세포 하나가 친할머니와 같은 특정 얼굴을 처리한다(Quiroga 등, 2005). 할머니 세포 가설은 다차원 얼굴 공간 모형에서 사례-기반 모형을 지지하는 것으로 해석될 수 있다.

반면, 경제적인 처리를 지지하는 어떤 연구자들은 특정 얼굴이 특정 신경세포들의 독립적인 활동으로 재인된다는 전제를 의심한다. 이런 가설에 대한 증거는 오래전에 나왔지만, 최근의 Chang과 Tsao(2017)의 연구는 집약적이다. 이 연구에서 두 마리의 원숭이가 참여하였는데, 얼굴 영역으로 알려진 하측두엽을 포함한 6개의 영역에 위치한 205개의 신경세포의 활동이 동시에 관찰되었다. 이 원숭이들에게 보여 준 수백 개의 얼굴 사진들은 크게 2가지 차원으로 체계적으로 조금씩 다르게 편집되었다. 하나의 차원은 형태와 관련된 특징들(둥근 정도, 이마 높이, 눈/코/입 위치 등)의 조합적 변화로 이뤄졌고, 다른 하나는 얼굴 생김새와 관련된 특징들(부분들의 속성으로 눈/입 크기와 모양 등)이 조금씩 달랐다. 실험 결과, 신경세포들의 활동은 이 2가지 얼굴 형태 또는 생김새 차원 중 어느 한쪽에만 분별력 있는 것처럼 보였다. 예를 들어, 얼굴 형태 차원에 반응하는 집단의 세포들은 얼굴이 둥근 정도에 따라 점진적으로 다른 발화율을 보였으며, 얼굴 생김새 차원에 대해서는 이런 차별적 반응은 보이지 않았다. 중요하게도, 특정 개인의 얼굴에 특별히 높은 수준으로 반응하는 신경세포는 없었다. 얼굴 재인에 대한 일종의 이 축 모형(axis model)에 따르면, 얼굴 세포들은 독립적인 활성화로 특정 개인의 얼굴을 재인하는 것이 아니라 특정 축들의 얼굴 속성들에 다르게 반응하는 세포들의 조합적 활동으로 가능하다. 연구자들은 신경세포들의 활동만 보고서도 원숭이가 어떤 얼굴을 보고 있는지를 거의 정확히 해독할 수도 있었다. 이 모형에서 얼굴의 위치는 차원 또는 축에서 상대적으로 결정되므로 공간 모형에서 규준-기반 모형의 예측과도 부합한다.

그렇다면 아주 친숙한 얼굴은 어떨까? 친숙한 얼굴과 친숙하지 않은 얼굴은 동일한 처리를 거치는데, 단지 신경세포들의 반응 세기가 높은 것일까? 축 모형으로 이 질문에 답하기는 어려워 보인다. 다른 연구자들은 친숙한 얼굴은 다른 얼굴처리 영역에서 처리된다고 제안한다. Landi와 Freiwald(2017)는 친숙한 얼굴과 친숙하지 않은 얼굴은 하측두엽에 이르기까지 같은 경로를 따라 처리되지만 친숙한 얼굴은 좀 더 깊은 영역에서 처리됨을 보고하였다.

사람 뇌의 얼굴처리 네트워크

사람의 뇌를 대상으로 한 연구에서도 얼굴처리를 전담하는 것처럼 보이는 영역들이 보고되었다. 사람 얼굴, 몸, 그리고 다른 물체들을 보여 주면서 관찰자들의 뇌활동을 분석하는 fMRI 기법이 사용되었다. 현재 세 곳의 영역이 얼굴을 처리하는 것으로 알려져 있다. Kanwisher 등(1997)은 측두엽 아래쪽에 있는 방추이랑(fusiform gyrus)의 일부분인 방추얼굴영역(FFA: fusiform face area)을 보고하였다. 방추이랑은 측두후두이랑(temporo-occipital gyrus)으로도 불리며, 측두엽 일부분과 후두엽 일부분이 혼합되어 기다란 방추 모양이다. 방추이랑 경로에서 물체, 얼굴, 신체 지각이 정교화된다. Chao 등(1999)은 측두피질의 후상측두고랑(pSTS: posterior superior temporal sulcus) 역시 사람 얼굴에 반응함을 발견하였다. 마지막으로 시각피질에 있는 후두얼굴영역(OFA: occipital face area)이 여러 연구팀에서 발견되었다(Halgren 등, 1999). 아직 이 세 영역이 구체적으로 어떻게 얼굴처리 과정에 관여하는지 밝혀지지 않았지만 아마도 위계적인 역할을 맡는 것으로 추론된다. 예를 들어, 후두얼굴영역은 얼굴을 이루는 눈, 코, 입, 얼굴 형태 등 부분을 처리하고, 방추얼굴영역은 사람의 신원을 확인하고, 후상측두고랑은 표정과 움직임에서 보이는 사회적 의미를 처리할

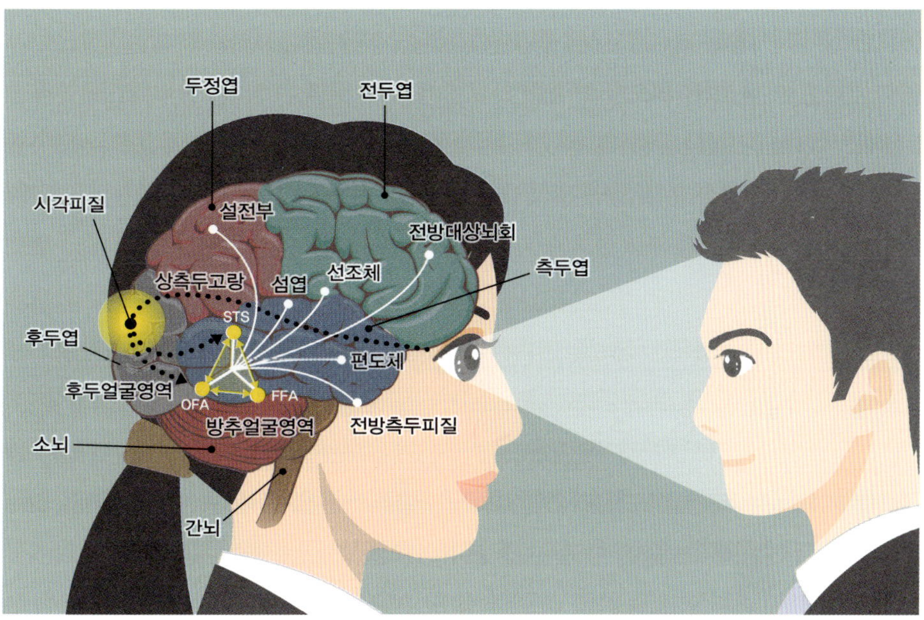

그림 4-8 얼굴처리에 대한 신경과학적 모형.
얼굴의 기초적인 속성들이 시각엽에서 분석되고, 측두엽에서 형태적인 처리가 일어나며, 두정엽과 전두엽에서 표정, 신원, 감정, 이름 등이 추가적으로 분석된다. 후두얼굴영역(OFA), 방추얼굴영역(FFA), 상측두고랑(STS)은 얼굴의 형태적 처리를 맡는 중추적인 영역이다(Pitcher 등, 2011).

샛길 3 얼굴영역 특별성 논쟁

어떤 연구자들은 뇌에 얼굴처리만을 위해서 특별하게 존재하는 영역이 있다는 가설을 반박한다 그 대신 얼굴영역으로 알려진 곳은 전문적인 물체를 알아보는 데 관여하는 곳이라고 주장한다. 이를 확인하기 위해 Gauthier 등(1999)은 그리블(Greebles)이라는 가상의 물체들을 만들었다(그림 4-9). 이 물체들은 부분들의 형태와 다른 부분들과 결합이 달라 다양한 개별 물체와 가족 물체로 범주화될 수 있었다. 연구자들은 참여자들에게 4일 이상 그리블을 범주화하는 과제를 주면서 그리블 전문가가 되도록 하였다. 그와 동시에 매 회기 학습 후 그리블을 볼 때 얼굴영역이 활성화에서 어떤 변화를 보이는지를 살펴보았다. 그 결과, 그리블을 학습하는 회기가 증가할수록 방추얼굴영역과 후두얼굴영역의 활성화가 증가함이 발견되었다. 후속 연구에서, 자동차와 새 전문가들 역시 자동차나 새를 볼 때 비전문가들에 비해 방추얼굴영역과 후두얼굴영역이 높게 활성화되었다(Gauthier 등, 2000). 이 연구들은 얼굴영역이 얼굴만이 아닌 전문적 대상을 처리하는 데 특화된 곳이라는 가설을 지지하는 것으로 보인다.

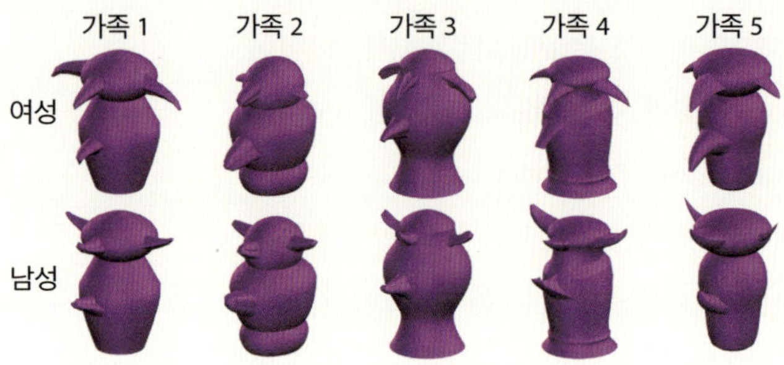

그림 4-9 그리블의 예.
다섯 가족의 여성과 남성. 위와 아래 각 쌍은 같은 가족이며 위는 여성 아래는 남성이다(Michael Tarr ☞Google: TarLab).

가능성이 있다. 그림 4-8은 신경과학적 증거들을 종합하여 만든 얼굴처리 뇌지도와 모형이다.

이 영역들에 있는 세포를 건드리면 얼굴 재인의 변화가 일어날까? Parvizi 등(2012)은 방추이랑에 있는 세포들에 약한 전류를 흘려 주는 무서운 실험을 감행하였다. 전류가 흐르는 순간 환자의 눈에 보이는 실험자의 얼굴이 비틀어져 보이거나 다른 사람처럼 보이는 경험을 하였다. 이 실험 결과는 이 영역 세포들의 활동과 얼굴 재인의 직접적인 인과관계를 가리킨다. 미래에 이곳을 자극해서 사람들이 예쁘게 보이는 기술이 유행할지도 모른다!

얼굴에 대해 특별히 민감하게 반응하는 뇌에서 얼굴영역의 존재와 얼굴 잔효 같은 심리물리학적 존재는 얼굴이 다른 물체와 다르게 얼굴이 뇌에서 특별하게 처리됨을 시사한다. 그런데 어떤 연구자들은 얼굴영역이 얼굴만이 아닌 고도로 자주 보는 물체에 대해 특화되어 있는 영역이라고 믿는다(☞샛길 3).

얼굴과 사회인지

얼굴은 사회생활에서 매우 중요한 지각처리 대상이다. 얼굴에는 감정과 의도, 건강 상태, 성별, 성격 등 다양한 사회적 단서들이 담겨 있고, 이를 이용하는 것은 생존에 매우 중요하다.

얼굴 표정과 감정

Charles Darwin은 *종의 기원*(*On the Origin of Species*, 1859)으로 유명하지만 *사람과 동물의 감정 표현*(*The Expression of the Emotions in Man and Animals*, 1872)이라는 책도 썼다. 이 책에서 그는 감정 표

그림 4-10 뉴기니 부족의 표정. 어떤 표정이 각각 행복, 분노, 슬픔, 혐오 감정을 담고 있는지 추정해 보라(Ekman, 1995).

현의 보편성을 이야기한다. 나이가 적건 많건 그리고 사람이건 동물이건 특정 감정과 특정 표정이 일관되게 짝지어 나타난다는 것이다. Darwin은 얼굴 표정을 환경에 적응하기 위한 진화적 산물이며 이는 학습이나 문화와 관계없이 선천적이라고 제안하였다(1872/1998).

얼굴 표정을 알아보는 능력은 매우 어린 시절부터 가능한 것으로 보인다. Sorce 등(1985)은 시각 벼랑 패러다임을 이용하여 12개월 유아들이 엄마의 표정을 알아보는지를 살펴보았다(☞그림 5-1). 두꺼운 유리 아래로 벼랑이 앞에 보이고 그 건너편에 엄마가 밝은 미소를 띠고 있는 경우 유아들은 대부분 벼랑을 유유히 기어갔지만 엄마가 화난 표정을 지으면 건너려는 유아가 거의 없었다. 이로 보아 유아들은 일찍부터 친근한 대상의 얼굴 표정에서 중요한 정보를 얻을 수 있는 것으로 추론된다.

Ekman 등(1969)은 얼굴 표정의 보편성을 확인하기 위해 서구화된 사회와 비서구화된 사회에 사는 사람들에게 얼굴 표정을 얼마나 비슷한 정도로 재인하는지를 살펴보았다. 백인 남성, 여성, 어린이, 전문 연극인, 아마추어 연극인, 정신질환자의 얼굴을 선정하고 이들로부터 각각 행복, 두려움, 혐오-경멸, 분노, 놀라움, 슬픔을 담은 얼굴 표정을 수집하였다. 5명의 얼굴과 6가지 표정들로 모두 30장의 얼굴 표정을 슬라이드 또는 사진으로 만들어 문명사회(미국, 브라질, 일본)와 비서구 사회(뉴기니의 두 부족과 보르네오 섬 부족) 사람들에게 보여 주고 무슨 표정인지를 범주화하도록 하였다. 그 결과, 문명과 비서구 사회와 관계없이 가장 많은 사람의 범주화 비율만으로 보았을 때 6가지 표정이 정확히 구분되었다. 이렇게 얼굴 표정이 인종, 언어, 문화 등과 관계없이 일반적으로 재인되는 것을 얼굴 표정 재인의 보편성(universality)이라고 한다.

그다음으로 정말로 특정 감정은 언제나 특정 얼굴 표정과 연합되어 있을까? 이 질문에 답하기 위해 Ekman과 Friesen(1971)은 서구 사회와 고립된 뉴기니 부족과 같은 인종이지만 서구 문명을 경험한 사람들에게 앞서 재인 실험의 6가지 감정이 일어나는 짧은 글을 읽었을 때(예를 들어, 슬픔에 대해 '그의 아들이 죽어서 그는 매우 슬펐다') 그에 적합한 얼굴 표정을 짓는 과제를 주었다. 그 결과 두 참여자 집단에서 차이 없이 특정 감정과 특정 얼굴 표정이 언제나 일치하였는데 이를 감정과 얼굴 표정 연합의 보편성이라고 한다(그림 4-10). 이는 Darwin의 제안을 지지하는 것이다.

한편, 얼굴 표정 재인과 표정 짓기에서 학습과 문화가 아무런 영향을 주지 않는 것은 아니다. 즉, 얼굴 표정 보편성 가설에 대해 얼굴 표정 특수성(specificity) 가설 역시 존재한다. 특수성 가설을 지지하는 가장 강력한 증거는 집단 내에서 표정 재인과 표정 짓기에서 정확성이 집단 간보다 여전히 높다는 실험 결과에 있다(Elfenbein & Ambady, 2002). 즉, 서구인들은 서구인의 얼굴에서 특정 감정을 더 잘 재인할 수 있으며 동양인은 동양인의 얼굴에서 감정을 더 잘 재인할 수 있는데 이를 집단내 이득(in-group advantage)이라고 한다. 이 논쟁은 매우 풀기 어려운데, 아마도 얼굴 표정과 관련된 보편성과 특수성 가설의 논쟁은 주목하는 자료의 측면들이 다르기 때문에 나타나는 것인지도 모른다.

응시 지각

다른 사람의 눈이 어디를 향하고 있는지를 말해 주는 것을 응시(gaze)라고 한다. 회피 응시(averted gaze)는 눈동자가 눈에서 오른쪽이나 왼쪽 끝쪽에 위치하여 관찰자의 방향과 다른 곳을 향함을 말하며, 직접 응시(direct gaze)는 관찰자가 있는 곳을 향해 눈동자가 위치하는 것을 말한다. 응시는 주의하는 방향, 감정 상태, 심적 상태 등 매우 중요한 사회적 단서들을 내포하므로 정확히 지각하는 일은 매우 중요하다. 인간의 경우 태어난 지 2~5일 된 아기는 직접 응시하는 얼굴을 더 오랫동안 바라본다(Farroni 등, 2002). 이는 응시에 대한 선천적 처리가 있음을 시사한다.

얼굴이 어디를 응시하고 있는지는 얼굴 방향과 눈 안에서 검은 눈동자의 위치에 따라 정해진다. 얼굴 방향과 눈동자 방향은 언제나 일치하는 것은 아니다. 얼굴은 정면을 향한 채 시선은 바깥쪽을 향할 수도 있다. 지각체계는 이 두 단서를 모두 이용하여 타인의 응시 방향을 처리하지만 얼굴 방향이 조금 더 중요한 단서로 평가된다. 오래전 Wollaston(1824)은 초상화를 대상으로 얼굴 방향에 따라 똑같은 모양의 눈이 다른 곳을 향하는 것처럼 보이는 착시를 발견하였다(그림 4-11).

자폐 아동의 응시는 비자폐 아동의 응시 패턴과 다른 것으로 알려져 있다. 자폐 아동은 정

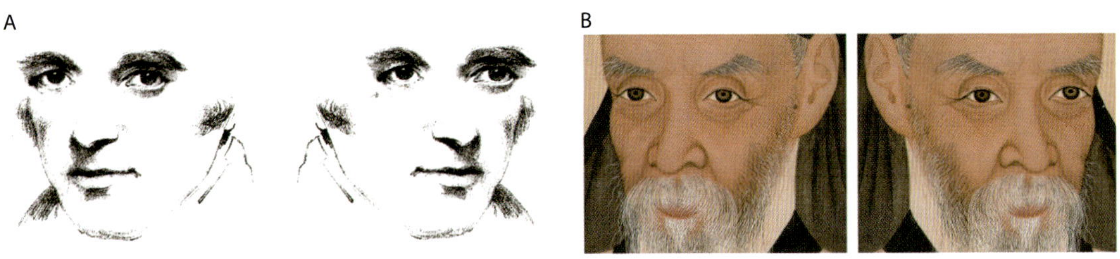

그림 4-11 Wollaston 착시.
A와 B 두 쌍의 얼굴은 눈을 제외하고 각각 거울상이다. 눈 아래를 종이로 가리면 눈의 형태가 똑같음을 알 수 있다.
(A) Wollaston 착시(1824). (B) 조선시대 이재의 초상에 적용(눈동자 부분만 동일).

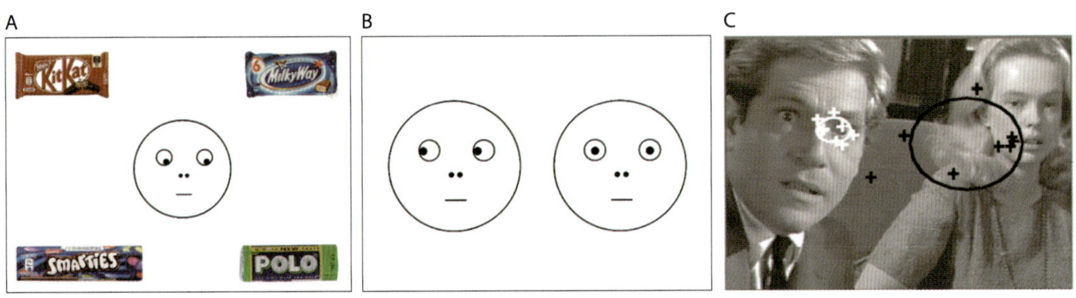

그림 4-12 자폐 아동의 응시 특징.
(A) 어떤 과자를 보고 있지? (B) 어느 얼굴이 너를 보고 있지?(Baron-Cohen 등, 1995). (C) 흰 십자는 비자폐 아동의 응시점, 검은 십자는 자폐 아동의 응시점이다(Klin 등, 2003).

상적으로 발달한 아동에 비해 타인과의 사회적 관계에 관심이 덜하다. Baron-Cohen 등(1995)은 응시를 담고 있는 다양한 만화나 사진 등을 정상 아동과 자폐 아동에게 보여 주면서 서로 어떤 차이가 있는지를 살펴보았다. 예를 들어, 그림 4-12-A를 보여 주면서 '얘는 내 친구 찰리인데, 네 막대 과자 가운데 하나를 원하는데, 어떤 것이지?' 하고 물었을 때 자폐 아동은 비자폐 아동에 비해 답을 하는 데 어려움을 겪었다. 반면, 그림 4-12-B를 보여 주면서 '어떤 얼굴이 너를 보고 있지?' 하고 물었을 때 자폐 아동은 비자폐 아동만큼 답을 잘하였다. 이 상반된 결과는 자폐 아동이 자신을 응시하는 얼굴을 처리하는 데는 문제가 없지만 타인의 응시를 통해 무엇을 원하고 있는지를 해석하는 데는 문제가 있음을 보여 준다. 동영상을 보여 준 연구들에서 자폐 아동9의 응시 특성이 더 잘 드러난다. Klin 등(2002/2003)의 연구에서, IQ가 비슷한 자폐 아동과 비자폐 아동의 응시가 비교되었다. 비자폐 아동은 등장인물의 눈을 주로 응시하지만 자폐 아동은 눈이 아닌 곳을 좀 더 자주 응시하는 것으로 나타났다(그림 4-12-C). 이 결과는 IQ가 아닌 사회인지 지능이 응시 동작과 밀접한 관련이 있음을 보여 준다.

그림 4-13 눈 접촉 효과. 회피 응시하고 있는 고흐의 자화상 원본과 포토샵으로 직접 응시로 교정한 모습.

타인의 응시가 관찰자 자신의 응시와 마주칠 때 특별한 심리적 작동이 함께하는데 이를 눈 접촉 효과(eye contact effect)라고 한다(Senju & Johnson, 2009; Kleinke, 1986). 눈 마주침은 원숭이처럼 서열이 분명한 사회에서는 공격을 의미하지만 인간의 경우는 의사소통의 시작을 의미하여 더 많은 주의를 끌고 더 깊은 감정을 느끼게 된다. 그림 4-13은 고흐의 자화상에서 눈의 위치만 바꾸어 제시한 것이다. 자신을 응시하는 얼굴을 볼 때 그림 속 인물이 더 감정적으로 지각된다.

나이 지각

생물학자 Lorenz(1971)는 아기 도식(baby schema)이라는 개념을 제안하였다. 아기 도식이란 아기의 얼굴과 몸에 나타나는 일련의 특징들을 말하며, 이 도식은 어른 개체로 하여금 보호하고 싶은 본능을 유도한다. 얼굴의 경우 튀어나온 볼, 큰 이마, 큰 눈, 둥그런 얼굴 형태, 맑고 탱탱한 피부 등이 이 특징들에 해당된다. 아기 도식은 귀여움(cuteness)의 특징들이기도 하며, 주의를 끌고 매력을 이끈다. '연구자들은 아이와 성인의 얼굴에서 어떤 특징들이 다른지를 객관적으로 탐구하였다.' Pittenger 등(1975)은 머리 형태가 나이에 따라 달라진다는 점에 착안하였다. 사람의 얼굴은 나이가 증가함에 따라 2가지 방향으로 비틀림이 일어난다. 옆 방향으로 일어나는 심장형 비틀림(cardioidal strain)이 있고(그림 4-14), 위아래로 일어나는 전단 비틀림(share strain)이 있다. 이 두 종류의 비틀림 함수 점수가 다른 얼굴들을 사람들에게 보여 주고 나이를 평가하게 했을 때 나이의 높은 정적 상관이 발견되었는데, 전단 비틀림보다 심장형 비틀림이 훨씬 상관이 높았다

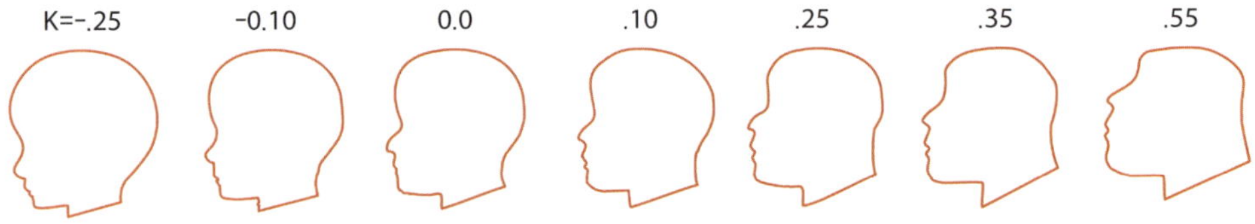

그림 4-14 나이에 따른 심장형 수축 점수(K). Pittenger 등(1975)에서 편집.

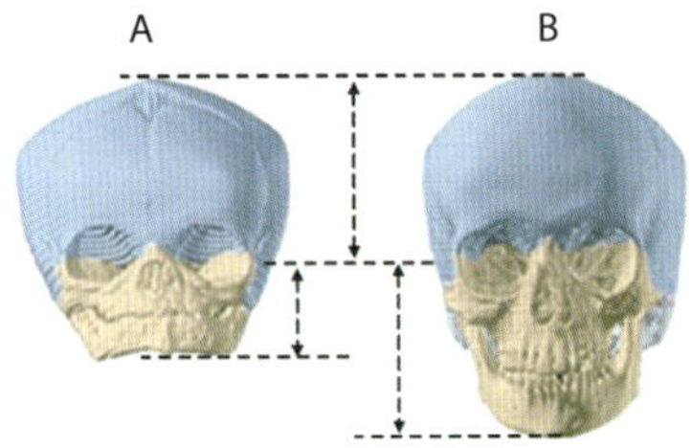

그림 4-15 나이에 따른 두개안면의 변형.
갓난 아기 두개골(A)과 성인의 두개골(B)의 차이를 보여 준다(Dal Martello & Maloney, 2006).

(Pittenger 등, 1975).

심장형 비틀림은 유아와 성인의 두개안면 차이(craniofacial difference)를 반영하기도 한다. 즉, 나이가 증가할수록 얼굴 아래쪽의 길이가 상대적으로 늘어난다(그림 4-15). 이에 따라 얼굴 이미지를 아랫부분만 늘려도 나이가 증가하는 것처럼 지각될 수 있다.

Glocker 등(2009)은 아기 도식이 높은 얼굴일수록 돌봐 주고 싶은 동기가 성인에게 드는지를 살펴보았다. 이 연구에서 얼굴, 코, 입, 눈의 다음의 특징들의 값이 클수록 아기 도식이 높은 것으로 측정되었다: 얼굴 넓이, 얼굴에 대한 이마의 비율, 얼굴 넓이에 대한 눈 넓이 비율, 이마 길이에 대한 코 길이 비율, 얼굴 넓이에 대한 코 넓이 비율, 얼굴 넓이에 대한 입 넓이 비율. 이 특징들을 컴퓨터 편집 프로그램을 이용하여 축소하거나 과장하여 아기 도식의 값이 조금씩 다른 얼굴 자극들을 만들었다(그림 4-16). 얼굴은 7~13개월 사이 남아 8명과 여아 9명으로부터 얻었고, 원본 17장과 덜 귀엽게 편집된 얼굴 17장, 그리고 귀엽게 과장된 얼굴 17장 등 모두 51장이 사용되었다.

이 실험에 남녀 대학생 106명이 참여하였다. 이 가운데 62명은 각각 4초 동안 아기 얼굴을 보면서 귀여운 정도를, 나머지 44명은 얼마나 돌보고 싶은지를 5점 척도로 평가하였다. 실험 결과, 얼굴 도식 값이 클수록 귀여운 것으로 그리고 돌보고 싶은 동기도 높아지는 것으로 평가되었다. 결론적으로 귀여운 아이일수록 어른으로부터 더 잘 돌볼 가능성이 큼을 시사한다. '열 손

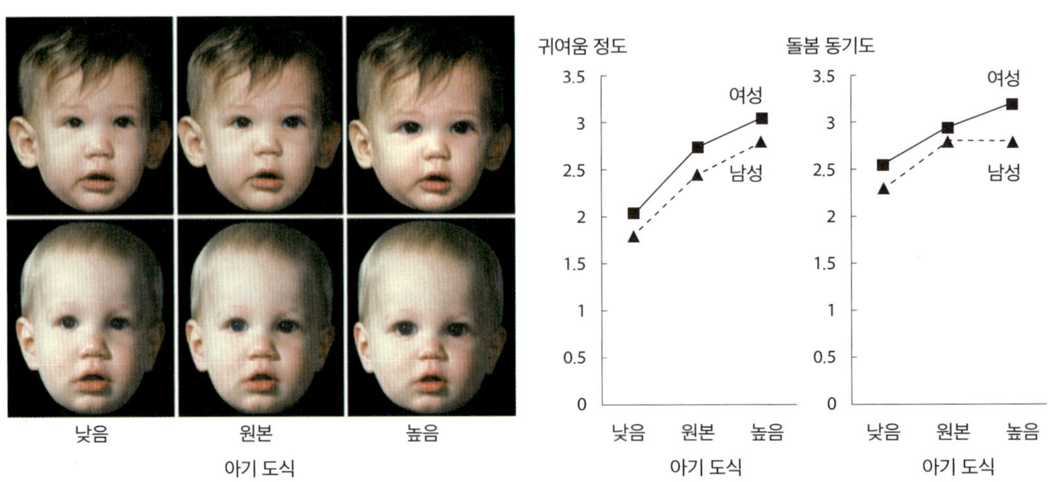

그림 4-16 얼굴 자극과 결과(Glocker 등, 2009).

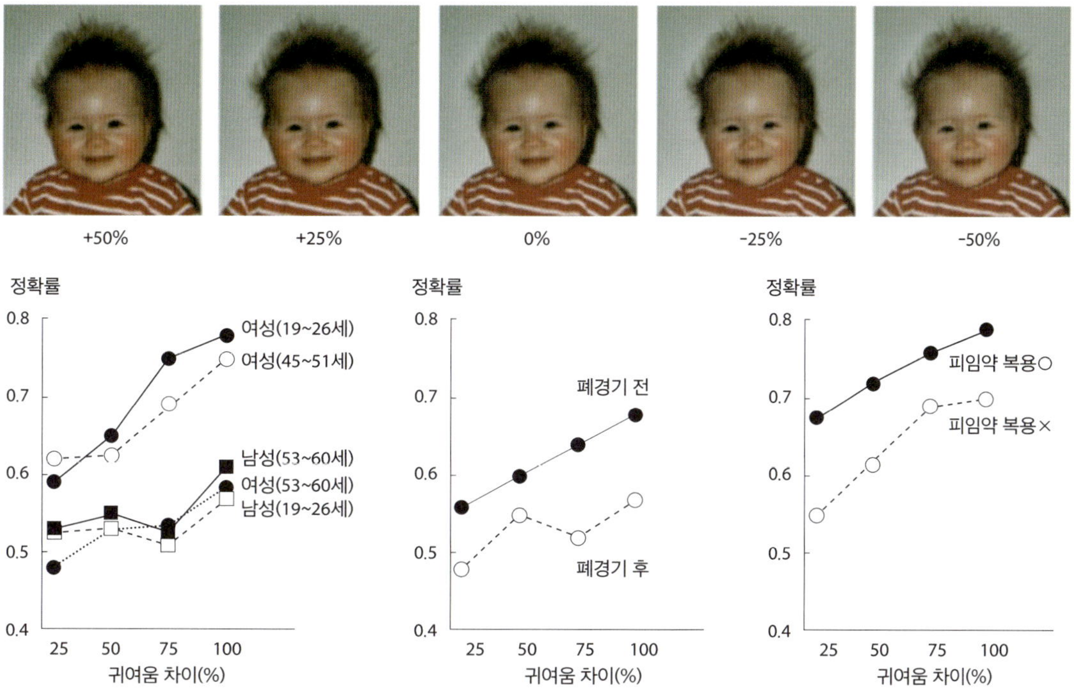

그림 4-17 얼굴 자극과 결과.
(위) 귀여움 정도를 조작한 얼굴. 2개의 얼굴이 무작위로 선정되어 어느 쪽이 더 귀여운지를 고르게 하였다. (아래) 각각 실험 1, 2, 3의 결과. 귀여움 차이란 예를 들어, 귀여움이 50% 과장된 얼굴과 50% 축소된 얼굴이 제시되어 더 귀여운 얼굴을 고르는 조건에서 귀여움 차이는 +50%-(-50%)=100%로 구해진다. 따라서 차이가 클수록 두 얼굴의 귀여움 정도가 더 큼을 뜻한다 (Sprengelmeyer 등, 2009).

가락 깨물어 안 아픈 손가락 없다'는 속담이 있지만, 이 실험은 깨물어 더 아픈 손가락도 있음을 말해 주는 것은 아닐까?

이 연구에서 또 하나 흥미로운 점은 귀여움과 돌보고 싶은 동기 평가에서 모두 여성이 남성보다 높은 점수를 주었다는 점이다. 이것으로 볼 때 여성 호르몬이 귀여움 평가에 중요한 역할을 할지 모른다는 추정을 할 수 있다. 실제로 이 추정을 지지하는 강력한 증거가 있다.

Sprengelmeyer 등(2009)의 실험에서 자극은 5단계를 걸쳐 준비되었다. 먼저 192장의 남녀 아기 사진을 모았고 이 가운데 화질이 편집 가능한 기준을 넘는 남아 사진 30장과 여아 사진 28장이 선별되었다(1). 여아 사진들은 젊은 성인 남녀 20명(23세가량)과 10명의 장년 여성(54세가량)이 얼마나 귀여운지를 7점 척도로 평가하였다(1점: 귀엽지 않다, 4점: 보통이다, 7점: 아주 귀엽다). 남아의 사진도 같은 방식으로 비슷한 나이의 다른 성인들이 평가하였다(2). 이 평가를 거쳐 남아와 여아 각각 귀여운 얼굴 사진 10세트와 덜 귀여운 얼굴 사진 10세트가 추려졌다(3). 컴퓨터 프로그램을 이용하여 아기 얼굴에서 귀여운 특징들이 확인되었는데, 눈 크기, 이마의 길이 등이 있었다(4). 이 특징들을 원본에 비해 25% 또는 50%만큼 축소하여 덜 귀엽거나 과장하여 더 귀여운 얼굴 등 귀여움이 5단계로 조작된 5개의 얼굴이 만들어졌다. 최종적으로 5명의 여아 사진 25장과 5명의 남아 사진 25장이 준비되었다(5). 이렇게 만들어진 한 세트의 얼굴이 그림 4-17에 제시되어 있다. 실제 과제에서 같은 얼굴 세트 5장에서 무작위로 2장씩 뽑혀 나란히 제시되었고 참여자들은 어느 쪽이 더 귀여운지를 판단하였다.

실험 1에서 나이와 성별이 다른 다섯 집단이 참여하였다. 실험 2에서 54세가량의 여성들만 참여하였는데 폐경기 전과 후로 집단이 나뉘었다. 실험 3에서 21세가량의 여성들만 참여하였고, 피임약 복용을 기준으로 집단이 나뉘었다. 실험 결과, 젊은 여성일수록 귀여움을 더 정확히 판단하였고, 폐경기 전의 여성이 폐경기 후의 여성보다 더 정확하였다. 마지막으로 여성 호르몬이 함유된 피임약을 복용한 여성이 그렇지 않은 여성에 비해 더 정확하였다. 이 결과들은 여성 호르몬이 아기 얼굴에서 귀여운 특징에 민감하게 지각하는 데 중요한 요인임을 시사한다. 여성 호르몬이 2세 생산에 중요하다는 점을 고려하면 이 연구 결과는 만일 길가에서 아기를 보고 귀엽게 느껴진다면 이는 2세를 낳고 돌볼 때임을 신호하는 것이라고 볼 수 있다.

성별 지각

사람들은 상대의 성별을 매우 정확하게 지각할 수 있다. 성별에 대한 단서는 옷차림, 헤어스타일, 얼굴, 목소리 등 매우 다양하다. 일상생활의 경험에 비추어 볼 때 얼굴만으로도 성별 지각은 매우 정확하다. 얼굴의 외곽선 형태, 얼굴의 크기, 눈썹과 눈의 거리 등이 중요하며 턱의 형태, 눈의 크기, 눈썹의 모양, 피부의 색 등 작은 단위의 특징도 중요하다. 이와 함께, 얼굴의 움직임 패턴도 중요한 단서이다.

일반적으로 어린이의 얼굴을 성별로 범주화하는 일은 성인의 얼굴보다 어렵다. 이는 어린이는 언급한 성별과 관련한 얼굴 특징들이 덜 발달했기 때문일 가능성이 높다.

얼굴 매력

오랫동안 얼굴의 매력은 어디에서 오는가에 대한 호기심이 있었다. 인간 유아에서부터 성인에 이르기까지 매력 있는 얼굴을 선호하는 것으로 알려져 있다. 사람들은 예쁜 얼굴을 볼 때 긍정적인 감정을 느낀다. Kampe 등(2001)의 fMRI 연구에서, 잘생겨서 매력적인 여성/남성이 응시할 때가 응시하지 않을 때 또는 매력적이지 않은 여성이 응시할 때에 비해 배측선조체(ventral striatum)의 활성화가 더 높았는데, 이 영역은 보상에 반응하는 것으로 알려져 있다. 즉, 맛있는 음식, 칭찬, 돈과 같은 보상에 활성화가 높아지는 영역이 예쁜 얼굴이 응시할 때도 활성화가 높다는 것은 예쁜 얼굴이 다른 보상물과 비슷한 역할을 함을 시사한다. 흥미롭게도 관찰자의 성별과 무관하게 제시되는 얼굴이 남성이건 여성이건 상관없이 예쁜 얼굴이 응시하면 이 영역의 활성도가 높았는데, 이는 아마도 예쁜 얼굴이 담고 있는 지각적인 특징들에 대해 이 영역이 자동으로 반응하기 때문인 것으로 추론된다.

예쁜 얼굴을 좋아하는 이유에 대한 신경과학적 설명은 흥미롭지만 이는 설명이라기보다는 기술에 가깝다. 여전히 왜 사람들은 예쁜 얼굴을 좋아하는지에 대한 원인에 대해 말해 주지 않는다. 진화심리학자들은 인간의 마음과 행동을 환경에 대한 적응의 결과로 설명한다. 얼굴 매력 역시 이런 관점에서 설명하는데, 남성과 여성이 얼굴에서 서로 매력을 느끼는 이유는 2세를 건강하게 출산하여 잘 키울 수 있는 신호들이 얼굴에 담겨 있기 때문이라고 제안한다. 그렇지만 왜 어떤 사회에서는 건강해 보이지 않는 사람이 더 매력적으로 수용되는지에 대해서는 설명하

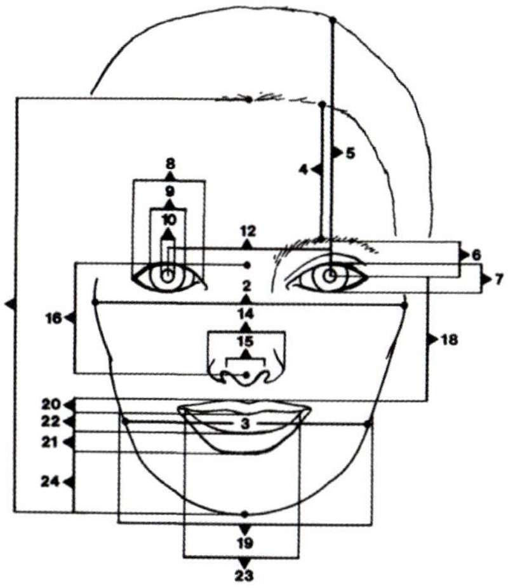

그림 4-18 Cunningham(1986)의 연구에서 얼굴 특징 정의.
1=얼굴 길이. 2=광대뼈를 지나는 얼굴 넓이. 3=입 넓이. 4=이마 높이. 5=윗머리 높이. 6=눈썹 높이. 7=눈높이. 8=눈 넓이. 9=홍채 넓이. 10=동공 넓이. 11. 동공 표준 넓이(홍채에 대한 동공 비율). 12. 두 눈 간격. 13. 광대뼈 넓이. 14. 콧구멍 넓이. 15. 코끝 넓이. 16=코 길이. 17=코 면적. 18. 가운데 얼굴 길이. 19. 볼 넓이. 20. 윗입술 두께. 21. 아랫입술 두께. 22. 웃음 높이. 23. 웃음 넓이. 24. 턱 길이.

기 어렵다. 또한 '제 눈에 안경'이라는 말이 시사하듯이 얼굴 평가는 주관적인 면이 있는 것도 사실이다.

연구자들은 매력적인 얼굴 요인에 대해 좀 더 객관적인 지표들을 밝혀내고 싶어 한다. Cunningham(1986)은 얼굴 매력을 가장 체계적으로 조사한 연구자이다. 그는 얼굴을 매우 세부적으로 나누어 사람들에게 제시하고 과연 어떤 특징들이 매력과 관련이 있는지를 살펴보았다(그림 4-18). 조사 결과, 아기 얼굴 특징(큰 눈, 작은 코, 작은 턱), 성숙 특징(도드라진 광대뼈와 좁은 턱), 분명한 표정 특징(높은 눈썹, 큰 동공, 큰 웃음)이 매력과 높은 상관이 나타났다.

평균성

Langlois와 Roggman(1990)은 얼굴 합성법을 이용해서 집단의 평균성을 띤 얼굴이 매력적으로 보인다는 사실을 밝혔다. 이 연구에서 처음으로 얼굴 합성(facial composite) 패러다임이 도입되었는데 여러 장의 얼굴 사진을 컴퓨터로 불러들여 합성하는 방법이다. 얼굴 크기가 다르므로 표준화할 필요가 있는데 눈동자와 입술 가운데를 기준으로 찍어 주면 크기가 비슷하게 바뀐 뒤 얼굴들이 섞이게 된다. 이를 위해 연구자들은 남자 대학생 336명, 여자 대학생 214명의 얼굴을 실험 목적에 맞도록 사진으로 찍었다. 성별에 따라 96장씩을 무작위로 골랐고 이 중 32장씩 묶어 세 벌을 만들었다. 따라서 여자 얼굴 32장씩 세 벌, 남자 얼굴 32장씩 세 벌이 준비되었다. 여기서 각 32장은 다시 무작위로 2장, 4장, 8장, 16장을 골라 합성되었다. 따라서 32장짜리를 더해 모두 5수준이 있었다. 합성사진은 좀 더 자연스럽게 보이게 하려고 도드라진 이음매 부분의 픽셀을 부드럽게 만드는 등의 간단한 이미지 처리를 한 뒤 흑백으로 제시되었다.

300명이 실험에 참여하여 얼굴 사진의 매력 정도를 1점에서부터(아주 매력적이지 않다) 5점에(아주 매력적이다) 이르는 척도 위에 평가하였다. 그림은 1명의 얼굴 사진 그리고 5종류의 합성사진(2-4-8-16-32개)이 각 10초간 제시되었다. 실험 결과, 개인 사진보다 16개 이상 합성사진이 남녀 모두에서 매력적인 것으로 나타났다. 합성사진의 경우 사진의 수가 증가할수록 대체로 매력이 증가하였다.

Langlois와 Rogman(1990)은 얼굴 매력의 집단 평균성 효과를 2가지 관점으로 추론하였다. 첫째, 집단이 정상을 추구하려는 힘 때문에 잠재적인 해가 덜한 평균을 지향한다고 보았다. 이는

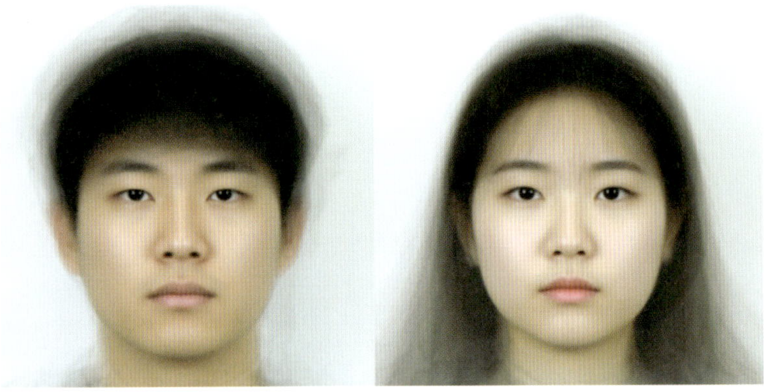

그림 4-19 한국인 20대의 얼굴 평균.
20대 남성 24명과 여성 24명의 합성 얼굴. FantaMorph (Abrosoft Co.)로 편집. FantaMorph는 유료 소프트웨어이지만 데모 버전을 통해 얼굴 합성을 체험해 볼 수 있다 (☞Google: FantaMorph). (얼굴 촬영과 사용을 허락해 준 학생들과 사진 작업을 해 준 유지호에게 감사한다.)

진화론적인 입장이다. 둘째, 인지적인 관점에서 평균적인 얼굴은 얼굴 지각체계에 일종의 원형(prototype)으로 자리 잡아 이를 더 지각하기 쉽기 때문에 매력적으로 본다는 것이다. 즉, 눈에 보이는 개별 얼굴은 기억에 들어 있는 원형적인 얼굴과 비교되어 재인되는데 좀 더 원형에 가까울수록 지각처리가 쉽기 때문이다. 참고로 그림 4-19는 우리나라 20대 남성과 여성의 평균 얼굴이다.

좋은 특징

매력적인 얼굴에는 좋은 특징이 있을까? Perrett 등(1994)은 이를 검토하였다. 과연 평균적인 얼굴이 매력적인지를 살펴보기 위해 매력적으로 보이는 얼굴들만 모아 얼굴을 합성하였다. 매력적인 얼굴들은 희소하므로 이들의 평균은 전체 평균보다 덜 매력적일 것이다. 60명의 백인 여성 얼굴 사진이 합성되었다. 또한 이 가운데 가장 예쁘다고 평가된 15명의 얼굴만 따로 합성되었다. 이 과정에 백인 여성 26명과 남성 10명이 평가에 참여하였고, 7점 척도(1: 아주 매력 없음~7: 아주 매력적임)에 표시하였다. 매력적인 상위 15명은 다른 45명의 얼굴과 비해 눈이 더 크고 광대뼈가 더 높았고, 턱이 더 갸름하였다. 또한 입과 코의 거리 그리고 입과 턱의 거리가 짧았다. 또한 이 2가지 사진 이외에 전체 60명의 평균 얼굴과 매력적인 15명의 평균 얼굴 사이의 차이를 50% 정도 과장한 사진이 캐리커처 기법을 이용해 합성되었다. 예를 들어, 눈은 매력적인 상위 15%의 평균보다 50%(1.5배) 더 크게 되었다(그림 4-20).

60명의 평균 사진은 15명의 상위 평균 사진과 제시되었고(짝 1), 다시 15명의 상위 평균 사진은 50% 특징이 과장된 사진과 함께(짝 2) 제시되었다. 이에 대해 또 다른 백인 남성 18명과 여성 18명이 가장 매력적인 사진을 고르도록 요구받았다. 실험 결과, 남녀 각각 18명 가운데 남자 16명과 여자 15명이 상위 15% 평균 얼굴을 더 매력적으로, 남자 15명과 여자 14명이 특징이 50% 과장된 얼굴을 더 매력적으로 보았다. 이 결과가 단지 백인의 경우에만 나오는 것인지를 알

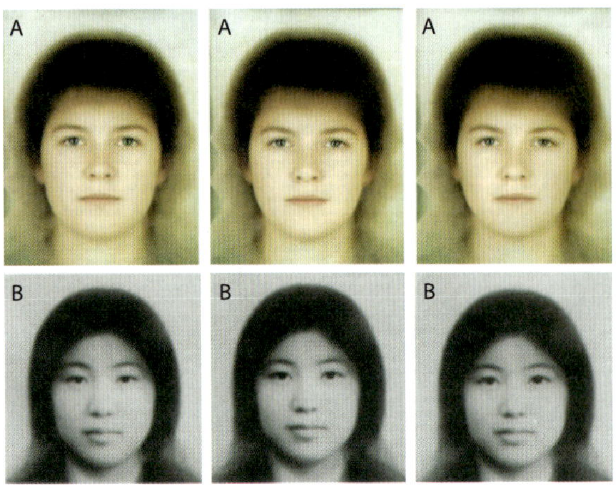

그림 4-20 얼굴 자극의 예.
(A) 영국 백인 여성. (B) 일본 여성. (왼쪽 세로열) 여성 60명의 얼굴 합성. (가운데 세로열) 60명 중 가장 예쁜 15명의 평균 사진. (오른쪽 세로열) 전체 60명과 상위 15명의 차이가 50% 더 과장된 사진. 이때 눈 크기가 커지고, 광대뼈가 더 튀어나오고, 코와 입 사이의 거리가 짧아지고, 입과 턱의 거리가 짧아졌다. 턱은 더 갸름해졌다.

샛길 4 정점 이동 효과

비교 생물학자 Tinbergen(1953)은 재갈매기 연구로 유명하다. 재갈매기(herring gull)는 먹이를 어미의 부리 속에서 꺼내 먹는데, 부리 밑에 빨간 점이 있다. 바로 이 점은 새끼 갈매기로 하여금 그곳을 쪼도록 하는 '격발행동'을 유도한다. 재미있게도 새끼 갈매기는 빨간 점이 그려진 막대보다 빨간 줄이 그려진 막대를 훨씬 더 격렬하게 쪼는데 이를 정점 이동 효과(peak shift effect)라고 한다(Ramachandran & Hirstein, 1999).

정점이란 행동자의 반응이 최고에 이르는 자극 세기를 말한다. 새끼 갈매기는 어미 갈매기의 부리에 있는 작은 빨간 원을 보고 입을 벌리는 행동을 한다. 즉, 새끼 갈매기는 빨간 원은 먹이를 신호하는 것으로 학습한다. 아마도 태어난 지 며칠 동안은 가장 많이 쪼는 빨간 점의 적당한 크기가 있을 것이다. 그런데 빨간 점과 먹이가 강하게 연합되면 막대 끝에 빨간 원을 좀 더 크게 그려 새끼 갈매기에게 보여 주면 평소보다 더 강렬하게 막대를 부리로 쫄 것이다. 예를 들어, 평소에 1cm 두께의 점에 최대 분당 100회를 쪼았다고 했을 때, 3cm 점이 그려진 막대를 보여 주었을 때는 분당 120회 반응을 보인다고 했을 때 정점이 이동했다고 할 수 있다(그림 4-21).

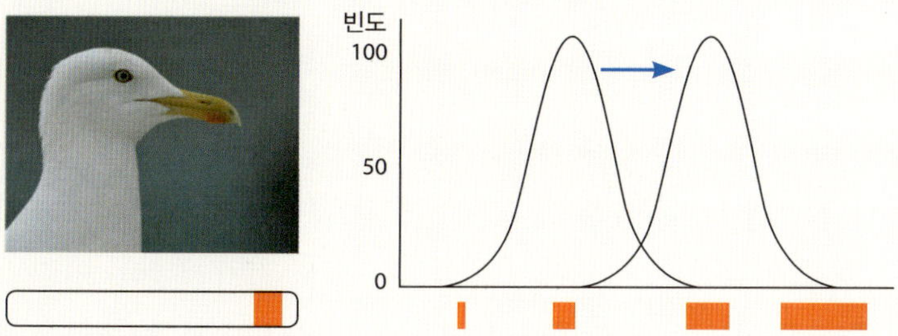

그림 4-21 정점 이동 효과.
(왼쪽) 어미 갈매기와 실험을 위한 막대. (오른쪽) 정점 이동 효과. 새끼 갈매기들이 막대를 쪼는 빈도가 빨간 점이 클수록 증가함을 예시한다.

그렇다면 사람의 얼굴에서 큰 눈이 매력의 특징이라면 눈이 자두만큼 크면 좋을까? 큰 눈은 생태적으로 유리하지 않다. 사나운 환경으로부터 안전하게 잘 간수하기 어렵고 안경값이 부담될 것이다.

아보기 위해 일본 여성 사진을 대상으로 똑같은 절차를 거쳐 얼굴 자극이 만들었고 평가되었는데 비슷한 결과가 나왔다.

Perrett 등(1994)은 자신들의 연구 결과에 대해 인간의 얼굴에서 집단이 추구하는 특징에 대한 방향 선택적(directional selection)인 압력이 개입한 것으로 추론하였다. 예를 들어, 수컷 공작의 경우 날개가 크게 진화하였는데, 특정 신체 특징에 대한 방향 선택의 결과로 볼 수 있다. 따라서 이와 비슷한 현상이 인간의 얼굴에서도 나타난다는 것이다.

얼핏, 평균에서 벗어난 얼굴이 더 매력적으로 보이는 것으로 밝혀진 Perrett 등(1994)의 연구는 앞서 평균적인 얼굴이 더 매력적이라는 Langlois와 Roggman(1990)의 결과와 반대로 보인다. 왜냐하면 일반적으로 예쁜 얼굴은 상당히 드문데, 그렇다면 평균에 가까운 게 아니라 평균에서 먼 어떤 특징이 예쁜 얼굴에 들어 있을 수 있음을 암시하기 때문이다. 그렇다면 이 두 연구의 타협점은 무엇일까? 즉, 얼굴 진화의 평균 압력과 방향 선택 압력은 이론적으로 어떻게 조화를 이룰 수 있을까? 아직, 덜 분명해 보이지만, 예쁜 얼굴 특징의 과장은 좋은 특징(good feature)은 더 강화되는 방향으로 압력이 있는 것으로 추론된다. 예를 들어, 건강은 평균이 아닌 극단적으로 좋을수록 생태적으로 유리하므로 더 강화되는 것이 좋을 것이다. 마찬가지로 큰 눈, 큰 광대뼈, 입과 코의 거리와 입과 턱의 거리, 그리고 갸름한 턱이 삶의 유리함과 관련되어 있다면 이들이 과장될수록 매력적으로 보일 것이다. 좋은 특징에 반응한다는 이론을 지지하는 증거는 생물학에서

그림 4-22 인도 Apatani 부족의 타투(☞Google: Apatani).

도 발견된다(☞샛길 4).

얼굴 매력이 생존과 관련이 크다는 가설은 왜 얼굴 매력이 문화마다 다른지를 설명할 수 있을지 모른다. 즉, 다른 문화의 눈으로 볼 때 매우 괴이한 얼굴이 매력적으로 평가되는 문화가 있다. 인도의 Apatani 부족은 좋은 예이다(그림 4-22). 이 부족은 역사적으로 많은 침략을 당해 여성들이 덜 매력적으로 보이도록 얼굴을 꾸미는 게 일상이 되었다. 매우 극단적인 예이지만 얼굴 매력과 생존의 관계를 고려하면 자연스러운 일인지 모른다.

어떤 의미에서 Apatani 부족의 사례는 우리나라에도 적용될지 모른다. 언젠가부터 우리 고유의 얼굴을 부끄러워하고 점점 서구화된 얼굴을 갖고 싶어 하게 되었다. 이 변화는 개인의 요구만이 아니라 사회의 요구 때문이기도 하다.

기괴한 계곡

흥미롭게도 로봇, 마네킹, 아바타 등 사람의 신체, 얼굴, 신체 일부를 닮은 인공물이 실제 사람과 겉모습이 비슷할수록 정적인 감정을 이끌지만, 너무나 비슷하여 사람의 거의 구별이 어려울 때는 오히려 부정적인 감정을 초래한다. 일본의 로봇 학자인 Masahiro Mori(1970)는 이를 기괴한 계곡(uncanny valley)이라고 소개하였다. 그림 4-23에 제시된 것처럼 닮은 정도가 커짐에 따라 수반되는 감정의 차이는 정지된 사진일 때에 비해 움직이는 대상에서 더 크다. 흥미롭게도 원숭이들에 비슷한 정도가 편집된 다른 원숭이 얼굴을 제시하였을 때 기괴한 계곡을 경험하는 것처럼 상당히 사실적인 원숭이 얼굴을 실제 원숭이 얼굴이나 훨씬 덜 사실적인 원숭이 얼굴보다 덜보려는 행동을 보였다(Steckenfinger & Ghazanfar, 2009).

기괴한 계곡은 사람들이 사람의 사체를 볼 때 경험하는 두려움과도 관련이 있을 것이다. 기괴한 계곡을 설명하는 여러 이론이 있는데, 가장 폭넓은 지지를 받는 것은 감각 사이의 부조화이다. 즉, 사실적인 로봇의 얼굴은 관찰자에게 실제 사람을 볼 때 느끼는 시각적인 친숙성을 충분히 불러일으키지만 표정, 목소리, 몸짓 등 다른 신호가 달라 거부감이 일어난다는 것이

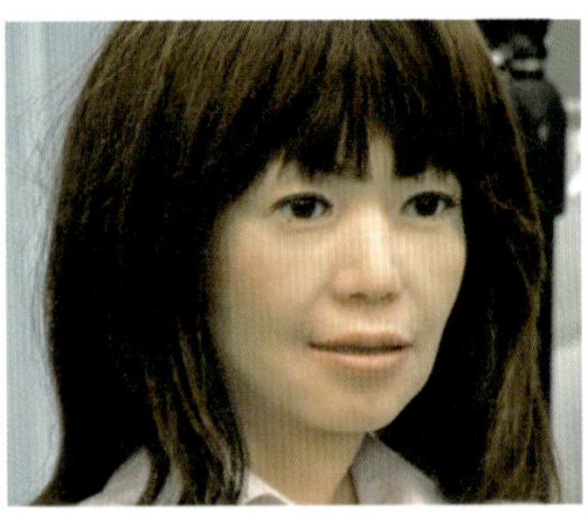

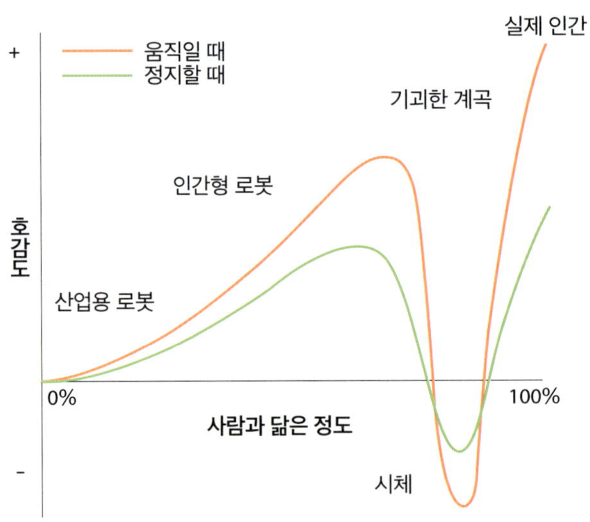

그림 4-23 기괴한 계곡. (왼쪽 위) 인간을 닮은 로봇. (왼쪽 아래) 르네 마그리트의 그림. (오른쪽) 기괴한 계곡.

다(Misselhorn, 2009). 사람의 사체를 볼 때의 두려움도 비슷하게 설명된다. 즉, 평소에 사람과 마주칠 때 우리는 그 사람의 외모뿐만 아니라 사람 특유의 다른 행동들과 함께 연속적으로 경험한다. 그런데 시체는 시각적으로 사람이라는 시각 표상만 불러일으키고 다른 행동들에 따른 표상은 일어나지 않으므로 기대가 깨지게 되어 놀라움을 일으키는데, 이는 오래전 신경심리학자 Donald Hebb이 놀라움을 설명하는 신경 학습 이론과 일치한다(1949).

기괴한 계곡 현상은 사람을 닮은 대상을 선호하는 현상과 갈등적인 것처럼 보인다. 1966년 MIT의 Weizenbaum(1966)은 단순한 규칙에 의해 컴퓨터와 대화하는 프로그램을 개발하였는데, 사람들은 대화 상대인 인공지능이 사람처럼 인지능력과 감정이 있다는 느낌이 들곤 하였다. 이를 대화 상대의 이름인 일라이자를 인용해 일라이자 효과(Eliza effect)라고 한다. 현금인출기(ATM), 내비게이션 시스템, 밥솥, 버스 단말기, 말하는 스피커와 같은 대상에서 나오는 '감사합니다'와 같은 짧은 답을 통해서도 이 착각을 느낄 수 있다. 인공지능 바둑 기사인 일본의 딥젠고와 바둑을 두고 2승 1패 한 조치훈 9단은 시합 후 다음과 같은 소감을 밝혔다.

"처음엔 로봇과 두는 느낌일 줄 알았는데 몇 판 대국하면서 인공지능에도 인간미 같은 게 있다는 것을 느꼈다. 절대 진다는 생각은 하지 않았는데, (중략) 판이 거듭되면서 잘못된 생각임을 곧 깨달았다. 상상의 세계, 특히 포석에서 내가 졌다. 인간이 무조건 강하다는 생각은 틀린 것이다."(http://news.chosun.com)

로봇 업계에 종사하는 전문가들은 가까운 미래에는 1인 1 로봇 시대가 온다고 예상한다. 그 시대에는 사람을 닮은 로봇들이 다양한 비서 역할을 할 것이다. 기괴한 계곡 현상에 따르면 로봇들과 함께 지내면 감각 간 부조화로 인해 거부감이 들 것으로 예상한다. 반면, 일라이자 효과는 로봇에서 감정을 느끼고 친숙해질 가능성을 예상한다. 이 두 현상을 모두 포용하는 한 가지 설명은 시간에 따라 중요도가 달라질 수 있다고 생각하는 것이다. 즉, 로봇을 대하는 초기에는 기괴한 계곡 현상으로 조금 낯설어하겠지만, 점점 일라이자 효과가 부각되어 감정 이입이 일어나 로봇을 친숙한 대상으로 여길 것이다.

관상

고대 중국 시대부터 사람의 외모를 통해 사람의 내적 특징을 파악하려는 노력이 전해져 왔다. 관상학(Physiognomy)에서 외모는 얼굴 형태만이 아니고 피부색, 상처, 주름살과 같은 특징과 신체 움직임, 음성, 호흡, 몸 자세, 손발의 형상 등 겉으로 드러나는 신체 대부분 자료를 포함한다. 이 많은 특징 가운데 어떤 것들은 그 사람의 현재 심리 상태 또는 직업 환경을 반영할 수 있다. 예를 들어, 사람의 걸음과 자세는 정서와 상관이 있는 것으로 알려져 있다(Michalak 등, 2009). 마찬가지로 늘 웃는 얼굴을 하는 사람이라면 웃을 때 쓰는 근육이 발달하고, 늘 찡그린 얼굴을 하는 사람이라면 찡그릴 때 쓰는 근육이 발달할 것이다. 그리고 이는 평소의 얼굴에 잘 드러날 가능성이 있다(Winkielman 등, 2015). 실제로 여러 연구에서 처음 보는 사람의 얼굴을 보고서 성격을 어느 정도 정확하게 맞출 수 있는 것으로 알려졌는데, 외향적인지 성실한지 개방적인지를 잘 구별할 수 있다(Little & Perret, 2007).

최근에는 성격과 큰 관련이 있는 얼굴 특징을 좀 더 객관적으로 이해하려는 시도가 많아

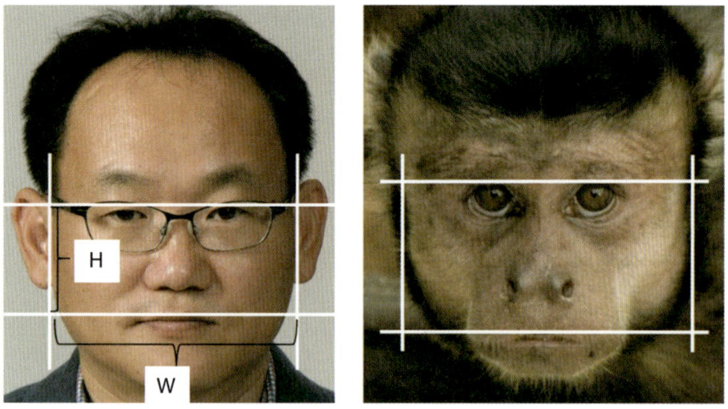

그림 4-24 얼굴 넓이/높이 비율 계산.
(왼쪽) 넓이(W)는 귀를 제외한 넓이가 최대한 넓은 두 지점 사이의 거리이다. 높이(H)는 두 눈의 윗선과 윗입술 윗선 사이의 거리이다. 이 사람의 넓이/높이 비율은 대략 2.27이다. 이것은 유머이다. (오른쪽) 원숭이 연구(Lefevre 등, 2014).

지고 있다. 얼굴 넓이/높이 비율은 그 가운데 가장 큰 관심을 받고 있다. **얼굴 넓이/높이 비율**(fWHR: facial width-to-height ratio)이란 얼굴의 폭을 높이로 나눈 값을 말한다(그림 4-24). Lewis 등(2012)은 미국 대통령들의 얼굴 넓이/높이 비율이 성취동기와 어떤 관련이 있는지를 조사하였다. 정면 사진이 남아 있는 29명의 대통령 얼굴 사진들을 모아 넓이/높이 비율을 계산하였는데, 예를 들어 링컨 대통령은 1.93이었다. 이와 함께 각 대통령에 관련해 남아 있는 다양한 문서 자료들을 바탕으로 성취동기가 계산되었다. 그 결과, 얼굴 넓이/높이 비율이 높을수록 성취동기 역시 높게 나타났다.

그러자 진화심리학자들도 가만히 있지 않았다. Lefevre 등(2013)은 남성의 얼굴 넓이/높이 비율이 높을수록 남성 호르몬인 테스토스테론 수치가 높음을 발견하였다. 이 연구자들에 따르면 남성 호르몬이 공격 지향적인 성격을 유도하였고 얼굴 형태에도 영향을 미쳤다고 제안한다. 흥미롭게도 원숭이 세계에서도 이 효과는 관찰된다. Lefevre 등(2014)은 원숭이 무리의 얼굴 넓이/높이 비율과 행동을 관찰하였다. 수컷은 나이가 많을수록 이 비율이 높아진 반면, 암컷은 점점 줄어들었다. 그렇지만 암컷과 수컷 모두 이 비율이 높을수록 권위적으로 행동하였다. 따라서 얼굴 넓이/높이 비율은 영장류 전반에서 성격과 관련되어 있음을 시사한다. 원숭이 소리를 듣고 싶지 않다면 부드러워야 한다.

정리

얼굴은 물체의 하나로서 물체와 비슷하게 위계적인 단계를 거쳐 처리된다. 그렇지만 얼굴은 다른 물체들과 달리 엄청나게 민감하게 세분되어 재인될 수 있고, 뇌에서 이를 뒷받침하는 고유한 영역이 따로 존재한다. 얼굴 재인에 관한 선천적인 기제가 있는 것으로 추론되지만 경험 역시 중요하다. 얼굴 지각의 발달은 생애 전반에 걸쳐 일어나며, 속성 지각이 먼저 발달하고 형상 지각 발달이 나중에 일어난다. 응시 지각은 IQ가 아닌 사회 인지 능력과 관련이 있는 것으로 보인다. 유아와 성인의 얼굴은 서로 다른 속성으로 이뤄져 있으며 이를 단서로 이용하여 나이를 정확히 추론할 수 있다. 매력적인 얼굴은 건강과 관련이 큰 것으로 보인다. 얼굴은 가치 평가의 대상으로 얼굴 매력 평가는 생물학적 사회문화적인 맥락에 영향을 받는다. 얼굴 속성은 성격과 어느 정도 관련이 있다.

더 읽어 보기

Bruce와 Young(2012)은 얼굴 지각에 대한 가장 영향력 있는 책이다. 얼굴 지각에 관한 최고의 안내서는 Hole과 Bourne(2010)이다. 이 장에 소개하지 않았지만, 얼굴을 통해 상대의 신뢰성, 지배성, 유능성, 외향성/내향성 등 다양한 사회인지적 단서들을 알 수 있다. 이에 대해서 Todorov(2017)가 저술한 책을 보라. 얼굴에 관한 재미있는 현상들에 대한 매우 짧은 요약은 Sinha 등(2006)을 보라. 얼굴 지각에 대한 신경과학적 논문들은 아주 많다, Duchaine 과 Yovel(2015) 그리고 Haxby 등(2000)을 보라. 얼굴의 형상처리에 관해서는 Maurer 등(2002)을 보라. 응시와 주의에 관한 실험 개관은 Kleinke(1986) 그리고 Frischen 등(2007)을 보라. 얼굴 잔효에 관한 개관은 Webster와 MacLeod(2011)를 보라. 응시의 신경과학에 대한 개관은 Senju와 Johnson(2009) 그리고 Allison 등(2000)을 보라. 얼굴맹에 관한 가장 폭넓은 연구는 Moscovitch 등(1997)을 보라. 얼굴 표정 재인과 표정 짓기의 보편성에 대해서는 Ekman과 Oster(1979)를 보라. 가장 최근의 얼굴 재인 검사는 Burton 등(2010)을 보라. 얼굴 매력에 관한 종합적인 개관은 Little 등(2011)을 보라. 감정은 얼굴 표정만 아니라 목소리, 촉각 등 여러 경로를 통해서도 지각될 수 있는데, 신경과학적 개관은 Schirmer와 Adolphs(2017)를 보라. 기괴한 계곡과 관련된 최근 연구는 Mathur와 Reichling(2016)을 보라. 신체 지각에 관한 개관은 Peelen과 Downing(2007)을 보라. 다양한 각도의 얼굴 샘플들은 FEI Face Database를 보라(☞https://fei.edu.br/~cet/facedatabase.html). 간단히 찍은 얼굴 사진으로 신경망 학습을 이용해 3차원으로 복원하는 시연을 경험하고 싶으면 Jackson 등(2017)을 보라(☞http://aaronsplace.co.uk/papers/jackson2017recon/).

| 참고문헌 |

Allison, T., Puce, A., & McCarthy, G. (2000). Social perception from visual cues: role of the STS region. *Trends in Cognitive Sciences*, *4*(7), 267-278.

Anastasi, J. S. & Rhodes, M. G. (2005). An own-age bias in face recognition for children and older adults. *Psychonomic Bulletin & Review*, *12*(6), 1043-1047.

Baron-Cohen, S., Campbell, R., Karmiloff-Smith, A., Grant, J., & Walker, J. (1995). Are children with autism blind to the mentalistic significance of the eyes? *British Journal of Developmental Psychology*, *13*(4), 379-398.

Bruce, C., Desimone, R., & Gross, C. G. (1981). Visual properties of neurons in a polysensory area in superior temporal sulcus of the macaque. *Journal of Neurophysiology*, *46*(2), 369-384.

Bruce, V. & Young, A. W.(1986). Understanding face recognition. *British Journal of Psychology*, 77(3), 305-327.

Bruce, V. & Young, A. W. (2012). *Face Perception*. London & New York: Psychology Press.

Burton, A. M., White, D., & McNeill, A. (2010). The Glasgow face matching test. *Behavior Research Methods*, *42*(1), 286-291.

Carey, S. & Diamond, R. (1977). From piecemeal to configurational representation of faces. *Science*, *195*(4275), 312-314.

Chang, L. & Tsao, D. Y. (2017). The code for facial identity in the primate brain. *Cell*, *169*(6), 1013-1028.

Chao, L. L., Martin, A., & Haxby, J. V. (1999). Are face-responsive regions selective only for faces? *Neuroreport*, *10*(14), 2945-2950.

Choi, H. S., Ghim, H. R., & Eom, J. S. (2014). Differences in recognizing the emotional facial expressions of diverse races in Korean children and undergraduates. *Korean Journal of Development Psychology*, *27*(1), 19-31. 최현숙, 김혜리, 엄진섭 (2014). 다양한 인종의 얼굴표정에 대한 정서인식. 한국심리학회지: 발달, 27(1), 19-31.

Cunningham, M. R. (1986). Measuring the physical in physical attractiveness: quasi-experiments on the sociobiology of female facial beauty. *Journal of Personality and Social Psychology*, 50(5), 925.

Dal Martello, M. F. & Maloney, L. T. (2006). Where are kin recognition signals in the human face? *Journal of Vision*, *6*(12), 2-2.

Darwin, C. R. (1896). *The Expression of Emotions in Man And Animals*. New York: Philosophical Library.

Diamond, R. & Carey, S. (1986). Why faces are and are not special: an effect of expertise. *Journal of Experimental Psychology: General*, *115*(2), 107.

Duchaine, B. & Yovel, G. (2015). A revised neural framework for face processing. *Annual Review of Vision Science*, *1*, 393-416.

Ekman, P. (1995). Facial affect. Part III: introduction. In S. S. Tomkins & E. V. Demos (Eds.), *Exploring Affect: The Selected Writings of Silvan S Tomkins*. Cambridge, MA: Cambridge University Press.

Ekman, P. & Friesen, W. V. (1971). Constants across cultures in the face and emotion. *Journal of Personality and Social Psychology, 17*(2), 124.

Ekman, P. & Oster, H. (1979). Facial expressions of emotion. *Annual Review of Psychology, 30*(1), 527-554.

Ekman, P., Sorenson, E. R., & Friesen, W. V. (1969). Pan-cultural elements in facial displays of emotion. *Science, 164*(3875), 86-88.

Elfenbein, H. A. & Ambady, N. (2003). When familiarity breeds accuracy: cultural exposure and facial emotion recognition. *Journal of Personality and Social Psychology, 85*(2), 276.

Farroni, T., Csibra, G., Simion, F., & Johnson, M. H. (2002). Eye contact detection in humans from birth. *Proceedings of the National Academy of Sciences, 99*(14), 9602-9605.

Fisher, H. S. & Hoekstra, H. E. (2010). Competition drives cooperation among closely related sperm of deer mice. *Nature, 463*, 801-803.

Fredrickson, B. L. & Roberts, T. A. (1997). Objectification theory. *Psychology of Women Quarterly, 21*(2), 173-206.

Frischen, A., Bayliss, A. P., & Tipper, S. P. (2007). Gaze cueing of attention: visual attention, social cognition, and individual differences. *Psychological Bulletin, 133*(4), 694.

Gauthier, I., Skudlarski, P., Gore, J. C., & Anderson, A. W. (2000). Expertise for cars and birds recruits brain areas involved in face recognition. *Nature Neuroscience, 3*(2), 191.

Gauthier, I., Tarr, M. J., Anderson, A. W., Skudlarski, P., & Gore, J. C. (1999). Activation of the middle fusiform'face area' increases with expertise in recognizing novel objects. *Nature Neuroscience, 2*(6).

Glocker, M. L., Langleben, D. D., Ruparel, K., Loughead, J. W., Gur, R. C., & Sachser, N. (2009). Baby schema in infant faces induces cuteness perception and motivation for caretaking in adults. *Ethology, 115*(3), 257-263.

Goren, C. C., Sarty, M., & Wu, Y. K. (1975). Visual following and pattern discrimination of face-like stimuli by newborn infants. *Pediatrics, 56*, 544-549.

Gross, C. G., Bender, D. B., & Rocha-Miranda, C. E. D. (1969). Visual receptive fields of neurons in inferotemporal cortex of the monkey. *Science, 166*(3910), 1303-1306.

Halgren, E., Dale, A. M., Sereno, M. I., Tootell, R. B., Marinkovic, K., & Rosen, B. R. (1999). Location of human face–selective cortex with respect to retinotopic areas. *Human Brain Mapping, 7*(1), 29-37.

Haxby, J. V., Hoffman, E. A., & Gobbini, M. I. (2000). The distributed human neural system for face perception. *Trends in Cognitive Sciences, 4*(6), 223-233.

Hebb, D. O. (1949). *The Organization of Behavior: A Neuro-psychological Theory*. New York: Wiley and Sons.

Hole, G. & Bourne, V. (2010). *Face Processing: Psychological, Neuropsychological, and Applied Perspectives*. Oxford University Press.

Hönekopp, J., Rudolph, U., Beier, L., Liebert, A., & Müller, C. (2007). Physical attractiveness of face and body as indicators of physical fitness in men. *Evolution and Human Behavior, 28*(2), 106-111.

Hugenberg, K., Wilson, J. P., See, P. E., & Young, S. G. (2013). Towards a synthetic model of own group biases in face memory. *Visual Cognition, 21*(9-10), 1392-1417.

Jackson, A. S., Bulat, A., Argyriou, V., & Tzimiropoulos, G. (2017). Large pose 3d face reconstruction from a single image via direct volumetric cnn regression. *IEEE International Conference on Computer Vision (ICCV)*, 1031-1039.

Jenkins, R., Dowsett, A. J., & Burton, A. M. (2018). How many faces do people know? *Proceedings of the Royal Society B: Biological Sciences, 285*(1888). doi:10.1098/rspb.2018.1319.

Kampe, K. K., Frith, C. D., Dolan, R. J., & Frith, U. (2001). Psychology: Reward value of attractiveness and gaze. *Nature, 413*(6856), 589.

Kanwisher, N., McDermott, J., & Chun, M. M. (1997). The fusiform face area: a module in human extrastriate cortex specialized for face perception. *Journal of Neuroscience, 17*(11), 4302-4311.

Kelly, D. J., Liu, S., Lee, K., Quinn, P. C., Pascalis, O., Slater, A. M., & Ge, L. (2009). Development of the other-race effect during infancy: Evidence toward universality? *Journal of Experimental Child Psychology, 104*(1), 105-114.

Kleinke, C. L. (1986). Gaze and eye contact: a research review. *Psychological Bulletin, 100*(1), 78.

Klin, A., Jones, W., Schultz, R., & Volkmar, F. (2003). The enactive mind, or from actions to cognition: lessons from autism. *Philosophical Transactions of the Royal Society of London B: Biological Sciences, 358*(1430), 345-360.

Klin, A., Jones, W., Schultz, R., Volkmar, F., & Cohen, D. (2002). Visual fixation patterns during viewing of naturalistic social situations as predictors of social competence in individuals with autism. *Archives of General Psychiatry, 59*(9), 809-816.

Kobayashi, H. & Kohshima, S. (1997) Unique morphology of the human eye. *Nature, 387*, 767-768.

Landi, S. M. & Freiwald, W. A. (2017). Two areas for familiar face recognition in the primate brain. *Science, 357*(6351), 591-595.

Langlois, J. H. & Roggman, L. A. (1990). Attractive faces are only average. *Psychological Science, 1*, 115-121.

Lawrence, K., Bernstein, D., Pearson, R., Mandy, W., Campbell, R., & Skuse, D. (2008). Changing abilities in recognition of unfamiliar face photographs through childhood and adolescence: performance on a test of non-verbal immediate memory (Warrington RMF) from 6 to 16 years. *Journal of Neuropsychology*, *2*(1), 27-45.

Lefevre, C. E., Lewis, G. J., Perrett, D. I., & Penke, L. (2013). Telling facial metrics: facial width is associated with testosterone levels in men. *Evolution and Human Behavior*, *34*(4), 273-279.

Lefevre, C. E., Wilson, V. A., Morton, F. B., Brosnan, S. F., Paukner, A., & Bates, T. C. (2014). Facial width-to-height ratio relates to alpha status and assertive personality in capuchin monkeys. *PLoS One*, *9*(4), e93369.

Le Grand, R., Mondloch, C. J., Maurer, D., & Brent, H. P. (2001). Neuroperception: early visual experience and face processing. *Nature*, *410*(6831), 890.

Lewis, G. J., Lefevre, C. E., & Bates, T. C. (2012). Facial width-to-height ratio predicts achievement drive in US presidents. *Personality and Individual Differences*, *52*(7), 855-857.

Little, A. C. & Perrett, D. I. (2007). Using composite images to assess accuracy in personality attribution to faces. *British Journal of Psychology*, *98*(1), 111-126.

Little, A. C., Jones, B. C., & DeBruine, L. M. (2011). Facial attractiveness: evolutionary based research. *Philosophical Transactions of the Royal Society B: Biological Sciences*, *366* (1571), 1638-1659.

Lorenz, K. (1971). *Studies in Animal and Human Behavior*. Cambridge, MA: Harvard University Press.

Lovén, J., Herlitz, A., & Rehnman, J. (2011). Women's own-gender bias in face recognition memory. *Experimental Psychology*, *58*, 333-340.

Mathur, M. B. & Reichling, D. B. (2016). Navigating a social world with robot partners: a quantitative cartography of the Uncanny Valley. *Cognition*, *146*, 22-32.

Maurer, D., Le Grand, R., & Mondloch, C. J. (2002). The many faces of configural processing. *Trends in Cognitive Sciences*, *6*(6), 255-260.

Meissner, C. A. & Brigham, J. C. (2001). Thirty years of investigating the own-race bias in memory for faces: a meta-analytic review. *Psychology, Public Policy, and Law*, *7*(1), 3.

Michalak, J., Troje, N. F., Fischer, J., Vollmar, P., Heidenreich, T., & Schulte, D. (2009). Embodiment of sadness and depression—gait patterns associated with dysphoric mood. *Psychosomatic Medicine*, *71*(5), 580-587.

Misselhorn, C. (2009). Empathy with inanimate objects and the uncanny valley. *Minds and Machines*, *19*(3), 345-359.

Mori, M. (1970). Bukimi no tani, *Energy*, *7*(4), 33-35, translated into English by K. F. MacDorman & T. Minato (2005). *Proceedings of the Humanoids-2005 workshop: Views of the Uncanny Valley*, Japan: Tsukuba.

Moscovitch, M., Winocur, G., & Behrmann, M. (1997). What is special about face recognition? Nineteen experiments on a person with visual object agnosia and dyslexia but normal face recognition. *Journal of Cognitive Neuroscience*, *9*(5), 555-604.

Parvizi, J., Jacques, C., Foster, B. L., Withoft, N., Rangarajan, V., Weiner, K. S., & Grill-Spector, K. (2012). Electrical stimulation of human fusiform face-selective regions distorts face perception. *Journal of Neuroscience*, *32*(43), 14915-14920.

Peelen, M. V. & Downing, P. E. (2007). The neural basis of visual body perception. *Nature Reviews Neuroscience*, *8*(8), 636-648.

Perrett, D. I., May, K. A., & Yoshikawa, S. (1994). Facial shape and judgments of female attractiveness. *Nature*, *368*, 239-242.

Perrett, D. I., Rolls, E. T., & Caan, W. (1982). Visual neurones responsive to faces in the monkey temporal cortex. *Experimental Brain Research*, *47*(3), 329-342.

Pitcher, D., Walsh, V., & Duchaine, B. (2011). The role of the occipital face area in the cortical face perception network. *Experimental Brain Research*, *209*(4), 481-493.

Pittenger, J. B. & Shaw, R. E. (1975). Aging faces as viscal-elastic events: implications for a theory of nonrigid shape perception. *Journal of Experimental Psychology: Human Perception and Performance*, *1*(4), 374.

Quiroga, R. Q., Reddy, L., Kreiman, G., Koch, C., & Fried, I. (2005). Invariant visual representation by single neurons in the human brain. *Nature*, *435*(7045), 1102-1107.

Ramachandran, V. S. (1998). Consciousness and body image: lessons from phantom limbs, Capgras syndrome and pain asymbolia. *Philosophical Transactions of the Royal Society B: Biological Sciences*, *353*(1377), 1851-1859.

Ramachandran, V. S. & Hirstein, W. (1999). The science of art: a neurological theory of aesthetic experience. *Journal of Consciousness Studies*, *6*(6-7), 15-51.

Rezlescu, C., Barton, J. J., Pitcher, D., & Duchaine, B. (2014). Normal acquisition of expertise with greebles in two cases of acquired prosopagnosia. *Proceedings of the National Academy of Sciences*, 201317125.

Rossion, B. (2013). The composite face illusion: A whole window into our understanding of holistic face perception. *Visual Cognition*, *21*(2), 139-253.

Sangrigoli, S., Pallier, C., Argenti, A. M., Ventureyra, V. A. G., & De Schonen, S. (2005). Reversibility of the other-race effect in face recognition during childhood. *Psychological Science*, *16*(6), 440-444.

Schirmer, A. & Adolphs, R. (2017). Emotion perception from face, voice, and touch: comparisons and convergence. *Trends in*

Cognitive Sciences, *21*(3), 216-228.

Senju, A. & Johnson, M. H. (2009). The eye contact effect: mechanisms and development. *Trends in Cognitive Sciences*, *13*(3), 127-134.

Sinha, P., Balas, B., Ostrovsky, Y., & Russell, R. (2006). Face recognition by humans: Nineteen results all computer vision researchers should know about. *Proceedings of the IEEE*, *94*(11), 1948-1962.

Sorce, J. F., Emde, R. N., Campos, J. J., & Klinnert, M. D. (1985). Maternal emotional signaling: Its effect on the visual cliff behavior of 1-year-olds. *Developmental Psychology*, *21*(1), 195.

Sprengelmeyer, R., Perrett, D. I., Fagan, E. C., Cornwell, R. E., Lobmaier, J. S., Sprengelmeyer, A., ... & Young, A. W. (2009). The cutest little baby face a hormonal link to sensitivity to cuteness in infant faces. *Psychological Science*, *20*(2), 149-154.

Steckenfinger, S. A. & Ghazanfar, A. A. (2009). Monkey visual behavior falls into the uncanny valley. *PNAS*, 0910063106.

Thompson, P. (1980). Margaret Thatcher: a new illusion. *Perception*, *9*(4), 483-484.

Todorov, A. (2017). *Face Value: The Irresistible Influence of First Impressions*. Princeton, NJ: Princeton University Press.

Tinbergen, N (1953). *The Herring Gull's World*. London: Collins.

Valentine, T. (1991). A unified account of the effects of distinctiveness, inversion, and race in face recognition. *Quarterly Journal of Experimental Psychology Section A*, *43*(2), 161-204.

Webster, M. A. & Maclin, O. H. (1999). Figural aftereffects in the perception of faces. *Psychonomic Bulletin & Review*, *6*(4), 647-653.

Webster, M. A. & MacLeod, D. I. (2011). Visual adaptation and face perception. *Philosophical Transactions of the Royal Society of London B: Biological Sciences*, *366*(1571), 1702-1725.

Weizenbaum, J. (1966). Eliza. *Communications of the ACM*, *9*, 36-45.

Wiese, H., Schweinberger, S. R., & Hansen, K. (2008). The age of the beholder: ERP evidence of an own-age bias in face memory. *Neuropsychologia*, *46*(12), 2973-2985.

Willis, J. & Todorov, A. (2006). First impressions making up your mind after a 100-ms exposure to a face. *Psychological Science*, *17*(7), 592-598.

Winkielman, P., Niedenthal, P., Wielgosz, J., Eelen, J., & Kavanagh, L. C. (2015). Embodiment of cognition and emotion. *APA Handbook of Personality and Social Psychology*, *1*, 151-175.

Wollaston, W. H. (1824). On the apparent direction of eyes in a portrait. *Philosophical Transactions of the Royal Society of London*, *114*, 247-256.

05 공간 지각

지구 상의 모든 생물체는 3차원 공간에 던져져 있다. 따라서 생물체의 지각과 움직임은 3차원 공간의 법칙을 따를 수밖에 없다. 공간 지각(space perception)이란 환경에 있는 물체들과 표면들에 대한 위치, 방향, 거리를 파악하는 과정이다. 공간 지각에서 거리, 깊이, 높이, 경사, 방향은 주요 연구 대상이다.

공간 지각은 언제부터 발달할까? 높이는 갓 태어난 동물에게 매우 중요한 거리이다. 높이 지각이 잘못되면 떨어져 죽을 수도 있기 때문에 매우 어린 시절부터 정확히 작동되어야 한다. Gibson과 Walk(1960)는 말을 못 하는 인간 유아와 어린 동물들을 실험실로 데려와 시각 벼랑(visual cliff)에 올려놓고 어떻게 하는지 관찰하였다(그림 5-1). 참여자가 놓이게 되는 탁자는 두꺼운 투명 유리가 덮여 있는데 유리 아래 반절은 바닥이 깊고 다른 반절은 얕았다. 실험이 시작되면 인간 유아 또는 어린 동물들이 탁자 가운데에 놓인다. 만일, 높이 지각을 할 수 있다면 깊은 쪽은 피하고 얕은 쪽으로 움직이려고 할 것이다.

실험에 참여한 6~14개월 된 인간 유아 27명은 모두 처음에 얕은 쪽으로 최소한 한 번 정도 몸을 움직이려고 하였고, 3명이 깊은 쪽으로 살금살금 기어간 것을 제외하곤 건너지 못하고 울거나 얼어붙었다. 시각 벼랑 위에서 태어난 지 24시간도 안 된 병아리는 완벽하게 깊은 곳을 피해 얕은 곳으로만 다녔다. 어린 염소나 양 역시 깊은 곳에 놓이면 얼어붙기 마찬가지였다. 예외가 있었는데 바로 쥐였다. 쥐는 깊은 곳으로도 잘 다녔다. 다른 동물과 달리 쥐는 야행성으로 시각보다 촉각과 후각이 발달하였다. 따라서 눈에 보이는 밑에 깔린 천의 무늬보다는 발바닥으로 느끼는 유리의 두꺼움에 더 의존했을 것이다. 이 결과를 종합하면, 동물의 높이 지각은 매우 어린 시절부터 가능한 것으로 보인다.

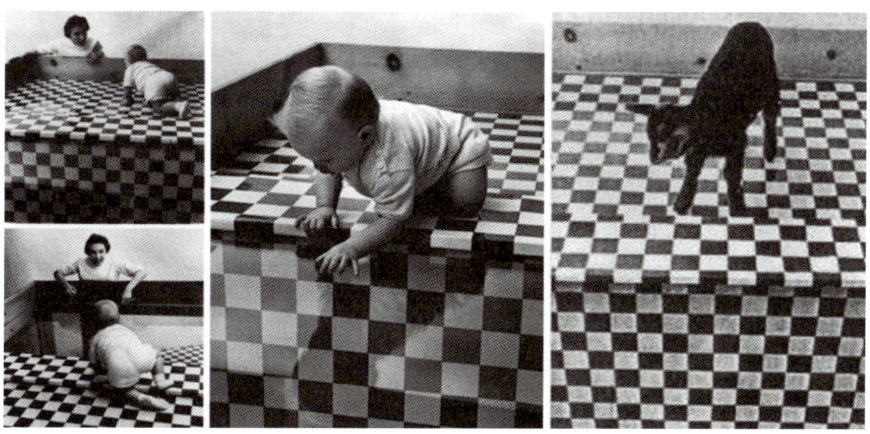

그림 5-1 시각 벼랑 실험.
탁자 위는 사각 무늬로 된 천으로 덮여 있다. 한 쪽은 깊고 다른 쪽은 얕다. 두꺼운 유리가 맨 위에 깔려 얕은 쪽은 유리에 밀착되어 있고 깊은 쪽은 허공에 떠 있다. (왼쪽) 엄마가 반대쪽에서 아이를 기어 오게 유도한다. (가운데) 아이는 엄마에게 다가가려고 하지만 벼랑이 무서워 망설인다. (오른쪽) 어린 염소가 벼랑 쪽으로 움직이길 주저하고 있다.

역투사 문제와 깊이 지각

실세계는 3차원이지만 눈에 맺힌 상은 2차원이다. 따라서 뇌는 2차원 망막상을 바탕으로 원래의 3차원을 복원해야 하는 문제를 풀어야 하는데 이를 역투사 문제(inverse projection problem)라고 한다. 만일 바닥에 놓인 사각형을 바라본다면 이 사각형의 윤곽과 동등한 형태는 이론적으로 무수히 존재할 수 있다(그림 5-2). 뇌는 이 가운데 하나로 해석해야 한다. 공간 지각 연구자들은 어떻게 시각체계가 역투사 문제를 푸는지를 이해하려고 노력해 왔다.

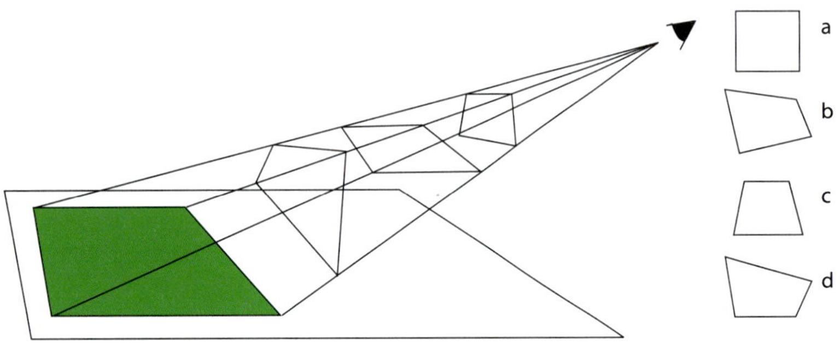

그림 5-2 역투사 문제.
한 눈으로 보았을 때 a~d 모두 망막상이 동등할 수 있다(Gibson, 1979).

지금까지 나온 공간 지각 이론들은 간접 지각 이론과 직접 지각 이론으로 나눌 수 있다. 간접 지각(indirect perception) 이론가들은 기본적으로 망막상은 애매하다고 가정하며 이 애매성을 해소하기 위해 뇌는 추론과 기억에 의존한다고 제안한다. 여기에는 형태주의, 구성주의, 인지주의 등 전통적인 심리학 이론이 모두 포함된다. 간접 지각은 지각의 하향적 처리를 중시한다. 반면, 직접 지각(direct perception) 이론가들은 형태에 대한 뇌의 추론과 기억을 중시하지 않는다. 대신에 눈에 닿는 광 배열(optic array)에 이미 충분한 정보가 담겨 있다고 가정하는데, 관찰자가 움직이거나 두 눈을 통해 대상을 바라보기 때문에 각각 시간차와 두 눈 사이의 시각차에 따른 체계적인 불변 특징을 포착하면 대상을 정확히 지각할 수 있다고 제안한다. 즉, 한 눈으로 보았을 때 무수히 많은 사각형 가운데 다른 눈으로 보았을 때 하나만 타당한 것으로 선택된다. 직접 지각 이론은 지각의 상향적 처리를 중시한다. 비록 두 진영의 이론이 설명에서 다르지만 모두 눈에 맺힌 이미지 또는 두 눈 사이에서 일어난 정보 차이를 바탕으로 이론이 출발한다는 점에서는 공통적이다. 눈에서 획득되는 정보들은 깊이라는 문제를 푸는 데 단서로 볼 수 있다(그림 5-3).

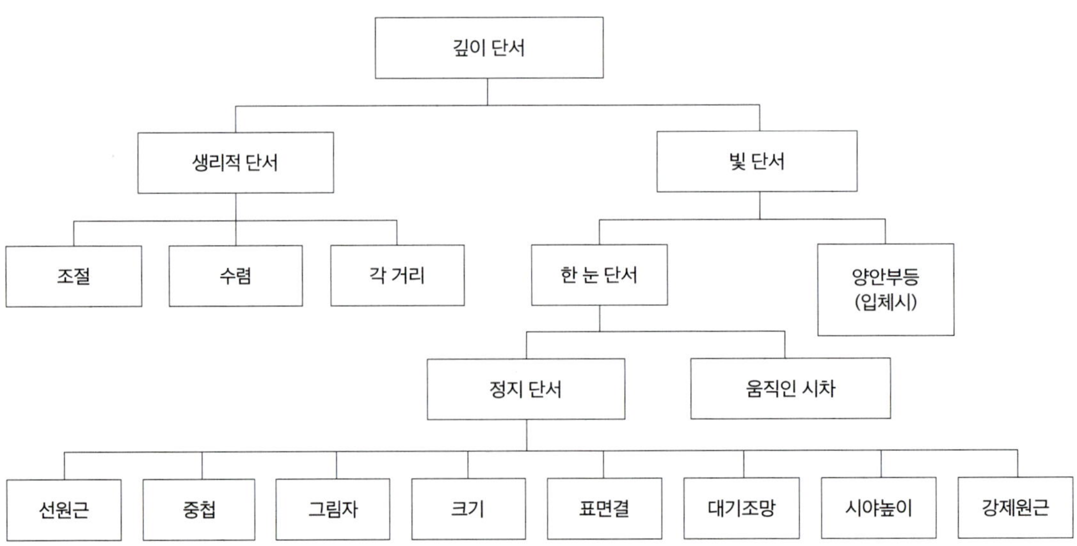

그림 5-3 깊이 단서의 분류.

생리적 단서

생리적 단서는 대상을 시각적으로 처리하는 과정에서 신체의 해부학적 구조의 변화로 나타나는 것을 말한다. 먼저 수렴(convergence) 깊이 단서는 두 눈이 벌어지는 각도 차이에서 발생한다. 멀리 있는 물체를 바라볼 때 두 눈이 벌어지는 각도는 증가하고, 가까이 있는 물체를 바라볼 때 각도가 감소하여 눈이 모인다. 각 눈에는 세 쌍의 근육이 붙어 있는데 이 근육을 통해 두 눈이 벌어지거나 모인다. 뇌에서 근육의 수축 정도에 대한 신호를 이용하여 깊이가 계산되는데 이때 눈 근육의 수축 정도가 수렴 단서이다.

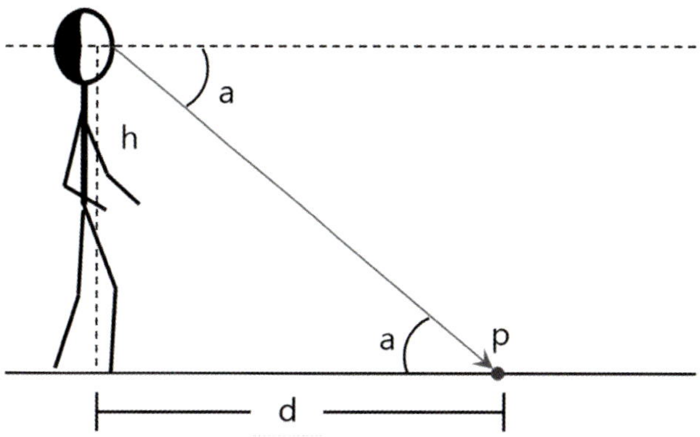

그림 5-4 각 거리 단서. d=tan(a)

조절(accommodation) 깊이 단서는 눈이 초점을 맞추는 기제와 관련된다. 각 눈의 각막 아래에는 수정체가 있는데, 이는 카메라의 렌즈와 같은 역할을 한다. 멀리 있는 물체를 볼 때 수정체는 더 얇아지고 가까이 있는 물체를 볼 때 두꺼워진다. 수정체는 양쪽에 모양체근(ciliary muscle)이 붙어 있어 두께가 조절되는데, 이 근육의 수축 정도가 깊이 단서가 된다.

각 거리(angular distance/declination)는 관찰자의 시선과 물체 위치 사이의 각도와 관련된다. 관찰자가 지표면에 똑바로 서서 지표면에 있는 어떤 지점(p)을 바라볼 때 지표면 또는 눈 수준과 사이에서 발생하는 각도를 각 거리라고 한다(그림 5-4). 각 거리와 키 높이를 이용해 관찰자로부터 p까지 거리를 삼각함수를 이용해 정확히 구할 수 있다. 사람들은 저마다 자신의 키 높이와 거리에 따라 달라지는 각 거리의 일정한 변화를 머릿속에 잘 학습하고 있는 것으로 추정된다. Ooi 등(2001)은 사람들의 눈에 프리즘을 씌우고 왜곡된 각도에서 사물들이 눈에 들어오도록 20분 정도 적응시켰다. 그다음 복도 1.5~7.5m 거리에 작은 목표물을 프리즘을 벗고 보게 한 후 눈을 가리고 그 거리만큼 걷게 하여 지각된 거리를 측정하였다. 그 결과 프리즘에 의해 왜곡된 각도에 따라 거리를 더 가깝게 보거나 더 멀리 본다는 증거를 찾았다. 이는 시각체계에 자신의 키와 각 거리를 삼각함수를 이용해 거리를 판단하는 기제가 있음을 시사한다. 고등학교 수학 시간에 삼각함수 단원은 왜 그렇게 힘들었을까?

그림 단서

전통적으로 화가가 그림에 깊이를 표현할 때 캔버스에 사용하는 단서들이 있는데 이를 그림 단서(pictorial cues)라고 한다. 중첩 단서(occlusion cue)는 두 물체가 함께 있을 때 앞에 있는 물체는 뒤에 있는 물체 일부를 가리는데, 이 관계에서 나온다(그림 5-5). 중첩 단서는 관찰 거리와 무관하게 강력하다.

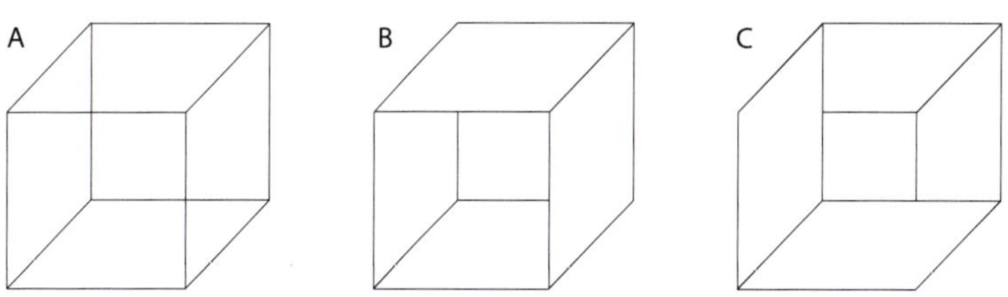

그림 5-5 중첩 단서.
A에서는 방향이 애매하지만 B와 C에서 중첩 단서에 따라 분명해진다.

종종 물체는 뒤나 아래에 있는 다른 표면에 그림자를 남기곤 한다. 그림자는 물체와 다른

그림 5-6 그림자 단서.

표면 사이의 거리에 따라 2가지가 달라진다(그림 5-6). 더 멀어질수록 그림자가 희미해지는데, 만일 조명이 측면에 있다면 물체에 붙은 그림자의 위치가 멀어질 수 있다. 이렇게 그림자에 의해 깊이가 지각되는 것을 드리워진 그림자(cast shadow) 단서라고 한다. 흥미롭게도 물체의 위치는 고정된 채 그림자의 위치가 실시간으로 바뀔 때 물체가 움직이는 것으로 지각될 수 있다(Kersten 등, 1996).

대상에서 달려오는 빛은 눈에 닿기 전에 공기, 먼지, 황사, 안개, 연기 등 작은 입자들을 통과한다. 이러한 중간 입자의 양은 멀수록 많아지며 빛의 이동을 방해한다. 대기 원근(aerial/atmospheric perspective) 단서는 거리가 멀수록 대상의 윤곽 대비가 떨어지고 색이 탁해지는 성질을 이용해 거리 추정을 할 수 있게 해 준다(그림 5-7). 대기 원근은 공기만이 아니고 물속 환경에

그림 5-7 대기 원근.
(왼쪽) 가까운 나무는 윤곽과 색이 선명하지만 멀수록 밝기대비가 약해진다(순천/완주 고속도로 황전 휴게소). (오른쪽) 안개가 끼어 있을 때 사물이 더 멀리 있는 것처럼 보인다.

그림 5-8 표고 단서.
지평선(실선)에 더 가까이 있는 건물과 구름이 더 멀리 있는 것으로 지각된다(엔 서울 타워에서 바라본 서울 시내).

그림 5-9 길이와 높이 착시.
(왼쪽) 선원근. 철로에 놓인 두 선분은 같은 크기이지만 선원근 단서 때문에 위 선분이 아래 선분에 비해 더 길어 보인다(정선 레일바이크 철로). (오른쪽) 신비한 자리 착시(미국 캘리포니아주 샌타크루즈 '신비한 자리'를 모사함).

도 적용된다. 물론 공기가 너무 맑아도 대기 원근 단서는 사라지는데 남극은 공기가 맑아 수 km 떨어진 빙산도 바로 앞에 있는 것처럼 보여 좋은 깊이 단서가 아니다. 아주 멀리 있는 빙산도 가까운 곳에 있는 것처럼 보인다. 반면, 안개 속에서 대기 원근에 의존하면 운전이 위험할 수 있다. 평소보다 사물이 더 멀리 있는 것처럼 보일 수 있기 때문이다.

땅 위의 물체들은 지평선에 가까울수록 멀리 있는 것으로 지각되는데 이를 표고(elevation) 단서라고 하며, 하늘에 떠 있는 구름도 같은 높이에 있다면 지평선과 가까울수록 멀리 있는 것으로 지각된다(그림 5-8). 이렇게 지면은 종종 공간 지각에 중요한 단서를 주는데, 만일 관찰자와 물체 사이에 3~4m의 구덩이가 있으면 사람들은 구덩이가 있을 때보다 훨씬 부정확하게 거리를 지각한다(Sinai 등, 1998).

평행한 선분들이 멀어질수록 한 점으로 수렴하는 선원근(linear perspective) 단서를 제공한다. 선 원근 단서는 평행한 선분이 많은 도시의 건물이나 도로 등에서 쉽게 찾아볼 수 있다. 선 원근 단서를 이용하여 재미있는 크기 착시를 만들 수 있다. 그림 5-9의 왼쪽은 한 가지 예로 폰조 착시(Ponzo illusion)의 변형이다. 폰조 착시에 대한 가장 강력한 설명에 따르면 두 선분이 망막에 맺히는 길이는 똑같지만 옆에 놓인 선분들에 의해 다른 깊이에 있는 것으로 명세되고, 위에 있는 선분이 멀리 있으므로 이를 고려하여 더 길게 본다. 그림 5-9는 선원근 이외에도 나무들 사이의 간격이나 철도목의 간격이 멀어질수록 줄어드는 단서도 담겨 있다. 그런데 이러한 특징이 동일 물체 내에서도 일어나는데 이를 전진압축 원근(foreshortening perspective)이라고 한다. 이 단서는 미술에서 자주 사용되므로 인터넷으로 검색하여 살펴보자(☞Google: foreshortening).

그림 5-9의 오른쪽 그림은 폰조 착시를 90° 방향으로 회전한 것과 비슷하다. 미국 캘리포니아주에 있는 신비한 자리(mysterious spot), 노스캐롤라이나주의 신비한 언덕(Mystery hill) 등지에서 이 현상을 이용해 관광 자원으로 활용하고 있다. 이런 곳에서 볼 수 있는 집은 한쪽으로 기울어져 이를 배경으로 서 있으면 사람의 키가 달라 보인다(☞Google: mysterious spot). 이는 기울어진 집의 처마와 발판이 폰조 착시를 일으켜 오른쪽 사람이 더 커 보인다. 마찬가지로 기둥 옆에 있는 두 빨간 점은 높이가 같지만 오른쪽 점이 더 높아 보이는데, 배경의 기둥이 점의 위치를 판단하는 참조틀(reference frame)의 역할을 하기 때문이다. 이렇게 주변 맥락에 의해 기울기가 달라 보

그림 5-10 에임즈 방 도식.
(A) 에임즈 방. (B) 실제 창. (C) 위에서 본 그림. (D) 실제 창문. (E) 관찰 구멍으로 보이는 창문.

이는 현상을 기울기-유도 착시(tilt-induced illusion)라고 한다(Shimamura & Prinzmetal, 1999).

선원근을 이용한 가장 유명한 착시는 에임즈 방(Ames room)이다. 그림 5-10에서 깊이가 선원근 단서로 조작되어 같은 거리에 서 있는 두 사람의 키가 크게 달라 보이는 현상을 경험할 수 있다. 즉, 실제로 한 사람은 멀리 있고 다른 사람은 가까이 있어 광학적으로 멀리 있는 사람이 가까이 있는 사람보다 더 작게 관찰자의 눈에 맺힌다. 실세계라면 깊이 단서들을 활용하여 거리와 관계없이 사람의 키가 사실적으로 지각되는 크기 항상성이 일어나지만 에임즈 방에서 주요 깊이 단서가 창문에 있으며, 창문의 선원근 깊이 단서가 조작되어 있다. 그림 5-10의 B와 C는 이를 예시한다. 실제로 창문은 사다리꼴이지만 이를 한쪽으로 기울어진 벽에 붙이면 정면을 향해 있는 창문으로 보여 왼쪽과 오른쪽이 관찰자로부터 같은 거리에 있는 것처럼 보인다. 단, 이 착시를 경험하기 위해서는 두 눈이 아닌 한 눈으로만 방 안을 들여다보아야 한다. 두 눈으로 볼 경우 입체시로 인해 사실적인 깊이가 드러나기 때문이다.

거리와 크기의 관계

에임즈 방 착시에서 볼 수 있듯이, 물체의 크기는 지각된 거리와 밀접한 관련이 있다. 즉, 물체가 놓인 거리가 멀수록 눈에 맺힌 이미지는 작아진다. 따라서 지각체계는 거리를 고려하여 물체의 크기를 지각하는 경향이 있다. 즉, 거리와 무관하게 물체의 크기를 안정되게 지각하는데 이를 크기 항등성(size constancy)이라고 한다. 크기 항등성을 체험하는 훌륭한 시범은 잔상을 이용하는 것이다(☞샛길 1).

샛길 1 **Emmert의 법칙**

모니터에 파워포인트 등을 이용하여 오십 원짜리 동전만 한 빨간색 원을 그려 놓고 30초 정도 응시하라. 그다음, 고개를 돌려 빈 벽을 보라. 그러면 파란색 원이 잔상으로 보일 것이다. 흥미롭게도 파란색 원은 모니터에 제시된 원보다 훨씬 커 보일 것이다. 원이 모니터에 보일 때와 벽에 보일 때 망막에 맺히는 상은 똑같지만, 벽을 배경으로 보일 때 더 멀리 있는 것으로 판단하여 이를 고려하여 더 크게 지각하기 때문이다. 원의 잔상이 남아 있는 배경이 멀수록 더 커 보이는데 이를 발견자의 이름을 따서 Emmert의 법칙(Emmert's law)이라고 한다. 밤에 고속버스를 타고 도로를 달릴 때 앞에 켜진 TV 화면이 창밖에 반사되어 비친 것을 보면 훨씬 커 보이는데, 이 현상 역시 거리에 따른 크기 항등성으로 설명된다. TV 화면이 비치는 배경이 멀리 있는 들녘이나 산이라면 멀리 있는 것으로 판단되어 크게 지각될 수 있다.

에임즈 방 이외에 크기 항등성과 관련된 것으로 달 착시가 유명하다. 물체의 크기 지평선에 있는 달이나 해가 하늘 높이 떠 있을 때 비해 크게 보이는데 이를 달 착시(moon illusion)라고 한다(그림 5-11). 달과 지구의 거리는 계절과 시간에 따라 다르지만 특별한 경우를 제외하고 그 차이는 지구에서 눈으로 확인하기에 너무 작아서 지구 어디에서 보든 거의 언제나 시야각이 0.52° 정도이다. 믿기지 않겠지만, 손을 앞으로 쭉 뻗어 엄지를 치켜들었을 때 손톱의 시야각은 1.5° 안팎이므로 달이 엄지손톱 반보다 더 작게 눈에 맺힌다.

그림 5-11 달 착시.
달이 지평선에 가까울 때 하늘 높이 있을 때가 비해 더 크게 지각된다. 달 착시를 볼 수 있는 좋은 곳은 시야가 탁 트이고 아파트 같은 고층 빌딩 사이로 달이 뜨는 곳이다.

달 착시에 대한 가장 유력한 설명으로 가현적 거리(apparent distance) 가설이 있다(Kaufman & Rock, 1962; Rock & Kaufman, 1962). 이 가설에 따르면 지평선에 있는 달은 관찰자와 달 사이에 산, 빌딩, 강처럼 거리를 참조할 수 있는 단서들이 많아 멀리 떨어져 있다고 지각된다. 반면, 머리 위에 떠 있는 달은 주변에 물체가 거의 없어 거리가 제대로 평가되지 못한다. 결국 먼 거리를 고려하여 지평선에 떠 있는 달이 더 크게 보인다. 물론 사람들에게 지평선에 뜬 달과 하늘에 뜬 달 가운데 어느 쪽이 더 가까이 보이느냐고 물으면 전자라고 답하기 쉬울 것이다. 이를 크기-거리 패러독스(size-distance paradox)라고 한다. Rock과 Kaufman(1962)은 이에 대해 달까지의 거리는 무의식적으로 먼저 계산되고 이로 인한 크기에 대한 의식은 나중에 일어나기 때문이라고 제안한다.

많은 길이와 크기 착시들은 원근 단서들로 설명이 된다(그림 5-12). Müller-Lyer 착시, Ponzo 착시, 수평-수직 착시에서 똑같은 길이의 선분이 다르게 지각되는데 서로 다른 깊이에 놓여 있

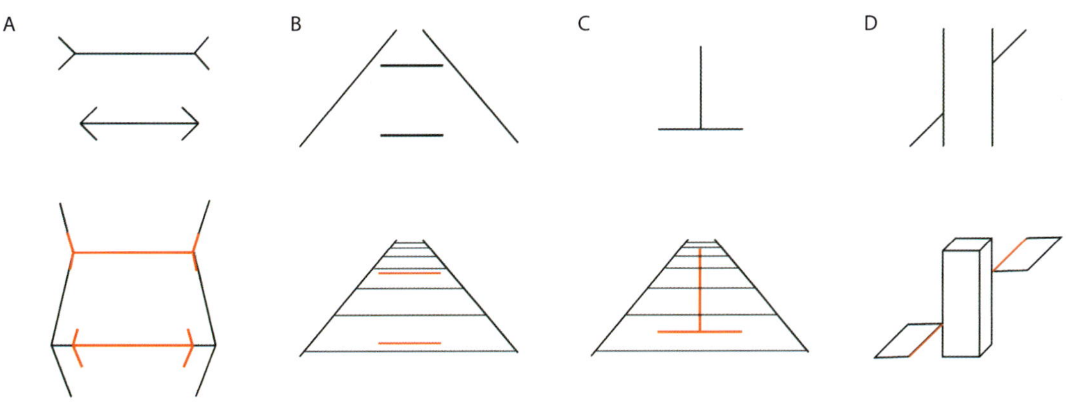

그림 5-12 대표적인 기하학적 착시들.
(A) Müller-Lyer 착시. (B) Ponzo 착시. (C) 수평-수직 착시. (D) Poggendorff 착시. 일직선이지만 약간 어긋난 것으로 지각된다. A~C의 아래 그림은 위 착시에 대한 각각의 깊이에 기반한 설명이다. 즉, 같은 길이라면 더 멀리 있으면 실제로는 더 길다. D의 아래 그림은 높이에 기반한 설명이다.

는 것으로 해석되기 때문이다. Poggendorff 착시는 두 사선이 일직선이 아니라 어긋난 것처럼 지각되는데, 다른 사선이 깊이의 의미를 지니며 다른 높이에 있기 때문으로 설명될 수 있다. 주의할 점은 깊이 가설로 설명된다고 하여 이 착시들이 반드시 깊이와 높이 때문에 일어남을 실험적으로 보이기가 매우 어렵다는 것이다. 왜냐하면 이러한 경향은 지각적 수준에서만이 아니고 생리적 수준에서도 설명될 수 있기 때문이다. 이는 깊이와 크기의 규칙이 반복적 경험을 통해 생리적인 수준에까지 자리를 잡았기 때문일 것이다.

움직임 시차

앞에 열거한 깊이 단서들은 관찰자가 정지한 상태를 가정한 것이다. 하지만 사람들은 끊임없이 움직인다. 고개를 돌리고 몸통을 젖히고 다리를 이용해 자리를 옮긴다. 이때 풍경은 움직이지 않을지라도 풍경에 대한 시점이 바뀌고 풍경을 이루고 있는 물체들의 배열이 다르게 펼쳐진다. 관찰자가 움직일 때 얻는 깊이 정보는 매우 실제적이어서 애매함은 금세 사라지며, 움직이는 관찰자를 속일 수 있는 착시는 거의 없다(그림 5-13). 특히 관찰자와 거리에 따라 물체들이 눈에서 이동하는 속도가 다른데 멀리 있는 물체일수록 느리고 가까이 있을수록 빨리 지나간다. 이를 움직임 시차(motion parallax)라고 한다. 물론 이 효과는 관찰자가 가만히 있고 깊이가 있는 풍경이 한꺼번에 움직일 때도 나타날 수 있다.

그림 5-13 움직임 시차. 관찰자로부터 나무 세 그루가 각기 다른 깊이에 놓여 있다. 관찰자가 오른쪽으로 움직이기 시작하면 나무들은 거리에 따라 지나치는 속도가 다르다.

광 배열과 광 흐름

James Gibson은 직접 지각 이론가이자 생태주의 심리학 설립자이다(☞샛길 2). Gibson은 역투사 문제의 해결을 뇌가 아니라 바깥세상에서 풀어야 한다고 믿었다. 대단히 도전적이고 매혹적이지 않은가? 관찰자 눈 앞에 펼쳐진 표면들은 관찰자에게 빛줄기들을 보내는데, Gibson은 쏟아지는 빛줄기 각각은 완전히 다른 것이 다른 빛줄기들과 함께 분석될 때 순서와 질서를 담고 있다고 제안하였다(1950/1979). 그는 이를 광 배열(optic array)이라고 불렀는데 관찰자의 주변 정보가 담긴 구조화된 빛 배열이라는 뜻이다. 광 배열은 관찰자 위치에 따라 독특한 정보가 담겨 있으므

샛길 2 왜 James Gibson은 생태주의자가 되었는가?

Gibson(1904~1979)이 30대 중반일 때 제2차 세계대전이 벌어졌다. 그는 미국 육군 항공대에 근무하게 되었고, 그곳에서 비행 심리학 연구의 책임자로서 일하게 되었다. 비행기에서 내려다보는 땅 위의 공간 단서는 육지에서 동물들이 보는 공간 단서와 달랐다. 비행기를 타고 아래를 내려다볼 때 땅 위에서 체계적으로 바뀌는 공간 단서들이 더 분명해졌다. 비행기가 움직일 때 지평선, 활주로와 경작지의 선원근, 건물과 나무들의 크기 등이 거리와 높이에 따라 체계적으로 변할 때 나타나는 단서들은 조종사가 비행기를 안전하게 조종할 때 필수적이었다. 지구의 생물체는 거의 늘 땅이라는 배경의 공간에서 생활하기 때문에 Gibson은 공간 지각에서 땅이 매우 중요한 역할을 한다고 제안하였고, 이를 땅 이론(ground theory)이라고 한다(1950).

세상에는 충분히 많은 공간에 대한 정지 단서들뿐만 아니라 생물체가 끊임없이 움직이면서 얻는 광 흐름 정보는 생물체가 사전지식 없이 살기에 전혀 문제가 없다고 Gibson은 지적한다. 그러므로 연구자가 해야 할 일은 애매한 문제를 주어 관찰자의 머리를 아프게 할 게 아니라 바깥에서 단서들이 어떻게 펼쳐져 있고, 이를 관찰자들이 어떻게 포착하는지를 살피는 것이라고 주장하였다. Gibson의 이론은 머리가 나빠 보이는 곤충들도 별 어려움 없이 하늘을 날 수 있는지를 설명할 수 있기 때문에 생태주의 심리학이라고 한다. 당시 지각 심리학계에서 주류였던 형태주의 심리학에서 뇌의 선험적 조직화를 중시하였는데, Gibson은 이를 단호히 거부한다. 생태주의 심리학자들에게 능동적 지각, 광 배열, 광 흐름, 표면결 기울기, 정보 포획, 행동 유도성(affordance) 등은 중요한 개념이다.

로 관찰자는 이를 포착해 자신의 위치를 알 수 있다. 예를 들어, 관찰자가 앉아 있을 때와 서 있을 때 눈에 투사되는 표면들의 정보는 저마다 체계적으로 다르다(그림 5-14). 위치에 따라 전달되는 표면의 각도가 다르고, 표면의 선원근이 다르고, 표면 요소들의 크기가 다르며, 빛의 세기가 일종의 기울기(gradient)를 갖는다.

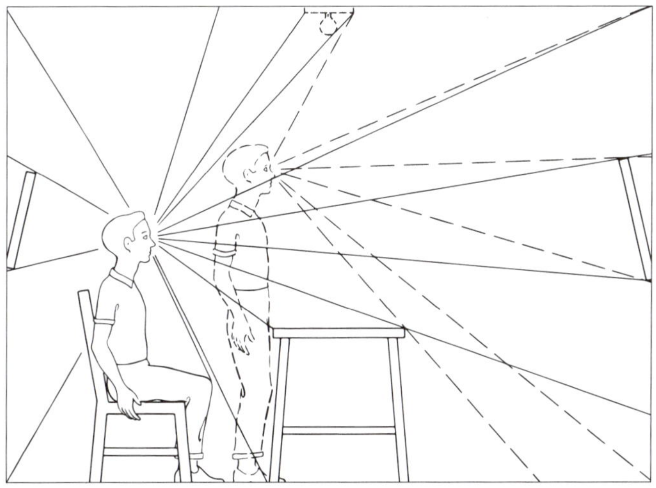

그림 5-14 관찰자 위치에 따른 광 배열의 차이.
진한 선은 앉아 있는 사람에게 전달되는 광 배열이고, 점선은 일어선 사람에게 전달되는 광 배열이다(Gibson, 1966).

광배열은 연못에서 볼 수 있는 파문을 떠올리면 쉽게 이해된다. 개구리가 암컷을 유혹하기 위해 울 때 목 울림에 따라 연못 전체에 파문이 전달된다. 연못 어느 곳에 있든지 이 파문을 분석하면 개구리의 위치를 알 수 있다. 실제로 박쥐는 초음파를 쏴서 되돌아오는 파문 정보를 분석, 음원의 위치를 파악하여 개구리를 사냥한다! 따라서 개구리는 우는 것이 큰 모험이다. 짝을 찾자니 소리를 내야 하고 박쥐를 생각하면 입을 다물어야 하고. 남아 있는 선택은 다른 수컷들이 울 때 함께 우는 것이다.

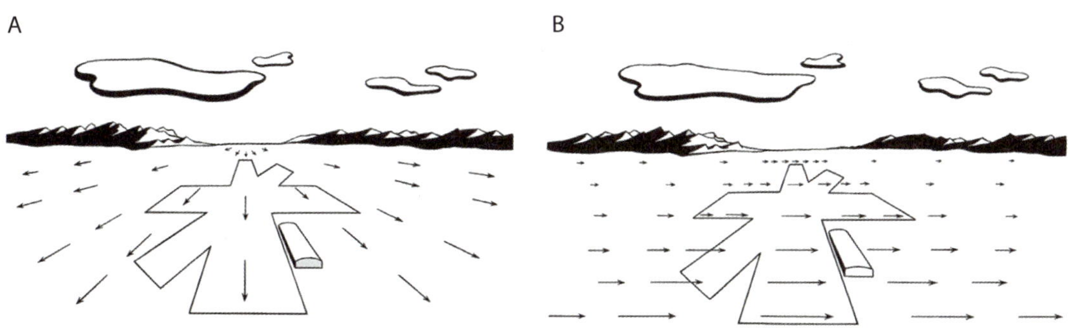

그림 5-15 광 흐름 장.
지평선을 향해 나아갈 때와 오른쪽으로 비행할 때의 광 흐름(Gibson, 1950).

그림 5-16 표면결 기울기.
전주 덕진공원 연못과 봉평 메밀밭. 거리가 멀어질수록 요소들의 크기와 간격의 변화로 체계적인 농도가 발생하여 거리 지각 단서로 사용된다.

그뿐만 아니라 관찰자가 움직일 때 표면 요소들은 관찰자 위치에 따라 다른 속도의 광 배열을 보낸다. 이를 광 흐름(optic flow)이라고 하는데, 이 정보를 포착하면 생물체는 자신이 나아가는 위치, 높이, 방향 등을 즉각적으로 알 수 있다. 예를 들어, 지평선을 향해 날아가는 비행기를 조종하는 조종사에게 활주로와 하늘 등에서 오는 광 흐름은 거리에 따라 체계적으로 다르므로 자신이 어디를 향해 가는지 알 수 있다. 그림 5-15는 광 흐름을 정지 이미지로 보여 주는 광 흐름 장(optic flow field)으로 표면들의 움직임 속도가 화살표 길이로 표현되어 있다. 각각 비행기가 지평선을 향해 나아갈 때와 오른쪽으로 움직일 때 조종사의 눈에 맺히는 광 흐름이다.

광 흐름은 앞서 살펴본 움직임 시차와 관련이 있다. 움직임 시차에서 물체를 단위로 깊이 정보가 표현된다면 Gibson의 광 흐름은 시야를 가득 채운 표면 요소들 전체가 만들어 내는 깊이 정보이다. Gibson은 이 생각을 정지해 있는 장면에 대해서도 확장하였다. 그는 많은 요소가 모여야만 만들어 낼 수 있는 패턴에 관심을 가졌는데 이를 표현하기 위해 다양한 용어를 고안하였다. 대표적인 용어는 표면결 기울기이다. 표면을 구성하는 요소들은 관찰 거리에 따라 크기, 모양, 간격, 색 등의 농도(density)가 체계적으로 변하는데, 이를 표면결 기울기(texture gradient)라고 한다(그림 5-16). 표면결 기울기 단서는 높은 곳에서 볼수록 더욱 분명해질 수 있는데 비행기 조종사에게 중요한 정보이다. Gibson에게 앞에서 보았던 대기 선명 역시 표면결 기울기 단서이다.

맥락

물체의 크기와 위치 등이 주변의 표면 또는 물체에 의해 명세되는데 주변 정보를 맥락 단서(contextual cue)라고 한다(그림 5-17). 지표면은 보도블록, 자갈, 풀 등 작은 요소들이 다양한 결을 이뤄 덮여 있다. 어떤 물체가 지표면에 놓여 있을 때 규칙적으로 배열된 요소들을 시각적으로 가리게 되며, 가려진 요소들의 크기를 이용해서 물체들의 거리, 크기, 높이 등을 알 수 있다. 이 그림의 첫 번째 예는 표면 중첩(texture occlusion)을 보여 주는데, 원기둥의 크기는 원기둥이 가리고 있는 바닥의 사각형 개수로 추론될 수 있다(Sedgwick, 2008; Gibson, 1950). 즉, 가리고 있는 사각형의 면적이 동일하여 왼쪽과 가운데 원기둥은 같은 크기로 지각되지만 오른쪽 원기둥은 가리고 있는 사각형의 면적이 더 넓어 더 크게 보인다. 두 번째 예는 크기와 깊이 단서 2가지를 동시

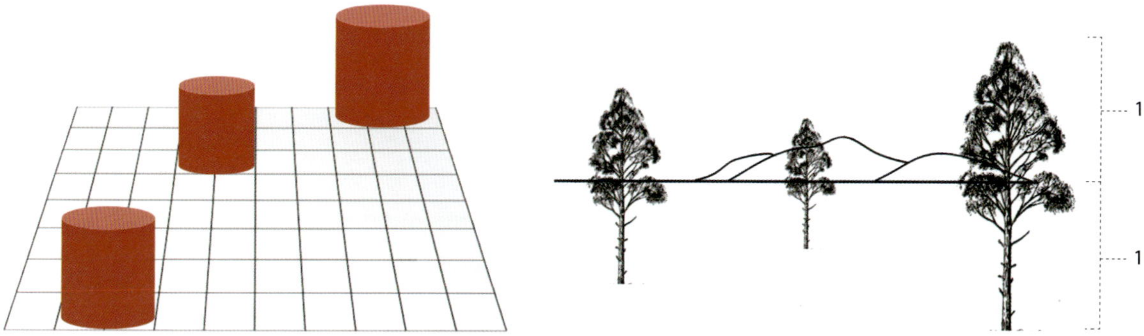

그림 5-17 맥락에 따른 크기 지각.
(왼쪽) 원기둥이 가리고 있는 지면의 사각형 개수를 근거로 크기가 지각될 수 있다. (오른쪽) 지평선을 이용한 크기와 깊이 지각. 나무들이 지평선을 기준으로 볼 때 크기와 관계없이 세 나무 모두 위와 아래 길이가 1:1로 나뉘어 있어 같은 크기로 보인다.

에 보여 준다. 나무들이 지평선을 기준으로 나무의 분할되는 아래위의 비율이 비슷하여 상대적으로 크기가 같아 보이는데 이를 지평선 비율(horizon ratio)이라고 한다.

지식의 효과

사람들이 일상에서 경험하는 대상들은 대체로 잘 학습되어 있다. 이에 따라 깊이 지각이 경험에 의해 영향을 받는 것은 자연스럽다. 예를 들어, 사람의 신체를 이루는 손, 발, 얼굴 등, 그리고 동전, 자동차, 의자, 과일, 동물 등은 크기가 거의 일정하며 자주 경험되어 우리 머리에 거리에 따른 상대적 크기가 매우 잘 기억되어 있으며, 깊이 지각에 대한 친숙한 크기(familiar size) 단서가 된다. 따라서 친숙한 물체의 경우 눈에 맺힌 상만 보고서도 대략 얼마나 떨어져 있는지 쉽게 알 수 있다.

그림 5-18에 나란히 제시된 손과 동전을 살펴보자. 손은 멀리 있는 것처럼 동전은 가까이 있는 것처럼 보인다. 친숙한 물체는 낯선 물체와 함께 제시될 때 낯선 물체의 크기에 대해 일종의 기준의 역할을 하기도 한다. 씨름과 격투기 선수로 유명한 최홍만 씨는 키가 218cm로 거구인데 동네 마트에서 500mL 우유를 사서 계산원에게 보여 주면 200mL짜리로 착각하는 경우가 있었다고 한다. 손이 일반인보다 훨씬 크기 때문에 500mL짜리 우유가 작게 보였기 때문이다. 사람의 신장 역시 우리 머릿속에 잘 기억되어 있는데, 대체로 성인의 경우 대략 150~190cm 정도로 알고 있을 것이다. 그림 5-18의 오른쪽은 미켈란젤로가 조각한 *다비드상*이다. 아마 이 상을 사진으로 처음 본다면 보통 성인의 키로 볼 가능성이 크다. 그렇지만 실제 사람의 모습과 함께 제시될 때 *다비드상*이 얼마나 큰지를 알 수 있다. 이 조각상의 높이가 얼마나 되는지 추정해 보라(☞Google: David, Michelangelo).

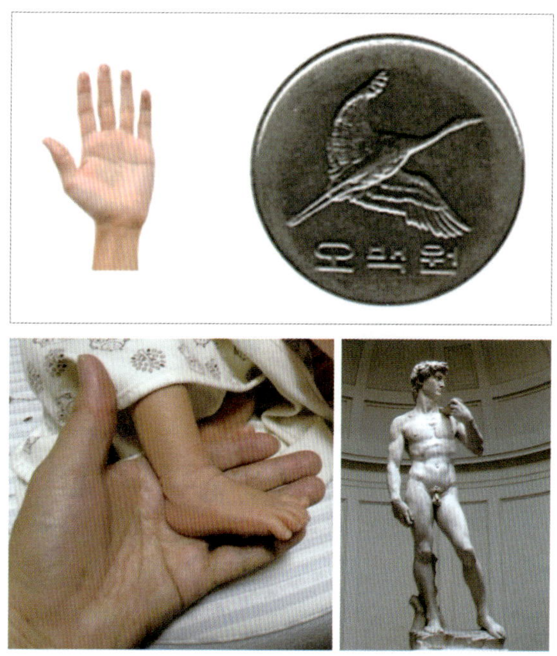

그림 5-18 크기 착시.
(위) 손은 멀리 동전은 가까이 있는 것으로 보인다. (아래 왼쪽) 갓난 아기의 발이 성인의 손에 비해 얼마나 작은지 알 수 있다. (아래 오른쪽) 미켈란젤로의 *다비드상*.

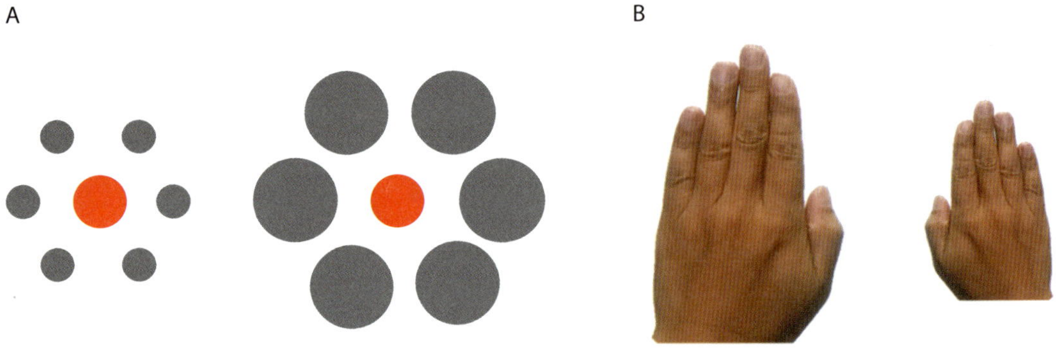

그림 5-19 (A) 에빙하우스 착시. 동등한 두 원이 주변 원으로 인해 크기가 달라 보인다. (B) 친숙한 물체의 크기 비교.

물체의 거리를 판단하는 데 주변에 다른 물체가 있는지는 중요하다. 만일 어떤 물체가 다른 물체들은 모두 어둠 속에 가려져 있고 조명에 의해 단독으로 제시되면 두 눈을 뜨고서도 1m 거리에서도 정확한 거리를 잘 알지 못한다(Philbeck & Loomis, 1997). 비슷한 모양의 물체가 함께 제시될 때 이 물체들의 크기는 상대적으로 결정된다. 주변에 큰 물체가 있으면 작게 보이고 큰 물체들이 있으면 작게 보이는데 상대적 크기(relative size)라고 한다. 그림 5-19의 A처럼 동시에 두 개의 동일한 크기의 물체가 주변 물체로 인해 크기가 서로 달라 보이는 현상을 동시크기대비(simultaneous size contrast)라고 하며, 이 그림과 같은 종류를 발견자의 이름을 따서 에빙하우스 착시(Ebbinghaus illusion)라고 한다. 이때 비교되는 두 물체가 같은 깊이에 있어야 한다는 조건이 필요하다. 만일 그렇지 않다면 직접 비교는 무의미하다. 손처럼 친숙한 물체는 단독으로 제시되어도 실제 크기가 잘 기억되어 있기 때문에 떨어진 거리를 즉각적으로 판단할 수 있다. 따라서 만일에 똑같아 보이는 두 손이 망막상 크기가 다르게 제시되면 크기가 아닌 서로 거리가 다르다고

샛길 3 왜 Richard Gregory는 구성주의자가 되었는가?

1906년에 태어난 SB는 10개월쯤에 각막 이상으로 세상을 보는 능력을 잃었다. 성인으로서 그는 쾌활하였고 에너지가 많았다. 마침내 52세 때 각막 기증을 통해 시력을 회복하였다. SB는 대부분 색을 정확히 볼 수 있었다. 수술하고 며칠 후 지팡이 없이 시력에 의지해 복도를 걸을 수 있었다. 모든 게 희망적이었다. SB는 촉각으로 물체를 알아보던 기억을 이용하여 눈으로 사물을 보고 재인할 수 있었다. 알파벳의 대문자를 읽을 수 있었고, 벽에 걸린 시계를 보고 시간을 맞힐 수 있었다. 또한 손으로 익힌 물체들이 얼마나 멀리 떨어져 있는지도 정확히 지각할 수 있었다.

그렇지만 손으로 만져 보지 못한 물체들을 알아보거나 거리를 알아내는 일은 매우 힘들어하였다. 알파벳의 소문자를 알아보지 못했고, 병원 창문으로 내려다보이는 거리를 만질 수 있다고 생각하였다. 창에 비치는 초승달과 창문에 붙은 얼룩의 차이를 이해하지 못해 끙끙댔다. 자동차들에 겁에 질려 집 밖을 나서지 못하였다. 그는 정상인들이 경험하는 착시들을 거의 경험하지 못하였다. 시력이 회복되었지만 물체와 거리를 알아보는 학습은 거의 이뤄지지 않았고, 세상은 무질서하게 보였다. 차라리 눈을 감으면 평온하였다. 점점 SB는 우울함에 빠졌고 3년 후 자살을 택하였다.

Richard Gregory(1923~2010)는 30대 중반에 SB를 알게 되어, SB가 눈 수술로 시각을 회복했을 때부터 죽기 전까지 학자와 친구로서 SB와 밀접하게 지냈다(Gregory & Wallace, 1963). 그는 이때 어린 시절의 시각 학습이 공간 지각에 얼마나 중요한지 체감하였다. Gibson의 직접 지각을 반박하며 Gregory는 감각 자체는 애매하며 상위 수준의 개입이 필요하다고 주장한다. 지각심리학에서 구성주의(constructivism)는 대상에서 오는 감각만으로는 지각이 불완전하며 물리적 개연성이나 경험자료를 이용하는 등 인지적 기능이 더해져야 지각이 완전해진다고 믿는다. Helmholtz에서 시작한 구성주의는 무의식적 추론(unconscious inference), 가설, 베이지언 확률 등의 개념을 중시한다. 이렇게도 보이고 저렇게도 보이는 애매한 착시들은 구성주의 학자들의 중요한 무기이다.

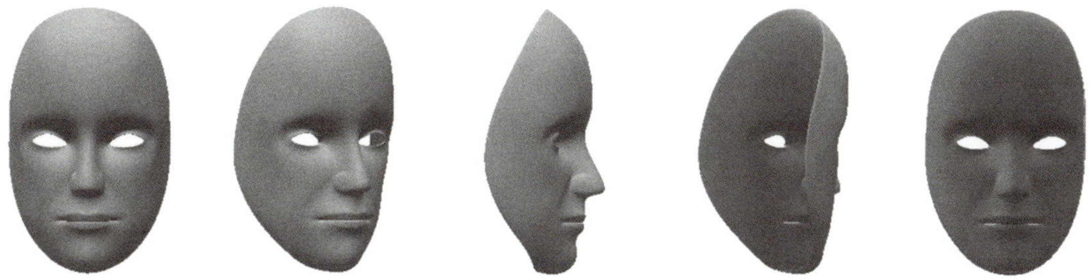

그림 5-20 패인 얼굴 착시.
왼쪽에서 오른쪽으로 볼록한 얼굴 마스크를 돌려 패인 얼굴 방향으로 보아도 볼록한 얼굴이 보인다.

판단하여 크기를 동일하게 지각할 가능성이 있다.

손의 예에서 보았듯이, 우리가 흔히 보는 물체들의 지각적 성질인 크기, 형태, 깊이, 색 등이 머릿속에 잘 기억되어 있다. 사람들의 얼굴은 예외 없이 볼록한데 이에 따른 지식은 패인 얼굴 착시(hollow face illusion)를 일으킬 수 있는데, 움푹 팬 얼굴을 보았을 때 볼록한 얼굴로 보이는 착시이다(그림 5-20). 물론 실제 가면을 가까이에서 두 눈으로 볼 때는 입체 단서로 인해 얼굴의 깊이를 정확히 보기 때문에 착시를 경험하기 위해서는 충분히 먼 거리에서 보거나 평면상에서 보아야 한다. 패인 얼굴 착시는 Richard Gregory처럼 깊이 지각이 지식에 의해 결정된다고 주장하는 학자들의 중요한 재산이다(☞샛길 3).

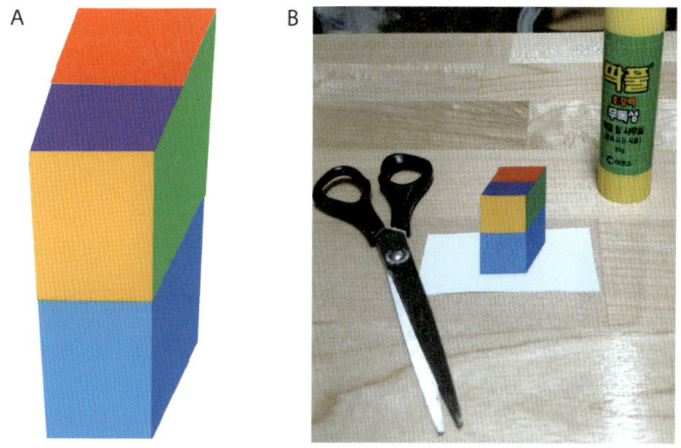

그림 5-21 왜상 만들기.
(A) 왜상의 정면도. (B) 테이블 위에 놓일 때 보이는 상. 파워포인트를 띄워 놓은 모니터를 누인 채 마우스로 육면체를 그린 다음 출력하여 테이블에 붙여서 만든다.

자주 경험하여 친숙한 물체의 형태는 실제 깊이와 무관하게 매우 자동적으로 재인된다. 왜상(anamorphosis)은 반듯하게 보았을 때 왜곡된 이미지이지만 특정 관점 또는 특정한 모양의 반사체로 볼 때 정상적인 형태로 보인다(그림 5-21). 바닥에 그려져 있을지라도 기억과 일치하는 형태가 보이는 시점에서 실제 깊이는 무시되고 기억 속의 상이 지각된다. 왜상을 만드는 데 가장 훌륭한 도구는 프로젝터이다. 어떤 물체나 글씨를 프로젝터로 바닥이나 벽에 투사한 후, 비친 이미지 위에 붓으로 색을 칠하는 것이다. 볼록 거울이나 스테인리스 원통 같은 반사체를 이용하여 경험할 수도 있는데, 이때 왜상은 특별한 프로그램을 이용하여 만들 수 있다(☞http://www.anamorphosis.com/).

한편, 조명이 위에 있다는 지식은 종종 깊이 지각에서도 흥미로운 착시를 불러일으킨다. 예를 들어, 밝기 차이로 인해 입체적으로 보이는 그림을 방향을 달리하여 제시했을 때 다른 깊이로 해석될 수 있다. 그림 5-22의 왼쪽 그림에서, 각각 볼록한 구와 오목한 구로 지각된다. 오른쪽 그림은 파도를 사진으로 찍은 것으로 위/아래를 돌렸을 때 단단한 땅으로 지각된다.

깊이가 다른 두 물체가 서로 맞닿아 윤곽을 공유하거나 두 물체가 상호작용하는 것으로 눈에 투사될 때 두 물체가 같은 깊이로 지각될 수 있다. 두 물체가 서로에게 맥락으로서 작동한다고 볼 수 있다. 영화 등에서 크기를 왜곡할 때 사용되는데 이를 강제 원근(forced perspective)이라고 한다(그림 5-23). 맥락 단서가 충분히 분명하지 않을 때 애매한 정보를 줄 수도 있다. 그림

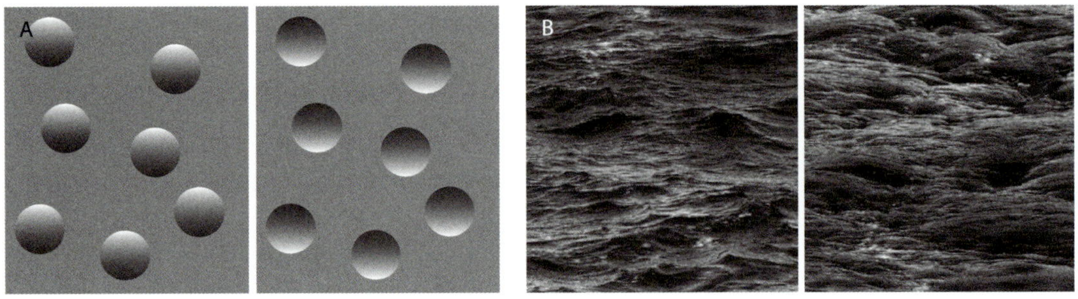

그림 5-22 조명 가정과 깊이.
(A) 각각 튀어나온 반구와 움푹 팬 반구(Ramachandran, 1988). (B) 물결치는 파도와 굳은 땅(Häkkinen & Gröhn, 2016).

그림 5-23 맥락과 깊이 지각.
(왼쪽) 창이 코끼리로 향할까, 사슴을 향할까? 도시에 사는 사람들은 일반적으로 창이 사슴을 향한다고 지각하지만, 사진이나 그림 보기에 익숙하지 않은 남아프리카 부족인은 창이 코끼리를 향하고 있다고 보곤 한다(Hudson, 1960). (오른쪽) 강제 원근. 사람의 손과 가로등의 위치가 같은 거리에 있는 것으로 지각된다. (촬영을 해 주신 박창호 교수님께 감사드린다.)

5-23에서 만일 창이 코끼리를 향한다고 생각하면 코끼리는 매우 작고 사람이 크게 지각된다. 하지만 창이 사슴을 향하고 있다면 코끼리를 멀리 있는 것으로 지각되어 작게 보이지 않고 사람도 크게 보이지 않는다. 이 그림에서 경험할 수 있듯이 어떻게 그림을 지각적으로 조직화하느냐에 따라 깊이가 달라지기도 한다. 한편, 학습도 맥락 단서를 이용하는 능력에 중요한 요인이다. 맥락 단서들을 이용하여 깊이를 지각하는 데는 상당한 정도의 학습이 필요하다(Doherty 등, 2010; Káldy & Kovács, 2003).

그림 단서의 학습

종종 물체들의 깊이 관계는 캔버스나 종이 같은 2차원 표면에 표현된다. Hudson(1960)은 3차원 실세계가 아닌 2차원에 표현된 깊이를 제대로 지각하기 위해서는 학습이 중요함을 밝혔다. 그의 실험에서, 내용이 비슷한 그림들이 서로 다른 깊이 단서들이 표현되어 아프리카 어린이들에게 제시되었다. 어린이들은 그림에서 물체들의 깊이 관계를 보고하였는데, 교육을 받은 어린이와 그렇지 않은 어린이의 보고에서 차이가 있었다. 특히 교육을 받지 못한 어린이들은 그림들에서 깊이 단서들을 이용해 물체들의 깊이 관계를 정확히 보고하지 못하곤 하였다. 예를 들어, 그림 5-24는 각각 친숙한 크기, 중첩, 선원근을 통해 사냥꾼, 코끼리, 사슴의 깊이 관계를 이해할 수 있다. 이 그림들에 대해 교육을 받지 못한 아이들은 사냥꾼의 창이 코끼리를 향하고 있다고 보고하곤 한다. 그러므로 이 결과는 2차원 표면에 표현된 인위적인 깊이 단서들을 이해하기 위

그림 5-24 Hudson(1960)의 실험에 사용된 그림들.
친숙한 크기, 중첩, 선원근 단서를 통해 코끼리는 멀리 있고, 사냥꾼과 사슴은 비슷한 깊이에 있음을 알 수 있다.

해서는 관습적 교육이 필요함을 시사한다.

깊이 단서들의 일치와 경쟁

지금까지 깊이 단서가 매우 다양함을 배웠다. 눈치 빠른 독자라면 깊이 단서들이 서로 다른 깊이를 명세할 때 지각체계는 이 문제를 어떻게 푸는지에 대해 물을 것이다. 다행스럽게도 실세계에서 깊이 단서들은 대체로 같은 정보를 명세하여 서로를 보완해 주며, 갈등적인 정보를 주는 경우는 드물다. 한편, 깊이 단서들은 지각체계가 의존하는 정도에서 다르다. 그림 5-25는 깊이 단서들의 상대적 강도를 보여 준다. 양안부등, 수렴과 조절 같은 생리적 단서는 개인 공간에서 강력하지만 멀어질수록 급격히 약해진다. 반면, 중첩, 상대적 크기, 상대적 농도 단서는 거리와 무관하게 안정적이며, 대기 원근은 멀수록 강력해진다. 그러므로 관찰 거리가 멀어질수록 생리적 단서보다 그림 단서의 역할이 중요해질 것이다(Jacobs, 2002).

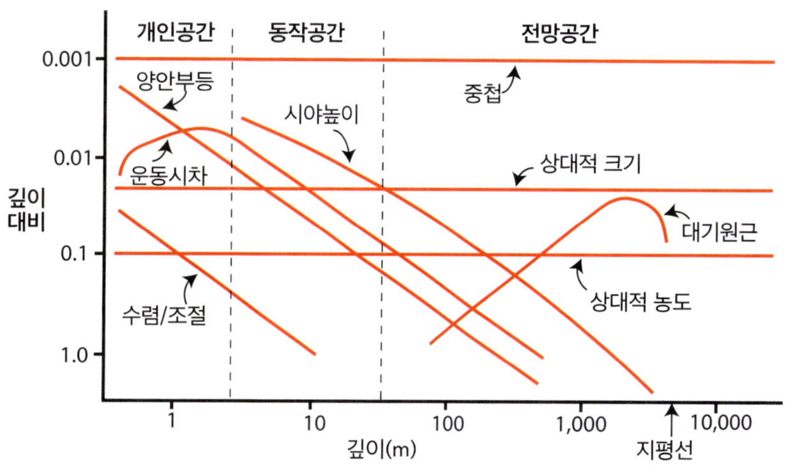

그림 5-25 관찰 거리에 따른 깊이 단서 강도 차이.
깊이대비는 두 깊이의 차이에 얼마나 민감한지를 말해 주는 역치를 의미하며, 값이 작을수록 더 강력함을 뜻한다(Cutting & Vishoton, 1995).

투명 지각

2개의 표면이 서로 중첩되었을 때 그리고 어느 한 면 또는 두 면이 반투명할 때 표면의 투명성(transparency)이 지각된다. 그림 5-26 왼쪽에서 가운데 두 회색 표면이 반투명하게 지각된다. 투명함이 지각되기 위해서는 최소한 2가지 조건이 만족되어야 한다(Metelli, 1974). 첫째, 구조에 관한 조건으로 겹치는 부분에 X-교차가 존재해야 한다. 왼쪽의 그림에서 네 면이 만나는 지점에 X-교차가 존재하여 투명성이 지각되지만 가운데 그림에서 T-교차만 존재하여 투명성이 사라

샛길 4 생일도 투명산

전라남도 완도군 당목항에서 배를 타고 20분가량 가면 생일도가 있다. 배가 6시까지 운행되며 명절에만 7시까지 연장 운행됨에 주의해야 한다. 이 생일도는 여러 개의 봉우리가 모여 백운산을 이루는데 이 섬 동쪽에 있는 다른 섬인 평일도(금일도)에서 바라보면 투명한 산을 만날 수 있다(그림 5-27). 이 산은 흥미롭게도 X-교차와 색 혼합의 규칙이 모두 존재한다. 특히 X-교차가 보이는 위치는 특정하여 평일도에서도 20분 정도 차로 더 운전해야 닿을 수 있는 동백리의 선착장 인근에서만 볼 수 있다. 또한 색 규칙이 온종일 만족되는 것은 아니어서 햇빛이 강하지 않은 오후이거나 날씨가 흐릴 때 이 현상이 관찰된다. 날씨가 맑을 시간에는 앞의 두 산이 하나로 보여 투명산이 나타나지 않는다. 산이 투명하게 보이는 현상은 히말라야의 산에서도 관찰된다(Wardle & Carlson, 2015).

그림 5-27 생일도 투명산.
(A) 2016년 2월 9일 오후 5시 31분. (B) 원 안에 X-교차의 존재. (C) 섬을 건너편 평일도(금일도) 방향에서 구글 지구(Google Earth)로 내려다본 모습.

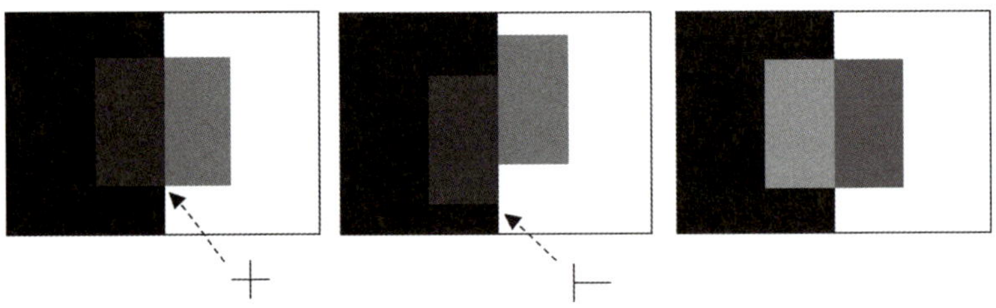

그림 5-26 교차단서와 투명 지각의 관계.
(왼쪽) X-교차가 있으며 가운데 사각형이 투명하게 지각된다. (가운데) X-교차가 아닌 T-교차가 있어 투명하지 않은 사각형 2개가 지각된다. (오른쪽) X-교차가 있지만 투명성이 지각되지 않는다.

진다. 둘째, 밝기 또는 색의 명암이 두 표면이 중첩되었을 때 밝기 감산 또는 색 혼합의 물리적인 규칙을 적절히 따라야 한다. 오른쪽의 그림에서 X-교차가 존재하지만 불투명하게 보인다. 이유는 배경이 어두운 쪽에 속해 있는 투명한 표면이 배경이 밝은 쪽에 속할 때보다 더 어두워야 하는데, 정반대로 되어 있기 때문이다. 이 2가지 규칙이 만족될 때 투명성이 지각된다. 투명성을 보는 능력은 비교적 일찍 터득하는 것으로 알려져 있는데 유채색의 경우 만 4개월에, 무채색의 경우 만 7개월에 볼 수 있다(Johnson & Aslin, 2000). 일상에서 투명성과 관련된 착시를 접할 수 있는데, 완도의 생일도 투명산 착시가 있다(☞샛길 4).

경사 지각

지면이나 도로의 경사는 경사도와 경사율(%)로 표시한다(그림 5-28). 수평인 지면에서부터 벌어진 정도를 경사도라고 하며, 수직 거리를 수평 거리로 나누어 100을 곱한 것이 경사율이다. 만일 수직 거리가 2m이고 수평 거리가 10m이면, 경사율은 (2/10)× 100=20%가 된다. 경사율 100%는 경사도 45°와 일치하며 경

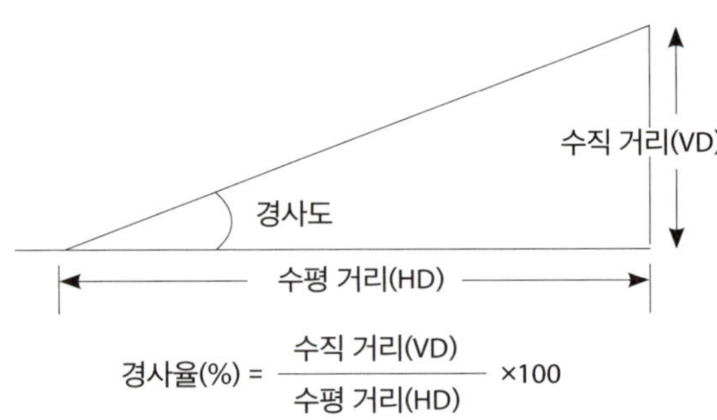

그림 5-28 경사도와 경사율.

사율 50%는 대략 26.57°이다.

동물이나 사람에게 땅이나 도로와 같은 수평 지면(horizontal ground surface)의 경사는 매우 특별한 의미를 지닌다. 이런 표면들의 경사는 몸의 지지대로서 동물과 사람의 동작을 제약하기 때문이다. 서 있는 곳의 지면이 어느 정도 기울어져 있는지 아는 일은 자세를 적절히 취하기 위해서 중요하다. 지금 서 있지 않지만, 곧 걷거나 뛰거나 하는 지면에 대해 경사를 미리 추정하는 일은 신체를 생리적으로 준비한다. 마찬가지로 자동차 운전 시 곧 지나가게 될 도로의 경사를 미리 파악하는 일은 부드러운 주행을 위해 중요하다. 현재 자동차의 자동 변속기는 전달된 동력과 실제 타이어의 회전수가 비교되어 작동되므로 시간이 걸린다. 앞으로 자율주행차 시대에는 미리 도로의 경사를 파악하여 자동차를 준비시키는 기술이 기본적인 옵션으로 자리 잡을 것이다.

사람들은 경사를 대체로 실세보다 더 가파르게 지각하는 경향이 있는데, 예를 들어 내리막이건 오르막이건 실제로는 10°임에도 15°로 지각한다. Proffitt 등(1995)은 앞으로 해야 할 동작에 대한 신체적/생리적 노력을 준비하기 때문이라고 설명한다. 이를 생리적 잠재력 가설(physiological potential hypothesis)이라고 한다. 또한 사람들은 경사가 가파른 정도가 아래에서 위로 올려다볼 때보다 위에서 아래로 내려다볼 때 더 큰 것으로 평가하였는데, 연구자들은 가파른 오르막보다 가파른 내리막이 신체적 노력이 더 크게 들기 때문이라고 설명한다. 이 가설을 지지하는 연구들은 상당히 많다. 무거운 배낭을 짊어졌을 때가 그렇지 않을 때 비해 같은 경사임에도 더 가파르게 지각되는 경향이 있다(Bhalla & Proffitt, 1999). 스케이트보드를 탔을 때가 그렇지 않을 때에 비해 내리막 경사가 더 가파르게 지각되는 경향이 있다(Stefanucci 등, 2008). 이 결과들은 신체적 노력 또는 신체적 두려움이 경사 지각에 영향을 주었기 때문으로 추론된다. 그렇지만 이 실험 결과들을 의심의 눈초리로 바라보는 연구자들도 있다. 이들에 따르면 신체 상태에 따라 경사가 다르게 판단되는 것은 지각이 아니라 단순히 실험 참가자들의 실험 요구에 부응하려는 사회적 편향 때문이라고 지적한다(Durgin 등, 2009).

일상에서 자신이 발을 딛고 있는 땅이 얼마나 기울어져 있는지는 크게 생리적 정보와 시각 정보의 도움으로 알 수 있다. 생리적 정보는 중력을 탐지하는 청각체계에 있는 전정기관(vestibular organ)과 신체의 근육과 건에서 발생하는 자기고유감각(proprioceptive sense)에서 온다. 생리적 정보는 어둠 속에서도 유효하므로 눈을 감고서도 밟고 있는 땅이 얼마나 기울었는지 알 수 있다. 지면의 기울기에 대한 시각적 정보는 벽, 문, 창틀, 기둥, 책상, 옷장, 나무, 집 등 일상에서 흔히 볼 수 있는 대상들에서 온다. 일반적으로 생리적 정보와 시각적 정보가 말해 주는 지면의 기울기는 거의 일치한다. 그렇지만 종종 우리는 이 두 정보가 서로 갈등을 일으키도록 인위적으로 환경을 바꿀 수 있다. 놀이공원이나 과학체험관에 있는 기울어진 방은 바닥, 벽, 창문, 물체들이 한쪽으로 기울어져 있는데, 이 안에서는 똑바로 서 있는 것이 힘들다. 이는 시각 정보에 의해 생리적 정보에 따른 경사 지각이 왜곡되기 때문인데 이를 광학적 편향(optical bias)이라고 한다(Stoper & Cohen, 1989).

시각 정보는 자신과 멀리 떨어진 지면의 경사를 지각할 때 중요하다. 연구자들은 도로와 같은 앞으로 길게 펼쳐진 지면에 대한 경사 파악에 대해 눈 수준이라는 개념을 사용한다. 눈 수준(eye level)이란 지면에서부터 두 눈의 지점을 가로지르는 평면을 말하는데 눈높이의 의미를 포함

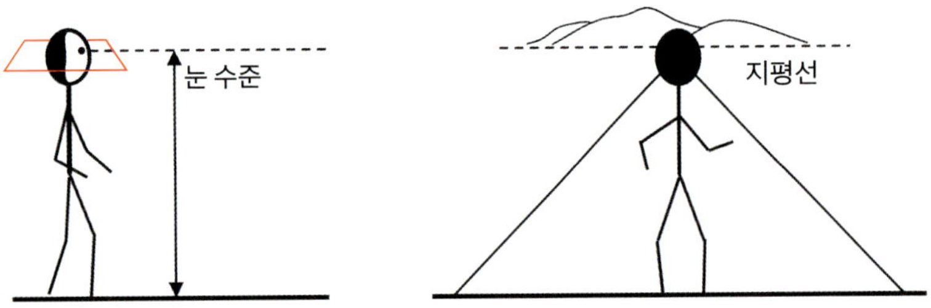

그림 5-29 눈 수준과 지평선의 관계.
지면에서 두 눈까지의 높이로 멀리 있는 지평선을 바라볼 때 눈 수준과 지평선은 시각적으로 일치한다.

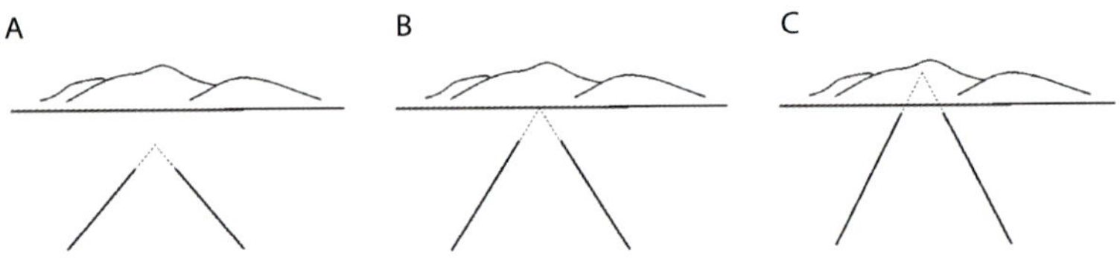

그림 5-30 눈 수준 단서에 의한 경사 판단.
(A) 내리막길. (B) 평평한 길. (C) 오르막길.

한다(그림 5-29). 눈 수준은 생리적 정보와 시각적 정보에 의해 명세 된다. 앞서 설명한 경사의 생리적 기관들은 관찰자가 서 있는 위치에서 중력 방향에 민감하므로 관찰자가 똑바로 서게 해 주며 이때 눈 수준은 지면과 수직을 이룬다. 만일 관찰자가 똑바로 선 채 전방을 주시했을 때 눈 수준은 무한히 앞으로 나간다. 한편, 관찰자가 서 있는 지면이 만일 경사가 없이 편평하다면 역시 앞으로 무한히 진행될 것이다. 결국 눈 수준과 편평한 지면은 수평선에서 하나로 만나게 된다. 이는 평행하게 달려가는 철도의 두 레일이 지평선 상에서 하나의 소실점(vanishing point)으로 만나는 원리와 같다. 따라서 지평선(horizontal line)은 표면의 경사를 지각하는 데 매우 강력한 시각적 단서가 될 수 있다.

그림 5-30은 지평선을 이용하여 도로의 경사를 판단하는 예를 보여 준다. 똑바로 땅 위에서 있을 때 만일 어떤 표면의 구획이 갖는 선원근의 소실점이 지평선의 높이와 일치하면 편평한 것으로, 만일 지평선 위로 향한다면 오르막으로, 지평선 아래로 향한다면 내리막으로 지각될 것이다.

도깨비 도로

실제로는 내리막길인데 오르막길로 보이거나 실제로는 오르막길인데 내리막길로 보이는 도로가 있다. 도깨비 도로(spook road), 신비의 도로(mystery road), 자석 언덕(magnetic hill), 중력 언덕(gravity hill) 등 다양한 이름으로 불리는데, 학문적으로 반중력 언덕(antigravity hill)으로 불린다. 도깨비 도로를 실험실에서 연구하기는 쉽지 않다. Bressan 등(2003)은 실험실에서 처음으로 도깨비 도로를 일으키는 요인들을 확인하였다. 연구자들은 2.4m 길이의 도로 모형을 설치하였고, 참여자들은 작은 구멍 하나로 도로를 볼 수 있어 입체에 의한 거리 단서가 배제되었다. 도로 주변의 맥락이 차례대로 교체되어 참여자들은 도로가 얼마나 기울었는지 보고하였다(그림 5-31).

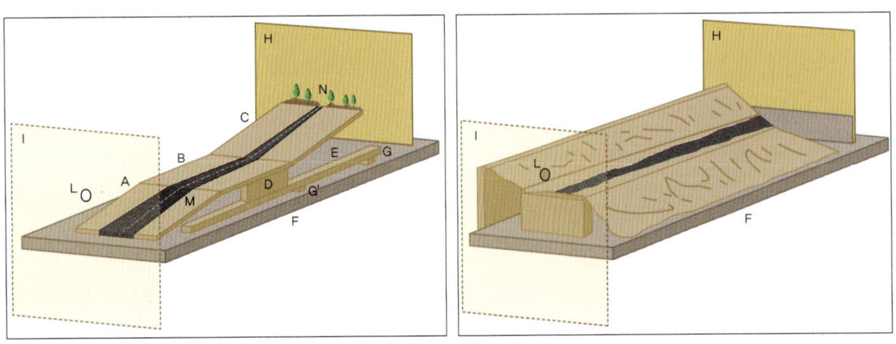

그림 5-31 경사 착시 실험 자극.
(왼쪽) 아랫길과 윗길의 경사 맥락을 측정하기 위한 장치. (오른쪽) 옆 도로의 경사와 지평선의 위치 맥락을 측정하기 위한 장치. 참여자들은 작은 구멍(L)을 통해 한 눈으로 내부를 관찰하였고, 5점 척도로 기울기를 평정하였다(-2: 상당히 내리막이다, -1: 약간 내리막이다, 0: 수평이다, +1: 약간 오르막이다, +2: 상당히 오르막이다)(Bressan 등, 2003).

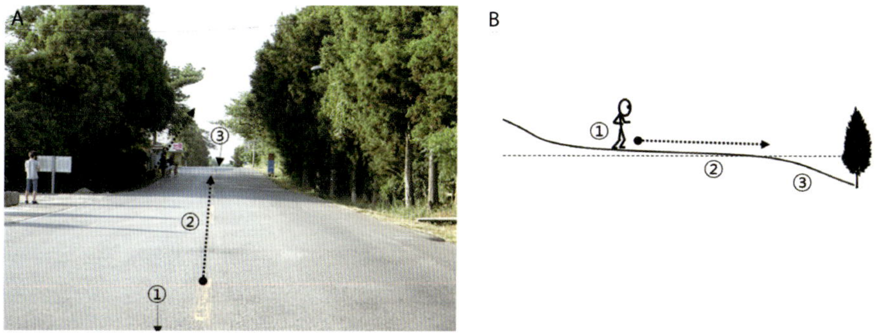

그림 5-32 제주도 노형동 도깨비 도로.
(A) 1의 지점에 서서 반대편을 보면 2의 지점이 내리막으로 지각된다. (B) 경사 개요도. 3의 지점의 가파른 내리막으로 도로 끝이 시각적으로 단절되고 건너편 나무의 윗부분이 보인다. 시각적 단절과 나무 윗부분 단서는 오르막길에서 흔히 볼 수 있는데, 이 단서들이 지면의 경사가 애매한 경우 오르막이라는 착시를 일으킬 수 있다.

실험 결과, 크게 3가지 주변 맥락 요인이 검증되었다. 첫째, 먼 도로나 가까운 도로의 경사 대비 효과가 관찰되었다. 예를 들어, 먼 도로가 실제로 오르막인 경우 앞 도로는 실제로는 약간 오르막이어도 내리막으로 지각될 수 있다. 둘째, 옆 도로에 따른 대비 효과가 관찰되었다. 예를 들어, 두 갈래 길이 있을 때 왼쪽 도로가 실제로 오르막인 경우 오른쪽이 내리막으로 지각될 수 있다. 셋째, 지평선의 높이에 따른 효과가 발견되었다. 지평선이 도로보다 위에 있을 때 도로는 내리막으로 지각될 수 있으며, 지평선이 도로보다 아래에 있을 때 도로는 오르막으로 지각될 수 있다. 그런데 도깨비 도로 현상을 일으키는 도로의 경사는 매우 낮았으며, 너무 분명할 때 잘 일어나지 않았다.

전 세계에는 이런 착시를 일으키는 도로가 많이 알려져 있으며 우리나라도 20곳 이상에서 관찰된 것으로 보고된다. 대표적으로 제주도 제주시, 경기도 의왕시, 세종시 비암사, 충북 제천시에 있는 도로가 유명하며, 시에서 명소로 관리하고 있다. 대부분 도깨비 도로를 일으키는 도로의 경사는 매우 낮아 지면에서 오는 중력을 이용한 고유감각으로 경사를 판단하기 어렵다. 실제 경사를 확인하기 위해서는 자동차 시동을 끈 채 기어를 중립에 놓아 굴러가게 하거나 물을 흘려 내려가는 방향을 통해 알 수 있다. 경사 자체가 낮아 실제 기울기를 판단하기 어려운 경우 주변의 시각 단서들은 도로의 실제 경사를 왜곡시킬 수 있다. 우리나라의 경우 옆 도로와 경사 대비, 그리고 도로 끝의 갑작스러운 단절과 가로수의 높이 단서 등이 주요 원인으로 평가된다(Oh, 2018). 그림 5-32는 제주도 노형동의 도깨비 도로이다.

정리

이 장에서는 공간에 대한 간접 지각 이론과 직접 지각 이론을 중심으로 살펴보았다. 어느 쪽이 옳은지를 판정하기는 매우 어려운데 저마다 잘 설명하는 지각 현상들이 있다. 넓은 들녘과 같은 공간에서 살아가는 생물체의 지각에 관해서는 직접 지각의 설명이 강점을 지닌다. 곤충을 포함하여 육상에 사는 대부분의 생물체는 오랜 시간 학습 없이도 태어나자마자 곧바로 3차원 세상을 아무런 문제없이 잘 누비고 다닐 수 있다. 그렇지만 사람이 사는 공간은 다를 수 있다. 사람이 보는 공간에는 실세계뿐만 아니라 벽에 걸린 그림처럼 2차원 대상 역시 포함되기 때문이다. 또한 사람의 뇌는 학습에 매우 민감하여 자주 본 대상에 대해서는 이전 경험을 반영하거나 해석하거나 대상과 함께 나타난 맥락을 고려하여 지각하려는 성질이 강하다.

더 읽어 보기

깊이 단서들의 상대적 신뢰도에 따른 지각체계의 의존에 대해서는 Jacobs(2002)를 보라. 거리 지각에 대한 짧은 개관을 살펴보기 위해서는 Proffitt(2006)를 보라. 공간 지각에 관한 개관은 Sedgwick(2008)를 보라. 기하학적 착시에 관한 개관과 설명에 대해서는 Ninio(2014), Gregory(1968), Rock(1975)를 보라. 착시에 대한 분류에 대한 철학적 소고는 Gregory(1997)를 보라. 착시에 대한 신경과학적 접근은 Eagleman(2001)을 보라. 도깨비 도로에 관한 실험실 실험에 대해서는 Bressan 등(2003)을 보라. 물체의 크기와 위치를 판단하는 데 함께 제시된 배경을 참조틀로 이용하기 위해서는 충분한 시각 학습이 필요하다. 따라서 나이가 어린 아동은 어른들에 비해 크기와 위치, 착시를 경험하기 어려울 가능성이 있다. 에빙하우스 착시에 관한 발달 효과에 대해서는 Doherty 등(2010)과 Káldy와 Kovács(2003)를 보라. 우리나라 도깨비 도로에 관한 설명은 Oh(2018)를 보라.

| 참고문헌 |

Bhalla, M. & Proffitt, D. R. (1999). Visual-motor recalibration in geographical slant perception. *Journal of Experimental Psychology: Human Perception and Performance*, *25*, 1076-1096.

Bressan, P., Garlaschelli, L., & Barracano, M. (2003). Antigravity hills are visual illusions. *Psychological Science*, *14*(5), 441-449.

Cutting, J. E., & Vishton, P. M. (1995). Perceiving layout and knowing distances: the integration, relative potency, and contextual use of different information about depth. In W. Epstein & S. Rogers (Eds.), *Handbook of Perception and Cognition, Vol 5; Perception of Space and Motion* (pp. 69-117). San Diego, CA: Academic Press.

Doherty, M. J., Campbell, N. M., Tsuji, H., & Phillips, W. A. (2010). The Ebbinghaus illusion deceives adults but not young children. *Developmental Science*, *13*(5), 714-721.

Durgin, F. H., Baird, J. A., Greenburg, M., Russell, R., Shaughnessy, K., & Waymouth, S. (2009). Who is being deceived? The experimental demands of wearing a backpack. *Psychonomic Bulletin & Review*, *16*(5), 964-969.

Eagleman, D. M. (2001). Visual illusions and neurobiology. *Nature Reviews Neuroscience*, *2*(12), 920-926.

Gibson, E. J. & Walk, R. D. (1960). Visual cliff. *Scientific American*, *202*, April, 64.

Gibson, J. J. (1950). *The Perception of the Visual World*. Boston: Houghton Mifflin.

Gibson, J. J. (1966). *The Senses Considered as Perceptual Systems*. Boston: Houghton Mifflin.

Gibson, J. J. (1979). *The Ecological Approach to Visual Perception*. Boston: Houghton Mifflin.

Gregory, R. L. (1968). Perceptual illusions and brain models. *Proceedings of the Royal Society of London. Series B., Biological Sciences*, *171*(1024), 279-296.

Gregory, R. L. (1997). Knowledge in perception and illusion. *Philosophical Transactions of the Royal Society B: Biological Sciences*, *352*(1358), 1121-1127.

Gregory, R. L. & Wallace, J. G. (1963). Recovery from early blindness. *Experimental Psychology Society Monograph*, *2*, 65-129.

Häkkinen, J. & Gröhn, L. (2016). Turning water into rock: the inverted waves effect. *i-Perception*, *7*(1), 2041669515627951.

Hudson, W. (1960). Pictorial depth perception in sub-cultural groups in Africa. *Journal of Social Psychology*, *52*(2), 183-208.

Jacobs, R. A. (2002). What determines visual cue reliability? *Trends in Cognitive Sciences*, *6*(8), 345-350.

Johnson, S. P. & Aslin, R. N. (2000). Infants' perception of transparency. *Developmental Psychology*, *36*(6), 808.

Káldy, Z. & Kovács, I. (2003). Visual context integration is not fully developed in 4-year-old children. *Perception*, *32*(6), 657-666.

Kaufman, L. & Rock, I. (1962). The moon illusion, I. *Science 136*, 953-961.

Kersten, D., Knill, D. C., Mamassian, P., & Bülthoff, I. (1996). Illusory motion from shadows. *Nature*, *379*, 31.

Metelli, F. (1974). The perception of transparency. *Scientific American*, *230*(4), 90-98.

Ninio, J. (2014). Geometrical illusions are not always where you think they are: a review of some classical and less classical illusions, and ways to describe them. *Front. Hum. Neurosci*, *8*(856).

Oh, S. (2018). Antigravity hills in Korea: psychological understanding and suggestions for the utilization. *Tamla Munhwa*, *57*, 307-344. 오성주(2018). 우리나라의 도깨비 도로: 심리학적 설명과 활용 제안. 탐라문화, 57, 307-344.

Ooi, T. L., Wu, B. & He, Z. J. (2001). Distance determined by the angular declination below the horizon. *Nature*, *414* (6860), 197-200.

Philbeck, J. W. & Loomis, J. M. (1997). Comparison of two indicators of perceived egocentric distance under full-cue and reduced-cue conditions. *Journal of Experimental Psychology: Human Perception and Performance*, *23*(1), 72.

Proffitt, D. R. (2006). Distance perception. *Current Directions in Psychological Science*, *15*(3), 131-135.

Proffitt, D. R., Bhalla, M., Gossweiler, R., & Midgett, J. (1995). Perceiving geographical slant. *Psychonomic Bulletin & Review*, *2*(4), 409-428.

Ramachandran, V. S. (1988). Perception of shape from shading. *Nature*, *331*(6152), 163.

Rock, I. (1975). *An Introduction to Perception*. New York: Macmillan Publishing Co., Inc.

Rock, I. & Kaufman, L. (1962). The moon illusion, II. *Science*, *136*, 1023-1031.

Sedgwick, H. A. (2008). Visual space perception. In E. B. Goldstein (Ed.), *The Blackwell Handbook of Sensation and Perception* (pp. 128-166). John Wiley & Sons.

Shimamura, A. P. & Prinzmetal, W. (1999). The mystery spot illusion and its relation to other visual illusion. *Psychological Science*, *10*(6), 501-507.

Sinai, M. J., Ooi, T. L., & He, Z. J. (1998). Terrain influences the accurate judgement of distance. *Nature*, *395*(6701), 497-500.

Stefanucci, J. K., Proffitt, D. R., Clore, G. L., & Parekh, N. (2008). Skating down a steeper slope: fear influences the perception of geographical slant. *Perception*, *37*, 321-323.

Stoper, A. E. & Cohen, M. M. (1989). Effect of structured visual environments on apparent eye level. *Perception & Psychophysics*, *46*(5), 469-475.

Wardle, S. G. & Carlson, T. A. (2015). Zen mountains: an illusion of perceptual transparency. *i-Perception*, *6*(2), 108-110.

06 입체 지각

왜 우리는 눈이 2개일까? 우리 몸은 좌우가 대칭이다. 몸을 이루는 많은 기관은 좌우에 하나씩 있다. 귀, 팔, 다리 등이 하나씩이고, 코와 입도 하나이지만 뇌에서 왼쪽과 오른쪽을 담당하는 영역은 서로 나눠져 있다. 이는 진화론적으로 유리하기 때문일 것이다. 그렇다면 왜 눈은 3개는 아닐까? 아마도 2개일 때 비해 이득이 적고, 오히려 유지하는 데 많은 에너지가 소모되기 때문일 것이다. 또한 안경값도 부담이 될 것이다.

다른 대부분의 포유동물들 역시 눈이 둘이다. 그렇지만 배열은 서로 조금씩 다르다. 사슴, 토끼, 닭의 눈은 양쪽을 향해 있고 고양이, 개, 돼지는 앞을 향해 있다. 눈 하나가 담당하는 바깥 세상의 영역이 같다고 했을 때, 두 눈이 바라보는 시야가 비슷할수록 중첩되는 시야는 더 많아질 것이다. 시야가 중첩되는 곳에 놓인 바깥 사물들은 조금씩 망막에 맺히는 상이 다른데 이를 이용하여 뇌는 입체를 구현한다. 입체시는 가까운 거리에 놓인 물체의 깊이를 정밀하게 계산하는 데 유리하다. 호랑이와 사자처럼 육식 동물들은 두 눈의 시야가 크게 중첩되어 있어 살아 있는 먹이를 잡을 때 매우 유리하다. 그렇지만 입체시가 반드시 살아가는 데 필수적인 것은 아니다. 왜냐하면 앞에서 살펴보았듯이 입체시 이외에 깊이를 파악할 수 있는 단서는 아주 많기 때문이다. 실제로 입체시를 보지 못함에도 평생 아무런 문제없이 살아온 사람들도 많다.

이 장에서는 먼저 두 눈으로 세상을 보았을 때 일어나는 입체시의 원리에 대해 알아보자. 그다음 입체시가 물체 재인과 어떤 관련이 있는지를 살펴본다. 마지막으로 입체시를 구현하여 장면을 제시하는 기술에 대해 살펴보자.

양안부등

동물 대부분은 두 눈으로 세상을 바라본다. 거미처럼 눈이 6개 이상인 경우도 있지만 시력이 좋은 것은 아니다. 사람 역시 두 눈이 5.5~6.5cm 정도 떨어져 있으며 이 간격을 두고서 세상을 본다. 한 손에 연필을 쥐고 허공으로 뻗어 연필을 똑바로 세워 보라. 왼쪽 눈과 오른쪽 눈을 번갈아 떴다가 감으면서 연필과 배경의 위치 차이를 확인해 보라. 멀리 있는 배경은 거의 가만히 있고, 그 대신 연필은 좌우로 크게 움직일 것이다. 이렇게 두 눈에 맺히는 상이 조금씩 다른데 이를 양안부등(binocular disparity)이라고 한다. 평소에 양안부등을 깨닫기 어려운데 두 눈에 다르게 맺힌 이미지가 융합(fusion)되어 하나의 결과물이 의식되기 때문이다. 융합된 시각에는 깊이라는 새로

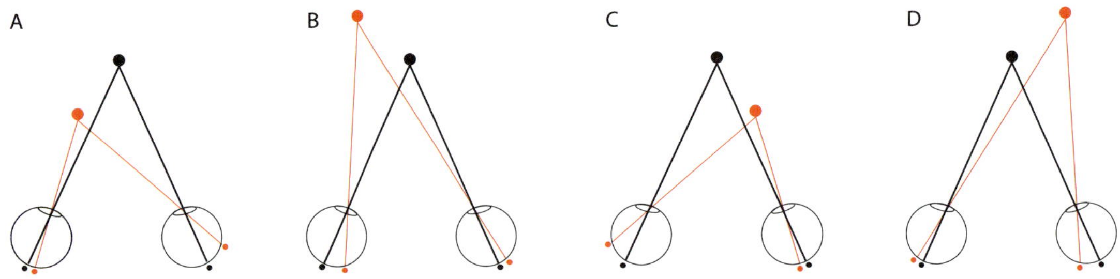

그림 6-1 입체와 눈의 관계.
검은 점에 응시하고 있을 때 검은 점의 이미지는 중심와에 맺힌다. 반면, 앞에 놓인 빨간 점과 멀리 놓인 빨간 점은 중심와를 기준으로 두 눈에 맺히는 위치에서 차이를 보인다. (A, B) 왼쪽에 놓인 물체는 망막의 오른쪽에 맺히며, 중심와에서 거리가 두 눈에서 다르다. (C, D) 오른쪽에 놓인 물체는 망막 왼쪽에 맺히며, 깊이에 따라 중심와에서 떨어진 거리가 다르다.

운 차원이 떠오르며 이는 그림 단서에 따른 깊이감과 다른 느낌이다.

그림 6-1은 양안부등을 간단하게 예시한다. 깊이가 다른 두 점을 바라볼 때 두 눈의 망막에 맺히는 지점이 표시되어 있다. 검은 점을 응시한다고 했을 때 이 점들은 두 눈의 망막 중심와에 맺힌다. 가깝거나 멀리 놓인 빨간 점들은 중심와에서 떨어진 곳에 맺히는데 중심와에서 떨어진 상대적 거리가 짧거나 길다. 이 거리 차이가 바로 양안부등을 일으키며 지각체계에서 이 정보를 이용하여 깊이가 느껴지는 입체시(stereopsis)를 갖게 된다. 주의 깊게 볼 점으로, 이 거리 차이가 물체의 깊이에 따라 두 눈에서 반대로 나타난다. 이 예에서, 앞에 놓인 점은 왼쪽 눈에서 두 점의 거리가 가깝고 오른쪽 눈에서 멀다. 반면, 멀리 놓인 점은 왼쪽 눈에서 두 점의 거리가 멀고 오른쪽 눈에서 가깝다. 그러므로 두 눈에 맺힌 상의 중심와에 떨어진 상대적 거리와 거리의 부호 차이가 양안부등의 주요 정보가 된다.

이 그림에서 알 수 있듯이 응시점 근처에 놓인 점들은 양안부등이 없거나 매우 작아 같은 깊이로 보이지만 응시하는 곳에서 깊이 차원에서 멀리 떨어진 점일수록 양안부등이 커 깊이가 더 크게 지각된다. 그런데 양안부등이 너무 크면 융합된 단일한 지각이 아닌 이중 지각을 복시(diplopia)라고 한다. 그림 6-2는 융합이 되어 이미지가 단일하게 보이는 영역과 융합이 일어나지 않아 이중으로 보이는 영역을 예시한다. 응시하고 있는 지점을 중심으로 양안부등이 일어나지 않는 깊이를 호롭터(horopter)라고 한다. 이는 마치 거대한 구와 같다. 호롭터를 중심으로 앞뒤에 놓인 물체들은 융합이 일어나 단일 이미지로 지각되는데 이를 패넘 융합 영역(Panum's fusional area)이라고 한다. 우리가 보는 세상은 거의 모든 영역이 단일하게 보이는 것처럼 의식된다는 점을 고려하면 이 영역이 그리 크지 않음에 놀라게 된다. 그렇지만 노력하면 복시를 쉽게 경험할 수 있다. 가장 간단한 방법은 두 주먹을 쥐고 검지만 치켜세운 채 두 손을 앞뒤로 나란히 놓고 어느 한쪽 검지 끝만 응시한 채 다른 쪽 검지를 가까이 또는 멀리 움직여 보는 것이다. 두 검지는 깊이가 어느 정도 비슷할 때 단일한 이미지의 입체감이 느껴지지만, 응시하지 않은 손가락은 이중으로 보일 것이다.

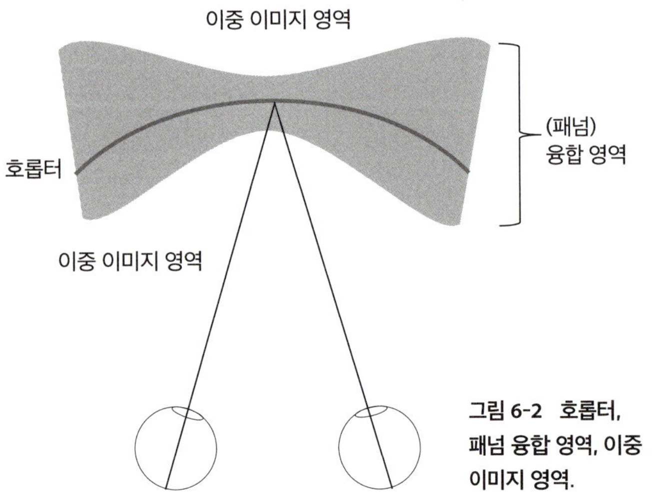

그림 6-2 호롭터, 패넘 융합 영역, 이중 이미지 영역.

이미지가 이중으로 보일 때도 깊이 정보가 들어 있

는데, 이를 2차 입체시라고 한다. 반면, 단일한 이미지로 융합되는 것을 1차 입체시라고 한다. 1차 입체시를 고운 입체시(fine stereopsis), 2차 입체시를 거친 입체시(coarse stereopsis)라고 부르기도 한다(Wilcox & Allison, 2009). Giaschi 등(2013)은 나이에 따라 어떻게 1, 2차 입체시가 발달하는지를 살펴보기 위해 4~40세에 이르는 사람들을 모았다. 관찰자들에게 3차원 자극을 모니터와 셔터형 3D 글라스를 이용하여 제시되었다. 관찰자들은 각 화면을 보고 부등이 없는 참조 표면에 비해 포켓몬이 앞에 놓여 있는지 뒤에 놓여 있는지를 판단하였다. 정확하게 응답한 비율을 계산하여 살펴보니 거친 입체시는 4세 정도에 발달이 완성되지만 고운 입체시는 중학생 나이가 될 때까지 발달하였다. 따라서 고운 입체시는 상당한 시각 경험이 필요한 것으로 추론된다. 심지어 평생 고운 입체시를 경험하지 못하는 사람도 있는데 이를 입체맹(stereo-blindness)이라고 한다. 대체로 1/10 정도의 사람들이 입체맹인데 특별한 자극을 통하지 않고서는 깨닫지 못한다. 그 이유는 다른 깊이 단서들이 풍부해 일상생활에 전혀 문제가 없기 때문이다. 입체맹이던 사람이 3D 영화를 본 후 입체시를 되찾은 사례도 있다. 67세의 신경과학자인 Bruce Bridgeman은 가족과 함께 3D 영화를 보면서 입체시를 회복하였다. 극장에 들어가기 전에는 세상이 편평했는데 나올 때는 입체로 보였다고 한다!

그림 6-3 Frisby 입체 검사판.
두 영역 중 어느 쪽이 더 가까운지를 판단한다(홈페이지에서 갈무리: frisbystereotest.co.uk).

그림 6-4 Evan Walters의 그림(Self-portrait with candle, 1939).
얼굴의 깊이를 강조하기 위해 앞에 놓인 촛불을 이중 이미지로 그렸다.

입체시를 위한 다양한 검사 도구들이 고안되었다. 그림 6-3은 입체시 연구의 권위자인 Frisby가 고안한 검사판의 예이다. 투명한 플라스틱판 앞과 뒤에 낯선 무늬들이 프린트되어 플라스틱판 두께만큼 서로 깊이가 다르다. 만일 입체시에 민감한 사람이라면 같은 거리에서도 얇은 두께의 검사판 조건에서 어느 쪽이 더 앞에 있고 뒤에 있는지 더 잘 알아맞힐 것이다. 이 검사를 통해 관찰자의 입체시 능력이 얼마나 정밀한지 측정할 수 있다.

응시점과 너무 가깝거나 멀어서 이중 이미지가 보일 수 있는데 이를 적극적으로 그림에 이용한 화가들도 있다. Evan Walters는 대표적인 화가로 그가 그린 그림 6-4를 잠시 감상해 보자. 거울 속에 비친 자신의 얼굴을 응시할 때 앞에 놓인 촛불들이 이중 이미지로 보이는데, 그림에서 두 촛불을 이중으로 그리고 반투명하게 표현하였다. 이 그림에서 얼굴을 응시해야 깊이감을 더 잘 느낄 수 있다. 실제로 이중 이미지가 흐릿하게 표현될 때 사람들은 그림에서 깊이감을 더 느끼는 것으로 조사되었다(Pepperell & Ruschkowski, 2013).

양안경쟁

일상생활에서 복시를 잘 의식하지 못하는 이유는 뇌의 노력도 개입하는 것처럼 보인다. 즉, 실세계에 물체들이 2개씩 있을 가능성은 거의 없으므로 지각체계에서 복시를 무시하는 전략을 사용할 수 있다. 만일 두 눈에 맺히는 상이 크게 다르면 어떻게 될까? 서로 섞여 보이게 될까? 결론적으로, 두 눈에 제시된 이미지의 시야각이 1° 이내로 작으면 한 번에 어느 한 이미지 전체만 의식되며, 이미지가 충분히 크면 두 이미지의 부분들이 따로따로 자리를 차지하여 이상한 조각 모음처럼 지각된다(그림 6-5A). 특히 섞여 보이는 대상이 몇 초 간격을 두고 계속 바뀌는데, 이는 지각체계에서 융합과 억압을 계속 시도함을 시사한다. 두 이미지끼리 중첩이 아닌 자리를 서로 차지하려는 현상으로 나타나기 때문에 이를 양안경쟁(binocular rivalry)이라고 한다. 일상에서 우리 두 눈이 경험하는 대상들은 거의 모든 경우 내용이 같기 때문에 양안경쟁을 일 경험하기는 거의 불가능하다. 실제로 이 현상은 16세기에 와서 처음 보고되었다(Wade, 1996).

한편, 양안경쟁은 인지적인 요인에 의해서도 영향받을 수 있다. Kovacs 등(1996)은 그림 6-5B의 위 두 이미지처럼 처음부터 부분이 섞여 있는 그림을 만들어 두 눈에 각 이미지가 맺히게 하였다. 그 결과, 관찰자들은 의미 있는 하나의 그림이 주로 의식되었다. 즉, 양안경쟁은 단순히 억압만이 아닌 대상을 의미 있게 조직화하려는 노력임을 시사한다. 그러므로 평소에 복시를 잘 경험하지 못하는 이유 역시 지각체계가 대상을 의미 있게 처리하려는 적극적인 노력 때문일 가능성도 있다.

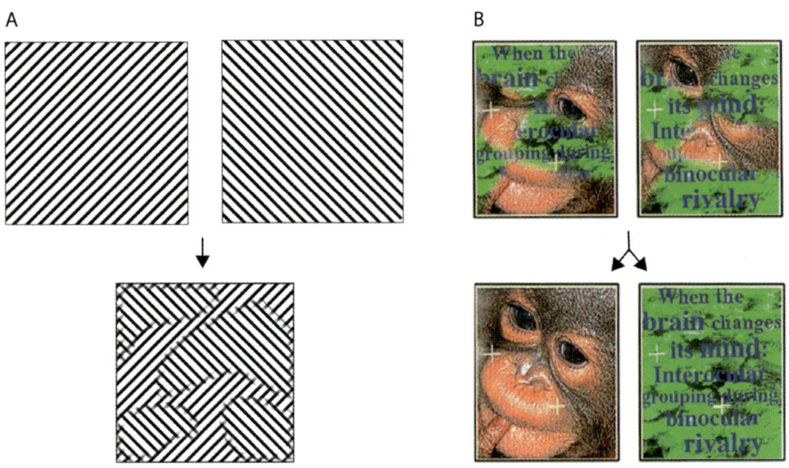

그림 6-5 양안경쟁 예시.
(A) 위의 두 그림을 두 눈에 따로 제시했을 때 아래처럼 조각 모음으로 지각된다. (B) 조각난 두 그림을 두 눈에 따로 제시했을 때 온전한 이미지가 한 번에 하나씩 지각된다.

대응문제

앞에서 입체시의 원리에 대해 간략히 살펴보았다. 그런데 지각체계는 두 눈에 맺힌 각 점을 어떻게 짝지어 융합을 이뤄 낼까? 이는 입체대응문제(stereo correspondence problem)라고 불린다. 그림 6-6을 살펴보자. 대응문제를 예시하기 위해 단지 점 5개로만 각 이미지를 구성하였다. 이론적으로 왼쪽에 있는 점들이 오른쪽에 있는 점들과 대응될 수 있는 확률은 5! = 120가지이다. 그렇지만 우리가 보는 세상은 엄청나게 복잡하여 각 눈에 맺힌 점들은 셀 수 없이 많으므로 대응의 가짓수는 천문학적이다! 벽지처럼 부분들이 똑같은 형태와 색으로 되풀이될 때 지각체계가 대응문제를 잘못 푸는 경우가 있다. 벽지 무늬가 실제보다 앞에 있는 것처럼 보일 수 있는데 이를 벽지 착시(wallpaper illusion)라고 한다. 간혹 화장실 타일에서도 볼 수 있다.

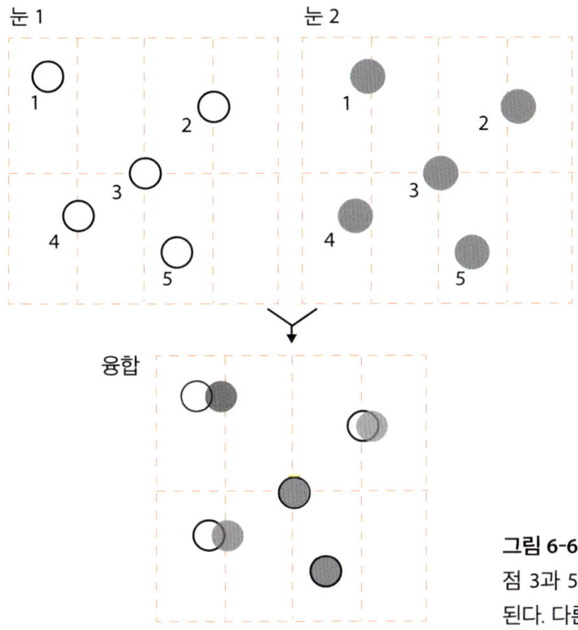

그림 6-6 거리에 따른 대응의 예.
점 3과 5는 부등이 없으므로 바탕의 사각형들과 함께 기준 표면이 된다. 다른 점들은 기준 표면보다 더 멀리 있거나 가깝게 보인다.

어떻게 지각체계는 이 험난한 문제를 풀까? 우리가 보는 이미지들은 흔히 점이 아니라 길이, 두께, 대비, 방향, 코너, 색 등 매우 다양한 특징을 가지고 있다. 따라서 이 특징들을 우선 짝지은 다음 작은 부분들 내부적으로 정밀하게 짝지으면 쉽게 대응문제가 풀릴 것이다. 그런데 놀랍게도 우리는 순수하게 작은 점들만으로도 구성된 입체도에서 대응문제를 쉽게 풀 수 있다. 그림 6-7처럼 무선점으로 그려진 입체도를 무선점 입체도(random dot stereogram)라고 한다. 이런 유형의 그림을 처음으로 고안하여 큰 인기를 끈 사람은 Bela Julesz이다. 무선점 입체도는 단지 재미만 있는 것이 아니라 입체시에서 매우 중요한 이론적 함의를 지닌다. Julesz(1964)는 순수한 양안부등만으로 입체시가 가능한지 알아보고 싶었다. 이전 연구들에서 양안부등이 깊이 지각에 중요하리라고 제안되었지만 다른 깊이 단서를 모두 제거해서 순수하게 양안부등만으로도 깊이 지각이 가능한지에 대해서는 알지 못하였다. 일상에서 보는 장면으로 양안부등을 실험하는 자극을 만들었을 때 그 장면에 대한 단안 깊이 단서와 친숙성의 영향을 제거하기 어렵다. 따라서 양안부등으로 보았을 때 무의미해 보이는 자극으로도 깊이가 지각 가능한지를 알아보는 게 필요하였다. 이에 따라 Julesz는 그림 6-7과 같은 무선점으로 이뤄진 입체도를 만들었다. 두 이미지에는 겉으로 보기에 아무런 도형이 들어 있지 않지만 부등 정보는 들어 있다. 그래서 두 눈에 각 그림을 투사하면 이 부등이 탐지된다. 만일 부등만으로도 깊이가 탐지될 수 있다면 무선점 속에 감추어진 형태가 보일 것이다. Julesz 연구 이후에 단일 이미지로 된 무선점 입체도도 개발되어 있는데 이를 자체입체도(autostereogram)라고 하며, 매직아이(magic eye)라는 용어로 더 많이 알려져 있다(매직아이 만들어 보기 ☞Google: stereogram builder).

그림 6-7 무선점 입체도 예시.
눈을 화면에 바짝 댄 채 눈 초점을 흐트러뜨리면서 아래 두 점이 세 점으로 보이도록 하라. 세 점 가운데 가운뎃점에 응시하면서 천천히 그림에서 얼굴을 뒤로 움직여라. 약 30cm 정도 떨어져 있을 때 점 3개를 계속 의식하면서 천천히 위에 있는 무선점 그림으로 시선을 옮겨 보라. 어떤 구체적인 형태가 보인다면 성공한 것이다(아래 두 점은 편리를 위해 넣음).

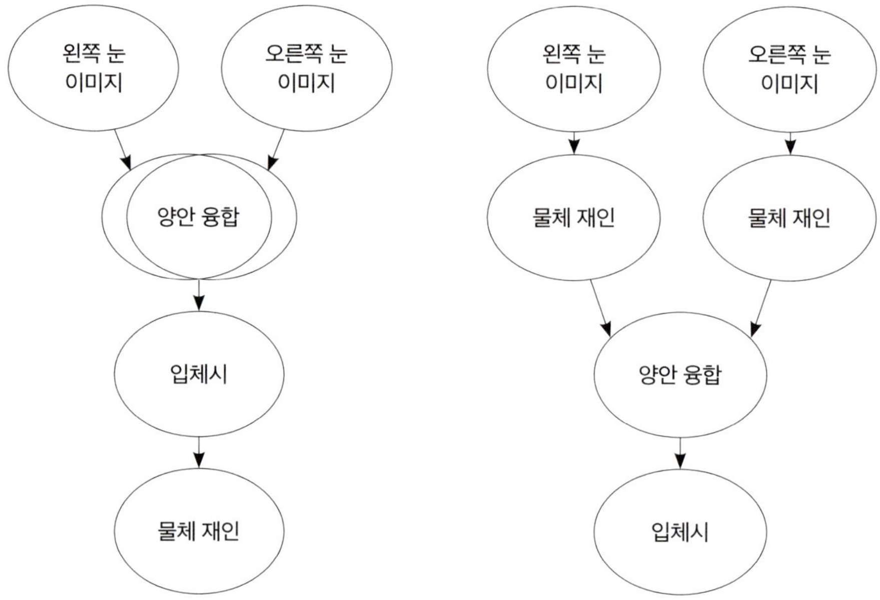

그림 6-8 깊이처리에 대한 두 이론.
(왼쪽) 양안부등이 먼저 일어나고 깊이 처리와 물체 재인이 뒤이어 일어난다. (오른쪽) 물체 재인이 먼저 일어나고 깊이 지각이 뒤이어 일어난다.

그림 6-8은 무선점 입체도에 따른 깊이 지각이 물체 재인보다 선행한다는 이론과 물체 재인이 깊이 지각에 선행한다는 이론을 정리한 것이다. 무선점 입체도가 타당하다고 해서 물체 선행 이론이 틀렸다는 뜻은 아니다. 단지 순수하게 양안부등 처리가 선행될 수도 있다는 사실을 수용하는 것이 더 타당하다. 양안 융합이 없거나 심지어 양안 융합과 일치하지 않음에도 물체 재인이 우세하여 실제 깊이가 왜곡되어 처리된다는 제안도 있다.

신경과학에서 양안부등에 따른 깊이를 처리하는 영역이 뇌 어디에 존재하는지에 대한 관심은 오래되었다. 1960년대 중반부터 주로 고양이와 원숭이 같은 동물을 대상으로 탐구되었다. 양안부등을 처리하는 신경세포가 있다면 이 세포는 적어도 두 눈에서 입력을 받아야만 한다. 두 시야에서 오는 정보가 최초로 모이는 곳은 시각피질의 V1이다. 따라서 연구자들은 V1과 인근의 영역들에 있는 세포들의 활동을 측정하였다. 이 연구들에서 두 눈에 제시되는 자극은 형태와 색은 동일하지만 망막에 맺히는 상은 특수한 고글이나 프리즘을 통과하므로 양안부등의 크기가 조금씩 다르다. 동물을 대상으로 수행된 연구들에서 양안부등에 민감한 세포들은 V1만이 아니라 시각피질의 여러 영역에서 발견되었다(Hubel 등, 2013). 사람을 대상으로 한 fMRI 연구에서도 시각경로에서 등쪽경로에 있는 V3A 영역이 주로 양안부등 정보를 처리하는 것으로 나타났다(Goncalves 등, 2015). 이처럼 아직 신경과학적으로 양안부등을 전담하는 영역이 확정되지 않은 것은 어쩌면 입체시가 단일한 시각 특성이 아니라 여러 특성이 함께 고려되어야 하는 협응적 처리를 요구하기 때문일지 모른다.

입체를 보는 원리를 이해하면 재미있는 그림을 만들 수 있다(☞샛길 1). 무선점 입체도를 보는 방법은 2가지이다. 왼쪽 이미지를 왼쪽 눈에, 오른쪽 이미지를 오른쪽 눈에 맺히게 하는 방법과 이미지와 눈의 위치를 엇갈리게 하는 방법이 있다. 하지만 우리는 두 눈을 한곳에 모으는 데 극도로 익숙해져 있기 때문에 이렇게 각 눈이 다른 위치를 바라보게 하는 일은 몹시 어렵다. 따

샛길 1 무선점 입체도 만들어 보기

그림 6-9는 파워포인트를 이용하여 무선점으로 이뤄진 입체도를 만드는 과정을 예시한다. 사각형 안에 작은 원들을 무선적으로 뿌려 하나를 만들고, 이와 똑같은 것을 복사 붙이기를 하여 또 하나 만들어 나란히 놓는다. 사각형과 이 점들은 상대적 위치가 똑같기 때문에 양안부등이 없어 응시하는 지점인 호롭터 표면을 이룬다. 깊이가 다른 2개의 물체 역시 점들을 묶어 다른 점들 속에 넣는다. 여기서는 점으로 이뤄진 삼각형 2개가 깊이가 다른 물체로 쓰였는데, 하나는 바탕보다 멀리 다른 하나는 가까이 있는 것처럼 보인다. 두 이미지에서 삼각형의 거리는 입체를 가지면서 이중 이미지로 보이지 않도록 적당히 떨어뜨려야 한다. 가운데 그림을 살펴보면 두 삼각형이 오른쪽에 있다. 그림 6-1에서 C와 D에 해당된다. 다음으로 왼쪽에 있는 삼각형이 오른쪽에 있는 중심선으로부터 더 가까이 있다. 만일 왼쪽 이미지를 왼쪽 눈에, 오른쪽 이미지를 오른쪽 눈에 맺히게 한다면 그림 6-1의 D와 같은 상태가 되어 이 삼각형은 바탕보다 더 깊은 곳에 있는 것으로 보인다. 반면, 왼쪽 이미지를 오른쪽 눈에 오른쪽 이미지를 왼쪽 눈에 맺히게 한다면 그림 6-1의 C와 같이 되어 삼각형은 바탕보다 더 앞에 튀어나온 것으로 보인다. 이 관계들은 아래에 놓인 삼각형은 위의 삼각형과 정반대이다.

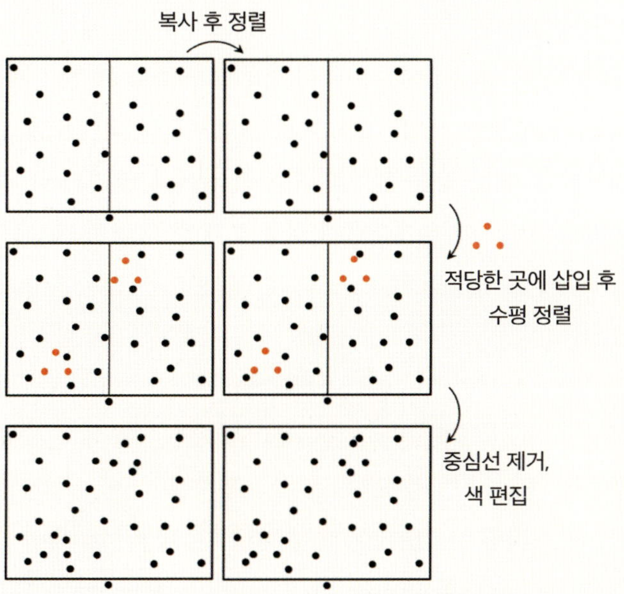

그림 6-9 파워포인트로 무선점 입체도 만들기. (위) 파워포인트에서 상자와 점들을 만든다. 편의로 가운데 중심선과 기준점을 각 상자 가운데에 넣는다. 그림을 출력했을 때 상자 아래 두 기준점 사이의 거리는 6.5cm를 넘지 않아야 한다. 이 형태들을 모두 그룹으로 지정한 후 오른쪽에 똑같이 붙여넣기 한 후 위를 정렬시킨다. (가운데) 3개의 점을 편의상 빨간색으로 그린 후 그룹으로 묶어 준다. 약간씩 중심선에서 거리가 다르게 배치하여 다른 점들 속에 넣는다. 대응되는 삼각형들의 수평 위치가 정렬되도록 주의한다. (아래) 중심선을 지우고 삼각형의 색을 검은색으로 바꾼다. 그림 6-7도 이 방식으로 만든 것이다.

라서 이를 도와주는 다양한 입체경(stereoscope)들이 고안되어 있다. 그렇지만 맨눈으로도 볼 수 있긴 하다. 이를 맨눈 융합(free fusion) 또는 가난뱅이 융합이라고 한다. 왼쪽 이미지를 왼쪽 눈에, 오른쪽 이미지를 오른쪽 눈에 맺히게 하는 방법이 쉽다. 이를 위해서는 두 이미지를 출력하여 책상 위에 놓고, 두 눈을 아래 이미지 위에 바짝 붙인다. 서서히 눈을 떼면서 아래 참조 점 2개가 어느 순간에 흐릿하게 3개가 되는 지점이 있다. 대략 10cm 정도에서 이런 일이 벌어지는데, 이때 세 점을 좀 더 또렷하게 보도록 눈을 움직일 필요가 있다. 만일 선명하게 보인다면 위에 놓인 점들로 눈을 매우 조심스럽게 올려다본다. 무선점 입체도를 처음 보는 사람이라면 맨눈으로 보는 경우 20분 이상 끈기 있게 들여다보아야 한다.

무선점 입체도의 등장은 많은 시각 연구자의 호기심을 자극하였다. 그들은 두 이미지의 점들을 대상으로 어떻게 하면 대응문제가 풀릴 수 있는지를 고민하였다. 다양한 아이디어가 쏟아졌는데 어떻게 하면 부분들끼리 대응되는 경우의 수를 수학적으로 줄일 수 있는지에 대한 방법을 제안한다. 많은 경우의 수를 줄여 주므로 이 방법들을 제약(constraints) 또는 어림법(heuristics)이라고 부르는데, 절대적인 해결책이 아닌 확률적인 해결책이라는 뜻이 담겨 있다.

에피폴라 제약

만일 A와 B 두 사람이 공중에 떠 있는 공 하나를 각각 한 눈으로만 바라보고 있다고 하자. 이 상황을 위에서 내려다보았을 때 그림 6-10의 왼쪽과 비슷할 것이다. 그런데 A에게 공이 보이기는 하지만 얼마나 깊이 있는지 애매하다. 이때 B의 도움을 받으면 공의 깊이는 분명해진다. 마찬가지로 B에게 깊이가 애매한 공은 A의 도움으로 분명해질 수 있다. 그런데 여기서 제약이 숨겨져 있다. A와 B는 같은 높이에서 똑바로 전방을 바라보아야만 한다. 만일 조금이라고 높이가 일치하지 않는다면 공이 수없이 많은 상황에서 서로에게 잘못된 정보를 줄 수 있기 때문이다.

이제는 두 사람을 각각 왼쪽 눈과 오른쪽 눈이라고 가정하자. 사람의 두 눈은 수평으로 나란하게 배열되어 있고 바라보는 시선 역시 거의 언제나 일치한다. 따라서 두 눈에 맺힌 이미지에서 수평으로 같은 높이에 맺힌 부분들끼리 짝을 짓는 것이 효율적인데 이를 에피폴라 제약(epipolar constraint)이라고 한다. 에피폴라 제약은 인간의 입체시 연구보다도 입체를 찍는 디지털 카메라의 개발에서 나왔다.

에피폴라 제약은 대응의 경우의 수를 크게 줄여 준다. 그림 6-11은 에피폴라 제약으로 대응이 어떻게 일어나는지를 보여 주는 예시이다. 이 그림은 왼쪽과 오른쪽 카메라 또는 망막 이미지라고 가정했을 때 왼쪽의 점들은 오른쪽 이미지에서 에피폴라 선분에 놓인 점들과 대응된다.

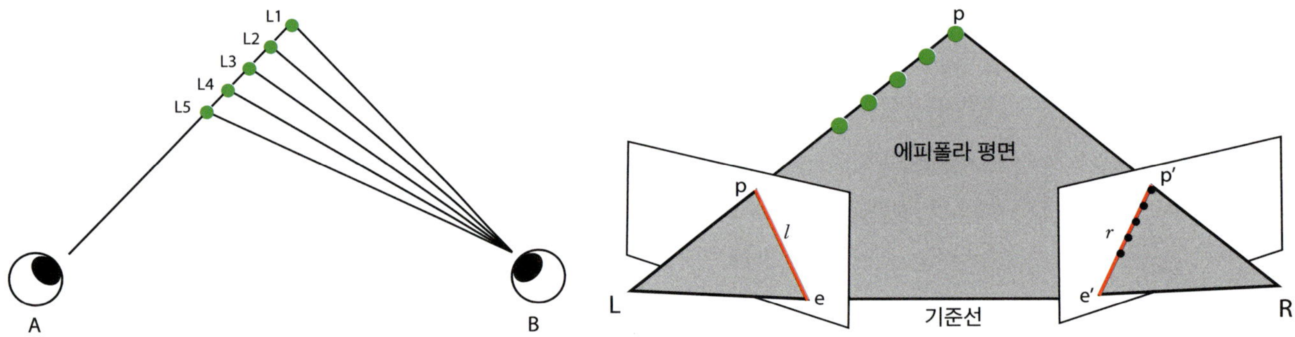

그림 6-10 에피폴라 제약.
(왼쪽) A에게 보이는 공은 L1부터 L5까지 어느 곳에 놓여 있는지 알 수 없다. B의 도움을 받으면 이 문제는 쉽게 풀린다. (오른쪽) 두 관찰 지점 L-R과 응시점을 연결하면 에피폴라 평면이 나온다. 이미지가 맺히는 카메라 또는 망막 평면과 에피폴라 평면이 만나는 지점에 에피폴라 선분이 형성되며 이 선분 위에 다른 쪽 카메라 또는 망막에 맺힌 대상이 위치한다. L, R: 이미지가 맺히는 왼쪽 또는 오른쪽 카메라/망막. l, r: 에피폴라 선분. e, e′: 에피폴.

그림 6-11 에피필라 제약에 따른 대응.
왼쪽 이미지의 점들은 같은 높이에 있는 오른쪽 이미지의 점들과 대응된다. 각 이미지는 무수히 많은 점으로 이뤄졌지만 이해를 위해 점이 5개만 제시되었다(종묘 영녕전).

실제로 각 이미지는 수없이 많은 점으로 구성되었음을 고려하면 이 제약은 대응의 경우의 수를 획기적으로 줄여 준다.

독특성, 순서, 유연성 제약

대응되는 두 이미지에서 각 부분은 최대 1:1의 대응이 가능하다. 즉, 왼쪽 이미지에 점 a는 오른쪽 이미지의 점 a′와 대응이 일어나면 다른 점과 대응될 수 없다. 이를 독특성 제약(uniqueness constraint)이라고 한다. 또한 같은 열에서 여러 개의 점이 대응될 때 왼쪽부터 오른쪽의 순서는 그대로 유지된다. 즉, 서로 자리를 바꾸어 얼기설기 대응이 일어날 수 없다. 그림 6-11 왼쪽 이미지에서 b열에 세 점이 있는데, 오른쪽 이미지의 세 점과 순서를 유지하며 그대로 대응이 일어난다. 이를 순서 제약(ordering constraint)이라고 한다. 마지막으로, 표면들의 깊이가 갑자기 바뀌는 지점보다 같은 깊이에 있는 지점들이 확률적으로 훨씬 많다. 그림 6-11은 여러 개의 깊이가 다른 기둥들로 구성되어 있는데 기둥 끝과 시작점들에서 깊이가 갑자기 바뀐다. 그 이외의 대부분 점은 같은 깊이에 있거나 깊이가 매우 부드럽게 바뀐다. 이를 평탄성 제약(smoothness constraint)이라고 한다.

입체시와 물체 재인

무선점들로만 구성된 자극에서 입체시를 경험한다고 해서 자극의 특징 또는 물체에 대한 기억 등은 입체시 지각에 아무런 기여를 하지 못한다는 것일까? Bülthoff 등(1998)은 아주 친숙한 형태인 보행자 움직임을 동영상으로 만들어 3차원으로 제시하였다. 참여자들은 모니터에 제시된 움직임 자극을 셔터형 3D 글라스(active shutter 3D glasses)를 통해 관찰하였다. 이 글라스와 모니터는 서로 시간상으로 동조가 되어 왼쪽 눈과 오른쪽 눈에 각각 양안부등 정보가 담긴 그림들을 아주 짧은 시간에 번갈아 연속적으로 보여 준다. 글라스의 왼쪽에 왼쪽 이미지가 제시될 때 오른쪽 눈에는 셔터가 내려가 어둠으로 바뀌고, 이어서 오른쪽 글라스에 오른쪽 이미지가 제시되면 왼쪽 눈은 셔터가 내려가 어둠으로 바뀐다. 이 과정에서 모니터는 왼쪽 또는 오른쪽 이미지만 글라스의 제시 사이클에 맞춰 제시한다. 짧은 시간에 이 과정이 번갈아 일어나면 관찰자는

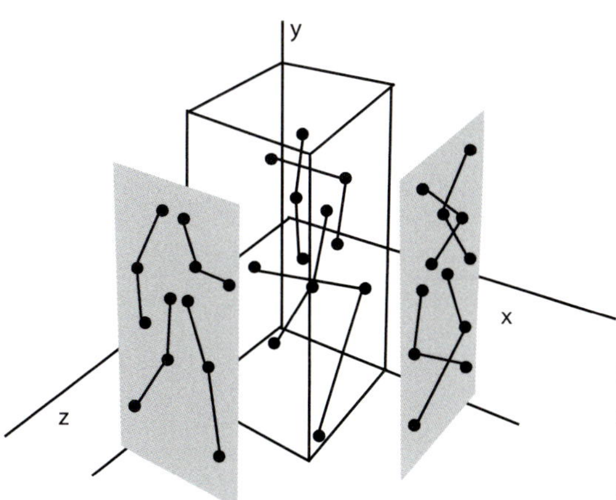

그림 6-12 Bülthoff 등(1998)의 실험 자극.
x축에서 볼 수 있듯이 점과 선으로 연결된 구조는 3차원 정보가 서로 뒤엉켜 있었다. 하지만 옆에서 z축 각도에서 보았을 때 관찰자들은 아주 그럴싸한 보행자를 지각한다.

제시된 이미지들에서 동시에 펼쳐지는 입체감을 경험한다. 그림 6-12는 이 실험에서 제시된 자극의 예이다. 점과 선으로 연결된 구조가 3차원 정보가 서로 뒤엉킨 상태여서 관찰자들은 여러 관점에서 이 동영상을 살펴보면서 얼마나 정상적인 보행자처럼 보이는지를 5점 척도(1: 아주 무선적인 점들, 5: 아주 정상적인 보행자)로 응답하였다. 실험 결과, 참여자들은 친숙한 각도에서 보았을 때 정상적인 보행자 움직임을 보았다. 다시 말해 y축의 관점에서 실제로는 무릎은 가장 깊은 곳에 발목은 관찰자 바로 앞쪽에 놓인 것으로 양안부등 정보가 들어 있었음에도 이 깊이대로 의식되지 않고 무릎과 발목이 같은 깊이에 놓인 것처럼 의식되었다. 이는 물체에 대한 지식이 입체시에 영향을 줄 수 있음을 가리킨다.

이 결과는 보행자의 옆모습처럼 친숙한 형태인 경우 양안부등에 따른 깊이 지각보다 보행자의 형태에 대한 지식이 깊이 지각을 주도함을 가리킨다. 그렇지만 이 실험 결과가 깊이 지각에서 물체에 대한 선행 지식이 늘 양안부등에 따른 입체시를 압도한다는 뜻으로 받아들이기는 어렵다. 왜냐하면 이 연구에서 자극은 불과 몇 개의 점만으로 구성되었는데 실세계에서 우리가 보는 대상들은 매우 풍부한 점들과 표면들로 이뤄져 있어 정보의 양에서 큰 차이가 있기 때문이다.

3D 디스플레이 기술

입체시는 평면시에 비해 좀 더 사실적으로 깊이를 체험할 수 있게 한다. 이 기술을 통해 관찰자는 안전한 곳에서 위험한 곳에 실제로 가지 않고 깊이를 생생하게 느낄 수 있다. TV, 영화 스크린, 컴퓨터 모니터, 스마트폰, 가상현실 디스플레이 등 3D를 경험할 수 있는 디스플레이는 다양하다. 또한 3D로 장면을 제시하는 방법은 컬러 필터링을 이용한 방식, 편광을 이용한 방식, 시간차를 이용한 방식, 시각차를 이용한 렌티큘라 방식, 시간차 제시 방식, 홀로그램 등 수십 가지에 이른다. 그렇지만 두 눈에 깊이 차이가 담긴 두 이미지를 전달한다는 점에서 원리는 모두 동일하다. 여기서는 상업적으로 널리 사용되는 3가지 예를 소개한다.

애너글리프

깊이가 다른 두 장의 이미지를 색을 달리해서 제시하고 1가지 색만 투과하는 안경을 사용하여 입체를 보는 방식이다. 이 방법을 애너글리프(anaglyph)라고 하는데, 다른 방법들에 비해 매우 경제적이어서 한때 큰 인기를 끌었다고 (할아버지들로부터) 전해진다. 애너글리프를 만드는 방법은 매우 간단하다. 그림 6-13은 적/녹 애너글리프 입체의 원리를 보여 준다. 두 눈을 대신하여 카메라를 왼쪽과 오른쪽에 두 눈 거리만큼 벌려 찍는다. 이 두 사진에 빨간색 채널과 초록색 채널을 남긴다. 채널을 남긴다는 것은 다른 색들은 거의 지우고 특정 채널로만 이미지를 구성한다는 뜻이다. 이렇게 필터된 두 사진을 중첩시켜 단일한 이미지를 만든다. 마지막으로 왼쪽 눈에 빨간색 필터를, 오른쪽 눈에 초록색 필터를 통해 관찰한다. 왼쪽 눈에는 왼쪽에서 바라본 전경이 오른쪽 눈에는 오른쪽에서 바라본 전경이 들어오고, 다른 쪽 정보는 어둡게 되어 잘 보이게 된다. 전통적으로 필터는 보색을 사용하는데, 빨간색과 초록색 또는 파란색과 노란색을 사용했는데, 오늘

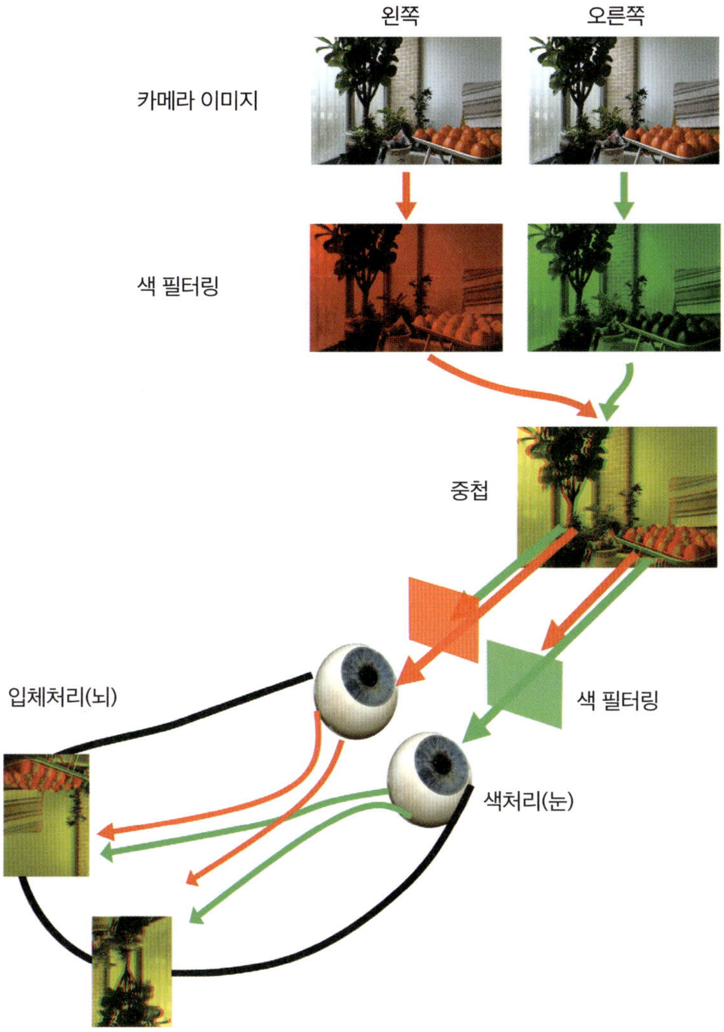

그림 6-13 적/녹 애너글리프 원리.
왼쪽 눈과 오른쪽 눈의 관점에서 2개의 사진을 찍은 후 각각 빨간색과 초록색 채널로 변환한다. 두 이미지를 중첩시킨 후 왼쪽 눈에는 빨간색 필터를, 오른쪽 눈에는 초록색 필터를 통해 들여다보면 빨간색 필터에는 빨간색 이미지의 명암이 남고 초록색 필터에는 초록색 명암만 투과되어 각각 왼쪽 눈과 오른쪽 눈에 맺힌다. 이후에 응시점을 기준으로 이미지의 오른쪽은 좌뇌 시각엽에 왼쪽 이미지는 우뇌의 시각엽에 맺힌다.

날은 빨간색과 청록색(cyan) 조합이 가장 흔하다. 필터는 문구점에서 파는 셀로판지로 대신할 수 있다.

애너글리프는 2가지 계열의 파장만 사용할 수 있기 때문에 천연색 모두를 표현할 수 없다는 한계가 있다. 또한 다른 쪽 이미지가 완전히 차폐되지 않고 일부분이 보이는 누화(crosstalk)가 있다. 어느 한 가지 색의 필터가 특정 색 이미지만 통과시켜야 하지만 다른 색 이미지도 어느 정도 통과되어 입체감을 떨어뜨릴 뿐만 아니라 어지러움을 일으키기도 한다. 누화의 양상과 정도는 모니터로 볼 때와 종이에 프린트해서 볼 때 다르다. 애너글리프는 모니터에 표현될 때에 비해 프린트되었을 때 누화가 심하게 나타나는데 다양한 이유가 있다(Woods 등, 2013). 애너글리프를 포함하여 상업용으로 제작되는 3차원 이미지는 스테레오 카메라 또는 3D 카메라라고 불리는 장비를 사용하는데, 이는 렌즈 2개가 나란히 사람의 눈 거리만큼 달려 있어 두 눈으로 보는 것처럼 한 번에 두 이미지를 찍을 수 있다. 애너글리프는 카메라로 대상을 찍어 포토샵으로 색을 간단히 편집하여 모니터로 구경할 수 있다(☞샛길 2).

샛길 2 포토샵으로 적/녹 애너글리프 만들기

먼저 사진 두 장을 찍어 각각 왼쪽 눈과 오른쪽 눈의 이미지를 대신한다. 두 사진을 찍는 간격은 두 눈의 대략 간격인 6.5cm이다. 첫 번째 사진을 찍고 두 번째 사진을 찍으려고 이동할 때 최대한 수평을 유지해야 한다. 이를 위해 편평한 의자나 창틀이 받침대로 좋다. 사진을 찍기 전에 바닥에 카메라가 놓일 두 지점을 6.5cm 간격으로 선을 그어 놓는 게 유리하다. 장면의 한가운데를 기준점으로 삼되 나무가 대상이라면 눈에 잘 띄는 가지의 나뭇잎 끝을 고를 수 있다. 두 사진의 한가운데 기준점이 같도록 두 번째 사진을 찍을 때 카메라의 각도를 약간 돌리는 게 필요하다. 여기서 기준점이란 눈으로 치면 응시점을 뜻한다. 두 눈의 응시점은 언제나 같으므로 조심스럽게 두 이미지 기준점이 같도록 해야 한다. 너무 가까운 거리에 놓은 물체는 이중으로 이미지가 맺힐 수 있으므로 맨 앞에 놓인 사물이 1m 이상 떨어져 있어야 하며, 초점 조절은 자동 모드보다 수동 모드가 유리하다.

사진이 두 장 마련되었으면 포토샵으로 '파일 → 열기' 옵션을 이용하여 두 사진을 불러온다. 두 창에서 다른 한 쪽 이미지를 '선택 → 모두'를 한 다음 '편집 → 복사'하고 이를 다른 이미지를 불러들인 창으로 가서 '편집 → 붙여넣기'를 한다. 그러면 레이어가 자동으로 두 장 형성된다. 다음으로 레이어에 보이는 작은 이미지를 '더블클릭'하여 레이어 스타일을 활성화시킨 후 '고급 혼합'에서 왼쪽과 오른쪽 이미지에 대해 차례대로 채널을 R(빨강) 또는 G(초록)만 선택하고 다른 두 채널은 선택 해제한다. 만일 애너글리프 안경 색이 빨강과 청록이라면 오른쪽 이미지에 대한 채널은 G와 B(파랑) 2가지를 선택해야 한다. 다른 나머지 옵션들은 그대로 둔다. 왼쪽에 빨간색, 오른쪽에 초록색 안경을 써 보고 확인하여 마무리한다. 애너글리프를 포토샵으로 만드는 방법은 이외에도 다양하며, 사진 한 장으로 만들 수 있는 방법도 있다.

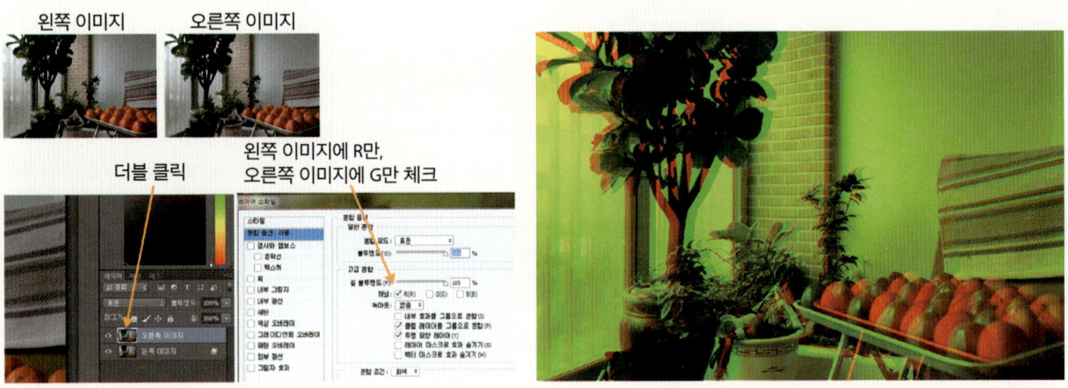

그림 6-14 포토샵으로 애너글리프 만들기.

편광화 입체

빛은 파장의 형태로 우리 눈에 전달된다. 그런데 자연 상태에서, 어떤 사물에서 반사된 빛은 한 줄기가 아니라 여러 줄기가 섞여 우리 눈으로 달려온다. 또한 각 줄기에서 파형을 구성하는 정점들의 방향이 다를 수 있다. 편광화(polarization) 기술은 빛의 파형에서 파고의 방향을 편향되게 만드는 것이다. 이는 마치 운동장에서 밧줄을 힘차게 위아래로 출렁이게 했을 때 파형이 전진하는 것과 비슷하다. 그리고 이 편광은 이를 통과시키는 필터를 통해 관찰자에게 전달될 수 있다. 즉, 깊이 정보가 다른 두 이미지를 각각 다른 방향으로 편광화시킨 후 왼쪽 눈과 오른쪽 눈에 한 가지 이미지 정보만 받아들이고 다른 정보는 차단하는 편광 안경을 착용하면 입체시를 경험할 수 있다. 그림 6-15는 일반적인 상업적 디스플레이에 적용되는 선형 편광화 과정을 예시한다.

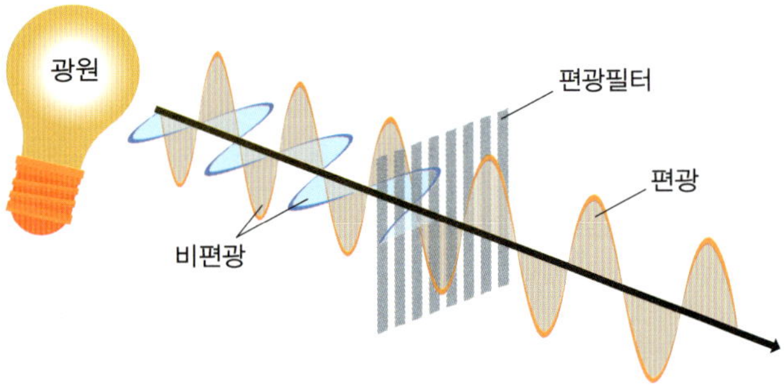

그림 6-15 편광화 입체의 원리.

편광화-비월 입체 방식은 애너글리프 방식에 비해 색상 표현이 훨씬 자유로우며 누화가 적다. 그런데 깊이가 다른 두 이미지는 일반적으로 45° 와 135° 로 편광화되어 전달되므로 각 눈이 정확히 정보를 포착하기 위해서는 시청자는 고개를 똑바로 들고 있어야만 한다. 또한 깊이가 담긴 이미지를 전달하는 데 필요한 장비를 준비하는데 애너글리프 방식에 비해 비용이 더 많이 든다. 그리고 편광 필터 안경을 착용해야 하는데, 이에 따른 불편도 여전히 있다. 이는 많은 TV와 영화 등에 적용되고 있다.

시간차 입체

시간차를 이용해 깊이가 다른 두 이미지를 두 눈에 따로 전달할 수 있다. 우리 눈은 약 50ms 이내로 빛이 깜박거리면 잘 눈치채지 못하는데 이를 시각 지속성(visual persistence)이라고 한다. 실제로 실내에서 사용되는 형광등은 1초에 60회 깜박거리지만 우리는 늘 켜져 있는 것으로 착각한다. 예를 들어, 깊이가 다른 두 이미지 A1과 B2가 있다고 했을 때 왼쪽 눈에 A1만을 짧게 제시하는 동안 오른쪽 눈은 차폐시킨다. 그다음 오른쪽 눈에 A2만을 짧게 제시하고 왼쪽 눈은 차폐시킨다. 이를 빠르게 반복하면 왼쪽 눈에는 늘 A 깊이의 정보만 들어가며 오른쪽 눈에는 늘 B의 정보만 들어가 입체시를 경험할 수 있다.

TV나 헤드마운트 디스플레이를 이용한 3D 구현은 대체로 이 방식을 채택하고 있다. 이 방식에서 중요한 기술은 화면에 이미지를 제시하는 시간과 눈을 개방하고 차폐시키는 시간의 동조이다. 이 방법은 화면과 고글에서 이미지가 일치하므로 시청자가 고개를 움직여도 안정적으로 입체시를 경험할 수 있다. 그렇지만 사용되는 글라스가 능동적으로 개방과 차폐를 반복하는 장치가 있어야 하므로 무겁고 착용감이 좋지는 않다. 유머가 넘치는 한 영화감독은 3D 고글을 사용하지 않고 입체시를 경험하는 방법을 고안하였다. 그것은 눈꺼풀 근육에 직접 전기 자극을 가해 두 눈을 차례대로 깜박이게 하는 것이다! 비록 조작된 영상이지만 이론적인 가능성은 있다(☞YouTube: 3D No glasses by Jonathan Post).

3D 영상의 불편감

현재 영상 장비 기술의 발달과 현실감 있는 화면을 보려는 욕구의 증가로 3차원 영상이 많은 관심을 받고 있으며 영화, TV, 게임, 가상현실 등에서 폭넓게 적용되고 있다. 이들 매체는 외관상의 특징만 다를 뿐 양안부등을 이용하여 3차원을 구현한다는 점에서 원리는 모두 동일하다. 3차원 영상의 가장 큰 문제는 시청자들이 어지러움, 두통, 시각 피로 같은 불편을 호소하는 것이다(Kennedy 등, 1993: 불편감 척도). 이에 따라 차라리 2차원 영상을 선호하는 사람들이 많다. 앞에서 보았듯이 깊이 단서는 수십 가지에 이르지만 실세계에서 이 단서들은 서로 상보적으로 인간의 시각체계에 3차원 정보원으로서 역할을 하며, 인류는 아주 오랜 세월 동안 이에 적응해 왔다. 그런데 이 단서들은 3차원 영상에서 서로 갈등을 일으키며 불편감의 주요 요인이 된다.

대표적인 깊이 단서 갈등은 수정체의 조절과 두 눈의 수렴 차이에서 비롯한다(Hoffman 등, 2008). 예를 들어, TV로 3차원 영상을 볼 때 수정체의 조절은 TV를 선명하게 보기 위해 TV 표면 깊이에 맞춰져 있다. 반면, 두 눈의 수렴은 영상 내용이 전달하는 깊이에 맞춰진다. 단서들의 갈등 이외에 제시된 이미지의 초점 깊이가 시청자의 능동적인 눈 움직임과 연동되지 않은 요인도 있다. 또한 개인마다 두 눈의 거리는 다르며 입체 계산이 그에 따라 달라진다. 그런데 화면에서 나오는 입체시는 특정 개인의 눈 거리를 반영한 것이 아니므로 이에 따라 불편감이 오기도 한다.

사물의 3차원 구조화

컴퓨터 시각 연구자들은 2개의 입체 이미지를 이용하여 사물의 3차원 구조를 파악하는 기술을 발전시켜 왔다. 대부분 대응문제를 푸는 컴퓨터 알고리즘의 개선에 관한 것이었다. 그런데 최근에는 하나의 이미지만을 이용하여 사물의 3차원을 를 구현하는 기술이 개발되고 있다. Zhang 등(2002)의 연구가 대표적인 것으로, 이들은 일정한 간격의 색 스펙트럼을 프로젝트를 이용하여 사물에 투사하고 되돌아오는 색 패턴을 분석하여 3차원 구조를 파악하는 데 성공하였다. 그림 6-16은 이 방법으로 사람의 손을 3차원으로 구현하는 과정을 예시한다. 놀랍게도 이 기술을 이용하면 움직이는 사물에 대해서도 실시간으로 3차원 구조를 파악할 수 있다.

이와 관련된 기술은 점점 발달하여 색 스펙트럼만이 아니고 수많은 작은 점 또는 적외선 등 다양한 방법들이 사용되고 있다. 이러한 기술은 스마트폰에 적용되어 사용자 신원을 파악하는 데 사용될 정도로 우리 삶에 깊숙이 들어와 있다. 사물의 3차원 구조를 파악하는 일은 의학, 산업, 공학, 스포츠, 건설, 군사, 과학 등 매우 다양한 분야에서 점점 필수가 되고 있다. 물론 능동적으로 빛을 사물에 투사하여 사물의 3차원 구조를 파악하는 일은 인간의 시각처리와는 같지 않다. 컴퓨터 시각에서 초기에 인간의 시각체계를 보고 이해하는 것을 넘어서 자체적으로 기술이 진화하는 시대에 우리는 와 있다.

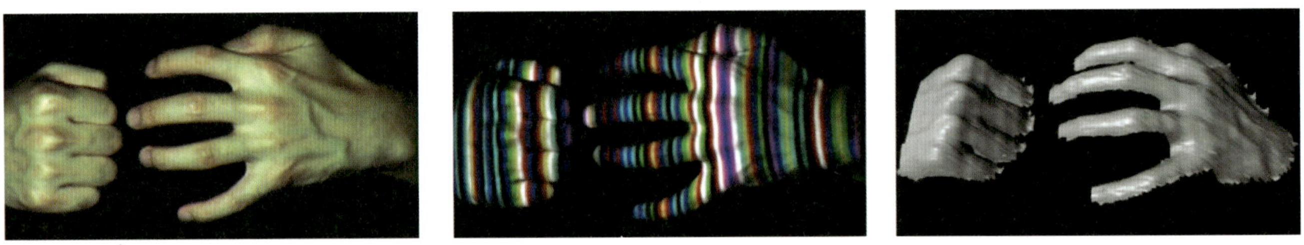

그림 6-16 빛을 이용한 사물의 3차원 구조화.
프로젝트에 일정한 간격의 색 스펙트럼을 투사하고 카메라로 촬영하여 손의 3차원 구조를 만든다.

가상현실

가상현실(virtual reality)에서 행위자는 헤드셋 디스플레이 등으로 각 눈에 양안 시차가 담긴 이미지를 투사 받아 사이버스페이스(cyberspace)라는 인공적인 3차원 환경을 경험할 수 있다. 헤드셋 디스플레이에 제시되는 장면들은 디지털화되어 행위자가 360° 어느 곳으로 머리를 돌리더라도 빈틈없이 바뀌므로 행위자는 새로운 세계에 들어온 것 같은 착각을 일으킨다. 행위자가 바라보고 있는 환경은 바라보고 있는 위치를 명세하여 행위자는 그곳에 있다는 느낌을 받는다. 또한 자신의 눈, 머리, 몸통, 다리 등이 움직일 때 눈에 들어오는 세계의 이미지가 빈틈없이 바뀔 때 사람들은 이 행위의 주체가 자기임을 느낀다. 이렇게 눈에 들어온 환경의 이미지에 의해 그 이미지를 보고 있는 사람이 자기라는 느낌을 일으키는데 이를 생태적 자아(ecological self)라고 한다(Neisser, 1988). 행위자의 움직임을 고려하여 이미지의 전환은 자이로스코프 장치 또는 외부에서 머리 위치 탐지 기술 등을 이용하여 행위자 머리의 방위와 위치가 객관적으로 계산될 수 있기에 가능하다. 초기의 만화 수준의 이미지에서 점점 더 이미지 처리 기술이 발달하여 현재는 고해상도의 이미지가 구현되고 있다. 그렇지만 컴퓨터에서 행위자의 머리 위치를 탐지하고, 이에 맞는 이미지를 처리하고, 디스플레이로 송출하는 데 시간이 필요한데 이를 줄이는 문제가 남아 있다. 이 때문에 행위자가 머리를 돌렸을 때 바뀌어야 할 이미지가 약간 더디게 바뀌는 시간적 지연이 발생하여 부자연스러움이 생긴다. 현재 가장 빠른 장비의 경우 30ms 정도의 시간 지연을 보이지만 거울 앞에서 동작을 취할 때 거울 속에서 경험할 수 있는 동시성에 비하면 여전히 느리다. 미래에는 손이나 팔의 동작 또는 눈의 움직임을 취하기 전에 관련된 뇌에서 신호가 먼저 발생하므로 이 신호를 탐지하여 이미지를 처리하게 되어 시간적 지연 문제가 해결될 것이다.

가상현실에서 행위자는 자신의 몸이 존재하는 곳에 있다는 느낌인 현실감(presence)에서 시각적으로 제시된 세계로 자신이 들어와 있다는 착시적 느낌인 원격현실감(telepresence)으로 전이가 일어난다. 물론 이런 현실감의 전이는 소설책을 읽을 때나 TV나 영화를 볼 때도 일어난다. 그렇지만 가상현실에서 시각장 전체가 완전히 다른 세계가 투사되어 일어나는 현실감의 전이는 엄청나게 생생하다. 가상현실은 행위자가 있는 시공간의 제약에서 벗어난다는 점에서 응용 가능성이 매우 크다. 같은 장소에서 마주하고 있는 것처럼 멀리 떨어진 사람끼리 대화할 수 있고, 전투기 조종사는 악조건에서 안전하게 모의 비행을 해 볼 수 있고, 악천후로 멀리 떨어져 있는 환자의 긴급한 수술을 진행할 수도 있다. 임상 장면에서 가상현실 장비를 이용하여 심리 문제를 치료하는 방법은 상당히 오래되었다. 예를 들어, 거미 공포증이나 외상후 스트레스에 시달리는 환자들에게 가상현실 장비를 이용하여 관련 이미지를 3차원으로 보여 준다. 이때 강도를 약한 수준에서부터 점점 세게 하여 공포 대상에 직면할 수 있는 능력을 키워 두려움을 낮출 수 있는데 성공률이 80%를 넘을 정도로 치료 효과가 좋다(Hoffman, 2004).

그렇지만 가상현실은 시각적으로만 가상현실로서 실제 환경에 수천 년 동안 익숙해진 지각 체계를 가지고 있는 인간이 극복하기 어려운 단점들이 있다. 가상현실은 앞에서 언급한 3D 영상의 불편함도 큰 문제이지만 지각체계는 사람의 팔, 다리, 몸통, 머리의 운동 체계와 협응이 제대로 작동하지 못하는 것이 가장 큰 문제이다. 또한 가상현실에서 행위자의 신체는 여전히 현실에 있기 때문에 이동에서 제약이 있다. 가상현실 기술자들은 가상현실을 실세계와 구분하지 못할 정도로 고해상도의 환경을 제공하는 데 주력하고 있다. 그렇지만 역으로 가상현실과 실세계의 혼동은 심리적인 혼란을 초래할 수도 있다. 이는 게임 중독에 빠진 사람들이 현실감이 부족한 부작용을 겪고 있는 것과 비교된다.

증강현실(augmented reality)은 가상현실의 단점을 보완할 수 있는 기술로, 실세계를 배경으로 추가적인 디지털 이미지가 덧붙여 제공된다(그림 6-17). 증강현실 기술은 의료, 제조업과 수리, 정보의 시각화, 로봇 원격 지시, 놀이, 군대 장면 등에서 널리 쓰일 것으로 예상된다(Azuma, 1997). 증강현실에서 실세계가 배경이기 때문에 가상현실이 받는 공간적 제약과 시각적 제약이 크게 줄어든다. 현재는 스마트폰과 같은 2D 장비를 이용하여 게임 등에서 주로 쓰이지만, 미래에는

그림 6-17 증강현실 장비의 예.
사용자가 MicroSoft사의 HoloLens를 착용하고 컴퓨터로 제작한 대상을 현실에서 3D로 확인하고 있다.

3D 헤드셋 디스플레이 장치를 이용한 증강현실이 주가 되거나 실세계에 홀로그램을 투사한 방식이 주가 될 것이다. 증강현실의 편리함은 상상 이상일 것이다. 예를 들어, 이사할 집을 미리 둘러보는 일을 상상해 보라. 증강현실 디스플레이를 이용하는 시대에는 가져갈 가구들을 미리 촬영해서, 이사할 집으로 들어서는 순간 이미 들어차 있는 가구들은 모두 사라지고 자신의 가구들로 채워져 실제로 이사했을 때와 비슷한 효과를 눈으로 확인할 수 있다. 중요한 발표를 앞두고 있을 때, 실제로 자신이 발표할 장소로 찾아가 증강현실 헤드셋 디스플레이를 통해 가상의 청중을 앉혀 놓고 미리 발표 시연을 해 볼 수도 있다. 기술이 더 진보된다면 청중과 질의 및 응답을 할 수도 있을 것이다. 모르는 길을 갈 때도 내비게이션 시스템에 목적지를 입력하고 증강현실 디스플레이를 착용하면 길 위에 가야 할 방향이 화살표로 표시되어 길을 잃을 염려도 없을 것이다. 더 나아가 증강현실은 시각 장면에서만 머물지 않고 촉각, 청각, 후각 등 다른 감각들도 수반되는 기술이 등장할 것으로 예상된다.

물론 증강현실 세계에서도 문제가 예상되는데, 주로 윤리적인 문제일 가능성이 크다. 예를 들어, 대화하면서 상대방의 얼굴을 볼 때 그 사람의 감정, 성격, 그리고 거짓말하고 있을 가능성 등의 정보가 증강현실 디스플레이에 제시될 수 있다. 때로 사람들은 실제 감정을 숨겨야 할 때가 있는데, 숨기지 못하고 들통나고 말 것이다. 또한 사용자가 임의로 상대의 얼굴만 남겨두고 몸통을 나체로 바꿔 감상할 수도 있다. 아마도 이 시대에는 자신을 노출시키지 않는 정교한 방지 장치들이 개발될 것이다. 이는 마치 우리가 이중적인 얼굴 표정을 통해 상대를 속일 수 있는 기술이 진화한 것과 비슷하다.

정리

이 장에서는 입체시의 원리에 대해 공부하였다. 두 눈에 들어오는 이미지의 차이에 따라 깊이가 결정됨을 알았다. 이 원리를 이용한 다양한 기계적·전기적 장비들이 개발되었고, 먼 미래에는 인위적인 3차원 보기가 일상화될 것으로 예상된다. 한편, 동물의 입체시 기술은 실제 깊이를 판독하는 데 응용될 수도 있다. 인공지능 시각을 가진 로봇 또는 자동차는 이 기술이 장착되어 공간상에서 정확한 깊이 판단이 가능할 것이다.

더 읽어 보기

입체시에 대한 개관은 Frisby와 Stone(2010)의 책을 보라. 대응문제에 관한 신경학적 모형에 대해서는 Blake와 Wilson(1991)을 보라. 입체시에 대한 신경과학적 이해를 위해서는 Welchman(2016)와 Parker(2007)를 보라. 양안경쟁에 관한 신경과학적 이해를 위해서는 Tong 등(2006)을 보라. 매체를 이용해 3차원을 구현하는 방법에 대한 개관은 Geng(2013) 그리고 Hong 등(2011)을 보라. 3차원 영상의 불편감에 대한 개관은 Lambooij 등(2009)과 Urvoy 등(2013)을 보라. 물체의 투명성 지각에 대해서는 Metelli(1974)를 보라. 가상현실 장비를 이용한 심리치료에 관한 개관은 Hoffman(2004)을 보라. 양안경쟁에 대해서는 Blake와 Logothetis(2002)를 보라. 증강현실의 응용에 대해서는 Azuma(1997)를 보라.

| 참고문헌 |

Azuma, R. T. (1997). A survey of augmented reality. *Presence: Teleoperators and Virtual Environments*, *6*(4), 355-385.

Blake, R. & Logothetis, N. K. (2002). Visual competition. *Nature Reviews Neuroscience*, *3*(1), 13-21.

Blake, R. & Wilson, H. R. (1991). Neural models of stereoscopic vision. *Trends in Neurosciences*, *14*(10), 445-452.

Bülthoff, I., Bülthoff, H., & Sinha, P. (1998). Top-down influences on stereoscopic depth-perception. *Nature Neuroscience*, *1*(3), 254-257.

Frisby, J. P. & Stone, J. V. (2010). *Seeing: The Computational Approach to Biological Vision*. Cambridge, MA: MIT Press.

Geng, J. (2013). Three-dimensional display technologies. *Advances in Optics and Photonics*, *5*(4), 456-535.

Giaschi, D., Narasimhan, S., Solski, A., Harrison, E., & Wilcox, L. M. (2013). On the typical development of stereopsis: fine and coarse processing. *Vision Research*, *89*, 65-71.

Goncalves, N. R., Ban, H., Sánchez-Panchuelo, R. M., Francis, S. T., Schluppeck, D., & Welchman, A. E. (2015). 7 tesla FMRI reveals systematic functional organization for binocular disparity in dorsal visual cortex. *Journal of Neuroscience*, *35*(7), 3056-3072.

Hoffman, D. M., Girshick, A. R., Akeley, K., & Banks, M. S. (2008). Vergence – accommodation conflicts hinder visual performance and cause visual fatigue. *Journal of Vision*, *8*(3), 33.

Hoffman, H. G. (2004). Virtual-reality therapy. *Scientific American*, *291*, 58-65.

Hong, J., Kim, Y., Choi, H. J., Hahn, J., Park, J. H., Kim, H., ... & Lee, B. (2011). Three-dimensional display technologies of recent interest: principles, status, and issues [Invited]. *Appl. Opt.*, *50*(34), H87-H115.

Hubel, D. H., Wiesel, T. N., Yeagle, E. M., Lafer-Sousa, R., & Conway, B. R. (2013). Binocular stereoscopy in visual areas V-2, V-3, and V-3A of the macaque monkey. *Cerebral Cortex*, *25*(4), 959-971.

Julesz, B. (1964). Binocular depth perception without familiarity cues. *Science*, *145*, 356-362.

Kovacs, I. L. O. N. A., Papathomas, T. V., Yang, M., & Fehér, Á. (1996). When the brain changes its mind: interocular grouping during binocular rivalry. *Proceedings of the National Academy of Sciences*, *93*(26), 15508-15511.

Lambooij, M., Fortuin, M., Heynderickx, I., & IJsselsteijn, W. (2009). Visual discomfort and visual fatigue of stereoscopic displays: a review. *Journal of Imaging Science and Technology*, *53*(3), 30201-1.

Neisser, U. (1988). Five kinds of self-knowledge. *Philosophical Psychology*, *1*(1), 35-59.

Metelli, F. (1974). The perception of transparency. *Scientific American*, 230(4), 90-98.

Parker, A. J. (2007). Binocular depth perception and the cerebral cortex. *Nature reviews. Neuroscience*, *8*(5), 379.

Pepperell, R. & Ruschkowski, A. (2013). Double vision as a pictorial depth cue. *Art & Perception*, *1*, 49-64.

Tong, F., Meng, M., & Blake, R. (2006). Neural bases of binocular rivalry. *Trends in Cognitive Sciences*, *10*(11), 502-511.

Urvoy, M., Barkowsky, M., & Le Callet, P. (2013). How visual fatigue and discomfort impact 3D-TV quality of experience: a comprehensive review of technological, psychophysical, and psychological factors. *Annals of Telecommunications*, *68*(11-12), 641-655.

Wade, N.J. (1996). Descriptions of visual phenomena from Aristotle to Wheatstone. *Perception*, 25(10): 1137-1175.

Welchman, A. E. (2016). The human brain in depth: how we see in 3D. *Annual Review of Vision Science*, *2*, 345-376.

Wilcox, L. M. & Allison, R. S. (2009). Coarse-fine dichotomies human stereopsis. *Vision Research*, *49*, 2653-2665.

Zhang, L., Curless, B., & Seitz, S. M. (2002). Rapid shape acquisition using color structured light and multi-pass dynamic programming. In *IEEE Symposium on 3D Data Processing, Visualization, and Transmission* (*IEEE, 2002*), pp. 24-36.

07 움직임 지각

생물체가 사는 환경은 역동적이다. 동물들은 먹이를 향해 움직이고 위험을 피해 움직인다. 길 위의 사람들은 이리저리 걷고 도로의 자동차는 빠르게 달린다. 움직임을 탐지하는 일은 생명과 직결된다. 매우 작은 곤충도 움직임 탐지 기제만큼은 몸에 장착하고 있다. 아무리 빠르게 손으로 잡으려고 해도 요리조리 빠져나가는 모기의 움직임을 떠올리면 잘 이해할 수 있다. 이 장에서는 움직임 지각과 관련하여 밝혀진 주요 현상과 문제들을 살펴봄으로써 움직임 지각에 대한 기본적인 이해를 시도하고자 한다.

움직임 탐지

눈앞에 무엇이 움직일 때 눈에 맺힌 이미지는 시간상에서 위치 변화가 일어난다. 움직임 탐지는 시각체계가 이 변화를 알아차리는 것이다. 생물체 시각의 움직임 탐지 이해에 딱정벌레는 큰 공을 세웠다. 딱정벌레를 책상 위에 놓고 주변을 흰색과 검은색 줄무늬가 세로로 그려진 원통을 세운 채 돌리면 딱정벌레는 줄무늬 움직임과 같은 방향으로 회전한다. 이 시각동작 반사(optomotor response)는 생물체가 환경에 자신의 신체를 안정되게 일치시키려는 본능으로 곤충이나 물고기를 대상으로도 쉽게 관찰할 수 있다(☞YouTube: optomotor response). 독일의 Hassenstein과 Reichardt(1956)는 딱정벌레가 어떻게 움직임을 탐지하는지를 연구하기 위해 딱정벌레의 시각동작 반사를 이용하였다. 딱정벌레가 도망칠 수 없도록 막대기 끝에 붙여 못 움직이게 하고 'Y

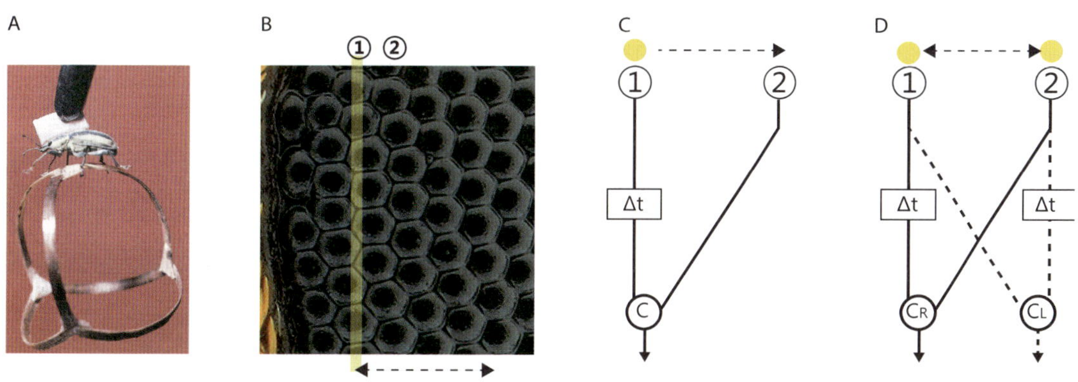

그림 7-1 움직임 탐지기.
(A) Y구 위의 딱정벌레. (B) 겹눈 위에서 막대가 오른쪽으로 움직이는 모습. (C) 오른쪽으로 움직이는 물체 움직임 탐지 모형(Δt는 시간지연기, C는 비교기). (D) 오른쪽 움직임 탐지 모형에 왼쪽 움직임 탐지 모형이 추가된 이중 모형(CR은 오른쪽 움직임, CL은 왼쪽 움직임 비교기).

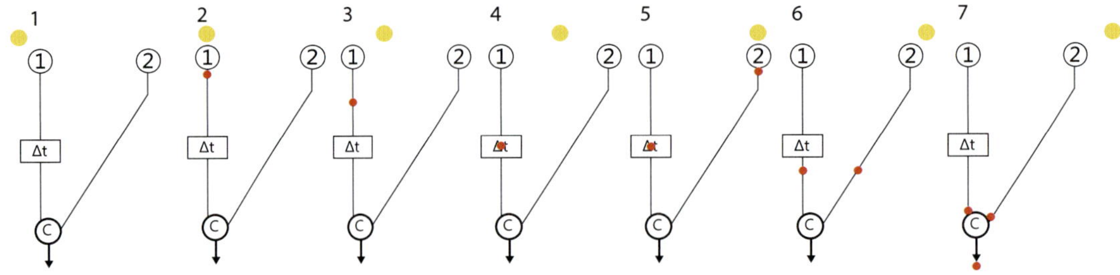

그림 7-2 움직임 신호의 동시 도달의 연속 그림.
노란 점은 불빛, 빨간 점은 생리적 신호이다.

구'라고 불리는 구조물 위에 올려놓았다(그림 7-1). 이 구조물은 딱정벌레가 걸으면 반대 방향으로 움직이므로 딱정벌레가 어느 쪽으로 얼만큼 움직이는지를 정확히 측정할 수 있었다.

딱정벌레의 겹눈은 낱눈 수백 개로 이뤄져 있다. 두 연구자는 줄무늬가 딱정벌레 겹눈 위에 막대가 움직일 때 딱정벌레가 어떤 동작을 하는지 관찰하였다. 그 결과 몇 가지 흥미로운 발견을 하였다. 막대를 오른쪽으로 움직이면 딱정벌레도 오른쪽으로 움직였다. 만일 막대가 왼쪽으로 움직이면 딱정벌레는 왼쪽으로 움직였다. 그런데 막대가 너무 빠르거나 느리면 딱정벌레는 움직이지 않았다. 딱정벌레 눈은 두 지점 사이에서 막대가 250ms의 시간차를 두고 움직일 때만 반응을 보였다. 이는 특정 속도로 움직이는 물체만 탐지할 수 있음을 시사한다. 이 결과들을 바탕으로 두 연구자는 간단한 움직임 탐지기 모형을 완성하였다.

그림 7-1-C는 이 모형을 보여 준다. 이 모형에서 핵심 성분은 시간 지연과 비교기이다. 여기서 움직이는 물체에서 오는 불빛이 1의 지점의 낱눈을 자극하면 지연시간(Δt) 성분에서 신호가 느리게 전달된 후 비교기(C)에 도달한다. 물체가 움직여 불빛이 2의 지점에서 발생하면 신호는 곧바로 비교기에 도달하고, 비교기에 두 지점에서 오는 신호가 동시에 들어온다면 움직임이 오른쪽으로 있었다고 판단한다. 이를 연속으로 표현하면 그림 7-2와 같다. 만일 불빛이 너무 빠르거나 느리면 비교기에 두 낱눈 지점에서 보낸 신호가 동시에 도달하지 못하여 움직임이 지각되지 않는다. 끝으로, 오른쪽에서 왼쪽으로 막대가 움직일 때를 설명하기 위해 대칭적인 회로를 또 하나 구성하면 된다(그림 7-1-D). 이 모형을 라이샤트 탐지기(Reihardt detector)라고 하며 비교기에서 두 입력에서 온 신호의 시간적 상관이 중요하므로 상관 모형이라고도 한다.

한 가지 성분이 추가되어 양방향을 탐지하는 좀 더 정교한 라이샤트 모형을 살펴보자(그림 7-3). 이 성분은 오른쪽 움직임 탐지기와 왼쪽 움직임 탐지기를 비교하여 최종적으로 어느 쪽으로 움직임이 일어났는지를 계산하는데 각각의 신호에서 +와 −부호의 입력을 받는다. 예를 들어, 실제로 오른쪽으로 움직임이 있을 때 오른쪽 움직임 탐지기는 초당 50회 발화하고, 왼쪽 움직임의 자발적 수준은 10회를 발화한다고 했을 때 판단기의 계산은 50-10=40이 되어 오른쪽 움직임으로 나온다. 반면, 만일 왼쪽으로 움직임이 발생하면 오른쪽 움직임 탐지기의 자발적 수준은 10회, 왼쪽 움직임 탐지기의 발화는 50회라고 했을 때 판단기의 계산은 10-50=-40이 되어 왼쪽으로 움직임을 알아차린다.

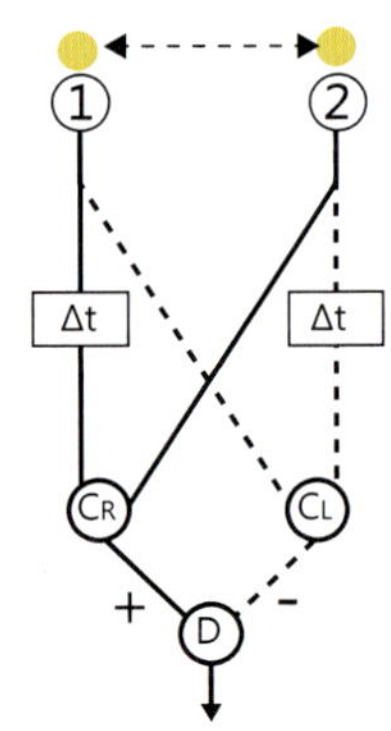

그림 7-3 라이샤트 탐지기.
D는 CR과 CL의 차이이다 (Frisby & Stone, 2010).

라이샤트 움직임 탐지기는 놀라운 모형이다. 연구자들이 딱정벌레의 눈을 파헤치지도 않고, 곤충의 동작만 보고 추정한 모형이기 때문이다. 오늘날 딱정벌레의 신경단위까지 들여다볼 수 있는 기술이 발달하였고 움직임 탐지가 매우 복잡한 과정을 거침이 밝혀졌다(Mauss 등, 2017). 그럼에도 라이샤트 움직임 탐지기는 곤충뿐만 아니라 포유류의 움직임 탐지에 대한 추상적인 수준에서 타당하며 여전히 가장 근본적인 모형으로 평가받고 있다.

움직임 잔효

폭포를 20초쯤 보다가 그 옆 산기슭으로 눈을 돌렸을 때 나무와 바위가 위로 올라가는 것처럼 보인 적이 있는가? 이를 폭포 착시(waterfall illusion)라고 한다(그림 7-4). 이 착시에서는 착시 방향이 물이 흐르는 방향과 180° 차이가 난다는 점이 흥미롭다. 이렇게 한동안 움직임을 바라보고 있다가 정지된 대상을 볼 때 정반대로 움직임을 지각하는 현상을 움직임 잔효(motion aftereffect)라고 한다. 움직임 잔효는 라이샤트 움직임 탐지 모형으로 설명할 수 있다. 빛탐지세포들은 외부 자극이 없음에도 자발적 충동을 일으키는데, 이를 기저선(baseline) 또는 소음(noise)이라고 한다. 그림 7-1의 C처럼 움직임 탐지기가 어느 한쪽 움직임만을 탐지하는 회로로 구성된다면 빛탐지세포들의 자발적 발화로 움직임이 있다고 판단할 가능성이 있다. 그런데 그림 7-3처럼 반대 방향의 움직임을 탐지하는 회로가 서로 묶여 있다면 서로의 자발적 발화를 상쇄하므로 잘못된 움직임 판단은 줄어든다. 또 하나 생각해야 할 것은 세포의 성질은 피로(fatigue)이다. 세포는 같은 신호를 받으면 점점 피로해지면서 발화율이 크게 떨어진다. 즉, 우리가 오른쪽으로만 움직임을 계속 본다고 하자. 그러면 오른쪽 움직임 탐지기의 발화가 초당 50회에서 40회, 30회, 20회로 점점 약화된다(그림 7-3에서 CR 성분). 그러다 갑자기 정지해 있는 대상을 보게 되면 오른쪽 움직임 탐지기의 발화율은 평소의 기저선인 10회 이하인, 예를 들어 5로 떨어지지만 왼쪽 움직임 탐지기(그림 7-3에서 CR 성분)의 발화율은 평소처럼 기저선 수준의 10회의 발화를 계속 유지할 것이다. 결국 이 두 성분의 차이를 계산하는 성분(그림 7-3의 D)은 5-10=-5이므로 움직임이 왼쪽으로 일어났다고 판단할 것이다. 결국 폭포 착시가 180° 방향으로 일어나는 이유는 정반대 방향의 움직임을 처리하는 세포들끼리 연합되어 있기 때문으로 추정할 수 있다.

그림 7-4 폭포 착시.
폭포를 20초쯤 응시하다 옆 절벽으로 시선을 옮기면 절벽이 위로 올라가는 것으로 지각된다(제주 정방폭포).

포유류의 움직임 탐지의 해부학적 수준은 동물마다 조금씩 다르다. 토끼와 쥐처럼 망막의 신경절세포에서 상당한 정도로 움직임이 탐지되는 경우도 있고, 원숭이처럼 망막과 외측슬상핵(LGN)을 떠나 1차 시각피질에 가서야 움직임에 반응하는 신경세포가 발견되는 경우도 있다. 인간은 아무래도 원숭이와 가까우므로 원숭이와 비슷한 방식으로 움직임을 탐지할 것이다. 단일신경세포 측정, fMRI 측정, 신경 임상적 사례를 바탕으로 영장류의 움직임 탐지 과정을 정리할 수 있다(그림 7-5). 연구자들은, 움직임을 처리하는 경로는 물체의 위치를 파악한다는 의미로 어디-경로(where pathway), 물체의 정체를 파악하는 경로는 무엇-경로(what pathway)라는 평민들을 위한 이름을 붙여 부른다. 뇌 이름

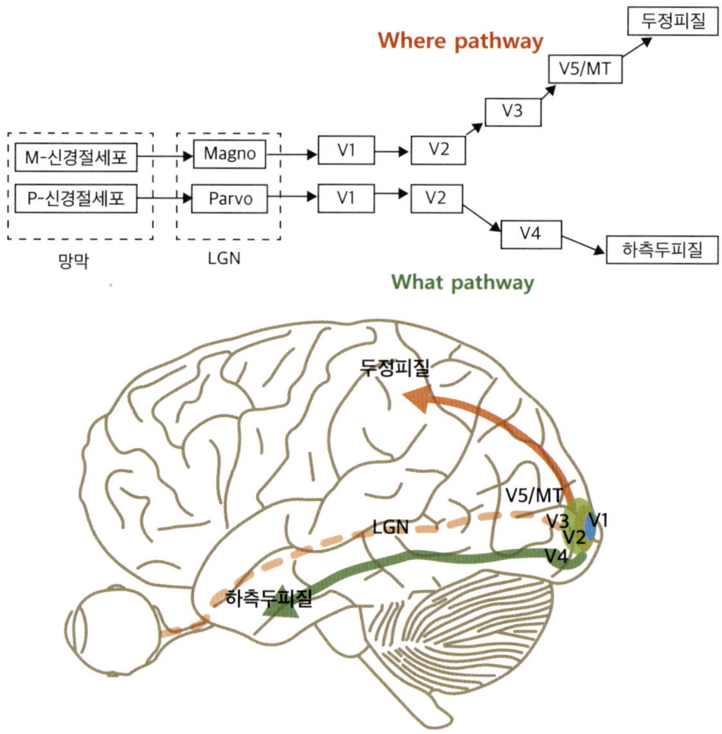

그림 7-5 '어디' 경로와 '무엇' 경로.

치고 이렇게 쉬운 단어는 없다! 움직임 처리 경로에서 가장 상위에 있는 영역은 V5/MT 영역으로 다양한 실험 방법을 통해 매우 중요한 역할을 한다는 것이 밝혀졌다(사람의 경우 V5의 위치는 원숭이의 중측두 영역인 MT와 대응한다). 이 영역의 손상은 움직임을 보지 못하는 증상을 앓는다. 매우 희귀한 사례로 43세의 여성은 이 영역을 포함한 인근 영역의 손상으로 인해 세상이 정지 화면의 연속으로 보였다(Zihl 등, 1983). 색, 물체, 크기 등 다른 지각질에 대한 처리 능력은 문제없었는데, 단지 움직임을 볼 수 없었다. 커피를 따를 때도 넘치기 일쑤였고, 자동차의 움직임을 알 수 없어 길을 건널 수도 없었고, 가현운동을 지각하지도 못하였다. 이 증상을 움직임맹(akinetopsia)이라고 하는데 움직임만을 처리하는 영역의 독립적 존재를 시사한다.

안구 운동과 움직임 판단

망막 위에서 이미지의 시간에 따른 위치 이동은 실제로 대상이 바깥세상에서 움직이기 때문이 아니라 우리 눈이 움직이거나 몸이 움직이기 때문에 일어날 수도 있다. 따라서 눈앞에 보인 물체가 움직였는지 자신의 눈이 움직였는지 구별해야만 한다. 눈을 움직이면서 주변을 둘러보자. 눈이 움직이는데도 세상은 가만히 있는 것처럼 보인다. 이 현상은 지각체계가 눈이 움직이는 신호를 고려해서 물체의 움직임을 판단하기 때문으로 추론된다. 이 추론을 바탕으로 Helmholtz는 동반방출이론(corollary discharge theory)을 제안하였다. 사실 환경과 신체의 상대적 문제는 움직임만이 아니라 감각 전체에 해당한다. 걸음을 걸을 때마다 발바닥에 전달되는 압력이 자신의 동작 때문인지 외부의 힘 때문인지 구별할 줄 알아야 한다. 자신이 하고 있는 말이 자신의 입에서 나오고 있는지 다른 사람의 입에서 나오고 있는지 구별해야 한다. 비슷하게, 박쥐는 사방에서 들려오는 초음파가 자신이 쏜 것인지 다른 박쥐가 쏜 것인지 알아야 한다(이 문제에 관한 논의는 Crapse

표 7-1 여러 움직임 현상과 동반방출이론에 따른 움직임 판단기의 해석.

시각 상황	망막상 움직임	눈 근육 움직임 신호	움직임 지각
가만히 눈을 뜨고 있기	없음	없음	No
눈을 시야에서 움직일 때	있음	있음	No
움직이는 물체를 눈으로 따라갈 때	없음	없음	Yes
눈알을 손가락으로 누를 때	있음	없음	Yes
물체를 한동안 응시해 잔상을 남긴 후 눈을 움직일 때	없음	있음	Yes
눈 근육을 마취시켜 고정된 상을 보고 눈을 움직이려 할 때	없음	있음	Yes

와 Sommer(2008)를 보라).

움직임 탐지에 대한 동반방출이론에 따르면, 눈알이 움직였는지를 알려주는 생리적 신호와 망막에 비치는 이미지의 움직임 신호와 비교되어 움직임의 원천이 자신인지 바깥 대상인지를 판단한다. 이 과정을 그림 7-6에서 예시하며, 표 7-1은 몇 가지 시각 상황들에 대한 움직임 탐지기의 판단 결과를 기술한다. 여기서 눈을 움직이라는 명령을 내릴 때 함께 발생한 원심성 복사(efference copy) 신호 개념이 중요하다. 이 신호는 실제로 망막상에서 일어난 변화가 자신의 움직임 때문인지 물체가 움직여서인지 구별하는 데 사용된다.

한편, 우리는 눈만 움직이는 것이 아니라 머리도 움직이기 때문에 이를 고려한 움직임 판단이 필요하다. 따라서 머리 근육에 대한 동반방출이론이 필요할 것이다. 더 나아가서 우리는 허리와 다리도 움직인다. 그러므로 이 움직임들을 고려하는 처리가 필요할 것이다. 우리는 자전거, 자동차, 기차 같은 탈것에 의해서도 우리 몸을 이동할 수 있다. 이 경우 자신이 움직이고 있는지 실제로 물체가 움직이고 있는지 판단하는 문제는 앞의 경우들보다 훨씬 추상적이다. 자동차처럼 타는 기구들에 수동적으로 몸을 맡기는 경우 우리 몸과 신호를 주고받을 수 있는 연결이 존재하지 않는다. 자동차를 실제로 운전하는 경우라면 오랜 연습 끝에 가속 페달과 브레이크 페달을 조작하는 다리 근육과 망막 움직임 사이에 강한 규칙이 형성되기 때문에 동반방출 과정과 유사한 처리가 지각체계에서 일어날 가능성이 있다. 비록 기능은 비슷할지라도 운전에 따른 동반방출 처리가 안구, 머리, 다리 같은 근육에 따른 처리를 담당하고 있는 기제에서 함께 처리되는지는 모를 일이다.

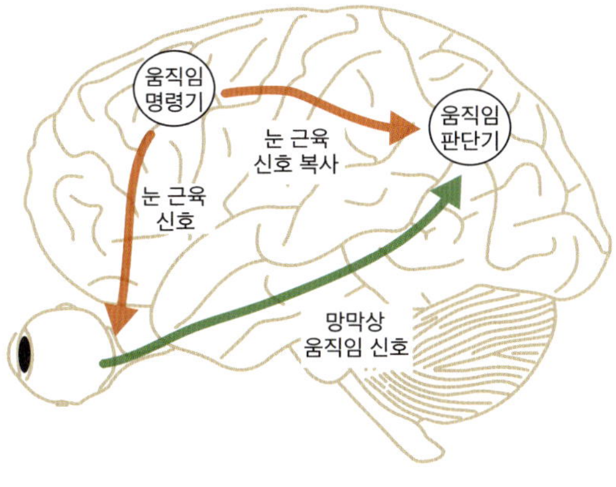

그림 7-6 동반방출이론.
움직임 명령기는 눈 근육에 움직임 신호를 보낼 때 이 신호를 움직임 판단기에도 동시에 보낸다. 움직임 판단기는 망막상 움직임 신호를 움직임이라고 판단하기 전에 눈 근육이 움직였는지에 대한 신호를 고려한다.

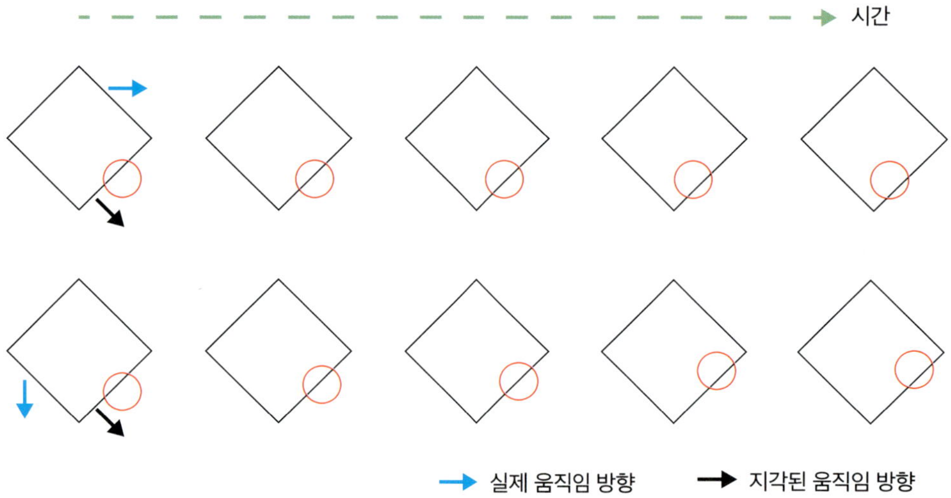

그림 7-7 구경문제 설명.
(위) 사각형이 오른쪽으로 움직임. (아래) 사각형이 아래쪽으로 움직임. 점선은 위치를 쉽게 알아보기 위해 넣음. 두 그림에서 시간이 지남에 따라 작은 구경으로 들여다보이는 부분의 선분 위치가 동일함을 알 수 있다.

움직임 통합

앞에서 다뤄진 움직이는 대상들은 주로 점이나 선처럼 매우 간단한 형태를 가진 것들이었다. 그렇지만 실생활에서 움직이는 물체들은 매우 복잡한 형태와 구조로 되어 있다. 시각체계의 초기 수준에 있는 신경세포들은 저마다 처리하는 공간인 수용장이 매우 좁다. 이렇게 좁은 수용장을 가지고는 움직이는 전체 대상이 어느 방향으로 움직이고 있는지를 정확히 알지 못한다. 그림 7-7을 보자. 위 사각형은 오른쪽으로 아래 사각형은 아래쪽으로 움직이고 있다. 이들이 이렇게 따로따로 움직일 때 우리는 이들의 움직이는 방향에 대해 아무런 혼동 없이 정확한 움직임을 지각한다. 그런데 여기서 작은 동그란 구멍으로 사각형의 한 부분을 들여다본다고 상상해 보자. 전체를 볼 수 없고 사각형 일부분을 이루는 선을 보게 될 것이다. 그런데 이상하게도 각 구멍으로 볼 때 지나가는 선분의 움직임은 동일하여 방향과 속도가 똑같다! 잘 믿기지 않으므로 실제로 사각형을 종이 위에 그리고 작은 구멍을 뚫어 확인해 보라. 주의할 점은 선분이 똑같은 두께와 색이어야 한다. 선분 위에 점 같은 어떤 특징도 남아 있어서는 안 된다. 따라서 사각형을 프린트하는 게 유리하다. 이런 경우 작은 구멍에서 사람들은 대체로 선분이 실제 움직임 방향이 아닌 아래로 45° 기운 쪽으로 지각한다. 우리는 늘 넓은 시야로 보기 때문에 너무도 당연한 일로 생각하고 이런 게 무슨 문제가 되느냐고 되물을 수도 있을 것이다.

그렇지만 망막에 있는 또는 망막에서 멀리 있지 않은 시각처리 경로에 있는 시각세포처럼 탐지영역이 매우 작은 처리기를 생각해 보자. 이들은 전체 사각형을 볼 수 없고 매우 작은 영역에서만 움직임 정보를 받으므로 저마다 다른 방향으로 움직임을 처리할 것이다. 따라서 사각형의 전체 움직임을 알기 위해서는 작은 영역을 맡고 있는 세포들로부터 정보를 받아 좀 더 넓은 영역을 담당하는 세포들의 역할이 중요하다. 여기서 작은 영역의 움직임을 국지 움직임(local motion)이라고 하고 사각형처럼 전체에 해당하는 움직임을 전역 움직임(global motion)이라고 한다. 작은 공간만을 처리하는 국지처리 신경이 겪는 움직임의 애매성을 구경문제(aperture problem)라고 하는데 구경은 들여다보는 작은 구멍과 비슷한 개념이다. 구경문제는 국지 탐지기로는 방향과 속도가 불확실할 수 있음을 시사한다. 결국 전역 움직임은 국지 움직임들의 통합(motion integration)을 통해 획득될 수 있다. 그림 7-8은 움직임에 대한 국지처리와 전역처리의 관계를 보여

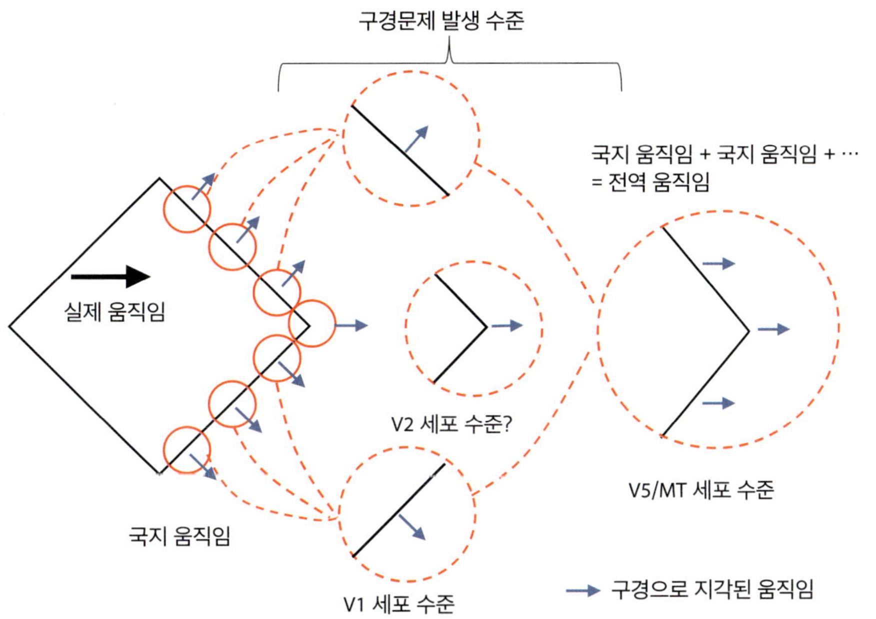

그림 7-8 구경 안으로 보이는 모서리 움직임에 대한 국지처리와 전역처리.

준다. 신경과학 연구들에서 사람의 시각처리의 경우 국지 움직임은 1차 시각피질(V1)에서, 전역 움직임은 5차 시각피질(V5, 원숭이의 뇌에서 MT: middle temporal area)에서 처리되는 것으로 알려져 있다(Albright & Stoner, 1995).

구경문제가 앞에서 예시한 사각형처럼 매우 특수한 경우에서만 일어나는 현상이라고 의심하는 사람도 있을 것이다. 그렇지만 이 문제는 일상에서 흔하게 볼 수 있는 물체들에도 적용 가능하다. 예를 들어, 그림 7-9는 자동차와 보행자의 움직임에서 발생할 수 있는 구경문제를 매우 간단하게 보여 준다. 이 두 물체는 수많은 작은 모서리들로 나누어질 수 있는데 이 각각의 모서리의 움직임에서 구경문제가 일어날 수 있다. 이런 예들을 볼 때 구경문제는 단지 우리가 평소에 의식하지 못할 뿐이지 우리의 시각처리 세포들은 늘 겪고 있는 것으로 볼 수 있다.

구경문제가 늘 상향적으로만 해결되는 것은 아니다. 즉, 물체에 대한 지식이 구멍문제의 한계를 극복하는 것처럼 보이기도 한다. Shiffrar 등(1997)은 그림 7-10의 오른쪽에 보이는 막대 보

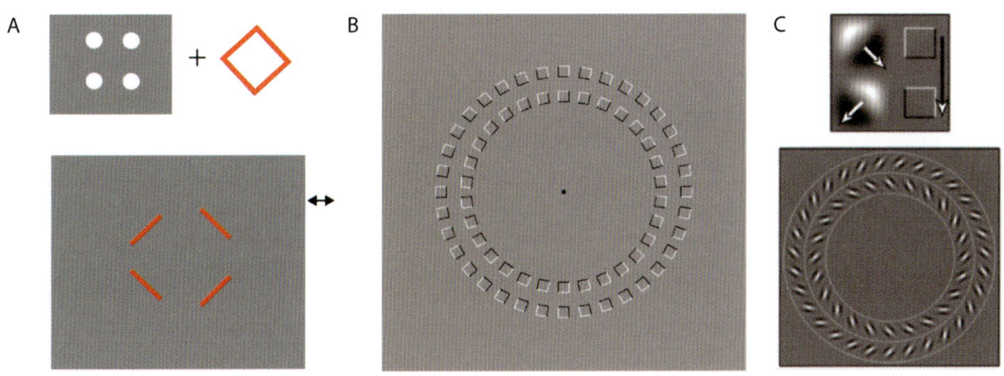

그림 7-9 구경문제 응용.

(A) 구멍을 뚫은 판을 마름모가 그려진 종이 위에 포개어 얹고 뒤에서 마름모를 좌우로 움직이면 네 선분이 서로 다른 방향으로 움직인다. (B) Pinna 착시. 가운뎃점을 응시하면서 고개를 앞뒤로 움직여 보라. 주변의 원들이 서로 다른 방향으로 움직이는 것으로 보인다(Pinna & Brelstaff, 2000). (C) 가운데를 응시할 때 주변의 사각형들은 대각선으로 보이며, 머리를 앞뒤로 움직일 때 대각선이 직각 방향으로 움직이는 것으로 국지 움직임 신경이 신호를 보내기 때문이다.

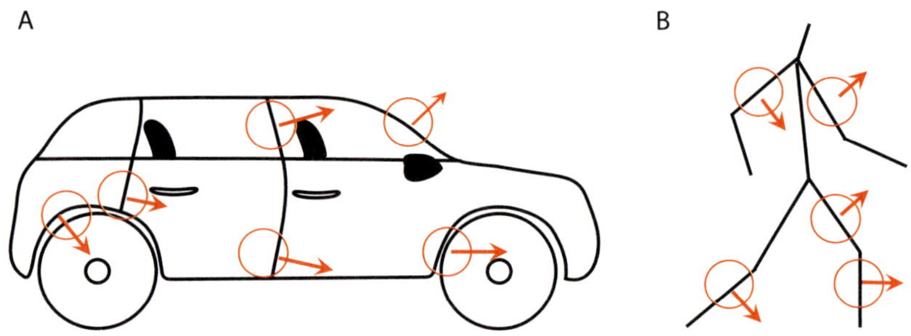

그림 7-10 자동차와 보행자의 구경문제.
(A) 자동차가 구경 뒤로 지나갈 때는 잘 탐지되지 않는다.
(B) 구경 뒤에서 사람은 잘 탐지된다.

행자와 가위를 구멍을 통해 관찰자들에게 제시하였다. 그 결과 가위의 움직임은 잘 재인되지 않았지만, 보행자는 아주 쉽게 재인되었다. 가위보다 사람 걸음이 우리 눈에 익숙하다는 점을 생각하면, 이 결과는 걸음에 대한 상위 지식이 하위 수준에서 처리되는 국지 움직임들의 통합에 영향을 주는 것으로 보인다. 물론 구경문제는 작은 구멍 안에 놓인 선분이 끝이 안 보이는 경우에 대해서만 일어나며, 만일 막대 끝이 맺히면 이런 문제는 일어나지 않는다. 아마도 이런 특징은 전체 움직임을 지각하는 데 매우 중요하므로 이런 특징들을 초기에 처리하는 신경들은 상위 수준의 신경들에 우세한 신호를 보내 움직임 통합을 일으킬 것이다(Pack 등, 2003).

가현운동

2개의 점이 서로 연속적으로 점멸을 반복하면 1개의 점이 이동하는 것으로 보이는데 이를 베타 가현운동(apparent motion) 또는 스트로보스코프 운동(stroboscopic motion)이라고 한다. 한편, 물체의 움직임이 아닌 움직임 자체가 지각되는 현상을 파이 가현운동(phi apparent motion)이라고 하며, 막대의 점멸이 좀 더 빠를 때 형태를 알 수 없는 희뿌연 무엇이 환영적으로 보인다(☞YouTube: phi phenomenon). 가현운동은 형태주의 심리학자들에게 매우 중요한 현상이다. 2개 점만의 깜박임으로 운동이 지각된다는 것은 움직임이 눈이 아닌 뇌에서 생성되는 전체이다(Wertheimer, 1912). 가현운동이 부드러운 움직임으로 지각되기 위해서는 막대의 제시 시간과 막대 사이의 거리가 중요하다(☞샛길 1).

가현운동은 바깥세상에서 물체가 위치를 바꿀 때 일어나는 실제운동(real motion)과 상대적인 개념이다. 실제운동은 물체가 이동하는 모든 공간을 실제로 지나치므로 연속운동(continuous

샛길 1 Korte의 법칙

Korte(1915)는 어느 조건에서 가현운동이 가장 부드럽게 지각되는지를 연구하였다. 그는 깜박이는 점들의 불빛 세기, 제시되는 시간, 거리를 조작하였다. 이를 통해 몇 가지 중요한 사실을 알아냈는데 이 가운데 깜박거리는 비율과 두 물체의 거리에 관한 Korte의 법칙이 유명하다. 이는 가현운동을 구성하는 두 물체의 깜박거리는 교번율(alternation rate)이 두 물체 사이의 거리와 정적으로 상관이 있음을 말하는데, 두 물체가 멀리 있을수록 깜박거림도 느려야 부드러운 가현운동이 지각된다. 이는 지각체계가 먼 거리일수록 시간이 더 걸리는 물리적인 규칙을 반영하기 때문으로 보인다.

motion)이라고 부르기도 한다. 가현운동은 움직임 지각에 움직임 신호의 표집(sampling)이라는 문제를 던져 준다. 즉, 물체가 움직일 때 얼마나 촘촘하게 이 물체의 위치를 처리하느냐의 문제이다. 그림 7-11을 보자. 맨 위는 막대가 두 지점 사이를 움직이는 모습을 표현한다. 이 움직임을 가현운동으로 제시하려 할 때 제시하는 막대의 수에 따라서 해상도가 달라질 것이다. 막대 수가 많으면 좀 더 부드러운 움직임이 관찰될 것이고 극단적으로 2개를 연달아 제시하면 다소 거친 움직임이 보일 수 있다. 이렇게 제시되는 막대 수의 개념으로 생각하면 연속 움직임 또는 실제 움직임은 무한대의 막대를 제시하는 것과 같을 것이다. 그렇지만 우리 시각체계는 어느 정도 막대가 많아지면 구분하지 못한다. 이는 TV, 영화, 네온사인 등과 같은 모든 인공적인 디스플레이로 제시되는 움직임은 가현운동이라는 점과 이런 디스플레이에서 보이는 움직임이 실제운동과 큰 차이 없이 보이는 경험으로 추론할 수 있다. 움직임을 카메라에 담을 때도 일정한 시간 간격으로 재빨리 찍을 뿐이지 결코 움직임 자체를 담지는 않는다. 가현운동은 시각에서만 일어나는 것이 아니고 청각이나 촉각에서도 일어난다. 따라서 자극 신호를 이산적으로 표집하여 연속적으로 지각하는 과정은 시각에만 한정되지 않고 감각처리 일반에서 일어나는 것으로 보인다.

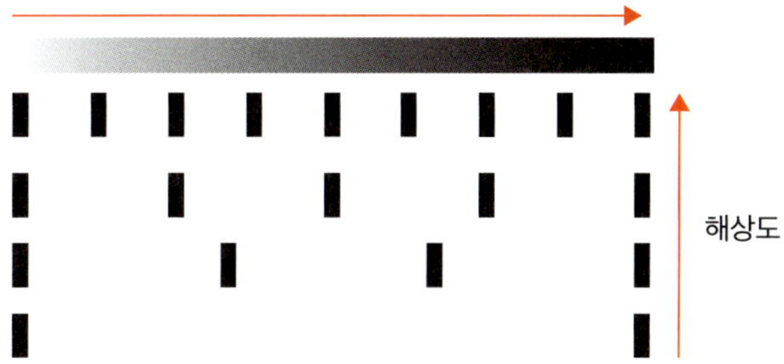

그림 7-11 물체 표집의 시간적 해상도.
(맨 위) 실제 연속운동. (아래) 가현운동.

움직임을 가현운동 자극처럼 '띄엄띄엄' 이산적으로 제시할 수도 있음을 알았는데 이는 바꾸어 말하면 연속 움직임을 '띄엄띄엄' 이산적으로 표집해도 움직임을 처리할 수 있음을 뜻한다. 아마도 해상도를 높여 표집을 매우 정밀하게 하면 움직임을 더 자세하게 탐지하겠지만 그런 장치를 구성하기 위해서는 많은 자원이 필요할 것이다. 그러므로 어떤 생물체가 쓸모 이상으로 너무 비싼 움직임 처리기를 머리 위에 달고 살 필요는 없다. 곤충의 삶은 매우 짧고 몸이 작기 때문에 움직임을 대충 처리할 만한 장치가 필요하고, 사람처럼 훨씬 정교하게 움직임을 처리해야 하는 경우라면 좀 비싸더라도 좋은 움직임 처리기가 필요할 것이다.

한편, 가현운동 현상은 우리의 지각체계의 작동에 대한 근본적인 의문을 안긴다. 가현운동은 점멸하는 이미지가 끝나는 순간 일어나므로 현상 자체로 볼 때 사후적(postdictive)이다. 예를 들어, 2개의 점으로 이뤄진 가현운동에서 두 번째 점이 나타난 다음에 움직임이 지각된다. 그러므로 움직임은 시각체계에서 처음부터 연속적으로 일어나는 것이 아니라 이산적으로 일어나며 다만 이를 우리는 연속적이라고 의식할 뿐이라는 의심을 던진다(VanRullen, 2016).

대응문제

가현운동은 여러 장의 이미지가 담긴 프레임을 순차적으로 제시할 때 일어난다. 그런데 서로 다른 프레임 속에서 우리는 어떻게 같은 물체를 짝지을 수 있을까? 점 하나가 왼쪽과 오른쪽에서 깜박일 때는 매우 쉬운 문제이다. 그런데 각 프레임이 4개의 점으로 이뤄진 경우는 어떨까?(그림 7-12) 이때 경우의 수는

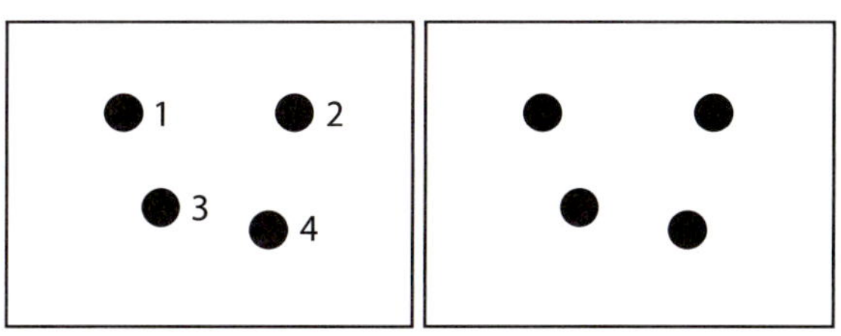

그림 7-12 대응문제 예시.

그림 7-13 경쟁 가현운동.
각 그림에서 점선은 프레임 1을, 실선은 프레임 2를 의미한다. 각 움직임에서 가현운동은 (A) 근접성, (B) 방향 유사성, (C) 크기, (D) 형태 유사성에 의해 결정된다. 파워포인트에 슬라이드 두 장을 그리고, 두 슬라이드를 번갈아 보면서 확인해 볼 수 있다.

4!(4×3×2×1)=24개나 된다. 더욱이 일상생활에서 우리 망막에 맺히는 이미지의 점들이 수만 개가 넘을 수 있다고 치면 대응되는 경우의 수는 천문학적이다! 이렇게 한 프레임 이미지의 요소들과 다른 프레임 이미지의 요소들 사이의 대응에 관한 것이 (움직임에서) 대응문제(correspondence problem)이다. 어떻게 시각체계는 이 어려운 문제를 짧은 시간에 풀 수 있을까?

연구에 따르면 시각체계가 해결하는 몇 가지 원리가 있는데, 거리의 근접성(proximity), 그리고 방향/색/형태/크기의 유사성(similarity)이 중요하다(Ullman, 1979). 특히 근접성은 가장 강력한 요인으로 두 이미지가 매우 빠르게 제시되는 경우 색이나 형태를 압도한다. 영화에서 가끔 보는 마차 바퀴 착시는 대응문제를 잘못 풀기 때문에 일어난다(☞샛길 2). 대응문제에서 원리들의 우열을 검토하는 한 가지 재미있는 방법은 요인들끼리 경쟁시키는 것이다. 예를 들어, 근접성과 유사성 요인이 담긴 가현운동을 제시하여 어느 쪽으로 보이는지를 확인하는 것이다(그림 7-13).

샛길 2 마차 바퀴 착시

영화에서 가끔 마차 바퀴나 자동차 바퀴가 반대 방향으로 돌아가거나 정지한 채 땅 위를 미끄러져 가는 것처럼 보이는 마차 바퀴 착시(wagon wheel illusion)를 경험한다. 이 현상은 짧은 간격을 두고 카메라에 찍힌 바큇살들 사이에서 거리가 가까운 쪽으로 이동한 것으로 착각하기 때문이다(그림 7-14). 즉, 카메라의 촬영 속도와 바퀴의 회전 속도의 변화로 인해 같은 모양과 색의 바큇살들이 서로 잘못 짝지어질 수 있다. 마차 바퀴 착시는 깜박이는 조명 아래서도 경험할 수 있다.

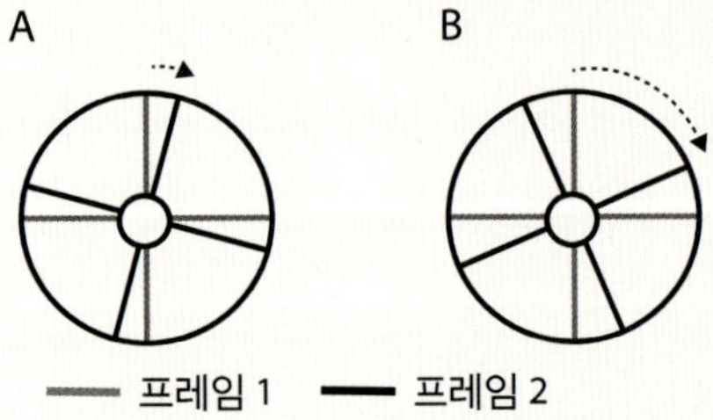

그림 7-14 바퀴가 오른쪽으로 구를 때 바큇살의 위치.
(왼쪽) 정상적인 지각. (오른쪽) 바큇살이 뒤로 후퇴하는 것으로 지각되는 착시.

한편, 마차 바퀴 착시는 이미지의 불연속적인 제시에 따른 대응의 실패로 완전하게 설명되는 것은 아니다. 왜냐하면 마차 바퀴 착시는 연속적으로 제시되는 조명 아래서도 경험되기 때문이다(Purves 등, 1996). 이에 대한 한 가지 흥미로운 설명에 따르면, 우리 시각체계는 세상을 볼 때 연속으로 자료를 표집하는 것이 아니라 실제로는 띄엄띄엄 이산적으로 표집하여 일종의 정지해 있는 스냅숏의 연결이 뇌에 표상되기 때문이라는 것이다(VanRullen 등, 2005). 즉, 착시의 원인이 자료의 불연속적인 제시가 아니라 뇌의 능동적인 불연속적인 표집에 있다.

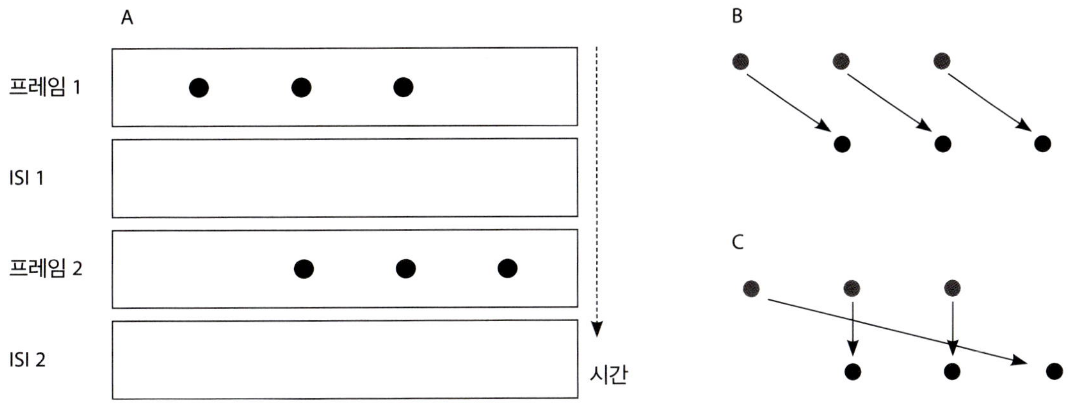

그림 7-15 Ternus 가현운동.
세 점을 가현운동 패러다임으로 A처럼 제시했을 때, 자극 간격이 길면 B처럼 집단 움직임이 지각되고, 자극간격이 짧으면 C처럼 요소 움직임이 관찰된다.

그렇지만 늘 근접성이 가현운동을 압도하는 것은 아니다. Ternus(1926/1955)는 점 3개를 나란하게 배열하여 가현운동 자극을 구성했는데 세 점을 위에 한 번, 아래에 한 번 제시하였다(그림 7-15). 이때 세 점이 사라졌다 나타나는 시간 거리를 자극간격(inter-stimulus interval)이라고 하며, 줄여서 ISI라고 부른다(☞샛길 3). 자극간격이 아주 짧으면 세 점은 형태가 헝클어진 채 가현운동이 보이는데 이를 요소운동(element motion)이라고 한다. 반면, 자극간격이 충분히 길면 사람들에게는 세 점이 배열을 그대로 유지한 채 움직이는 것으로 보이는데 이를 집단운동(group motion)이라고 한다. 자극의 제시시간이 길면 자극에 충분히 주의할 수 있어 이미지의 전체적인 형상을 확인할 수 있고, 이에 따라 집단운동을 경험할 수 있다. 주의는 대응문제 해결에 중요하며, 때로는 주의하지 않으면 무선적인 깜박임으로 지각되는 자극도 이미지의 특징을 주의하는 것

샛길 3 자극 제시시간 보고

실험실에서 모니터로 제시하는 자극은 여러 장면으로 구성된다. 각 장면의 제시 시간을 객관적으로 보고해야 하는데 자극 화면의 기능에 따라 용어가 다르다. 만일 두 점의 깜박임으로 가현운동이 구성된다면 각 점이 제시되는 시간을 자극기간(SD: stimulus duration)이라고 하며, 두 자극 사이의 빈 시간을 자극간격(ISI: interstimulus interval)이라고 한다. 어느 한 자극이 제시되는 시점부터 다른 자극이 나타나는 시간을 자극시차(SOA: stimulus onset asynchrony)라고 한다(그림 7-16)

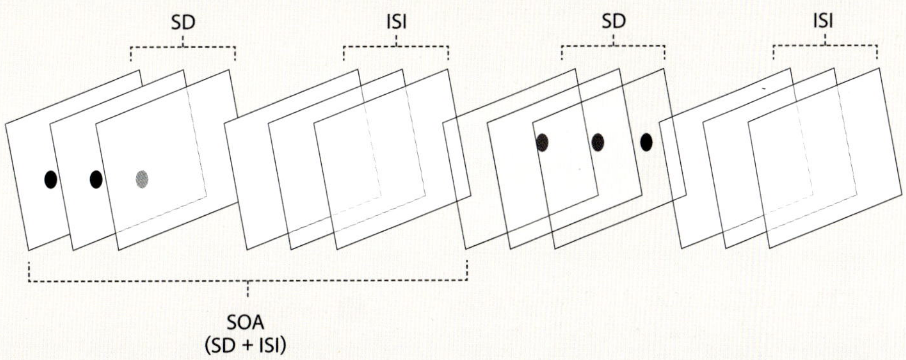

그림 7-16 자극기간, 자극간격, 자극시차.

만으로 움직임을 경험할 수 있는데, 이를 속성 추적운동(feature tracking motion)이라고 한다(Lu & Sperling, 1995).

유도운동

밤하늘에 달이 구름을 향해 움직이는 것을 본 적이 있는가? 지구에서 볼 때 달은 아주 느리게 움직여 우리 눈에 움직임이 탐지되지 않는다. 다만 한참 시간이 흐른 뒤에 위치가 바뀌는 것으로 달이 움직이고 있다고 추론할 뿐이다. 이 상황은 시계의 분침 또는 시침에도 비교될 수 있다. 그러므로 달이 구름을 향해 움직이는 것으로 보이는 현상은 착시이다. 달이 움직이는 것처럼 보인다는 보고는 시에서도 가끔 등장한다. 신라 경덕왕 때 충담이 화랑 '기파랑'을 추모하기 위해 지은 향가인 *찬기파랑가*에도 나온다. 이 시에서 '달이 흰 구름을 따라'라는 구절이 있다. 박목월(1946)의 *나그네*에서도 '구름에 달 가듯이'라는 표현이 나온다. 이로 볼 때 달이 움직이는 것처럼 보이는 현상은 쉽게 목격되어 왔던 것으로 보인다. 이렇게 어떤 물체가 가만히 있는데 주변 맥락의 움직임으로 움직이는 것으로 보이는 현상을 유도운동(induced motion)이라고 한다.

유도운동이 관찰되는 조건은 상당히 까다롭다. 유도하는 물체와 유도된 물체만 보이고 다른 물체들은 보여서는 안 된다. 왜냐하면 지각체계는 상대적 움직임에 매우 민감하여 작은 점이라도 다른 물체가 존재하면 착시가 일어나지 않기 때문이다. 달과 구름의 예에서 옆에 산이나 건물이 보이면 구름이 움직이는 것으로 사실대로 보인다. 따라서 유도운동 실험은 아주 깜깜한 실험실에서 진행된다. 또한 유도 움직임은 물체가 매우 느리게 움직이는 상황에서 가능하다. 너무 빠르면 관찰자가 자신의 눈에서 움직임 자체를 탐지하기 때문이다. 유도운동 실험에서는 자극을 화면에 보여 주고 어떤 물체가 얼만큼 움직였는지 묻는데 구두로 보고하거나 손 근처에 놓인 장치를 이용하여 지각된 움직임을 보고한다.

다양한 실험을 통해 유도운동에 개입하는 요인들이 밝혀졌다(그림 7-17). 상대적 크기(relative size) 원리는 두 물체가 있을 때 크고, 둘러싸고 있는 물체는 대체로 정지한 것처럼 보이고, 작고 둘러싸인 물체는 움직이는 것처럼 보임을 말한다. 달과 구름에서 볼 수 있는 유도운동도 이에 해당된다. 형태주의에서는 크고 둘러싸고 있는 물체가 다른 물체들에 대해 참조틀(reference frame)의 역할을 하기 때문에 움직이지 않는 것으로 보인다고 설명한다(Duncker, 1929/1955; Wallach, 1959). 사실 큰 물체들은 대체로 움직이지 않기 때문에 상대적 크기 원리는 매우 생태적

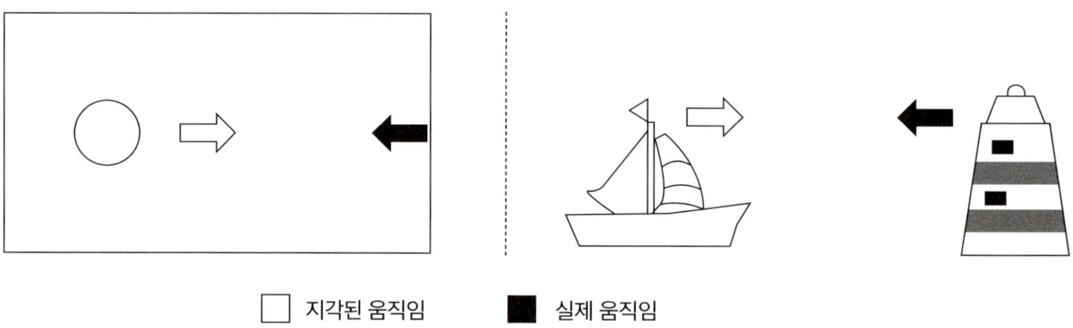

그림 7-17 유도운동.

(왼쪽) 아주 어두운 방에서 사각형과 원이 나타난다. 사각형이 서서히 움직이기 시작하면 사각형은 정지해 있고 원이 움직이고 있는 것으로 보인다. (오른쪽) 등대가 움직이고 돛단배는 가만히 있는데, 배가 움직이는 것처럼 보인다.

으로 보인다. 예를 들어 산, 들판, 건물, 바위, 나무 등이 그렇다.

유도운동이 물체의 크기만으로 설명되지 않는 경우도 있다. 예를 들어, 아주 깜깜한 방에서 크기가 대략 비슷한 보트와 등대를 서로 마주 보게 하고 등대를 보트 방향으로 서서히 움직이면 사람들은 등대는 가만히 있고 보트가 움직이는 것으로 지각하곤 한다(Jensen, 1960). 마찬가지로 돌담과 비행기를 마주 보게 해 놓고 돌담을 비행기 쪽으로 서서히 움직이면 사람들은 비행기가 움직이는 것으로 경험하곤 한다(Brosgole & Whalen, 1967; Jensen, 1960). 이는 특정 물체와 움직임을 짝지어 경험한 학습 효과일 것이다. 즉, 우리는 어떤 물체가 움직일 수 있는지를 살면서 오랫동안 경험한다. 자동차, 보트, 비행기 같은 탈것들은 움직일 수 있고, 사람, 가축, 새 등의 동물들도 역시 움직일 수 있다. 따라서 움직일 수 있다는 사전지식(prior knowledge)은 유도운동에서 중요한 요인으로 보인다.

한편, 관찰자 자신은 가만히 있는데 주변 맥락 때문에 자신이 움직이는 것처럼 보이는 경우도 있다. 이를 자기 유도운동(self induced motion)이라고 한다. 예를 들어, 기차의 창문 밖으로 다른 기차가 서서히 움직이기 시작할 때 자신이 탄 기차가 움직이는 것으로 지각하곤 한다. 또한 앞으로 밀려오는 파도를 보거나 다리 위에서 흘러가는 강물을 볼 때도 자신이 파도나 물살을 거슬러 올라가는 것처럼 느끼기도 한다. 이러한 자기 유도운동은 대체로 시야에 놓인 움직임이 매우 클 때 일어난다. 또한 대상의 움직임이 느리지 않고 빨라도 경험된다. 일반적으로 사람들이 움직일 때 주변 환경은 반대로 움직이며 이 관계는 언제나 변함이 없다. 따라서 자기 유도운동은 이러한 환경과 자신의 움직임 사이에 존재하는 규칙이 개입되었기 때문에 일어나는 것으로 보인다.

자동운동 효과

어두운 방 안에서 희미한 불빛 점을 응시하면 불빛은 가만히 있어도 조금씩 움직이는 것처럼 지각되는데 이를 자동운동 효과(autokinetic effect)라고 한다. 부부가 실제로 본 것은 환풍구인데 이를 움직이는 사람으로 착각한 것도 자동운동 현상이라고 볼 수 있다. 앞서 물체 지각에서 배운 것처럼 어둠 속에서 대상이 분명치 않은 경우 지각자의 하향적 처리의 힘이 커진다(☞4장). 부부는 이미 동네에서 부정적인 기분을 느낀 상태였기 때문에 어두운 실루엣들을 부정적인 사람들의 형태로 지각할 수 있다. 또한 '사람은 움직일 수 있다'는 지식에 의해 움직임을 보려는 기대가 움직이지 않는 물체보다 더 클 수 있다. 밤하늘에 떠 있는 별이 움직이는 착시가 훨씬 오래전부터 보고되었기 때문에 자동운동 현상을 '흔들거리는 별(swinging star)'이라고 부르기도 한다. 시각적으로 자동운동 효과를 경험하기 위해서는 시야가 매우 어두워야 하며, 수 초 이상 대상을 바라보고 있어야 한다. 대상의 크기와 수가 작을수록 이 착시를 경험하기 쉬워진다(☞샛길 4).

자동운동 현상에 대한 설명은 10가지가 넘는다. 그 가운데 눈 근육과 뇌에서 보낸 신호와 불일치를 이용한 설명이 널리 알려져 있다. 눈알은 세 쌍의 근육에 의해 움직인다. 그런데 만일 눈이 어느 한 점만을 계속 보고 있으면, 근육이 피로해지면서 이리저리 눈이 표류할 수 있다. 뇌에서는 눈에 움직이라는 신호를 보내지 않았음에도 눈의 움직임에 따라 눈에 맺힌 상이 움직이기 때문에, 뇌에서는 정말로 불빛이 움직이는 것으로 착각할 수 있다. 자동운동 현상은 움직임이

샛길 4 일상에서 자동운동 효과

이사 온 지 이틀밖에 되지 않은 부부가 집안을 정리하고 있었다. 동네 식당에서 외식 후 골목길을 지나오면서 격하게 부부싸움 하는 소리를 들어 기분이 좋지 않은 상태였다. 부엌 창문을 통해 건너편 건물의 옥상을 한참 바라보던 아내가 말하였다. (아내) “아까부터 저기서 건장한 남자들이 뭘 하고 있어, 거의 움직이지 않고 마주 보고 대화하는데 뭔가 심각한 것 같아. 한 사람은 옥탑방 뒤로 왔다 갔다 하고… 으스스해! 이상한 동네로 이사 온 거 아닐까?” (남편) “그렇게 빤히 바라보지 마, 눈 마주치면 어쩌려고 그래!”

그림 7-18 (위) 부부가 자동운동을 본 전경. (아래) 낮에 보이는 전경.

바깥세상의 사실만이 아니라 시각체계에서 처리 과정 역시 움직임을 지각하는 데 매우 중요함을 예시한다. 우리는 이 장에서 움직임 지각에 대해 밝혀진 주요 현상들과 실험들을 살펴보고 움직임을 지각하는 일이 매우 복잡한 일임을 알게 된다.

영화의 시작

영화의 시작은 19세기 초 가현운동 장치의 발명으로 가능하게 되었다(영화의 발전은 심리학자의 가현운동 연구와 무관하게 진행되었다). 그것은 John Paris 혹은 Peter Roget가 1824년 발명했다고 알려진 ‘이상한 원판’이라는 그리스 어원을 가진 타우마트로프(Thaumatrope)의 발명이다(그림 7-19). 단순히 작은 둥근 종이의 앞면과 뒷면에 두 물체를 그려 넣고, 이 종이의 양끝에 막대나 줄을 연

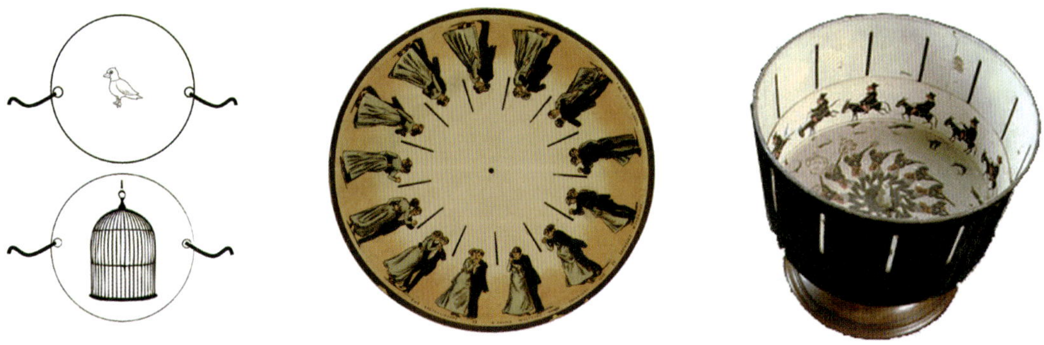

그림 7-19.
(왼쪽) 타우마트로프. 종이 앞-뒷면에 새장과 새를 그린 후 줄을 양손으로 잡아 돌리면 새장에 갇힌 새가 보인다. (가운데) 페나키스티스코프. 앞면을 거울을 향하게 하고 가운데에 나무 막대를 끼워 돌리면서 세로로 난 틈을 통해 거울에 맺힌 그림을 보면 일련의 춤 동작을 볼 수 있다. (오른쪽) 조트로프. 원통을 돌리면서 작은 틈으로 보면 속에 그려진 정지 화면이 움직임을 만든다. 작은 틈은 각 그림이 고정된 위치에 일정 시간만 노출되는 효과를 만들어 낸다. 여기서 거울, 빈틈, 빈틈 사이 가림 부분은 오늘날 영화의 스크린, 필름 투사, 그리고 셔터와 같은 기능을 한다.

그림 7-20 Muybridge가 찍은 달리는 말의 연속 이미지.

결해 재빨리 펄럭거리면 두 그림이 한꺼번에 중첩되어 보이게 된다. 하지만 이는 두 물체가 제자리에서 보이는 것이므로 가현운동이 아니라 시각 지속성(visual persistency)이다. 물론 1개의 막대나 점을 이 원반의 앞-뒷면에 위치를 조금 달리해서 그려 넣고, 같은 방법으로 적절한 속도로 돌리면 막대나 점이 위치를 이동하는 가현운동을 볼 수 있다. 여기서 아이디어를 얻어 Joseph Plateau(1830)는 페나키스티스코프(Phenakistoscope), William Horner는 1834년에 조트로프(Zoetrope)를 각각 고안하였는데(그림 7-19), 간단하지만 애니메이션의 기본 원리가 들어가 있는 최초의 장비들이다. 페나키스티스코프로 이미지를 볼 때 거울, 빈틈, 그리고 빈틈 사이의 가림 부분은 오늘날 영화의 스크린, 필름 투사, 그리고 셔터와 같은 역할을 하한다(☞Google: Phenakistoscope).

영국의 사진가이자 기술자인 Eadweard Muybridge(1830~1904)는 1878년 여러 대의 카메라를 나란히 세워 놓고 말이 달리는 모습을 연속적인 정지 사진으로 담는 데 최초로 성공하였다(그림 7-20). 이 작업의 목적은 말이 달릴 때 '발굽이 공중에 모두 떠 있는지 착지는 어느 발부터 하는지'를 알아보기 위한 것이었다. 말이 너무 빨리 달리기 때문에 맨눈으로 이것을 확인하기는 어려웠다. 이 작업은 사진이 과학에 중요한 기여를 할 수 있는 예로 자주 인용되기도 하다. 더 나아가 그는 1882년에 그림 7-21과 같은 주프락시스코프(Zoopraxiscope)라는 최초의 움직임 투사기를 개발하였다. 그는 투명한 유리 위에 자신이 찍은 물체의 연속 동작을 실루엣이나 라인 드

그림 7-21.
(왼쪽) Muybridge(1882)의 주프락시스코프. 왼쪽 상자에 빛을 내는 램프가 있고, 움직임을 구성하는 일련의 정지 그림이 그려진 유리판이 가운데 있고, 오른쪽에는 초점을 맞추는 렌즈가 있다. 램프를 켜면 스크린에 영상이 투사되고, 유리 원판을 돌리면 스크린에 움직임이 나타난다. (오른쪽) 말이 뒷발질하는 모습을 여러 장의 정지 그림으로 나타낸 유리판으로 빛을 비추어 스크린에 투사시키는, 오늘날의 영화 필름의 기본 아이디어를 담고 있다.

로잉으로 그려 넣고 빛을 비추어 반대편 스크린에 각 이미지를 투사시켰는데, 알맞은 속도로 이 원반을 돌리면 말 달리는 움직임이 나타난다. 이전에 있었던 다른 광학 놀이 기구에서 그림은 불투명 소재에 표현되었고, 사람들은 도구를 들고 혼자 눈으로 움직임을 관찰해야 했지만, 주프락시스코프에서는 빛을 투사시켜 스크린에 움직임을 구현해 많은 사람이 동시에 관찰할 수 있었다. 이 도구의 중요 구성 요소는 램프, 초점을 맞추는 렌즈, 유리 원판, 이미지를 일정한 시간만 보여 주는 셔터기였다. 즉, 색과 밝기가 투사되는 빛에 실려 스크린에 투영되는 필름의 원리를 최초로 선보인 것이다(그림 7-22).

1832년 오스트리아의 Simon von Stampfer도 비슷한 원리로 원판 위에 애니메이션을 구현했는데 그는 그 장치의 이름을 시각적 소용돌이라는 뜻을 지닌 스트로보스코프(Stroboscope)라고 하였고, 오늘날 정지 이미지를 연속으로 제시해 만들어진 모든 가현운동을 지칭하는 이름이 되었다. 부드러운 가현운동을 위해서는 정지된 이미지가 나타나고 다음 이미지가 나타날 때까지 어둠으로 채워야 하는데 그러면 이 두 장면은 얼마나 빠르게 교체되어야 할까? 실험해 보니 1초에 60회 이상 점멸해야, 즉 켜짐과 꺼짐을 17msec 이하로 제시하면 대체로 깜박임을 의식할 수 없다. 실제로 우리가 실내에서 주로 쓰는 형광등은 1초에 60회 꺼지고 60회 켜지기를 반복하지만(60Hz) 이를 잘 느끼지 못하고 불이 계속 켜진 것으로 보고 있는데 이를 **점멸융합**(flicker fusion)이라고 한다. 점멸융합의 결과 밝기는 밝음과 어둠이 혼합된 정도이다. 만일 초록색 조명과 빨간색 조명이 번갈아 교차한다면 융합이 일어나 노란색으로 보인다.

그렇다면 영화에서 60회 다른 이미지를 보여 주고 60회 어둠을 주면 어떻게 될까? 이번에는 너무 많은 그림을 담아야 하는데, 이렇게 많은 이미지를 넣어도 시각적으로 30장을 넣은 것과 큰 차이가 없다. 따라서 점멸융합과 이미지 생산의 경제성 2가지 모두를 고려해서 오늘날 영화관

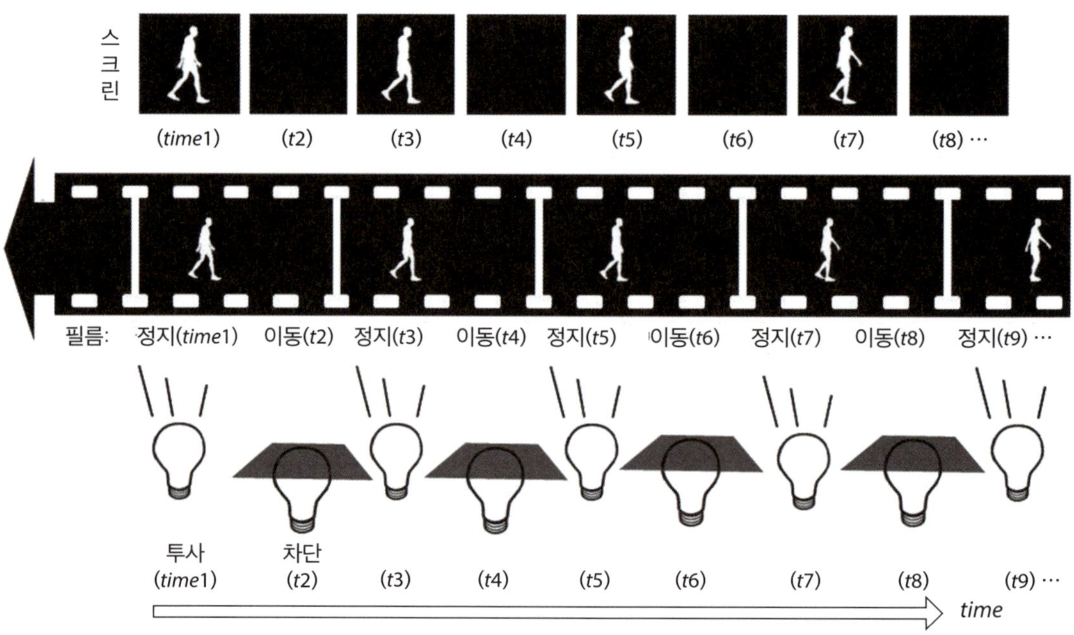

그림 7-22.
영화 영상은 일련의 정지 이미지(frame)를 연속으로 제시해서 만든다. 각 이미지가 담긴 프레임을 일정 시간 동안 정지한 상태에서 화면에 노출을 시키고 다음 프레임으로 넘어가는데, 프레임 사이에는 밝은 조명 앞에 셔터(shutter)를 내려 순간적으로 이미지 투사를 정지시켜 상을 어둡게 만든다. 특히 영화에서는 셔터의 역할이 중요한데, 필름이 이동할 때 셔터 없이 그대로 노출되면서 지나가면 선명한 움직임이 아니라 뿌옇게 흐린 상이 지나갈 뿐이다(Oh, 2011).

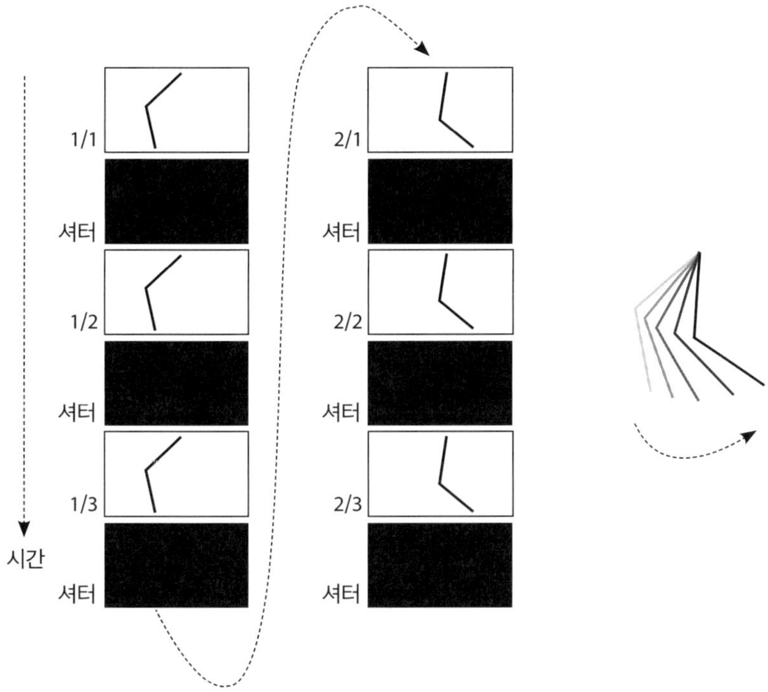

그림 7-23.
(왼쪽) 팔의 움직임 투사 도식. 애니메이션 영화 1초를 위해 위치가 조금씩 서로 다른 그림 24장을 준비해야 한다. 그렇지만 각 그림을 여러 차례 점멸하면서 스크린에 투사한다. 이 예는 세 번의 투사를 보여 준다. 왼쪽 열이 차례로 제시될 때 점멸융합이 일어나 팔이 선명하게 보인다. 그다음 오른쪽 열이 차례로 제시되면 팔이 조금 다른 위치에서 선명하게 보이고, 뇌에서 이 두 팔 이미지 사이를 채워서 '팔 움직임'이라는 가현운동을 지각한다. 이 그림은 2개의 프레임을 보여 준다. (오른쪽) 지각된 팔의 움직임.

에서 사용하는 표준적인 프레임 수는 24개인데, 24회만 점멸한다는 뜻이 아니다. 초당 24개의 다른 이미지가 제시되지만, 각 이미지가 프로젝터 앞에 놓인 셔터에 의해 세 등분 되어 투사된다. 선풍기 날개 모양의 납작한 셔터는 3개의 날이 있고, 그 사이가 비어 있다. 따라서 빈틈으로 이미지가 투사되고 막힌 날로는 이미지가 차단된다. 예컨대 스크린에 보이는 각 프레임을 숫자로 셔터가 내려간 순간을 '0'으로 표현하면, "1 / 0 / 1 / 0 / 1 / 0 / 2 / 0 / 2 / 0 / 2 / 0 / 3 / 0 / 3 / 0 / 3 / 0 / 3 / 0 / 4 / 0 / 4 / 0 / 4 / 0 / 5 / 0 / 5 / 0 / 5 / …" 같은 식이다. 따라서 72번의 투사와 그 사이 72번의 셔터를 합쳐 144프레임으로 이해할 수도 있다(한 번의 투사와 한 번의 꺼짐이 쌍을 이뤄 72Hz가 된다). 초기의 영화는 점멸률이 낮아 깜박임이 눈에 보였는데, 그래서 아직도 영화를 플릭스(flicks)라고 부르기도 한다.

팔의 애니메이션을 보여 주고 있는데, 팔의 위치가 다른 2개의 프레임으로 이뤄져 있다(그림 7-23). 각 하나의 이미지를 여러 차례 투사하고 그사이에 같은 횟수의 셔터가 내려간다. 이때 부드러운 팔의 움직임이 나타난다. 물론 팔의 움직임을 부드럽게 표현하기 위해서는 팔의 위치를 훨씬 촘촘하게 넣으면 될 것 같지만 이렇게 되면 느린 팔 움직임으로 보일 것이다. 이를 해결하기 위해서는 초당 24프레임을 보여 주는 프로젝터가 아닌 좀 더 빠르게 돌아가는 프로젝터를 사용하여야 할 것이다.

미국의 Thomas Edison이 1890년 즈음에 Marey의 사진총에 쓰인 롤필름에서 아이디어를 얻어 만든 셀룰로이드로 상당히 긴 롤필름을 발명하여 동영상 제작의 길을 열었었다. 특히 필름 가장자리에 작은 구멍을 넣어 영사기의 톱니바퀴에 물려 일정한 속도로 회전하도록 하였다. 에디슨은 세계 최초로 1893년 *대장장이 풍경*(*Blacksmith Scene*)이라는 34초짜리 필름 영화를 보여 주기도 하였다. 그뿐만 아니라 에디슨은 Dickson을 따라 움직이는 대상을 연속으로 찍는 사진기인 키네토그래프(Kinetograph)를 개발하였고, Jenkins와 Armat(1895)가 발명한 영사기를 발전시켜 '움직임을 보다'는 뜻을 지닌 키네토스코프(Kinetoscope)라고 불리는 영사기를 만들기도 하였다.

움직임과 물체 재인

움직임 정보만으로 물체 재인이 일어난다는 점에서 물체 재인은 물체가 정지했을 때 발생하는 형태, 색, 표면결 같은 정보에만 의존하는 것이 아니다. 때로는 움직임이 물체 재인을 결정하기도 한다. 예를 들어, 형태 그 자체로 토끼로도 볼 수 있고 오리로도 볼 수 있는 애매한 도형을 생각해 보자(그림 7-24). 사람들은 이 그림이 오른쪽으로 움직이면 토끼로 보고, 왼쪽으로 움직이면 오리로 보는 경향이 있다(Bernstein & Cooper, 1997). 이는 생물체는 앞으로 움직인다는 전진 편향(forward bias) 때문이다.

이 연구 결과는 너무나 특수하여 일반적인 지각 현상에 적용되기 어려워 보일지 모른다. 그렇지만 실세계에서 물체가 매우 먼 곳에 떨어져 있고, 생명을 다툴 정도로 짧은 시간에 판단해야 하는 경우를 생각해 볼 수 있다. 실제로 어린 칠면조는 하늘에 떠 있는 매를 항상 경계해야 하는데 아쉽게도 하늘에 매만 떠 있는 게 아니라 무시해도 좋을 청둥오리도 떠 있다. Tinbergen(1951)이 매/거위 애매한 도형의 연을 만들어 어린 칠면조에게 보여 주자 나르는 방향에 따라 도망쳐 숨는 비율이 달랐는데, 매로 보이는 쪽으로 움직이는 연에 대해 훨씬 더 많이 숨어들었다.

그림 7-24 애매한 도형에 대한 움직임 효과. (A) 토끼-오리 애매한 도형. 오른쪽으로 움직이면 토끼로, 왼쪽으로 움직이면 오리로 보일 가능성이 커진다. (B) 매/거위 애매한 도형. 왼쪽으로 움직이면 매 오른쪽으로 움직이면 거위로 보일 가능성이 커진다.

운동 깊이 효과

움직임은 단순히 물체의 이동만이 아니라 움직이는 물체의 구조를 내포하기도 한다. 앞 장에서 보았던 광점으로 표현된 생물체 움직임을 떠올려 보라. 점들이 가만히 있으면 아무것도 아닌 것 같지만 움직이는 순간 깊이가 담겨 있는 구조가 보인다. 이렇게 2차원 표면에 제시된 선분이나 점으로 이뤄진 대상이 움직일 때 나타나는 구조를 움직임에서 구조(SFM: structure from motion)라고 부른다. 또한 이때 경험되는 깊이를 운동 깊이 효과(KDE: kinetic depth effect)라고 한다.

이러한 운동 깊이 효과를 나타내는 방법은 움직임 이외의 모든 깊이 정보를 제외하는 것에서 시작한다. 일상에서 볼 수 있는 물체들은 형태, 표면결, 색깔 같은 구조를 알 수 있는 정보가 풍부하다. 따라서 가능한 정지해 있을 때 알아보기 어렵게 대상을 '편집'해야 한다. 가장 간단한 방법은 대상을 점이나 선으로 표현하는 것이다. 또한 특정 물체에 대한 사전지식이 개입하지 않도록 친숙하지 않은 물체를 이용해야 한다. Wallach과 O'Connell(1953)은 철사를 이용해서 다양한 구조를 만들고 이를 조명 뒤에서 비춰 그림자를 만들었다(그림 7-25).

이 연구에서 정지한 대상을 제시했을 때 관찰자들은 구조를 잘 알아보지 못했지만 움직이는 순간 구조를 잘 파악하였다. 이 결과는 움직임 정보 자체만으로도 물체의 구조가 지각됨을 뜻한다. 그렇지만 이 연구 결과는 물체에 대한 지식이 전혀 쓸모없다는 것을 뜻하지는 않는다. 그 이유는 물체에 대한 지식에 따라 구조가 달라질 수도 있기 때문이다. 더욱이 3차원으로 제시한 구조물도 경험에 따라 실제와 다르게 경험한 대로 지각될 수 있기 때문이다(Sinha & Poggio, 1966). 예를 들어, 사람 얼굴이나 몸을 선으로 그리는 경우 우리는 2차원이 아닌 깊이가 풍부한 3차원으로 보곤 한다.

그림 7-25 운동 깊이 효과.
프로젝터 앞에 옷걸이 같은 철사를 대고 돌려 보라. 화면에 맺힌 그림자만 보고 대상의 깊이 관계를 파악할 수 있다.

생물체 움직임

물체들이 움직일 때 형태는 변하지 않은 채 위치만 바꾸는 경식 움직임(rigid motion)을 보이기도 하지만 생물체 움직임(biological motion)처럼 형태가 바뀌는 연식 움직임(nonrigid motion)을 보기도 한다. 사람의 움직임은 대표적인 연식 움직임으로 머리, 손, 발, 엉덩이 같은 기관들이 함께 독특한 패턴을 만들어 낸다. 걸음을 막 배운 아기는 무릎을 잘 펴지 못해 넘어질 듯 '아장아장' 걷고, 아들이 사고를 쳐 학교에 불려 갔다가 집으로 돌아오는 어머니는 어깨가 축 처져 '터벅터벅' 걷는다. 이에 따라서 우리의 지각체계는 움직이는 물체에서 방향이나 속도만이 아니라 움직이는 대상의 물리적, 심리적 성질도 구별하곤 한다. 또한 물건을 드는 사람의 움직임을 통해 겉으로 보이지 않는 그 물건이 얼마나 무거운지 가벼운지를 짐작할 수 있다(Runeson & Frykholm, 1981). 이러한 물리적 속성들을 정지 사진으로 알아보기는 매우 어렵지만 움직임이 들어가는 순간 쉽게 드러난다.

스웨덴 심리학자 Gunnar Johansson(1973)은 광점 디스플레이(point-light display) 패러다임을 고안하였다. 그는 배우의 몸 주요 관절에 작은 전구를 달고 어둠 속에서 걷기, 뛰기, 자전거 타기, 사다리 오르기, 다른 사람과 춤추기 같은 다양한 동작을 취하면서 촬영하였다(그림 7-26). 관찰자들에게 촬영 장면을 TV 모니터로 보여 주었다. 화면에는 광점 이외에 아무런 정보가 없었지만 관찰자들은 1초도 되지 않아 무슨 동작을 취하고 있는지 알아보았는데 전구의 갯수를 5개로 줄여도 알아볼 수 있었다(☞YouTube: Johansson motion). 놀랍게도 등장인물의 성별과 체중 같

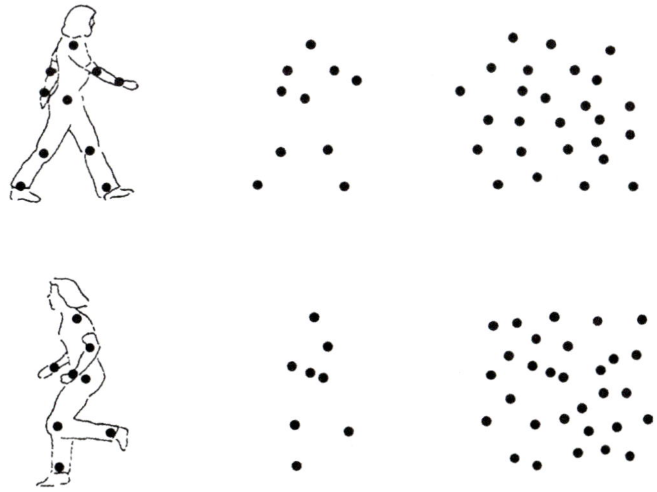

그림 7-26 광점 디스플레이의 예(Johansson, 1973).
(왼쪽) 어두운 옷을 입은 등장인물은 주요 관절에 전구를 매달고 걷거나 달리는 동작을 취한다. (가운데) 카메라에 찍혀 모니터에 보이는 이 사람의 움직임은 단지 광점만으로 구성된다. 사람들은 광점 자극만 보고서도 1초도 안 되어 어떤 동작인지 알아보곤 한다. (오른쪽) 사람 움직임은 사람과 관련이 없는 점들이 무작위로 움직임 속에 제시되어도 아주 쉽지는 않지만 잘 재인된다.

샛길 5 광점 디스플레이 만들기

(1) Johansson이 했던 것처럼 몸에 불이 빛나는 전구를 주요 관절에 다는 방식이 있다. 주요 관절은 이마, 양어깨, 양 팔꿈치, 양손, 양 엉덩이, 양 무릎, 양 복숭아뼈 등 관절이 있어 스스로 방향을 바꿀 수 있는 지점을 나타낸다. 그렇지만 전구를 몸에 매다는 일은 조금 복잡할 수 있으므로, 대안으로 흰색 탁구공이나 흰 종이를 붙이는 방법을 선택할 수 있다. 이때 가능한 한 몸에 착 달라붙는 옷을 입되 어두운색을 착용하면 더욱 효과가 좋다. 이 상태에서 조명을 흐리게 해 놓고 촬영한 후 동영상 편집 소프트웨어를 이용해 모니터 밝기를 어둡게 하면 밝은 부분만 남게 되어 광점 디스플레이를 얻을 수 있다. 이 방법의 단점은 광점이 신체 기관에 의해 가려질 수 있다는 점이다. 예를 들어, 걷는 동작에서 두 다리가 서로 포개지는 시점이 있는데, 이때 어느 한쪽 무릎에 붙어 있는 광점 또는 카메라 반대편에 있는 점은 가려져 보이지 않을 수 있다.

(2) 애니메이션 소프트웨어를 이용할 수 있다. 'Poser'나 'Maya' 같은 소프트웨어는 사람 움직임을 만들어 내는 데 편리한 기능이 있다. 비록 광점 디스플레이를 직접 만들 수는 없지만, 아바타의 몸에 점을 덧붙여 간단한 동작은 그런대로 만들어 낼 수 있다.

(3) 모션캡처 장비를 이용하는 방법으로 몸에 위치 신호를 보내는 센서를 달고 신호를 받는 수신 안테나를 주변에 설치해 광점 디스플레이를 만들어 낼 수 있는데, 수백만 원에서 수억 원에 이르는 고가이다. 영화 <Avatar> 역시 이 방법으로 만들어진 것으로 유명하다. 아주 정교한 자극을 만들 필요가 없는 한 첫 번째 방법을 사용하여 실험하는 경우가 흔하다.

은 물리적인 성질뿐만 아니라 감정 같은 심리적인 성질까지도 알아볼 수 있었다! 생물체 움직임은 태어난 지 이틀 된 아기도 알아보는 것처럼 보이는데(Simion 등, 2008), 거의 선천적인 능력으로 추론된다.

최근에 광점 디스플레이를 만드는 기술은 컴퓨터와 모델링의 도움으로 정교하게 발전하였다(☞샛길 5). Troje(2002)의 연구는 가장 돋보인다. 그는 남성과 여성 각각 20명씩 모두 40명을 모집하였다. 이들 모두에게 주요 관절에 광점을 부착하고 트레이드밀에서 걷게 하였다. 12초 동안의 각 개인의 걸음에서 약 20개의 걸음 표본을 추출하였다. 각 관절의 광점은 주성분 분석(principal component analysis)을 이용하여 분석되었는데, 이를 이용하여 어떤 움직임 특징들이 성별과 가장 관련이 깊은지를 순서대로 알 수 있었다. 이를 바탕으로 남성과 여성의 표준 보행자 모델이 만들어졌고 관찰자들은 매우 쉽게 성별을 알 수 있었다(그림 7-27). 이런 방식으로 성별뿐만 아니라 감정과 몸무게 등과 같은 정보도 추출할 수 있었다(☞Google: BioMotion Lab). 사람의 움직임 자체가 비선형적임에도 선형 분석인 주성분 분석만으로 놀라운 결과물을 만들어 낼 수 있다는 것은 그만큼 생물체 움직임이 뇌에서 민감하게 처리됨을 시사한다. 생물체 움직임의 처리는 사람의 뇌에서 측두엽에 있는 상측두 고랑(superior temporal sulcus, STS)에서 처리되는데(Grossman & Blake, 2001), 이곳은 움직임을 처리하는 V5/MT 영역과 물체 재인이 일어나는 하측두피질(IT)이 만나는 지점이다.

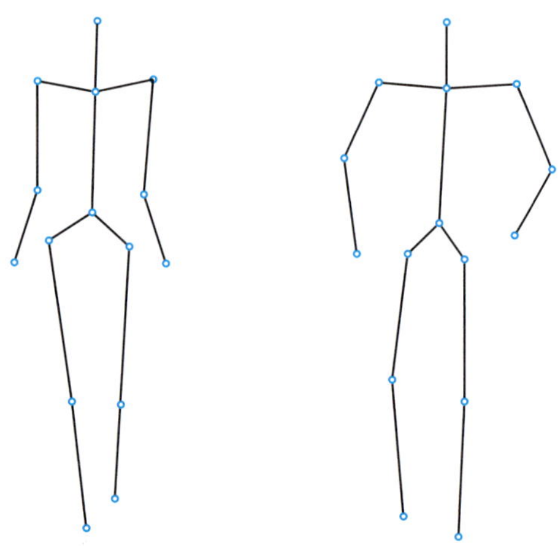

그림 7-27 여성과 남성의 걸음. 걸을 때 여성은 팔꿈치와 무릎의 간격이 좁지만 남성은 넓다.

우스꽝스럽거나 기괴하게 보이는 광점 디스플레이를 이용한 실험 결과들은 지각체계를 이해하는 데 어떤 시사를 줄 수 있을까? 즉, 왜 Johansson은 굳이 사람의 움직임을 광점으로 표현해서 보여 주었을까? 광점으로 된 사람의 동작에는 평소에 우리가 실제 사람들에게

서 보는 몸의 윤곽에서 오는 형태 정보와 피부나 옷에서 오는 표면 정보가 거의 없거나 빠져 있다. 그럼에도 광점에서 상당한 정도의 신체적·심리적 특성을 파악할 수 있다면 이는 사람의 동작에 형태나 표면 정보에 묻혀 우리가 의식하지 못하는 독특한 움직임 정보가 있고, 우리 지각체계는 이 움직임 정보만으로도 사람을 재인할 수 있음을 뜻한다. 많은 사건 지각 연구들에서 광점 디스플레이가 이용되는 이유가 여기 있는데, 형태나 표면 정보의 간섭 없이 움직임 속에 숨어 있는 독특한 정보를 찾고 싶거나 지각체계가 이를 탐지할 수 있는지를 알고 싶기 때문이다(심리학에서 때로는, Johansson의 광점 디스플레이처럼 정교한 실험 절차를 따른 검증은 아니지만, 드라마틱한 시범(demonstration)이 높은 가치를 갖곤 한다).

함축 움직임

움직임은 일련의 정지 화면의 연속으로 볼 수 있다. 전통적인 회화에서 움직임을 구현하는 일은 불가능하다. 그렇지만 움직임은 매우 중요한 심리 현상으로 화가들이 놓치기 힘든 대상이다. 그래서 화가들은 움직임에 대한 느낌을 내기 위해 다양한 방법을 궁리하여 사용해 왔다. 그런데 정지된 화폭에 표현된 움직임은 실제 움직임이 아니므로 **함축 움직임**(implied motion)이라고 한다. 함축 움직임은 사람이나 동물 같은 구체적인 형태가 재료로 쓰여 표현되기도 하지만, 칸딘스키의 그림처럼 추상적인 도형들을 사용하여 표현되기도 하므로 매우 주관적인 현상일 수 있다. 함축 움직임은 실제 움직임을 처리하는 뇌 영역인 V5에서 처리되는 것으로 알려져 있다(Kourtzi & Kanwisher, 2000; Krekelberg 등, 2003).

그림 7-28은 그림에서 움직임을 표현하는 몇 가지 예를 보여 준다. 김득신(1754~1822)의 '적막함을 깨트리다'라는 의미가 담긴 *파적도(破寂圖)*를 보자. 고양이가 병아리를 물고 달아나는 통에 마당에 큰 소란이 일고 있다. 남녀는 깜짝 놀라 고양이를 쫓으러 달려 나가고 어미 닭은 놀라 날개를 퍼덕거리고 병아리들은 우왕좌왕하고 있다. 흔하게 목격할 수 있는 장면은 아니지만 이 그림의 전후 장면들이 보이는 것만 같다. 이렇게 움직임의 한순간을 포착한 움직임이 표현될

A B C

그림 7-28 그림에서 움직임 표현.
(A) *파적도*(김득신, 18세기). (B) *Dynamism of a Dog on a Leash*(Giacomo Balla, 1912). (C) 골프 스트로스코프. 몸 밸런스(body balance): 사람의 몸이 한쪽으로 쏠리면서 밸런스 이동이 보인다. 스트로스코프(stroscope): 골프채와 공이 여러 번 묘사되어 움직임을 함축하고 있다. 전진 기울기(forward lean): 골프채와 골프공이 앞쪽을 향해 과장되게 휘어져 있다. 운동선(motion line): 골프채의 움직임 주변에 선분과 화살표가 움직임을 나타낸다.

수 있는데, 원반을 던지는 사람, 발끝으로 바닥을 차고 올라 공중을 향하는 발레리나, 물 위로 솟구치는 돌고래, 달리는 말, 날아가는 새 등이 표현될 수 있다. 이탈리아 화가 Balla가 그린 그림을 보면 개와 사람의 발을 여러 개 그려 넣음으로써 움직임이 느껴지는데 이 기법을 스트로스코프라고 한다. 몸의 자세나 물체를 기울이거나 상징을 넣어 움직임을 표현할 수도 있다(Cutting, 2002).

정리

사람이 지각하는 움직임이 물리학에서 말하는 물체의 객관적 움직임과 반드시 일치하는 것은 아니다. 움직임을 통해 형태, 깊이, 크기 같은 물체의 기초적인 특징뿐만 아니라 성별과 감정 같은 고등 특징도 알 수 있다. 비록 고정된 채로 표현될지라도 움직임이 함축되었을 때 움직임이 지각될 수 있다. 사람의 뇌에서 움직임을 처리하는 영역이 여러 곳인 이유는 아마도 움직임이 형태, 깊이, 감정과 같은 다른 다양한 지각질과 함께 처리되기 때문일 것이다.

더 읽어 보기

움직임 지각에 관한 가장 좋은 지침서는 Frisby와 Stone(2010)이다. 곤충과 포유류의 움직임 탐지에 대한 신경과학적 개관은 Mauss 등(2017)을 보라. 방향 선택적 신경절세포에 대한 개관은 Vaney 등(2012)을 보라. 동반방출 모형에 대한 신경과학적 증거와 개관은 Crapse와 Sommer(2008)를 보라. 자동운동 현상에 대한 개관은 Levy(1972)와 Royce 등(1966)을 보라. 심리물리학적 방법으로 최근 25년간(1985~2010) 행해진 움직임 지각 연구에 관한 개관은 Burr와 Thompson(2011)을 보라. 가현운동에 대한 흥미로운 실험들은 Ramachandran과 Anstis(1983), 그리고 개관은 Oh(2011)를 보라. 가현운동의 제약에 대한 이론은 Ullman(1979)을 보라. 화가들이 움직임을 표현하는 방법에 대해서는 Cutting(2002)을 보라. Blake와 Shiffrar(2006)는 생물체 움직임 지각에 대해 매우 훌륭한 개관을 하였다. 생물체 움직임 지각에 대한 신경과학적 개관은 Giese와 Poggio(2003)를 보라. 유도운동에 관한 개관은 Reinhardt-Rutland(1988)를 보라. 움직임 잔효에 대한 개관은 Anstis 등(1998)을 보라. 움직임 통합에 관한 개관은 Albright와 Stoner(1995)를 보라.

| 참고문헌 |

Albright, T. D. & Stoner, G. R. (1995). Visual motion perception. *Proceedings of the National Academy of Sciences, 92*(7), 2433-2440.

Anstis, S., Verstraten, F. A., & Mather, G. (1998). The motion aftereffect. *Trends in Cognitive Sciences, 2*(3), 111-117.

Bernstein, L. J. & Cooper, L. A. (1997). Direction of motion influences perceptual identification of ambiguous figures. *Journal of Experimental Psychology: Human Perception and Performance, 23*(3), 721-737.

Blake, R. & Shiffrar, M. (2006). Perception of human motion. *Annual Review of Psychology, 58*, 1-27.

Brosgole, L. & Whalen, P. M. (1967). The effect of meaning on the allocation of visually induced movement. *Perception & Psychophysics, 2*(7), 275-277.

Burke, L. (1952). On the tunnel effect. *Quarterly Journal of Experimental Psychology, 4*, 121-138.

Burr, D. & Thompson, P. (2011). Motion psychophysics: 1985-2010. *Vision Research, 51*(13), 1431-1456.

Crapse, T. B. & Sommer, M. A. (2008). Corollary discharge across the animal kingdom. *Nature Reviews Neuroscience, 9*(8), 587-600.

Cutting, J. E. (2002). Representing motion in a static image: constraints and parallels in art, science, and popular culture. *Perception, 31*, 1165-1193.

Dunker, K. (1929). Induced motion. Translated in W. D. Ellis (Ed.), *A Sourcebook of Gestalt Psychology*. New York: Humanities Press, 1960.

Flombaum, J. I., Kundey, S. M. K., Santos, L. R., & Scholl, B. J. (2004). Dynamic object individual Rhesus Macaques. *Psychological Science, 15*(12), 795-800.

Frisby, J. P. & Stone, J. V. (2010). *Seeing: The Computational Approach to Biological Vision*. Cambridge, MA: MIT Press.

Giese, M. A. & Poggio, T. (2003). Neural mechanisms for the recognition of biological movements. *Nature Reviews Neuroscience, 4*(3), 179-192.

Grossman, E. D. & Blake, R. (2001). Brain activity evoked by inverted and imagined biological motion. *Vision Research, 41*(10), 1475-1482.

Hassenstein, B., & Reichardt, W. (1956). Functional structure of a mechanism of perception of optical movement. *Proceedings First International Congress on Cybernetics* (pp. 797-801). Paris, France: Gauthier-Villars.

Jensen, G. D. (1960). Effect of past experience upon induced movement. *Perceptual and Motor Skills, 11*, 281-288.

Johansson, G. (1973). Visual perception of biological motion and a model for its analysis. *Perception & Psychophysics,14*, 210-211.

Korte, A. (1915). Kinematoskopische Untersuchungen. *Zeitschrift fur Psychologie, 72*, 193-206.

Kourtzi, Z. & Kanwisher, N. (2000). Activation in human MT/MST by static images with implied motion. *Journal of Cognitive Neuroscience, 12*(1), 48-55.

Krekelberg, B., Dannenberg, S., Hoffmann, K. P., Bremmer, F., & Ross, J. (2003). Neural correlates of implied motion. *Nature, 424*(6949), 674.

Levy, J. (1972). Autokinetic illusion: a systematic review of theories, measures, and independent variables. *Psychological Bulletin, 78*(6), 457.

Lu, Z. L. & Sperling, G. (1995). Attention-generated apparent motion. *Nature, 377*(6546), 237.

Mauss, A. S., Vlasits, A., Borst, A., & Feller, M. (2017). Visual circuits for direction selectivity. *Annual Review of Neuroscience, 40*, 211-230.

Oh, S. (2011). The contribution of the methodological paradigm of apparent motion to the understanding of motion perception. *Korean Journal of Cognitive and Biological Psychology, 23*(1), 1-44. 오성주(2011). 가현 운동 연구 패러다임의 움직임 지각 이해에 대한 기여. 한국심리학회지: 인지 및 생물, 23(1), 1-44.

Pack, C. C., Livingstone, M. S., Duffy, K. R., & Born, R. T. (2003). End-stopping and the aperture problem: two-dimensional motion signals in macaque V1. *Neuron, 39*(4), 671-680.

Pinna, B. & Brelstaff, G. J. (2000). A new visual illusion of relative motion. *Vision Research, 40*, 2091-2096.

Purves, D., Paydarfar, J. A., & Andrews, T. J. (1996). The wagon wheel illusion in movies and reality. *PNAS, 93*(8), 3693-3697.

Ramachandran, V. S. & Anstis, S. M. (1983). Perceptual organization in moving patterns. *Nature, 304*(11), 529-531.

Reinhardt-Rutland, A. H. (1988). Induced movement in the visual modality: an overview. *Psychological Bulletin, 103*(1), 57.

Royce, J. R., Carran, A. B., Aftanas, M., Lehman, R. S., & Blumenthal, A. (1966). Autokinetic phenomenon: a critical review. *Psychological Bulletin, 65*(4), 243.

Runeson, S. & Frykholm, G. (1981). Visual perception of lifted weight. *Journal of Experimental Psychology: Human Perception and Performance, 7*(4), 733.

Shiffrar, M., Lichtey, L., & Chatterjee, S. H. (1997). The perception of biological motion across apertures. *Perception & Psychophysics, 59*(1), 51-59.

Simion, F., Regolin, L., & Bulf, H. (2008). A predisposition for biological motion in the newborn baby. *Proceedings of the National Academy of Sciences, 105*(2), 809-813.

Sinha, P. & Poggio, T. (1996). The role of learning in 3-D form perception. *Nature, 384*, 460-463.

Ternus, J. (1926/1955). The problem of phenomenal identity. In W. D. Ellis (Ed.), *A Sourcebook of Gestalt Psychology* (pp. 149-160). London: Routledge & Kegan Paul.

Tinbergen, N. (1951). *The Study of Instinct*. Oxford University Press.

Troje, N. F. (2002). Decomposing biological motion: a framework for analysis and synthesis of human gait patterns. *Journal of Vision, 2*(5), 2-2.

Ullman, S. (1979). *The Interpretation of Visual Motion*. Cambridge, MA: MIT Press.

Vaney, D. I., Sivyer, B., & Taylor, W. R. (2012). Direction selectivity in the retina: symmetry and asymmetry in structure and function. *Nature Reviews Neuroscience, 13*(3), 194.

VanRullen, R. (2016). Perceptual cycles. *Trends in Cognitive Sciences, 20*(10), 723-735.

VanRullen, R., Reddy, L., & Koch, C. (2005). Attention-driven discrete sampling of motion perception. *PNAS, 102*(14), 5291-5296.

Wallach, H. (1959). The perception of motion. *Scientific American, 201*, 56-60.

Wallach, H. & O'Connell D. N. (1953). The kinetic depth effect. *Journal of Experimental Psychology, 45*(4): 205-217.

Wertheimer, M. (1912). Experimentelle Studien über das Sehen von Bewegung. *Zeitschrift für Psychologie, 61*, 161-262.

Zihl, J., Von Cramon, D., & Mai, N. (1983). Selective disturbance of movement vision after bilateral brain damage. *Brain, 106*(2), 313-340.

08 사건 지각

사건(event)이란 어떤 주어진 장소에서 시작과 끝이 있는 시간의 분절(segmentation)을 말한다(Zack & Tversky, 2001). 사건은 달이 지구 둘레를 도는 운동이나 천둥 번개가 치는 물리 사건부터 지난밤 모기에 물린 상처에 반응하는 우리 몸의 면역 세포의 활동 같은 생물 사건, 사람이 갈등을 겪는 사회 사건에 이르기까지 구성 재료에 따라 다를 수 있다. 시간의 관점에서 1초 이내에 벌어지는 화학 반응, 몇 초 동안 벌어지는 사람의 몸동작, 몇 분에서 몇 시간 동안 내리는 소나기, 며칠 동안 이어지는 전통 결혼식, 몇 년 동안 이어지는 학교생활, 그리고 수백 년 이상 걸쳐 일어나는 기암괴석의 침식이나 한 나라의 대서사적 이야기 등 다양하다. 또한, 사건은 여러 사건이 위계적으로 조직되어 큰 사건이 되기도 한다. 교실에서 필기하는 사건은 수업을 듣는 좀 더 큰 사건에 속하고, 수업 듣는 일은 학교 공부라는 훨씬 큰 사건에 속하듯 사건이란 기술되는 수준, 의미, 기능에 따라 범주와 위계로 엮어질 수 있다. 또한 시간의 분절은 중첩적으로 일어날 수 있다. 일요일 낮에 세탁기로 빨래를 하는 동작은 세탁이라는 사건으로 분절되면서 다른 일과 함께 집에서 하는 허드렛일로 더 크게 분절될 수도 있다.

시간의 분절 경험, 즉 사건의 지각은 엄청나게 유입되는 처리해야 할 정보의 양을 줄여 주고, 지각과 이해를 돕고, 과거에 대한 해석과 미래에 대한 예측을 할 수 있게 해 주고, 기억에 오래 남게 해 준다(Magliano, Miller, & Zwaan, 2001; Tversky & Zacks, 2008; Zacks, 2004). 또한 분절된 사건들을 연결하여 이야기 또는 인과관계와 같은 관계를 지각한다. 그렇다면 시간은 어떤 기준으로 분절될까? 사람들 대부분이 동의하는 분절의 특징 또는 규칙이 있을까? 먼저, 어떤 사건을 정의하기 위해서는 그 사건의 경계를 파악해야 한다. 심리학자들은 사건의 경계가 어떻게 구분되는지를 연구하면서 개인을 넘어서는 상당히 일반적인 심리적 특성들을 밝혔다. 사건 지각에서 흔히 볼 수 있는 연구 방법은 단순히 동영상을 보여 주고 그에 따른 지각을 보고하게 하는 것이다. 연구자는 관찰자의 보고를 분석해서 사건이 어떻게 분절되는지를 알 수 있다.

대체로 물체나 사람의 몸 색깔, 형태 및 위치의 변화 같은 물리-지각적 변화에 의존할 경우 사건을 작은 단위로 분절하고, 목적 기대 의도 인과성 같은 좀 더 추상적인 개념의 변화에 의존하는 경우 사건은 훨씬 긴 시간상에서 분절할 가능성이 있다. 특히 한 편의 영화나 연극처럼 긴 시간상에서 여러 작은 사건이 한데 묶이므로 집단화(grouping)로 볼 수도 있다. 따라서 분절이라고 해서 반드시 짧은 시간 단위로 나누는 것만 뜻하지 않고 시작과 끝이 있는 단위 설정이라는 점이 더 특징적이다. 이 장에서는 사건을 보고서 사람들이 어떻게 의미화하는지에 대해서 살펴본다.

물체 지속성

가장 단순한 사건으로 움직이는 물체를 생각해 보자. 대부분의 물체는 움직이면서 형태, 색, 크기 등이 거의 유지된다. 이에 따라 어떤 물체를 계속해서 같은 물체로 지각하는데 물체 지속성(object persistence)이라고 한다(☞샛길 1). 그런데 움직이는 물체가 늘 보이는 것은 아니다. 예를 들어, 도로를 걷는 사람들은 반대편에서 볼 때 건물의 기둥이나 다른 고정된 물체를 지나치면서 잠깐이지만 사라졌다 나타난다. 이런 경우에도 우리는 아무런 문제없이 사라지기 전과 후의 물체를 같은 대상으로 지각하는데 터널 효과(tunnel effect)라고 한다(Michotte, 1946/1963). 물체가 안 보이는 순간에도 마치 계속해서 보고 있는 것과 큰 차이를 느끼지 못한다. 다만 이 효과는 매우 짧은 시간에만 일어나는데 가려진 시간이 대략 0.5초 이상을 넘으면 사라진다(Burke, 1952). 따라서 터널 효과는 단지 추론이 아닌 시각체계의 자동적인 처리 기제 때문임을 짐작할 수 있다. 마술사들은 종종 터널 효과를 이용하는데, 왼손에 잡고 있던 컵이 오른손으로 잠깐 가려진 틈을 타서 꽃다발로 바뀔 때 우리는 컵이 꽃다발로 바뀐 것 같은 착각을 받는다.

많은 연구자가 물체 지속성 기제의 성질은 무엇인지 탐구하였다. 물체 지속성을 연구하는 주된 방법으로 가리개 패러다임(occluder paradigm)을 이용한다. 즉, 물체가 움직이고 있을 때 어느 지점에서 상자 등으로 가려 잠깐 시야에서 사라지게 한 다음 나타났을 때 관찰자로 하여금 어떤 인상을 받는지를 묻는 방법이다. Burke(1952)는 터널을 통해 움직이는 물체를 보여 주고서 사람들에게 어떤 움직임으로 보이는지를 물었다(그림 8-1). 터널 길이와 터널 속에서 물체가 사라져 있는 시간을 조절해 가면서 보여 줄 때 움직임에 대한 인상을 조사하였다. 실험 결과, 사람들은 터널을 통과하는 시간이 출발했을 때의 속도와 비슷하면 부드러운 움직임을 지각하였다.• 즉, 터널이 짧으면 사라진 시간이 짧아야 부드럽게 보였고 터널이 길면 사라진 시간이 길어야 부드

샛길 1 지속성과 영속성

물체 지속성과 물체 영속성(object permanence)은 비슷하게 쓰이지만, 물체 지속성은 대체로 물체가 사라졌다 나타나는 시간이 몇 초 이내인 반면, 영속성은 몇 분을 넘어 며칠 이상까지 훨씬 긴 시간에서 일어나는 사건에도 주로 쓰인다. 또한 물체 지속성은 움직이는 물체에 대해 쓰이는 경향이 있고, 영속성은 고정된 물체에 주로 쓰이는 경향이 있다. 이와 함께 시각 지속성(visual persistence)이라는 개념은 불빛이 깜박했을 때 0.1초 정도 잔상이 남는 현상을 가리키는 말이다(☞7장). 이때는 무슨 물체인지 파악되기도 전에 눈을 자극한 밝기나 색에 대한 감각 흔적만을 이른다. 반면, 물체 지속성과 물체 영속성은 적어도 물체의 정체가 재인되는 수준에 관한 개념이다. 이렇게 세 개념을 시간을 기준으로 나눈다면, 시각 지속성은 감각 기억, 물체 지속성은 단기/작업 기억, 물체 영속성은 장기기억과 관련이 클 것이다. 물체의 형태가 지각되는 베타 가현운동 역시 이 물체 지속성으로 볼 수 있는데 잠깐이지만 자극이 사라졌다 나타나는 시간적 틈이 있음에도 같은 물체로 보기 때문이다.

• 비록 터널이 길수록 물체가 나타나는 시간이 늦어야 부드러워 보이는 경향이 보이긴 하였지만, 물리적으로 조금 일찍 나타나야 가장 부드러운 움직임으로 보였는데 이 점은 이 연구에서 강조되지 않았다. 초당 600mm 움직이는 물체는 100mm 터널 속에서 167ms를 보내고 나타나야 물리적으로 타당하지만(1,000 : 600 = χ : 100, χ = 100,000/600, χ = 167). 평균적으로 97ms 후에 나타나야 사람들은 가장 부드럽다고 보았다. 그렇지만 다른 연구에서는 오히려 더 걸려야 부드럽게 보인다는 증거를 얻었다(Reynolds, 1968).

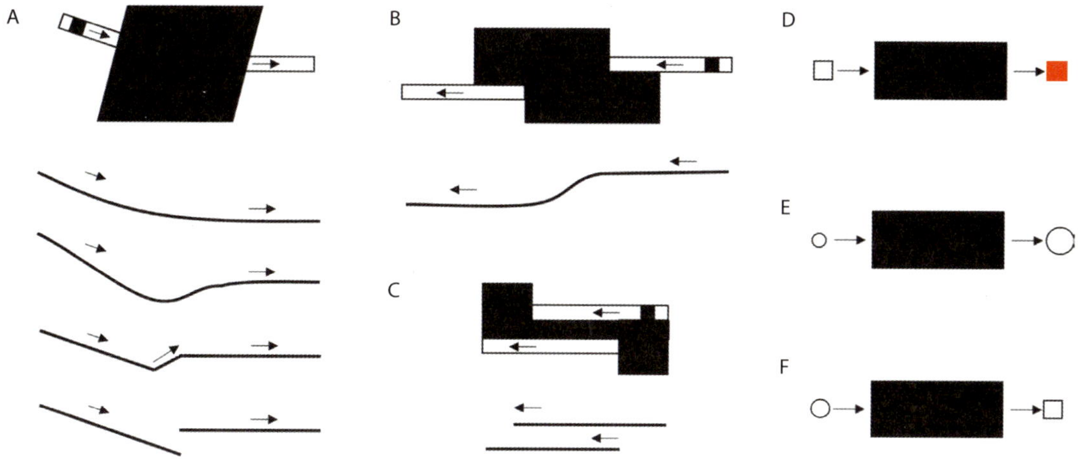

그림 8-1 Burke(1952)의 터널 효과 실험 자극과 움직임 인상.
각 디스플레이에서 물체는 일정한 속도로 터널을 지나 움직이는데 터널 속에 머무르는 시간은 수십에서 수백 밀리세컨드(ms)로 짧았다. 실험 결과, (A) 터널에 머무르는 시간이 원래 속도에 비해 길어짐에 따라 다른 움직임 인상이 느껴진다. 맨 위부터, (일치하는 경우) 부드러운 연속 움직임, (조금 느린 경우) 작은 언덕을 부드럽게 지나는 연속 움직임, (조금 더 느린 경우) 다른 속도로 중간에 바뀌는 연속 움직임, (상당히 느린 경우) 다른 2개의 끊긴 움직임. (B) 물체가 터널을 지나 왼쪽으로 움직일 때, 들어가는 위치와 나오는 위치가 중첩되지 않을 때 곡선 움직임을 지각한다. (C) 반면, 두 위치가 중첩될 때 2개의 다른 물체 움직임을 지각한다. (D~F) 들어가고 나오는 물체의 색이 다른 경우, 크기가 다른 경우, 형태가 다른 경우에도 시공간적 규칙이 맞으면 부드러운 한 물체의 움직임이 지각된다.

러운 움직임으로 보였다. 그렇지만 터널을 통과할 때 시간이 터널 길이에 비해 조금 느린 경우 터널 중간에 어떤 작은 언덕을 지나는 것처럼 보였고, 조금 더 느린 경우 터널 속에서 다른 속도로 이동하는 것처럼 보였고, 아주 느린 경우 하나가 들어가 멈추고 숨어 있던 다른 물체가 나타나는 것처럼 보였다.

흥미로운 것은 들어가는 물체와 나오는 물체의 지각 특성이 다른 경우에도 속도 제약이 맞으면 하나의 움직임으로 지각된다는 것이다. 색이 바뀌거나, 크기가 바뀌거나, 형태가 바뀌어도, 움직이는 물체가 터널을 지나면서 색, 크기, 형태를 바꾼 것으로 지각되고 두 개의 다른 움직임으로 지각되지 않았다(그림 8-1). 이를 물체 지속성에서 시공간적 우선성(spatiotemporal priority)이라고 한다. 터널 효과는 원숭이의 행동에서도 관찰되는데(Flombaum 등, 2004), 인간만의 주관적인 현상이 아님을 시사한다.

물론 일상생활에서 우리는 터널 효과에 적용될 정도로 매우 짧은 시간이 아닌 훨씬 긴 시간 동안에도 물체 지속성을 인지적으로 획득한다. 이 경우 시공간적 우선성보다는 속성 유사성(feature similarity)이 중요할 것이다. 예를 들어, 어머니께서 고속버스 휴게소 화장실에 들어가시고 다른 아주머니가 나오신다고 해서 아주머니를 어머니라고 지각할 일을 없을 것이다.

생물성

우리는 움직임을 통해 생물체인지 무생물체인지를 알 수 있을까? 즉, 생물의 성질인 생물성(animacy)을 어떤 단서로 포착할 수 있을까? 이는 매우 현실적인 문제가 될 수 있다. 만일 생물체라면 독립적으로 지능을 가지고 우리의 생명을 위협할 수 있기 때문에 이에 걸맞은 방어적인 태도를 보여야 하기 때문이다. 물론 걸어가는 사람처럼 평소에 충분한 경험이 있는 움직임에 대해서는 생물체라는 지식이 머릿속에 잘 기억되어 있을 것이다. 그렇다면 처음 보는 물체의 움

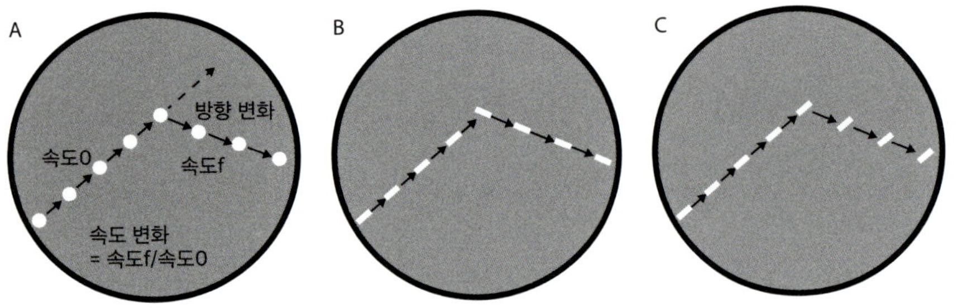

그림 8-2 움직임과 생물성.
(A) 동그라미 조건. 동그라미 자체에 방위가 없다. (B) 방향 일치 조건. 직사각형 모양으로 방향이 바뀔 때 자체 방위도 변한다. (C) 방향 불일치 조건. 직사각형이 방향을 바꾸어 움직일 때 자체 방위는 유지한다.

직임은 어떨까? 생물체와 무생물체를 나누는 가장 큰 특징으로 스스로 움직일 수 있는 자동성(automaticity)이며 이는 대체로 자신의 의도에 따르는 것으로 여겨진다(물론 나무처럼 움직이지 못하는 생물체도 있기는 하다). 스스로 움직일 수 있다는 말은 스스로 힘으로 물리 법칙을 어느 정도 깨트릴 수 있다는 뜻이다. 예를 들어, 뉴턴의 관성의 법칙에 따르면 물체는 외부의 동력 없이 스스로 움직이거나 멈추지 못한다. 그렇지만 연어처럼 생물체는 때로는 거센 급류를 거슬러 헤엄치기도 한다. 그러므로 스스로 움직일 수 있다는 이러한 단서를 보인다면 우리는 생물체라고 보려고 할 것이다.

움직임에서 생물성을 지각할 때 사람들은 어떤 규칙을 이용하는지를 Tremoulet와 Feldman(2000)은 알아보고자 하였다. 이들은 단순한 도형을 하나 화면에 제시하여 도형의 모양과 움직임 구성을 달리하여 관찰자들에게 지각되는 생물성의 정도를 보고하게 하였다. 그림 8-2에 나와 있듯이 조건은 3가지였다. 첫 번째 움직임은 자체 방위가 없는 동그라미가 사용되었고, 두 번째와 세 번째 조건은 자체 방위가 있는 직사각형이 사용되었다. 직사각형의 경우 방향을 바꾸어 움직일 때 좀 더 자연스럽게 보일 수 있었다. 자연스럽게 움직인다는 뜻은 일반적으로 움직이는 대부분의 생물체는 머리를 앞쪽으로 향하는데, 바로 움직이는 방향이 바뀔 때 자체 방위도 바꾸는 것이 실세계에서 흔히 관찰된다는 것이다.

도형은 동그라미와 직사각형이 사용되었고 직사각형은 방향을 바꿀 때 자체 방위가 바뀌는 조건과 유지하는 조건 2가지였다. 따라서 도형 조건은 모두 3가지였다. 각 도형은 방향을 중간에 갑자기 바꾸기도 하였고 유지하기도 하였는데, 각도의 크기에 따라 모두 5가지로 나뉘었다(0, 10, 20, 40, 80°). 각 도형은 처음에 초속 2.84cm로 움직였고, 방향이 잠재적으로 바뀌는 지점에서 속도 역시 4가지 조건으로 다르게 제시되었다(0.5, 1, 2, 4배). 따라서 도형 조건 3개, 방향 조건 5개, 속도 조건 4개로 가능한 자극 조건은 모두 60개였다. 이렇게 60개 조건이 한 블록으로 여섯

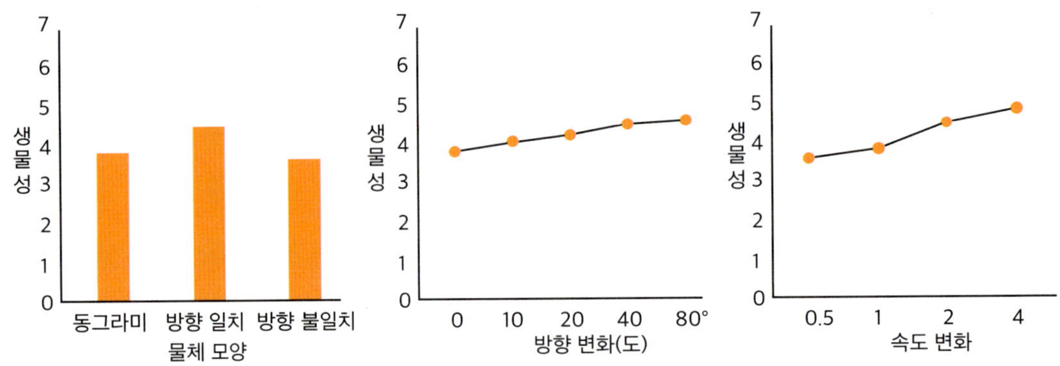

그림 8-3 실험 결과.
(왼쪽) 물체의 모양. (가운데) 방향 변화. (오른쪽) 속도 변화에 따른 생물성 정도.

번의 블록을 반복해서 경험하였다. 24명의 참여자는 세 도형 조건에 반복해서 참여했고, 각 짧은 동영상을 보고 7점 척도로 도형이 얼마나 살아 있는 것처럼 보이는지를 보고하였다(1=전혀 살아 있는 것 같지 않다, 7=정말 살아 있는 것 같다). 참여자들은 자신들이 정부 기관인 생물 자원 연구소에 연구원으로 근무하면서 현미경 속의 시료에서 생물체와 무생물체를 가려내는 일을 하고 있다고 가정할 것을 요구하였다. 동영상은 컴퓨터 모니터로 제시되었고, 모니터는 바닥에서 위로 향하였고, 관찰자는 95cm 위에서 아래로 내려다보였고, 모니터는 큰 관찰원이 뚫린 검은 사각 종이로 덮어 테두리가 보이지 않았다.

결과를 분석해 보니 모양의 경우 방향이 바뀔 때 자체 방위도 바뀌는 경우, 그리고 방향과 속도가 크게 바뀌는 경우 더 생물적으로 보였다(그림 8-3). 이런 속성들은 자발적으로 움직이는 생물체가 종종 드러내는 속성과 비슷하다. 움직일 때 머리를 앞으로 유지하거나 방향을 바꾸는 일 그리고 속도를 바꾸는 일은 자체 동력이 없이 물리적으로 어려운 일이다. 따라서 물리적인 힘인 중력이나 관성을 이겨 낼 때 사람들은 생물체로 본다고 추론할 수 있다. 어떤 움직임이 더 생물처럼 보이는지에 대해 고민하는 분야는 애니메이션 영화 제작자들에게 매우 중요한 문제일 수 있다. 아마도 이들은 많은 경험을 통해 어떻게 하면 움직이는 물체들이 더 생물적으로 보이는지를 알고 있을 것이다.

상대적 질량

Runeson(1977)은 물체의 상대적 질량이 사건을 통해 지각된다는 증거를 보고하고 있다. 그는 충돌하는 두 물체가 충돌 직후 어떤 식으로 움직이느냐에 따라 상대적인 질량이 지각될 수 있다고 믿었다. 물리학적으로 두 물체가 정면으로 충돌하는 경우 물체의 질량과 속도에 의해 충돌 후 움직임이 결정 나고 이는 수학적으로 매우 잘 기술될 것이다. 그렇지만 Runnson과 이후의 실험들을 종합해 보면 사람들은 수학적인 예측만큼 정교하게 충돌하는 물체의 상대적 질량을 잘 알아맞히지는 못하였으며 개인차도 크게 나타났다. 단지 대충 어림짐작하는 추단법(hurestic)을 이용하는 것처럼 보였다. 정지한 물체에 다가가 충돌을 가한 물체가 튕겨 되돌아오면 이 물체가 더 가벼운 것으로 지각되는데 튕겨 나옴 추단법(ricochet heuristic)이라고 한다. 만일 충돌을 가한

그림 8-4 견고성 지각.
(왼쪽) 자동차보다 가로등이 더 견고함을 알 수 있다. (오른쪽) 두 물체가 충돌했을 때 충돌 직후 움직인 거리를 통해 어느 물체가 더 무거운지 알 수 있다. 위에서는 회색 공이 아래에서는 흰색 공이 더 무겁게 지각된다(화살표는 움직인 거리를 의미) (Palmer, 1998: 514).

후 가던 방향으로 밀려가면 더 무거운 것으로 지각되며 튕겨 냄 추단법(clobbering heuristic)이라고 한다(그림 8-4).

사건과 귀인

개인들에게 벌어진 일에 대해 원인을 찾아 설명하려는 것을 귀인(attribution) 이라고 한다. 귀인은 사건을 정의하고 분절하는 데 매우 중요한 기준으로 작용하므로 매우 중요한 연구 대상이다. 그동안 인지심리학과 사회심리학에서 사회 사건에서 일어나는 귀인의 원리에 대해 관한 많은 연구가 있었다. 그러므로 인과성에 대한 좀 더 깊은 이해를 원한다면 이들 분야의 논문들을 검토해 보기를 권한다. 그렇지만 우리 관심은 지각적으로 표현되는 사건에 따른 귀인에 있으므로 이 연구들보다는 시각 사건을 중심으로 귀인을 살펴보자. 시각 사건 장면에서 귀인을 최초로 탐구한 Heider와 Simmel(1944)의 연구를 자세히 살펴보자.

이 연구에서 단순한 도형으로 이뤄진 애니메이션을 만들어 자극으로 등장하였다. 이 애니메이션은 한 프레임 한 프레임을 카메라로 찍고 연속으로 제시해서 만들었다(YouTube☞Heider & Simmel). 파워포인트를 이용해 비슷한 애니메이션을 만들 수 있다.

- **실험 방법**: 이 실험에는 34명의 여학생이 관찰자로 참여하였고, 그림 8-5에 묘사된 것처럼 큰 삼각형과 작은 삼각형 그리고 동그라미 하나로 이뤄진 2분 30초짜리 애니메이션이 사용되었다. 관찰자들은 애니메이션을 2회 시청 후 그에 따른 지각적 인상을 보고하였다. 지시문은 "그림에서 무슨 일이 일어났는지 기술하시오'였고, 이 지시는 동영상을 보기 전에 주어졌다.

- **실험 결과**: 애니메이션을 보고 인상을 자유 기술하게 한 실험 1에서, 거의 모든 관찰자는 각 도형을 '악당 같다', '연인 사이 같다', '부끄러움이 많다', '힘이 세다', '성격이 포악하다'라는 식으로 생물적·신체적·심리적 특성이 있는 물체로 기술했는데, 즉 '두 연인을 괴롭히는 악당 이야기' 같은 식으로 기술하였다. 이렇게 사람이 아닌 주체에 사람의 성질을 담는 것을 의인화(anthropomorphism)라고 하는데, 매우 자동적이고 즉각적으로 일어난다는 점이 흥미롭다. 한 명을 제외한 모든 참여자가 동영상에서 생물체의 활동을 기술하였다. 아래는 대표적인 사례이다.

"한 남자가 다른 남자와 함께 있는 여자를 만나려고 한다. 첫 번째 남자가 두 번째 남자에게 저리 가라고 하자 두 번째 남자가 뭔가 말하더니 고개를 저었다. 그러더니 두 남자가 싸우기 시작했고, 여자는 이 상황을 피하고자 방으로 들어가려다 주저하다 끝내 들어갔다. 여자는 첫 번째 남자와 있고 싶어 하는 것 같지 않다. 첫 번째 남자는 힘이 빠져 방 밖 벽에 기대어 서 있는 두 번째 남자를 남겨두고 방으로 들어가 여자에게 다가서려고 했지만, 여자는 방에 들어온 남자에게서 멀어지려는 듯 먼 쪽으로 이리저리 도망쳤고, 두 번째 남자는 방문을 열고 들어가려고 했지만 문을 열기에는 역부족이어서 문 근처에 머물 뿐이었다. 마침내 두 번째 남자가 문을 열자 여자는 방에서 빠져나왔다. 두 사람은 첫 번째 남자를 피해 방 밖 둘레를 돌아 도망쳤고 마침내 첫 번째 남자로부터 멀리 빠져나갈 수 있었다. 첫 번째 남자는 방으로 들어가려고 문을 열려고 했지만 분노와 좌절로 앞이 안 보여 문을 열지 못하였다. 그래서 그는 문을 부수고 들어가 벽을 하나하나 때려 부수기 시작하였다."

Heider와 Simmel은 두 번째 실험에서 똑같은 애니메이션을 다른 36명의 여학생 참여자에게 보여 주면서 이번에는 도형들을 사람들이라고 생각하고 애니메이션을 관찰하라고 지시하였다. 시청이 끝난 후 참여자들은 모두 10개의 체계화된 질문지에 답변을 하였다. 질문지는 아래와 같다.

Q1~3: 세 도형은 각각 어떤 성격의 사람인가?
Q4: 왜 두 삼각형은 싸웠는가?
Q5: 왜 동그라미는 집 안으로 들어갔는가?
Q6~7: 큰 삼각형과 동그라미는 집 안에 함께 있었는데, 두 도형은 각각 어떤 행동을 했고 왜 그랬는가?
Q8: 큰 삼각형은 집에 갇혀 있다 빠져나왔는데, 이때 작은 삼각형과 동그라미는 무엇을 하였는가?
Q9: 왜 큰 삼각형은 집을 부수었는가?
Q10: 동영상을 문장 몇 개로 기술하시오.

이렇게 체계화된 질문을 통해 애니메이션에 관한 관찰자들의 주관적인 마음을 좀 더 객관화할 수 있었다. 예를 들어, 세 도형의 성격에 대해, 큰 삼각형은 공격적이다(35명, 97%), 작은 삼각형은 용감하다(17명, 47%), 동그라미는 소심하다(27명, 75%) 등으로 나타났다. 따라서 이 결과는

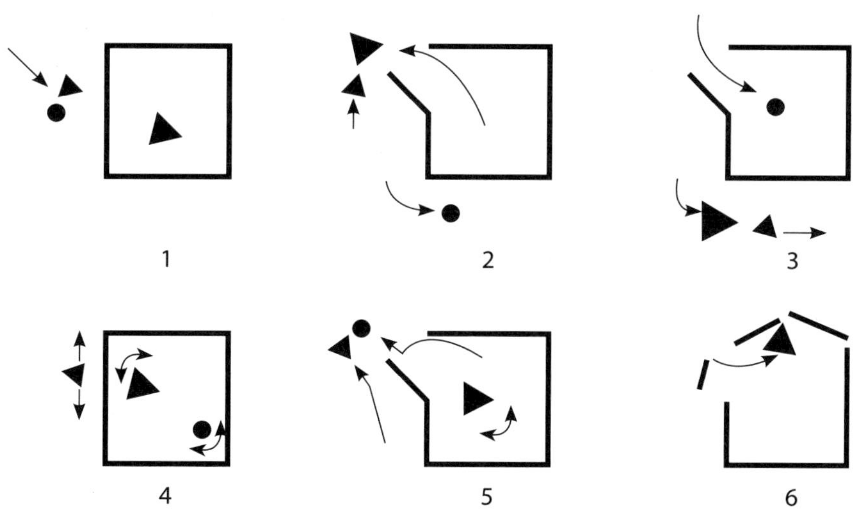

그림 8-5 Heider와 Simmel(1944)의 실험에서 사용된 애니메이션의 주요 정지 화면.
이 동영상을 본 대부분의 참여자들은 도형들의 움직임을 두 연인과 1명의 훼방꾼 사이에서 벌어진 짧은 사회적 사건으로 지각한다. 예를 들어, (1) 집을 차지하고 있던 건달이 (2) 집에서 나와 남자 친구 (작은 삼각형)를 공격하다, (3) 집에 들어간 여자 친구에게 건달이 치근거리고, (4) 힘이 약한 남자 친구는 집 밖에서 어쩌지 못하고 서성거린다. (5) 집을 빠져나온 여자 친구는 다시 남자 친구와 만나 도망치고, (6) 화가 난 건달은 분을 이기지 못해 집을 부순다. (각 화살표는 도형의 움직임을 표현한다.)

도형들의 움직임만을 보고서도 사람들은 상당히 일관된 성격을 읽어 낼 수 있음을 시사한다. 즉, 특정 움직임은 늘 특정 성격과 결합되어 있다는 고정관념이 사람들의 마음속에 자리 잡이고 있다고 해석할 수 있다. Heider와 Simmel의 분석은 여기에 그치지 않고 도형들의 접촉과 움직임 양상에 따라서 사건을 4가지로 나누고 각 사건의 원인을 참가자들이 어떤 식으로 판단하는지를 살펴보았다.

- 접촉 있는 연속 움직임: 큰 삼각형이 작은 삼각형을 향해 재빨리 움직였다가 잠깐 가만히 있더니 작은 삼각형과 접촉을 하자 작은 삼각형은 반대쪽으로 움직인다. 큰 삼각형의 움직임이 작은 삼각형에 전달된 것으로 힘의 이동으로 분석된다. 즉, 큰 삼각형의 움직임이 원인이며 작은 삼각형의 움직임은 결과이다. 이 장면에서 참여자들은 대부분 큰 삼각형이 작은 삼각형을 '쳤다(hitting)'고 기술하였다. 또 다른 예는, 큰 삼각형이 문을 부순 장면으로, 큰 삼각형의 움직임 방향으로 문이 움직이는 것으로 참여자들은 큰 삼각형이 문을 부순 것으로 지각하였다. 이렇게 한 물체의 움직임이 있고 다른 물체의 움직임이 뒤따르는 경우 힘의 이동으로 지각되며 구체적으로 '치기', '부수기' 같은 현상으로 보인다.

- 접촉 유지 동시 움직임: 큰 삼각형과 동그라미가 문을 열고 닫을 때 문도 함께 움직였다. 참여자들은 이를 '밀기', '당기기' 등과 같은 사건으로 지각하였다. 이때 도형이 문의 움직임을 일으켰다고 지각하였다. 이는 애니메이션 내내 문은 스스로 움직이지 못하였고, 도형들은 스스로 움직일 수 있었기 때문일 것이다.

- 접촉 없는 동시 움직임: 두 도형이 앞뒤로 일정한 거리를 유지한 채 이동하는 장면으로, 앞 도형이 이 사건을 일으킨 것으로 여겨지면 '안내(lead)'로 뒤 도형이 일으켰다고 여겨지면 '쫓아가기(chase)'로 지각되었다.

- 접촉 없는 연속 움직임: 집 안에서 동그라미는 가만히 있는데, 큰 삼각형이 거리를 좁히고 동그라미가 멀어지고 큰 삼각형이 다시 거리를 좁히고 장면이 예이다. 이때 참여자들은 큰 삼각형이 동그라미를 쫓아가고 있다고 지각하였다. 이 장면에서, 먼저 움직인 물체가 이 사건을 일으킨 것으로 지목되었다.

Heider와 Simmel의 연구는 사람들이 사건 이해에 쓰는 매우 견고한 도식을 드러내었다고 평가할 수 있다. 예를 들어, 그들의 애니메이션에서 동그라미가 집으로 들어가는데, 동그라미가 단순히 들어가고 싶어서였는지 큰 삼각형을 피해서였는지 애매하다. 이런 상황에서, 사람들은 동그라미의 움직임에 의미를 부여하기 위해 다른 물체의 움직임에 의존해 '큰 삼각형을 피해서'라고 지각한다는 점이 밝혀졌다. 따라서 큰 삼각형의 움직임과 동그라미의 움직임이 하나의 '전체'로 의미 있게 묶인다는 사실이다. 한편, Heider와 Simmel이 내린 이 분석은 너무 단순해서 실생활에서 일어나는 사람들의 복잡한 사건 지각을 이해하는 데 어려움이 있을 것이다. 실제로 사람들은 실생활에서 사건을 이해하는 데 물체나 다른 사람들의 움직임뿐만 아니라 옷차림, 표정, 팔다리를 이용한 제스처, 언어 등 위 애니메이션에서 나타나지 않은 다양한 단서들에 의존한다. 특히 실생활의 사회 사건에서 겉으로 보이는 사람들의 행동이 아니라 그 뒤에 숨어 있는 '의도(intention)'가 근본적인 원인이며, 이를 알아내기 위해 당사자에게 직접 물어보곤 한다. 그러므로 Heider와 Simmel의 시각적 관찰만을 통한 해석은 실생활을 반영하는 데 한계가 있을 수 있다. 그럼에도 Heider와 Simmel의 연구는 사건 지각 연구에 애니메이션을 도입한 방법론적 기여를 했고, 이를 바탕으로 사회 사건의 지각에 관한 매우 기초적인 자료를 얻어 많은 후속 연구들에 깊은 영감을 불어넣은 것으로 평가된다.

Heider와 Simmel(1944)의 애니메이션에서 사람들은 이 연구에서 제시된 동그라미나 세모의 단순한 움직임에서 '악당 같다', '연인 사이 같다', '부끄러움이 많다', '힘이 세다', '성격이 포악하다' 같은 신체/심리적 특징들을 지각하였다. 그뿐만 아니라 '큰 세모가 작은 세모를 공격하여 작은 세모와 동그라미가 도망치려고 한다'는 개별 물체들의 사건들에서 의도성 또는 인과성을 지각하였다. 단순해 보이는 도형들의 움직임에서 이러한 고등의 심리적 특성을 자동적으로 지각하는 것은 아마도 우리가 일상생활에서 습관적으로 사용하는 어떤 마음의 원리를 비춰 주는 것일지 모른다. 그렇다면 우리는 도형들의 어떤 지각 특성들을 보고서 의도성을 파악할 수 있을까?

의도성

물체가 위치를 바꿀 때 움직임이 일어난다. 움직이는 물체는 바람, 물, 구름 같은 무생물체와 사람, 동물 같은 생물체 등으로 나눌 수 있다. 무생물체는 스스로 움직이지 못하지만, 생물체는 스스로 움직인다. 따라서 사람들은 특히 생물체의 움직임에서 동기나 목적을 뜻하는 의도를 파악한다. 그래야만 상대 개체의 미래 행동을 예측하여 적절히 대응할 수 있다. 초원에서 풀을 뜯고 있는 톰슨가젤은 멀리서 치타가 보인다고 해서 도망칠 필요가 없고, 치타가 해치려는 움직임을 보일 때만 도망치면 된다. 사람의 의도성은 매우 은닉성이 강해 잘 드러나지 않지만, 우리는 비교적 민감하게 타인의 행동에서 의도를 잘 탐지해 내고 적절히 처신한다. 그렇다면 우리는 움직이는 물체의 어떤 속성에 근거해서 의도성(intentionality)을 파악할 수 있을까?

앞서 Heider와 Simmel(1944)의 연구에서, 이 연구자들은 의도성에 대해 매우 기초적이지만 중요한 통찰을 보여 주었다. 예를 들어, 사람들은 큰 세모가 작은 세모에 빠르게 접근해서 세모의 위치가 밀리게 되었을 때 큰 세모가 작은 세모를 폭행했다고 보고 작은 세모에 해를 입히려는 의도를 보게 된다. 여기서 두 물체의 움직임에서 두 물체의 거리와 방향이라는 공간적 속성과 움직임 빠르기라는 시간적 특징이 의도성 파악에 주요 요인임을 추론할 수 있다. 그렇지만 이 연구에서 쓰인 동영상은 모든 물체의 움직임이 언제나 같은 패턴을 보였기 때문에 움직이는 물체의 공간적 속성과 시간적 속성을 바꿔 갈 때 관찰되는 의도성이 달라지는지는 알 수 없었다. 이를 체계적으로 탐구한 Bassili(1976)의 연구를 살펴보자.

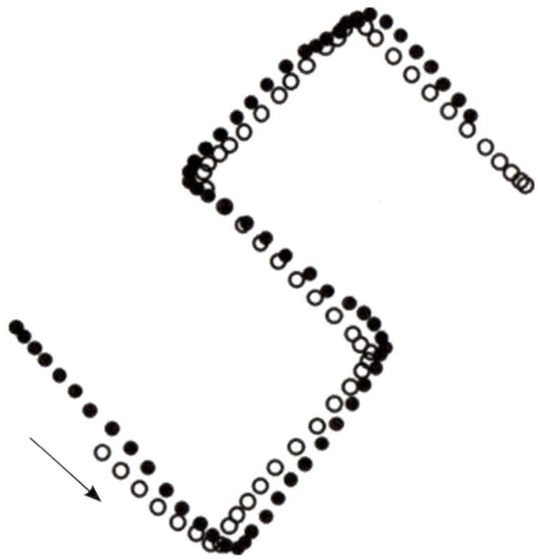

그림 8-6 수렴/수반 조건의 예.
화살표 지점에서 두 원이 약간 거리를 둔 채 출발하고, 검은 원은 흰 원의 경로를 예측하고 7걸음마다(대략 0.29초) 움직이는 방향 각도를 수정한다. 흰 원은 검은 원이 일정한 거리에 도달하면 직각으로 방향을 돌려 움직인다. 이 과정이 여러 차례 되풀이되어 마치 검은 원이 흰 원을 추적하고 흰 원은 도망치는 것처럼 보일 수 있다. (실제 화면에서 두 원의 움직임만 보이지만, 이해를 위해 두 원이 지나가는 모든 위치가 제시되었다. 원의 간격이 점진적으로 넓어지는 것은 속도가 증가함을 표현한다.)

• 자극: 2개의 원이 등장하여 한 원이 다른 원을 추적(chasing)하는 모습을 모사하는 동영상 5개가 컴퓨터 프로그램을 이용하여 제작되었다. 5개의 동영상에서 두 원의 시/공간적 속성을 달리해서 움직였다. 그림 8-6은 이 실험에 쓰인 한 가지 예를 보여 준다.

1) 수렴/수반 조건: 두 원은 마치 서로의 위치를 의식하고 있는 것처럼 움직인다. 임의의 위치에서 두 원이 출발하는데, 흰 원이 검은 원의 이동 경로에서 직각 방향으로 움직이려는 것처럼 보일 수 있다. 움직임이 시작되고 일곱 걸음마다 (24프레임으로 제작되어 매 프레임은 대략 0.042초: 1초/24프레임, 일곱 걸음은 대략 0.29초: 7×0.042) 흰 원이 향하는 방향이 계산되어 검은 원이 이를 향해 경로를 수정하여 움직인다. 검은 원의 속도는 흰 원보다 20% 가량 빨라서 이윽고 흰 원을 따라잡을 것만 같다. 그러다 흰 원의 지름 10배 정도로 두 원이 가까워지면 검은 원은 속도를 1.4배로 높여 흰 원을 향해 달려든다. 이 사이 흰 원은 속도를 점차 줄이다가 직각으로 방향을 틀어 속도를 1.4배까지 높여 가며 속도를 내어 움직인다. 두 원은 이런 식의 움직임을 반복하는데, 흰 원의 속도가 충분히 빨라 검은 원에 잡히지 않는다. 두 원 모두 방향을 바꿀 때마다 속도를 줄이다 서서히 늘린다. 이 조건에서 앞서가는 원과 추적하는 원이 서로의 움직임 방향을 고려하여 움직이고 특히 추적하는 원이 앞서가는 원 경로로 방향을 좁히므로 (공간적) 수렴(converging)으로, 추적하는 원과 앞서가는 원이 방향을 바꿀 때 같은 시점에서 변화를 보이므로 (시간적) 수반(contingent)이라고 명명된다. 그림 8-6은 수렴/수반 조건의 예를 보여 준다.
2) 평행/수반 조건: 앞서가는 원의 방향은 무작위로 정해지고 추적하는 원은 이에 맞춰 평행을 유지하며 따르되 앞서가는 원의 최종 지점을 예측하여 경로의 각도를 좁히지는 않는다. 추적하는 원은 앞서가는 원의 방향과 평행을 유지하므로 (공간적) 평행(parallel), 앞서가는 원이 방향을 바꾸면 추적하는 원도 방향을 시기에 맞게 바꾸므로 (시간적) 수반 조건이라고 명명된다.
3) 제약/수반 조건: 평행/수반 조건과 모두 똑같고 단지 추적하는 원이 앞서가는 원이 방향을 바꿈에 따라 방향을 함께 바꾸지만 이후에 움직임 방향은 무선적이다. 두 원의 방향

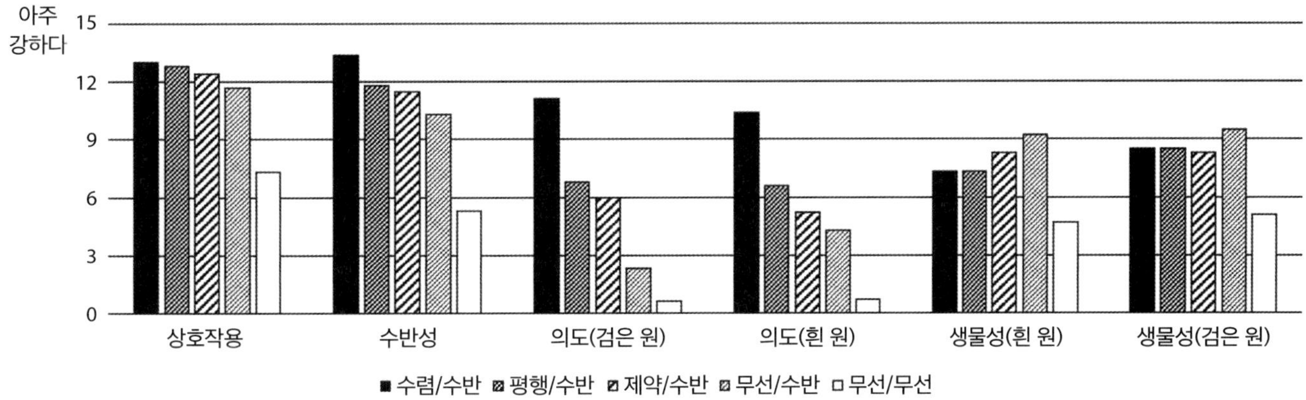

그림 8-7 실험 결과.
대체로 공간적 수렴과 시간적 수반을 가진 움직임이 그렇지 못한 움직임에 비해 여러 평가 항목에서 높음을 보여 주고 있다(Bassili, 1976).

바꾸는 시간은 비슷하게 이뤄지므로 (공간적) 제약, (시간적) 수반이라고 명명된다.

4) 무선/수반 조건: 두 원의 움직임은 모두 무선적이어서 추적하는 원은 앞서가는 원의 방향을 고려치 않고 방향을 결정하였고, (공간적) 무선 그렇지만 비록 방향을 다르더라도 바꾸는 시점은 두 원이 동일하여 (시간적) 수반이라고 명명된다.

5) 무선/무선 조건: 두 원의 움직임이 독립적으로 일어나 공간적으로, 시간적으로도 아무런 관계가 없었다. 따라서 (공간적) 무선, (시간적) 무선 조건이라고 명명된다.

• 절차: 8명의 참여자는 실험에 따로따로 참여하여 각 10초 정도의 동영상을 보고 질문지를 받았다. 질문지 중 한 장에는 "본 것을 간결한 문장으로 적으시오."라는 문구가, 다음 장에는 "만일 필요하다면 무엇을 보았는지 좀 더 자세하게 아래에 기술 하시오."라는 문구가 쓰여 있었다. 이 두 질문에 답한 다음 참여자들은 척도를 이용한 질문지를 받아 작성하였다. 이 척도 질문지는 두 원의 움직임에 대해 상호작용, 의도성, 생물성 차원에서 좀 더 정교하게 묻기 위한 것으로 양극단 사이 15cm 길이로 각 척도가 표시되었다.

상호작용: "두 원이 어느 정도나 서로에게 영향을 끼친 것으로 느꼈는지 표시하시오."
의도성: "얼마나 강하게 검은/흰 원이 어떤 일을 하려고 느꼈습니까?"
생물성: "어느 정도나 검은/흰 원이 생물체로 보였는지 평가하시오."

• 결과: 주요 결과가 그림 8-7에 제시되었다. 공간적 수렴과 시간적 수반이 있는 조건에서 그렇지 않은 조건에 비해 상호작용, 의도성, 생물성에서 높은 점수를 받았다. 따라서 두 물체의 움직임에서 시/공간적 속성이 이러한 심리적 성질을 유도하는 데 기본적임을 추론할 수 있다.

Heider와 Simmel(1944)의 연구와 Bassili(1976)의 연구는 매우 단순한 도형의 움직임을 이용하였다. 따라서 이 실험 결과가 사람들이 사는 세계에서 일어나는 사건 지각을 잘 설명한다는 보장은 없다. 왜냐하면 우리가 경험하는 실세계는 움직임 이외의 다른 정보들이 풍부하기 때문이다. 예를 들어, 사람들은 타인의 의도를 움직임뿐만 아니라 얼굴 표정이나 목소리에도 크게 의존하며, 때로는 직접적으로 문자나 말을 통해 의도를 전달받을 수 있다. 한편, 이들 연구에서 관심을 가진 의도를 너무 단순하여 실세계에서 벌어지는 사랑과 질투 같은 복잡미묘한 의도를 설명하기는 어렵다. 그러므로 여기서 소개한 연구들의 시사점은 제한적일 수밖에 없다. 그럼에도 이들의 연구는 사람들이 실세계에서 일어나는 사건들을 어떤 방법으로 처리하는지를 객관적으로 이해하는 데 첫발을 내디뎠다고 평가할 수 있다.

사건과 인과성

상관 대 메커니즘

인과성(causality, causation)은 연속적으로 벌어진 두 사건을 집단화해 주는 강력한 원리이다. 사건 간의 인과성을 파악하는 일은 인간을 비롯해 생물체에 필요한 능력이다(☞샛길 2). 이를 통해 대상들의 물리적 또는 심리적 성질을 파악할 수 있어 그 인간은 예상되는 결과를 피하거나 추구할 수 있다. 인과성은 사건의 구성이 생물체로 이뤄진다면 사회적 인과성(social causality), 물체로 이뤄진다면 물리적 인과성(physical causality)으로 나눌 수 있다. 특히 사회적 인과성을 파악하는 일

샛길 2 **물고기의 인과 추론**

아프리카 강물에 사는 물고기(Territorial A. burtoni)들은 사회적 서열에 매우 민감하다. 그런데 수컷들은 서열 관계를 물어보지 않고 싸우는 모습만 지켜보고 확인할 수 있는 능력이 있다. Grosenick 등(2007)은 특별한 수조를 만들었다. 이 수조에는 수컷 한 마리가 들어 있고, 이 수컷은 가운데 있는 방에서 다른 5개의 방에서 서로 다른 수컷들이 차례대로 싸우는 모습을 볼 수 있다(그림 8-8). 다른 수컷 다섯 마리 a, b, c, d, e는 차례대로 싸웠는데, a와 b, b와 c, c와 d, d와 e가 맞붙었고 승자는 a>b>c>d>e 순이었다. 즉, a가 가장 위에 있었고, e가 가장 아래에 있었다. 이 싸움들을 관찰한 다음, 관찰자 수컷이 a와 e 수컷과 함께 헤엄칠 수 있도록 같은 방에 놓였다. 물고기들은 약한 물고기들과 어울리는 습성을 지녔는데, 실험 결과, 관찰자 물고기는 a보다 e 물고기 곁에서 더 많은 시간을 보냈다. 즉, e가 더 약해 보인다는 추론을 한 것이다. 흥미로운 점은 a와 e는 한 번도 싸워 보지 않은 관계라는 점이다! 비슷하게 b와 d가 자유롭게 헤엄치는 방에 관찰자 물고기가 들어갔을 때도 b보다 d 근처에서 더 많은 시간을 보냈다.

관찰을 통해 서열을 간접적으로 추론하는 것을 전이추론(transitive inference)이라고 한다. 물론 물고기들이 삼단논법과 같은 추상적인 전이추론을 할 수 있다는 뜻은 아니다. 아마도 물고기들의 뇌에 동종의 다른 물고기들이 싸우는 모습을 보고 추론을 도와주는 특별한 선생님이 있는 것 같다(Robinson 등, 2008). 이 예에서 물고기들이 전이추론을 하기 위해서는 눈으로 다른 물고기들이 싸우는 모습을 관찰하고 승리와 패배라는 의미를 파악해야만 한다. 예를 들어, 한 물고기가 다른 물고기의 몸을 주둥이로 쪼거나 밀쳐 내는 움직임에서 공격이라는 의미를 알아야 하며, 공격을 당한 물고기가 대항하지 못하고 공간으로 몸을 돌려 헤엄치면 패배를 의미함을 알아야 한다. 물론 이런 것들은 사람에게는 너무 쉬워 보일 수 있다. 사람은 타인의 말투, 표정, 사람 간 거리, 인사하는 모습 등 훨씬 추상적이고 간접적인 단서를 통해 서열 관계를 쉽게 파악할 수 있기 때문이다.

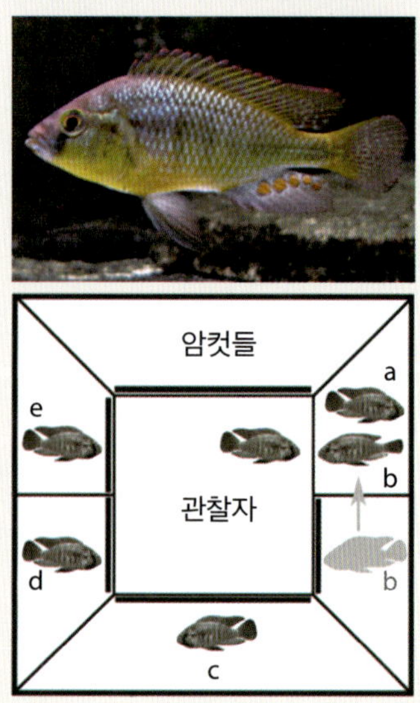

그림 8-8 실험 물고기와 관찰방 개요도.

은 사회적 동물인 인간에는 특히 더 중요할 것이다.

그렇다면 인과성이 사람의 마음에 발생하는 규칙은 무엇일까? 여기에는 크게 2가지 관점이 있다. 첫째, 영국의 경험주의 철학자 Hume(1777/1986)은 인간은 사건의 인과성을 직접 지각할 수 있는 감각이 없으며 단지 수많은 경험으로 일어나는 습관적 추론(inference)일 뿐이라고 주장하였다. Hume은 그의 저서인 *인간본성론(A Treatise of Human Nature)*에서 2가지 사건이 인과관계로 추론되는 8가지 원칙을 제안하였는데, 가장 중요하게 언급되는 3가지를 살펴보자. 첫째, 시간적 우선성(temporal priority)의 원인은 결과에 시간적으로 선행한다는 원리이다. 둘째, 시공간적 근접성(spatiotemporal contiguity)은 시공간적으로 거리가 가까운 두 사건이 인과관계로 지각되는 경향이 있음을 말한다. 시간적 우선성과 시간적 근접성 원리는 서로 작동하는데, 어떤 원인이 결과 직전에 일어나고 결과에 가까울수록 원인으로서 지각될 가능성이 커진다. 셋째, 사건 사이의 수반성(contingency)으로, 두 사건이 발생한 빈도가 높아질수록 두 사건이 인과적 관계로 지각될 가능성이 크다. Hume의 입장은 자연 세계에 인과관계가 있는지 알 수 없으며, 다만 인간의 마음에서 추론에 의해 표상되는 것이라고 믿었다.

한편, 인간이 경험하는 모든 인과관계가 이 3가지 단서만으로 설명될 수 있는 것은 아니다. 왜냐하면 어떤 인과 사건들은 시간적으로 멀리 떨어져 있어 비슷한 시간에 관찰하기 어렵기 때문이다. 예를 들어, 봄에 뿌린 씨앗이 가을에 열매를 맺는 사건을 생각해 보자. 씨를 뿌리는 일과 열매를 맺는 일은 시간적으로 멀리 떨어져 있는데, 이런 경우를 장기 인과성(long-term causality)이라고 한다. 과학 장면에서 볼 수 있는 많은 인과관계도 장기 인과성이다. 인과성에 대한 두 번째 관점으로서 메커니즘(mechanism) 또는 인과 능력(causal power)이란 원인과 결과 사이에서 작동한다고 여겨지는 가설적 과정을 뜻한다. 예를 들어, 술을 마시고 한 시간 후에 운전하다가 교통사고를 냈다고 했을 때, 우리가 술이 이 사람의 심신을 어지럽게 하여 교통사고가 났을 것이라고 추론한다면 이는 메커니즘 인과성이다. 즉, 음주와 교통사고라는 사건 사이에 알코올로 인한 판단과 행동의 이상 작동이 메커니즘이다. 그렇지만 메커니즘의 설명 수준은 끊임없이 깊고 정교해질 수 있다. 따라서 메커니즘은 과학기술의 발달로 점점 정교한 수준으로 이해되지만, 끝까지 완벽하게 드러나지는 않는 성질이 있다. 이런 뜻에서 메커니즘이란 사건들의 '접착제'로서 엄밀히 말해 영원히 관찰 가능하지 않다(Cheng, 1997; Schlottmann, 2001). 과학이 끝도 없이 정밀한 수준으로 진행되고 있는 것이 그 증거이다. 정리하자면, 상관에 기초한 인과성은 관찰 가능한 두 사건 또는 변인의 동반 출현 자체가 중요하지만, 메커니즘에 기초한 인과성은 두 사건 사이에 상관뿐만이 아니라 이 사이에 놓인 것으로 어떤 추상적인 힘이 더해져야만 하는데 이 힘은 관찰이 어렵다.

인과성의 직접 지각

벨기에의 실험심리학자 Michotte(1946/1963)는 인과성을 지각심리학적 관점에서 연구한 선구자로 인과성이란 추론이 아닌 감각에 의해 직접 지각될 수 있다고 주장하였다. 인과성에 관한 이 두 관점을 스위치를 눌러 방에 불을 켜는 사건에 적용해 보자. 추론설에 따르면, 스위치를 누르면 불이 들어온다는 관계를 많은 경험을 통해 습득한다고 주장한다. 반면, 직접 지각설에 따르면 스위치를 누르자마자 방에 불이 켜지는 사건이 뒤따라 온다면 이 둘의 관계가 우리 몸에서 인과관계로 감각된다는 것이다. 사실 이 두 주장은 어디서 많이 본 듯하다. 즉, 이는 학습심리학에서 계산(computation) 대 조건화(conditioning)의 관계로도 볼 수 있다(Dickinson, 2001b). 많은 동물 실험이나 유아를 상대로 한 발달 실험에서 볼 수 있듯이, 시간적으로 인접한 두 사건은 즉각적으로 인과관계로 지각되곤 한다(Leslie & Keeble, 1987).

반면, 과학에서 다루는 인과성을 이해하는 데 복잡한 추론 과정을 필요로 하여 동물이나 유아가 달성하기는 어렵다(Premack, 2007). 예를 들어, 파스퇴르는 '백조목' 실험을 통해 세균의 존재를 처음으로 짐작하고 이를 병의 원인으로 판단하였고, 물리학에서 많은 원자(atom) 모형은 원자를 직접 보지 않고 실험을 통해 간접적으로 추론되었다. 이런 고등의 추론을 다른 동물들이나 관련 지식이 없는 사람들이 경험하기는 몹시 어렵다. 반면, 가르시아 효과(Garcia effect)(1955)처럼 동물들은 음식을 먹고 배탈이 나면 단 한 번의 경험으로도 배탈을 일으킨 음식에 대한 혐오가 생긴다. 즉, 음식과 배탈 사이에 강한 인과관계가 의식되지 않더라도 자동으로 지각된다고 할 수 있다. 따라서 추론된/판단된 인과성 그리고 지각된 인과성은 사건의 성질에 따라 개념적 이점이 있으며, 아마도 인간에게 이 2가지 다른 인과성에 대응하는 처리가 신경계에 내재되어 있을 것으로 제안된다. 어떻게 Michotte(1946/1963)가 인과성이라는 주제를 심리학의 영역으로 끌어왔는지 실제 실험을 살펴보면서 이해하자.

컴퓨터가 없던 시대에 Michotte는 기계식 디스플레이 장치를 이용해 인과성 지각에 관한 다양한 실험을 수행하였다. 그는 단순한 사각형이나 원의 움직임을 스크린을 통해 보여 주고 관찰자들에게 이들의 움직임에서 어떤 인상(impression)을 받는지를 물었다. 그가 저술한 '인과성의 지각(The Perception of Causality)'에는 102개의 실험이 소개되고 있는데, 중요한 발견이 담긴 실험 1, 29, 31번 실험을 차례대로 소개한다.

실험 1 실험 참여자는 스크린 앞 150cm에 앉았고, 스크린에는 가로, 세로 길이가 각 5mm인 검은색 사각형과 빨간색 사각형이 있었다. 참여자는 빨간색 물체를 응시하도록 하였고 어느 순간 검은색 사각형이 초당 30cm 속도로 빨간색 사각형을 향해 움직이다가 두 물체가 접촉한 후 검은색 사각형은 멈추고, 빨간색 사각형은 움직이기 시작하다가 2cm 정도 나아가서 멈춘다. 빨간색 사각형의 속도는 검은색 사각형과 비슷하기도 했지만 초당 6~10cm 정도로 느리기도 하였다(그림 8-9).

실험 결과 이 사건에서 수백 명의 참여자는 검은색 사각형이 빨간색 사각형에 부딪혀 빨간색 사각형을 밀쳐 냈다고, 또는 튕김(launching/triggering)을 일으켰다고 보고하였다. 즉, 검은색 사각형이 빨간색 사각형의 움직임을 일으켰다고 보았다. 또한 같은 참여자가 수백 번 이상 보았을 때도 이 현상은 유지되었다.

실험 29 이 실험은 실험 1과 자극이 똑같았다. 다만 검은색 사각형이 빨간색 사각형과 접촉 후 빨간색 사각형이 출발하는 시간이 달랐는데, 즉 지연시간이 있었는데 14ms부터 14ms 간격으로 늘려 224ms까지 간격이 다양하게 무작위로 제시되었다. 검은색 사각형들의 움직

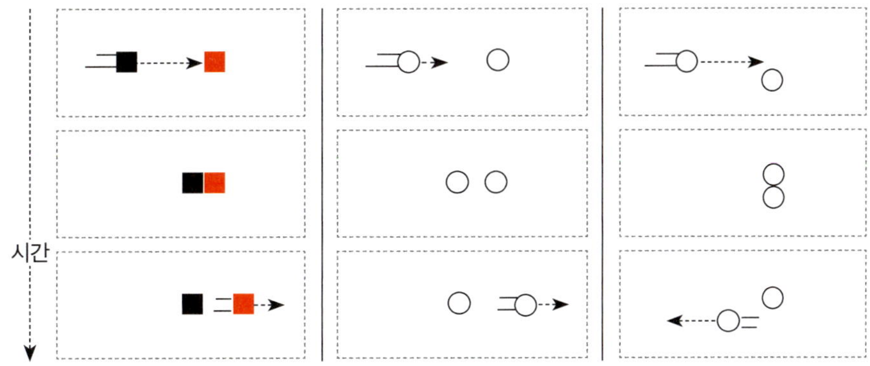

그림 8-9 Michotte(1946/1963)의 실험에서 쓰인 자극 예시들.
(왼쪽) 사람들은 검은색 사각형이 빨간색 사각형을 튕겼다고 지각한다. 그런데 만일 검은색 사각형이 멈춘 후 빨간색 사각형이 출발할 때까지 지연시간이 길어지면 튕김 효과는 약화된다(시간적 근접성 효과). (가운데) 두 원 사이에 공간적 틈이 충분히 벌어질 때 튕김의 지각은 크게 약화된다(공간적 근접성 효과). 그렇지만 왼쪽 공의 속도가 충분히 빠르면 두 원의 튕김의 약화를 어느 정도 막을 수 있다(속도 효과). (오른쪽) 두 물체의 움직임 방향이 유사하지 않으면 튕김 효과는 약화된다(방향 효과). 이들 각각의 요인은 두 물체의 독립적인 사건들을 한 사건으로 묶어 주는 집단화 요인이기도 하다.

임은 초당 10cm 또는 40cm였다.

실험 결과 참여자들은 대략 3가지로 관찰 인상을 보고하였다. 첫째, 실험 1에서 보고한 것처럼 검은색 사각형이 빨간색 사각형을 밀치는 인상이었다. 둘째, 지연시간이 어느 정도 길어졌을 때, 두 물체 간 인과적 관계는 느껴지지만 더디다는 인상을 보고하였다. 셋째, 지연시간이 상당히 길어지면 두 사각형의 움직임은 인과관계 없이 별개의 움직임으로 지각되었다. 그림 8-10은 이 3가지 인상 범주로 참여자들의 관찰빈도를 나누어 제시한 것으로 편의상 지연시간이 182msec까지 나타나 있다.

실험 31 이 실험은 실험 1과 자극이 동일하였다. 다만 사각형 대신 원(지름 35mm)이 사용되었고, 두 물체의 접촉 거리를 달리하였다. 즉, 왼쪽의 원이 오른쪽을 향해 움직이는데, 두 원이 직접 접촉하지 않은 채 일정한 정도의 공간을 두고, 왼쪽 원이 움직임을 멈추면 오른쪽 원이 움직이기 시작하였다. 관찰자와 스크린 사이의 거리는 250cm였다(그림 8-10의 가운데).

실험 결과 접촉 거리가 10mm로 작을 때 실험 1에서 관찰되었던 자연스러운 튕김 사건이 두 공이 초속 30cm 또는 40cm일 때 나타났다. 공간이 좀 더 늘어났을 때, 관찰자 Mi는 두

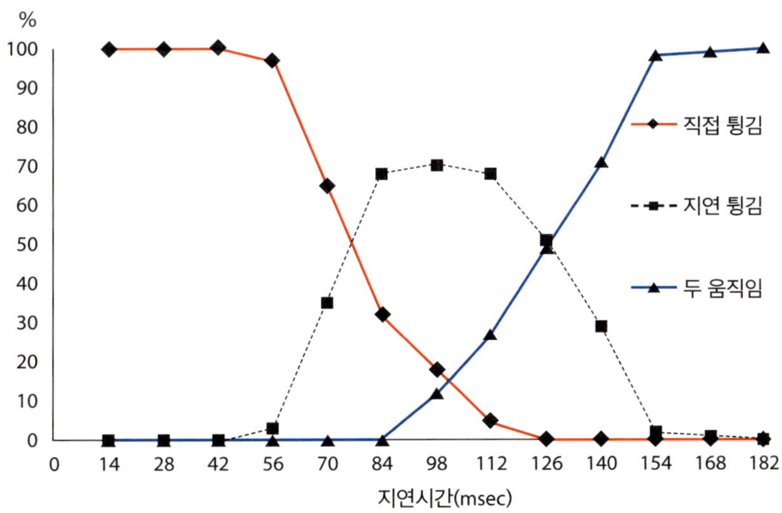

그림 8-10 지연시간에 따른 두 물체의 충돌 사건에 대한 시각적 인상.

물체 사이에 충돌 없이 튕김 사건을 보고하였고, 다른 관찰자 Mo는 두 물체 사이에 텅 빈 매개체 같은 것이 놓여 있고, 이를 통해 튕김 사건이 있는 것 같다고 보고하였다. 그렇지만 물체의 움직임이 초속 25cm로 느려지고 공간이 20mm로 벌어졌을 때 튕김 사건은 거의 보고되지 않았다. 그럼에도 속도를 90cm로 빠르게 올리면 공간이 50mm, 70mm, 심지어 500mm로 벌어져도 튕김 사건이 보고되곤 하였다.

Michotte는 실험 1의 결과에서, 사람들이 매우 강한 튕김의 인상을 즉각적으로 받았기 때문에 인과성이 추론된 게 아니라 직접적으로 지각된다고 결론 내렸다. 그에게 인과성의 직접적 지각과 간접적 추론을 나누는 중요한 기준은 지각적 인상(impression) 또는 느낌(feeling)이었다. 왜냐하면 인상이나 느낌은 자동적인 몸의 반사이며 마음속에 이러한 반사를 일으키는 구조가 추론이나 의식의 간섭에 자유로운 방식으로 내재되어 있음을 시사하기 때문이다. 더욱이 같은 움직임을 원이나 사각형 같은 도형으로 하건 나무공 같은 실제 물체로 하건 차이가 없음을 알았다. 따라서 특정 물체에 따른 경험 지식에 영향받지 않을 정도로 튕김 사건 지각은 직접적이라고 믿었다. 이러한 이유로 심리학에서 사용하는 용어는 인과관계의 복잡성에 따라 다를 수 있다 (☞샛길 3).

Michotte가 도입한 두 물체의 충돌 사건은 '두 물체의 충돌'이라는 하나의 사건으로 보일 수도 있지만 더 작게 분절하면 한 물체가 움직이기 시작한다는 사건, 다른 물체와 접촉한다는 사건, 그리고 다른 물체의 움직임 사건 등 적어도 3가지 사건으로 나눌 수 있다. 앞에서 소개한 Michotte의 3가지 실험에서, 각각의 3가지 작은 사건을 하나의 사건으로 묶이게 하는 요인들을 살펴보았다. 즉, 실험 29에서 시간적 근접성(temporal contiguity) 그리고 실험 31에서 공간적 근접성(spatial contiguity)이다. Michotte는 이외에 움직이는 물체의 속도(speed)와 그림 8-9에 소개한 방향(direction) 역시 중요한 요인으로 지적하고 있다. '까마귀 날자 배 떨어진다'는 속담이 있다. 까마귀가 날아가는 사건과 배가 떨어지는 사건은 별개의 사건인데, 시-공간적 근접성 때문에 공교롭게 까마귀가 배를 떨어뜨린 것으로 오해받는 상황을 표현하는 말이다. 이처럼 시-공간적 근접성은 인과성을 일으키는 주요 요인이다.

Michotte의 실험은 통계적 검증이 부족하고 실험 절차가 다소 덜 엄밀하고, 관찰자들의 보고가 너무 주관적이라는 지적이 있었다. 그렇지만 이후에 많은 연구 결과는 대체로 그의 주장을

샛길 3 인과 인상, 지각과 인과 추론

자극으로부터 인과적 관계에 대한 느낌을 즉각적으로 받는 경우 인과 인상(causal impression) 또는 인과 지각(perception of causality)이라는 말이 자주 쓰이며 면밀한 생각 끝에 얻어낸 인과관계에 대해서는 주로 인과 추론(causal inference)이라는 말이 쓰인다. 이 장에서 살펴보고 있는 것은 인과 인상/지각이며, 인지심리학과 사회심리학에서는 인과추론의 의미가 더 빈번하게 사용된다. 정보처리 수준의 관점에서 인과 지각은 초기 수준을, 인과 추론은 상위 수준을 함축한다. 과제 역시 다른데 인과 추론 실험의 경우 주로 사건이 질문 형식으로 제시되며, 참여자들은 사건에 대해 주관적으로 기술하도록 요구받는다. 인과 지각 실험의 경우 사건이 시청각적으로 실시간으로 제시되며, 참여자는 질적으로 다른 두 선택에서 하나를 고르거나 연속선상에 있는 척도에 표시하여 지각적 인상을 보고하도록 요구받는다.

지지한다.

시뮬레이션 동작

두 물체가 개입된 충돌 사건의 경우 사람들은 거의 자동으로 두 물체의 인과적 관계를 두 물체의 움직임을 보고 파악하기 때문에 속임수가 개입되어도 잘 알아채기 어렵다. 스포츠 경기에서 종종 선수들은 시뮬레이션 동작(simulation action)으로 심판을 속인다. 예를 들어, 축구에서 이쪽 공격 선수가 공을 몰고 가다 상대편 페널티 에어리어에서 상대 수비 선수가 넘어지는 원인을 제공한 것처럼 넘어지곤 한다. 심판 경력이 긴 심판이라고 할지라도 시뮬레이션 동작에 잘 속아 넘어가는데, 이는 속임수가 없는 다른 충돌 사건들에 대한 인과관계를 오랫동안 학습했기 때문으로 설명할 수 있다. 이런 부정행위를 잡아내기 위해서는 시합에서 비디오 판독을 적극적으로 활용하거나 선수의 몸에 신체의 물리적 특징을 알려주는 전자장치를 부착하여 거기서 나온 신호 분석을 통해 실제로 일어난 물리적 에너지의 이동 흐름을 파악해야 할 것이다.

일상생활에서 시간의 분절

앞에서 살펴본 사건들은 주로 인위적으로 실험실에서 조작한 것들이다. 일상생활에서 사람들이 경험하는 사건들은 좀 더 복잡하고 여러 사건이 동시에 벌어지기도 한다. 일상생활에서 일어나는 사건 지각에 대해 2가지 영향력 있는 실험을 중심으로 살펴보자. 아래 소개되는 두 연구는 각각 간단한 동영상을 보여 주고 사건의 분절이 어떻게 일어나는지를 탐구하였다.

Newtson(1973)의 연구-분절 크기에 따른 효과

심리학자 Newtson은 새로운 분절 과제를 도입하여 사건 지각 연구의 새로운 패러다임을 세웠다. Newtson이 도입한 방법은 매우 직관적인데, 그의 연구에서 관찰자들은 짧은 동영상을 보면서 주관적으로 사건의 분절을 경험하는 시점을 실시간으로 보고하였는데, 이를 단위 표시법(unit marking technique)이라고 한다. Newtson은 동영상의 사건을 최대한 짧게 분절하거나 최대한 길게 분절하도록 했을 때, 동영상에 등장한 인물의 성격에 대해 참여자들이 얼마나 다르게 평가하는지를 알고 싶었다. 그는 사람의 행동을 짧게 분절해서 보는 사람일수록 등장인물의 성격을 좀 더 자세히 알고 있다고 믿을 것으로 생각하였다. 이 실험에 참여한 사람들은 의자에 앉아 매우 평범한 5분짜리 동영상을 시청하였다. 내용은 다음과 같다.

실험자극 동영상이 시작되면 대학교 2학년 남학생이 등장하는데, 그는 책상 위에 놓인 설문지에 차근차근 답하고 있다. 2분 정도 지나자 이 남자는 질문지를 한쪽으로 치우고, 코트 주머니에서 담뱃갑을 꺼낸다. 성냥을 찾아 담배에 불을 붙이고 성냥개비를 근처 쓰레기통에 던진다. 그런데 성냥개비는 빗나가고, 남자는 세 걸음 정도 걸어가 성냥개비를 주워 쓰레기통에 넣는다. 그러곤 코트 근처에 있는 책을 들고 책상으로 되돌아온다. 천천히 책을 들여다보다가 다시 일어나 다른 책을 가져오고 페이지를 대충 넘긴다. 담배를 바닥에 던져 발로 비벼 끈 후 쓰레기통에 버린다. 그 후 다시 질문지를 집어 들어 다른 항목에 답을 달다가 덮어 두고 다른 책에 다시 손을 댄다.

실험 진행자는 참여자에게 동영상을 보면서 해야 할 수행으로 실험 시작 전에 다음과 같은 사전 지시를 내렸다.

실험 지시문 "5분짜리 동영상을 보게 되는데, 어떤 사람이 다른 실험에 참여한 모습이 담겨 있습니다. 제가 관심 있는 것은 다른 사람의 행동을 관찰할 때 나누는 단위입니다. 즉, 다른 사람의 행동을 볼 때 나누는 수준이 다를 수 있습니다. 예를 들어, 제가 돌아서서 걸어가 문을 닫고 다시 걸어 돌아오는 행동을 할 때, (실제로 진행자가 이 행동을 보여 주면서) 이 행동이 작은 각각의 행동으로 따로 떨어진 사건들로 보일 수도 있고, 또는 '문 닫는 행동' 같은 하나의 사건으로 묶여 보일 수도 있습니다."

실험 진행자는 이런 일반적인 말로 지시한 다음 좀 더 자세한 지시를 하는데, 이 지시문은 고운 단위(fine-unit)와 거친 단위(gross-unit)으로 나뉘는데, 각 참여자는 이 두 조건 중 하나에만 할당되었다.

고운 단위 지시문 자연스럽고 의미 있게 보이는 한, 가장 작은 단위로 동영상에 등장한 사람의 행동을 잘게 나누어 주십시오. 정답은 없으며, 단지 당신이 어떤 식으로 나누는지를 알고 싶을 뿐입니다.

거친 단위 지시문 자연스럽고 의미 있게 보이는 한, 가장 큰 단위로 동영상에 등장한 사람의 행동을 크게 나누어 주십시오. 정답은 없으며, 단지 당신이 어떤 식으로 나누는지를 알고 싶을 뿐입니다.

이 지시문 중 하나를 듣고, 참여자들은 동영상을 보면서 손에 버튼을 쥐고 사건이 나눠지는, 즉 사건이 끝나고 새로운 사건이 시작되는 시점에 버튼을 눌러 표시하였는데, 이를 중지점(breakpoint)이라고 한다. 동영상 시청과 분절 작업이 끝나고, 참가자들은 동영상에 등장한 남자를 3가지 성격 차원 9개 항목으로 평가하였고, 각 항목은 최저점이 1점, 최고점이 9점인 척도로 이뤄져 있었다.

평가 각 질문과 함께 참여자는 자신의 답에 대해 어느 정도로 강하게 신뢰하는지도 답하였다. 한 참여자의 답은 3가지 차원을 범주로 더해져 평균 되었는데, 값이 클수록 정적인 평가이다(예를 들어, 사회성 차원의 높은 점수는 사교적이고 온순하고 유머가 있다는 평가이다). 위 9개 질문 이외에 각 질문 아래에 자신의 응답에 대해 얼마나 확신하는지를 1~9(아주 확신한다)점 사이의 점수로 평가하게 하였다.

(a) 사회성 차원: 사교적인-비사교적인, 온순한-성미 급한, 유머 있는-유머 없는. (b) 지능 차원: 지능적인-지능적이지 않은. (c) 평가 차원: 정직한-부정직한, 털털한-까다로운, 예술적인-상상력이 부족한.

결과 고운 분절 조건의 참여자들은 5분짜리 동영상을 평균 52.1단위로, 거친 조건의 참여자들은 21.3단위로 분절한 것으로 나타났다. 이는 그렇게 지시를 내렸으니 놀라운 일이 아니다. 등장인물에 대한 성격 평가에서도 두 집단 간 차이가 없었다. 그런데 등장인물의 성격 평가에 대한 참여자들의 확신 정도는 세 차원의 평균값이 고운 조건이 21.3점, 거친 조건이 16.7점으로 큰 차이를 보였다(최댓값이 9×3 = 27점임을 상기하라). 좀 더 자세히 말하면, 성격의 세 차원에서 등장인물의 지능에 대한 확신의 차이는 적었지만, 사회성과 평가 차원에서 두 집단 간 확신의 정도에서 고운 조건의 참여자들이 동영상의 등장인물에 대한 성격 평가에 대한 확신도가 높았다. 한편, 실험이 끝난 후 참여자들은 연구자에게 실험에 대한 인상을 말하는 기회를 얻었다. 역시 고운 조건의 경우, 참여자들은 동영상 속 등장인물의 행동을 그 사람의 성격 때문으로 귀인하려는 경향이 강하였고, 거친 조건의 경우, 참여자들은 등장인물이 한 게 아무것도 없다고 말하기도 하였고, 그의 상황에 따른 행동일 뿐이라고 설명하려는 경향이 강하였다.

Cohen & Ebbessen의 연구(1979): 분절 크기에 대한 관찰자 목적 효과

앞서 Newston은 관찰자들에게 분절의 크기를 인위적으로 정하도록 유도하였다. 반면, Cohen과 Ebbessen은 관찰자들에게 관찰 목적을 주었을 때 분절의 크기가 어떻게 달라지는지를 보고자 하였다. 이 연구자들은 관찰자의 지식이나 목적에 따라 사건의 해석이 다를 수 있다고 생각하였다. 예를 들어, 박사 후보자의 논문을 심사할 때 심사위원회는 보통 지도교수를 포함하여 5명으로 구성된다. 심사위원 4명 가운데 A교수는 이제 막 교수로 임용되어 심사에 처음 참석하고, B교수는 며칠 후 있을 다른 박사 후보의 심사에 심사위원장으로 참석하게 된다고 하자. A교수는 아마도 학과 사정에 잘 모르기 때문에 다른 동료 교수의 심사에 임하는 성격에 대해 관심이 있을 것이고, B교수는 자신이 며칠 후 다른 심사를 주관하므로 심사의 절차에 더 주목할 것이다. 따라서 A교수와 B교수는 심사 사건에 대한 관심과 목적이 다를 수 있다. 과연 목적의 차이가 사건의 지각에 영향을 미칠 수 있을까? Cohen과 Ebbessen은 참가자들을 나누어 같은 동영상을 보여 주면서 관찰 목적을 달리한 지시를 주고 그들의 해석을 살펴보았다.

자극 및 절차 1분 30초에서 2분 정도의 짧은 동영상 두 편이 연습 시행으로 쓰였고, 네 편이 본 시행에 사용되었다. 똑같은 여성이 등장하는데, 본 시행에 쓰인 각 동영상의 내용은 다음과 같다. (1) 의자에 앉아 포장지를 뜯었는데 전자시계였다. 미소를 지으며 일어나 시계에 전원선을 꽂고 벽에 건다. (2) 배우가 방으로 들어와 코트와 등에 멘 가방을 벗고 가방에서 물건들을 꺼낸다. 수표를 꺼내 사인을 한다. (3) 신문을 이리저리 뒤적이다 일어나 앞뒤로 서성이더니 시계를 걱정스럽게 바라본다. (4) 서류를 바라보다가 공책에 뭔가를 쓰기 시작한다. 마음에 들지 않는 표정으로 공책에 쓴 것을 펜으로 줄을 그어 지워 버리고, 찢어 구기더니 쓰레기통으로 던져 버린다. 참여자들은 위에 기술한 네 편의 동영상을 보면서 해야 할 과제는 같았지만 지시문은 2가지로 달랐고, 분절 과제를 동시에 수행하도록 하였다.

작업 조건 "이 연구에서 어떻게 사람들이 다른 사람들의 행동을 해석하는지를 알고자 합니다. 가령 테니스 경기에서 서브를 넣는 방법을 배우고 싶다고 합시다. 이럴 경우 우리는 서브를 넣는 사람의 동작을 관찰해서 다음에 실제로 서브를 넣어야 할 때 이 방볍대로 할 것입니다. 잠시 뒤 네 편의 동영상을 보게 될 텐데요, 같은 여성이 등장해서 무엇인가를 하게 됩니다. 주의해서 시청하시고 이 사람이 한 행동을 그대로 따라 할 수 있도록 기억하십시오. 시청이 끝난 후 여성의 동작을 정확히 기억하고 있는지 몇 가지 질문을 하겠습니다. 이와 함께 이 여성의 동작을 배우는 데 필요한 정보 단위를 키보드를 눌러 시작점과 끝점을 표시해 주십시오."

인상형성 조건 "이 연구에서 어떻게 사람들이 다른 사람들의 행동을 보고 그 사람에 대한 인상을 형성하는지 알고자 합니다. 가령 대형마트 앞쪽 넓은 잔디밭에 어떤 사람이 앉아 누군가에게 말하고 있다고 합시다. 그들이 대화하는 모습을 보고 성격이 어떤지 짐작할 수 있습니다. 잠시 뒤 네 편의 동영상을 보게 될 텐데요, 같은 여성이 등장해서 무엇인가를 하게 됩니다. 시청이 끝난 후 여성의 성격에 대해 어떻게 생각하는지를 묻고, 그 결과를 임상 심사자들의 평가와 비교할 것입니다. 이와 함께 이 여성이 어떤 성격의 사람인지 아는 데 필요한 정보 단위를 키보드를 눌러 시작점과 끝점을 표시해 주십시오."

모두 32명의 여대생이 참석하였는데, 16명은 작업 조건을 먼저, 인상형성 조건을 나중에, 나머지 16명은 역순으로 과제에 수행하였다. 따라서 각 참여자는 같은 동영상을 다른 지시문에 따라 두 번씩 본 셈이다. 동작 기억 검사는 등장인물의 동작 순서나 위치 등에 관한 8개의 항목으로 Yes-No로 답하였고, 인상형성 검사는 사교성이 있는지, 지능적인지와 같은 8개의 표준화된 성격 질문으로 이뤄졌다. 그런데 각 조건의 16명 중 8명은 지시문대로 동작기억 검사나 인상형성 검사를 하고 나머지 8명씩은 서로 다른 검사를 하였다. 즉, 동작기억 검사 조건의 8명은 기억 검사를, 다른 8명은 인상형성 조건에 쓰기로 한 성격판단 검사를 수행하였고, 인상형성 조건에 참여한 8명은 예정대로 성격판단 검사를, 다른 8명은 동작기억 검사를 수행하였다. 이렇게 한 이유는 정말로 각 지시문대로 동영상을 관찰했을 때 더 정확한지를 비교하기 위해서였다. 예를 들어, 인상형성 조건에 참여한 사람들은 등장인물의 성격을 파악하느라 동작의 순서는 주의하지 않아 기억이 어려웠을 것이다.

결과 사건의 분절 수를 비교해 보니, 과제의 순서 효과는 관찰되지 않았다. 작업 조건에서 11.1회, 인상형성 조건에서 6.1회로 나타나 작업 조건에서 사건의 분절이 더 자세하게 일어났다. 두 과제에서 사건이 분절되는 기점의 위치를 분석해 보았는데, 서로 매우 달랐다. 또한 작업기억 조건에서 동작기억 지시문에 따라 동영상을 본 참여자들이 인상형성 조건에 따른 지시문에 따라 동영상을 본 참여자들보다 더 정확한 기억을 보였고, 반대로 인상형성 조건에서 이에 따라 동영상을 본 참여자들이 다른 지시문에 따라 본 참여자들에 비해 등장인물의 성격 파악에 대해 서로 상관이 높았다. 이 결과들은 관찰자의 목적에 따라 사건이 분절되는 단위가 달라지고 주의하는 내용이 달라져 평가 정도 역시 다름을 시사한다.

단위 표시법의 단점 이 보고법이 사용되는 실험에서 관찰자들이 진행 중인 과제에 대해 의식적으로 보고해야 하기 때문에, 즉 과제를 동시에 수행해야 하므로 순수한 지각을 방해하여 왜곡된 결과가 나올 수 있다. 이를 보완할 수 있는 방법은 참여자가 보고보다는 동영상 시청에 더 몰두할 수 있도록 탐지나 기억 과제를 사용하거나, 사건을 기술한 문장을 주어 읽도록 하여 안구 운동이나 읽기 속도를 관찰하는 것 같은 간접적인 방법을 사용할 수 있다. Newtson과 Engquist(1976)가 수행한 연구에서, 사람이 등장하는 동영상의 일부 프레임을 없앤 후 참여자들에게 등장인물의 동작이 빠진 프레임을 찾는 과제를 주었는데, 제거된 프레임이 분절되는 중지점일수록 더 잘 탐지되었다. 또한 동영상에서 기점 부분과 비기점 부분에 속한 정지 슬라이드를 5초 간격으로 제시했을 때, 참여자들은 기점들의 연속이 더 잘 이해된다고 보았다. 끝으로, 동영상에서 기점에 해당하는 부분과 비기점에 해당하는 부분을 보게 한 다음, 이 동영상들의 정지 슬라이드와 새로 추가된 슬라이드 중 본 것과 보지 않은 것을 가려내라고 했을 때, 즉 기억 검사를 했을 때 기점 동영상을 더 잘 기억하였다. 이러한 증거들은 사건을 이루는 기점이 비기점보다 사건을 단위 짓는 정보와 의미가 많음을 시사한다.

사건분절에 대한 심리 모형

앞의 두 연구를 통해 사건이 분절되는 방식은 관찰자의 관점에 따라 매우 달라질 수 있음을 알았다. 대체로 사건의 분절 방식은 처리 단서가 외부에서 오느냐 관찰자 머리에서 오느냐에 따라 크게 상향적 분절과 하향적 분절로 나눌 수 있다(그림 8-11).

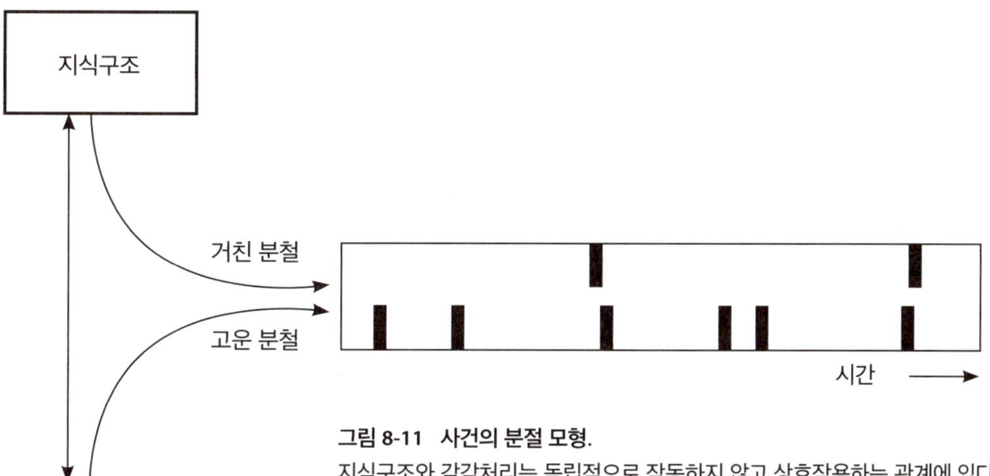

그림 8-11 사건의 분절 모형.
지식구조와 감각처리는 독립적으로 작동하지 않고 상호작용하는 관계에 있다. 감각은 지식구조가 활성화할 수 있도록 중요한 대목에서 자극 단서를 제공하고, 지식구조는 가동된 가설에 들어맞는 자극 단서에 민감할 것이다. 대체로 인물 사건의 경우 사건에 등장하는 인물이 어떤 의도로 행동하는지에 대한 지식은 거친 분절에 효과가 있고, 지식이 적은 경우 감각에 기반한 변화에 민감하여 고운 분절이 일어날 것이다(Zacks, 2004 모형을 편집).

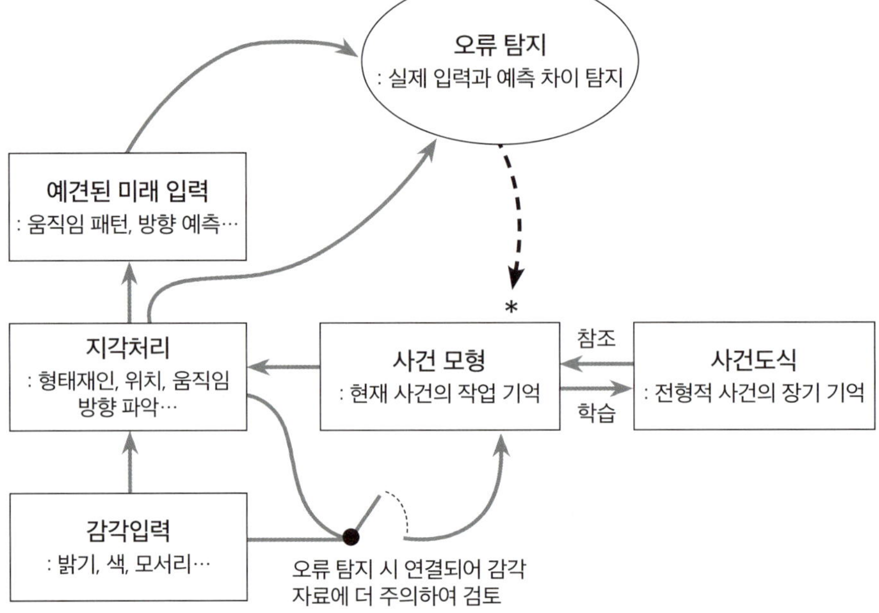

그림 8-12 사건분절 모형(Zacks 등, 2007).

상향적 분절(bottom-up segmentation)은 관찰 대상의 크기, 형태, 위치 같은 물리-지각적 변화에 따라 사건을 나누는 것을 말한다. 예를 들어, 한 방향으로 달리던 자동차가 다른 방향으로 바꿔 달린다면 방향의 변화를 기점으로 사건을 나눌 수 있다. 대체로 바깥세상 물체들의 물리-지각적 속성들은 미세하게나마 끊임없이 바뀌겠지만, 물리-지각적으로 가장 큰 변화가 사건의 분절을 가장 크게 유도할 가능성이 크다. 한편, 시각 이외에 소리, 냄새, 피부에 닿는 차가운 바람과 같은 다른 감각의 변화도 사건의 분절에 기여할 수 있다. 한편, 하향적 분절(top-down segmentation)은 관찰자의 사건에 대한 지식, 사건의 관찰 목적, 관찰 대상자의 의도 해석, 인과성 지각 등에 따른 분절을 말하며, 개념적 분절(conceptual segmentation)로 불리기도 한다. 예를 들어, 야구 게임의 경우 시각적으로 느껴지는 변화보다 경기 규칙이라는 선행 지식에 의해 이닝별로 분절하여 이해할 것이다. 따라서 이야기 의미가 크게 바뀌는 지점이 분절에 큰 기여를 할 것이다. 그렇지만 사건에 대한 지식 정도가 낮다면 상향적 요인에 더 의존하게 되어 분절 단위가 짧아질 가능성이 있다.

Zacks 등(2007)은 사건분절에 관한 이론(EST: event segmentation theory)을 제안하였다. 이 이론은 크게 지각, 인지, 기억 성분으로 이뤄진 모형으로 기술된다. 그림 8-12에 제시된 것처럼 이 모형은 시각의 경우 눈에 맺힌 시각 자료 처리부터 시작된다. 예를 들어, 한 여성이 기숙사 세탁실에서 세탁기로 빨래하는 사건을 보고 있다고 가정해 보자. 시간에 따라 여성의 동작들이 우리 눈에 맺히고 시각의 초기 처리가 일어나는데, 이를 '감각입력'이라고 한다. 감각입력에 대해 좀 더 높은 수준의 '지각처리'가 일어나는데, 이때 물체 또는 얼굴의 재인이 일어난다. 여성의 초기 동작을 통해 관찰자는 다음 동작들을 예측할 수 있는데, 예를 들어 빨래망에 빨래를 나누어 담는 동작을 보고 조금 뒤에 세제를 넣고 뚜껑을 닫고 버튼을 누르는 등의 동작을 예측할 수 있다. 이를 '예견된 미래 입력'이라고 한다. 여성의 동작을 보고 빨래하고 있다는 현재 사건에 대한 표상이 일어나는데, 이를 '사건 모형'이라고 한다. 이 빨래라는 사건 모형은 우리가 잘 기억하고 있는 전형적인 빨래의 순서와 내용에 대한 지식인 '사건도식'의 도움을 받는다. 그런데 여성의 초기 동작으로부터 빨래를 하고 있다고 지각하고 다음 동작들을 예측하였는데, 만일 예측과 맞지 않는 여성의 행동이 나타난다면, 가령 세제를 넣지 않고 세탁기 뚜껑을 닫고 작동 버튼을 누른다면 빨래가 아닌 헹굼이라는 사건으로 사건 모형을 재설정 또는 업데이트해야 한다. 이때 '오류 탐지'가 일어나며, 사건 모형에 이를 알리면 사건 모형 성분은 감각 입력과 지각처리에 좀 더 주의하여 감각 자료를 면밀히 검토하게 된다. 여성의 동작이 세탁기의 버튼을 누를 때쯤 사건 모형의 작동은 거의 끝나게 되고, 다음 동작을 예측하기 어려우므로 이때 사건의 분절이 일어난다.

스크립트: 사건의 도식 일상생활에서 예상하지 못한 사건들이 나타나 가끔 놀라기도 하지만, 대체로 예상 가능한 정형화된 사건들이 많다. 예를 들어, 학생식당에서 밥을 먹는 일은 매우 정형화된 작은 사건들로 구성된다. 그래서 각 작은 사건들의 시간적 순서를 잘 안다면 처음 가 보는 학교의 학생식당에서도 밥 먹기는 별 어려움이 없다. 즉, 순서는 식권 사기, 줄 서기, 밥 받기, 자리에 앉아 밥 먹기, 퇴식하기, 물 마시기 등으로 구성된다. 이런 매우 정형화된 사건을 스크립트(script)라고 하는데, 사건의 도식(schema)이다. 도식이란 어떤 개념에 대한 일련의 속성들로 이뤄진 표상 덩어리를 말한다. 예를 들어, '자전거' 하면 떠오르는 속성들이 있는데 형태, 크기, 기능, 무게 등의 측면이 떠오를 것이다. 사건의 경우, 예를 들어 수강하기, 입학식-졸업식, 미팅하기, 인터넷 쇼핑하기, 입사 지원하기, 아침에 일어나 씻고 화장하기, 군대 갔다 오기와 같이 일상생활에서 흔히 볼 수 있는 판에 박힌 사건들 역시 속성의 성질을 띠는 작은 사건들의 집합체이다. 이런 스크립트는 반복적인 경험을 통해 마음속에 모형으로 견고하게 자리 잡아 사건의 재인, 이해, 계획, 기억에 영향을 준다. 예를 들어, 학생식당에서 사람들이 줄 서 있는 행동은 익숙한 스크립트에 의존해서 해석하기 때문에 낯설게 보이지 않으며, 자신도 식권을 사서 줄을 서야 한다는 계획을 세우게 되고, 식사 이후 저녁에 이 과정을 떠올릴 때도 순서대로 쉽게 기억해서 말할 수 있게 된다. 그러므로 스크립트, 즉 사건경험에 따른 관찰자의 선행지식(prior knowledge)은 작은 사건들을 묶어 주는 강력한 집단화 요인으로 볼 수 있다.

분석의 편리성으로 문장으로 표현된 사건을 참여자에게 읽게 하는 방법이 쓰이곤 한다. 그런데 사건들의 경계에서 참여자들의 읽는 속도가 느려진다(Zwaan, 등 1995). 예를 들어, 문장이 진행되면서 새로운 사람, 장소, 시간, 인과관계, 주인공의 의도 변화가 일어날 때 느려진다. 이는 앞 문장에서 생성된 사건에 대한 표상 또는 마음의 모형에 새로 들어온 사건의 표상이 통합되어 새로운 마음의 모형을 형성하는 데 시간이 걸리기 때문으로 추론된다.

정리

사건은 눈 깜박임처럼 매우 짧은 시간에 일어날 수도 있고, 영화의 사건이나 역사의 사건처럼 매우 길게 일어날 수도 있다. 또한 움직이는 주체에 따라 물리적 사건과 사회적 사건으로 나눌 수도 있다. 우리가 사는 세상은 다양한 사건들이 복잡하게 얽혀 있다. 그런데도 이 세상에서 우리는 큰 어려움 없이 매우 잘 살아가고 있다. 이는 우리 지각체계가 사건들을 유의미하게 조직화하기 때문에 가능하다. 이 조직화에는 움직이는 물체들의 시공간적 특징에서 오는 상향적 처리의 영향도 있지만 관찰자 개인의 선행 지식에 따른 하향적 처리의 영향도 있어 같은 사건에 대해 다르게 해석할 수 있다.

더 읽어 보기

사건 지각에 대한 인지 신경학적 관점에 대해서는 Richmond와 Zacks(2017)를 보라. 인과성에 대한 짧지만 중요한 개관은 Buehner(2014)를 보라. 시각 사건의 인과성에 관한 개관은 Scholl과 Tremoulet(2000)를 보라. 공변적 인과성과 메커니즘 인과성에 대해서는 Cheng(1997)과 Schlottmann(2001)을 보라. 사건의 분절에 관련한 지각처리를 뇌 수준에서 이해하고 싶으면 Zacks 등(2001)을 보라. 사건의 분절에 대한 짧은 개관은 Kurby와 Zacks(2008)를 보고, 좀 더 심도 있는 개관을 위해서는 Zacks와 Tversky(2001)를 보라. 추적과 의도성에 대한 최근 연구는 Gao 등(2009)을 보라. 사건분절에 관한 모형에 대해서는 Zacks 등(2007), Shipley와 Zacks(2008)를 보라. 영화에서 사건 분절에 대해서는 Cutting(2016)과 Magliano 등(2001)을 보라.

| 참고문헌 |

Basili, J. N. (1976). Temporal and spatial contingencies in the perception of social events. *Journal of Personality and Social Psychology*, *33*(6), 680-685.

Buehner, M. J. (2014). The psychology of time and causality. *Euresis Journal*, 7(3).

Burke, L. (1952). On the tunnel effect. *Quarterly Journal of Experimental Psychology*, *4*, 121-138.

Cheng, P. W. (1997). From covariation to causation: a causal power theory. *Psychological Review*, *104*(2), 367.

Cohen, C. E. & Ebbesen, E. B. (1979). Observational goals and schema activation: a theoretical framework for behavior perception. *Journal of Experimentl Social Psychology*, *15*, 305-329.

Cutting, J. E. (2016). Narrative theory and the dynamics of popular movies. *Psychonomic Bulletin & Review*, *23*(6), 1713-1743.

Flombaum, J. I., Kundey, S. M., Santos, L. R., & Scholl, B. J. (2004). Dynamic object individuation in rhesus macaques: a study of the tunnel effect. *Psychological Science*, *15*(12), 795-800.

Gao, T., Newman, G. E., & Scholl, B. J. (2009). The psychophysics of chasing: a case study in the perception of animacy. *Cognitive Psychology*, *59*(2), 154-179.

Garcia, J., Kimeldorf, D. J., & Koelling, R. A. (1955). Conditioned aversion to saccharin resulting from exposure to gamma radiation. *Science*, *122*, 157-158.

Grosenick, L., Clement, T. S., & Fernald, R. D. (2007). Fish can infer social rank by observation alone. *Nature*, *445*(7126), 429-432.

Heider, F. (1958). *The Psychology of Interpersonal Relations*. New York: Wiley.

Heider, F. & Simmel, M. (1944). An experimental study of apparent behavior. *American Journal of Psychology*, *57*, 243-259.

Kurby, C. A. & Zacks, J. M. (2008). Segmentation in the perception and memory of events. *Trends in Cognitive Sciences*, *12*(2), 72-79.

Magliano, J. P., Miller, J., & Zwaan, R. A. (2001). Indexing space and time in film understanding. *Applied Cognitive Psychology*, *15*(5), 533-545.

Michotte, A. (1946/1963). *The Perception of Causality* (T. R. Miles & E. Miles, Trans.). London: Methuen.

Newtson, D. (1973). Attribution and the unit of perception of ongoing behavior. *Journal of Personality and Social Psychology*, *28*(1), 28-38.

Newtson, D. & Engquist, G. (1976). The perceptual organization of ongoing behavior. *Journal of Experimentl Social Psychology*, *12*, 436-450.

Palmer, S. (1998). *Vision Science: Photons to Phenomenology*. Cambridge, MA: MIT Press.

Richmond, L. L. & Zacks, J. M. (2017). Constructing experience:

event models from perception to action. *Trends in Cognitive Sciences, 21*(12), 962-980.

Robinson, G. E., Fernald, R. D., & Clayton, D. F. (2008). Genes and social behavior. *Science, 322*(5903), 896-900.

Runeson, S. (1977/1983). *On Visual Perception of Dynamic Events*. Acta Universitatis Upsaliensis: Studia Psychologia Upsaliensis (Series 9). Göteborg: Graphic Systems AB.

Schlottmann, A. (2001). Perception versus knowledge of cause and effect in children: when seeing is believing. *Current Directions in Psychological Science, 10*(4), 111-115.

Scholl, B. J. & Tremoulet, P. D. (2000). Perceptual causality and animacy. *Trends in Cognitive Sciences, 4*(8), 299-309.

Shipley, T. F. & Zacks, J. M. (2008). *Understanding Events: From Perception to Action*. New York: Oxford University Press.

Tremoulet, P. D. & Feldman, J. (2000). Perception of animacy from the motion of a single object. *Perception, 29*, 943-951.

Zacks, J. M. (2004). Using movement and intentions to understand simple events. *Cognitive Science, 28*, 979-1008.

Zacks, J. M. & Tversky, B. (2001). Event structure in perception and conception. *Psychological Bulletin, 127*(1), 3.

Zacks, J. M., Braver, T. S., Sheridan, M. A., Donaldson, D. I., Snyder, A. Z., Ollinger, J. M., ... & Raichle, M. E. (2001). Human brain activity time-locked to perceptual event boundaries. *Nature Neuroscience, 4*(6), 651-655.

Zacks, J. M., Speer, N. K., Swallow, K. M., Braver, T. S., & Reynolds, J. R. (2007). Event perception: a mind-brain perspective. *Psychological Bulletin, 133*(2), 273.

Zwann, R. A., Magliano, J. P., & Graesser, A. C. (1995). Dimensions of situation model construction in narrative comprehension. *Journal of Experimental Psychology: Learning, Memory, and Cognition, 21*(2), 386-397.

09 주의와 지각

주의는 앞에서 살펴본 색, 깊이, 물체, 움직임처럼 지각의 한 종류는 아니다. 하지만 주의가 없으면 지각처리는 어렵다. 주의는 크게 네 가지 의미 또는 특징이 있다. 스마트폰의 길 찾기 앱을 이용하면서 길을 건널 때를 생각해 보자. 횡단보도 앞에 왔을 때 스마트폰에서 눈을 떼고 시선을 건너편 신호등과 도로의 자동차들로 옮겨야 한다. 이때 주의는 선택(selection)의 의미이다. 대상을 선택하는 것은 마음의 자원이 제한적이기 때문인데 주의는 제한적 처리 자원(limited capacity)의 특징을 갖는다. 일단 신호등에 주의하면 신호등의 밝기와 색에 우리 눈이 민감해지며, 불빛이 희미해도 신호를 잘 탐지하게 된다. 신경과학적 증거들에 따르면 주의를 수반하는 경우 자극의 세기가 강하지 않아도 신경세포들의 발화율이 높은데 이를 조정(modulation)이라고 한다. 마지막으로 도로 상황을 계속 감시하면서 길을 찾는 과제를 계속해야 하는데, 이때 주의는 중요하며 경계(vigilance)의 의미가 있다. 주의는 기억, 문제 해결, 추론 등 인지처리에서도 중요하다. 이 장에서는 지각의 관점에서 주의의 기능에 대해 살펴보도록 하자.

정보처리적 관점

주의를 이해하는 데 정보처리 관점은 편리하다. 컴퓨터에서 정보는 입력에서 출력에 이르기까지 순차적으로 처리된다. 인간의 지각-동작체계의 처리를 컴퓨터의 정보처리(information processing) 과정에 비유할 수 있다. 주의는 지각-동작체계 처리의 각 단계에서 중요한 역할을 한다. 물론 주어진 시나리오대로 작동하는 컴퓨터에 주의는 필요 없다. 신호등의 지시에 따라 길을 건너기는 매우 간단해 보이지만 정보처리 관점에서 볼 때는 다양한 처리가 일어난다(그림 9-1). 빨간색 신

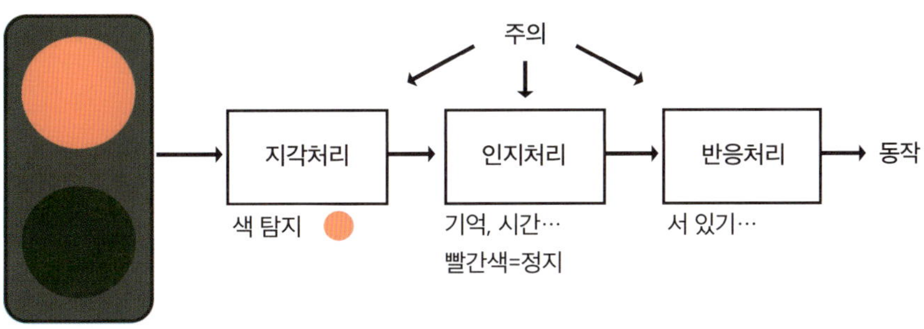

그림 9-1 정보처리와 주의.
Sternberg(1969)에서 재편집.

샛길 1 외생 주의의 이용

유니버설 디자인(universal design)은 모든 사람을 위한 디자인이라는 뜻이지만 상대적으로 몸이 불편한 장애인, 노약자, 어린이, 임산부를 배려하는 디자인을 통틀어 말한다. 유니버설 디자인에서 사람들의 특정 행동을 유도하기 위해 종종 외생적 주의가 이용된다. 예를 들어, 지하철 임산부석의 색이 주변보다 눈에 잘 띌 때 사람들은 임산부석임을 더욱 잘 알아볼 것이다. 또한 초등학교 주변 교차로 앞에 자리한 옐로카펫은 운전자들의 눈에 잘 띄어 아이들이 더 잘 보일 것이다.

그림 9-2 외생 주의의 이용. 임산부석과 옐로카펫은 주의를 끈다. (사진을 찍어다 준 아내에게 감사한다.)

호등이 켜져 있는 경우, 빨간색을 탐지하는 지각처리가 작동하며, 빨간색이 무엇을 의미하는지를 알기 위해서는 신호 규칙이라는 기억을 되살려야 하며, 빨간색 불일 때 어떤 동작을 해야 하는지에 관한 반응처리가 필요하다. 만일 주변 맥락을 통해 신호등이 고장이라면 재빨리 다른 동작을 고려해야 한다. 주의는 이 각각의 처리에 개입한다.

주의는 발생 원천에 따라 크게 2가지로 나뉜다. 길을 건너기 위해 횡단보도 앞에 서 있는데 갑자기 오토바이가 휙 지나간다면 오토바이에 주의를 빼앗긴다. 어떤 자극이 자동으로 주의를 끌 때 이를 외생/외적 주의(exogenous/external attention)라고 하며 상향적 자극-기반(bottom-up stimulus-based) 주의로 부르기도 한다. 갑작스러운 대상의 움직임, 큰 소리, 뜨겁거나 차가운 닿음, 강한 냄새 등이 자동으로 주의를 빼앗는다. 다른 사람의 시선이나 화살표 같은 단서는 아주 오랫동안 학습되었기 때문에 반사적으로 주의를 차지하는 경우도 있다(Stevens 등, 2008). 외생 주의는 복잡한 환경에서 사람들의 시선을 끌기 위해 종종 유니버설 디자인에서 이용되곤 한다(☞샛길 1). 한편, 마음속으로 초록색 불이 들어오기만 기다리며 초록색 등에 주의를 하는데 내생/내적주의(endogenous/internal attention)라고 한다. 내생 주의는 기억 되살리기, 계획 세우기, 수학 문제 풀 때와 같이 마음속 수행 감시하기, 일의 순서 정하기 같은 인지 기능과 밀접하게 관련되어 있어 하향적 과제-의존(top-down task-dependent)주의라고 불리기도 한다. 아주 극단적인 경우를 제외하고 일상생활 대부분에서 2가지 주의가 상호적으로 작동한다.

시각탐색과제

지각처리에서 주의의 역할을 살펴보는 간편한 방법은 사람들에게 컴퓨터 모니터에서 특정 자극을 찾게 하는 것이다. 전형적인 시각탐색과제(visual search task)에서 참여자들은 방해물(distractors)은 무시하고 목표물(target)을 재빨리 찾아야 한다. 그렇지만 모든 시행에 목표가 들어 있는 것은 아니므로 무조건 버튼을 빨리 눌러서는 안 된다(☞샛길 2). 예를 들어, 목표물이 존재하면 왼쪽 버

샛길 2 반응의 종류

과제에 따라 반응은 다를 수 있다. 단순반응(simple reaction)은 무엇이든 아무 신호가 주어지면 그에 따라 동작을 취하는 것이다. 운동회에서 총소리를 듣고 달리기를 시작하거나, 화면에 불빛이 나타나면 버튼을 누르는 일이 이에 해당한다. 선택반응(choice reaction)은 주어진 자극의 대상이 무엇인지 확인한 다음 그에 따른 특정 반응을 해야 한다. 예를 들어, 화면에 홀수가 나오면 왼쪽 버튼을 짝수가 나오면 오른쪽 버튼을 누른다. 고/노고(go/nogo) 반응은 특정 자극이 나올 때만 동작을 취하는 것이다. 예를 들어, 화면에 아라비아 숫자가 나올 때만 버튼을 눌러야 하는 과제에서, 참여자는 화면에 '7'이 나올 때 버튼을 누르고, '칠' 또는 'seven' 등이 나오면 가만히 있어야 한다. 분별반응(discrimination response)은 동시에 제시된 두 자극을 비교한 다음 특정 동작을 취하는 것이다. 예를 들어, 화면에 두 숫자가 나란히 나올 때 큰 숫자를 골라 왼쪽 버튼을 누른다. 일반적으로 단순반응은 다른 반응들에 비해 반응시간이 빠르다. 지각 실험에서 반응시간은 보통 1/1,000초(millisecond, ms, msec) 단위로 표시된다.

튼을, 그렇지 않으면 오른쪽 버튼을 최대한 빨리 눌러야 한다. 보통 목표물이 있을 때보다 없을 때 시간이 더 걸리는데, 목표물이 있는 경우는 발견 즉시 탐색을 멈추면 되지만 없는 경우는 최소한 모든 항목을 확인해야 하기 때문이다. 시각탐색과제에서 나오는 주요 지표는 사람들이 얼마나 빨리 목표를 찾는지의 반응시간(RT: reaction/response time)과 얼마나 정확하게 찾는지의 지표인 정확성(accuracy)이다. 이 두 지표는 서로 양립하기 어렵다. 즉, 반응이 빠를수록 정확성은 감소하며 정확성이 높아지면 반응이 느려지는 경향이 있다. 이 속도-정확 득실(speed-accuracy tradeoff) 현상은 인간뿐만 아니라 동물에서도 나타난다(Heitz, 2014). 따라서 반응시간을 재는 실험에서 실험자는 참여자에게 몇 개 틀려도 좋으니 최대한 빨리 누르도록 요구하는 전략을 취하는데 대략 95% 안팎의 정확률을 유지한다.

시각탐색과제에서 탐색해야 하는 목표물과 방해물의 전체 수를 세트 크기(set size)라고 한

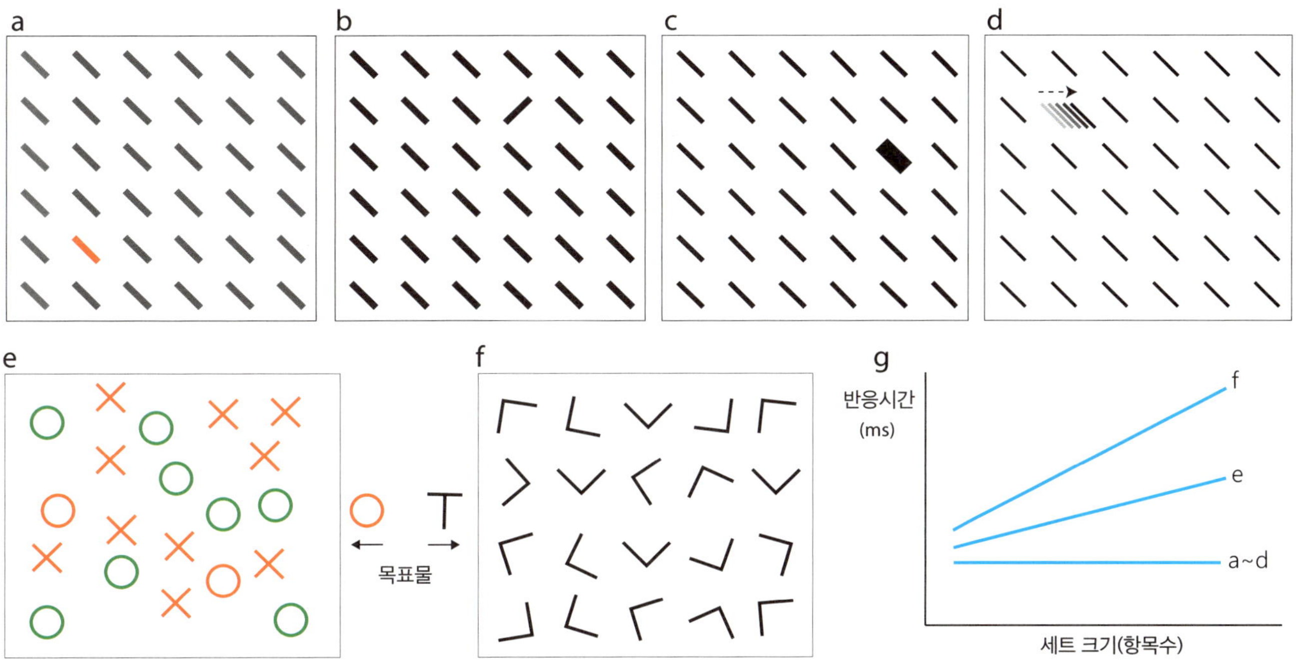

그림 9-3 탐색 자극과 결과.
(a~d) 속성탐색. 각각 색, 방향, 크기, 움직임이 다른 방해물과 달라 쉽게 눈에 띈다. (e) 접합탐색. 형태와 색을 고려해야 한다. (f) 형상탐색. 두 막대의 위치에 따라 형상이 다르다. (g) 세트 크기에 따른 반응시간.

다. 세트 크기는 시각탐색과 어떤 관련이 있을까? 모기의 교훈을 떠올려 보자. 모기가 흰 벽에 앉아 있을 때는 찾기 쉽지만, 얼룩덜룩한 커튼에 앉아 있을 때는 찾기 어려워진다(목표물-방해물 이종성, target-distractor heterogeneity). 또한 모기가 무늬가 있는 커튼에 앉아 있을지라도 무늬들이 불규칙한 조건보다는 규칙적인 조건에서 더 찾기 쉽다(방해물-방해물 동종성, distractor-distractor homogeneity).

속성탐색(feature search)은 목표물의 시각속성이 방해물의 시각속성에 비해 독특할 때 일어나는데 움직임, 색깔, 방향, 크기, 깊이 등이 강력한 것을 알려져 있으며, 보는 즉시 돌출(pop-out) 현상이 발생하므로 현출속성(salient feature)이라고도 한다. 속성탐색은 방해가 적건 많건 관계없이 찾는 데까지 걸리는 시간이 거의 일정하므로 시야각 전체에 병렬처리(parallel process)가 일어나는 것으로 가정된다. 접합탐색(conjunction search)은 목표물과 방해물이 공유하는 속성이 2개 이상일 때 일어나며 방해물이 많을수록 시간이 걸려 계열처리(serial process)를 거치는 것으로 가정된다. 접합탐색은 속성에 따라 상대적으로 쉽기도 하고 어렵기도 하다. 형상만 다를 때는 탐색이 매우 어려운데 이를 공간적 형상탐색(spatial configuration search)이라고 한다(그림 9-3). 다소 낯선 형태들을 시각탐색에 사용하는 이유는 친숙한 형태에 대한 처리 이득이 탐색에 영향을 미치는 것을 막기 위해서이다(Wang 등, 1994).

Treisman과 Gelade(1980)의 속성통합이론(FIT: feature integration theory)은 정보처리 관점에서 속성탐색과 접합탐색을 하나로 묶어 설명한다. 이들은 시각처리의 초기인 전주의 단계에서 속성들은 자동으로 처리되므로 주의가 거의 필요 없지만, 속성들이 접합되는 상위 수준의 처리 단계에서 초점주의가 개입하기 때문에 시간이 더 걸린다고 제안한다. 만일 속성들의 접합 단계에서 주의가 적절히 할당되지 않으면 착시적 접합(illusory conjunction)이라는 현상을 경험할 수도

샛길 3 착시적 결합

Treisman과 Schmidt(1982)의 실험에서 도형, 숫자, 색들의 조합으로 이뤄진 자극 세트가 사용되었다(그림 9-4). 이 자극들은 개인별로 난이도 조절을 거친 다음 개인에 따라 평균 199ms 동안 제시되었다. 주의를 넓게 퍼지게 하기 위해 참여자들은 먼저 양쪽에 나타난 숫자를 정확히 보고해야 하였고, 다음으로 사선으로 지시된 쪽에 있는 물체의 형태, 색깔, 위치, 그리고 채워져 있는지의 여부를 보고해야 하였다. 이 실험에서 참여자들은 양쪽의 숫자를 99% 이상의 정확률로 맞추었음에도 종종 착시적 접합을 경험하였는데, 예를 들어 분홍색 삼각형이 파란색 삼각형으로 지각되었다고 보고하였다. 물론 일상생활에서 착시적 접합을 경험하기는 매우 어려운데 물체들이 대체로 규칙적인 속성을 띠고 있고, 관찰할 수 있는 시간이 충분하기 때문이다. 그럼에도 운전 상황처럼 주변을 힐끔힐끔 쳐다보는 상황에서 경험할 수도 있다.

그림 9-4.
형태(삼각형과 원), 색(갈색, 분홍색, 파란색, 노란색), 크기(큼, 작음), 채워짐(비어 있음, 채워짐) 등의 속성들이 조합되어 자극으로 구성되었다. 참여자들이 보고해야 할 물체의 위치는 네 귀퉁이 하나에 사선으로 지시되었다. 이 예에서, 참여자는 먼저 6과 7을 보고한 후, 분홍색으로 채워진 작은 삼각형이라고 보고해야 한다(Treisman과 Schmidt, 1982: 실험 4).

있다. 예를 들어, 노란색 바나나와 빨간색 사과가 나란히 놓여 있을 때, 주의가 개입되지 않으면 노란색 사과와 빨간색 바나나로 잘못 접합되어 지각될 수 있다(☞샛길 3).

시각탐색에서 나타나는 착시적 접합 현상은 흥미로운 물음을 제기한다. 즉, 실세계의 장면을 이루는 각 물체는 여러 가지 지각 속성을 가지고 있는데 어떻게 같은 물체에서 나오는 속성들을 하나로 묶어 응집된 지각을 할 수 있을까? 이를 결합문제(binding problem)라고 한다. 예를 들어, 사과는 빨갛고 둥글고 테이블 위에 놓여 있고, 청바지는 파랗고 두 갈래 형태이고 벽에 걸려 있다. 사과와 청바지는 적어도 색, 형태, 그리고 위치와 같은 기초 속성들을 가지고 있으며, 이들 각 속성이 사과와 청바지에 따로 구분되어 묶여야 한다. 이 과정은 너무 쉽게 일어나는 것처럼 느끼므로 우리는 문제라고 생각하기도 어렵다. 그런데 신경과학에 따르면 지각 속성들은 뇌의 서로 다른 영역에서 처리되는 것처럼 보이므로 거대한 수수께끼이다.

안내탐색

일상생활에서 경험하는 탐색 과제는 실험실에서 볼 수 있는 탐색 과제와 크게 다르다. 물체들이 서로 의미 있게 배열되어 있고, 사람들은 특정 상황에 맞는 지식을 가용해 탐색을 수행한다. 예를 들어, 길을 건너기 위해 신호등을 살필 때, 신호등은 늘 비슷한 높이에 있고 횡단보도 근처에 있으므로 보행자의 눈은 자연스럽게 건너편 특정 높이를 향한다. 이는 사람들이 사전지식과 맥락에 따라 주의를 능동적으로 이용할 수 있음을 시사한다.

더욱이 실험실 상황에서도 사람들은 때때로 속성통합이론이 예측하는 것보다 더 빠르고 정확하게 탐색 과제를 수행한다. 예를 들어, 그림 9-3의 e를 보자. 이 그림에서 빨간색 O를 찾는 것이 과제라고 할 때, 사람들은 전략적으로 초록색 항목 전체를 무시하고 빨간색에만 주의할 수 있다. 그다음 X들 가운데서 O를 찾으면 된다. 즉, 초기의 병렬처리를 통해 어떤 속성은 무시하여 탐색해야 할 대상을 크게 줄일 수 있다. 그런데 속성통합이론은 처음부터 모든 항목 각각에 대해 빨간색과 형태를 비교해야 하므로 훨씬 긴 시간이 걸릴 것으로 예측한다.

Wolfe와 동료들은 일련의 실험을 통해 속성통합이론이 예측하는 것보다 세트 크기가 증가함에 따라 반응시간의 증가하는 기울기가 훨씬 낮음을 발견하였다. 즉, 탐색이 실제로는 훨씬 효율적으로 일어난 것이다(Wolfe 등, 1989). 이에 따라 연구자들은 안내탐색(guided search)이라는 새로운 모형을 제안하였다. 안내탐색이론은 특정 정보에 안내되어 탐색이 효율적으로 일어난다는 점을 강조하는데, 정보는 바깥세상의 맥락에 존재할 수도 있고 관찰자 머릿속에서 나올 수도 있다(Wolfe & Horowitz, 2017).

공간기반 주의와 물체기반 주의

무엇인가에 주의를 할 때 공간에 주의하는 것일까, 물체에 주의하는 것일까? 이 물음은 혼란스러워 보인다. 왜냐하면 모든 물체는 공간을 차지하고 있으므로 이 둘을 나누는 것이 이상하기 때문이다. 연구자들은 정교한 실험을 통해 이 둘을 나눌 수 있는 증거들을 확보하였다. 공간기반

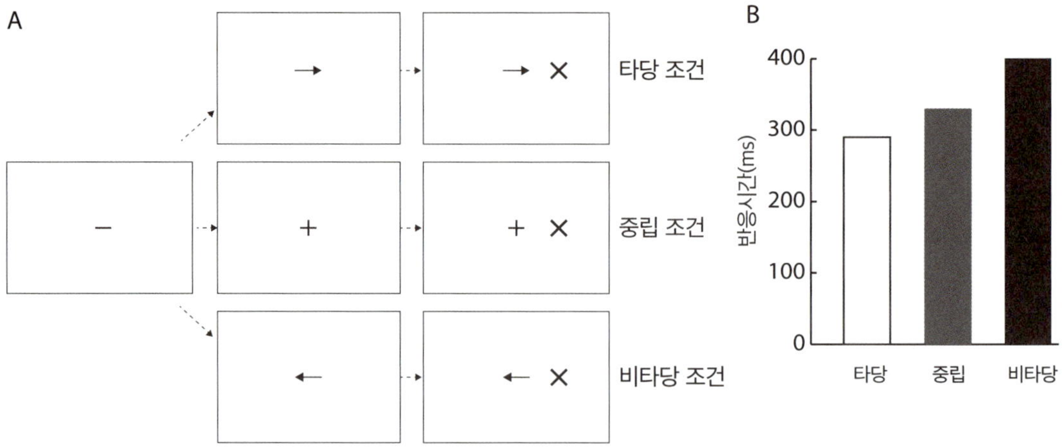

그림 9-5 단서 패러다임.
(A) 실험 절차. (B) 실험 결과. Posner 등(1978)의 실험 1에서 150ms 조건만 제시.

주의(space-based attention)는 주의가 특정 위치를 중심으로 할당되어 처리됨을 뜻한다. 물체-기반 주의(object-based attention)는 특정 물체 또는 집단화된 요소들을 중심으로 주의가 할당되어 처리됨을 뜻한다.

공간기반 주의에 관한 증거는 단서 패러다임(cueing paradigm)에서 쉽게 확인 가능하다. Posner 등(1978)은 모니터에 목표물로 'X'를 주고서 참여자들에게 단순히 어느 쪽에 나타났는지를 재빨리 버튼을 눌러 반응하게 하였다(그림 9-5). 처음에 응시점이 나오고, 그다음 150ms 후에 화살표 또는 십자 단서가 나타났다. 화살표 자체는 내생주의 기호이며, 150ms는 너무 짧은 시간이어서 눈을 돌리기 어렵다. 여기서 화살표는 실제로 목표물이 나오는 방향을 가리킬 수도 있었고 그렇지 않을 수도 있었다. 화살표 단서와 목표물 위치가 일치할 때 타당(valid) 조건, 불일치할 때 비타당(invalid) 조건이라고 한다. 십자 단서는 아무런 방향 의미가 없으므로 중립(neutral) 조건이라고 한다. 타당 조건에서 목표물이 실제로 같은 방향에 나올 확률은 전체 80%였고, 비타당 조건은 20%였다. 따라서 확률에 의해 참여자들은 타당 조건을 더 신뢰하였다. 실험 결과 타당 조건, 중립 조건, 비타당 조건 순서로 반응시간이 빨랐다. 따라서 화살표 단서가 특정 공간으로 참여자들의 주의를 유도할 수 있음을 보여 준다.

한편, 물체기반 주의에 관한 증거도 다양한데, 대표적으로 중첩 이미지 패러다임에서 볼 수 있다. 예를 들어, 얼굴과 집이 중첩된 그림에서 얼굴 또는 집에만 주의하여 의식할 수 있고 이때 다른 물체는 의식에서 희미해진다(그림 9-6). 두 물체가 같은 공간에 있다는 점을 생각하면 공간주의와 물체주의는 분리된다고 볼 수 있다. O'craven 등(1999)은 물체가 중첩된 이미지를 참여자들에게 보여 주면서 뇌활동을 살펴보았다. 참여자들은 fMRI 장치 안에 누워 위에 달린 모니터에 제시되는 얼굴 또는 집을 관찰하였다. 이 그림에서 얼굴과 집은 같은 위치에 제시되므로 만일 공간주의가 언제나 옳다면 두 물체 가운데 어느 쪽에 주의를 해도 활성화되는 뇌의 모습은 같을 것이다. 다른 연구들에서 밝혀진 것처럼, 얼굴만 화면에 제시되었을 때 참여자들 뇌의 방추얼굴영역(FFAL: fusiform face area)이 주로 활성화되었고, 집만 제시되었을 때 물체영역으로 알려진 해마주변장소영역(PPA: parahippocampal place area)이 주로 활성화되었다. 다음으로 연구자들은 얼굴과 집을 중첩하여 참여자들에게 제시하였는데, 한 번에 얼굴 또는 집만 주의하도록 요구하였다. 실제로는 얼굴과 집 가운데 한 물체는 가만히 있었고, 다른 물체는 움직였기 때문에 주의하기 더 쉬웠다. 참여자들의 뇌활동 분석 결과, 중첩된 그림에서 얼굴을 주의했을 때는 얼굴영역이 더 활성화되었고, 집에 주의했을 때는 해마주변장소영역이 더 활성화되었다. 이 결과는 주의를 받는 대상의 속성들은 더 강력하게 뇌에서 처리됨을 가리킨다.

그림 9-6 얼굴과 집의 중첩(O'craven 등, 1999).

하지만, 주의를 받지 않는다고 하여 뇌에서 완전히 무시되는 것은 아니라는 증거도 있다. 예를 들어, 화난 얼굴의 경우 주의를 받지 않은 시야에 나타나는 경우 감정영역으로 알려진 편도체(amygdala)가 주의를 받을 때만큼은 아니지만 상당한 정도로 활성화된다(Vuilleumier 등, 2001). 화난 얼굴은 사회생활에서 중요하다는 점을 고려하면, 아마도 뇌에서 생태적으로 중요한 대상은 어느 정도 주의와 관계없이 자동으로 처리되는 이득이 있는 것으로 보인다.

인지적 터널화와 무주의맹

중첩된 자극은 실험실에서만 쓰이는 것은 아니다. 대표적인 예로, 헤드업 디스플레이(head-up display)는 초기에 비행기 조종에 사용되었는데 요즘 자동차 내비게이션에도 사용되고 있다. 투명한 유리창 너머로 바깥세상이 펼쳐지고 그 위 유리창에 자동차의 속도, 방위, 경로 등이 제시되어 중첩된다. 이때 바깥세상을 주의할 때는 헤드업 디스플레이 화면에 주의하지 못하고, 반대로 헤드업 디스플레이에 주의할 때는 바깥세상을 주의하지 못한다. 따라서 주의를 받지 못한 쪽은 어떤 일이 일어나는지 눈치채지 못할 수 있는데 이를 인지적 터널화(cognitive tunneling)라고 한다 (☞샛길 4).

어떻게 하면 인지적 터널화를 줄일 수 있을까? 두 화면을 완전히 하나의 물체로 만드는 것이 하나의 방법이다. 즉, 서로 지각적으로 집단화가 잘되도록 구성하여 주의 이동이 필요하지 않게 하는 것이다. 이 결과물은 마치 스마트폰으로 증강현실을 체험하는 것과 비슷하다. 바깥세상 위에 제시된 캐릭터가 바깥세상의 깊이와 위치가 고려되어 크기와 모양에서 원근을 갖게 되면, 바깥세상과 캐릭터는 일체감을 갖게 되고 화면과 화면 사이의 주의 이동이 줄어들 것이다. 스마트폰의 길 찾기 앱에 이를 적용하여 캐릭터가 실제 길 위에서 길을 안내해 주면 훨씬 안전하고 쉽게 길을 찾을 것이다.

중첩된 이미지 과제에서만 주의 효과가 나타나는 것은 아니다. 중첩되지 않고 불투명하게 제시되어도 주의를 받지 못하면 무엇인지 알아채기 어렵다. 눈에 맺힐지라도 주의를 받지 못하면 의식되지 못하고 기억되지도 않는데 무주의맹(inattentional blindness)이라고 한다. Simmons와 Chabris(1999)는 현실적인 상황에서 좀 더 극적인 무주의맹을 시범하기로 하였다. 75초로 된 4개의 동영상이 제작되었다. 동영상에서 흰옷 3명, 검은 옷 3명 모두 6명이 두 팀을 이뤄 서로 농구공을 주고받으며 움직였다. 참여자들에게 내린 지시는 '흰옷(검은 옷)을 입은 사람들이 공을 주고받는 횟수 모두 세어 보기'(쉬운 조건) 또는 '흰옷(검은 옷)을 입은 사람들이 공을 주고받은 횟수와 바닥에 퉁긴 횟수 모두 세어 보기'(어려운 조건)였다. 4개 중 두 동영상은 반투명으로 그리고 두 동영상은 불투명으로 제시되었다. 그리고 각 동영상이 제시되는 중간에 두 동영상에는 우

샛길 4 인지적 터널화

McCann 등(1993)은 인지적 터널화를 검증하기 위해 단서 과제를 사용하였다. 비행기 조종을 시뮬레이션하여 모니터에 2개의 중첩 화면이 제시되었는데, 노란색은 바깥 활주로를 상징하였고, 파란색은 헤드업 디스플레이를 상징하였다. 바깥 활주로는 원근감이 있도록 앞으로 움직였고, 헤드업 디스플레이는 정지해 있어 서로 쉽게 구별되었다. 가장 먼저, 단서로 VFR 또는 IFR이라는 기호가 바깥 활주로 또는 헤드업 디스플레이에서 제시되었다. 그다음, 참여자들은 VFR이 화면에 나오면 헤드업 디스플레이에 목표물인 '정지' 기호 또는 '다이아몬드' 도형이 있는지를 재빨리 찾아 각각 숫자 8과 2 버튼을 눌러야 하였다. IFR이 화면에 나오면 바깥 활주로에서 '정지' 신호 또는 '다이아몬드' 도형이 있는지 찾아 버튼을 재빨리 눌러야 하였다. 그림 9-7의 예시에서, VFR이 헤드업 디스플레이에 제시되었고 헤드업 디스플레이에 다이아몬드가 있으므로 버튼 2를 눌러야 한다.

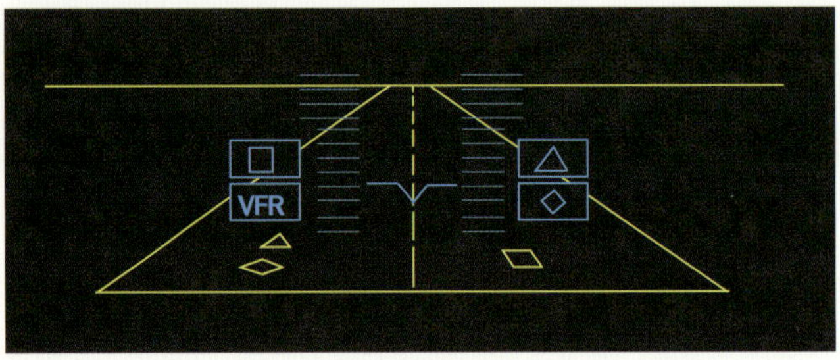

그림 9-7 헤드업 디스플레이 실험 자극 예(McCann 등, 1993).

연구자들은 단서와 목표물이 바깥 활주로 또는 헤드업 디스플레이에 같이 나오면 참여자들의 반응이 더 빠르고 정확할 것이라고 예상하였다. 왜냐하면 단서와 목표물이 다른 화면에 나오면 주의가 이동하는 데 시간이 걸리기 때문이다. 실험 결과는 예상과 일치하였다. 다른 연구자들은 이 결과를 일종의 물체-기반 주의로 해석하였다. 즉, 두 화면은 같은 색깔과 움직임으로 집단화되어 각각 독립된 물체로 지각되므로 두 물체 사이를 이동하는 데 주의가 필요하다고 본다(Jarmasz 등, 2005; Wickens, 1995).

산을 쓴 사람이, 다른 두 동영상에는 고릴라가 지나갔다(그림 9-8). 참여자 228명이 이 네 조건에 무작위로 할당되었다. 연구자들이 주목한 것은 과연 각 조건에서 얼마나 많은 사람이 우산을 쓴 사람과 고릴라를 알아보는지를 살펴보는 것이었다(☞http://www.dansimons.com/videos.html).

실험 결과는 표 9-1에 제시되어 있다. 패스 회수를 중간에 까먹거나 패스를 놓치거나 하는 등의 자료 수집에 문제가 있었던 36명을 제외한 모두 192명이 갑작스럽게 등장한 우산 쓴 여성과 고릴라를 지각한 결과이다. 먼저 쉬운 과제에서 64%를, 어려운 과제에서 45%를 맞혔었는데, 이는 주의가 어려운 과제에서 패스에 더 쏠렸기 때문으로 추론할 수 있다. 한편, 투명 조건에서

그림 9-8. 반투명 조건(위 열)과 불투명 조건(아래 열)에서 나타난 자극으로 각각 우산을 쓴 여성과 고릴라 복장의 사람이 지나간다(Simmons & Chabris, 1999).

표 9-1 갑작스러운 물체를 알아보는 데 성공한 비율.

		쉬운 과제		어려운 과제		평균	
		흰옷	검은 옷	흰옷	검은 옷		
투명 조건	우산 여성	58	92	33	42	56	42
	고릴라	8	67	8	25	27	
불투명 조건	우산 여성	100	58	83	58	75	67
	고릴라	42	83	50	58	58	
	평균	52	75	44	46		
		64		45			

42%를, 불투명 조건에서 67%를 맞혔는데, 이는 시각 자극이 더 선명할수록 갑작스러운 물체의 출현도 눈에 더 잘 띌 수 있음을 보여 준다. 마지막으로, 고릴라 조건을 살펴보면 검은 옷에 주의한 조건에서 더 잘 맞혔는데, 이는 주의하고 있는 검은 옷 사람과 갑작스러운 물체인 고릴라의 색과 크기가 비슷하기 때문으로 추론된다. 따라서 색깔과 같은 속성이 유사할수록 주의하지 않은 대상일지라도 주의를 끈다고 할 수 있다.

무주의맹은 매우 놀랄 만한 현상이다. 비록 실험실 상황에서 확인된 것이지만 현실에서도 충분히 일어날 수 있다. 특히 교통 상황에서 무주의맹의 결과는 치명적이다. 주의 자원이 다른 무엇인가에 빼앗기면 운전자와 보행자는 큰 사고에 직면할 수 있다(☞12장).

명시주의와 안구운동

두 이미지의 중첩 자극을 이용한 실험은 관찰자가 어느 한 이미지에만 주의할 수 있음을 보여 준다. 마치 마음의 눈(internal eye)과 공간을 응시하는 눈이 따로 있는 것으로도 볼 수 있다. 실제

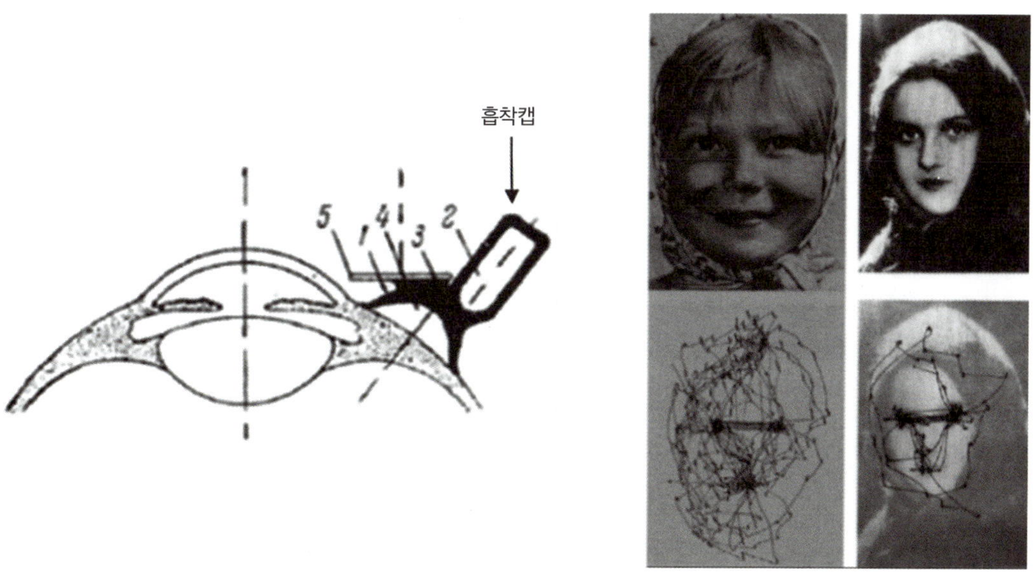

그림 9-9 안구 운동 추적을 위한 흡착캡 장치와 기록.
두 소녀의 얼굴을 각각 3분과 1분씩 자유롭게 감상하라는 지시를 받은 개인의 안구 운동을 보여 준다. 특히 눈과 코, 입 주변에 시선이 집중됨을 알 수 있다.

로 우리는 응시한 곳이 아닌 다른 곳을 주의할 수도 있다. 학생 식당을 생각해 보라. 관심 있는 이성 학생이 근처에 앉았을 때 눈은 비록 앞을 향하고 있지만 마음의 눈은 그 학생에게 있지 않은가? 응시와 마음의 눈이 일치할 때 나타나는 것을 명시주의(overt attention)라고 하며, 응시한 곳을 떠나 다른 곳에 마음의 눈이 있을 때를 은밀주의(covert attention)라고 한다.

사람들은 특별한 상황이 아니고서는 일상생활에서 대체로 명시주의로 살아간다. 따라서 사람들이 응시하는 곳을 추적하면 시각처리 과정을 이해할 수 있다. 안구 운동 추적 장치는 사람들이 어디를 보는지를 기록한다. 눈 움직임을 기록하기 위해 눈에 위치를 알리는 측정 장치를 고정시키는 일이 필요하다! 러시아 심리학자 Alfred Yarbus는 1950~1960년대에 이런 일을 행한 용맹한 선구자였다. 그는 좀 더 안정적으로 안구에 달라붙는 흡착캡이 달린 콘택트렌즈를 개발하였는데, 이 흡착캡이 눈을 깜박일 때 떨어지지 않게 하려고 참여자는 눈 주변의 피부를 위아래로 잡아당겨 실험하는 동안 눈을 크게 뜨고 있어야만 하였다(그림 9-9).

Yarbus는 이 장치로 눈은 크고 작은 다양한 움직임이 있다는 사실을 관찰하였는데, 시선이 밝기대비가 크거나 선명한 부분 또는 얼굴의 경우 눈과 입 같은 대상을 파악하는 데 중요한 부분에 집중되었고, 관찰자의 관찰 목적에 따라서도 달라짐을 밝혀 내었다. Yarbus의 안구 운동 추적 장치 개발로 겉으로 잘 드러나지 않는 사람들의 시각주의를 좀 더 자세하게 들여다볼 수 있는 길이 열렸다. 이 장치로 안구 운동을 살펴보면 시선이 머무는 응시(fixation)가 짙은 점으로, 시선이 재빨리 이동하는 사카드(saccade)는 가느다란 선으로 표현된다. 응시하는 동안에 시각체계는 대상을 정밀하게 처리하는 데 필요한 정보를 얻을 수 있다. 사카드는 좁게는 눈의 도약 움직임만 의미하지만, 넓게는 머리의 움직임 또는 다리의 움직임으로 좀 더 자세한 정보를 얻으려

그림 9-10 안구 운동 추적 예.
조선 후기 김득신이 그린 *파적도*를 개인이 3초 동안 감상할 때 기록된 안구 운동이다. 숫자는 시선이 움직인 순서이며, 원의 크기는 응시한 시간을 뜻한다. 사건이 벌어지고 있는 공간에 시선이 집중되어 있음을 알 수 있다(Tobii 사 안구 운동 추적기 사용).

목적을 향해 신체 기관의 방향을 바꾸는 행동을 통틀어 말한다. 이러한 행동은 자동적인 학습에 의해서도 일어나지만, 눈의 바깥쪽 흐린 정보나 주변에서 들리는 덜 분명한 소리 등과 같은 흐린 정보를 바탕으로 하여 전략적으로 이뤄지기도 한다.

오늘날 실험실에서 흡착캡을 이용하여 안구 운동을 측정하는 일은 거의 없다. 적외선을 눈에 쏘아 되돌아오는 반사 빛의 차이를 분석하여 측정하는 방식을 주로 사용하며, 관찰자가 움직이면서 보이는 안구 운동도 측정 가능한 휴대용 추적기도 등장하였다(그림 9-10).

국지처리와 전역처리

시지각처리는 위계적으로 일어난다. 눈에서 탐지된 밝기와 색은 시각경로를 거치면서 의미 있는 형태와 물체로 재인된다. 공간적인 측면에서, 얼굴 지각을 예로 들면, 낮은 수준에서는 얼굴의 국지적인 특징들이 처리되고 높은 수준에서는 국지적인 특징들이 모여 전체적으로 처리된다. 전자를 **국지처리**(local process), 후자를 **전역처리**(global process)라고 한다. 연구자들은 국지처리와 전역처리가 적절하게 일어나기 위해서는 각각에 대해 공간적으로 형태의 요소에 대한 좁은 영역과 전체 형태에 걸친 넓은 영역에 대한 주의가 따로 개입해야 한다고 믿는다. 이에 대한 증거들을 찾기 위해 국지 형태와 전역 형태가 서로 갈등을 일으키는 자극을 고안하였다.

Navon(1977)은 큰 낱자를 작은 낱자들로 구성하였다. 참여자들은 이 연구에서 큰 형태 또는 작은 형태가 무엇인지를 재빨리 보고해야 하였다. 작은 낱자와 큰 낱자의 형태가 일치할 때와 불일치할 때 모두에서 사람들은 큰 낱자를 먼저 재인하는 것을 밝혔는데 **전역 우선성**(global precedence)이라고 한다(그림 9-11). 그렇지만 이후의 연구자들은 반드시 큰 형태가 먼저 처리되는 것은 아니고, 글자의 시야각에 따라 잘 처리되는 글자 크기가 있다고 비판하였다(Kinchla & Wolfe, 1979). 한편, 한글 낱자를 이용하여, 예를 들어 작은 'ㄱ'으로 이뤄진 큰 'ㄱ'과 큰 'ㄴ', 또는 작은 'ㄴ'으로 이뤄진 큰 'ㄱ'과 큰 'ㄴ' 등으로 전역 우선성을 검토하였지만, 전역 우선성이 잘 반복 관찰되지 않았다(Park, 2003).

다른 연구자들은 주의의 공간적 특징을 감정과 연관을 지어 이해하고자 노력해 왔다. 오래전에 Easterbrook(1959)은 부정적인 감정이 주의 폭을 감소시키는 효과를 가져온다고 제안하였다. 이에 따라 긍정적 기분에서 사람들은 주의가 넓게 일어나 전역처리를 잘하고, 부정적인 기분에서 사람들은 주의가 좁게 일어나 국지처리를 잘할 가능성이 있다고 주장하였다. 최근에 연구자들은 이에 대한 증거를 찾고자 노력해 왔다. Gasper와 Clore(2002)의 실험에서 참여자들은

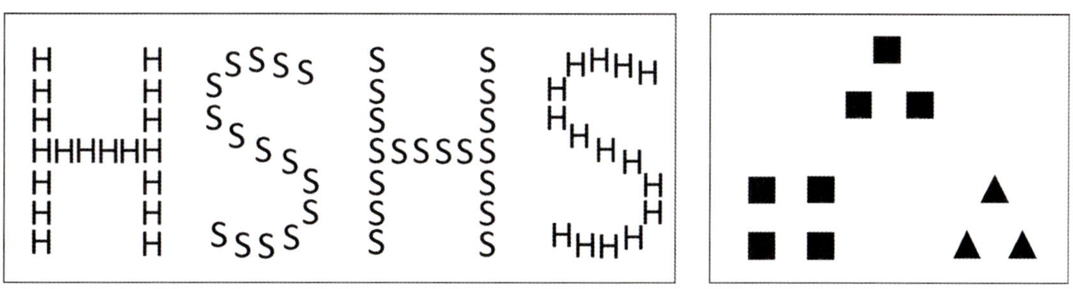

그림 9-11 Navon 자극.
(왼쪽) 국지와 전역 형태가 일치하는 도형과 일치하지 않는 도형(Navon, 1977). (오른쪽) 국지 형태 선호와 전역 형태 선호를 알아보기 위한 도형(Kimch & Palmer, 1992).

인생에서 가장 슬프거나 기쁜 일들을 글로 써야 하였고, 그다음 작은 도형들로 이뤄진 큰 도형들을 제시받고 질문에 답하도록 요구받았다. 그림 9-11의 오른쪽에 나오는 그림은 한 가지 예인데, 이 자극에서 참여자들은 위에 있는 그림과 비슷해 보이는 도형을 아래 대안들에서 골라야 하였다. 실험 결과, 슬픈 기억을 떠올려 기분이 좋지 않은 참여자들은 행복한 경험을 떠올린 참여자들보다 국지적 특징에 따라 형태의 유사성을 판단하는 경향을 보였다.

주의와 억제

통제적 처리와 자동적 처리

면허증을 갓 따고 도로에 나선 운전자는 교통 상황 파악과 자동차 조작에 모든 주의를 쏟아부어야 한다. 그렇지만 숙련된 운전자는 복잡한 길도 큰 주의를 기울이지 않고 콧노래를 부르며 지나간다. 특정 작업을 반복 학습하면 점점 적은 주의로도 과제를 잘해낼 수 있다. 주의, 작업 기억, 계획 세우기 같은 인지적 자원이 많이 드는 것을 통제적 처리(controlled processes), 적게 드는 것을 자동적 처리(automatic processes)라고 한다. 글을 읽는 일도 2가지로 나누어 생각해 볼 수 있다. 어려서 글을 배우는 일은 매우 긴 시간이 필요하며 많은 주의가 수반되어야 한다. 그렇지만 성인에게 글자를 읽는 일은 자동으로 일어나는데, 거리를 지나갈 때 읽기 싫어도 상점 간판의 상호 등을 읽게 된다. 따라서 글을 읽는 자동적인 처리가 다른 과제를 하는 데 방해를 일으킬 수도 있다.

Stroop 효과는 글자 읽기의 자동적 처리를 보여 주는 대표적인 현상이다. Stroop(1935)은 단어의 의미가 자동으로 처리되어 글자색 말하기가 어려움을 밝혔다. Stroop은 3가지의 실험을 진행하였다. 실험 1에서는 70명의 남녀 대학생이 참여하였는데, 자극 단어는 red, green, blue, brown, purple이 사용되었다. 이 단어들은 한 장의 종이에 모두 검은색으로 인쇄되었고, 다른 종이에는 의미와 다른 색으로 인쇄되었다(그림 9-12). 각 종이에 단어는 가로 10개, 세로 10개로 모두 100개가 14포인트로 인쇄되었고, 연속으로 같은 단어 또는 같은 색이 나오지 않았다. 참여자들은 가능한 한 단어를 소리 내어 빨리 읽되 틀리면 고쳐 읽었다. 실험자는 옆에 앉아 참여자가

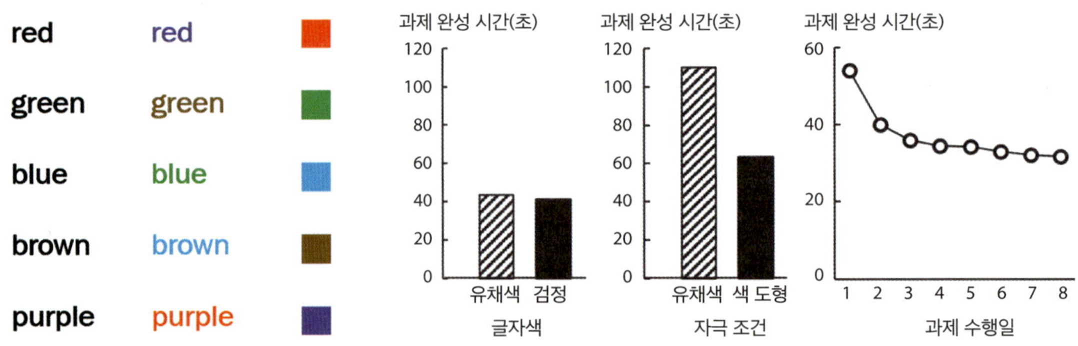

그림 9-12 Stroop 과제에 쓰인 자극과 결과.
실험 1, 2에서 5개가 한 벌로 된 각 단어 또는 사각형은 가로 10개, 세로 10개 모두 100개씩 다른 종이에 인쇄되어 가능한 한 빨리 읽거나 색을 말해야 하였다. 실험 3에서는 50개의 다른 색으로 인쇄된 색 단어의 색을 말해야 하였다. 실험 3의 결과는 연습 시행일 3일과 사후 시행 3일을 제외한 실험 시행 8일 치의 기록만 제시되었다.

읽기 시작한 시점부터 끝날 때까지의 시간을 초시계를 이용하여 측정하였고 틀린 횟수도 기록하였다. 참여자의 반절은 색 단어 조건을 먼저, 검은색 단어 조건을 나중에 읽고, 나머지 반절은 반대 순서로 읽어 순서가 걸맞추어졌다. 실험 결과, 인쇄된 색과 무관하게 대체로 비슷하게 읽혔다.

실험 2에서는 100명의 대학생과 대학원생이 참여했는데, 다른 색으로 인쇄된 단어 종이 한 장과 검은색 단어 대신 그 자리에 색 사각형이 그려진 종이 한 장이었다. 과제는 가능한 한 빨리 읽되 인쇄된 글자의 색을 읽는 것이었다. 예를 들어, 빨간색으로 인쇄된 green을 'red'라고, red를 'green'이라고 읽어야 하였다. 실험 결과, 글자 조건의 읽기 시간이 현저히 느려졌다. 이 결과는 글자의 의미가 글자색을 말하는 데 큰 방해를 일으켰음을 시사한다.

실험 3에서는 32명의 대학생이 참여했는데, 이들은 14일 동안 매일 실험실에 들러 다른 색

샛길 5 한국인의 Stroop 효과

Cho(2002)의 연구에 한국어를 모국어를 쓰는 대학생 24명이 모든 조건에 참여하였다. 제시된 자극은 4가지로, 3가지는 한글, 한자, 영어로 쓰여 있었고, 나머지 하나는 중립 자극으로 나란히 배열된 작은 정사각형 2개였다. 단어들은 인쇄된 색과 의미가 일치하는 일치 조건과 서로 다른 불일치 조건으로 나뉘었다. 각 자극은 컴퓨터 화면에 하나씩 제시되었고, 참여자는 자극의 의미를 무시하고 인쇄된 색을 가능한 한 빨리 말해야 하였는데, 구획 1에서는 우리말 '빨강, 파랑, 노랑, 초록' 가운데서, 구획 2에서는 한자어 '홍, 청, 황, 녹' 가운데서, 구획 3에서는 영어 '레드, 블루, 옐로, 그린' 가운데 하나를 골라 말해야 하였다. 예를 들어, 한글 응답 구획에서는 화면에 파란색으로 인쇄된 '빨강', '發姜', 'balgang', '■ ■' 등이 나오면 어떤 문자로 나오든지 관계없이 '파랑'이라고 응답해야 하였고, 영어 구획에서 화면에 빨간색으로 인쇄된 '레드', 'blue', '九隣' '■ ■' 등이 나오면 어떤 문자가 나오든지 관계없이 '레드'라고 응답해야 하였다. 이 세 구획은 무선적으로 정해져 순서가 같은 빈도가 되도록 참여자 간 역균형화되어 제시되었다. 불일치 조건에서 색 역시 같은 특정 색이 같은 빈도로 나오도록 할당되었다. 자극의 조합이 표 9-2에 제시되어 있다. 색을 말하는 순간 앞에 놓인 마이크에서 소리를 감지하여 개시시간을 측정하여 반응시간으로 삼았다.

표 9-2 자극 조건과 실험 결과. 실험 결과는 자극 하나의 색을 말하는 데 걸리는 평균 시간이다. *Stroop 간섭을 뜻한다.

반응어	자극어	조건	자극				결과(1/1,000초)		
							일치	불일치	차이*
한글	한글	한글 정상	빨강	파랑	노랑	초록	710	855	128
	한자	한글 동음어	發姜	破浪	勞癧	初錄	724	757	30
	영어	한글 동음어	balgang	parang	norang	chorock	700	788	61
	중성		■ ■				727		
한자	한글	한자 동음어	홍	청	황	녹	780	944	86
	한자	한자 정상	紅	靑	黃	錄	776	853	-6
	영어	한자 동음어	hong	chung	whang	nock	768	891	33
	중성		■ ■				859		
영어	한글	영어 동음어	레드	블루	옐로	그린	813	936	83
	한자	영어 동음어	來豆	不累	列老	九隣	827	877	23
	영어	영어정상	red	blue	yellow	green	802	984	130
	중성		■ ■				853		

실험 결과, 불일치 조건과 일치 조건의 차이인 Stroop 간섭은 한글, 영어, 한자 순으로 크게 나타났다. 이는 참여 대학생들이 한글, 영어, 한자 순으로 친숙했기 때문으로 추론된다. 특히 Stroop 간섭 효과에서, 한글과 영어에서 통계적인 차이가 나타나지 않았는데, 영어의 색 의미 역시 한글만큼이나 인쇄된 색을 말하는데 간섭을 일으킬 수 있음을 의미한다.

으로 인쇄된 색 단어를 100개가 아닌 50개를 재빨리 읽는 과제를 수행하였다. 몇 사람은 불성실하게 중도에 빠지기도 했지만, 실험 결과, 글자 의미의 방해가 매일매일 조금씩 줄어들었다.

요약하면, Stroop 간섭 효과(Stroop interference effect)란 단어의 인쇄된 색과 의미가 일치하지 않는 경우 단어의 인쇄된 색을 말하려고 할 때 쓰인 단어의 의미가 방해하는 것으로 정의할 수 있다. Stoop 실험의 경우, 간섭 효과는 주어진 과제를 수행하는 데 걸린 시간을 이용해 다음과 같이 구할 수 있다.

Stroop 간섭 효과 = 불일치 단어의 인쇄된 색 말하는 데 걸린 시간 - 단어를 읽는 데 걸린 시간
Stroop 간섭 효과 = 불일치 단어의 인쇄된 색 말하는 데 걸린 시간 - 도형의 인쇄된 색 말하는 데 걸린 시간

연구에 따라서 촉진 효과를 언급하기도 하는데, 이는 일치 단어를 읽는 데 걸린 시간이 도형의 인쇄된 색을 말하는 데 걸리는 시간에 비해 보이는 빠름을 뜻한다. Stroop의 실험 결과는 특정 대상과 강하게 연합된 행동이 다른 행동을 하려고 할 때 방해를 일으킬 수 있음을 시사한다. 물론 그 방해 효과는 대상과 행동 사이의 연합 강도가 클수록 높을 것이다. 예를 들어, 영어를 제2외국어로 사용하는 스웨덴인들은 Stroop 효과가 스웨덴어에서 강력하게 나타났지만, 영어를 오래 쓴 이후에는 영어에서도 비슷한 크기로 Stroop 효과가 관찰된다(Mägiste, 1984). Stroop 효과는 한국인들을 대상으로 한 실험에서도 관찰된다(☞샛길 5).

Stroop 효과는 정보처리 모형으로 설명할 수 있다(그림 9-13). 이 모형에서 초록색으로 칠한 글자 '빨강'을 마주할 때, 관찰자의 지각과 인지처리 과정에서 이 자극은 색과 형태가 병렬적으로 동시에 처리된다. 반응처리 단계에서 글자 읽기는 극도로 자동화되어 발화 근육을 활성화시키는 단계까지 와서 글자색과 경쟁한다. 마지막 반응처리 단계에서 병목이 발생하는데, '빨강'이라는 글자를 억제하고 색을 말하려는 수행을 활성화시키기 위해 주의가 개입되어야 한다. 이에 따라 시간이 느려지고 실수를 할 수 있다.

자동적 처리의 방해가 꼭 언어와 관련된 것만은 아니다. Stroop 연구 이후로 공간, 거리, 크기 등 다양한 속성에서 발견되었다(☞12장). 또한 사람의 신체 역시 자동적으로 처리된다. 우리는 사회적 동물로서 어려서부터 타인과 자신의 신체에 대해 매우 깊은 학습을 해 왔다. 특히 타인의 시선, 몸통, 얼굴, 손, 발에 대해 우리는 매우 민감한데 여기에는 사회생활을 하는 데 필요한 감정, 조금 뒤에 있을 행동 그리고 건강에 대한 단서들이 숨어 있기 때문이다. 최근에 생활 속에서 사람을 대하는 로봇 연구에서도 주의가 매우 중요해지고 있다(☞샛길 6).

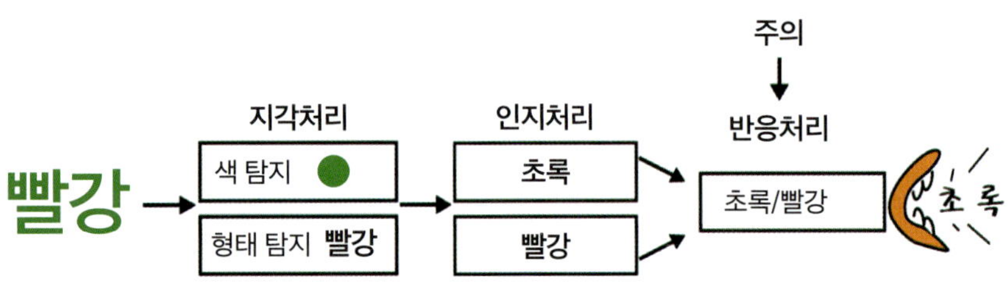

그림 9-13 Stroop 효과 설명.

샛길 6 로봇의 주의

로봇도 주의가 필요할까? 그것은 환경의 안정성과 일의 복잡성에 따라 다를 것이다. 잘 정돈된 공장에서 자동차 부품을 용접하는 로봇은 주의가 필요 없다. 하지만 실세계에서 자동차를 주행하는 로봇은 예측이 힘든 여러 문제 상황에 직면하는데 로봇은 신속하고 정확한 판단을 하여야 하며 동시에 자신의 연산 능력도 고려하여야 한다. 따라서 이런 경우 로봇이 효율적으로 임무를 수행하기 위해서는 주의와 비슷한 기술이 필요하다. 컴퓨터 과학과 로봇학에서 주의는 점점 중요한 개념이 되고 있다. 이 분야의 연구자들은 심리학에서 교훈을 얻지만 완전히 새로운 방식으로 주의 문제에 접근하기도 한다.

주의의 필요성을 방범 로봇을 예로 들어 생각해 보자. 이 로봇은 머리에 적외선 카메라가 달려 있다. 어둠 속에서 무엇인가 움직이면 카메라 초점을 그것에 맞추고 움직이면서 해상도를 확대하여 무엇인지 살핀다. 단순히 고양이인지, 위험한 들짐승이거나 범죄가 의심되는 사람인지를 판단한다. 위험한 대상이라면 라이트를 비추고 물을 분사하여 쫓는다. 이렇게 로봇은 장면에서 움직임이라는 현출적 특징을 탐지하고, 대상이 무엇인지 파악하고, 적절한 동작을 취한다.

한편, 이 로봇은 날이 밝으면 사람과 대화를 하는 상담 로봇의 역할을 한다. 로봇은 쉬지 않음을 명심하라! 특별히 사람과 상호작용(HRI: human-robot-interaction)이 주목적인 로봇을 사회로봇(social robot)이라고 한다. 대화 상대가 대접받고 있다는 느낌이 들게 하려면 로봇은 끊임없이 상대의 얼굴 표정을 살피고, 말에 귀를 기울여 의도와 감정을 파악해야 한다. 그리고 그에 걸맞은 말을 해 주고, 눈 응시와 고개 끄덕임과 같은 부언어적 동작을 취해 공감하는 척해야 한다. 이 각 단계 역시 주의와 비슷한 기술이 필요하다. 최근 로봇들은 이 능력을 점차 갖추고 있다. 예를 들어, MIT에서 만든 Kismet라는 로봇은 상대와 대화하면서 맥락에 맞는 표정을 지을 수 있다(그림 9-14).

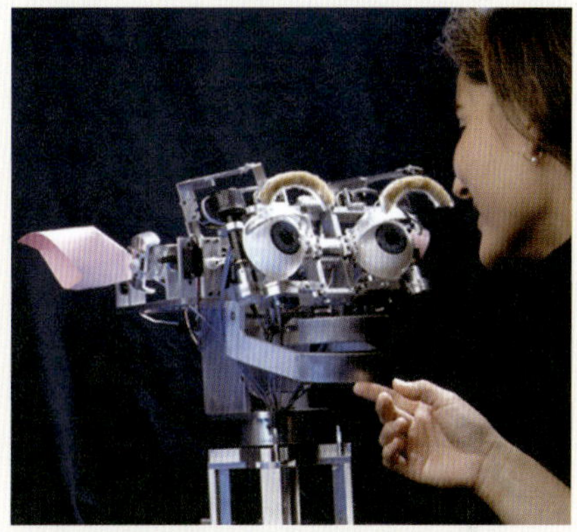

그림 9-14 Kismet의 화난 표정(Breazeal & Scassellati, 2002).

주의와 의식

점화 효과

일상생활에서 주의하는 대상은 언제나 의식을 수반하는 것처럼 느껴진다. 따라서, 의식과 주의는 이름만 다를 뿐 같은 개념일 것으로 생각할 수 있다. 그렇지만 매우 독특한 뇌 손상 환자들이나 정밀한 심리학 실험을 통해 의식과 주의가 서로 별개일 가능성을 엿볼 수 있다. 시각 정보를 처리하는 뇌 영역에 손상을 입은 환자 일부는 매우 흥미로운 현상을 보고한다. 맹시(blindsight)라고 불리는 현상은 환자 본인은 시야에 자극이 짧게 제시될 때 그것이 무엇인지 의식하지 못하지만, 그 물체가 나타난 위치를 가리키거나 여러 물체에서 하나를 고르라고 하면 정확하게 제시된 대상을 맞춘다!

정밀한 실험을 통해 의식과 주의는 분리될 수 있는데 점화(priming)는 대표적인 현상으로, 두 개의 그림이나 단어를 연속으로 보여 줄 때 앞에 제시된 자극(점화 자극)에 의해 뒤에 제시된 자극(목표 자극)에 대한 반응에 영향을 주는 것을 말한다. 보통 점화 자극은 매우 짧게 제시되어 내용이 의식되지 않으므로 역하 자극(subliminal stimulus)이며, 목표 자극에 대한 지각이나 보고가 빨라지는 정적 점화(positive priming) 또는 느려지는 부적 점화(negative priming)를 일으킨다. 점화 자극이 주의가 할당되지 않는 엉뚱한 곳에 제시되면 점화 효과는 나타나지 않으므로 점화 현

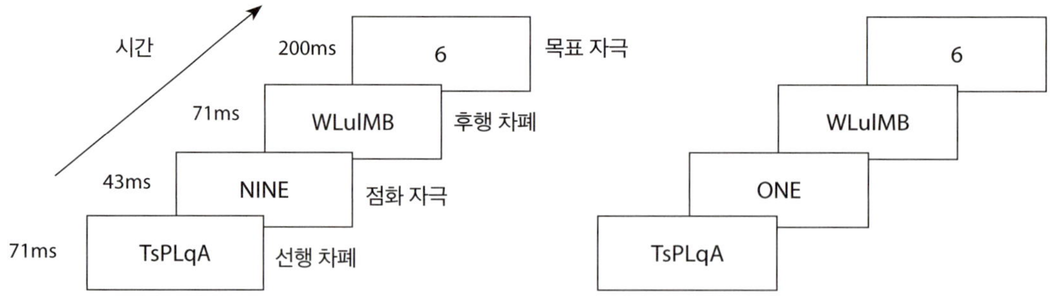

그림 9-15 목표 자극이 5보다 크면 오른쪽 버튼, 5보다 작으면 왼쪽 버튼을 누른다.
(왼쪽) 일치 조건: 점화 자극과 목표 자극 모두 5보다 크므로. (오른쪽) 불일치 조건: 점화 자극은 5보다 작고 목표 자극은 5보다 크므로.

상은 주의 할당이 필연적으로 일어났음을 시사한다. 그러므로 점화 패러다임에서 주의와 의식은 분리될 수 있다.

실제 실험에서, 점화 자극을 처리하는 개인차를 고려하여 제시 시간을 개인별로 달리하되 앞뒤로 차폐 자극을 넣는 **차폐 점화**(masked priming) 기법이 주로 쓰인다. 예를 들어, Dehaene 등(1998)의 실험에서 단어를 컴퓨터 모니터로 보여 주면서 숫자 5보다 크면 오른쪽 버튼을 작으면 왼쪽 버튼을 가능한 한 빠르고 정확하게 누르도록 지시하였다. 이 과제에서 목표 자극이 제시되기 전에 아주 짧게 점화 자극으로 숫자가 알파벳 단어로 제시되었다. 점화 자극과 목표 자극이 똑같이 5보다 작거나 크면 같은 쪽 버튼과 대응되므로 일치 조건을 이뤘고 서로 5보가 작거나 크면 불일치 조건을 이뤘다(그림 9-15). 실험 결과, 모든 사람이 점화 자극의 존재 자체를 알지 못했음에도 일치 조건에서 더 빠르고 정확했는데, 이는 점화 자극이 의식되지 않았지만 주의를 받았다는 증거로 해석된다.

변화맹

앞서 무주의맹은 우리가 주의를 다른 곳에 뺏기면 시야에 있어 눈에 맺혀도 물체를 잘 알아보지 못한다는 사실을 잘 보여 준다. 따라서 만일 우리가 움직이는 상황에서 이런 일이 벌어진다면 위험에 처할 수도 있다. 예를 들어, 휴대폰으로 대화를 하면서 길을 걸을 때를 생각해 보자. 휴대폰은 우리 주의를 잘 빼앗아 가는 물체이지만, 가끔 발을 헛디디거나 전봇대에 부딪쳐 안경이 깨지는 것을 제외하면 걸음 속도가 느리기 때문에 크게 위험하지 않을지 모른다. 그렇다면 운전할 때는 어떨까? 매우 치명적인 사고를 일으킬 가능성이 높다. 대처할 시간도 없고 충돌에 따른 피해도 엄청나다. 휴대폰 사용은 음주 운전 또는 그 이상의 효과를 운전에 끼치는 것으로 널리 연구되었으며, 우리나라에서도 운전 중 휴대폰 사용으로 인한 치명적인 사고가 뉴스에 종종 보도된다. 호주에서 사고를 낸 적이 있는 운전자들을 상대로 한 인터뷰 조사에서, 운전 중 휴대폰 사용이 그렇지 않은 경우보다 병원에 입원할 가능성이 성별 및 나이와 관계없이 4배 이상 많은 것으로 나타났다(McEvoy 등, 2005). 즉, 운전 중 휴대폰 사용은 교통사고를 일으켜 병원 신세를 질 가능성을 높이는 것이다. 이 연구에서 흥미로운 점은 휴대폰 사용과 입원 가능성이 휴대폰 사용 방법(손과 핸즈프리)과도 무관했다는 것이다. 휴대폰 사용은 시선뿐만 아니라 운전에 써야 할 마음의 자원도 빼앗으므로 당연한 결과로 보인다. 즉, 운전 중 휴대폰 사용은 명시적 주의와 은밀

그림 9-16 변화맹 예시.
두 그림에서 다른 부분을 찾아보라. 쉬운 것도 있고 어려운 것도 있다.

주의 모두를 빼앗는 것으로 보인다.

무주의맹과 비슷한 현상으로 주의를 받지 않는 대상의 지각 속성이 바뀌어도 몰라보는 변화맹(change blindness)이 있다. 그림 9-16에서, 두 장의 그림을 번갈아 보면서 서로 다른 곳을 찾아보라. 이 과제를 하기 위해서는 먼저 한 그림의 부분들에 주의하여 기억하고 다른 그림의 부분들과 비교해야 한다. 쉽게 눈에 띄는 것도 있고 한참 들여다보아야 찾을 수 있는 것도 있다. 사람의 얼굴이나 몸의 변화 그리고 배경보다 앞에 놓인 전경의 변화는 다른 물체들의 변화보다 눈에 잘 띄는데 이 대상들이 더 큰 주의를 받기 때문이다(Mazza 등, 2005; Ro 등, 2001).

반복맹이나 무주의맹 연구들은 주의 자원이 매우 협소하여 지각이 제한적으로 일어남을 제안하며, 이를 믿는 연구자들은 주의하지 않은 곳에 놓인 세상도 늘 생생하게 지각되는 느낌은 단순히 착시일 뿐이라고 말한다. 그렇지만 모든 연구자가 이 말에 동의하지는 않는다. Sperling(1960)은 부분보고 절차(partial report procedure)를 사용하여 이전 연구자들이 생각했던 것보다 사람들은 상당히 많은 양을 지각할 수 있음을 밝혔다. 그의 실험에서 낱자나 숫자들이 세 줄로 50ms 동안 매우 짧게 제시되었다(그림 9-17). 이런 자극에 대한 모든 낱자를 보고하는 전체보고 절차(whole report procedure)를 도입했을 때, 참여자들은 평균 4.3개밖에 맞추지 못하였다. 그런데 자극 제시가 끝난 직후 고음(2,500Hz)이 들리면 맨 위 열을, 중음(650Hz)이 들리면 중간열을, 저음(250Hz)이 들리면 맨 아랫열에 제시된 낱자나 숫자만 부분 보고하도록 했을 때 대부분 맞추었다! 따라서 Sperling은 이전 연구들에서 밝힌 매우 적은 양의 기억 용량은 보고법의 한계로 인해 제대로 보고하지 못했기 때문으로 결론 내리고, 실제는 훨씬 많은 양을 지각하며 매우 짧은 시간 동안 기억될 수 있다고 제안하였다. 대략 이 기억은 0.5초 이하 동안 남아 있으며, 이를 영상기억(iconic memory)이라고 한다.

7 I V F
X L 5 3
B 4 W 7

그림 9-17 Sperling(1960) 연구에서 사용된 자극의 예.
자극은 숫자들만으로, 알파벳 낱자들만으로 또는 이 두 조합이었다.

Sperling의 연구 결과를 인용하며 어떤 연구자들은 지각은 비록 짧게 유지되지만 대단히 풍성하다고 믿으

그림 9-18 그림에서 풍성한 처리.
Love of Winter(George Bellows, 1914. Art Institute of Chicago). 언뜻 세밀하게 그려진 것처럼 보이지만 자세히 보면 그렇지 않다.

며 단지 보고하기에 어려움이 있을 뿐이라고 말한다. 기억에 관심이 있던 Sperling은 자신의 연구 결과가 몇십 년 뒤에 다른 맥락에서 쓸모 있는 증거로 인용될 줄은 몰랐을 것이다. 분명한 것은 우리의 시각 세계는 많은 자극으로 가득 차 있는 것 같고 이 느낌이 매우 생생한 것 같다. 이런 경험은 예술 작품을 볼 때 경험을 떠올리면 쉽게 이해할 수 있다. 즉, 언뜻 세밀하게 느껴지는 그림도 자세히 보면 빈약하게 그려진 그림이라는 것을 깨닫는다(그림 9-18).

빈약한 처리와 풍성한 처리

주의한 곳에서 시각처리가 고해상도로 일어나고, 그 밖에 주의하지 않은 곳은 매우 제한된 처리가 일어날 때 지각은 빈약하다(sparse processing)고 표현한다. 반면, 주의하지 않은 곳은 보고를 못할 뿐이지 상당한 정도로 처리가 일어난다고 할 때 지각이 풍성하다(rich processing)고 표현한다. 빈약 지각과 풍성 지각의 서로 다른 두 입장은 어떻게 화합할 수 있을까? 이에 대해 2000년대 초반 10여 년에 걸쳐 연구자들이 다양한 실험을 통해 앙상블 표상(ensemble representation)이라는 개념을 제안하였다(Alvarez, 2011; Cohen 등, 2016). 앙상블 표상 이론에 따르면, 눈앞에 놓인 일련의 항목들이나 물체들은 요약통계(summary statistics)라는 과정을 거쳐 표상된다. 요약이란 집단 분포의 특징인 평균, 표준편차, 기울기와 같은 통계치를 말한다. 평균 요약의 경우 눈앞에 제시된 여러 항목 또는 물체들은 집단적으로 처리되어 하나의 특징으로 표상되어 의식된다.

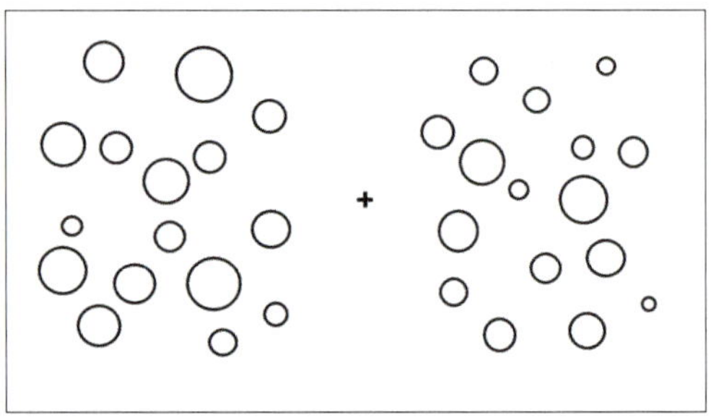

그림 9-19 어느 쪽 원이 평균적으로 더 커 보이는가? (Chong & Treisman, 2003).

Ariely(2001)의 발견에 뒤를 이어 Chong과 Treisman(2003)은 그림 9-19처럼 다양한 크기의 원들을 양쪽에 12개씩 200ms 동안만 제시하고, 어느 쪽 원이 평균적으로 더 큰지를 판단하도록 참여자들에게 요구하였다. 이 과제가 얼마나 잘 수행되는지를 비교하기 위해 양

그림 9-20 같은 종류의 물체 수백 장을 평균하여 만든 그림(Oliva & Torralba, 2007).

쪽에 원이 하나씩만 제시된 조건과 같은 크기의 원이 12개씩 제시된 조건도 마련되어 수행되었다. 이런 과제에서 비교되는 양쪽 원들의 크기 차이가 클수록 과제는 쉬워져 정확률은 증가한다. 실험 결과, 역치로 설정된 75%의 정확률을 보일 정도에 이를 비교되는 원들의 크기 차이를 살펴보니 세 조건에서 큰 차이가 나타나지 않았다. 이는 여러 원의 평균적 크기 판단이 단 2개를 비교하거나 같은 크기의 원들의 집단을 비교할 때처럼 매우 자동적으로 일어남을 보여 주며, 이를 지원하는 기제가 존재함을 시사한다.

크기를 대상으로 이뤄진 앙상블 표상 연구는 다른 자극영역으로 확장되었다. 여기에는 밝기, 색, 방향, 움직임 같은 저수준의 속성들뿐만 아니라 얼굴 감정과 성별 같은 고수준의 특징들도 포함된다(Whitney & Leib, 2018). 그러므로 앙상블 표상은 지각체계에서 보편적으로 일어나는 것으로 평가된다. 한편, 앙상블 표상은 순간적으로 제시된 자극만이 아니라 다른 시간대에 걸쳐 항목들에서 나타나는 요약 통계를 근거로 일어날 수도 있다. 만일 이 항목들의 요약 통계가 충분히 규칙성을 갖는다면 일종의 맥락이 발생하여 그 항목들이 표상될 것이다.

Oliva와 Torralba(2007)는 일상생활에서 흔하게 접하는 물체들은 일관된 배경을 뒤로하여 제시된다는 점을 지적하였다. 각 배경은 색상과 음영이 대체로 일관되어 시각체계는 이를 통계적으로 학습하여 실제 물체를 대할 때 이를 되살려 지각한다(그림 9-20). 이 그림들은 같은 종류의 물체들을 크기를 같게 하여 수백 장을 평균하여 얻어낸 것이다. 그림에서 볼 수 있듯이 얼굴은 주변이 어두우며, 컴퓨터는 거의 늘 책상 위에 있는데, 책상은 밝고 책상 아래쪽은 어둡다. 또한 소화전은 아래쪽은 밝고 위쪽은 어둡다. 만일 모든 대상이 나타나는 배경이 무작위라면 결과 그림들은 잘 알아보기 힘든 회색 점들로 가득했을 것이다.

앙상블 표상은 우리의 주의가 덜 미치는 주변시에 나타난 공간이 생생하게 느껴지는지를 잘 설명한다. 비록 주변 공간에 위치한 항목들을 하나하나 정밀하게 재인하지 못하지만, 존재 자체를 없는 것으로 처리하지 않고 총체적으로 처리하여 특정한 특징들로 채워진 것으로 표상한다고 제안한다. 한편, 요약 통계의 단점도 있다. 요약 통계가 작동함에 따라 일어나는 일은 개별 형태의 특징이 주변의 대상들에 의해 잘 드러나지 않을 수도 있다는 것이다. 이는 시각적 군중화(visual crowding) 현상은 잘 말해 주는데, 물체가 홀로 있을 때는 잘 지각되지만 다른 물체들과 함께 있으면 잘 지각되지 못할 수 있다(그림 9-21). 이로 인해 길이 복잡한 도로를 운전할 때 도로 주변의 물체들을 지각하지 못해 사고를 낼 가능성도 커진다. 시각적 군중화를 막는 한 가지 방

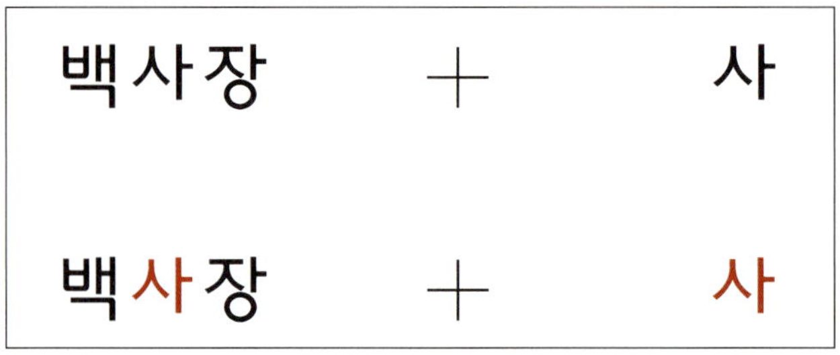

그림 9-21 시각적 군중화.
(위) 십자를 응시하면 오른쪽 '사'는 잘 보이지만 왼쪽에서는 잘 보이지 않는다. (아래) 색이 주변과 두드러질 때 주변에 다른 글자가 있어도 잘 보인다.

법은 목표물을 주변 방해물에서 돋보이도록 색을 달리하는 것이다.

주의력의 변화

주의 폭과 다중작업

일상에서 한 가지 일에 집중하는 능력은 매우 중요하다. 주의 폭(attention span)은 다른 것에 방해받지 않고 한 가지 일에 주의가 지속되는 시간을 말한다. 대체로 아이들은 주의 폭이 매우 짧으며 나이가 듦에 따라 길어진다. 주의 폭을 객관적으로 재는 방법은 쉽지 않은데, 개인마다 흥미와 동기의 차이로 인해 과제에 따라 주의 폭이 다르게 나타날 수 있기 때문이다. 학자에 따라 주의 폭을 5분, 10분, 20분 등 다양하게 정의된다. 그런데 주의 폭은 태어날 때부터 정해진 것이 아니고 생활 습관에 따라 달라질 수도 있다. TV 시청은 주의 폭의 변화의 중요한 원인으로 알려져 있다.

특히 유아기에 TV 시청은 아동기의 주의 장애와 상관이 있다고 전해진다. Christakis 등(2004)은 미국 국가 통계 자료를 살펴보았다. 이 자료는 여러 해에 걸쳐 이뤄졌기에 같은 아이의 발달을 추적할 수 있었다. 만 1세 유아 1,278명과 3세 유아 1,345명의 자료에는 엄마들이 보고한 아이들의 TV 시청 시간과 행동 관찰 내용이 들어 있었다. 조사 결과, 만 1세는 TV를 하루 평균 2.2시간을 3세는 3.6시간을 시청하였다. 이 유아들이 만 7세가 되었을 때 행동 관찰 자료를 살펴보았는데, 대략 10% 아동이 집중력이 떨어지고 과행동을 하는 주의 장애를 보이는 것으로 조사되었다. 통계 기법을 이용해 성별, 인종, 임신 기간, 산모의 음주 및 흡연 같은 다른 요인들을 배제한 채 순수하게 TV 시청 요인과 관계만 보았을 때 TV 시청이 길수록 주의 장애가 큰 것으로 분석되었다.

TV의 어떤 특성이 주의 장애와 관련이 있을까? TV 화면에 등장하는 대상의 방향, 크기, 깊이 등을 지각 속성이 자주 바뀌는 특성과 이를 수동적으로 바라보기만 하는 시청자 특성 두 가지가 개입되었을 가능성이 있다. 그렇다면 비디오 게임 같이 능동적으로 화면을 바꾸는 장비를 이용하면 주의력 장애가 덜할까? 비디오 게임 역시 주의 장애와 관련된 것으로 보인다. Swing 등(2010)은 평균 만 9.6세의 아동 집단과 19.8세의 청년 집단을 대상으로 횡단 연구를 수행하였는데, 이 연구에서 TV 시청뿐만 아니라 비디오 게임과 주의 장애와 관계를 살펴보았다. 아동은

TV와 게임으로 하루 평균 2.92 시간과 1.34시간을 보냈고(부모 보고), 청년은 3.75와 1.07 시간을 보낸 것으로 조사되었다(자기 보고). 통계적으로 유아 시기의 주의 장애를 일으킨 전력과 성별 효과를 제거했을 때, 이 두 집단에서 모두 TV 시청과 게임 시간이 길수록 주의 장애가 클 가능성이 높았다(아동: 선생님 보고, 청년: 자기보고). 따라서, 전자 화면과 주의 장애의 관련성은 단지 기기 작동의 수동성과 능동성 자체만이 아닌 다른 요인도 개입되는 것으로 추론된다.

커뮤니케이션 방식도 크게 변하고 있다. 특히 스마트폰과 컴퓨터를 포함한 IT 기기들은 사람들이 동시에 여러 가지 일을 수행하는 다중작업(multi-tasking)에 익숙해지도록 요구한다. 이에 따라 사람들의 주의 폭도 변하고 있는데, 캐나다 사람들의 경우 2013년 주의 폭이 12초에서 2015년 8초로 줄어들었다(MicroSoft Canada, 2015). 이 말은 한 가지 일에 8초 정도 주의한다는 뜻이지 8초 이상 주의하는 능력이 사라졌다는 뜻은 아니며 습관의 변화를 말하는 것이다. 한 가지 일에 주의를 기울이는 시간의 감소는 부정적인 결과와 관련 있을 수 있다. 학습 장면에서, 한 가지 일에 꾸준하게 주의하는 것은 통찰을 얻는 데 매우 중요한데 잦은 주의 전환은 이를 방해한다. 실제로 수업시간에 이메일 확인이나 웹서핑을 하는 일은 이런저런 생각을 떠돌게 하는 마음방랑(mind wandering)을 부추겨 수업을 따라가는 데 방해가 되는 것으로 조사되었다(Risko 등, 2013).

수행과 주의

앞에서 실험심리학자들이 정교한 실험들을 기반으로 내놓은 주의 모형들을 살펴보았다. 이 모형들은 주의가 어떻게 작동하는지를 이해하는 데 1차적인 목적이 있었기 때문에 일상생활에서 경험하는 주의의 기능적인 측면에 대해 적용하기 쉽지 않다. 또한 주의의 성질을 실험적으로 엄격하게 검증하기 위해 도입된 과제가 너무 단순하므로 일상에서 만나는 과제들처럼 여러 하위 작업으로 이뤄진 과제에 적용하기도 어렵다. 예를 들어, 한밤중에 출출해서 일어나 라면을 끓이는 과정은 매우 단순해 보이지만 물을 끓이고 라면과 스프를 넣고 그릇에 담아내는 등 적어도 3가지 이상의 필수 과정이 있고, 동시에 파를 썰거나 달걀을 넣고 빈 그릇을 준비하는 등 부수적인 일도 있을 수 있다. 그런데 이 가운데 어느 한 가지 일에만 계속 매달린다면 영원히 라면은 먹지 못할 것이다. 물을 끓이는 데 주의하다가 물이 끓으면 주의를 라면을 준비해서 넣는 일로 옮겨야 한다. 따라서 어떤 일을 할 때 주의는 집중하는 능력뿐만 아니라 목적을 잘 기억하고 절차에 따라 적절히 주의를 다른 물체나 위치에 전환하는 등 다소 인지적인 기술도 포함하곤 한다. 특히 병원에서 주의 장애를 겪는 환자들을 상대하는 임상가들은 주의를 일상생활의 기능적인 측면에서 이해하려는 노력을 많이 기울인다. 실질적으로 주의력을 평가하고 개선시키는 방법들을 개발하는 게 시급하기 때문이다.

Posner와 Petersen(1990)은 뇌 이미지 기법과 병원에서 임상 자료 등을 바탕으로 주의의 특정 측면들이 뇌에서 독특한 위치에서 관여되고 있다고 제안하였다. 특히 한 가지 일을 수행하는 데 이 위치들이 서로 연결되어 통합적으로 작동하므로 이 모형을 주의 연결망(ATN: Attentional Network)이라고 불린다. 이 모형에서 주의는 크게 3가지 측면으로 나뉜다.

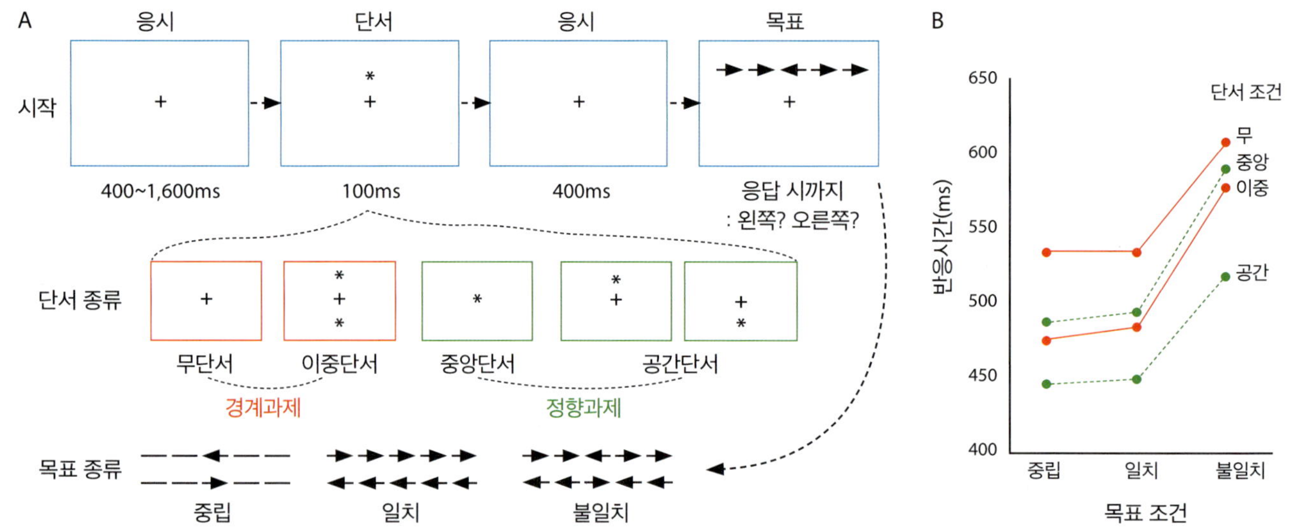

그림 9-22 주의 연결망 과제.
(A) 응시 표시(+)와 단서가 연달아 나오고 다시 응시 표시 제시 후 목표 자극이 나온다(파란색 사각형). 단서 종류는 4가지이며 목표 자극 종류는 3가지이다. 위 예시는 '위-공간 단서'와 '불일치 목표 자극' 조합을 보여 준다. 이 예에서, 목표 자극의 응시 표시 위의 화살표가 왼쪽을 향하고 있으므로 참여자는 왼쪽 버튼을 눌러야 한다. (B) 실험 결과. 중립과 일치 조건이 불일치 조건보다 반응시간이 빠르다(Fan 등, 2002).

정향(orienting): 바깥세상 또는 마음속에 있는 특정 물체, 위치에 주의를 기울이는 것으로 반사와 비슷한 개념으로 이해된다. 주의를 감각 입력에 정렬하는 것 또는 기억 속의 내적 의미 구조에 정렬하여 미약한 신호를 강화하여 의식 수준으로 끌어올릴 수 있다.

경계(alerting): 감각으로 들어오는 자극에 대해서 높은 수준으로 민감도를 유지하는 것이다.

수행 통제(executive control): 생각, 느낌, 반응들 사이에서 갈등을 모니터하고 해결하는 것이다.

Posner는 동료들(Fan 등, 2002)과 함께 주의의 3가지 측면인 정향 경계 수행 능력을 측정할 수 있는 주의 연결망 과제(ANT: Attention Network Test)를 고안하였다. 이 과제는 이전에 고안된 단서 패러다임과 목표 자극을 억제해야 하는 간섭 자극들 속에 제시하는 플랭커 패러다임(flanker paradigm)을 조합한 것이다. 참여자들의 과제는 앞서 제시된 별표의 위치에 나타난 목표 화살표가 어느 쪽을 향하고 있는지를 빠르고 정확하게 응답하는 것이었다. 목표 화살표는 왼쪽과 오른쪽에 플랭커라고 하는 다른 화살표들이나 막대와 함께 나타났다. 보통 플랭커와 목표의 정보가 일치할 때가 일치하지 않을 때 반응시간이 빠른데, 이는 Eriksen과 Eriksen(1974)이 처음으로 보고하였다(☞12장). 목표 화살표가 나오기 전에 4가지 종류의 단서가 제시되었다. 무단서 조건에서 아무런 단서가 없었다. 이중단서 조건에서 별표가 십자 위와 아래에 동시에 제시되었고, 중앙단서 조건에서 별표는 화면 중앙에 나타났다. 공간단서 조건에서 별표는 십자 위 또는 아래에 나타났으며, 언제나 별표가 위치한 곳에 목표 화살표가 나타났다(그림 9-22).

이 실험에 정상 평균 30.1세의 성인 남녀 40명이 참여하였는데, 조건에 따라 반응시간이 달랐다(그림 9-22-B). 한편, 연구자들은 단서 조건과 목표 자극 조건의 조합에 따른 반응시간을 이용하여 3가지 종류의 주의 효과를 계산하는 방법을 제시하였다(표 9-3).

주의 연결망 과제는 매우 간단하게 주의의 여러 중요 측면들을 살필 수 있는 장점이 있기 때문에 주의력 측정과 연구에 자주 사용되고 있다. 다만 컴퓨터로 검사가 이뤄지므로 컴퓨

표 9-3 주의 효과 계산 방법(Fan 등, 2002).

효과 계산식	설명
정향 효과 = 중앙단서 - 공간단서	공간단서 위치를 주시해야 하므로
경계 효과 = 무단서 - 이중단서	이중단서 위치에 경계해야 하므로
수행 효과 = 불일치/중립 조건 - 일치 조건	목표 자극을 방해 자극에서 구별해야 하므로

터 환경에 익숙한 정도가 점수에 영향을 줄 수 있으며 나이에 따라 다를 수도 있다. 이 3가지 주의 측면에 개입하는 연결망은 나중에 좀 더 발전된 뇌 연구 기법으로 검증을 거쳤고, Posner와 Rothbart(2007)는 좀 더 완성도가 높은 모형을 제시하였는데 그림 9-23에 나타나 있다. 이 그림에 따르면 주의는 단지 뇌의 특정 영역에서만이 아니라 여러 영역에서 담당함을 알 수 있다.

주의 연결망 과제는 행동 연구에도 널리 활용된다. Jha 등(2007)은 마음챙김 훈련이 주의력과 어떤 관계가 있는지 주의 연결망 과제를 이용하여 살펴보았다. 마음챙김(mindfulness)이란 간단히 말해 현재 순간을 수용적으로 주의하고 자각하는 것으로 명상 수련의 주요 목표이다. 이 실험에는 2개의 명상 훈련 집단과 하나의 비교 집단이 도입되었다. 명상 훈련을 하면 주의력이 높아질 것으로 예상하였다. 따라서 명상 전의 시점과 명상 후의 시점에서 주의 연결망 과제를 이용하여 주의력을 측정하여 비교하였다. 첫 번째 명상 집단은 미국 펜실베이니아 대학교에서 제공하는 5주짜리 MBSR(Mindfulness-based stress reduction) 프로그램에 참여 중인 17명(평균 24세)이었다. 다른 명상 집단은 콜로라도에 있는 산사에서 한 달가량 집중적으로 명상 훈련에 참여 중인 사람들(평균 35세)이었다. 이들은 적어도 수개월에서 몇 년 동안 이전에 명상 훈련을 경험해 보았다. 비교 집단은 평균 22세가량의 명상 경험이 없는 대학생 17명으로 아무런 명상 훈련에 참여하지 않았다. 아쉽게도 세 집단에서 참여자의 나이를 비슷하게 만들지는 못하였다.

연구 전에 실시한 주의 연결망 과제에서 세 집단 모두 정향주의와 경계주의에서 아무런 차이를 보이지 않았다. 다만 수행주의에서 산사 명상 집단이 다른 두 집단에 비해 목표 자극의 일치 조건과 불일치 조건에서 차이가 작은 것으로 나타났다. 즉, 목표 자극에 더 집중할 수 있는 것으로 보인다. 사후 검사에서 정향주의에서 MBSR 집단이 다른 두 집단에 비해 개선된 효과를

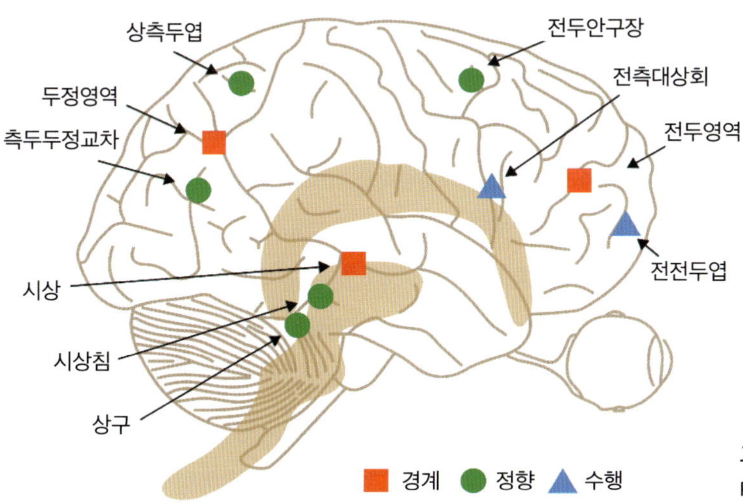

그림 9-23 주의망에 대한 뇌 모형.
Posner와 Rothbart(2007)에서 재편집.

보였고, 다른 두 집단은 차이가 없었다. 경계주의에서 산사 명상 집단이 다른 두 집단에 비해 효과가 분명하였고, 다른 두 집단은 차이가 없었다. 수행주의에서 세 집단은 차이를 보이지 않았다. 종합하면 명상 수행은 주의의 하위 측면들에 변화를 일으킬 수 있음을 시사한다.

명상 집단이 비교 집단에 비해 주의의 일부 측면에서만 수행이 개선된 것으로 나와 아쉬울 수도 있을 것이다. 또한 명상이 생각했던 것만큼 좋은 훈련이 아니라고 성급한 결론을 내릴 수도 있을 것이다. 그렇지만 주의 연결망 과제는 아마도 주의의 일부 측면만을 드러낼 가능성이 있다. 종합적으로 이 검사를 이용해 명상 효과를 살펴보려는 시도는 매우 의미 있는 도전으로 평가된다.

주의 모델의 임상적 적용

주의는 임상 장면에서 매우 중요한 개념이다. 많은 환자가 주의 능력의 저하를 보이는데 어떻게 하면 주의력을 정확히 진단하고 주의력을 높일 수 있는지에 대한 고민이 많았다. 임상 장면에서 사용되는 주의 개념은 실험 장면에서 사용되는 주의 개념보다 좀 더 실용적일 필요가 있다. Sohlberg와 Mateer(1987)는 병원에서 많은 경험을 토대로 기능적인 수준에서 주의 측면들을 수준별로 조직화하여 주의 개념을 구성하였다. 다음은 이들이 제시한 주의 수준들로 아래로 내려갈수록 높은 수준의 주의 능력을 뜻한다.

초점주의(focused attention): 시각, 청각, 통감각, 후각 등 특정 양식에만 반응하는 능력이다.

지속주의(sustained attention, 경계, 집중): 계속적이고 되풀이되는 작업에서 일관되게 행동을 지속하는 능력이다.

선택주의(selective attention): 방해 자극 또는 경쟁 자극들 속에서 목표 자극을 구별해내는 행동 또는 마음 갖춤새를 유지하는 능력이다.

전환주의(alternating attention): 다른 인지적 요구를 갖는 과제들 사이를 오갈 수 있는 심적 융통성이다.

분할주의(divided attention): 동시에 여러 가지 다른 과제를 수행하는 능력이다.

이 개념들은 임상 장면에서 적용하기 위한 것이므로 실험심리학자들이 엄밀하게 사용하는 주의 측면들과 개념이 조금 다를 수 있다는 점을 감안해야 한다. Sohlberg와 Mateer는 이 각각의 주의 측면들에 맞추어 주의 과정 훈련(APT: Attention Process Training)이라는 프로그램을 개발하였는데 주로 컴퓨터와 녹음기 등을 이용하여 자극을 제시하였다. 환자들은 각 과제에서 특정 반응을 하였으며 반복적인 연습을 통해 점수를 올릴 수 있었다.

이 연구에서 주의 훈련 효과를 면밀히 관찰하기 위해서 많은 환자보다 적은 환자를 오랫동안 살펴보았다. 만 25~30세 사이 4명의 남자가 35주 이상 참여하였고, 심각한 뇌 손상으로 적어도 하루 이상 의식을 잃은 사람들이었다. 매주 4회 이상의 주의 훈련 효과를 검증하기 위해 훈련 전, 중간, 그리고 후에 주의력 검사의 하나인 PASAT(Paced Auditory Serial Addition Task)를 시행하였다(☞YouTube: PASAT test). 이 검사에서 1~9까지 무작위로 숫자가 2.4초 간격으로 모두 61개가 들렸고, 참여자는 연달아 들리는 두 숫자의 합을 계속해서 말해야 하였다. 예를 들어, 3 6 8 4 5 9 2 1 7 3…이 들리는 경우, 처음 3은 지나치고 6이 들릴 때 '9'를 말하고, 8이 들릴 때 6과 8을 더해 '14'를 말하고, 4가 들릴 때 8과 4를 더해 '12'를 말하고…. 이 과제를 잘하기 위해서는 양호한 청각뿐만 아니라 과제를 계속 수행하는 데 필요한 인지 기능 그리고 초점주의, 지속주의, 선택주의가 개입할 것으로 추정되었다. 주의 훈련과 주의 검사 이외에 비교 조건으로 시각처리 훈련과 기억 훈련을 병행하였다. 시각처리 능력의 개선을 측정하기 위해 공간 관계 검사를 시행하였는데 이 검사에서 큰 도형을 이루는 데 필요한 두세 개의 작은 조각들을 고르는 작업을 하였다. 연구자들은 주의 훈련은 주의 검사인 PASAT에서만 높은 점수를, 시각 훈련은 공간 관계 검사에서만 높은 점수를 획득할 것으로 예상하였다. 이 예상은 4명의 참가자 모두에게서 일관적으로 관찰되었다.

이 실험 결과는 주의 훈련은 주의력을 증가시킬 수 있음을 보여 준다. 그렇다면 일반인들도 이 훈련을 하면 주의력이 좋아질까? 이 실험에 참여한 사람들은 뇌 손상 환자들이라는 점을 생각해야 한다. 이 실험에 사용된 주의력 훈련은 이미 주의력이 정상적인 사람에게는 큰 효과가 크게 나타나지 않을 가능성이 있다.

정리

주의는 감각을 민감하게 하고, 특정 자극을 처리하는 데 도움을 준다. 주의가 가용될 때 시간이 느려질 수 있고, 주의하지 않은 대상이 처리가 안 될 수도 있다. 주의는 바깥세상에서 온 정보에 활성화될 수도 있고, 지각자의 의지에 의해 내적으로도 활성화될 수 있다. 공간에 대한 주의와 물체에 대한 주의가 따로 존재하는 것처럼 보인다. 고도로 학습된 대상은 주의가 개입되어도 억제하기가 쉽지 않다. 주의와 의식이 언제나 일치하는 것은 아니다. 시야에 있지만 주의가 개입되지 않은 영역은 통계적으로 처리되는 것처럼 보인다.

더 읽어 보기

조금 전문적인 수준에서 주의에 대해 종합적인 안내를 받고 싶다면 Nobre와 Kastner(2013)를 보라. 분산주의와 초점주의에 대한 좀 더 자세한 개관은 Treisman(2006)을 보라. 결합문제에 대한 좀 더 자세한 이해는 Treisman(1996)을 보라. 현출성에 대한 컴퓨터 시각적 개관은 Itti와 Koch(2001)를 보라. 주의와 시각처리 폭에 대한 좋은 개관은 Huntsinger(2013)를 보라. 마음챙김 효과에 대한 개관은 Brown 등(2007)과 Lutz 등(2008)의 논문을 보라. 총체적 통계 또는 요약 통계적 처리에 대한 개관은 Cohen 등(2016), Alvarez(2011), Oliva와 Torralba(2007)를 보라. 시각적 군중화에 대한 일목요연한 개관은 Whitney와 Levi(2011)를 보라. 탐색 과제에서 주의를 안내하는 요인들에 대한 개관은 Wolfe와 Horowitz(2017)을 보라. 청각 자극에 대한 주의도 시각 자극의 주의와 비슷한 면이 있다. 이에 대한 개관은 Shinn-Cunningham(2008)을 보라. 주의에 따른 신경세포 활동의 변화에 대해서는 Reynolds와 Chelazzi(2004)를 보라. 로봇이 왜 주의가 필요하고, 로봇 연구자들이 주의 기제를 로봇에게 심어 주려는 노력을 엿보고 싶다면 Mancas 등(2016)을 보라. 사회로봇의 주의에 대한 개관은 Admoni와 Scassellati(2017) 그리고 Breazeal과 Scassellati(1999)를 보라.

| 참고문헌 |

Admoni, H. & Scassellati, B. (2017). Social eye gaze in human-robot interaction: a review. *Journal of Human-Robot Interaction, 6*(1), 25-63.

Alvarez, G. A. (2011). Representing multiple objects as an ensemble enhances visual cognition. *Trends in Cognitive Sciences, 15*(3), 122-131.

Ariely, D. (2001). Seeing sets: Representation by statistical properties. *Psychological Science, 12*(2), 157-162.

Breazeal, C. & Scassellati, B. (2002). Robots that imitate humans. *Trends in Cognitive Sciences*, 6(11), 481-487.

Brown, K. W., Ryan, R. M., & Creswell, D. (2007). Mindfulness: Theoretical foundations and evidence for its salutary effects. *Psychological Inquiry: An International Journal for the Advancement of Psychological Theory, 18*(4), 211-237.

Cho, J. R. (2002). The stroop effect in *Hangul*, Hanja and English cross-script homophones. *Korean Journal of Cognitive and Biological Psychology, 14*(4), 485-499. 조증열(2002). 한글, 한자 및 영어를 사용한 교차-표기 동음어에서의 Stroop 효과. 한국심리학회지: 인지 및 생물, 14(4), 485-499.

Chong, S. C. & Treisman, A. (2003). Representation of statistical properties. *Vision Research, 43*(4), 393-404.

Christakis, D. A., Zimmerman, F. J., DiGiuseppe, D. L., & McCarty, C. A. (2004). Early television exposure and subsequent attentional problems in children. *Pediatrics, 113* (4), 708-713.

Cohen, M. A., Dennett, D. C., & Kanwisher, N. (2016). What is the bandwidth of perceptual experience? *Trends in Cognitive Sciences, 20*(5), 324-335.

Dehaene, S., Naccache, L., Le Clec'H., G., Koechlin, E., Mueller, M., Dehaene-Lambertz, G., ... & Le Bihan, D. (1998). Imaging unconscious semantic priming. *Nature, 395*(6702), 597-600.

Easterbrook, J. A. (1959). The effect of emotion on cue utilization and the organization of behavior. *Psychological Review, 66*(3), 183.

Eriksen, B. A. & Eriksen, C. W. (1974). Effects of noise letters upon the identification of a target letter in a nonsearch task. *Attention, Perception, & Psychophysics, 16*(1), 143-149.

Fan, J., McCandliss, B. D., Sommer, T., Raz, A., & Posner, M. I. (2002). Testing the efficiency and independence of attentional networks. *Journal of Cognitive Neuroscience, 14*(3), 340-347.

Heitz, R. P. (2014). The speed-accuracy tradeoff: history, physiology, methodology, and behavior. *Frontiers in Neuroscience, 8*, 150.

Huntsinger, J. R. (2013). Does emotion directly tune the scope of attention? *Current Directions in Psychological Science, 22*(4), 265-270.

Itti, L. & Koch, C. (2001). Computational modelling of visual attention. *Nature Reviews Neuroscience, 2*(3), 194-203.

Jarmasz, J., Herdman, C. M., & Johannsdottir, K. R. (2005). Object-based attention and cognitive tunneling. *Journal of Experimental Psychology: Applied, 11*(1), 3.

Kimchi, R. & Palmer, S. E. (1982). Form and texture in hierarchically constructed patterns. *Journal of Experimental Psychology: Human Perception and Performance, 8*, 521-535.

Kinchla, R. A. & Wolfe, J. M. (1979). The order of visual processing: "top-down," "bottom-up," or "middle-out". *Perception & Psychophysics, 25*(3), 225-231.

Koch, C. & Ullman, S. (1984). Selecting one among the many: a simple network implementing shifts in selective visual attention (No. AI-M-770). MIT AI Lab.

Lutz, A., Slagter, H. A., Dunne, J. D., & Davidson, R. J. (2008). Attention regulation and monitoring in meditation. *Trends in Cognitive Sciences, 12*(4), 163-169.

Mägiste, E. (1984). Stroop tasks and dichotic translation: the development of interference patterns in bilinguals. *Journal of Experimental Psychology: Learning, Memory, and Cognition, 10*(2), 304.

Mancas, M., Ferrera, V. P., Riche, N., & Taylor, J. G. (Eds.). (2016). *From Human Attention to Computational Attention: A Multidisciplinary Approach*. New York: Springer Science

Mazza, V., Turatto, M., & Umilta, C. (2005). Foreground-background segmentation and attention: a change blindness study. *Psychological Research, 69*(3), 201-210.

McCann, R. S., Foyle, D. C., & Johnston, J. C. (1993). Attentional limitations with head-up displays. In *Proceedings of the 7th International Symposium on Aviation Psychology* (pp. 70-75).

McEvoy, S. P., Stevenson, M. R., McCartt, A. T., Woodward, M., Haworth, C., Palamara, P., & Cercarelli, R. (2005). Role of mobile phones in motor vehicle crashes resulting in hospital attendance: a case-crossover study. *BMJ*, doi: 10.1136/bmj.38537.397512.55.

Microsoft Canada (2015). Attention spans: consumer insights. microsoft Canada, http://advertising.microsoft.com/en/cl/31966/how-does-digital-affect-canadian-attention-spans.

Navon, D. (1977). Forest before trees: the precedence of global features in visual perception. *Cognitive Psychology, 9*(3), 353-383.

Nobre, K. & Kastner, S. (2013). *The Oxford Handbook of Attention*. Oxford, UK: Oxford University Press.

O'craven, K. M., Downing, P. E., & Kanwisher, N. (1999). fMRI evidence for objects as the units of attentional selection. *Nature, 401*(6753), 584.

Oliva, A. & Torralba, A. (2007). The role of context in object recognition. *Trends in Cognitive Sciences*, 11(12), 520-527.

Park, C. H. (2003). An evidence against global precedence principle: also with the same eccentricity between the two levels. *Korean Journal of Cognitive and Biological Psychology*, *15*(4), 549-559. 박창호(2013). 전역 선행성 원리에 대한 한 반증: 두 수준의 이심률이 동등한 경우에도. 한국심리학회지: 인지 및 생물, 15(4), 549-559.

Posner, M. I. & Petersen, S. E. (1990). The attention system of the human brain. *Annual Review of Neuroscience*, *13*(1), 25-42.

Posner, M. I. & Rothbart, M. K. (2007). Research on attention networks as a model for the integration of psychological science. *Annu. Rev. Psychol.*, *58*, 1-23.

Posner, M. I., Nissen, M. J., & Ogden, W. C. (1978). Attended and unattended processing modes: the role of set for spatial location. In H. L. Pick & B. J. Saltzman (Eds.), *Modes of Perceiving and Processing Information* (pp. 137-158). Hillsdale, NJ: Erlbaum.

Reynolds, J. H. & Chelazzi, L. (2004). Attentional modulation of visual processing. *Annu. Rev. Neurosci.*, *27*, 611-647.

Risko, E. F., Buchanan, D., Medimorec, S., & Kingstone, A. (2013). Everyday attention: mind wandering and computer use during lectures. *Computers & Education*, *68*, 275-283.

Ro, T., Russell, C. & Lavie, N. (2001). Changing faces: a detection advantage in the flicker paradigm. *Psychological Science*, *12*(1), 94-99.

Shinn-Cunningham, B. G. (2008). Object-based auditory and visual attention. *Trends in Cognitive Sciences*, *12*(5), 182-186.

Simons, D. J. & Chabris, C. F. (1999). Gorillas in our midst: sustained inattentional blindness for dynamic events. *Perception*, *28*, 1059-1074.

Sohlberg, M. M. & Mateer, C. A. (1987). Effectiveness of an attention-training program. *Journal of Clinical and Experimental Neuropsychology*, *9*(2), 117-130.

Sperling, G. (1960). The information available in brief visual presentations. *Psychological Monographs: General and Applied*, *74*(11), 1-29.

Sternberg, S. (1969). The discovery of processing stages: extensions of Donders' method. *Acta Psychologica*, *30*, 276-315.

Stevens, S. A., West, G. L., Al-Aidroos, N., Weger, U, W., & Pratt, J. (2008). Testing whether gaze cues and arrow cues produce reflexive or volitional shifts of attention. *Psychonomic Bulletin & Review*, *15*(6), 1148-1153.

Strayer, D., Drews, F. A., & Johnston, W. A. (2003). Cell phone-induced failures of visual attention during simulated driving. *Journal of Experimental Psychology: Applied*, *9*, 23-32.

Stroop, J. R. (1935). Studies of interference in serial verbal reactions. *Journal of Experimental Psychology*, *18*(6), 643.

Swing, E. L., Gentile, D. A., Anderson, C. A., & Walsh, D. A. (2010). Television and video game exposure and the development of attention problems. *Pediatrics*, *126*(6), 1-10.

Treisman, A. (1996). The binding problem. *Current opinion in Neurobiology*, *6*(2), 171-178.

Treisman, A. (2006). How the deployment of attention determines what we see. *Visual Cognition*, *14*(4-8), 411-443.

Treisman, A. & Gelade, G. (1980). A feature-integration theory of attention. *Cognitive Psychology*, *12*(1), 97-136.

Treisman, A. & Schmidt, H. (1982). Illusory conjunctions in the perception of objects. *Cognitive Psychology*, *14*(1), 107-141.

Vuilleumier, P., Armony, J. L., Driver, J., & Dolan, R. J. (2001). Effects of attention and emotion on face processing in the human brain: an event-related fMRI study. *Neuron*, *30*(3), 829-841.

Wang, Q., Cavanagh, P., & Green, M. (1994). Familiarity and pop-out in visual search. *Attention, Perception, & Psychophysics*, *56*(5), 495-500.

Whitney, D. & Leib, A. Y. (2018). Ensemble perception. *Annual Reviews of Psychology*, *69*, 12.1-12.25.

Whitney, D. & Levi, D. M. (2011). Visual crowding: a fundamental limit on conscious perception and object recognition. *Trends in Cognitive Sciences*, *15*(4), 160-168.

Wickens, C. D. & Long, J. (1995). Object versus space-based models of visual attention: Implications for the design of head-up displays. *Journal of Experimental Psychology: Applied*, *1*(3), 179.

Wolfe, J. M. & Horowitz, T. S. (2017). Five factors that guide attention in visual search. *Nature Human Behaviour*, *1*, 0058.

Wolfe, J. M., Cave, K. R., & Franzel, S. L. (1989). Guided search: an alternative to the feature integration model for visual search. *Journal of Experimental Psychology: Human Perception and Performance*, *15*(3), 419.

10 시간 지각

일상생활에서 시간은 매우 중요하다. 많은 사건이 펼쳐지고, 기차 타기처럼 특정 사건을 정확히 수행하기 위해서는 시계가 필요하다. 사건은 마음속에서도 일어나며 이 사건들에 대해서도 시계가 필요한데 심리적 시계(psychological clock) 또는 인지 시계(cognitive clock)라고 한다. 예를 들어, 친구와 10분쯤 후에 도서관 앞에서 보자고 했을 때 10분에 대한 느낌이 있어야 한다. 더 나아가 우리 몸은 소화 활동, 체온 유지, 호르몬 분비, 수면 같은 신진대사를 할 때 뇌에서 신경들이 활동할 때 시계가 필요하며, 넘어지지 않고 팔-다리를 움직이거나 박수를 칠 때처럼 몸동작이 조화를 이루기 위해서는 시계가 필요한데 이때 몸 시계(body clock) 또는 생체 시계(biological clock)라는 개념이 가정된다.

신경과학과 심리학에서 몸과 마음의 사건을 관장하는 시간을 이해하고자 오랫동안 노력해 왔다. 이 장에서는 심리적 사건에 관한 시간에 대해서 집중적으로 살펴보고자 한다. 바깥 세계에서 일어나는 변화는 객관적인 시계로 측정 가능하지만 감정과 기대의 변화 같은 심리적인 변화는 눈에 보이지 않으며 매우 주관적이다. 이 장에서는 시간에 대한 주요 실험들을 살펴보고 시간 지각에 대한 특성들에 대해 고민해 본다.

시간 지각 실험법

시간 지각은 여러 가지 의미를 지니고 있다. 사건이 얼마나 길게 일어났는지(duration, interval), 얼마나 빠르게 일어났는지(speed), 어떤 순서로 일어났는지(temporal order), 두 사건이 동시에 일어났는지(simultaneity), 과거-현재-미래의 어느 시점인 언제(when), 주관적 현재(subjective present) 등이 있다. 시간 지각 실험에서는 이런 의미의 시간을 가능하게 하는 머릿속에 존재하는 내적 시계의 정체가 무엇인지를 이해하고자 한다. 일반적으로 내적 시간에 따른 시간 지각을 연구할 때는 크게 4가지 방법을 이용한다(표 10-1).

역행 패러다임과 순행 패러다임

시간을 의식하면서 시간을 판단할 때와 전혀 의식하지 않고 시간이 지난 후에 판단할 때는 큰 차이가 있다. William James가 지적했듯이 "많은 흥미로운 일을 연이어 경험할 때 시간이 짧은 것 같지만 지나고 보면 시간이 길었다고 느낀다. 반면, 아무 일 없이 시간을 보내는 경우, 보낼

표 10-1 시간 지각 실험법.

실험 방법	내용
구두 평가 (verbal estimation)	일정한 시간을 흘려보낸 후 참여자는 시간이 얼마나 흘렀는지 말로 보고한다. 예) 실험자는 12초짜리 짧은 동영상을 보여 주고 시간이 얼마나 흘렀을까요? 하고 물으면, 참여자는 "한 10초쯤이요."라고 말한다.
기간 생산 (duration production)	실험에서 제시된 시간을 미리 알고, 시간이 그만큼 흘렀을 때 버튼을 눌러 보고한다. 예) 실험자는 12초를 제시하고, 참여자는 시작 신호와 재미있는 동영상 또는 지루한 동영상을 보면서 12초가 되었을 때 이때다 하고 버튼을 누른다.
기간 재생 (duration reproduction):	일정 시간을 숫자로 보여 주거나 들려주고 그만큼 보내게 해서 보고한다. 예) 실험에서 12초짜리 동영상을 보고, 그에 해당하는 만큼 시간이 지난 것 같을 때를 보고한다.
기간 비교 (duration comparison)	2개의 짧거나 긴 시간을 연속으로 제시받고 어떤 게 더 짧은지 또는 긴지를 보고한다. 예) 실험에서 13초짜리 재미있는 동영상을 보고, 13초짜리 지루한 동영상을 본 후, 참여자는 두 동영상 중 어느 쪽이 짧았는지를 보고한다. 특히 기간 비교 방법은 가장 많이 쓰이는데, 이를 응용한 양분 과제(bisection task)가 수행과 측정, 그리고 분석이 편리하기 때문에 사람뿐만 아니라 동물 실험에서도 널리 쓰인다. 양분 과제에서, 미리 참여자는 짧은 기간과 긴 기간을 충분히 학습한 후(예컨대 3초와 6초), 일정 시간 동안 시각 자극이나 청각 자극을 제시하고서 이 자극이 제시된 시간이 실험 전에 배웠던 짧은 범주에 속하는지 긴 범주에 속하는지를 보고하게 한다. 이때 자극 제시는 배웠던 범주 사이일 수가 있다(즉, 3~6초 사이). 실험 결과는 짧거나 길게 답한 것들의 비율을 시간대별로 정리한 후 50%에 해당하는 지점의 시간을 계산하여 비교한다(☞그림 10-5).

때는 시간이 긴 것 같지만 지나고 보면 시간이 짧았다고 느낀다."(1890: 624)

시간을 잰다고 미리 말하지 않고 일정한 시간이 흐른 후에 이에 대한 지각을 물을 수 있는데, 이를 역행 패러다임(retrospective paradigm)이라고 하고, 실험 전에 시간에 관한 질문을 한다고 했을 때를 순행 패러다임(prospective paradigm)이라고 한다. 순행 패러다임에 참여하는 사람들은 과제 동안에 과제와 시간 모두에 주의하겠지만, 역행 패러다임에 참가한 사람들은 지나간 일에 대한 기억에 의존해 시간을 판단할 것이다. 따라서 두 패러다임에서 시간에 대한 참여자의 인지적 처리가 다를 수밖에 없다. 역행 패러다임을 이용한 Ornstein(1969)의 연구와 순행 패러다임을 이용한 Hicks 등(1977)의 연구를 차례로 살펴보자.

역행 패러다임: Ornstein(1969)의 연구

해가 저물고 잠자리에서 하루를 생각해 볼 때, 이것저것 많은 일을 한 날은 그렇지 않은 날에 비해 길게 느껴진다. 예를 들어, 집들이를 생각해 보자. 여러 사람과 전화 연락을 하고 요리를 준비하고 방 청소를 하고 이야기를 나누고 인사하는 등 하루 동안에 할 일이 많다. Ornstein은 기억에 대한 의식적 경험이 시간의 길이를 좌우한다고 믿었다. 이를 저장 크기(storage size) 은유라고 하는데, 의식할 수 있는 저장된 기억의 수와 종류가 많을수록 그리고 기억을 할 때 입력 방식이 복잡할수록 시간이 길게 지각된다. 그가 수행한 4가지 실험을 간략히 소개한다. 이 실험에 참여한 모든 사람은 시간에 관한 실험이라는 사실을 실험 전에 듣지 못하였다.

실험 1 일정한 시간 동안 들리는 비트 수가 더 많을수록 시간이 더 길게 지각되는지를 살펴보았다. 0.2초로 된 짧은 비트 소리(500Hz)를 9분 20초 동안 녹음하였는데, 분당 40, 80, 120

회의 3가지 비트로 구성되었다. (시간 지각 실험에서 주의할 점은 실험 참여자는 속으로 숫자를 세거나 박자를 세어 시간을 잴 수도 있으므로 이를 하지 말도록 미리 말해 주거나 다른 과제를 동시에 주어야 한다. 또한 주어진 시간이 5, 10, 15, 20 등 흔하게 경험하는 숫자는 피한다.) 참여자는 이 3가지 녹음을 무작위로 들었는데, 매 시행이 끝난 이후에, 녹음된 소리가 '얼마나 유쾌했는지', '얼마나 많은 비트를 들었는지' 같은 중립적인 질문들 속에 '얼마나 오랫동안 소리를 들었는지'의 실험 질문이 섞여 있었는데, 이는 참여자들이 실험 목적을 눈치채지 못하게 하기 위해서였다. 시간에 관한 답변은 1분부터 20분까지 20개의 숫자가 가로로 나란히 제시되어 그중 하나를 고르는 것이었다.

실험 결과, 평균 6.42분(40비트 조건), 7.99분(80비트 조건), 9.00분(120비트 조건)으로, 모두 똑같은 길이였음에도 비트 수가 많을수록 사람들은 더 시간이 길었다고 평가하였다.

실험 2 그림의 복잡성이 클수록 이를 관찰하는 시간이 더 길게 지각될까? 그림을 구성하는 각도의 수에 따라 미리 복잡성이 다른 도형 6개가 고안되었다(그림 10-1). 이 중 복잡성이 네 번째에 해당하는 도형이 표준 도형으로 쓰였다. 만일 복잡성이 중요하다면 도형 1, 2, 3은 더 짧게 그리고, 도형 4, 5는 더 길게 지각될 것이다. 참여자들에게 2개의 도형을 연달아 볼 것이고, 나중에 도형에 관한 질문을 받게 될 것이라는 말을 해 주었다. 표준 도형을 30초 동안 보여 주고, 5개의 도형 가운데 하나를 30초 동안에 보여 주었다. 따라서 5개의 관찰 조건이 있었고, 참여자들은 이 조건들 가운데 하나에 할당되었다. 두 도형에 대한 관찰 시간이 끝나면, 참여자들은 첫 번째 도형이 보인 시간에 비해 두 번째 보인 도형의 시간이 얼마나 길었는지를 막대에 표시하였다.

실험 결과, 0.81(도형 1), 0.92(도형 2), 0.99(도형 3), 0.96(도형 4), 0.965(도형 5조건)으로 나타났다. 따라서 도형 1~3은 표준 도형보다 덜 복잡하므로 상대적 복잡성에 따라 시간이 다르게 지각

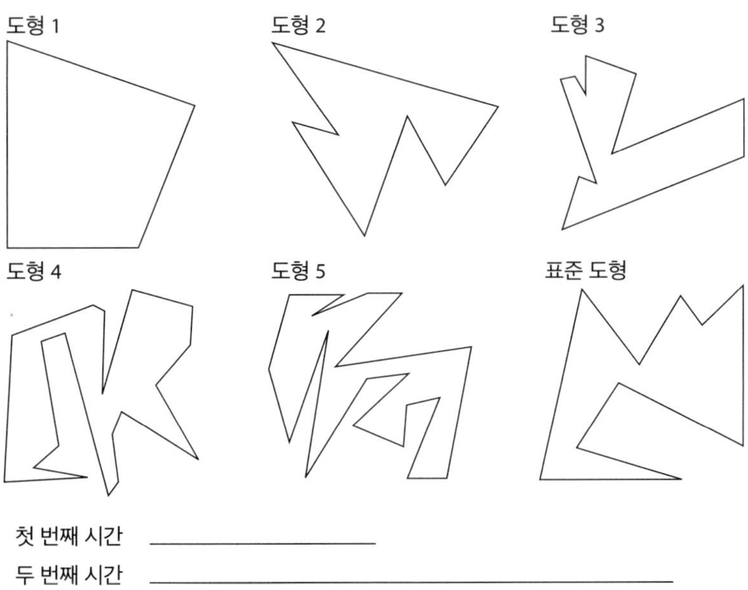

그림 10-1.
실험에 쓰인 도형으로 복잡성은 1, 2, 3, 표준 도형, 4, 5 순이었다.

되었다. 그런데 도형 4, 5는 표준 도형보다 길게 지각되지는 않았다. 이 현상을 Ornstein은 복잡성이 일정한 수준이 되면 처리할 수 있는 입력 용량(input capacity)을 넘어서서 효과가 없기 때문으로 해석하였다.

실험 3 자극 제시의 순서가 중요한지를 살펴보았다. 실험 3에서, 일상생활에서 쓰이는 소리가 쓰였다. 2개의 빗이 서로 마찰하는 소리, 피리를 세 번 불어 나오는 짤막한 소리, 타자기 소리, 타자기 롤러가 제자리로 돌아가는 소리, 초시계 소리, 지퍼 소리, 종이 찢는 소리, 맥주병에서 맥주 흐르는 소리, 우유를 컵에 따르는 소리, 고무줄을 튕기는 소리 등이었다. 이 소리 각각은 1.5초 정도로, 이들 모두를 섞어 5분 동안 참여자들에게 들려주었다. 규칙적인 조건에서, 10개의 소리는 차례대로 20번씩 들렸고(예를 들어, 빗 마찰 20회, 피리 소리 20회, 타자기 소리 20회…), 무작위 조건에서 각 소리는 무작위로 섞여 20번이 들렸다(빗 마찰, 지퍼 소리, 종이 찢는 소리…). 규칙 조건이 먼저, 무작위 조건이 나중에 또는 반대로 제시되었고, 중간에 20초의 쉬는 시간이 있었다. 참여자들은 처음 또는 나중에 들은 테이프를 기준으로 다른 테이프가 제시된 시간이 얼마나 길었는지를 표시하였다. 실험 결과, 무작위로 들려준 소리 테이프가 규칙적으로 들려준 테이프에 비해 평균 1.33배 더 긴 것으로 조사되었다.

실험 4 실험 3의 소리 대신 10장의 그림이 쓰였는데, 일본 선화 두 장, 반 고흐 그림, 루소 그림, 독일 인상주의 포스터, 대리석 클로즈업 사진, 흐리게 찍힌 꽃, 몇 점의 도자기 사진, 흑백 선화 두 장이었다. 실험 3처럼 규칙 조건에서 각 그림은 20회씩 묶여 차례대로 1.5초씩 제시되어 모두 5분 동안 슬라이드로 투사되어 늘 먼저 제시되었고, 무작위 조건에서 서로 무작위로 섞여서 5분 동안 나중에 제시되었다. 두 조건 사이에 20초의 쉬는 시간이 있었고, 참여자들은 두 번째 제시된 무작위 조건의 그림 감상 시간이 첫 번째 제시된 그림 감상 시간에 비해 얼마나 길었는지를 평가하였다. 실험 결과, 무작위 조건이 1.362배 길게 지각되었다.

순행 패러다임: Hicks 등(1977)의 연구

종종 어려운 과제를 할 때 시간이 빠르게 느껴지곤 한다. 예를 들어, 대학 입시 시험을 떠올려 보면 이 말을 쉽게 이해할 수 있다. 시간이 조금만 더 주어진다면 답을 더 잘 쓸 수 있을 텐데 시간은 매우 빠르게 흐른다. Hicks 등은 이를 순행 패러다임과 구두 보고법을 도입하여 실험하였다.

이 실험에서, 남학생 16명과 여학생 16명에게 실험 전에 이 실험 끝에서 과제에 따른 시간을 묻게 될 것이라는 사실을 미리 알려주어 시간에 주의하도록 하였다. 이들은 조커를 제외한 52장의 카드를 가능한 한 빨리 분류하도록 지시받았다. 가장 쉬운 과제에서, 앞-뒤가 바뀌어 섞인 카드를 모두 앞으로 돌려놓았다. 중간 난이도에서, 빨간색(다이아몬드와 하트를 하나로, 스페이드와 클로버를 하나로)과 검은색에 따라 카드를 분류하였다. 가장 어려운 난이도에서, 네 종류의 카드(다이아몬드, 하트, 스페이드, 클로버)를 모두 따로 분류하였다. 이와 함께 통제 조건으로 아무것도 하지 않는 시행이 있었다. 시간은 8, 13, 22초로 주어졌다. 참여자들은 과제가 끝나고 지난 시간이 대

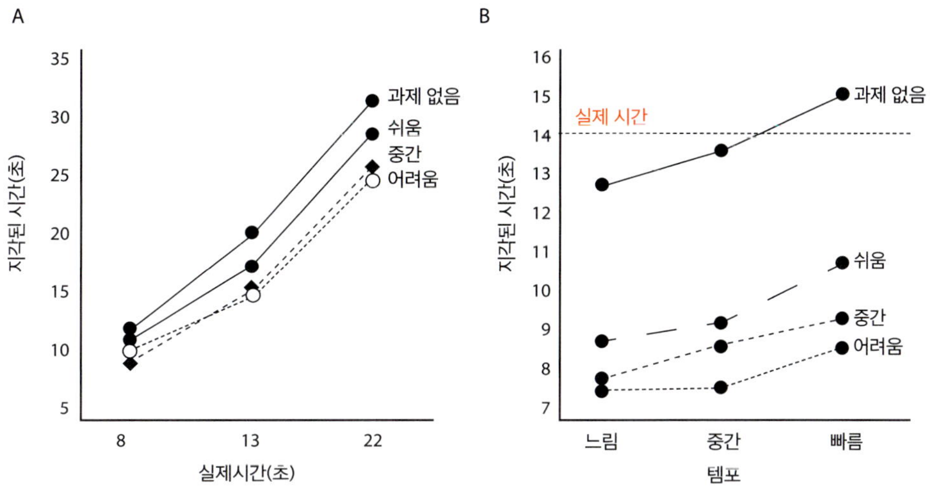

그림 10-2.
(A) 과제 난이도에 따른 시간 지각(Hicks 등, 1977). (B) 템포에 따른 시간 지각(Zakay 등, 1983).

략 어느 정도 흘렀는지 초 단위로 보고하였다. 과제는 실험자가 "시작"이라는 말과 동시에 개시되었고 "그만"이라는 말을 들으면 그 즉시 손동작을 멈춰야 하였다. 참여자들은 네 조건을 무작위로 경험하였고, 순서는 각 조건이 모두 골고루 놓이도록 하였다.

실험 결과, 각 조건에서 카드를 작업한 양은 쉬운 조건 35.51, 중간 난이도 조건 28.69, 어려운 조건에서 19.03개로 과제의 난도가 높아질수록 실제로 작업한 카드 수가 적었다. 지각된 시간 역시 어려운 과제일수록 실제보다 더 짧게 판단되었는데, 시간 조건이 클수록 이 차이는 분명하였다(그림 10-2-A). 이 양상은 이들의 계속된 실험 2, 3, 4에서도 마찬가지였는데, 이 실험들에서는 단어 외우기, 메트로놈에 맞춰 손으로 두드리기 과제 등이 쓰였고, 단어가 어려울수록 두드리는 수가 많을수록 주어진 시간이 짧다고 보고하였다.

Hicks 등은 자신들의 실험 결과를 주의를 이용해 설명을 시도하였다. 이들은 사람들이 어려운 작업을 수행하는 동안에는 작업에 주의가 할당되고 작업이 쉽거나 없으면 시간 자체에 주의한다고 제기한다. 이때 시간에 주의하면 시간이 길게 지각되고, 작업에 몰두하면 시간을 짧게 느낀다.

Ornstein의 연구에서 시간은 기억의 양과 정적 상관이 있다고 말하고, Hicks 등의 연구에서 시간은 시간 자체에 주의하는 양과 정적 상관이 있는 것으로 나타난다. 따라서 정보처리 관점에서 정보 내용의 크기뿐만 아니라 정보를 담는 과정 역시 시간 지각에 영향을 주는 것으로 보인다. 이 연구에 따르면 아마도 비트가 빠른 팝송을 들을 때 비트가 느린 국악을 들을 때보다 시간이 더 오래 흐른 것으로 지각될 수 있다.

한편, Ornstein의 비트 수 효과와 Hicks 등의 과제 난이도 효과를 동시에 얻는 실험도 생각해 볼 수 있다. Zakay 등(1983)의 연구가 이에 해당되는데, 이 연구에서는 순행 패러다임이 도입되었고, 참여자들에게 14초 동안 시간이 제시되고, 지각된 시간 간격만큼 버튼을 눌러 보고하였다(기간 재생 보고). 참여자들은 과제가 없는 조건, 과제의 난이도가 쉬움(단어 읽기), 중간(그림으로 제시된 물체 이름 말하기), 어려움(흔치 않은 단어를 보고 비슷한 말 말하기) 3가지 조건에 참여하였다. 이와 동시에 외부 템포 세 조건이 결합되어 제시되었는데, 템포는 시각적으로 모니터의 불빛 깜박임 또는 청각적으로 소리 부저가 느리거나(2초), 없거나, 빠른 간격(0.5초)이었다. 그 결과 과제가 어려울 때보다 쉬울 때 시간이 길었다고 보고하였고, 템포가 느릴 때보다 빠를 때 시간이 길었다고 보고하였다. 그림 10-2-B는 이 결과를 정리한 것이다. 그러므로 이 연구는 난이도와 정보의 크기 모두가 시간 지각에 영향을 끼칠 수 있음을 시사한다. 이 연구에서 주목할 점은 아무것도 없는 공백 간격(empty interval)보다 쉬운 과제라도 무엇인가로 채워진 간격(filled interval)이 더 짧게 지각된다는 것인데, 이 두 조건의 차이는 과제가 쉬운 조건과 중간 또는 어려운 조건의 차이보다 두드러지게 컸다. 따라서 쉬운 일을 할지라도 주변에서 발생하는 소음은 과제를 방해하여 시간이 부족하다고 느끼게 만들 수 있다.

Ornstein이 제안한 가설처럼 정보의 양에 기반한 시간 지각 모형을 저장 크기 모형(storage-size model)이라고 하고 Hicks 등의 제안은 주의 모형(attentional model)이라고 하는데, 각각 역행 패러다임과 순행 패러다임에 대한 시간 지각을 대표한다. 이 두 모형을 이용하면 모순적으로 보이는 시간 현상도 잘 설명할 수 있다. 예를 들어, 공항에서 비행기를 기다리는 상황을 생각해 보자. Hicks 등의 연구에 따르면, 기다리는 지루함을 없애고 시간을 빨리 보내는 방법은 가만히 앉아 시계만 보고 있는 게 아니라 우체국에서 우편을 보내거나 흥미로운 영화를 보든 등 다른 바쁜 일에 몰두하는 일이다. 그렇지만 이 방법은 시간이 지난 다음에는 시간이 빨리 지났다고 느끼게 할 것이다. 반면, Ornstein의 실험에 따르면 나중에 이 일을 생각하면 많은 일을 했기 때문에 가만히 있을 때보다 더 시간이 길었다고 회상할 가능성이 크다. 실제로 많은 연구에서 이 역설적 시간 지각이 반복적으로 검증되었다. 순행 패러다임에서는 과제가 어려워 인지 부담(cognitive load)이 증가할수록 주어진 시간이 짧게 느껴지며, 역행 패러다임에서는 인지적 부담이 클수록 시간이 길었다고 보고된다(Block 등, 2010).

내부 시계 모형

일련의 연구자들은 시간 지각에 대한 모형을 정보처리 관점에서 발전시켜 왔다. 특히 주의 연구로 유명한 Anne Treisman의 첫번째 남편이기도 한 Michel Treisman(1963)은 여러 실험에서 나온 자료를 설명하기 위해 내부 시계(internal clock) 모형을 제안하였다(그림 10-3). 이 모형에 따르면 페이스메이커(pacemaker)는 끊임없이 일정한 시간 간격으로 펄스를 발생시키고 이 펄스의 수가 쌓여 시간 지각의 근거가 된다. 이 아이디어는 벽에 걸려 있는 전자시계의 원리와 비슷하다. 전자시계에는 규칙적으로 진동하는 진동자가 페이스메이커 기능을 한다. 예를 들어, 수정 진동자는 초당 32,768회를 진동하는데, 이를 기반으로 초침, 분침, 시침이 움직인다. 다만 내부 시계 모형은 페이스메이커와 펄스를 세는 계수기(counter, accumulator) 이외에 각성, 주의, 기억이 관여할 수 있는 과정을 추가로 가정한다. 특정 각성은 페이스메이커를 작동하여 단위시간에 적거나 많은 양을 발생시키는데, 다만 펄스의 발생 간격은 일정하다. 계수기는 누적된 펄스를 센다. 기억은 작업 중인 시간에 대한 기준 시간을 제공한다. 비교기는 계수기와 기억이 일치하는지를 판단하여 반응 기제에 정보를 넘긴다. 언어 선택적 기제는 기억을 도와 시간을 언어화한다.

내부 시계 모형은 각성 정도에 따라 시간이 왜 다르게 지각되는지를 잘 설명한다. 즉, 각성

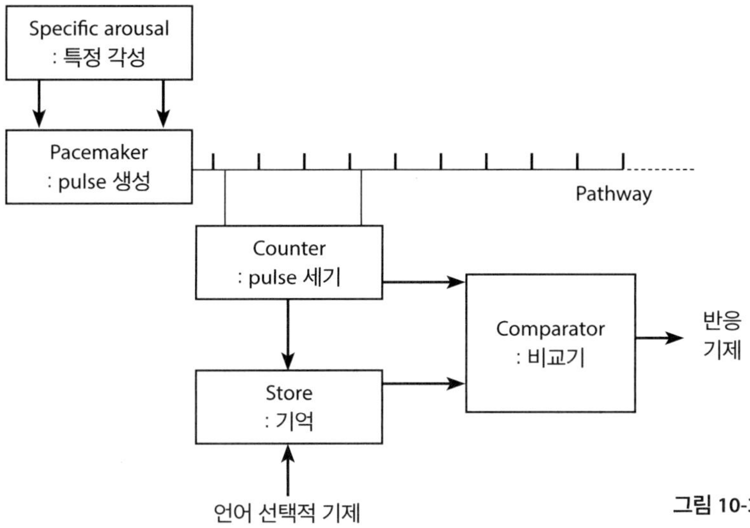

그림 10-3 내부 시계 모형(Treisman, 1963).

수준이 높으면 페이스메이커에서 단위시간당 펄스 발생빈도가 높아지며 각성 수준이 낮으면 펄스 발생빈도가 낮아진다. 이에 따라 각성 수준이 높으면 시간이 더 오래 지났다고 판단할 수 있다(그림 10-4).

각성을 보여 주는 생리적 지표는 심장 박동률, 혈압, 피부 전도율, 동공의 크기 등이다. 술을 마시거나 뜨거운 사우나에 있으면 각성 수준이 증가한다. 실제로 음주와 환경의 높은 온도는 시간이 기준 조건에 비해 많이 흘렀다고 느끼게 해 준다. 그렇지만 각성은 생리적 각성만이 아니고 인지적 각성도 있다. 사람들은 감정적으로 언짢거나 행복할 때 각성 수준이 높아질 수 있다. 그렇지만 인지적 각성은 대체로 객관적인 생리적 지표로 확인하기 어려워 자극에 대한 반응 민감도 또는 주관적 보고를 지표로 추정할 수 있다.

감정은 생리적 각성과 인지적 각성을 동시에 촉발할 수 있다. 크게 화를 낼 때 심장 박동이 빨라질 것이다. 그렇지만 많은 경우에 감정은 희미하게 표출되며 본인만 알 수 있다. 불교에서는 인생의 8가지 고통을 이야기한다. 이 가운데 생로병사의 고통은 잘 알려져 있다. 다른 4가지 가운데 2가지는 좋아하는 사람과 헤어져 따로 사는 고통과 싫어하는 사람과 만나 함께 사는 고통이 있다. 그만큼 우리 인간은 가장 큰 기쁨과 고통을 다른 사람과의 관계에서 느낀다. 좋아하는 이성과 함께한 하루가 얼마나 짧은지 잘 알 것이다. 반면, 싫어하는 사람과 함께 있는 10분이 얼마나 긴지도 잘 알 것이다. 이런 일화적인 교훈은 좋은 감정은 짧은 시간과 싫은 감정은 긴 시간과 연합되어 있음을 말해 준다.

일상에서 웃는 얼굴을 보면 기분이 좋고, 화난 얼굴을 보면 기분이 언짢아지곤 한다. Thayer

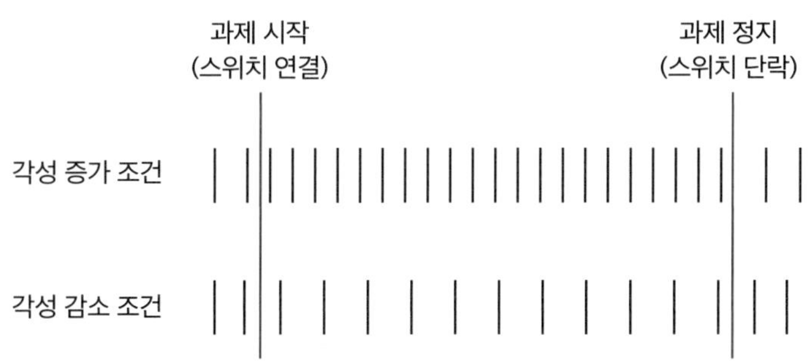

그림 10-4 각성과 주의에 따른 펄스 전달의 차이.

와 Schiff(1975)는 웃는 얼굴과 화난 얼굴을 보는 것이 시간 지각에 어떤 관계가 있는지를 살펴보았다. 이 연구자들은 웃는 얼굴은 좋은 감정을 불러일으키므로 시간이 짧게 지각되고, 반면에 화난 얼굴은 안 좋은 감정을 불러일으키기 때문에 시간이 더 길게 지각될 것이라고 예상하였다. 이 실험에 남녀 2명의 실험 보조원이 실험을 도왔는데, 이들은 참여자와 약 120cm 앞에 앉아서 좋은 표정(웃거나 다정한) 또는 나쁜 표정(화나거나 노려보는)을 지었다. 참여자들은 여학생 48명이었는데, 모두 여성인 이유는 여성이 타인의 얼굴 표정에 남성보다 훨씬 풍부한 감정을 느낀다는 이전 연구 때문이었다. 참여자들은 모두 순행에 시간에 관한 실험이라는 말을 들었다. 실험 순서는 먼저 비교 조건을 보았는데, 이 조건에서는 아무것도 하지 않고 12초 또는 36초를 그저 흘려보냈다. 실험 조건은 표정 2가지(좋은 표정/나쁜 표정), 시간 2가지(12초와 36초), 그리고 바라보는 상대의 성별 2가지(남/녀)였다. 이들 모두는 비교 조건을 먼저 참여하였고, 실험 조건에서 무작위로 1가지씩만 참여하였다(예를 들어, 좋은 표정-12초-여성). 참여자들은 시간이 모두 다 되면, 숨겨진 초시계를 이용해서 앞서 경험했던 시간만큼 기다렸다가 버튼을 눌러 시간을 재생하여 보고하였다(기간 재생법).

> **비교 조건 지시문**: "이 실험에서는 시간 판단 과제가 주어집니다. 시작 전에 손목시계를 벗어 주시겠어요? 이제, 앞에 보이는 커튼이 열리는 순간부터 닫히는 순간까지 지나간 시간이 얼마나 되는지를 말하게 됩니다. 마음속으로 숫자를 세거나 말하지 마세요. 숨겨진 초시계를 이용해서 앞서 시간이 지난 만큼 알려 주십시오."
> **실험 조건 지시문**: "커튼 뒤에 다른 사람이 앉아 있습니다. 커튼을 열면 그 사람의 눈을 보십시오. 커튼이 닫힐 때까지 계속해서 눈을 보십시오. 앞에서 했던 것처럼 커튼이 열리는 순간부터 닫히는 순간까지 지나간 시간이 얼마나 되는지를 말하게 됩니다. 마음속으로 숫자를 세거나 말하지 마세요. 숨겨진 초시계를 이용해서 앞서 시간이 지난 만큼 알려 주십시오."

실험 결과는 표 10-2에 정리되어 있다. 흥미로운 점은 마주 본 상대가 여성인 경우, 즉 같은 여성끼리 볼 때 불쾌한 얼굴 표정은 시간이 무척 많이 흐른 것으로 지각된다. 마주 본 상대가 여성인 경우 노려본 조건에서 특히 오랜 시간을 경험한 것으로 나타난다.

Gil 등(2009)은 음식에 대한 감정과 시간 지각의 관계에 대해 양분 과제를 이용한 연구를 하였다. 이 연구에서 참여자들은 실험 전에 0.4초와 1.6초에 대한 시간 학습을 수행하였다. 모니터 화면에 흰색 타원형이 0.4초 또는 1.6초 동안 나타났고, 참여자들은 두 반응 키를 이용해 시간이

표 10-2 실험 결과.

마주 본 상대	표정	눈 접촉 시간(초)	
		12	36
여성	웃음	12.9	33.6
	노려봄	14.7	43.9
남성	웃음	11.3	36.0
	노려봄	12.0	34.5

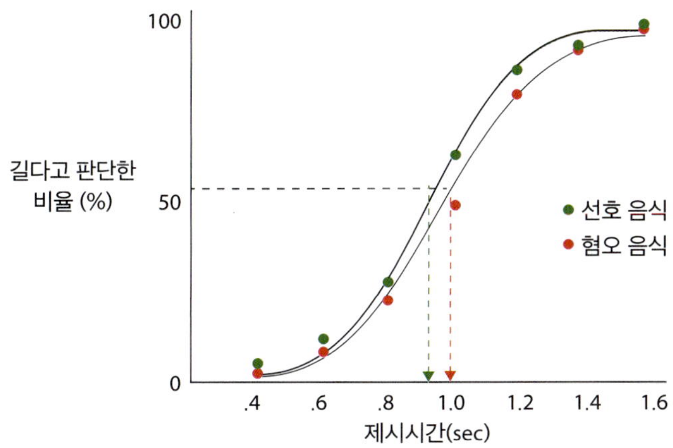

그림 10-5 가설적인 자료. 원자료를 심리물리학 함수로 자료맞춤을 한 후 길다고 판단한 비율의 50% 지점에 해당하는 자극을 주관적 동등점으로 삼는다(화살표)(Oh, 2015).

짧은 범주인지 긴 범주인지를 보고하였다. 이렇게 보고하는 방법을 충분히 익힌 후 본 실험에서 참여자들은 먹음직스러운 음식이 담긴 접시, 피가 흥건한 소시지처럼 혐오스러운 음식이 담긴 접시를 제시받았다. 그런데 이 음식 접시들은 0.4초와 1.6초 이외에 0.6초, 0.8초, 1초, 1.2초, 1.4초 등 모두 7가지 시간으로 주어졌다. 참여자들은 음식이 담긴 접시가 제시된 시간이 짧은 범주에 속하는지 긴 범주에 속하는지를 보고하였다. 실험 결과는 길다고 판단한 비율이 50%인 지점에 해당하는 시간이 얼마나 되는지를 심리측정함수를 이용하여 계산하는데 이를 주관적 동등점(PSE: Point of Subjective Equality)이라고 한다. 결과를 분석해 보니 참여자들은 혐오 음식은 0.94초, 좋아하는 음식은 0.9초에서 주관적 동등점을 보였다(그림 10-5). 즉, 혐오 음식이 좋아하는 음식보다 더 오랫동안 제시되었다고 평가한 것이다.

마주하는 대상에 대한 감정뿐만 아니라 충동성(impulsivity)과 같은 내적인 성격 요인도 시간 지각에 영향을 줄 수 있다. 여러 연구에서 충동적인 사람이 그렇지 않은 사람에 비해 기다리는 시간이 더 길다고 평가함을 보고하였다(Wittmann & Paulus, 2007). 어린이들도 잘 참지 못하는데 아마도 아직 인내심 훈련이 덜 되어 충동적이기 때문일 가능성이 있다. 어리다는 소리를 듣고 싶지 않으면 잘 기다려야 한다! 마지막으로, 내부 시계 모형은 감각 간 시간 지각 차이도 잘 적용된다. 일반적으로 들려준 소리가 똑같은 시간 동안 보여 준 불빛보다 더 길게 지각된다고 알려져 있다(Goldstone & Lhamon, 1974). 이 현상에 대한 가장 지지되는 설명은 소리 자극에 대한 페이스메이커의 펄스 생산량이 시각 자극에 대해 보다 더 크다는 것이다(Wearden, 1998). 같은 시간 동안 펄스가 많이 생산되므로 참여자는 그만큼 시간이 많이 흘렀다고 지각할 것이다.

주의와 시간

일상에서 무엇인가를 기다리는 일은 흔하다. 또한 기다리는 시간도 다양해서, 예를 들어 샤워할 때 온수를 틀고 몇 초 동안, 자장면을 시키고 몇 분 동안, 아내를 분만실에 들여보내고 복도에서 몇 시간 동안, 중요한 시험을 치고 며칠 또는 몇 개월 동안, 진정한 짝을 만나기 위해 평생 등이 있다. 대체로 기다리는 시간은 지루하며 쓸모없는 것처럼 느껴진다. 지하철이나 버스에서 사람들은 스마트폰으로 게임을 하거나 음악을 들으며 기다림의 부정적 정서에서 벗어나고 싶어

한다. 실제로 아무것도 하지 않기보다는 무엇인가로 빈 시간을 채우면 시간이 빨리 가는 것처럼 느끼곤 한다.

"A watched pot never boils."

주전자에서 물이 끓기를 기다리는 일은 더디다는 보고 있는 주전자 현상(watched pot phenomenon)은 매우 단순하지만 시간 지각에서 기대의 역할을 강력하게 함의한다. Cahoon과 Edmonds(1980)는 각각 10명씩 대학생을 두 집단으로 나누어 이 속담이 사실인지를 확인하였다. 실험자는 참여자를 개별적으로 실험실로 안내하고서, 한 집단의 참여자에게는 실험이 조금 늦어지고 있으니 실험을 준비하는 동안 기다리라고 하였다. 기다리는 동안 실험실에 포트에 있는 주전자에서 물이 끓기 시작하면 옆 방에 있는 실험자에게 알려달라고 부탁하였다. 다른 집단의 참여자에게는 실험이 늦어지고 있으니 기다려 달라는 말만 하였고, 주전자 이야기는 하지 않았다. 실험자는 실험실을 나간 후 240초 후에 돌아와서 기다린 시간을 주관적으로 평정해 보도록 요구하였다. 그 결과, 주전자에서 물이 끓고 있는지 말해 달라고 부탁한 집단의 참여자들이 시간이 더 오래 흐른 것으로 평정하였다. 이는 특정 사건을 기다릴 때 시간이 더디게 흐름을 시사한다.

기다림의 지루함을 내부 시계 모형으로 설명하는 방법은 각성을 이용하는 것이다. 즉, 지루하기 때문에 페이스메이커에서 펄스의 발생빈도가 크게 떨어지고 이로 인해 시간이 더디게 가는 것이다. 그렇지만 기다리면서 제자리에서 달리기하거나 쪼그려 뛰기를 하면 시간이 빨리 흐를까? 물론 가만히 있을 때보다 빨리 가겠지만, 여전히 지루하고 시간이 느리게 갈 것이다.

연구자들은 각성 이외에 주의 요인을 내부 시계 요인에 넣어 설명하려는 시도를 하였다. 그림 10-6에서 똑같은 양의 펄스가 생성되었을지라도 시간에 대한 주의에 따라 펄스 통과량이 다를 수 있는데 고주의 조건에서 생성된 펄스 대부분이 관문을 통과하지만 저주의 조건에서 펄스는 무시되어 사라진다(회색 막대 예시). 시간에 대한 주의가 높은 조건의 사람들은 주의가 낮은 조건의 사람들에 비해 흐린 시간이 많이 흘러 기다리는 시간이 길었다고 느낄 것이다. 예를 들어, 병원에서 아무 일도 하지 않아 시간에만 주의하는 사람은 다른 일에 정신 팔린 사람에 비해 시간이 많이 흘렀다고 지각할 것이다.

일련의 연구자들은 내부 시계 모형을 기본으로 하고 주의 효과를 설명하는 주의 요소를 추가하여 새로운 모형을 고민해 왔다. 마침내 주의 관문 모형(attentional gate model)이라고 불리며 설명이 탄생하였고(Gibbon 등, 1984; Zakay & Block, 1997), 오늘날 일상에서 다양한 시간에 관련된 현상들을 매우 성공적으로 설명한다(그림 10-7). 이 모형은 판단해야 할 시간을 미리 알고 있는 순

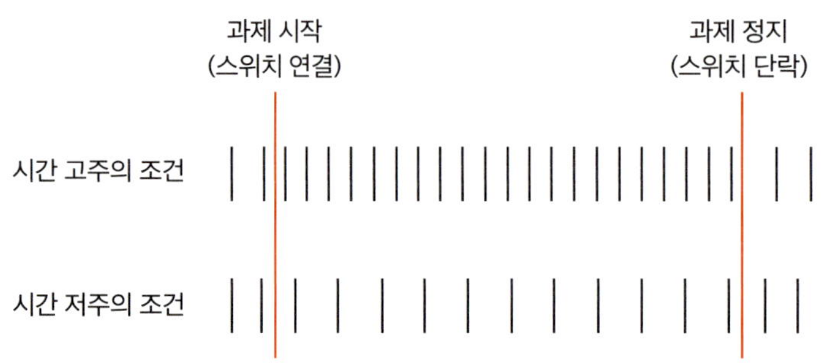

그림 10-6 펄스의 발생과 주의의 역할.

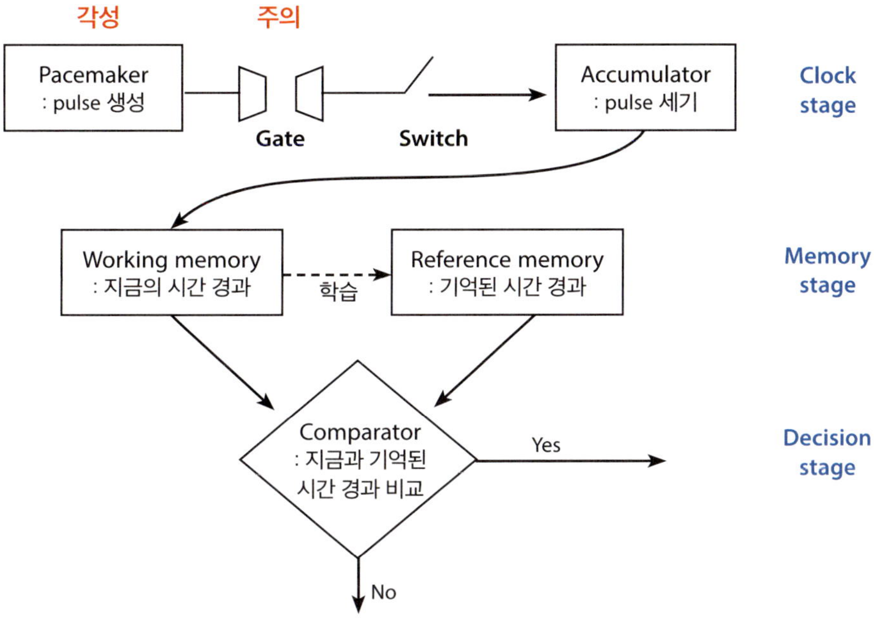

그림 10-7 순행 패러다임의 시간 지각에 대한 주의 관문 모형(Attentional gate model).

행 패러다임에만 적용됨을 주의해야 한다. 제시된 모형과 성분들에 대해 살펴보고 몇 가지 사례에 이 모형을 적용하여 이해해 보자.

페이스메이커(Pacemaker): 대체로 일정한 속도로 펄스를 생산하며 늘 작동하고 있다. 각성 수준에만 의존하며 각성이 높은 경우 펄스는 더 많이 뛰고, 각성이 낮은 경우 펄스는 느리게 뛴다. 예를 들어, 추 시계는 추가 1초에 한 번 왕복하며 이를 기반으로 초침, 분침, 시침이 돌아간다. 수정 시계에서 전극이 가해진 수정 진가가 초당 3만 2천 회 이상 반복해서 진동하며 이를 바탕으로 시간이 측정된다. 사람의 페이스메이커의 펄스 속도는 구체적으로 정해지지 않은 추상적인 개념이다.

관문(Gate): 페이스메이커에서 생성된 펄스가 누적기로 지나가는 사이에 있다. 펄스가 관문을 통과하는 양은 주의 수준에 따라 다르다. 사람이 시간 자체에 주의할 경우 생성된 펄스는 대부분 통과되고 다른 일에 몰두하여 시간에 주의하지 못하면 관문이 좁아져 통과하는 펄스의 양은 줄어든다.

스위치(Switch): 열리거나 닫히거나 둘 중 하나로만 작동하며 시간을 재야 하는 과제에서 "시작"과 동시에 연결되어 펄스가 통과하고 "그만"이라는 지시에 연결이 끊겨서 펄스는 통과하지 못한다.

누적기(Accumulator): 도달한 펄스의 횟수를 세는 장치이다.

작업 기억(Working memory): 누적기에 쌓인 펄스의 총수를 의식적으로 감시함과 동시에 과제에 할당된 시간을 기억하고 있어야 한다. 예를 들어, 만일 5초 동안 눈을 감았다 뜨라는 과제를 할 때 누적된 펄스 수가 5초에 해당하는지 감시한다. 고개를 돌려 벽에 걸려 있는 시계를 보았을 때 초침이 한참 동안 멈춰 서 있다가 움직이는 것을 경험해 본 적이 있는가?

만일 그랬다면 정지 시계 착시(stopped clock illusion)를 경험한 것이다. 시계를 보려고 눈을 돌리는 시간 동안 뇌는 이를 저장해 두었다가 초침의 움직임에 대해 그만큼 정지해 있는 것으로 계산하기 때문으로 풀이된다(Yarrow 등, 2001).

참조 기억(Reference memory): 시간에 대한 경험을 통해 특정 시간이 어느 정도로 짧고 긴지에 대한 기준이 된다. 예를 들어, 5초에 해당하는 기억과 10초에 해당하는 기억이 저장되어 있다.

비교기(Comparator): 작업 기억의 시간과 참조 기억의 시간이 일치하는지를 판단하여 계속 기다릴 것인지 아니면 작업을 중지할 것인지 정한다.

예 1) 어려운 과제를 할 때 시간이 빨리 가는 이유 가령 어떤 참여자가 5분 동안 어려운 과제를 한다고 가정하자. 과제에 주의를 빼앗기고 관문은 좁게 열린다. 페이스메이커에서 발생된 펄스는 단위 시간당 매우 적은 수만 관문을 통과한다. 평소에 펄스가 관문을 초당 1개씩 통과하여 5분은 300개(5x60)가 된다. 따라서 평소 같았으면 300개가 되었을 때 5분이 되었다고 판단할 것이다. 그런데 어려운 과제를 하여 초당 0.5개의 펄스만 관문을 통과한다고 하자. 300개가 되려면 실제 시계로는 10분이 되어야 한다. 실제 시계가 5분이 되었을 때 이 참여자의 누적기에는 여전히 150개의 펄스만 쌓여 있다. 즉, 기준 시간에 비해 시간이 조금밖에 흐르지 않았다고 판단할 것이다. 그런데 이때 시간이 다 되었다고 실험자가 알린다면 참여자는 벌써 시간이 그렇게 되었느냐고 놀랄 것이다. 바로 어려운 시험에서 시간이 빨리 가는 이유이다.

예 2) 기다리는 시간이 너무 느리게 가는 이유 시간에 주의가 쏠려 주의 관문이 활짝 열려 펄스가 너무 많이 지나가기 때문일 수도 있다. 아마도 다음 담배 피울 시간을 기다리는 흡연자와 충동적인 사람은 이 경우에 속할 것이다. 군대 이야기는 안 하겠다.

예 3) 터널을 막 빠져나오는 기차의 첫 번째 칸이 유난히 길게 지나가는 이유 기차 착시(train illusion)란 일련의 낯선 대상이 더 오랫동안 제시된 것처럼 보이는 현상이다(Rose & Summers, 1995). 맨 처음 또는 신기한 것과 마주할 때 많은 주의가 할당되어 단위 시간당 펄스의 수가 많이 쌓였기 때문으로 설명할 수 있다.

요약하면, 시간 자체에 주의하면 시간이 많이 흐른 것으로 지각되며 시간이 아닌 다른 일에 집중하여 시간에 주의하지 못하면 시간이 적게 흐른 것으로 지각된다. 혼란스러운 점은 시간이 빠르다는 느낌이다. 이는 주관적인 시간이 실제 시간 또는 일의 속도에 대한 느낌이다. 많이 흘렀다고 생각하였는데, 실제로 적게 흘렀다면 시간이 느린 것으로 평가되거나 다른 맥락 단서의 진행이 생각보다 더딜 때(예를 들어, 날이 저무는 것) 시간이 느리게 간다고 지각된다. 반면, 적게 흘렀다고 생각하였는데, 실제 시간이 많이 흘렀거나 맥락 단서의 진행이 빠르다면 시간이 빠른 것으로 평가될 것이다.

주의 관문 모형은 시간 지각에 관한 많은 현상을 매우 잘 설명한다. 그런데 이 모형의 핵심인 페이스메이커가 과연 우리 몸에 존재하는지에 대한 질문은 아직 이해되지 않은 수수께끼이다. 뇌의 어느 특정 영역에 펄스를 만들어 내는 기제가 있을까? 그렇지 않으면 여러 영역 사이에서 벌어지는 시간적 동조에 기반하여 페이스메이커가 작동할까?

시간과 수행

일상생활에서 우리는 시간이 부족한 경우 허둥대다 일을 그르치곤 한다. 늦잠을 자고 일어나 기차 시간에 맞추기 위해 집에서 황급히 짐을 싸서 택시를 잡아타고 기차역에 간신히 도착한다. 가까스로 막 떠나는 기차를 타고 좌석에 앉아 안도의 숨을 내쉴 때, 휴대폰을 집에 두고 왔다는 사실을 깨닫는다! 이렇듯 시간이 부족할 때 사람들은 중요한 것을 챙기지 못하는 실수를 하곤 한다. 한편, 대학 입학을 위해 치르는 대학수학능력시험을 치를 때 높은 시간 압력 속에 머리를 쥐어짜는데, 평소와 달리 잘 풀던 유형의 문제도 쉽게 풀지 못한다.

Kellogg 등(1999)은 시간 압력과 불안 정도가 산수 문제 풀기에 어떻게 영향을 주는지를 살펴보았다. 산수 불안 정도에 따라 세 집단으로 나눈 대학생들에게 산수 문제를 풀게 하면서, 이 세 집단을 다시 각각 둘로 나누어 한 집단에는 필요한 시간의 70%만 주며 실험자는 초시계를 보여 주면서 빨리 풀기를 지시하였고, 다른 집단에는 충분히 시간을 주며 천천히 정확하게 풀 것을 지시하였다. 시험 문제는 [6+9=?], [15÷5=?]와 같은 간단한 것에서부터 [3χ+4=31일 때, χ=?]처럼 다소 어려운 것까지 다양하였다. 결과 분석에서 풀지 못한 문제의 개수와 틀린 답의 개수의 합을 구하였다. 그 결과, 그림 10-8에 나타난 것처럼 시간 압력을 받은 집단의 수행률이 저조하였다. 따라서 시간 압력은 산수와 같은 인지 능력이 요구되는 과제를 수행하는 데 부정적인 영향을 미치는 것으로 보인다. 시간 압력을 받은 집단이 그렇지 않은 집단에 비해 실제로 시간을 덜 부여 받았기 때문에 충분히 실력 발휘를 하기 어려웠기 때문에 실험 결과는 당연해 보인다. 흥미로운 결과는 불안이 클수록 시간 압력이 있건 없건 상관없이 수행률이 떨어졌다는 점이다. 여기에 시간 압력을 받으면 그만큼 모든 불안 정도 조건에서 일제히 수행률이 떨어졌다. 즉, 평소에 불안 정도가 높은 사람들은 시간과 관계없이 시험 장면에서 제 실력을 발휘하기 어렵지만, 시간 압력이 가해지면 추가로 더 시험을 잘 보지 못하는 것으로 해석된다.

DeDonno와 Demaree(2008)는 시간 압력이 빠른 의사 결정이 필요한 상황에서 어떻게 수

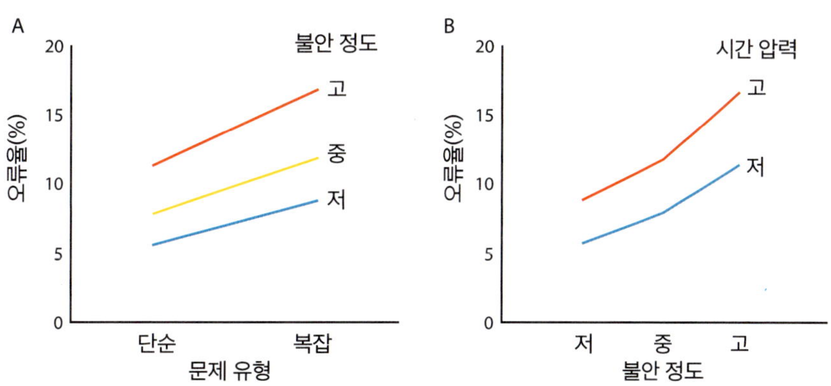

그림 10-8 Kellogg 등(1999)의 실험 결과.

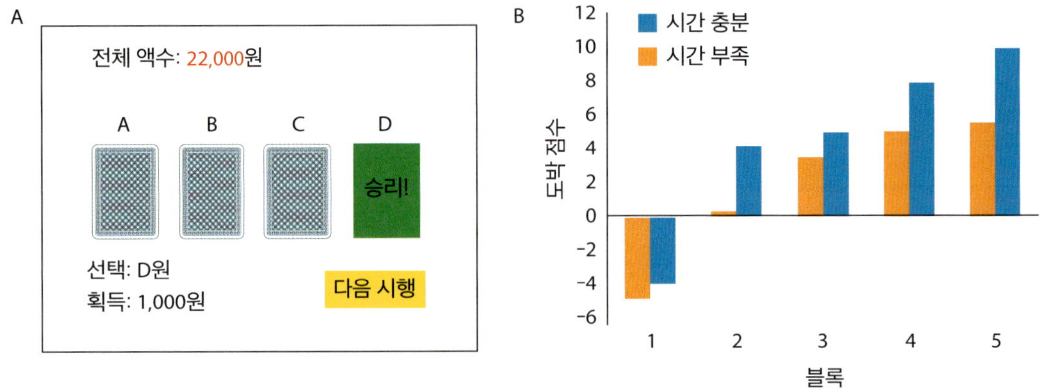

그림 10-9. (A) 아이오와 도박 과제 예시. (B) 실험 결과(DeDonno & Demaree, 2008).

행에 영향을 미치는지를 살펴보았다. 연구자들은 **아이오와 도박 과제**(IGT: Iowa Gambling Task)를 사용하였다. 이 과제는 Bechara 등(1994)이 개발한 것으로, 네 묶음의 카드로 구성된다. 참여자는 맨 처음에 2,000달러를 받고 시작하는데, 네 묶음 가운데 카드 한 장을 고를 때마다 일정한 액수의 돈을 따거나 잃는다. 두 묶음에 속한 카드는 따는 액수보다 잃는 액수가 많으며, 다른 두 묶음의 카드는 따는 액수가 잃는 액수보다 더 많도록 미리 프로그램되어 있었다. 그렇지만 매번 이 이득/손실이 일관되게 나타나지 않고 확률적으로만 나타나 이 규칙을 학습하기 위해서는 많은 시행을 경험해 보아야 한다. 정상적인 인지 기능을 가진 사람들은 대체로 이 과제를 하면 할수록 돈을 더 따는 것으로 알려져 있다.

DeDonno와 Demaree(2008)의 실험에서, 참여자들은 두 집단으로 나뉘었는데, 한 집단은 카드로부터 규칙을 학습하는 데 충분한 시간이 할당되었다는 지시를 받았고, 다른 집단은 시간이 부족하게 할당되어 있다는 지시를 받았다. 그렇지만 두 집단 모두 카드를 고르는 매 시행에 대한 제한 시간은 2초로 같았다. 100개의 시행이 하나의 회기로 구성되어 모두 5회기를 각 참여자가 완성하였다. 실험 결과 회기를 경험할수록 시간 압력 조건과 통제 조건 모두에서 돈을 따는 경향이 강하게 나타났다. 그런데 5회기 모두에서 시간 압력 집단의 참여자들이 벌어들이는 수입은 그렇지 않은 집단의 사람들에 비해 낮았다(그림 10-9). 이 결과는 의사결정 상황에서 시간 압력은 아마도 인지 기능을 저하시켜 비효율적인 결정을 내리도록 유도하는 것으로 평가된다.

이 두 실험을 종합하면, 시간 압력은 인지 기능이 필요한 수행에서 좋지 않은 역할을 하는 것으로 나타난다. 그렇지만 일상생활에서 시간 압력이 모든 경우에서 부정적인 역할을 하는 것이 아님을 우리는 잘 안다. 시간 압력이 없다면 시험일이 다가와도 공부를 게을리할 가능성이 클 것이다. 또한 청소와 같은 단순한 작업에서 시간 압력은 오히려 높은 수행력을 가져올 가능성도 있다. 그러므로 시간 압력이 어떤 조건에서 긍정적인 효과가 있고 어떤 조건에서 부정적인 효과가 있는지를 잘 살펴 이해해야 할 것이다.

기다림과 대처

레스토랑, 미용실, 병원 등에서 오랫동안 차례를 기다린 적이 있을 것이다. 기다리는 시간이 지루하지 않도록 운영자들은 대기실에 TV를 켜 두거나 잡지를 놓아 다른 일에 몰두하도록 한다. 미국의 엘리베이터 회사인 Otis는 1852년 세계 최초로 추락의 염려를 기계적인 장치로 없앤 엘리베이터를 세상에 내놓았다. 그런데 사람들은 엘리베이터 안에 있을 때 너무 느리다고 불평을 하였다. 아마도 좁은 공간이 부정적인 감정을 일으켜 시간이 더 느리게 지각될 가능성이 있었을 것이다. 그런데 기술자들이 엘리베이터 속도를 바꾸기보다 엘리베이터 벽면에 거울을 배치하자 엘리베이터가 느리다는 불평이 크게 줄어들었다. 거울이 시간에 대한 주의를 빼앗았기 때문일 것이다. 이렇게 기다리는 시간에서 오는 심리적 불편을 줄이는 일은 상업적으로 중요할 수 있다. 이에 대한 시간 연구도 다양하다. 예를 들어, 유명 레스토랑은 기다리는 줄이 긴데, 기다리는 시간에 메뉴를 보고 있으면 시간이 짧은 것처럼 느껴진다(Bae & Kim, 2014).

Thompson 등(1996)은 미국에서 병원 응급실을 방문한 환자 1,631명을 대상으로 대기 시간과 병원 만족도를 조사하였다. 응급실에 와서 의사를 만날 때까지 평균 38분이 걸렸고, 응급실에 와서 모든 절차를 밟고 응급실을 떠난 시간은 2시간 22분으로 조사되었다. 자료 분석 결과, 의사를 만나기 전까지 걸린 시간 자체는 병원 만족도 사이에 큰 상관은 없는 것으로 나타났다! 즉, 오래 기다렸다고 해서 만족도가 떨어지는 것은 아니었다. 그렇지만 지각된 시간과 만족도는 상관이 컸는데, 의사를 생각보다 빨리 만난 것처럼 느낄 때 그렇지 않을 때보다 병원 만족도가 높았다. 그 외에 기다리는 사이에 병원 직원들(간호사, 의사, 행정원)이 말해 주는 절차가 어떻게 진행되고 있는지에 대한 정보를 듣는 것과 직원들이 얼마나 친절하게 대해 주는지 역시 병원 만족도와 정적인 상관이 있었다. 따라서 대기 시간이 짧게 느껴지게 하고, 정보 제공과 친절도를 높이는 게 병원의 만족도를 높일 수 있는 것으로 추론된다.

우리나라 응급실의 형편은 미국과 조금 다르다. 2016년 국립중앙의료원 산하 중앙응급의료센터에서 응급실 이용자 5,000명을 대상으로 진행한 응급의료서비스 인지도 및 만족도 조사를 살펴보면 대기 시간, 의료 비용, 친절도, 정보 제공 등이 병원 만족도와 큰 관련이 있었다. 이 가운데 우리나라의 친절도와 정보 제공은 크게 증진되어 만족감이 높았지만 대기 시간에 대한 불만은 매우 높게 나타났다. 2016년 보건복지부에서 응급의료기관 평가결과 발표에 따르면, 우리나라 응급실에 중증 환자가 머무는 전체 시간은 전국 평균 6.7시간이었다(상위 20개 병원은 12시간에 이른다). 이는 앞서 Thompson 등(1996)이 보고한 미국의 2시간 22보다 거의 세 배 긴 시간이다. 우리나라 응급실의 경우 대기하는 물리적 시간이 너무 길기 때문에 지각된 시간 역시 증가하여 병원 직원들의 친절도와 정보 제공 등이 갖는 효과는 작을 것으로 추론된다. 우리나라와 미국의 응급실 환경은 다르므로 직접적인 비교는 어렵다. 미국의 경우 지나칠 정도로 의료 비용이 높기 때문에 환자가 적어 대기 시간이 짧으며, 우리나라의 경우 응급 환자가 아닌 환자들이 많아 대기 시간이 긴 측면도 있기 때문이다.

Gorn 등(2003)은 웹사이트를 열고 페이지가 완전히 열릴 때까지 화면 색이 기다리는 시간에 어떤 관련이 있는지를 탐구하였다. 화면이 열리는 동안 '다운로드 중'이라는 문구와 함께 17.5초가량 파란색, 노란색, 빨간색 배경 화면이 보였다. 참여자들은 화면이 얼마나 편안한지 그리고 얼마나 기다리는 시간이 짧았는지를 9점 척도를 이용해 보고하였다. 실험 결과, 파란색이 노란색과 빨간색에 비해 편안하고 기다리는 시간이 더 짧게 느껴진다고 평가되었다. 그러므로 이 결과는 편안한 상태는 지루함을 덜 느끼게 해 줌을 시사하는 것으로 보인다.

Harrison 등(2010)은 컴퓨터에서 다운받을 때 진행 막대가 어떤 모양일 때 기다리는 시간

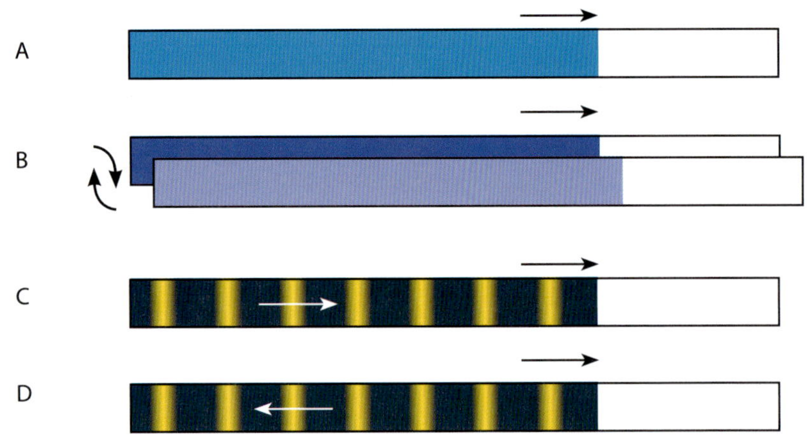

그림 10-10 다운로드 진행 막대 유형들. (A) 색 막대가 고정된 속도로 늘어난다. (B) 막대가 늘어남과 동시에 어두움과 밝음이 번갈아 제시된다. (C) 막대가 늘어남과 동시에 리본이 앞으로 진행한다. (D) 막대가 늘어남과 동시에 리본이 역으로 후퇴한다.

이 짧은지를 연구하였다. 이 연구에서 진행 막대는 여러 가지 움직임을 띠었다. 단순히 색 막대가 오른쪽으로 늘어나는 것, 막대가 늘어남과 동시에 색 명도가 밝음과 어두움을 번갈아 제시되는 것, 안에 들어 있는 리본이 색 막대와 별개로 움직이는 것 등이 있었다(☞http://chrisharrison.net/index.php/Research/ProgressBars2). 참여자들은 진행 막대를 2개씩 짝지어 하나씩 5초 동안 제시받으면서 어느 쪽이 더 시간이 빠르게 흐른 것처럼 지각되는지를 보고하였다. 실험의 주요 결과는 색이 고정되어 늘어나는 것에 비해서는 색 명도의 교체가 있는 막대가, 그리고 교체빈도가 더 높은 막대가 더 시간이 짧은 것으로 지각되었다. 막대 안에 리본이 있는 경우 리본이 앞쪽으로 진행하는 것보다 뒤쪽으로 진행하는 것이 더 시간이 짧다고 평가되었다. 전체적으로 리본이 들어 있으면서 뒤로 후퇴하는 그림 10-10의 D 유형이 가장 시간이 짧게 지각되었다. 이 결과는 움직임 지각이 기다리는 시간 지각과 관련이 있음을 시사하는데, 빠른 속도는 짧은 시간이라는 연합된 경험 때문일 가능성이 있다.

시간과 권태

마음속의 일 또는 주변의 일에 집중하지 못할 때 지루함 또는 권태(boredom)를 느낀다. 신경 수준에서 같은 자극의 반복적인 제시에 따른 신경의 피로 또는 적응으로 지루함을 설명할 수도 있지만, 일상생활에서 권태라고 하면 흔히 물체, 사람, 결혼 생활, 환경, 일 등 높은 수준의 심리적 대상에 관한 것이다. 작가 이상의 수필 *권태*에도 잘 기술되어 있듯이 권태는 불쾌한 정서를 동반하므로 사람들은 피하고 싶어 한다(☞샛길 1). Wilson 등(2014)의 실험에서, 사람들은 텅 비어 있는 방에서 자유롭게 생각만으로 시간으로 보내라고 했을 때 대체로 6~15분 이상을 지나면 불쾌한 감정을 느낀다. 심지어 버튼을 눌러 발목에 약한 정도의 전기 쇼크를 줄 수 있는 조건에서 남성의 71%와 여성의 26%는 지루함보다 전기 쇼크를 택하였다. 권태는 특정 대상, 환경, 일 등의 상황적인 이유 때문에 또는 성격과 같은 내부적인 성향 때문에 일어날 수 있다.

일상생활에서 권태와 시간은 밀접한 관련이 있다. 예를 들어, 지루하다는 표현은 시간이 느리게 간다는 뜻이며 시간이 느리게 간다는 표현은 지루하다는 뜻이기도 하다. 따라서 느린 시간과 지루함은 서로 인과관계가 되기도 한다. 먼저, 시간이 기대한 것보다 얼마 가지 않았다는 것

샛길 1 **이상의 *권태***

어서… 차라리 어두워 버리기나 했으면 좋겠는데… 벽촌의 여름날은 지루해서 죽겠을 만큼 길다. 동에 팔봉산, 곡선은 왜 저리도 굴곡이 없이 단조로운고? 서를 보아도 벌판, 북을 보아도 벌판, 아, 이 벌판은 어쩌라고 이렇게 한이 없이 늘어놓였을꼬? 어쩌자고 저렇게 똑같이 초록색 하나로 돼먹었노?

농가가 가운데 길 하나를 두고 좌우로 한 10여 호씩 있다. 휘청거리는 소나무 기둥, 흙을 주물러 바른 벽, 강낭대로 둘러싼 울타리, 울타리를 덮은 호박덩굴, 모두가 그게 그것같이 똑같다. 어제 보던 댑싸리 나무, 오늘도 보는 김 서방, 내일도 보아야 할 흰둥이 검둥이.

해는 100도 가까운 볕을 지붕에도 벌판에도 뽕나무에도 암탉 꼬랑지에도 내리쬔다. 아침이나 저녁이나 뜨거워하며 견딜 수가 없는 염서가 계속이다. 나는 아침을 먹었다. 할 일이 없다. 그러나 무작정 널따란 백지 같은 '오늘'이라는 것이 내 앞에 펼쳐져 있으면서 무슨 기사라도 좋으니 강요한다. 나는 무엇이고 하지 않으면 안 된다. 무엇을 해야 할 것인가 연구해야 한다. ….

- 이상의 *권태* 중에서 -

을 알면 지루하다고 지각할 수 있다. 한 실험에서(London & Monell, 1974), 모든 참여자는 실제로 20분을 간단한 실험 과제로 보냈는데, 그들에게 보이는 시계가 실제보다 빠르거나 느리게 가도록 조작되었다. 한 집단은 시간이 10분만 흐른 것으로 보였고, 다른 집단에게는 30분이 지난 것처럼 시간이 보였다. 나중에 과제가 얼마나 흥미로웠는지/지루했는지 물었을 때, 10분 조건의 참여자들이 과제가 더 지루했다고 보고하였다. 즉, 30분이 흐른 조건의 참여자들은 "벌써 30분이나 흘렀어!" 하고 지나간 시간이 길수록 과제가 재미있었기 때문이라고 해석하였다.

반대로, 똑같은 환경이라도 권태로움을 잘 느끼는 사람에게 시간은 느리게 지각될 수 있다. 이것은 고등학교 시절 방학 때 보충수업으로 들었던 수학 시간을 떠올려 보면 잘 알 수 있다. Danckert와 Allman(2005)은 이를 실제로 검증해 보기로 하였다. 이 연구에는 476명의 남녀 대학생이 참여하였다. 권태 성향 질문지(☞샛길 2)를 완성하였고, 평균을 중심으로 표준편차 1 이상 점수를 권태 성향이 높은 집단으로 (남자 118점 이상, 여자 113점 이상), 표준편차 -1 이하는 낮은 집단으로 (남자 82점 이하, 여자 79점 이하) 분류되었다. 실험 결과, 권태 성향이 높은 집단이 낮은 집단에 비해 제시 시간이 더 많이 흐른 것으로 보고하였다. 즉, 시간이 더 느리게 흐른 것으로 지각한 것이다.

산업 장면에서 지루함은 업무 성과와 밀접한 관련이 있다. 따라서 작업에서 지루함을 일으키는 요인들이 많이 연구되었다. 예를 들어, 능동성(activity) 요인은 같은 일이어도 남이 시킨 일은 지루하게 느끼는 것과 관련이 있다. 한 실험에서, 참여자들은 듣기 과제에 참여하였는데, 한 집단에는 언제든지 과제를 그만두고 나갈 수 있다고 하였고, 다른 집단에게는 듣기 싫어도 끝날 때까지 나갈 수 없다고 들었다. 듣기 과제가 끝나고 과제가 얼마나 흥미로웠는지/지루했는지 물었을 때, 자유롭게 나갈 수 있는 참여자들이 과제가 더 흥미로웠다고 보고하였다(Troutwine & O'Neal, 1981). 단순한 일을 되풀이하는 반복(repetition)은 지루함을 일으키는 중요한 요인인데 개인의 권태 성향은 이를 더 증가시킨다. Hamilton 등(1984)의 연구에서 참여자들은 연속 수행 과제(CPT: continuous performance task)를 하였는데, 예를 들어 화면에 4 다음에 6이 나올 경우만 버튼을 눌러야 하였다. 이 과제에서 권태 성향이 높은 사람일수록 이 과제에서 실수가 잦았다. 다른 연구에서, 권태 성향이 높은 사람일수록 일상생활에서 주의력이 부족한 행동이 자주 있는 것으로 나타났다(Malkovsky 등, 2012).

권태 성향은 우울, 불안, 외로움, 분노, 공격성, 비사회성, 약물과 알코올 중독 등 부정적 행동과 관련이 있다고 알려져 있다. 그렇지만 늘 어두운 면만 있는 것은 아니다. 권태는 부정적인 정서를 동반하므로 이를 벗어나 새로움을 추구하려는 동기가 되기도 한다(Bench & Lench, 2013; Elpidorou, 2014). 또한 권태는 창의성과 관련이 있는데, 따분한 글짓기나 글쓰기로 시간을 보낸 사람들이 더 창의적인 모습을 보인다(Mann & Cadman, 2014). 남성에 비해 여성이 권태로움을 더

샛길 2 권태 성향 척도(Boredom Proneness Scale, BPS, Farmer & Sundberg, 1986)

1. **일상생활의 활동에 쉽게 집중할 수 있다.** (역)
2. 일하면서 다른 것들을 자주 걱정하곤 한다.
3. 시간이 늘 느리게 가는 것 같다.
4. 자주 할 게 없고 무엇을 해야 할지 모르겠다.
5. 자주 의미 없는 일에 걸려들곤 한다.
6. **남의 가족 동영상이나 여행 사진을 보는 일은 너무 지루하다.**
7. 마음속에 늘 하고 싶은 일들이 있다. (역)
8. **나는 즐거운 일을 쉽게 찾아내곤 한다.** (역)
9. **내가 해야 하는 많은 일이 반복적이고 단조롭다.**
10. 다른 사람들보다 더 큰 자극이 필요해야 일을 하게 된다.
11. **내가 하는 대부분의 일이 신난다.** (역)
12. 나는 내가 하는 일에 좀처럼 흥분하지 못한다.
13. **어떤 곳에서도 관심거리를 쉽게 찾을 수 있다.** (역)
14. 나는 거의 아무 일도 하지 않은 채 앉아 있곤 한다.
15. 나는 참을성 있게 기다릴 줄 안다. (역)
16. 종종 시간을 주체하지 못할 만큼 아무것도 할 일이 없다.
17. 기다리거나 대기 줄에 있을 때 가만히 있기 몹시 어렵다.
18. 새로운 아이디어 때문에 종종 깨곤 한다. (역)
19. **나는 흥분할 정도의 직업을 찾기는 몹시 어려울 것 같다.**
20. 지금보다 훨씬 더 도전적인 일을 하고 싶다.
21. 내 능력에 못 미치는 하찮은 일들을 하며 지내는 것 같다.
22. **나는 창의적이고 상상력이 풍부하다는 소리를 많이 듣는다.** (역)
23. 모두 하기 어려울 만큼 관심 있는 일들이 너무 많다. (역)
24. **어떤 일에 빠지면 다른 동료들에 비해 오래 일을 붙잡고 있는 편이다.** (역)
25. **위험한 상황을 빼곤 나는 대부분 시간이 지겨워 죽을 지경이다.**
26. 많은 변화와 다양한 일이 계속되어야 행복하다.
27. **TV나 영화는 늘 같은 것들이 나오는 것 같아 질린다.**
28. **어렸을 때, 내가 살던 환경은 자주 단조롭고 따분하였다.**

*결코 아니다(1)부터 아주 그렇다(7)까지 7점 척도이며, 총점은 28~196점까지 가능하다. 총점이 높을수록 권태 성향이 크다는 것을 나타낸다. 역 문항에서 1, 2, 3, 4, 5, 6, 7을 각각 7, 6, 5, 4, 3, 2, 1로 변환해야 한다. 굵은 글씨는 Vodanovich 등(2005)이 단축하여 내놓은 질문들로 1, 8, 11, 13, 22, 24는 내부 요인으로, 6, 9, 19, 25, 27, 28은 외부 요인으로 나눈다.

잘 느낀다고 알려져 있는데(Sundberg 등, 1991), 그래서 남성들이 더 위험한 행동을 추구하는지도 모를 일이다.

권태 성향이 개인의 성향으로만 비쳐서는 안 될 것이다. 현대 사회라는 환경이 권태를 높이는 측면도 있다. 의학과 기술의 발달로 남는 시간이 크게 늘고 있기 때문이다. 앞으로 인공지능이 지배할 미래 사회에서 권태는 훨씬 심각한 문제가 될지도 모른다. 지루함과 흥미는 사인파의 곡선처럼 서로 번갈아 진행된다고 가정했을 때 지루함의 시간은 꼭 필요한 것인지도 모른다. 스마트폰이나 게임 등으로 채우기보다는 지루함에 직면하여 가치 있는 시간이라는 자세를 갖고 생각하는 것이 몰입해야 할 때가 오면 도움이 될 것이다.

Damrad-Frye와 Laird(1989)는 지루함을 귀인 이론으로 설명하고자 하였다. 즉, 어떤 대상에 주의를 잘하지 못했다면 그 대상이 지루했기 때문이라고 사람들은 귀인 한다는 것이다. 이 가설을 증명하기 위해 참여자들에게 듣기 과제를 주면서 주변 소음을 3가지 수준으로 제시하였다. 이들의 예상에 따르면, 소음이 없는 조건에서 참여자들은 과제에 집중할 수 있기 때문에 과제가 흥미롭다고 귀인할 것이고, 시끄러운 조건에서 참여자들은 자신들이 과제에 주의하지 못한 것이 아니라 시끄러운 소음이라는 것을 분명히 알기 때문에 역시 과제가 흥미롭다고 귀인할 것이다. 그렇지만 중간 수준의 소음에서 참여자들은 소음에 방해는 받으면서도 이에 대해 뚜렷한 확신이 없기 때문에 과제가 지루했다고 귀인할 가능성이 있다.

듣기 과제는 자기 효능 치료에 관한 유명 심리학 저널에 실린 글을 육성으로 15분 동안 듣는 것으로, 참여자들은 이 듣기 과제가 끝나면 이 일에 대한 느낌과 무엇을 기억하고 있는지를 묻게 될 것이라고 들었다. 시끄러운 소음 조건에는 30명이 참여하였는데, 옆방에서 TV 소리가 크게 들렸다. 중간 소음 조건에는 30명이 참여하였고, TV 소리는 귀를 기울이면 들릴 정도의 세기였다. 31명이 참여한 무소음 조건은 아무런 소음 없이 조용하였다.

과제가 끝나고 듣기가 얼마나 지루했는지를 물었는데 혹시 연구 목적을 위장하기 위해 녹음된 목소리 주인공이 말이 많은 사람인지, 화가 났는지, 피곤한지 등의 질문들에 섞어 과제가 얼마나 즐거웠고 흥미로웠는지에 관한 질문을 던졌다. 답변은 양 끝에 '아주 아니다'와 '아주 그렇다'는 표시가 달린 14cm 길이의 막대에 빗금을 치게 하여 이뤄졌다. 최종 점수는 1cm 단위로 칸을 나누어 빗금이 들어 있는 칸에 점수를 할당하여 1점부터 15점까지 환산되었다.

실험 결과, 주변 소음이 과제를 방해했다는 응답이 중간 소음 조건에서 4명이 시끄러운 소음 조건에서 17명이 나왔고, 무소음 조건에서는 아무도 방해받지 않았다고 보고하였다. 그런데 듣기 과제가 지루했냐는 질문에 무소음과 시끄러운 소음 조건에서 각각 7명(약 23%)이 그렇다고 보고하였고, 중간 소음 조건에서 16명(53%)이 그렇다고 보고하였다.

몰입과 시간

몰입은 권태와 정반대의 현상이다. Csikszentmihalyi(1997)에 따르면 몰입(flow)하는 사람은 몇 시간도 한순간으로 느껴지는 시간 개념의 왜곡을 경험한다. 이는 시간 지각에 대한 주의 관문 모형이 매우 잘 설명한다. 즉, 일에 집중하면 시간에 주의하기 어려워 그만큼 펄스가 누적되는 것을 놓칠 수 있기 때문이다. 그렇다면 몰입을 잘하는 성격의 사람들이 시간이 빠르다고 지각할까? Conti(2001)는 이 질문에 답하고자 하였다. 그의 실험에서 참여자들은 실험 전에 작업 선호 검사(Work Preference Inventory)를 먼저 수행하였다. 이 검사는 스스로 알고자 하는 지식을 추구하는 내적 동기(intrinsic motivation)가 높은지 보상에 의해 일의 동기가 발생하는 외적 동기(external motivation)가 높은지를 나눌 수 있다. 조사 결과, 내적 동기가 강한 사람일수록 시간에 대한 의식이 둔하다는 사실이 밝혀졌다. 이들은 시계를 자주 보지 않고 종종 시간을 잊곤 하였다.

나이와 시간

세월이 쏜 살처럼 빠르다거나 세월이 흐르는 물 같다는 말이 있듯이 시간이 빠르게 흐른다는 표현은 속담처럼 흔하다. 아마도 이런 표현은 적어도 나이가 50세는 지난 성인들이 지난 세월을 돌이켜 볼 때 더 실감 날 것이다. 실제로 나이가 들면 시간이 빠르게 간다는 소감들이 많다. 그렇다면 왜 그럴까? 그동안 다양한 설명이 직관적인 사람들에 의해 또는 엄격한 실험을 통해 전문 학자들로부터 제안되었다.

앞에서 저장-크기 모형은 기억의 양과 종류가 적을수록 시간이 빠르게 흐른다고 제안함을 배웠다. 따라서 노인의 경우 기억할 만한 일을 자주 하지 못했거나, 일은 했는데 기억력이 떨어져 빈 시간이 많이 회상될 가능성이 있다. 그렇다면 시간이 적게 흘렀다고 생각했는데 실제 시간은 훨씬 앞서 있어 시간이 빠르다고 느낄 것이다. 또 다른 기억 이론에 따르면, 어린 시절에 경험하는 것들은 대부분 처음일 가능성이 크며 나이가 들면서 경험하는 일들은 이미 경험했던 것과 같거나 비슷할 가능성이 클 가능성에 주목한다. 예를 들어, 이성과 첫 만남이 가장 기억에 남을 것이다. 또한 대학교 4학년 때보다 1학년 때가 더 기억에 남을 것이다. 기억 이론에서 처음 경험한 일들이 간섭이 적어 매우 잘 기억되므로 노인이 되어 경험되는 비슷한 일들은 쉽게 잊혀 결국 기억에 남지 못할 것이다. 그래서 시간이 빨리 지났다고 느낄 것이다(Draaisma, 2004).

기억 이외에 고려해야 할 다른 요인은 시간 비교의 상대성이다. 노인의 경우 운동 능력이 크게 저하된다. 젊었을 때 짧은 시간에 해낼 수 있던 일들이 나이가 듦에 따라 힘에 부쳐 같은 일이라도 시간이 점점 더 걸릴 것이다. 예를 들어, 횡단보도에서 길을 건널 때 보행이 느려지면서 신호가 매우 짧게, 즉 시간이 빠르게 느껴질 것이다. 집에서 고정적으로 하는 일들도 더 많은 시간이 필요해짐에 따라 늘 일에 쫓기게 되면서 시간이 빠르게 느껴질 것이다. 한편, 프랑스 심리학자 Janet(1877)는 시간은 나이에 상대적으로 평가된다는 비율 이론을 제안하였다. 나이가 들면서 1년이라는 기간이 점점 짧게 느껴질 수 있는데, 이는 살아온 평생에 비해 1년이 갖는 상대적인 크기가 점점 줄어들기 때문이다. 즉, 10세인 소년에게 1년은 평생의 10%이지만 100세인 노인에게 1년은 1%에 불과하다. 따라서 노인에게 1년은 매우 짧고 빠른 시간일 것이다. 마지막으로, 저자가 생각하기에 일상적인 경험에서 오는 교훈에 따르면 과거와 현재의 시간은 미래의 특정 사건을 기준으로 평가되곤 한다. 예를 들어, 좀 더 일하고 싶은 근로자에게 은퇴가 다가올수록 시간이 빠르게 지각될 것이다. 월급을 마련해야 하는 기업체 사장에게는 월급날이 다가올수록 시간이 빠르게 지각될 것이다. 서서히 삶을 정리하는 노인에게 얼마 남지 않은 삶을 떠올린다면 시간은 매우 빠르게 흐를 것이다. 만일 미래 사건이 긍정적인 것이라면 반대로 시간이 느릴 것이다. 제대 날짜를 생각하는 군인은 시간이 매우 느릴 것이다. 따라서 미래 사건의 가치에 따라 시간이 다른 속도로 흐르므로 이를 잘 살펴서 이해해야 한다.

실험실 실험을 통해서도 나이와 시간 지각의 관계를 이해하려는 노력이 많았다. 주의 관문 모형은 각성 수준과 주의에 따라 펄스가 느리게 쌓이면 시간이 적게 흘렀다고 판단된다고 설명한다. 노인의 경우 신진대사가 떨어져 각성 수준이 낮아질 때, 시간에 대한 주의력이 떨어지고 일에 대한 주의력이 증가할 때 이런 상황을 맞을 것이다. 또한 참조 시간 성분에 문제가 생겨 느린 방향으로 조율될 가능성이 있다. 예를 들어, 5분에 대한 기억이 6분으로 바뀐다면 기준 시간에 도달하기 위해서는 펄스가 훨씬 많아져야 한다. 그렇지 않으면 시간은 적게 흘렀다고 판단할 것이다. 그런데 실제 시간은 훨씬 많이 흘렀거나 다른 맥락 단서의 진행이 생각보다 많이 되어 있다면 시간이 빠르다고 느낄 것이다.

Block 등(1998)은 나이와 시간 지각의 관계에 대해 메타 분석을 하였다. 먼저, 'time perception'을 키워드로 9,000개 이상의 논문을 인터넷으로 찾았다. 다음으로 초록을 살펴보고 연구 목적이 부합하고 분석에 대한 자료를 충분히 제공하는 것으로 평가되는 16편의 논문을 최종적으로 골라 분석하였다. 이 연구들은 모두 순행 패러다임을 사용하여 일정한 시간을 경험하게 하고 노인과 젊은 집단의 참여자들에게 구두 보고 또는 재생을 하도록 요구하였다. 분석에 따르면 대부분 논문에서 60세 이상의 노인은 더 어린 성인들에 비해 기준 시간을 더 길게 지각하는 것으로 나타났다. 다른 과제도 없어 주의 수준이 비슷하게 통제된 연구들이었기 때문에 노인의 페이스메이커가 발생시키는 펄스의 비율이 오히려 젊은 성인보다 더 높았을 것이라고 추론되었다. 따라서 노인의 페이스메이커 또는 생체 시계가 느려 시간이 빠르게 느껴지는 현상을 설명하기는 어려운 것으로 보인다.

이 연구들은 노인의 시간이 젊은 사람들보다 더 짧게 지각될 것이라는 예상과 정반대의 결과이다. 그렇지만 순행 패러다임으로 나이가 들면 시간이 빠르다는 현상을 설명하는 데 한계가 있을 수 있다. 왜냐하면 이 소감은 대체로 실험실이 아닌 일상적인 맥락에서 주로 나왔다고 가정한다면 역행 패러다임에 더 가깝기 때문이다.

시간과 인과성

천문학자 Arthur Eddington은 1928년 그의 저서에서 시간의 화살(arrows of time)이라는 개념을 제안하였다. 많은 물리 사건이 시간적으로 대칭적이다. 즉, 시간이 거꾸로 가더라도 그 사건이 잘 설명된다. 예를 들어, 뉴턴의 작용 반작용 법칙이 잘 적용되는 무중력 상태에서 두 물체의 충돌을 보자. 물체 A가 서 있는 물체 B로 다가가 충돌하여 B가 다른 방향으로 움직였다고 하자. 만일 이 사건은 시간이 반대로 흘러 사건이 되풀이되어도 물리 법칙을 어기지 않는다. 물체 B가 움직여 물체 A를 충돌시켜 움직였기 때문이다. 하지만 어떤 물리적 사건들은 시간적으로 한 방향으로만 일어나야 타당하다. 예를 들어, 공중에서 떨어지는 유리잔은 점점 빨라지다 땅에 부딪혀 산산조각이 나고 만다. 만일 시간을 다시 돌렸을 때 산산이 부서진 유리 조각들이 다시 하나로 붙어 공중으로 올라가야 하는데, 이는 여러 가지 물리법칙에 위배된다. 이렇게 시간적으로 한 방향으로 흘러야만 물리적으로 타당할 때 시간의 화살이 존재한다고 말한다.

심리학자들은 사건의 지각에서도 시간의 화살이 존재하는지를 검토하였다. Gibson과 Kaushall(1973; Friedman, 2002에서 재인용) 다양한 사건을 녹화하여 사람들에게 보여 주면서 동영상이 이상한지를 물었다. 정상적인 녹화 방향과 테이프를 역으로 돌리는 역방향이 있었는데, 전구가 바닥에 떨어져 깨지는 사건은 역방향으로 돌아갔을 때 이상하다고 지적되었지만, 붓을 들어 물감을 묻히는 사건은 역으로 돌려도 이상하게 지각되지 않았다. 특히 중력 법칙을 위배하는 사건들에 대해 사람들은 이상하다고 지각하였다. 이는 시간의 화살이 지각에서도 존재함을 보여준다. Friedman(2002)의 실험에서, 4~8개월 된 유아는 물을 유리잔에 따르는 동영상이 거꾸로 돌아갈 때보다 정상적인 방향으로 돌아갈 때 더 오랫동안 바라보았는데, 이러한 차이는 적어도 이때부터 이미 어떤 시각 사건들에 대해 심리적/지각적 시간의 화살(psychological/perceptual arrows of time)이 발달함을 시사한다.

동작 인과성과 시간

Faro 등(2005)은 참여자들에게 과학, 역사, 정치에 관련된 사건들을 제시하고 인과관계가 어떤 영향을 주는지를 살펴보았을 때, 사람들은 서로 인과관계에 있을 때 시간적 거리가 짧은 것으로 기억하거나 추론하는 경향을 발견하였다. 따라서 인과성은 시간 지각에도 영향을 주는 것처럼 보인다. 한편, 동작이나 지각과 같은 매우 짧은 순간에 벌어지는 두 사건에 대한 시간 지각에서도 비슷한 효과가 발견된다. Haggard 등(2002)은 버튼을 눌렀을 때 소리가 들리는 과제에서 참여자들은 버튼이 실제보다 더 늦게 눌러졌고, 소리는 더 일찍 들린 것으로 느끼는, 즉 원인과 결과가 서로를 향해 시간이 압축되는 현상을 보고하였다. 이 증거들이 연구 초기에 동작-결과의 대응에 대해 나왔기 때문에 의도적 결합(intentional binding)이라고 한다.

사실 의도적 결합의 예는 일상생활에서 흔히 찾을 수 있다. 두 손가락을 튕겨 소리가 들릴 때, 벽에 스위치를 켜면 방에 불이 켜질 때, 가스레인지 스위치를 돌리고 가스 불이 켜질 때 등이 좋은 예이다. 분명히 동작을 취하는 시간과 그에 따른 결과가 나올 때까지 시간 차이가 존재한다. 또한 감각처리에서도 감각마다 시간 차이가 있다. 빛은 소리보다 빠르지만 시각영역에서 분석은 소리 분석보다 더 느리다(Roseboom, 2013). 더욱이 만일 지연이 평소보다 더 길어지면 이에 감각이 적응되는 시간 재조정(temporal recalibration)이 일어난다(Fujisaki 등, 2004; Heron 등, 2009). 컴퓨터 자판의 키를 누르는 동작과 화면에 글씨가 나오기까지 걸린 시간에 150ms 정도의 시간 지연을 인위적으로 삽입했을 때 사람들은 점점 두 사건이 동시에 일어나는 것처럼 지각한다. 그러다 삽입된 지연시간을 어느 순간 빼면, 사람들은 화면의 글씨가 자신이 키를 누르기 전에 나타났다는 시간적 착각을 일으킨다(Stetson, 등 2006). 전진모델(feed forward model)에 따르면 명령을 내린 신호와 실제로 일어난 사건으로부터 전달된 감각 사건의 비교를 통해 그 동작을 행한 사람이 자신임을 알 수 있다. 즉, 자신의 행위 명령은 원인이고, 컵이 자신의 손에 들려 있는 체감각과 시각 정보를 통한 컵의 이동은 결과이다. 두 사건의 시간차를 일상에서 거의 못 느끼는 것에 대해 전진모델이 포함된 학습 이론에서는 명령과 결과의 시간적 근접성은 학습을 도모하기 때문이라고 설명한다(Wolport 등, 2011)(☞12장).

그렇지만 이후에 참여자가 직접 동작을 취한 사건에만 아니라 인과적 사건을 관찰할 때도 비슷한 일이 일어나는 것으로 밝혀졌다(Buehner, 2012). 따라서 좀 더 일반적인 용어로 시간적 압축(temporal binding) 또는 인과 접합(causal binding)으로 점점 더 자주 불린다. 한편, 시각적 충돌 사건을 이용한 연구에서 원인 물체와 결과 물체 사이의 공간이 짧아 보이는 공간적 결합(spatial binding)이 관찰되었다(Buehner & Humphreys, 2009). David Hume은 두 사건의 시공간적 거리가 짧을수록 인과관계가 강해진다는 입장인데, 인과 접합은 정반대로 인과관계가 두 사건의 시공간적 속성에 영향을 주는 현상이므로 흥미롭다. 물론 매우 짧은 시간 동안만 이 일이 일어나는 것임을 주의해야 한다. 동작이 없는 인과 사건에서도 시간적 접합이 일어나므로 앞서 동작의 전진 모형만으로 이 현상을 설명하기는 어렵다. 따라서 연구자들은 좀 더 일반적인 설명을 좋아한다. 가장 인기 있는 설명은 베이시안 추론이다. 베이시안 추론에서는 과거 경험을 중시한다. 인과적 사건들은 과거에 셀 수 없이 많은 경험을 했으므로 두 사건이 시공간적으로 가까울 것이라는 추론을 하게 된다(Eagleman & Hocombe, 2002).

정리

사람이 지각하는 시간이라는 개념은 물리학에서 말하는 시간 개념과 다양한 측면에서 다를 수 있다. 시간 지각에 각성, 감정, 기억 등 다양한 심리적 요인들이 개입한다. 시간 지각은 우울과 몰입 같은 심리 현상과 관계가 깊다. 시간 과제는 미리 알고 시작할 때와 끝난 이후에 적용할 때 결과가 달라질 수 있다. 시간은 인과성과 자신의 동작을 판단하는 데에도 중요하다. 미래는 인공지능과 싸움이 아니라 편리로 인한 여유 그리고 권태와 싸움이 될 가능성이 크다. 인과적으로 연결된 두 사건 사이의 시간은 짧게 지각된다.

더 읽어 보기

Wallisch(2008)는 시간 지각에 대해 가볍게 쓰고 있지만 중요한 주제들을 다루고 있다. 시간 지각에 대해 좀 더 전문적인 고민을 하고 싶다면 Zakay와 Block(1997)를 읽어 보기를 권한다. 전문가 수준의 시간에 관한 논의를 엿듣고 싶다면 Grondin(2008)이 저술한 책을 보라. 시간 지각에 관한 실험을 하고 싶다면 Grondin(2010)을 참고하라. 권태 성향 측정에 관한 개관은 Vodanovich(2003/2005)를 보라. 신경심리학자들은 주의 관문 모형의 핵심인 페이스메이커가 뇌 어디에 있는지를 찾고 있다. 이에 관한 논의는 Coull 등(2011)과 Meck 등(2008)을 보라. 시간 지각에 관한 신경과학적인 개관은 Merchant 등(2013)을 보라. 주의와 권태의 관계에 대한 개관은 Eastwwod 등(2012)을 보라.

| 참고문헌 |

중앙응급의료센터(2016). 2016년 대국민 응급의료서비스 인지도 및 만족도 조사 결과보고서, 현대리서치.

Bae, G. & Kim, D-Y. (2014). The effects of offering menu information on perceived waiting time. *Journal of Hospitality Marketing & Management*, *23*, 746-767.

Bechara, A., Damásio, A. R., Damásio, H., Anderson, S. W. (1994). Insensitivity to future consequences following damage to human prefrontal cortex. *Cognition*, *50*(1-3), 7-15.

Bench, S. W. & Lench, H. C. (2013). On the function of boredom. *Behavioral Sciences*, *3*(3), 459-472.

Block, R. A., Hancock, P. A., & Zakay, D. (2010). How cognitive load affects duration judgments: a meta-analytic review. *Acta Psychologica*, *134*(3), 330-343.

Block, R. A., Zakay, D., & Hancock, P. A. (1998). Human aging and duration judgments: a meta-analytic review. *Psychology and Aging, 13*(4), 584.

Buehner, M. J. 2012. Understanding the past, predicting the future: causation, not intentional action, is the root of temporal binding. *Psychological Science, 23*(12), pp. 1490-1497.

Buehner, M. J. & Humphreys, G. R. (2009). Causal contraction spatial binding in the perception of collision events. *Psychological Science, 21*(1), 44-48.

Cahoon, D. & Edmonds, E. M. (1980). The watched pot still won't boil: Expectancy as a variable in estimating the passage of time. *Bulletin of the Psychonomic Society, 16*(2), 115-116.

Conti, R. (2001). Time flies: Investigating the connection between intrinsic motivation and the experience of time. *Journal of Personality, 69*(1), 1-26.

Coull, J. T., Cheng, R. K., & Meck, W. H. (2011). Neuroanatomical and neurochemical substrates of timing. *Neuropsychopharmacology, 36*(1), 3-25.

Csikszentmihalyi, M. (1997). *Finding Flow: The Psychology of Engagement with Everyday Life*. New York: Basic Books.

Damrad-Frye, R. & Laird, J. D. (1989). The experience of boredom: the role of the self-perception of attention. *Journal of Personality and Social Psychology, 57*(2), 315-320.

Danckert, J. A. & Allman, A. A. (2005). Time flies when you're having fun: temporal estimation and the experience of boredom. *Brain and Cognition, 59*, 236-245.

DeDonno, M. A. & Demaree, H. A. (2008). Perceived time pressure and the Iowa Gambling Task. *Judgment and Decision Making, 3*(8), 636.

Draaisma, D. (2004). *Why Life Speeds Up as You Get Older: How Memory Shapes Our Past*. Cambridge, MA: Cambridge University Press.

Eagleman, D. M. & Holcombe, A. O. (2002). Causality and the perception of time. *Trends in Cognitive Sciences, 6*(8), 323-325.

Eastwwod, J. D., Frischen, A., Fenske, M. J., & Smilek, D. (2012). The unengaged mind: defining boredom in terms of attention. *Perspectives on Psychological Science, 7*(5), 482-495.

Elpidorou, A. (2014). The bright side of boredom. *Frontiers in Psychology, 5*, 1245.

Farmer, R. & Sundberg, N. D. (1986). Boredom proneness-The development and correlates of a new scale. *Journal of Personality Assessment, 50*(1), 4-17.

Faro, D., Leclerc, F. & Hastie, R. (2005). Perceived causality as a cue to temporal distance. *Psychological Science, 16*(9), 673-677.

Friedman, W. J. (2002). Arrows of Time in Infancy: The Representation of Temporal-Causal Invariances. *Cognitive Psychology, 44*(3), 252-296.

Fujisaki, W., Shimojo, S., Kashino, M., & Nishida, S. Y. (2004). Recalibration of audiovisual simultaneity. *Nature Neuroscience, 7*(7), 773-778.

Gibbon, J., Church, R. M., & Meck, W. H. (1984). Scalar timing in memory. *Annals of the New York Academy of Sciences, 423*(1), 52-77.

Gibson, J. J. & Kaushall, P. (1973). *Reversible and Irreversible Events*. State College, PA: Psychological Cinema Register. [Motion Film]

Gil, S., Rousset, S. & Droit-Volet, S. (2009). How liked and disliked foods affect time perception. *Emotion, 9*(4), 457.

Goldstone, S. & Lhamon, W. T. (1974). Studies of auditory-visual differences in human time judgment: 1. Sounds are judged longer than lights. *Perceptual and Motor Skills, 39*(1), 63-82.

Gorn, G. J., Chattopadhyay, A., Sengupta, J., & Tripathi, S. (2004). Waiting for the web: how screen color affects time perception. *Journal of Marketing Research, 41*(2), 215-225.

Grondin, S. (2008). *Psychology of Time*. Emerald Group Publishing.

Grondin, S. (2010). Timing and time perception: a review of recent behavioral and neuroscience findings and theoretical directions. *Attention, Perception, & Psychophysics, 72*, 561-582.

Haggard, P., Clark, S., & Kalogeras, J. (2002). Voluntary action and conscious awareness. *Nature Neuroscience, 5*(4), 382-385.

Hamilton, J. A., Haier, R. J., & Buchsbaum, M. S. (1984). Intrinsic enjoyment and boredom coping scales: validation with personality, evoked potential and attention measures. *Personality and Individual Differences, 5*(2), 183-193.

Harrison, C., Yeo, Z., and Hudson, S. E. (2010). Faster progress bars: manipulating perceived duration with visual augmentations. In *Proceedings of the 28th Annual SIGCHI Conference on Human Factors in Computing Systems* (Atlanta, Georgia, April 10-15, 2010). CHI '10. ACM, New York, NY. 1545-1548.

Heron, J., Hanson, J. V., & Whitaker, D. (2009). Effect before cause: supramodal recalibration of sensorimotor timing. *PLoS One, 4*(11), e7681.

Hicks, R. E., Miller, G. W., Gaes, G., & Bierman, K. (1977). Concurrent processing demands and the experience of time-in-passing. *American Journal of Psychology, 90*, 431-446.

James, W. (1890). *The Principles of Psychology, Vol. 1*. New York: Henry Holt.

Kellogg, J. S., Hopko, D. R., & Ashcraft, M. H. (1999). The effects of time pressure on arithmetic performance. *Journal of Anxiety Disorders, 13*(6), 591-600.

London, H. & Monell, L. (1974). Cognitive manipulation of boredom. In H. London & R. Nisbett (Eds.), *Thought and feeling* (pp. 44-59). Chicago: Aldine.

Malkovsky, E., Merrifield, C., Goldberg, Y., & Danckert, J. (2012).

Exploring the relationship between boredom and sustained attention. *Experimental Brain Research, 221*(1), 59-67.

Mann, S. & Cadman, R. (2014). Does being bored make us more creative? *Creativity Research Journal, 26*(2), 165-173.

Meck, W. H., Penney, T. B., & Pouthas, V. (2008). Cortico-striatal representation of time in animals and humans. *Current Opinion in Neurobiology, 18*(2), 145-152.

Merchant, H., Harrington, D. L., & Meck, W. H. (2013). Neural basis of the perception and estimation of time. *Annual Review of Neuroscience, 36*, 313-336.

Oh, S. (2015). An introduction to non-linear data fitting using the Microsoft Excel. *Korean Journal of Psychology: General, 34*(3), 741-767.

Ornstein, R. E. (1969). *On the Experience of Time*. New York: Penguin Books.

Rose, D. & Summers, J. (1995). Duration illusions in a train of visual stimuli. *Perception, 24*, 1177-1187.

Roseboom, W., Kawabe, T., & Nishida, S. Y. (2013). Audio-visual temporal recalibration can be constrained by content cues regardless of spatial overlap. *Frontiers in psychology, 4*.

Stetson, C., Cui, X., Montague, P. R., & Eagleman, D. M. (2006). Motor-sensory recalibration leads to an illusory reversal of action and sensation. *Neuron, 51*(5), 651-659.

Sundberg, N. D., Latkin, C. A., Farmer, R. F., & Saoud, J. (1991). Boredom in young adults gender and cultural comparisons. *Journal of Cross-Cultural Psychology, 22*(2), 209-223.

Thayer, S. & Schiff, W. (1975). Eye-contact, facial expression, and the experience of time. *Journal of Social Psychology, 95*, 117-124.

Thompson, D. A., Yarnold, P. R., Williams, D. R., & Adams, S. L. (1996). Effects of actual waiting time, perceived waiting time, information delivery, and expressive quality on patient satisfaction in the emergency department. *Annals of Emergency Medicine, 28*(6), 657-665.

Treisman, M. (1963). Temporal discrimination and the indifference interval: Implications for a model of the "internal clock". *Psychological Monographs: General and Applied, 77*(13), 1.

Troutwine, R. & O'neal, E. C. (1981). Volition, performance of a boring task and time estimation. *Perceptual and Motor Skills, 52*(3), 865-866.

Vodanovich, S. J. (2003). Psychometric measures of boredom: A review of the literature. *Journal of Psychology, 137*(6), 569-595.

Vodanovich, S. J., Wallace, J. C., & Kass, S. J. (2005). A confirmatory approach to the factor structure of the boredom proneness scale: evidence for a two-factor short form. *Journal of Personality Assessment, 85*(3), 295-303.

Wallisch, P. (2008). An odd sense of timing. *Scientific American Mind, 19*(1), 36-43.

Wearden, J. H., Edwards, H., Fakhri, M., & Percival, A. (1998). Why sounds are judged longer than lights: application of a model of the internal clock in humans. *Quarterly Journal of Experimental Psychology: Section B, 51*(2), 97-120.

Wilson, T. D., Reinhard, D. A., Westgate, E. C., Gilbert, D. T., Ellerbeck, N., Hahn, C., ... & Shaked, A. (2014). Just think: the challenges of the disengaged mind. *Science, 345*(6192), 75-77.

Wittmann, M. & Paulus, M. P. (2008). Decision making, impulsivity and time perception. *Trends in Cognitive Sciences, 12*(1), 7-12.

Yarrow, K., Haggard, P., Heal, R., Brown, P., & Rothwell, J. C. (2001). Illusory perceptions of space and time preserve cross-saccadic perceptual continuity. *Nature, 414*(6861), 302-305.

Zakay, D. & Block, R. A. (1997). Temporal cognition. *Current Directions in Psychological Science, 6*(1), 12-16.

Zakay, D., Nitzan, D., & Glicksohn, J. (1983). The influence of task difficulty and external tempo on subjective time estimation. *Perception & Psychophysics, 34*(5), 451-456.

11 교차감각 지각

Johannes Müller는 1835년 감각에 대한 특정 신경 에너지 법칙(law of specific nerve energies)을 제안하였다. 시각과 청각 등 감각에서 특정 지각 질을 의식하는 이유는 특수한 외부 에너지가 특정 감각을 자극하고 감각기관을 출발한 정보가 특정 신경 경로를 따라 특정 뇌 영역에서 독립적으로 처리되기 때문이다. 따라서 눈을 자극할 수 있는 자극은 불빛이 고유하고 시각 경험으로 이어진다. 마찬가지로 소리는 유일하게 귀를 자극할 수 있는 에너지이며 청각 경험으로 이어진다. 특정 에너지는 특정 감각과 짝지어져 다른 짝과 혼동되지 않는다. 이 제안은 지금은 너무도 당연하므로 이상하게 들릴 정도이다.

하지만 감각처리의 초기 수준에서 감각들은 독립적으로 처리되는 것처럼 보이지만, 최근의 신경과학에 따르면 뇌에서 상당한 정도로 교차 처리된다. 감각의 교차를 교차감각 지각(cross-sensory/cross-modal perception)이라 하고 또는 감각의 통합이라고 표현하기도 하는데, 서로 다른 신호가 뒤섞여 혼탁해진다는 것이 아니라 서로를 보완하여 처리가 좀 더 정확해지고 풍성해짐을 의미한다(☞샛길 1).

연구자들은 종종 애매한 자극을 이용하여 교차감각 지각을 탐구한다. 그림 11-1은 시각과 촉각의 교차감각 지각의 예를 보여 준다. 철사로 만든 Necker 큐브는 한 눈을 감고 다른 한 눈으로만 바라보았을 때 그 자체로 방향이 애매한데 일정한 시간을 두고 방향이 다른 두 해석이 번갈아 의식된다(☞3장). Shopland와 Gregory(1964)는 아주 깜깜한 방에서 사람들에게 야광으로 빛나는 Necker 큐브를 1분 동안 제시하면서 얼마나 오랫동안 실제와 같은 해석을 하는지를 살펴보았다. 실험 결과, 눈으로 관찰했을 때보다 손으로 만지면서 보게 했을 때 사실적인 해석을 더 오랫동안 하였다. 이 결과가 너무나 당연하다고 생각할 수도 있다. 그렇지만 실제 Necker 큐브를 손으로 만지면서 보아도 해석 사이의 역전은 자주 일어난다. 이후 다른 연구에 따르면, Necker 큐브를 두 손의 검지와 엄지 끝으로 잡았을 때 비해 손 전체로 잡았을 때 Necker 큐브를 사실적인 방향으로 지각하는 시간이 증가하였다. 이는 잡는 손의 접촉 면적이 커질수록 촉각이 시각에 더 영향을 줌을 시사한다(Bruno 등, 2007).

샛길 1 다중감각과 교차감각

신경과학자들은 동물의 뇌에서 2가지 이상의 감각 입력에 발화하는 신경들을 발견하였는데 이를 감각 통합(sensory integration) 또는 다중감각 지각(multi-sensory perception)이라고 표현하는 관례가 있다. 따라서 감각 통합과 다중감각은 신경 수준의 설명을 암시한다. 반면, 행동 수준의 연구자들은 감각의 동시적 처리를 교차감각 지각이라고 표현하기를 좋아한다. 그런데 최근 행동 수준의 감각 교차 현상에 대해서도 감각의 통합 또는 다중감각 지각이라는 표현을 사용하기 시작하였다.

Necker 큐브 연구들은 촉각 정보가 시각 정보처리에 영향을 줌을 보여 준다. 그렇지만 촉각 자체가 시각 입력 자체에 영

그림 11-1 시각과 촉각의 교차 지각.
Necker 큐브를 만지면서 볼 때 사실적 지각이 증가한다(Shopland & Gregory, 1964).

향을 주었기보다 상위 수준에서 큐브를 해석하는 과정에 영향을 주었을 것으로 추론된다. 그렇다면 1가지 감각이 다른 감각의 입력 과정에도 영향을 줄 수 있을까? McDonald 등(2000)은 이 물음에 답하기 위해 신호탐지이론을 실험에 적용하였다.

실생활에서 물체들은 저마다 독특한 소리를 가지고 있는 경우가 흔하다. 자동차는 엔진 소리를 내고, 할머니는 걸으면서 신발을 끄는 듯한 소리를 내고, 문은 '끼이익' 하는 소리가 난다. 이렇게 물체들이 시각적으로 제시될 때 소리와 함께 제시되면 사람들은 그 물체를 더 잘 알아볼까? 이전 연구들에서는 '그렇다'는 증거들을 보여 주었다. 하지만 이전 연구의 실험들에 대해 참여자들이 소리가 나기 때문에 더 잘 보았다고 답하는 반응 편중을 보일 수 있다는 비판이 끊이지 않았다. 소리가 불빛 탐지의 민감도를 증가시키는지를 알기 위해 McDonald 등(2000)은 신호탐지이론을 이용하여 실험을 진행하였다. 신호탐지이론(SDT: signal detection theory)은 신호에 대한 정반응과 소음에 대한 오반응을 확률론에 근거하여 d'(디 프라임)을 계산해 준다. 이 점수가 높을수록 신호와 소음을 잘 구분함을 의미한다(☞부록).

이 실험에서 참여자들은 목표 자극인 LED 불빛이 왼쪽과 오른쪽 어느 쪽에 들어왔는지를 응답하는 것이었다. 목표 자극인 불빛이 보이기 조금 전에 소리 단서가 불빛과 같은 방향에서(타당 조건) 또는 다른 방향에서(비타당 조건) 무선적으로 제시되었다. 연구자들은 만일 소리가 불빛 탐지를 향상시킨다면, 소리 단서가 불빛이 비치는 쪽에서 미리 제시될 때 불빛을 더 잘 탐지할 것이라고 예상하였다. 그 이유는 같은 방향에서 제시된 소리가 참여자들에게 자기도 모르게 주의를 쏠리게 하여 높아진 주의력으로 인해 불빛이 더 민감하게 탐지될 것으로 생각했기 때문이다. 타당 조건과 비타당 조건의 차이가 잘 드러나게 하도록 과제를 조금 어렵게 할 필요가 있었는데, 불빛의 세기와 제시되는 시간을 조절하여 참여자 개인들이 70~80%의 적중률을 보이도록

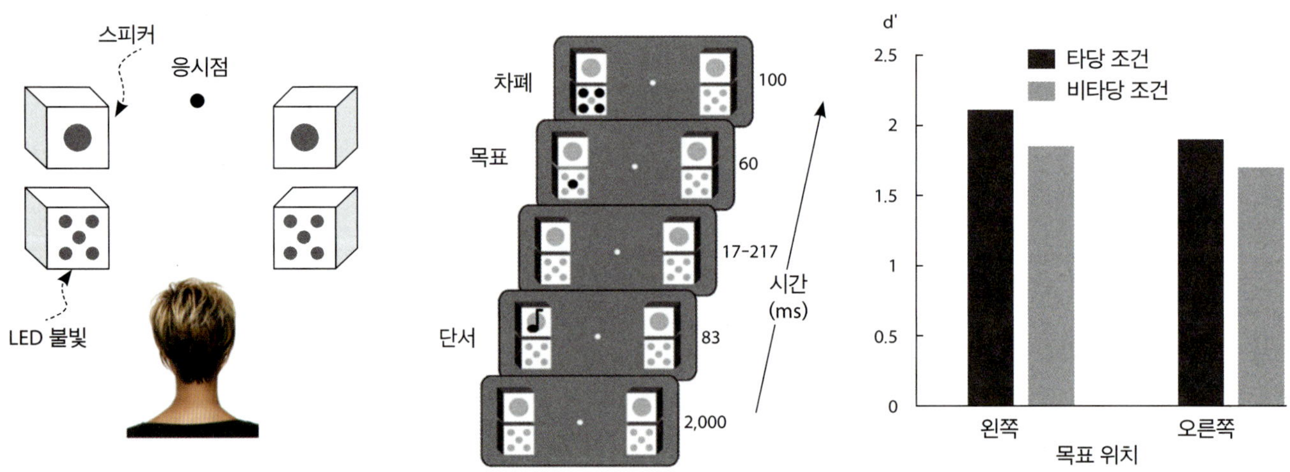

그림 11-2 시각 과제에 대한 청각 경고의 영향.
(왼쪽/가운데) 실험 절차. 참여자는 가운뎃점을 응시하면서 목표 자극이 왼쪽에 나타났는지 오른쪽에 나타났는지 가능한 한 빠르게 버튼을 눌러 반응하였다. 목표 자극이 나타나기 전에 짧은소리가 왼쪽이나 오른쪽에 단서로 제시되었다. (오른쪽) 실험 결과. 검은색 막대는 타당 조건의 결과이고 회색 막대는 비타당 조건의 결과이다(McDonald 등, 2000).

하였다.

실험 결과, 소리 단서가 불빛 자극이 제시되는 조건에서 참여자들의 d'이 높게 나왔다(그림 11-2). 이는 실제로 소리가 불빛 탐지를 더 잘하는 능력을 증가시킴을 가리킨다.

소리와 불빛은 물리적으로 성질이 다르다. 그럼에도 소리는 주의를 끌고 불빛을 더 잘 탐지하도록 유도하는 효과를 가지고 있다. 이 현상은 일상생활에서 같은 물체가 청각적인 자극과 시각적인 자극을 동시에 발생시키고 이에 지각체계가 적응했기 때문일 것이다.

교차감각 지각의 신경과학적 이해

원숭이 뇌를 연구한 실험들에서 중뇌와 대뇌피질에 있는 신경세포들은 특정 감각 1가지에 반응하기도 하지만, 2가지 이상의 감각에도 반응한다는 사실이 잘 알려져 있었다. 그림 11-3은 신경세포 수준에서 단일감각신경과 이중감각신경의 활동을 도식적으로 예시한다. 또한 3가지 이상의 감각에 반응하는 신경세포들도 있다.

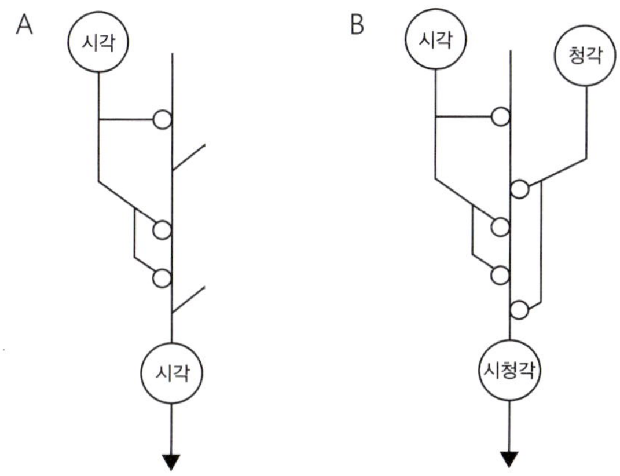

그림 11-3 단일감각신경과 다중감각신경의 개념도. (A) 시각 정보만 전달받는다. (B) 시각과 청각 정보를 동시에 전달받는다(Kayser 등, 2012).

뇌영상기술을 이용하여 인간의 뇌를 대상으로 신경세포가 아닌 영역 수준에서도 다중감각처리의 증거가 발견되었다. 행동 수준에서 발견되는 교차감각 지각의 기저에는 관련 신경들의 다중감각처리가 있다고 가정된다. 그림 11-4는 원숭이 뇌에서 단일세포기록법으로 밝혀진 다중감각영역과 인간의 뇌를 fMRI 기법으로 촬영하여 밝혀진 다중감각영역이다. 다중감각영역의 발견은 감각자극들은 뇌에서 독립적으로 처리된다는 전통적인 믿음을 흔들고 있다. 반면, 물리적 사건이 여러 정보를 동시에 내보내는 물리적 현실과 가까운 방식으로 뇌의 작동이 일어난다는 제안이 주목을 받고 있다.

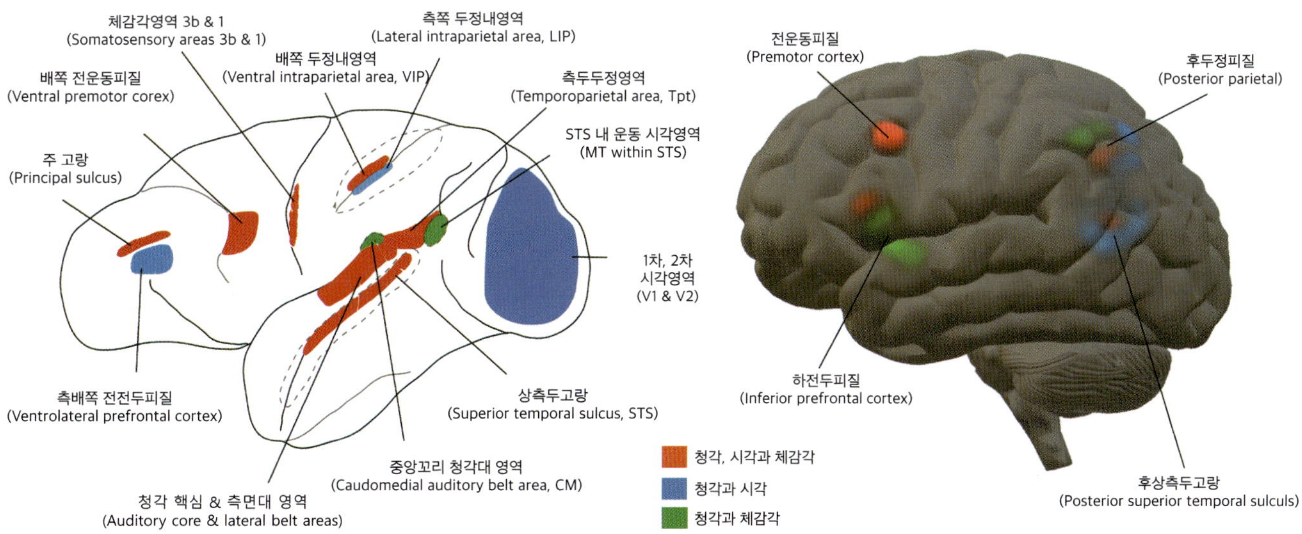

그림 11-4 원숭이와 인간의 대뇌피질에서 다중감각영역. Ghazanfar과 Schroeder(2006) 그리고 Driver와 Noesselt(2008)에서 재편집.

교차감각 지각의 양상

시각과 청각의 통합

교차감각 지각에서 시청각의 통합은 가장 활발하게 연구되었다. 특히 인간은 언어를 사용하는데, 언어와 관련된 시청각 통합은 흥미로운 현상들을 일으킨다. 사람의 입 모양과 소리는 매우 규칙적인 상관을 지닌다. 예를 들어, 입으로 '오' 하고 소리를 내면 입이 둥글게 모이며 '아' 하고 소리를 낼 때는 옆으로 벌어진다. McGurk 효과(McGurk effect)는 입 모양과 발화음을 달리했을 때 일어나는 갈등을 보여 준다(그림 11-5). 사람들은 스피커에서 '바바바' 하는 소리를 들으면서 '가가가' 하는 입 움직임을 보면 '다다다' 하는 소리가 들리거나, '파파파' 하는 소리를 들으면서 '카카카' 하는 입 움직임을 보면 '타타타'로 들리는 착시를 경험한다(McGurk & MacDonald, 1976). 비슷한 현상은 영화관에서도 경험할 수 있다. 스크린에서 등장인물들이 말할 때 벽에 붙어 있는 스피커에서 소리가 나옴에도 우리는 스크린에서 나오는 것으로 착각하는데 복화술 효과(ventriloquism effect)라고 한다. 이런 효과를 예술로 승화시킨 예술가들이 있는데, 이들을 복화술사라고 한다(☞Google: ventriloquist). 복화술사는 보통 인형을 가지고 무대로 올라온다. 인형의 입이 움직이며 말하는 소리가 들리는데 옆에 있는 복화술사의 입은 움직이지 않는다. 따라서 관객들은 목소리가 인형의 입에서 나오는 것으로 착각하며 인형이 살아 있는 것 같은 느낌을 받는다. 실제로 목소리는 복화술사가 매우 가늘게 벌린 입에서 나온다.

McGurk 효과와 복화술 효과는 시각이 청각처리에 영향을 주는 것이다. 심지어 아무 소리도 내지 않는 입술 움직임만 보는 것으로도 뇌의 청각처리 영역들이 활성화되는데(Calvert 등, 1997), 이 영역의 신경들은 시각정보와 시각정보에 민감한 다중감각처리임을 시사한다.

한편, 청각이 시각에 영향을 줄 수도 있다. 가장 유명한 예는 통과/충돌 착시(stream/bound illusion)이다. 이 착시는 2개의 공으로 구성되는데, 두 공의 크기와 색이 동일하다. 두 공은 반대편 방향에서 움직이기 시작하여 서로 지나친다. 그런데 만일 두 공이 완전히 중첩된 후 두 공의 움직임이 소리에 의해 충돌 후 되돌아오는 것처럼 지각될 수 있다. 그림 11-6은 이를 예시한다.

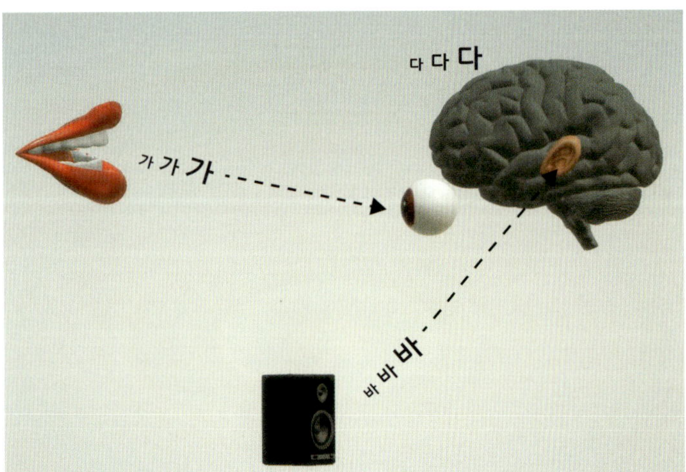

그림 11-5 McGurk 효과.
'바바바' 하는 소리를 들으면서 '가가가' 하는 입 움직임을 보면 '다다다' 하는 소리가 들린다.

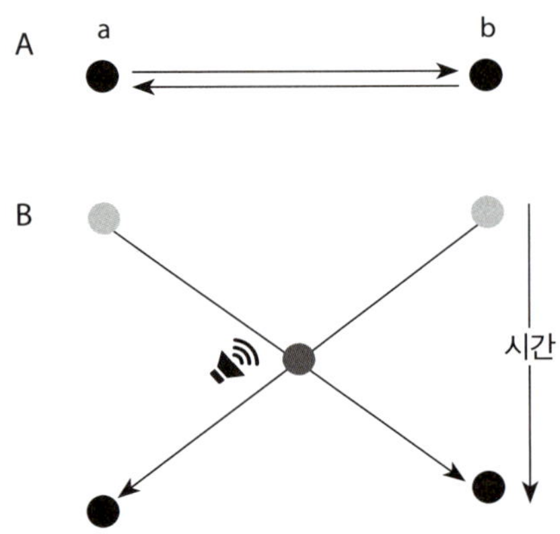

그림 11-6 통과/충돌 애매성.
(A) 두 공이 움직여 서로 지나친다. (B) A에 시간 축이 더해져 표현된 것이다. 두 공이 중첩되는 순간 소리를 넣으면 서로 충돌 후 다른 방향으로 이동하는 것으로 지각된다. 즉, 공 a와 b가 원래 자리로 되돌아오는 것처럼 지각된다(Sekuler 등, 1997).

하지만 소리가 없으면 두 공은 서로 지나친 것처럼 지각된다. 일상생활에서 두 물체가 충돌하면 소리가 동반되므로 이러한 규칙성이 이 현상에 적용된 것으로 추론된다. 흥미롭게도 소리가 두 공이 거의 지나갈 무렵인 0.1초 뒤에 들려도 두 공이 충돌로 지각되곤 하였다. 이 현상은 사후적 지각의 예이며, 감각이 순차적이고 즉각적으로 처리되는 것이 아니라 매우 짧지만 일정한 시간 창에서 감각 정보가 통합됨을 시사한다(Choi & Scholl, 2006).

시각과 미각의 통합

똑같은 맛임에도 시각에 따라 맛이 다르게 지각될 수 있다. 오렌지 주스를 이용한 실험에서, 똑같은 색이지만 단맛이 조금 다른 두 주스를 맛보게 했을 때 사람들은 맛이 다르지 않다고 판단한 반면, 단맛은 똑같지만 색이 다를 때는 맛이 다르다고 판단하는 경향이 있다(Hoegg & Alba, 2006). '보기 좋은 떡이 맛도 있다'는 속담이 있는데, 이는 시각과 미각의 통합적 처리를 암시한다. 최근의 한 연구에서 요리 접시에 놓인 음식이 배열되는 방식에 따라 맛이 다르다고 판단하였다. 이 연구에서 칸딘스키의 그림을 본 뜬 배열과 그렇지 않은 배열들이 비교되었는데(그림 11-7), 사람들은 예술적으로 보이는 배열이 더 맛있을 것이라고 평가하였다(Michel 등, 2014).

그림 11-7 배열과 맛.
칸딘스키 그림과 같은 배열의 요리가 더 맛있게 보인다(Michel 등, 2014).

시각과 촉각의 통합

대체로 교차감각 지각은 오랜 학습을 통해 형성되는 것으로 알려져 있다. 즉, 특정 시각 정보와 청각 정보가 함께 일어나는 사건을 경험할수록 사람들은 두 정보를 강하게 연합할 것이다. 그렇지만 어떤 감각들은 태어나서 곧바로 연합되어 처리되는 것처럼 보인다. 즉, 입으로 빨던 고무 젖꼭지의 형태와 눈으로 보았을 때 고무 젖꼭지의 형태에 대한 대응이 태어난 직후에 일어날 수 있었다. 손을 움직일 수 없었기 때문에 학습을 통해 이런 대응 능력이 형성되기는 어려웠을 것이다. 따라서 감각 사이의 대응은 타고난 능력처럼 보인다.

Meltzoff와 Borton(1979)의 연구에서, 태어난 지 26~33(평균 29.3)일밖에 되지 않은 신생아들이 엄마에게 떠밀려 실험에 참여하였다. 연구자들은 2가지 모양의 고무 젖꼭지를 준비하였는

그림 11-8 고무 젖꼭지 자극(Meltzoff & Borton, 1979). 신생아는 입으로 확인한 젖꼭지를 눈으로 알아볼 수 있다.

데, 하나는 돌기가 있었고, 다른 하나는 돌기가 없었다(그림 11-8). 이 시기의 신생아는 손으로 무엇을 쥘 수 없기 때문에 고무 젖꼭지가 실험 자극으로 이용되었다. 먼저, 신생아들은 90초 정도 어둠 속에서 고무 젖꼭지를 물고 있었다. 잠시 후 불이 켜지고 빨던 젖꼭지 그리고 모양이 조금 다른 젖꼭지 2개가 눈앞에 나란히 20초 동안 제시되었다. 실험자는 신생아 반대편에 있는 판자 뒤에서 아기가 어느 쪽 젖꼭지를 오랫동안 응시하는지 관찰하였고, 이 실험자는 어느 쪽이 정답인지 몰랐다. 자료 분석 결과, 32명의 신생아 가운데 24명(75%)이 빨던 젖꼭지를 더 오랫동안 바라본 것으로 나타났다. 고무 젖꼭지 가운데 하나를 평균 29.4일 된 신생아 32명의 입에 물렸다. 신생아들은 90초 동안 어둠 속에서 젖꼭지를 입에 물고, 눈으로 보지는 못하였다. 잠시 뒤 연구자는 젖꼭지를 입에서 떼어 낸 후 신생아가 볼 수 있도록 두 젖꼭지를 동시에 20초 동안 제시하였다. 그 결과, 32명 가운데 24명(75%)이 자신의 입으로 확인한 젖꼭지를 더 오랫동안 바라보았다. 신생아들이 친숙한 물체를 더 오랫동안 바라보는 경향이 있다고 가정한다면, 이 결과는 입으로 재인한 젖꼭지가 시각적으로도 재인하는 능력이 형성될 수 있고, 이 능력은 학습이 아닌 타고 남을 시사한다.

교차감각 지각의 사례들은 대체로 실험실과 같은 특수한 장소에서 잘 관찰된다. 그렇지만 일상생활에서 일어나는 사건들은 다른 여러 사건과 함께 일어난다. 예를 들어, 멀리서 걸어오는 친구가 있다고 하자. 친구의 겉모습은 시각을 자극하며 발소리는 청각을 자극한다. 그런데 이 순간 눈에는 친구만 보이는 것이 아니며 주변에 자동차와 다른 사람들이 있을 수 있다. 또한 귀에도 친구의 발소리만 들리는 게 아니라 주변의 자동차 소리나 다른 사람들이 내는 소음도 있다. 우리의 뇌는 이 많은 대상 가운데 친구의 모습과 친구의 발소리만 선별하여 통합하여 처리해야 한다. 중요한 단서는 위치와 시간이다. 일반적으로 동일 사건에서 오는 자극들은 같은 위치와 같은 시간 때 발생할 가능성이 크다. 지각체계는 이를 이용하여 선별적으로 특정 자극들만 통합할 수 있는 것으로 보인다(Macaluso & Driver, 2005).

감각 사이의 시간 재조정

외부 자극은 감각기관에 전달되고 뇌에서 처리되는 속도도 다르다. 따라서 뇌에서 서로 다른 감각 정보들의 시간적 통합이 필요하다. 시각과 청각의 시간 통합이 대표적이다. 소리와 빛의 속도는 물리적으로 다르지만 감각처리에서도 다르다. 1,020m 떨어진 하늘에서 천둥과 번개가 치는 것을 생각해 보자. 빛은 1초에 30만 km 속도로 달리므로 번개가 치는 순간 거의 동시에 우리 눈에 빛이 맺힐 것이다. 반면, 소리는 공기 중에서 1초에 340m를 달리므로 3초(1,020/340)가 걸려서 우리 귀에 닿을 것이다. 결국 번개를 본 다음 한참 후에 천둥소리를 듣는다. 실제로 이 차이는 우리가 흔히 경험하곤 한다. 멀리서 날아가는 비행기와 그 소리도 마찬가지이다.

그렇지만 우리가 흔히 마주하는 소리 나는 물체들은 우리 주변 수 미터 이내에 있다. 바닥에 숟가락을 떨어뜨렸을 때 숟가락이 바닥에 닿은 것이 먼저 우리 눈에 맺히고, 매우 짧은 시간 뒤에 숟가락이 떨어지는 소리가 귀에 닿을 것이다. 또는 문에 노크할 때도 마찬가지이다. 노크하는 손이 먼저 눈에 들어오고 소리가 바로 직후에 귀에 들어올 것이다. 이론적으로는 이런 상황에서 소리가 조금 더 늦게 들려야겠지만, 일상에서 그런 경우는 거의 없다. 즉, 거의 동시에 경험된다.

그렇다면 우리의 감각이 이렇게 짧은 시간 차이를 분별하기 어려울 만큼 둔해서 동시에 들리는 것일까? 그렇지 않으면 웬만한 차이는 수용하여 물리적 타당성을 추구하는 것일까? 지금까지 연구들이 지지하는 것은 후자에 가깝다. 여러 연구에서 소리를 귀에 바짝 대고 들려줌과 동시에 눈앞에 불빛을 제시하면 사람들은 소리를 먼저 들었다고 판단한다. 이는 빛이 소리보다 빠르고 뇌는 이 차이를 고려하여 빛과 소리 정보의 통합에 적응되었기 때문으로, 소리가 빛보다 조금 늦게 들려야 두 정보가 동시에 도달했다고 지각된다(Sugita & Suzuki, 2003). 이를 통해 2가지 사실을 알 수 있다.

첫째는 소리가 좀 더 빠르다고 판단한다는 것이다. 둘째, 이 미세한 차이를 사람들이 구별할 수 있다는 뜻이다. 그렇다면 왜 평소에 사람들은 소리가 조금 일찍 또는 빛이 조금 늦게 도착했다고 지각할까? 그것은 아마도 바닥에 숟가락을 떨어뜨리는 사건에서처럼 거의 언제나 일정한 시간 정도 우리 눈에 맺히는 빛보다 소리가 우리 귀에 늦게 도달하여, 이 시간 지연(temporal delay)이 거의 규칙적으로 고려되기 때문일 것이다. 이를 빛 신호와 소리 신호의 도달 시간에 대한 재조정(recalibration)이라고 한다. 양궁, 골프, 축구 선수들은 바람이 일정한 방향으로 불 때 화살이나 공을 원하는 위치로 보내기 위해 이를 고려해서 동작을 취하는데, 바람의 속도에 따라 동작의 방향을 재조정한다. 이와 마찬가지로 우리는 의식하지 못하지만 지각체계에서 규칙적으로 일어나는 시각 신호와 청각 신호의 시간 차이를 재조정하는 것으로 볼 수 있다.

고유 지각에 대한 시각의 영향

양팔을 벌린 채 한쪽 발을 들고 서 있어 보라. 눈을 감고도 이 동작을 취할 수 있다. 그렇지만 눈을 뜨면 좀 더 편안하게 취할 수 있다. 이 사례는 우리가 자세를 잡을 때 사용하는 고유감각이 시각과 통합됨을 시사한다. 반대로 놀이공원의 기울어진 방에서 체험할 수 있는 것은 고유감각과 시각의 갈등이다. 이런 방에서 사람들은 자세를 잡기가 매우 어렵다. 종종 시각과 다른 감각이 갈등적일 때 시각이 다른 감각들보다 우세한데 이를 시각의 포획(visual capture)이라고 한다. 시각의 포획은 그만큼 지각체계가 다른 감각에 앞서 시각을 더 신뢰함을 시사한다.

시각의 자세에 대한 효과

높은 곳을 피하고 낮은 곳에서 살아가는 데 있어 또 다른 과제로 우리는 자신의 몸을 땅에 가능한 한 수평이 되도록 가누어야 한다. 예를 들어, 서 있거나 앉아서 몸의 균형을 유지하기 위해서는 자신의 자세와 신체 위치를 알아야 한다. 이 정보들은 1차적으로 운동감각과 전정계에서 오는 감각에서 나온다. 운동감각(Kinesthesis)은 근육, 건, 관절, 그리고 피부의 당김에서 오는 감각으로 이뤄지고, 전정계(Vestibular system)는 청각 기관에 있는 반고리관(Semicircular canals)과 이석

그림 11-9 자세 실험 개요도.
(왼쪽) 실험을 위한 방. (가운데) 실험에 참여하는 아이가 서 있고, 앞쪽에 아이가 넘어질 때를 대비해 엄마가 앉아 있다. (오른쪽) 방을 옆에서 본 모습이다. 방이 앞으로 움직이는 조건으로, 방이 앞으로 움직이면 아이는 마치 자신이 뒤로 움직이는 것으로 착각하고, 이 움직임을 보상하여 중심을 잡으려고 앞으로 몸을 기울이다 넘어질 수 있다.

기관(Otolith organs)으로 이뤄진다. 이렇게 자신의 몸 위치와 자세에 관한 지각을 자기고유지각(proprioception)이라고 한다. 그런데 몸의 균형을 유지하는 데는 시각과 청각 같은 다른 기관도 관여한다. 이는 한 발로 서 있을 때 눈을 감거나 뜨면서 자신의 자세를 살펴봄으로써 간단히 알 수 있다. 그렇다면 몸 균형을 잡는 데 시각은 얼마나 관여할까? Lee와 Aronson은 좀 더 재미있는 방법을 고안하였다.

Lee와 Aronson(1974)의 연구에 막 걷기 시작한 13~16개월 된 아이들 7명이 실험실에 엄마 손에 이끌려 왔다. 넓은 실험실에 플라스틱 소재로 만든 '실험 방(가로 3.6m, 세로 1.8m, 높이 2m)' 네 귀퉁이에 끈을 묶어 바닥에서 4cm 허공에 띄운 채 매달았다. 이 방은 세 벽과 천장이 막혀 있었고, 양쪽에 그림도 하나씩 걸려 있었다. 아이는 막힌 벽 쪽을 향해 서 있었고, 실험자 한 명과 엄마가 맞은편 바닥에 앉아 있었다(그림 11-9). 다른 실험자는 실험이 시작되면 실험 방을 47cm 가량을 2.5초 동안 앞 또는 뒤로 한 방향으로 슬쩍 밀었다. 방에 익숙해지는 3분 정도 시간을 갖고 20회의 실험 시행을 진행하였다. 각 시행 사이에 약 30~60초의 간격이 있었다. 실험자 2명과 녹화 영상을 본 제3의 평가자 3명이 실험 방이 움직였을 때 아이의 '움찔함', '비틀거림', '넘어짐' 행동을 실험 방이 앞과 뒤로 움직이는 조건별로 척도를 만들어 평가자 2명 이상의 합의를 거쳐 결과를 기술하였다. 아이 3명이 실험 도중 괴로워하거나 졸다가 떨어지는 우여곡절이 있었지만, 시행 82%에서 움찔하거나(26%) 비틀거리거나(23%) 넘어졌다(33%). 이 결과는 흔들리는 실험 방의 벽에서 나오는 시각 정보가 신체의 균형을 유지하는 데 매우 중요한 역할을 함을 보여 준다.

Japanese 착시

이번에는 신체의 위치를 파악하는 데 관여하는 고유 감각에 대해 생각해 보자. 두 손의 위치는 길을 걸을 때 앞뒤로 진자 운동을 하면서 위치가 끊임없이 바뀐다. 또는 운전할 때처럼 서로 위치가 갈리기도 한다. 그렇지만 대체로 왼손은 왼쪽에 있으며 오른손은 오른쪽에 위치한다. 이러한 이유로 많은 동작은 이 대응 관계에서 빠르고 정확하게 수행된다. 더욱이 피아노를 치거나 컴퓨터 타이핑을 하는 일처럼 어떤 동작들은 두 손의 위치 관계가 고정된 채로 학습된다.

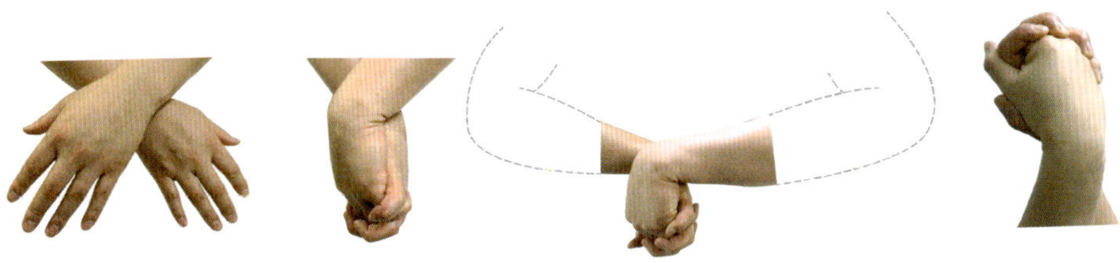

그림 11-10 Japanese 착시(Van Riper, 1935).

두 손의 수평적인 평소의 관계에 대해 특정 동작을 취할 때 시각처리 역시 개입하는 것처럼 보인다. 이는 Japanese 착시를 통해 쉽게 체험해 볼 수 있다(Van Riper, 1935). 그림 11-10처럼 두 손을 서로 엇갈려 맞잡은 후 자신의 앞쪽으로 돌리면 왼손은 오른쪽에 오른손은 왼쪽으로 위치한다. 이 상태에서 친구에게 손가락 하나를 재빨리 들어 올리도록 해 보자. 자신의 손가락으로 친구의 손가락 하나를 가리키되 건들지 않아야 한다. 대부분 사람이 반대쪽 손가락을 들어 올리는 실수를 한다! 만일 왼손 검지를 들어 올리려고 했다면 오른손 검지가 잘못 들어 올려질지 모른다. 또는 들어 올리는 데 긴 시간이 들 수도 있다. 만일 눈을 감고 특정 손가락을 들어 올린다면 이 일은 훨씬 쉬울 것이다. 따라서 이 현상은 시각에 의해 손가락의 위치를 알리는 자기고유감각처리가 방해됨을 가리킨다. 일상생활에서 거의 언제나 오른손은 몸통의 오른쪽에 있고 왼손은 왼쪽에 있으며, 시각적으로도 이 관계는 거의 언제나 예외 없이 유지된다. Japanese 착시는 체감각과 시각에서 두 손의 위치 표상이 일치하는 것으로 자동화되어 있음을 시사한다.

왼손은 왼쪽, 오른손은 오른쪽 대응의 효과는 시간순서 판단(temporal order judgement) 과제에서도 쉽게 관찰된다. 왼손과 오른손을 책상 위에 가지런히 얹어 놓게 하고 왼손과 오른손 검지에 충분히 느낄 만한 자극을 전기식 또는 기계식으로 주면서 어느 쪽이 시간상으로 먼저 자극되었는지를 물었을 때, 사람들은 두 손을 엇갈려 놓으면 반응 정확률이 떨어지거나 느려졌다(Shore 등, 2002).

자기 공간에서 교차감각

손을 뻗어 동작이 가능한 공간을 개인 부공간(peripersonal space)이라고 하는데, 성인의 경우 자신의 몸에서 대략 70cm 내외이다(England, 2011). 신경과학 연구에 따르면, 마치 뇌에서 이 공간을 특별하게 처리하는 것처럼 보인다. 전운동피질(premotor cortex)에 있는 신경들은 특정 동작을 할 때 활성화되는데, 많은 신경이 시각과 촉각에도 활성화된다. 예를 들어, 원숭이의 배쪽 전운동피질에 있는 신경들은 자신의 팔을 움직일 때, 팔에 무엇이 닿을 때, 팔 근처에 물건이 있는 것을 눈으로 볼 때도 활성화된다(Graziano 등, 1994).

앞서 잠시 설명했듯이 여러 감각 정보에 활성화하는 신경을 다양식 신경(multimodal neuron)이라고 하며, 2가지 감각 정보에 활성화할 때 이양식 신경(bimodal neuron)이라고 한다. 이런 신경들의 존재 기능에 대해 정확히 아직 이해되고 있지는 않지만, 과학자들은 복수의 감각 정보를 통합적으로 처리하는 데 도움이 될 것으로 추정한다. 이 실험에서, 연구자들은 원숭이의 팔을 가볍게 건드릴 때 활성화되고 동시에 막대 끝에 작은 물체를 붙여 움직였을 때 이를 눈으로 보고 활성화되는 신경들을 배쪽 전운동피질에서 찾아내었다. 흥미롭게도 이 신경들은 원숭이가 팔을

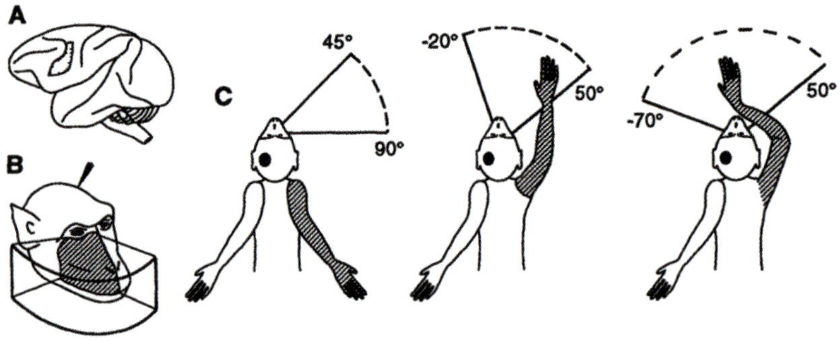

그림 11-11　개인 공간 실험.
(A) 배쪽 전운동피질. (B) 얼굴 피부 자극에 반응하는 신경. (C) 반응을 일으키는 팔의 피부영역과 물체의 위치. 손을 움직일 때 점점 시각의 수용장이 커진다. 머리의 점은 기록된 신경들이 위치한 배쪽 전운동피질이다(Graziano 등, 1994).

움직일 때 반응하는 시각영역이 더 넓어졌다(그림 11-11). 이는 팔을 움직이는 범위만큼 뇌에서 특별한 영역으로 처리함을 시사한다.

이후의 연구자들은 이 연구를 도구 사용으로 확장하였다. Iriki 등(1996)은 원숭이 두정엽의 체감각피질에 있는 이양식 신경의 활동을 도구를 사용하기 전과 사용이 익숙해진 후에 관찰하였다. 이 신경들은 손의 촉각과 손 근처 물체의 시각에 활성화를 보였다. 그런데 실험에서 새로운 도구를 이용하는 방법을 충분히 숙지한 후에 도구 끝에 대해서도 이양식 신경의 반응이 확장됨이 밝혀졌다(그림 11-12). 계속해서 Iriki 등(2001)은 컴퓨터 모니터에 보이는 자신의 팔의 시각 정보에도 비슷하게 활성화되는 신경들을 발견하였다! 이 실험들은 도구의 사용으로 몸 도식의 공간이 넓어짐을 의미한다.

도구가 닿은 공간까지 몸 도식(body schema)이 넓어지는 것은 흥미롭다. 예를 들어, 우리는 젓가락으로 밥상 위의 반찬들을 아무런 문제없이 정확히 집어 입으로 가져올 수 있다. 이를 위해서는 뇌에서 젓가락의 길이가 자동으로 계산되어야 가능하다. 그렇지 않으면 젓가락을 반찬이 놓인 위치보다 훨씬 전에 갖다 놓거나 젓가락으로 눈을 찌를지도 모른다. 몸 도식이 팔이나 다리 등 신체에 대해서만 해당하는 경향이 있는 것은 이들이 뇌와 직접 연결되어 있기 때문일 것이다. 그렇지만 팔이나 다리 등도 끊임없이 길이가 바뀌거나 무게가 바뀌는데, 매우 느려서 잘 깨닫지 못하는 것이다. 뇌에서 바뀐 신체 특징이 반영되어 몸 도식이 업데이트되기 때문이다. 손 역시 뇌에는 일종의 연장된 도구일 수 있다. 도구의 사용도 비슷한 과정을 거치는 것으로 여겨

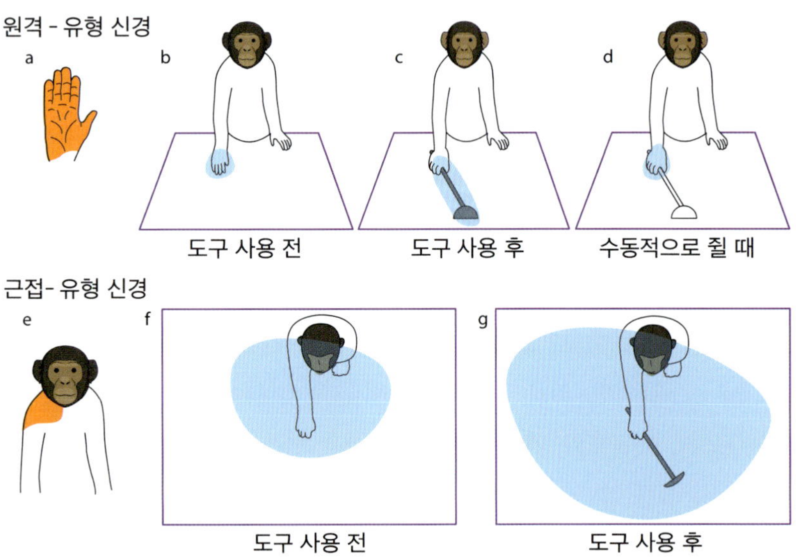

그림 11-12　도구 사용에 따른 이양식 신경의 수용장 속성의 변화.
각 그림에서 파란색 영역은 체감각 수용장을 주황색은 시각 수용장을 의미한다. (a~d) 원격 유형 이양식 신경에 대해서. (a) 손을 건드렸을 때 활성화되는 범위. (b) 도구 사용 전 시각 수용장 (c) 도구 사용 직후 시각 수용장. (d) 막대를 수동적으로 쥐기만 했을 때 시각 수용장. (e~g) 근접 유형 이양식 신경에 대해서. (e) 어깨를 건드렸을 때 활성화되는 범위. (f) 도구 사용 전 시각 수용장. (g) 도구 사용 직후 시각 수용장(Iriki 등, 1996; 2001; Maravita & Iriki, 2004).

지는데, 다만 신체 피부로부터 직접 감각이 전달되지 않을 뿐이다. 또 다른 예는 운전이다. 초보 운전자들은 자주 자신의 자동차가 긁히는 사고를 당하지만, 오래 하면 할수록 비좁은 길도 잘 헤집고 지나갈 수 있는데, 오랜 연습을 통해 몸 도식이 자동차의 공간만큼 넓어졌기 때문이다. 이런 점에서 오랫동안 사용한 도구들은 거의 자신의 몸의 연장으로 볼 수 있다.

주의에 대한 손 효과

Reed 등(2006)은 앞의 신경과학자들 연구에 영감을 받아 손 근처에 있는 대상이 더 주의를 끄는지를 살펴보았다. 멀리 있는 곳에 있는 물체보다 가까이 있는 물체가 잠재적으로 특정 동작과 연결될 가능성이 크기 때문이다. 예를 들어, 탁자 위에 컵을 볼 때 쥐는 동작을 하지 않더라도 이 동작이 활성화된다. 동작이란 대체로 손에서부터 시작된다. 그렇다면 손 근처에 있는 물체들이 더 주의를 끌까? 이 순박한 아이디어를 검토하기 위해 Reed 등은 정식으로 실험을 수행하였다. 이 실험에서, 참여자들은 컴퓨터 모니터 앞에 앉아 왼손 또는 오른손을 모니터 근처에 놓고 다른 손으로 마우스 버튼을 눌러 화면에 목표 자극이 왼쪽과 오른쪽 가운데 어느 쪽에 나오는지를 보고하였다(그림 11-13). 참여자는 시행 중에 늘 시선은 모니터 가운데 십자 표시에 두면서 주변에 채워진 사각형이 나오는지를 마음의 눈으로 살펴서 가능한 한 정확하고 빠르게 보고해야 하였다. 단서 기준으로 타당 조건에서, 십자 표시 다음에 테두리가 굵은 사각형 단서가 나오고 이 단서와 일치하는 곳에 목표 자극인 채워진 사각형이 나왔다. 비타당 조건에서, 단서가 나오지 않은 쪽에 목표 자극이 나왔다. 마지막으로 낚기 시행(catch trial)•으로 단서만 나오고 목표 자극이 없으므로 가만히 있어야 하였다.

실험 결과, 손을 모니터 근처에 위치했을 때, 이와 가까운 쪽의 모니터 화면에 목표 자극이

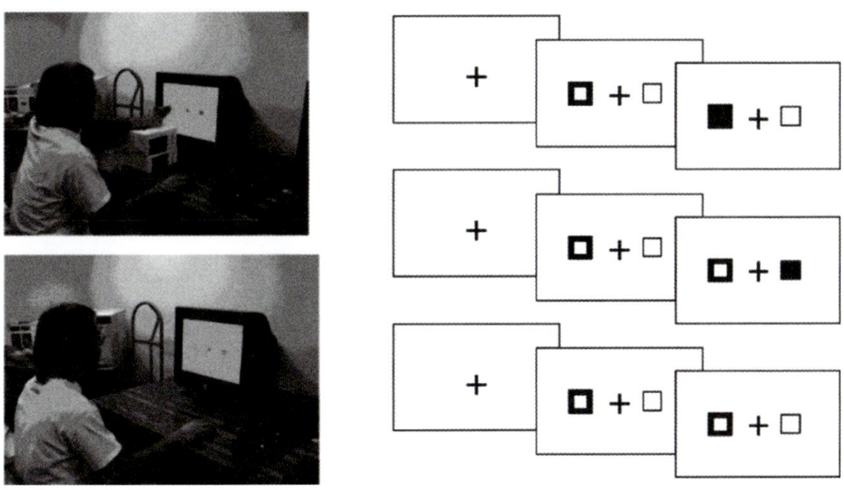

그림 11-13 실제 실험 모습.
위는 왼손-모니터와 오른손-반응 조건으로 왼손이 모니터 근처에 있고 오른손으로 마우스 왼쪽과 오른쪽을 눌러 반응한다. 아래는 왼손-무릎과 오른손-반응 조건으로 모니터 근처에 아무 손도 없다. (오른쪽) 자극 제시 예시. 각각 타당 조건, 비타당 조건, 낚기 시행 조건이다.

• 참여자가 지시대로 버튼을 잘 누르고 있는지 마구잡이로 누르고 있는지를 확인하기 위해 정답이 없는 시행을 중간에 끼워서 제시하는데 대체로 전체 시행에서 10% 정도이며 빈시행(blank trial)으로 불리기도 한다. 예를 들어, 게으른 참여자는 버튼을 대충 빨리 누르고 실험을 끝내고 싶어 하는데, 이런 불성실은 목표가 없는 시행에서 아무 버튼을 관성적으로 누르는 동작을 보고 잡아낼 수 있다. 그렇지만 모든 실험에서 이 시행이 필요한 것은 아니며 반응 편중이 의심되는 경우 시행한다.

나오면 더 빨리 탐지되었다. 연구자들은 이를 손 근처 주의 선점 효과(attentional prioritization effect)라고 불렀다. 그렇지만 손을 무릎 위에 올린 조건에서 이 효과는 관찰되지 않았다. 실험 2에서, 단지 어떤 물체가 목표 자극 근처에 있기 때문인지 알아보려고, 널빤지(5×10×60cm)를 모니터 근처에 놓고 실험하였는데, 이 효과는 관찰되지 않았다. 실험 3에서, 손의 체감각에서 오는 자기 고유감각 정보가 중요한지 알아보려고 모니터에 손을 놓는 조건에서 손을 상자에 넣었는데, 손의 주의 선점 효과가 다시 나타났다. 실험 4에서, 가짜 손을 모니터 근처에 놓았는데, 이때도 역시 가짜 손으로 인한 주의 선점 효과가 나타났다. 이 일련의 실험들에서 손의 시각적인 정보뿐만 아니라 내지각 정보 역시 주의 선점 효과를 만들어 낼 수 있음을 알 수 있다.

감각 대체

부족한 감각 능력을 증가시키는 기술은 끊임없이 발전하고 있다. 안경은 약한 시력을 끌어올려 주고 망원경과 현미경은 멀리 있거나 작은 세계를 볼 수 있는 해상도로 바꿔 준다. X-레이, MRI, 초음파는 피부에 가려져 있는 대상을 보여 준다. 인간은 정상적인 감각 능력으로는 안 되는 과제에 대해 동물을 이용하기도 한다. 경찰견은 인간을 대신해 용의자를 쫓거나 마약을 탐지해 준다. 돼지는 땅속에 묻혀 있는 송로버섯을 찾아 준다. 전자 기술의 발달은 새로운 방식으로 감각 능력을 증가시키는 가능성들을 열어 주고 있다. 감각 대체 기술은 가까운 미래에 크게 번창하게 될 매우 기대되는 분야이다.

자동차 충돌 방지 경고 시스템을 살펴보자. 자동차 앞뒤 네 귀퉁이에 붙어 있는 적외선 센서는 자동차가 주변 물체에 가까워지면 운전자에게 '뚜뚜뚜' 하며 소리로 경고를 보낸다. 가까울수록 소리의 비트는 빨라지며 충돌 직전에 '뚜우우우우' 하고 연속 음을 낸다. 즉, 이 시스템은 자동차와 다른 물체 사이의 시각적인 거리를 청각적으로 표현해 준다. 신기하게도 이 소리 정보만으로도 운전자는 자동차와 주변 물체 사이의 공간적 관계를 떠올릴 수 있다. 이렇게 하나의 감각 정보를 다른 감각으로 처리하는 것을 감각 대체(sensory substitution)라고 한다. 감각 대체는 특정 감각 능력을 상실한 장애인에게 큰 도움을 줄 수 있다.

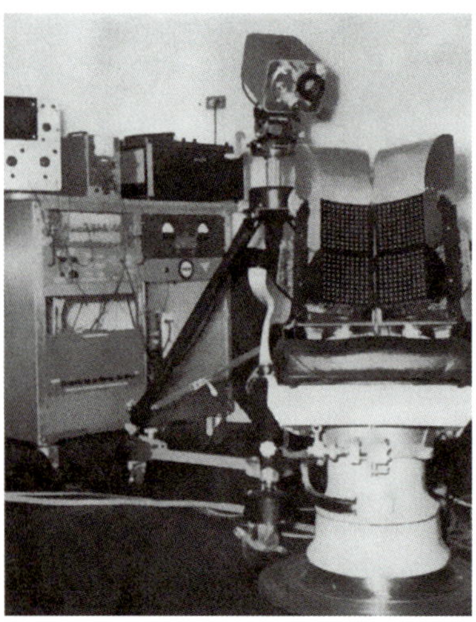

그림 11-14.
오른쪽 의자에 붙어 있는 전극 판은 사람의 등에 카메라의 시각 정보를 진동으로 전달한다(Bach-y-Rita 등, 1969).

시각 정보를 촉각으로 대체

대부분의 감각 대체 연구가 시각과 촉각에 집중되어 있는데, 두 감각 양식이 공간 표상이 비슷하여 대응이 쉽게 이뤄지기 때문이다. 즉, 시각의 망막 표면과 촉각은 피부 표면은 2차원 공간이며 서로 대응되기 쉽다. Bach-y-Rita 등(1969)은 시각 정보를 촉각으로 처리할 수 있는 장치를 가장 먼저 개발하여 시연하였다(그림 11-14). 이 장치는 시각을 상실한 장애인이 의자에 앉으면 400개의 1mm 넓이의 작은 자극 전극들이 피부와 맞닿는다. 이 전극 각각은 옆에 놓인 카메라에 잡힌 2차원 영상에서 밝음과 어둠 위치와 대응하여 진동을 일으킨다. 만일 어두우면 막대는 가만히 있고 밝으면 진동하여 피부를 자극한다. 이 장치로 몇 시간 연습을 통해 시각 장애인들은 간단한 선분과 선분들의 조합으로 이뤄진 도형들도 구분할 수 있었으며, 심지어 간단한 형태와 그림과 같은 상세한 구조까지도 알아차릴 수 있었다. 오늘날 감각 대체 장비들은 훨씬 정교하게 발전하였다. 자극 전극은 등이 아닌 이마와 손바닥에 작은 크기로 붙일 수 있을 정도로 가볍고 섬세하며, 스마트폰 카메라와 연동되어 걸어 다니면서 사물을 인식할 수 있다(Kajimoto 등, 2014).

시각 정보를 청각으로 대체

연구자들은 시각과 청각의 감각 입력 공간을 완전히 일치시키기는 어렵다고 여겼다. 시각 정보는 2차원의 공간으로 잘 표현되지만, 소리는 시간이라는 1차원 공간으로 표현될 수 있기 때문이다. Amedi 등(2007)은 이 편견을 깨고 새로운 시스템을 고안하여 'vOICe'라고 이름을 붙였다. 이 장치는 이마에 부착된 카메라가 앞에 놓인 대상을 탐지하고, 이 시각 신호를 두 귀에 꽂혀 있는 이어폰에 소리로 변환하여 전달하는데, 이미지의 2차원 공간상의 지각 특징(명암과 위치)을 소리 크기, 빈도수(높은음과 낮은음), 두 귀의 입체감의 조합을 통해 구현한다(그림 11-15). 이 장치는 시각 이미지를 대략 1초에 한 번 왼쪽에서 오른쪽으로 스캔하여 음으로 변환하여 이어폰으로 전달해 준다. 이미지의 가로축 특징은 소리의 크기로 변환되는데, 만일 왼쪽에 밝은 물체가 있고 오른쪽이 어두운 배경이면 1초의 소리 제시 초기에 큰 소리가 왼쪽에서 들리다가 오른쪽으로 소리가 이동하며 작아진다. 이 부분은 입체 음향이므로 비록 음원은 두 귀 지점에서 발생하지만 마치 연속된 공간에서 소리가 나오는 것처럼 느껴진다. 한편, 이미지의 세로축 특징은 소리의 빈도수, 즉 음의 높이로 변환되는데, 위쪽은 높은음으로 아래쪽은 낮은음으로 들린다. 만일 이미지의 아래에 밝은 물체가 있고 위쪽에 어두운 배경이 있으면, 1초의 소리 제시 동안 이어폰은 낮은 음을 더 분명하게 들려준다.

비록 이 장치는 이미지를 무채색으로만 처리하지만, 시각 장애인들은 마치 세상을 보는 것 같은 착각을 일으키게 할 정도로 효과가 검증되었다. 이 장치는 스마트폰 카메라와 이어폰으로 간단하게 체험할 수 있으며, 테이블에 놓인 숟가락 같은 간단한 물체들은 사용하여 몇 분 만에 소리로 탐지할 수 있다(☞https://www.seeingwithsound.com).

그렇다면 감각 대체 장치를 이용했을 때 뇌에서는 어떤 변화가 일어날까? Striem-Amit 등(2014)은 선천적 시각 장애가 있는 10명 이상의 참여자들에게 vOICe 시스템을 이용하기 전과 후의

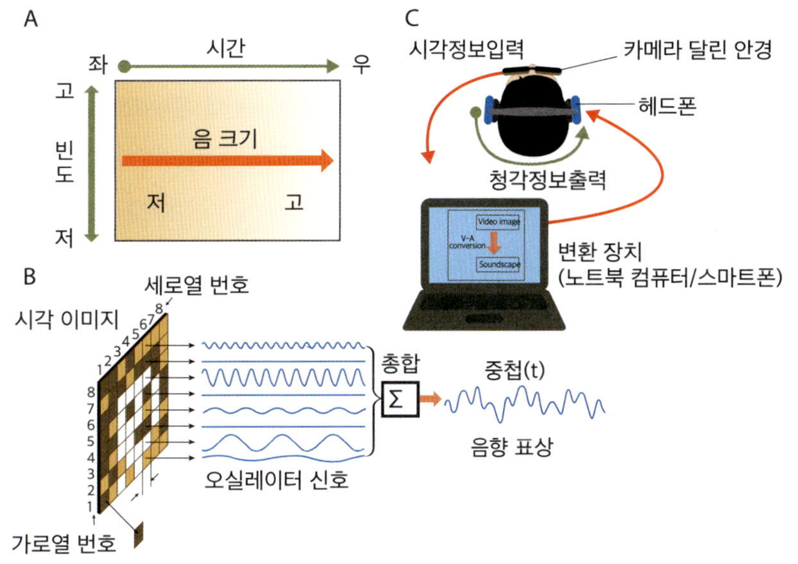

그림 11-15 vOICe 시스템.
(A) 시각 이미지의 청각화 개념도. (B) 시각 이미지 6번 세로열에 대한 소리 변환 예시. 밝은 픽셀일수록 소리가 크고, 위쪽 픽셀일수록 고주파이다. (C) 실제로 관찰자가 이 장치를 착용하여 사용하는 모습. 안경 카메라에 포착된 시각 정보는 노트북 컴퓨터/스마트폰에서 음향 정보로 변환되어 관찰자의 귀에 전달된다. Amedi 등(2007)에서 편집.

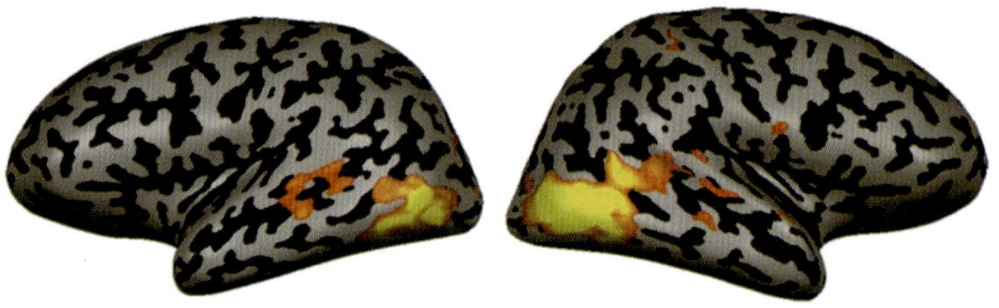

그림 11-16. vOICE 시스템 사용에 따른 뇌활동영역.

뇌활동 변화를 살펴보았다. 평균 72시간의 훈련 동안 화면에 나타난 물체들에 대한 흑백의 실루엣 이미지를 vOICe 시스템을 거쳐 청각으로 보았다. 물체들은 사람 자세, 얼굴, 일상적인 것들이었고, 과제는 범주별로 나누는 것이었다. 훈련이 끝났을 때 시각 장애인들은 화면에 나타난 물체들을 상당한 정도로 무엇인지 맞힐 수 있었고, 심지어 사람의 자세의 경우 스스로 따라 할 정도로 재인할 수 있었다.

놀라운 발견은 참여자들이 신체 자세를 청각으로 듣고 있을 때 fMRI 장비로 살펴본 뇌활동이었다. 선조외 신체영역(EBA: extrastriate body area)은 정상 시각을 가진 사람이 신체 자세를 눈으로 볼 때 활성화하는 영역인데, 시각 장애인이 vOICe 시스템을 이용하여 청각으로 접했을 때 역시 활성화하였다(그림 11-16). 즉, 감각 대체 훈련은 뇌에서 관련 영역의 활성화를 일으키는 것으로 보인다! 그러므로 뇌에서도 감각 대체가 실제로 일어남을 시사한다.

현재 감각 대체 기술은 시각 정보를 촉각 또는 청각으로 변환하는 것에 집중되고 있지만, 다른 감각으로 관심이 옮겨갈 가능성이 매우 높다. 예를 들어, 할머니께서 끓여 주신 미역국은 늘 짜다. 노화와 함께 미각이 크게 둔감해지기 때문이다. 만일 염도를 측정하여 소리로 들려주는 장치를 할머니께 선물해 드리면 미역국이 더 이상 짜지 않을 것이다. 감각 대체의 활용은 IT 기술의 발달과 함께 미래에 크게 인기를 끌 것으로 기대한다. 장애인뿐만 아니라 비장애인들 역시 감각 대체 기술을 일상에서 이용하는 날이 멀지 않았다.

공감각

특정 외부 자극은 대응하는 감각을 일으키는 것이 정상이다. 그런데 어떤 개인들은 비정상적으로 대응이 일어나는 경험을 호소하는데 이를 공감각(synesthesia)이라고 한다. 가장 흔한 예는 특정 단어나 숫자를 보았을 때 여기서 실제로는 없는 색을 경험하는 것이다. 이밖에 어떤 소리를 들었을 때 특정 색을 의식하거나, 움직이는 물체를 볼 때 소리를 듣거나, 특정 단어를 보았을 때 특정한 맛을 느끼는 등 다양하다. 어떤 개인은 검은색 숫자에서 색을 경험하는데 대단한 능력처럼 보이지만 당사자에겐 고통스러운 일이다. 검은색으로 인쇄된 책에서 실제로 없는 색이 여기저기 보인다면 독서를 방해할 것이다. 공감각은 유전적인 것보다 후천적이다. 어린 시절 특정 학습으로 대부분 발생하며, 소수이지만 성인의 경우 사고와 병에 따른 뇌 손상으로 일어날 수 있다.

일상생활에서 어떤 물체나 대상은 다수의 감각 특징을 일관되게 가지고 있다. 김치는 빨간색과 매운맛을 함께 가지고 있고, 큰 체구의 사람은 큰 체구의 형태와 저음의 목소리를 함께 가지고 있고, 금속성 물체는 차갑고 단단하며 서로 부딪쳤을 때 고음을 낸다. 따라서 어떤 대상을 마주할 때 평소에 잘 연합된 지각 특성들의 자동적 회상은 매우 자연스럽다. 아마도 공감각자는 특정 감각 특징들을 어떤 이유에서든 뇌에서 매우 강력하게 연합되었기 때문에 공감각을 경험

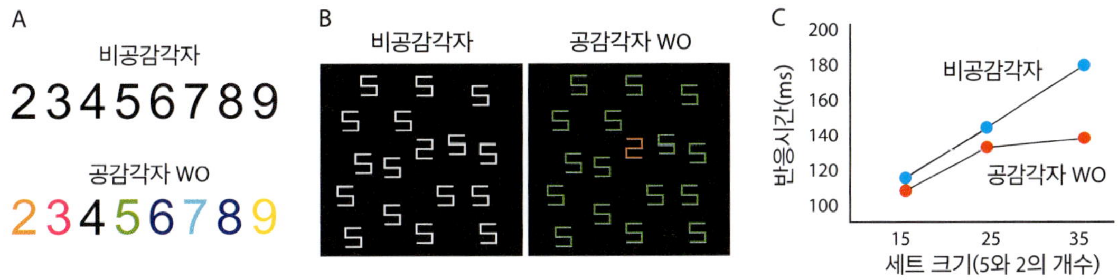

그림 11-17 공감각자 WO의 형태와 색의 공감각 지각.
(A) 검은색으로 된 숫자 2부터 9까지 보여 주었을 때 공감각자 WO는 다양한 색을 보고하며 반복해서 물어도 같은 보고를 하였다. (B) 숫자 5와 2가 검정 바탕에 흰색으로 주어졌을 때, 비공감각자의 지각(왼쪽)과 공감각자 WO의 지각(오른쪽)을 묘사함. (C) 시각탐색과제 결과. 숫자 '5' 속에 숫자 '2'가 있는지를 재빨리 보고하게 했을 때, 주변에 5가 많아질수록 비공감각자들은 찾는 데 어려움을 겪지만 공감각자 WO는 이런 경향이 적다(Palmeri 등, 2002).

하는 것일지도 모른다.

공감각을 정말로 경험하는지는 간단한 과제를 통해 쉽게 확인할 수 있다. 공감각은 자동으로 일어나는 의식 경험으로 인지적인 노력 없이 일어난다. 검은색으로 인쇄된 특정 숫자에서 검은색이 아닌 다른 유채색을 보는 공감각자가 있다고 하자. 만일 특정 형태와 특정 색이 규칙적으로 짝지어 경험된다면 언제나 일관된 보고를 할 것이다. 이것을 물어보아 이 사람이 사실을 말하는지를 알 수 있다. 더욱 분명한 과제는 탐색 과제를 이용하는 것이다. 만일 숫자 2를 주황색으로 보고 숫자 5를 초록색으로 본다면 이를 탐색 과제에서는 비공감각자와 달리 다른 수행을 보일 것이다. 그림 11-17은 숫자에서 색을 경험하는 공감각자 WO의 2가지 과제 결과이다.

신경과학적으로 공감각은 크게 2가지 이유로 일어난다. 첫째, 감각 정보의 교차 입력 가설은 서로 다른 감각들이 뇌의 같은 영역으로 정보를 보내 일종의 합선이 일어난다고 제안한다(Ramachandran & Hubbard, 2001). 숫자-색 공감각의 예를 대상으로 설명하면, 숫자를 보았을 때 뇌에서 활성화하는 영역과 색을 보았을 때 활성화하는 영역의 연결이 서로 강력하다. 숫자를 처리하는 영역과 색을 처리하는 영역이 매우 가까운데(그림 11-18), 숫자-색 공감각자들은 어떤 이유에서인지 이 두 영역의 합선이 다른 사람들에 비해 강하게 일어나는 것으로 추정된다.

둘째, 감각 정보의 교차 입력 가설은 감각 입력의 상향적 처리 가정에 기반을 둔다. 이와 달리 상위 수준에서 하위 수준으로 하향적 처리에 가정에 따른 가설이 있다. 비억제 피드백(disinhibited feedback) 가설에 따르면 중다감각 정보가 모이는 상위 수준의 영역에서 흥분과 억제 신호가 하위 수준의 감각처리 영역에 내려와 정상적인 지각을 돕는다. 그런데 만일 이 피드백 신호가 부족하면 하위 수준에서 공감각을 경험할 수 있다(Grossenbacher & Lovelace, 2001).

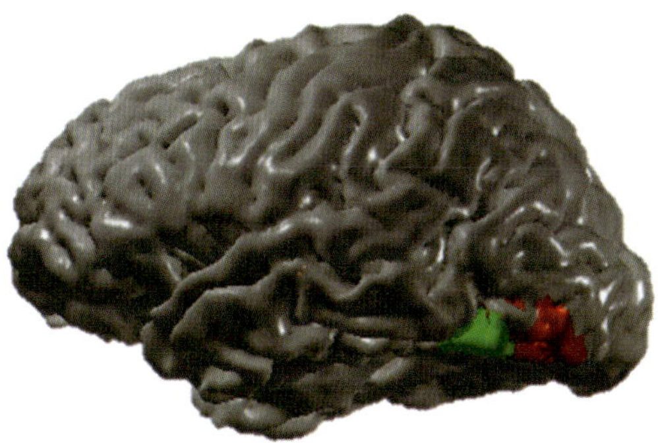

그림 11-18 숫자와 색 담당 영역의 도해.
(초록색) 숫자를 보았을 때 활성화하는 영역. (빨간색) 색을 처리하는 영역(Ramachandran & Hubbard, 2001).

추상적 공감각

Ramachandran(2004)은 공감각이 추상적인 수준에서 일반인들도 자주 경험한다고 제안한다. 특히 언어영역에서 이를 쉽게 발견할 수 있다고 말한다. 의미를 기호에 따른 표시로 의미를 한정할 때 대체로 의식이 수반되므로 의미를 의식 수준에서 이해하는 경향이 있는데, 이 역시 그림

그림 11-19.
어느 쪽이 bouba와 kiki일까?

과 같은 다른 표현 방식을 포함하면 반드시 의미를 알아차리는 데 의식이 수반될 필요는 없다.

Wolfgang Köhler(1929)는 스페인 '테네리페' 섬에서 둥글둥글한 모양과 각진 모양을 보여 주고 어느 것이 'takete'이고 어느 것이' baluba'인지 물었는데, 사람들은 각각 각진 모양과 둥근 모양을 고르는 경향이 있었다. 이 보고에 따라 Ramachandran과 Hubbard(2001)는 'bouba'와 'kiki'를 주고 어느 모양과 대응하는지를 물었을 때 95% 이상의 성인이 각각 둥근 모양과 각진 모양을 골랐다(그림 11-19). 부바/키키 효과(bouba/kiki effect)로 불리는 이 현상은 로마자 알파벳이 아닌 인도의 타밀어를 쓰는 사람들에게서도 같은 현상이 발견되었다(Ramachandran, 2004). 연구자들은 이 효과를 글자의 음성적인 특징과 도형의 시각적인 특징을 동일시하기 때문이라고 설명한다. 즉, bouba는 억양이 부드럽고 kiki는 날카로운데 둥근 도형이 부드러운 곡선을, 각진 도형이 뾰족한 각들을 가지고 있기 때문이다. 대안 설명으로 이 단어들을 소리 낼 때 나오는 입 모양과 단어들의 시각적 유사성을 지적하기도 한다(Wikipedia, 2016). *훈민정음 해례본*에서 세종대왕이 소리 낼 때 나타나는 입(술)의 모양, 혀의 모양, 목의 모양 등을 참조하여 한글의 자음을 창안했다는 설명이 있다. 따라서 이는 부바/키키 효과에 대한 두 번째 설명과 부합한다. 부바/키키 효과는 어떤 도형을 볼 때 자신도 모르게 추상적인 수준의 의미가 활성화됨을 시사한다.

정리

교차감각 지각은 여러 감각 사이에서 일어나며 지각 경험을 정확하고 풍성하게 해 준다. 교차감각의 제시는 부족한 감각처리 능력을 실제로 향상시킬 수 있다. 교차감각 지각은 외부 대상을 재인할 때뿐만 아니라 신체의 위치와 자세를 처리하는 과정에서도 나타난다. 뇌활동의 상위 수준의 역할은 특정 감각만을 위한 처리기가 아닌 다양한 감각의 공통된 기능을 수행하는 것처럼 보인다. 이에 따라 특정 감각 입력은 다른 감각을 처리하는 과정을 빌려 해석될 수 있다. 컴퓨터가 다양한 소프트웨어 또는 하드웨어와 결합되어 범용으로서 역할을 하는 것과 비슷하다. 공감각은 자동적으로 일어나며 뇌에서 회로의 비정상적인 연결로 일어난다. 추상적인 수준에서 일반인도 공감각을 경험한다고 볼 수 있다.

더 읽어 보기

교차 지각에 관한 종합적인 안내는 Stein(2012)의 책을 보라. 교차 지각에 관한 신경과학적 개관은 Klemen과 Chambers(2012)를 보라. 공감각에 대한 종합적인 안내는 Ramachandran와 Hubbard(2001)를 보라. 공감각 현상에 대한 신경과학적 개관은 Grossenbacher와 Lovelace(2001)를 보라.

| 참고문헌 |

Amedi, A., Stern, W. M., Camprodon, J. A., Bermpohl, F., Merabet, L., Rotman, S., ... & Pascual-Leone, A. (2007). Shape conveyed by visual-to-auditory sensory substitution activates the lateral occipital complex. *Nature Nneuroscience, 10*(6), 687.

Bach-y-Rita, P., Collins, C. C., Saunders, F. A., White, B., & Scadden, L. (1969). Vision substitution by tactile image projection. *Nature, 221*(5184), 963.

Bruno, N., Jacomuzzi, A., Bertamini, M., & Meyer, G. (2007). A visual–haptic Necker cube reveals temporal constraints on intersensory merging during perceptual exploration. *Neuropsychologia, 45*(3), 469-475.

Calvert, G. A., Bullmore, E. T., Brammer, M. J., Campbell, R., Williams, S. C., McGuire, P. K., ... & David, A. S. (1997). Activation of auditory cortex during silent lipreading. *Science, 276*(5312), 593-596.

Choi, H. & Scholl, B. J. (2006). Perceiving causality after the fact: postdiction in the temporal dynamics of causal perception. *Perception, 35*(3), 385-399.

Driver, J. & Noesselt, T. (2008). Multisensory interplay reveals crossmodal influences on 'sensory-specific' brain regions, neural responses, and judgments. *Neuron, 57*(1), 11-23.

England, D. (2011). *Whole body interaction*. London: Springer.

Ghazanfar, A. A. & Schroeder, C. E. (2006). Is neocortex essentially multisensory? *Trends in Cognitive Sciences, 10*(6), 278-285.

Graziano, M. S., Yap, G. S., & Gross, C. G. (1994). Coding of visual space by premotor neurons. *Science, 266*(5187), 1054-1054.

Grossenbacher, P. G. & Lovelace, C. T. (2001). Mechanisms of synesthesia: cognitive and physiological constraints. *Trends in Cognitive Sciences, 5*(1), 36-41.

Hoegg, J. & Alba, J. W. (2006). Taste perception: More than meets the tongue.*Journal of Consumer Research, 33*(4), 490-498.

Iriki, A., Tanaka, M. & Iwamura, Y. (1996). Coding of modified body schema during tool use by macaque postcentral neurons. *Neuroreport, 7*(14), 2325-2330.

Iriki, A., Tanaka, M., Obayashi, S., & Iwamura, Y. (2001). Self-images in the video monitor coded by monkey intraparietal neurons. *Neuroscience Research, 40*(2), 163-173.

Kajimoto, H., Suzuki, M., & Kanno, Y. (2014, April). HamsaTouch: tactile vision substitution with smartphone and electro-tactile display. In *CHI'14 Extended Abstracts on Human Factors in Computing Systems* (pp. 1273-1278). ACM.

Kayser, C., Lakatos, P., & Meredith, M. (2012). Cellular physiology of cortical multisensory processing. In B. E. Stein (Ed.), *The New Handbook of Multisensory Processing*. Cambridge, MA: MIT Press.

Klemen, J. & Chambers, C. D. (2012). Current perspectives and methods in studying neural mechanisms of multisensory interactions. *Neuroscience & Biobehavioral Reviews, 36*(1), 111-133.

Köhler, W (1929). *Gestalt Psychology*. New York: Liveright.

Lee, D. N. & Aronson, E. (1974). Visual proprioceptive control of standing in human infants. *Perception & Psychophysics, 15*, 529-532.

Macaluso, E. & Driver, J. (2005). Multisensory spatial interactions: a window onto functional integration in the human brain. *Trends in Neurosciences, 28*(5), 264-271.

Maravita, A., & Iriki, A. (2004). Tools for the body (schema). *Trends in Cognitive Sciences, 8*(2), 79-86.

McDonald, J. J., Teder-Sälejärvi, W. A., & Hillyard, S. A. (2000). Involuntary orienting to sound improves visual perception. *Nature, 407*(6806), 906-908.

McManus, I. C. & Humphrey, N. (1973). Turning the left cheek. *Nature, 243*, 271-272.

Meltzoff, A. N. & Borton, R. W. (1979). Intermodal matching by human neonates. *Nature, 282*(5737), 403.

Michel, C., Velasco, C., Gatti, E., & Spence, C. (2014). A taste of Kandinsky: assessing the influence of the artistic visual presentation of food on the dining experience.*Flavour, 3*(1), 7.

Palmeri, T. J., Blake, R., Marois, R., Flanery, M. A., & Whetsell, W. (2002). The perceptual reality of synesthetic colors. *Proceedings of the National Academy of Sciences, 99*(6), 4127-4131.

Ramachandran, V. S. (2004). *A Brief Tour of Human Consciousness:From Impostor Poodles to Purple Numbers*. New York: PI Press.

Ramachandran, V. S. & Hubbard, E. M. (2001). Psychophysical investigations into the neural basis of synaesthesia. *Proceedings of the Royal Society of London B: Biological Sciences, 268*(1470), 979-983.

Ramachandran, V. S. & Hubbard, E. M. (2001). Synaesthesia: a window into perception, thought and language. *Journal of Consciousness Studies, 8*(12): 3-34.

Reed, C. L., Grubb, J. D., & Steele, C. (2006). Hands up: attentional prioritization of space near the hand. *Journal of Experimental Psychology: Human Perception and Performance, 32*(1), 166-177.

Sekuler, R., Sekuler, A. B., & Lau, R. (1997). Sound alters visual motion perception. *Nature, 385*, 308-308.

Shopland, C. & Gregory, R. L. (1964). The effect of touch on a visually ambiguous three-dimensional figure. *Quarterly Journal of Experimental Psychology, 16*(1), 66-70.

Shore, D. I., Spry, E., & Spence, C. (2002). Confusing the mind by crossing the hands. *Cognitive Brain Research, 14*(1), 153-163.

Stein, B. E. (Ed.). (2012). *The New Handbook of Multisensory Processing*. Cambridge, MA: MIT Press.

Striem-Amit, E. & Amedi, A. (2014). Visual cortex extrastriate body-selective area activation in congenitally blind people "seeing" by using sounds. *Current Biology*, *24*(6), 687-692.

Sugita, Y. & Suzuki, Y. (2003). Audiovisual perception: implicit estimation of sound-arrival time. *Nature*, *421*(6926), 911.

Van Riper, C. (1935). An experimental study of the Japanese illusion. *American Journal of Psychology*, *47*(2), 252-263.

12 동작과 지각

지각과 동작은 연속적이면서 순환적인 관계이다. 지각은 동작을 안내하고 동작은 지각을 일으킨다. 예를 들어, 눈에 보이는 길을 따라 걷는 동작이 시작되며 걷기 시작하자마자 시각 정보는 변한다. 손과 발에서 전해 오는 고유감각도 변하기 시작한다. 손, 다리, 몸통 등 운동이 가능한 주요 기관들은 감각신경과 운동신경이 짝을 이뤄 병렬적으로 작동하는데, 이는 지각과 동작의 협응적 수행을 돕는다. 뇌에 대한 신경과학적 증거들도 지각과 동작 영역이 매우 강하게 연결되어 있음을 보여 준다. 최신의 지각과 동작 연결의 모형에서(그림 12-1) 시각, 청각, 체감각 등 감각 영역에서 처리한 정보들은 동작 명령을 발생시키는 운동 피질로 직접 흘러가거나 운동을 지휘하는 전두피질로 이동하여 간접적으로 운동피질로 이동한다. 이와 함께 이 경로들은 역방향으로도 이어져 운동피질의 정보가 반대로 감각피질로 내려가기도 한다. 그러므로 많은 학자는 지각과 동작을 하나의 틀에서 이해해야 한다고 제안한다. 이 장에서는 지각과 동작의 관계에 대한 주요 연구들을 살펴보고 이 관계를 이해한다.

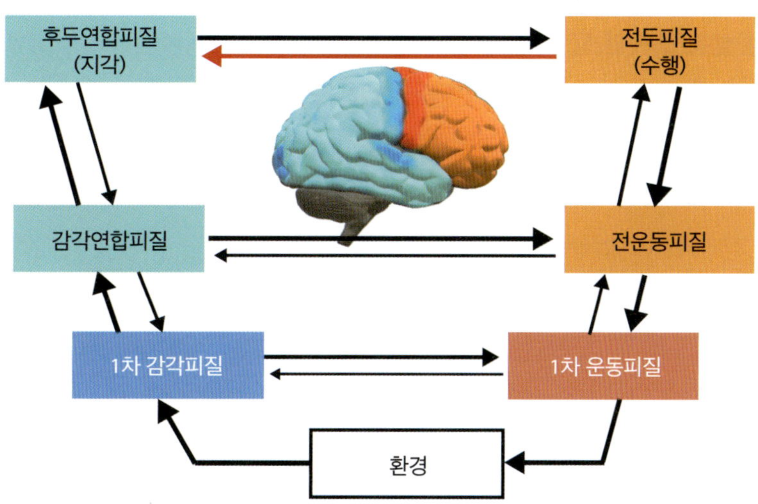

그림 12-1 지각-동작 사이클.
환경에서 전달되는 빛이나 소리 등의 자극 정보는 감각과 지각체계에서 처리되고, 그다음 동작체계로 이어져 적절한 동작이 일어난다. 1차적으로 정보 전달이 굵은 선을 따라 이뤄지며, 부차적으로 인지적 통제가 포함된 피드백 경로는 가느다란 선을 따라 일어난다(Fuster & Bressler, 2015).

지각 속성과 동작

일상생활에서 무엇인가를 보는 것은 생각을 수반한다. 예를 들어, 눈으로 물체들을 볼 때 대략의 무게를 생각한다. 이는 많은 경험을 통해 물체의 시각적 속성과 무게의 규칙을 잘 학습했기 때문이다. 첫째, 재질에 따라 무게가 달라질 수 있는데, 금속으로 된 물체는 나무나 플라스틱으로 된 물체보다 무겁게 지각된다. 둘째, 표면 속성이 비슷하다면 부피가 큰 물체가 더 무겁게 지각된다. 만일 시각적 속성과 무게의 상관이 맞지 않을 때, 즉 어떤 물체가 예상보다 무겁거나 가벼울 때 살짝 놀라게 된다. 어떤 물체를 눈으로 볼 때, 시각적 속성과 무게의 규칙적인 관계는 즉각적으로 활성화되어 적절한 동작을 준비한다.

한 실험에서, 같은 크기의 큐브가 발사 나무, 마호가니 나무, 알루미늄, 청동, 강철로 만들어져 참여자들에게 제시되었다(Harshfield & DeHardt, 1970). 모든 큐브는 눈에 보이지 않지만 밑바닥에 납을 덧대 실제로는 무게가 같았다. 참여자들은 눈으로만 보고서 큐브들의 무게를 평정하거나 손으로 들어보고 무게를 평정하였다. 눈으로만 무게를 평정할 때 발사 나무, 마호가니 나무, 알루미늄, 청동, 강철 순서대로 무거울 것으로 판단하였다(실제 같은 크기였다면 이 재질 순서대로 무거웠다). 그런데 각 큐브를 들어보라고 했을 때 이 순서와 반대로 무겁다고 판단하였다. 즉, 재질에 따라 눈으로 보고 예상한 무게보다 더 무겁다고 느낀 것이다. 이를 밀도-무게 착시(density-weight illusion)라고 한다.

비슷한 현상으로, 크기-무게 착시(size-weight illusion)는 두 물체의 무게는 똑같은데 부피가 다를 때, 사람들은 부피가 작은 물체를 더 무겁다고 판단하는 경향을 말한다. 당연하게도, 사람들은 부피가 클수록 무게도 함께 증가한다는 예상을 하기 때문이라고 설명할 수 있다. Gordon 등(1991)은 크기-무게 착시가 과연 손으로 쥐는 힘에도 나타나는지를 살펴보았다. 이 실험에서, 3가지 크기로 된 똑같은 무게의 큐브가 준비되었다. 참여자들은 엄지와 검지로 각 큐브를 3~4초가량 공중에 들어 올려 가만히 내려놓는 수행을 하였다. 이 동작이 일어나는 동안 두 손가락 끝에는 전극이 부착되어 실시간으로 집는 힘(grip force)이 측정되었다. 실험 결과, 각 큐브를 들어 올리는 초기에는 크기가 클수록 집는 힘이 셌지만 들어 올리고 있는 동안에는 3가지 크기의 물체 조건에서 거의 같았다. 이 결과는 초기에는 집는 힘이 시각적 영향을 받지만, 안정기에 접어들어서는 손가락 자체에서 오는 피드백에 더 의존하여 집는 힘이 결정됨을 가리킨다.

일반적으로 집는 힘을 결정하는 것은 물체 무게와 표면의 마찰력이다. 무거울수록 더 세게 집으며, 마찰력이 적어 미끄러울수록 더 세게 집는다. Westling과 Johansson(1984)의 실험에서, 표면이 서로 다른 재질로 된 큐브를 10개의 무게 조건으로 준비되었다. 참여자들의 과제는 각 큐브를 검지와 엄지 사이에 가만히 쥐고 있거나, 떨어질 만하게 쥐는 것이었다. 실험 결과, 사람들은 물건을 집을 때 미끄러워 떨어지는 정도보다 10% 정도만큼만 더 세게 쥔다(그림 12-2). 세이프티 마진(safety margin)이라고 하는데, 물체를 가만히 쥐고 있는 동작은 초기 피드백 과정을 거쳐 정해진다. 이 기술은 물체를 필요 이상으로 세게 쥐어서 오는 손가락 피로와 물체가 미끄러지는 것을 막으므로 매우 경제적이다. 만일 100g짜리 커피잔을 1kg짜리 아령을 쥐듯 강하게 쥔다면 손은 빨리 피로해질 것이다. 사실 로봇에게 세이프티 마진이 적용된 동작은 매우 어렵다.

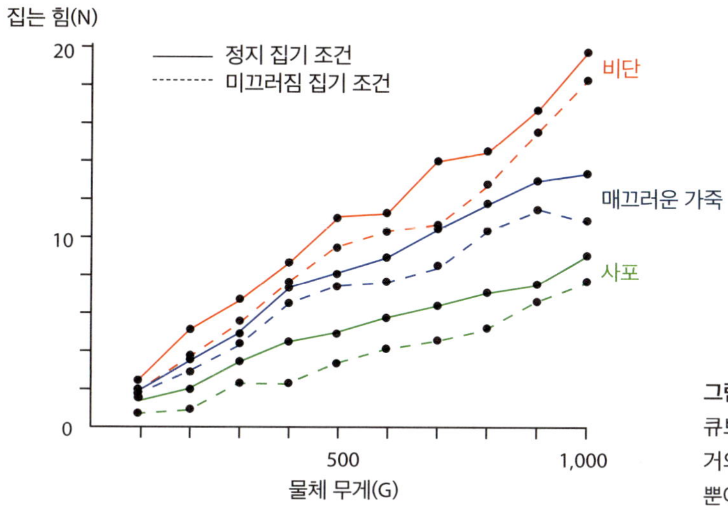

그림 12-2 드는 힘과 무게의 관계. 큐브를 가만히 쥐고 있을 때 드는 집는 힘은 거의 떨어질 때 드는 힘보다 약간 더 높았을 뿐이었다(Westling & Johansson, 1984).

종합하면, 물체를 드는 과제에서 시각 정보는 동작을 준비시키고, 촉각 정보는 물체를 든 다음부터 안정적인 물체 들기에 중요한 역할을 하는 것으로 평가된다.

동작을 위한 시각과 지각을 위한 시각의 해리 논쟁

눈에 맺힌 시각 정보는 1차 시각피질(V1)을 거쳐 두 경로로 보내지는데, 아래쪽으로 보내지는 경로는 하측두피질(IT: inferior temporal cortex)에 이르고, 위쪽으로 갈라지는 경로는 후두정피질(post parietal cortex)에 이른다. 이들 각각을 배쪽경로(ventral stream)와 등쪽경로(dorsal stream)이라고 한다. 원숭이 뇌 손상(lesion) 연구들에서, 후두정 피질의 손상은 물체의 위치 파악 과제에서 후퇴를, 그리고 하측두피질의 손상은 물체의 재인에서 후퇴가 보고되었다(Pohl, 1973). 이를 바탕으로 Mishkin 등(1983)은 배쪽경로를 물체가 무엇인지 정확히 처리하는 무엇-경로(what pathway)로 등쪽경로를 물체의 위치를 우선으로 처리한다는 뜻의 어디-경로(where pathway)라고 별명을 붙였다. 그림 12-3은 이미 7장에서 보았는데 다시 살펴보자. 이 그림에서 어디-경로는 초기에 움직임을 처리하는 영역을 지나지만, 후기에 동작에 관여하는 영역으로 이어진다.

여기서 의문이 하나 들 것이다. 즉, '물체 재인이 되지 않으면 도대체 어떻게 위치 파악이 된다는 것인가?' 물론 위치를 파악하기 위해서는 물체를 파악하는 일은 필수이다. 어디-경로에서도 물체 파악은 어느 정도 일어난다. 다만 여기에 도달하는 물체 정보는 매우 거친 상태로 가정된다. 흐릿하지만 대략 물체의 윤곽 정도가 될 것이다. 반면, 무엇-경로에서 일어나는 물체 재인은 매우 선명하며 의식을 동반하는 것처럼 보인다. 그렇다면 왜 물체 정보가 두 경로로 해상도가 다르게 나뉘어 보내질까? 이유는 시간 때문이다. 어디-경로는 동작에 관여하는 전두엽으로 이어지는데, 지각과 동작이 실시간으로 일어나기 위해서는 최대한 처리가 빨라야 한다. 만일 지각과 동작이 실시간으로 일어나지 않는다고 생각해 보라. 예를 들어, 야구에서 공을 치는 타자는 공이 선명하게 보일 때까지 기다린다면 공이 지나간 뒤에 방망이가 헛돌 것이다. 반면, 이런 상황에서는 흐릿한 무엇

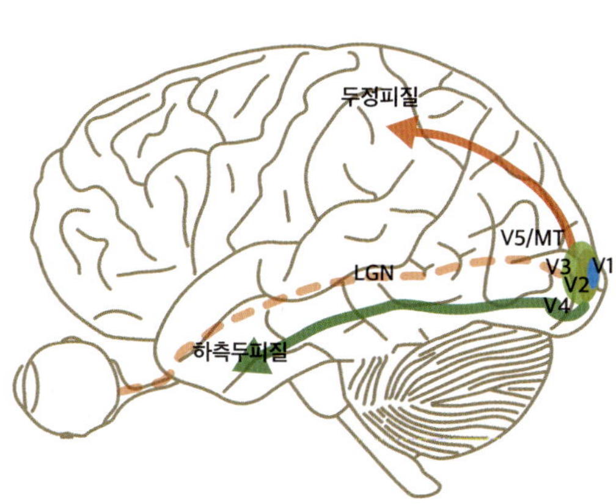

그림 12-3 시각처리의 두 경로(Mishkin 등, 1983).

이 날아오면 방망이를 휘둘러야만 한다. 반면, 물체 재인 경로는 사고와 추론 같은 고등 인지 영역으로 이어지는데, 처리는 느리더라도 자세한 정보가 필요하다.

Goodale과 Milner(1992)는 뇌 손상 영역에 따른 동작 결함의 유형을 살펴보았다. 후두정피질에 손상을 입은 환자들은 물체의 크기, 형태, 위치 등은 잘 지각하지만 물체와 관련된, 예를 들어 집기와 같은 동작에 문제를 보인다. 반면, 시각-측두피질에 손상을 입은 환자들은 물체들에 적합한 동작은 잘하지만 물체 재인에는 어려움을 보인다. 시각처리의 등쪽-경로가 실시간의 동작을 취하는 과정과 밀접한 관련이 있기 때문에 어디-경로보다는 어떻게-경로(how pathway) 또는 동작경로(action pathway)라는 이름이 더 적합하다고 제안하였다. 이 분야에서는 뇌에 어떤 별명을 붙이는지를 가지고 혈투를 자주 벌인다.

계속해서 Goodale과 동료들은 정상인을 대상으로 무엇-경로와 어떻게-경로의 해리(dissociation)의 증거들을 찾아왔다. 이들은 주로 에빙하우스 착시를 자극으로 이용하였다. 이 착시에서 똑같은 크기의 원이 큰 원들에 둘러싸여 있을 때 작은 원들에 둘러싸여 있을 때보다 더 작아 보인다(실은 작은 원에 둘러싸인 원은 혼자 있을 때와 비슷하게 지각되지만, 큰 원들에 둘러싸일 때 작게 지각되는 것으로 알려져 있다). 이 연구자들의 가설에 따르면 시각은 이 착시를 경험하지만 동작은 이 착시를 경험하지 않는다. 이유는 물체 크기를 지각하는 과정과 물체를 대상으로 동작을 수행하는 과정은 처리가 근본적으로 다르기 때문이라고 지적한다. 즉, 바깥세상에 놓인 물체들은 늘 같은 크기와 모양을 유지하지만 관찰자가 보고 있는 거리에 따라 눈에 맺히는 크기와 모양이 변한다. 따라서 이런 변화에서 물체의 크기를 안정적으로 유지하기 위해서는 주변 정보 단서를 이용하여 물체의 크기를 상대적으로 판단해야 한다. 이렇게 외부 세계 자체를 기준으로 이용하는 처리를 '환경중심 좌표계(allocentric coordinates)를 참조 틀로 이용한다'고 표현한다. 반면, 손이나 발처럼 몸 일부분을 실행기(effector)로 이용하여 물체와 상호작용하는 경우 이 실행기의 위치가 기준이 되어야 한다. 즉, 목표 물체와 주변 정보의 관계보다는 물체와 손 또는 발의 관계가 더 중요하다. 손이나 발의 경우 사람마다 정해진 길이가 있으며, 이는 거의 언제나 절대적인 위치에 놓여 있다. 이렇게 자기 몸을 기준으로 물체를 대하는 경우 '자기중심 좌표계(egocentric coordinates)를 참조틀로 이용한다'고 표현한다. 팔중심 좌표계(arm-centered coordinates)와 머리중심 좌표계(head-centered coordinates)는 자기-중심 좌표계의 대표적인 것들이다. 요약하면 무엇-경로로 향하는 정보는 주변 맥락에 민감하므로 에빙하우스 착시를 경험하지만, 어떻게-경로로 가는 정보는 주변보다는 동작을 수행하는 손이나 발과 협응이 중요하므로 물체가 놓인 주변 맥락은 덜 중요하여 크기 착시를 일으키지 않거나 덜 일으킬 것이라고 주장한다.

시각 착시를 동작은 일으키지 않을까? 에빙하우스 착시 패러다임

Goodale이 포함된 Aglioti 등(1995)의 연구에서, 정상인들에게 에빙하우스 착시 배열을 이용해 시각과 동작에서 착시가 다르게 일어나는지 살펴보았다. 각각 주변에 작은 원들과 큰 원들로 둘러싸인 원 2개는 3mm 두께의 플라스틱 칩으로 참여자들이 집어야 할 대상(목표 칩)이었다(그림 12-4). 시각 과제에서 목표 칩의 크기는 참여자들에게 같아 보일 때까지 여러 번 제시하여 얼마나 큰 착시가 일어나는지를 살펴보았는데, 예상했던 대로 모든 참여자가 착시를 경험하였다. 동

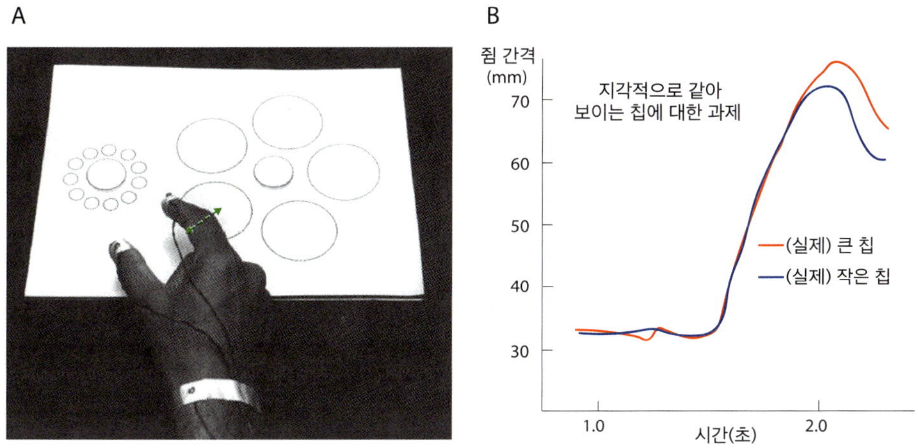

그림 12-4 Aglioti 등(1995)의 실험.
(A) 실험 예시. 두 손가락 사이의 거리(초록색)가 쥠 간격이다. (B) 실험 결과. 지각된 칩의 크기와 손가락의 쥠 간격이 2초 지점에서 다르다.

작 과제에서, 똑같은 착시 배열이 제시되었는데, 이번에는 참여자들은 목표 칩을 오른손 검지와 엄지로 집어야 하였다. 참여자가 데스크 앞에 놓인 버튼에 손을 올려놓으면 불이 3초 동안 켜졌고, 이 시간 안에 목표 칩을 집어야 하였다. 이렇게 시간을 제한한 이유가 중요한데, 집어야 할 물체를 보자마자 일어나는 자동적인 손가락 동작을 살펴보기 위해서였다. 즉, 즉각적으로 일어나는 손동작은 뇌의 시각-동작 경로에 아주 단단하게 형성된 프로그램의 성질이 다른 경로의 영향을 받지 않거나 최소화되어 드러날 것으로 기대되었다. 이때 측정된 것은 동작 중에 일어나는 엄지와 검지의 최대 쥠이었다(☞샛길 1). 이 간격은 두 손가락에 부착된 적외선 다이오드의 위치를 두 대의 카메라가 실시간으로 추적하여 얻어졌다. 목표 칩이 작은 원들에 둘러싸여 있을 때의 최대 쥠과 큰 원들에 둘러싸여 있을 때의 최대 쥠에서 차이가 있었는데 이 크기는 시각 과제에서 크기보다 작았다. 따라서 이 연구자들은 시각-지각 경로와 시각-동작 경로에서 물체의 크기 표상이 다르게 일어난다고 결론 내렸다.

한동안 Goodale 등은 일련의 실험 성과로 자부심의 가슴을 내밀고 다녔다. Franz라는 커다란 비판자가 나타나기 전까지는 그랬다. Franz는 동료들과 여러 번의 반복 실험을 통해 에빙

샛길 1 **최대 쥠**

손을 뻗어 물체를 잡거나 쥐는 동작은 아주 흔하다. Jeannerod(1984)의 연구에서, 참여자들은 책상에 놓인 길이 2~6cm의 나무로 만든 공 또는 육면체를 손을 뻗어 검지와 엄지로 쥐도록 요구받았는데 가능한 최대한 빠르고 정확하게 동작을 하도록 강조되었다. 쥐어야 하는 물체는 모두 손을 뻗어서 닿을 만한 거리에 제시되었지만, 위치는 가깝거나 멀어 이 두 지점의 최대 간격은 40cm였다. 모든 동작은 카메라로 녹화되어 분석되었다. 분석 결과, 시간과 속도의 측면에서 매우 일관된 속성들이 나타났다. 첫째, 손이 시작 지점에서 출발할 때는 빠르게 움직이다가(빠른-시작-회기) 전체 시간의 75% 지점부터 손이 서서히 느려지며 움직였다(느린-후기-회기). 둘째, 빠른-시작-회기 때 검지와 엄지의 간격은 서서히 벌어지다가 느린-최종-회기가 시작되면서 서서히 목표물에 닿을 때까지 줄어들었다. 이 두 회기를 생각해 보면 마치 손이 일단 출발부터 하고 허공에서 움직이면서 손가락 간격이 미세하게 조정되는 것처럼 보였다. 두 손가락의 거리가 최대가 되는 최대 쥠(maximum grip)은 느린-최종-회기가 시작되기 직전이었다. 흥미롭게도 이 두 회기에서 벌어지는 손의 움직임의 전체 시간은 물체와 거리와 거의 무관하게 거의 일정하였고(동작을 최대한 빨리해야 했음을 상기하라), 두 손가락의 넓이 변화는 목표 물체가 놓인 거리와 관계없이 일정한 패턴을 보였다.

하우스 착시를 이용해 뇌에서 물체 재인 경로와 동작 경로의 해리를 증명하는 데 적합한 방법이 아니라고 반박하였다. 대표적으로, Fransz 등(2000)은 Goodale 등의 연구에서 사용된 에빙하우스 착시 배열의 동시 제시 방법에 문제가 있음을 따졌다. 이들에 따르면 2개의 같은 원이 크고 작은 주변 원들과 동시에 제시될 때, 눈으로 보게 되면 착시가 큰데 그 이유는 시각적으로 두 배열의 효과가 가중적으로 일어나지만, 손으로 집게 하는 경우 어느 한쪽 집단의 원들에만 시선과 주의가 몰리므로 다른 쪽 배열은 상대적으로 무시하게 된다고 지적하였다. 이에 따라 똑같은 크기의 원이 주변에 작은 원들에 둘러싸인 조건과 주변에 큰 원들에 둘러싸인 조건을 따로 제시하여 실험을 진행하였다. 그 결과 착시는 시각적으로 목표 칩을 판단하게 했을 때와 손가락으로 판단하게 했을 때 모두 나타났지만, 두 조건에서 통계적인 차이 없이 비슷하였다.

오늘날 다양한 시각 정보의 등쪽경로와 배쪽경로의 분할은 해부학적으로 타당한 것으로 평가되는 경향이 있다. 그렇지만 기능적인 수준에서 에빙하우스 착시 패러다임을 이용하여 이 두 경로의 독립적인 성질의 차이를 보이려는 노력은 상당히 어려운 것으로 평가된다.

자극 공간과 반응 공간

선택의 수와 반응시간

옵션이 적을 때보다 많을 때 선택하는 데 시간이 더 오래 걸리곤 한다. 옛날 TV 리모컨은 TV를 켜는 단추, 채널 단추, 음량 단추 등 몇 가지만 있었지만, 최근의 리모컨은 다양한 옵션이 추가되면서 집주인이 아니면 TV를 켜기 어려울 정도로 사용하기 어렵다. Hick(1952)는 매우 간단하지만 역사적으로 실험을 하였다. 작은 램프 10개가 불규칙한 형태의 원을 이루며 앞에 놓여 있었고, 한 번에 하나씩 불이 들어왔다. 그러면 참여자는 미리 짝지어진 단추 하나를 재빨리 눌러야 하였다. 그런데 램프의 불이 들어오는 범위는 하나에서부터 열까지 달랐다. Hick 자신이 유일한 참여자였는데, 수천 번의 실험 끝에 매우 유명한 데이터를 얻었다. 그림 12-5는 실험 모습과 결과이다. 램프의 불이 켜지는 수가 많아질수록 반응시간은 점진적으로 느려졌다. 결과값을 적합한 그래프는 직선적인 형태가 아니라 로그 함수를 띤다. Hick의 실험과 결과는 놀라운 것은 아니지만, 인간 행동의 매우 기본적인 특징을 보여 주므로 오늘날 그의 실험 결과인 '선택의 수가 많아질수록 반응시간은 느려진다'는 사실은 **Hick의 법칙**(Hick's law)이라고 불리며 제품 디자인

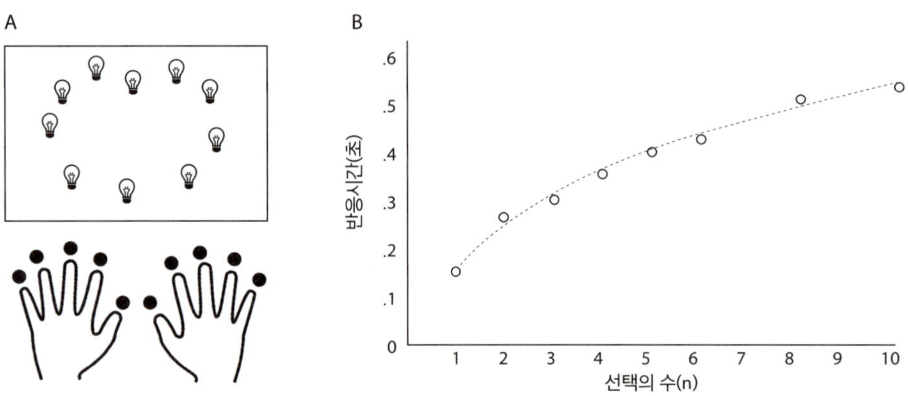

그림 12-5 Hick의 실험. (A) 실험 자극과 반응 방법. 위는 불이 들어오는 램프 공간이고, 아래에 단추가 있다. (B) 선택의 수에 따른 반응시간 평균(전체 2,400회의 시행). 이 과제에서 Hick는 최대한 실수를 하지 않으면서 빠르게 단추를 눌렀다. Seow(2005)에서 재편집.

에서 매우 중요한 원리로 언급된다.

자극-반응 양립성

가스레인지 점화구의 위치와 스위치 위치를 혼동한 적이 있는가? 그림 12-6에 보이는 가스레인지는 국내 대기업 제품인데, 점화구와 스위치의 대응이 잘되지 않아 실수를 일으킬 수 있다. 특히 사용자가 바쁠 때 실수가 잦아진다. 또는 교실에 전등을 켜려고 벽에 붙어 있는 스위치를 여러 번 껐다 켰다 반복해 본 적은 없는가? 이런 혼동들은 자극-반응 양립성이 낮기 때문에 일어난다. **자극-반응 양립성**(stimulus-response compatibility)이란 자극 차원과 반응 차원 사이의 공통된 속성의 일치가 클수록 더 빨리 그리고 더 정확히 처리되는 현상을 통틀어 일컫는다. 여기서 **자극차원**(stimulus dimension)은 제시되는 눈이나 귀에 제시되는 자극의 물리적인 속성들의 범주를 뜻하는데 위치, 방향, 크기, 강도, 색 등 다양한 차원이 존재할 수 있고, **반응차원**(response dimension) 역시 손으로 반응하는 경우 손의 위치, 방향, 강도, 압력, 속도 등 다양한 차원으로 존재할 수 있다.

가스레인지의 점화구와 스위치처럼 자극과 이를 조작하는 부속에서 볼 수 있는 자극-반응 양립성을 좀 더 특수하게 **자극-컨트롤 양립성**(stimulus-control compatibility)이라고 부른다. 또한 산업 장면이나 자동차와 비행기 등에서 실제 자극은 보이지 않고 이를 대신해 계기판이나 디스플레이로 제시되고 근처에 컨트롤 패널이 놓이는데, 이런 경우에는 디스플레이-컨트롤 양립성이라고 한다. 자극-반응 양립성에 대해 Fitts와 Seeger(1953)는 기념비적인 실험을 하였다. 가장 널리 인용되는 연구이므로 자세히 살펴보자.

이 연구의 참여자들은 과제로 무릎 근처에 있는 막대를 가능한 한 빠르게 목표 지점으로 움직이는 일이었는데, 방향은 눈앞에 제시된 불빛 방향과 일치시켜야 하였다. 여기서 불빛이 제시된 공간을 **자극 공간**(stimulus space), 그리고 막대를 움직이는 공간을 **반응 공간**(response space)이라고 정의한다. 실험에서, 자극 공간과 반응 공간은 각각 3가지가 있었는데, 둘씩 서로 짝을 지을 수 있는 경우의 수는 모두 9가지였다. 이 가운데 공간이 대응되는 관계는 세 쌍뿐이었고, 나머지는 조금 또는 크게 달랐다. 예를 들어, 그림 12-7에서 볼 수 있듯이 자극판 A는 반응판 A와 공간 관계가 일치하지만 반응판 B, C와 일치하지 않는다. 따라서 일치하지 않는 경우에 반응 동작이 더 어려울 수밖에 없었다. 만일 자극판 A 조건에서, 왼쪽과 위쪽 사이에 있는 불빛이 들어왔을 때 자극판 A 조건의 참여자들은 막대를 간단하게 이 방향으로 밀면 끝이었지만, 자극판 B 조건의 참여자들은 왼쪽으로 먼저 움직였다가 위로 밀거나 위쪽으로 한 번 막대를 움직였다가 왼쪽으로 더 움직여야 하였고, 자극판 C 조건의 참여자들은 왼손으로는 왼쪽으로 오른손으로는 위로 동시에 막대를 밀어야 하였다. 이런 식으로 모두 9가지 조합 조건에서, 자극 공간과 반응 공간이 대응하는 정도를 말하는 **양립성**(compatibility)은 크거나 적었다. 즉, 두 차원의 공간이 서로 비슷할수록 양립성이 크다고 말한다.

그림 12-6 자극-컨트롤 양립성.
위에 배열된 2개의 점화구는 오른쪽에 배열된 스위치와 어떻게 대응될까?

실험은 공군에서 근무하는 72명의 군인을 상대로 수행되었는데, 8명씩 따로 자극/반응 공간 조합 9개 조건에 할당되었다(실험 핑계로 훈련을 면

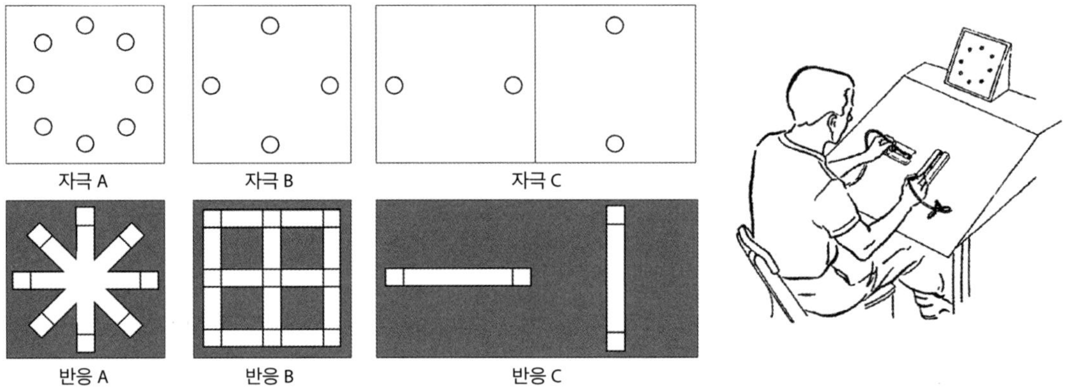

그림 12-7 자극-반응 양립성.
(위의 열) 3가지 자극판으로 각 자극판에서 어느 한 지점에 불빛이 들어왔다. (아래 열) 3가지 반응판으로, 반응 A와 B 조건에서 막대를 한 손으로 움직일 수 있었고, 반응 C에서 두 손으로 움직여 불이 켜진 곳으로 재빨리 막대를 움직여야 하였다(오른쪽) 자극 C와 반응 C의 조합 조건을 수행하는 모습(Fitts & Seeger, 1953).

제받았기 때문에 참여 동기가 하늘을 찔렀을 것이다). 자극판 A-반응판 A 조건의 지시문은 다음과 같았다.

"여기 불빛 위치가 8개 있는 자극판이 있고, 가운데 막대를 여덟 방향으로 움직일 수 있는 반응판이 있습니다. 오른손으로 가운데 막대를 잡으십시오. 제가 '가운데'라고 말하면 막대를 가운데에 놓으세요. 그리고 '준비' 하면 몇 초 뒤에 불빛 하나가 들어옵니다. 만일 여기서 불이 들어오면 막대를 위로 올리고, 여기서 불빛이 들어오면 이 방향으로 막대를 재빨리 움직이십시오. 만일 틀린 방향으로 움직였으면, 재빨리 고쳐서 옳은 방향으로 움직이세요. 불빛은 무작위로 들어오니 미리 추측하지 마십시오. 반응시간과 실수율이 기록되니 가능한 한 빠르고 정확하게 움직이십시오."

실험 결과(표 12-1), 자극 공간과 반응 공간이 비슷한 쌍들에서 가장 반응시간이 빨랐고 실수가 적었다. 연구자들은 자극 공간과 반응 공간의 관계가 다를수록 중간에 변환에 필요한 심적 자원의 부담으로 반응시간이 더 걸리고 실수도 증가한다고 해석하였다. 실험 2에서, 연구자들은 이 효과가 연습을 통해 달라지는지를 살펴보고자 한 달 정도 매일 같은 참여자들을 불러 같은 과제를 하게 하였다. 그 결과, 자극판과 반응판의 공간 관계가 크게 달라도 연습을 오래 할수록 반응시간이 상당히 빨라졌다. 그렇지만 실수율은 거의 비슷하거나 오히려 늘었다. 즉, 자극판과 반응판의 공간적 관계의 유사성은 정확한 동작을 하는 데 연습과 무관하게 중요함을 시사한다.

Fitts와 Seeger의 실험은 이후에 많은 동작 연구에 지대한 영감을 주었다. Simon은 자극-반

표 12-1 실험 결과. 굵은 글씨는 각 실험에서 자극 공간과 반응 공간이 일치하는 조건이다.

		반응판 A	반응판 B	반응판 C
자극판	A	**0.39초** **4.4%**	0.43초 7.5%	0.58초 11.6%
	B	0.45초 6.6%	**0.41초** **3.4%**	0.58초 17.8%
	C	0.77초 16.3%	0.58초 18.8%	**0.48초** **8.44%**

응 양립성에 대해 가장 성공적으로 확장시킨 연구자일 것이다. 그는 일련의 연구들을 통해 자극의 공간적인 속성뿐만 아니라 자극의 세기와 같은 차원도 반응에 영향을 줄 수 있음을 밝혔다. 대표적인 몇 편의 연구를 차례대로 살펴보자.

자극 위치와 반응 위치의 대응

우리 신체는 왼쪽과 오른쪽으로 나뉜다. 왼쪽에는 왼손, 왼발, 왼쪽 귀, 왼쪽 눈이 있고, 오른쪽에는 오른손, 오른발, 오른쪽 귀, 오른쪽 눈이 있다. 한편, 세상의 물체들 역시 우리 몸을 기준으로 왼쪽 또는 오른쪽에 자리 잡을 수 있다. 손의 경우, 만일 앞에 놓인 컵의 손잡이가 오른쪽에 있다면 오른손으로 쥐려고 하고, 만일 손잡이가 왼쪽을 향해 있다면 왼손으로 쥐려고 할 것이다. 즉, 위치와 반응하는 손의 위치 대응은 자동적으로 일어날 수 있다. Simon은 그의 실험실에서 이를 보여 주는 일련의 실험들을 진행하였다. 그가 주도적으로 시행한 3가지 실험을 살펴보자.

Simon과 Small(1969)의 실험 높은음(1,000Hz)과 낮은음(400Hz)이 왼쪽 귀 또는 오른쪽 귀에 이어폰으로 제시되었다. 남녀 각각 32명씩 모두 64명 참여자는 반으로 나뉘었고, 가능한 한 빨리 높은음이 들리면 왼쪽 버튼을, 낮은음이 들리면 오른쪽 버튼을 검지로 눌렀고, 다른 반은 높은음이 들리면 오른쪽 버튼을, 낮은음이 들리면 왼쪽 버튼을 눌러야 하였다. 손으로 누르는 버튼의 간격은 30cm 정도였다. 그런데 소리는 무작위로 왼쪽 귀 또는 오른쪽 귀에서 들릴 수 있었다. 2개의 블록이 있었다. 한 귀 조건에서는 연습 시행 8회를 시작으로 54회의 실험 시행으로 구성되었는데, 왼쪽 귀 또는 오른쪽 귀에서만 높은음 또는 낮은음이 들렸다. 역시 8회 연습 시행을 시작으로 54회의 실험 시행으로 구성된 두 귀 조건에서는 똑같이 높은음 2개 또는 낮은음 2개가 양쪽 귀에 동시에 들렸다. 예를 들어, 왼쪽 귀와 오른쪽 귀 모두에서 높은음이 들렸다. 실험 결과(그림 12-8), 반응을 해야 하는 위치와 들리는 위치가 일치할 때 그렇지 않을 때에 비해 반응이 빨랐다. 즉, 높은음이 들리면 어느 쪽 귀에서 들리건 오른쪽 버튼을/낮은음이 들리면 왼쪽 버튼을 눌러야 할 때, 높은음이 오른쪽 귀에 들리면/낮은음이 왼쪽 귀에 들리면 그렇지 않을 때보다 반응이 더 빨랐다. 반대로, 높은음이 들리면 어느 쪽 귀에서 들리건 왼쪽 버튼을/낮은음이 들리면

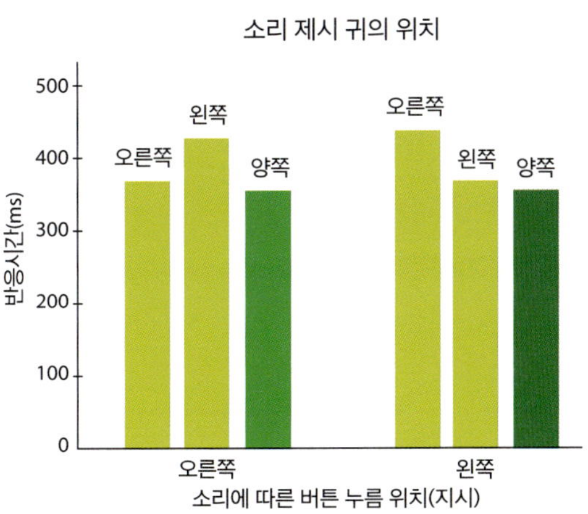

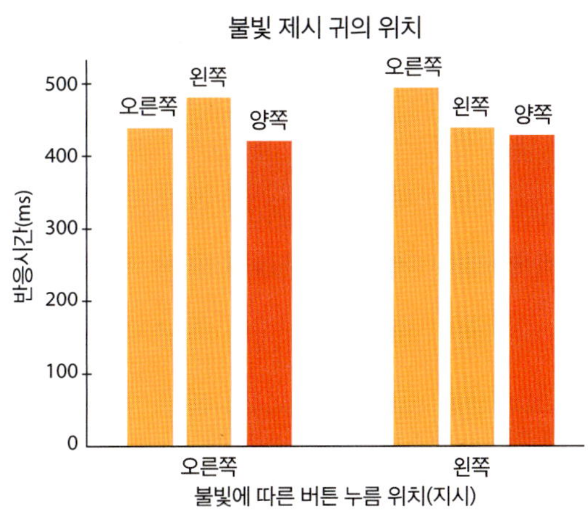

그림 12-8 실험 결과.
(왼쪽) Simon과 Small(1969)의 실험 결과. (오른쪽) Craft와 Simon(1970)의 실험 결과. 조건에 따른 반응시간의 중앙치(median) 값이 이 1/1,000초 단위로 제시되었다.

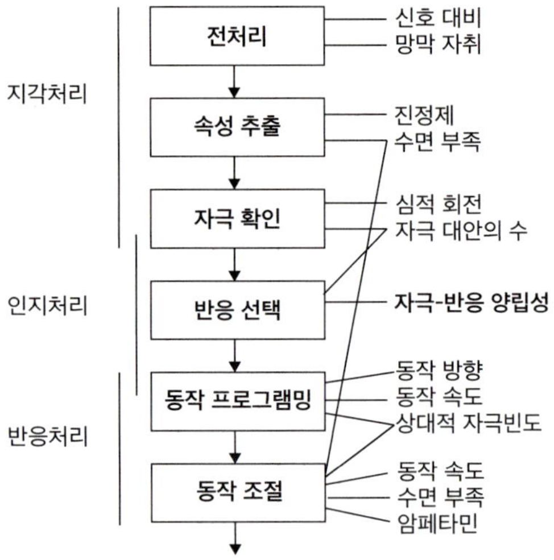

그림 12-9 정보처리의 가산적 모형(Sanders, 1990).

오른쪽 버튼을 눌러야 할 때, 높은음이 왼쪽 귀에 들리면/낮은음이 오른쪽 귀에 들리면 그렇지 않을 때보다 반응이 더 빨랐다. 과제가 들리는 귀의 위치와 무관함에도 귀의 위치는 반응시간에 영향을 준 것이다.

Craft와 Simon(1970)의 실험 초록 불과 빨간 불이 왼쪽 시야 또는 오른쪽 시야의 6cm 앞에서 시각으로 제시되었다(이때는 컴퓨터와 모니터가 없어 기계적 장치를 이용하였다). 남녀 각각 32명씩 모두 64명 참여자는 반으로 나뉘었고, 흰 불빛의 경보등이 0.3초간 깜박이고 2초 뒤에 초록 불이 보이면 왼쪽 버튼을, 빨간 불이 보이면 오른쪽 버튼을 가능한 한 빨리 검지로 눌렀고, 다른 반은 초록 불이 보이면 오른쪽 버튼을, 빨간 불이 보이면 왼쪽 버튼을 눌러야 하였다. 버튼의 간격은 36cm 정도였다. 그런데 불빛은 무작위로 왼쪽 시야 또는 오른쪽 시야에 들어올 수 있었다. 2개의 블록이 있었다. 한 시야 조건에서는 연습 시행 8회를 시작으로 54회의 실험 시행으로 구성되었는데, 왼쪽 시야 또는 오른쪽 시야에서만 초록 불 또는 빨간 불이 들어왔다. 역시 8회 연습 시행을 시작으로 54회의 실험 시행으로 구성된 두 시야 조건에서는 똑같은 초록 불 2개 또는 빨간 불 2개가 양쪽 시야에 동시에 점화되었다. 예를 들어, 왼쪽 시야와 오른쪽 시야 모두에서 초록 불이 들어왔다. 실험 결과(그림 12-8), 초록 불이 보이면 왼쪽 버튼을 누르라고 했을 때 초록 불이 왼쪽 시야에 나타나면 반응이 더 빨랐다.

앞서 Fitts와 Seeger(1953)의 연구에서, 자극 공간과 반응 공간이 일치할 때가 그렇지 않을 때 비해 반응시간이 빨라질 수 있음을 알았다. 앞에 소개한 Simon이 진행한 실험들 가운데 나중 2개의 실험 결과들은 이런 시간적 이득이 제시되는 자극과 반응하는 손의 물리적 거리에 따라 영향을 받음을 시사한다. 이렇게 주어지는 자극의 상대적 위치와 동작하는 손의 상대적 위치 사이에 대응이 일치할수록 반응시간이 빨라지고 정확해지는 것을 **사이먼 효과**(Simon effect)라고 한다. 넓게 보면 사이먼 효과를 자극 공간과 반응 공간 사이의 양립성이라는 개념으로 바라볼 수 있다.

정보처리적 모형은 자극-반응 양립성 효과를 잘 설명한다(그림 12-9). 이 모형에서 지각 · 인지 · 반응 처리는 계열적으로 일어나는데, 각 단계의 하위 단계들은 여러 자극 · 심리 · 신체적 요인들에 영향을 받는다. 이 요인들은 지각에서 동작이 일어나기까지 과정에 가중적으로 영향을 주므로 가중 모형이라고 한다(Sanders, 1990). 자극-반응 양립성은 반응 선택 단계에서 고려되는데, 양립성이 낮으면 처리 속도가 느려지고 실수와 연결될 가능성이 커진다.

주의와 동작

"떼 꿩에 매 놓는다"는 우리나라 속담이 있다. 옛날에 꿩을 잡을 때 집에서 훈련시킨 매를 이용해 잡았는데, 매는 눈앞에 꿩이 여러 마리가 보이면 다 잡으려는 욕심을 내어 이 꿩 저 꿩 계속 쫓아

그림 12-10. 'H'가 나오면 왼쪽 버튼을 'S'가 나오면 오른쪽 버튼을 최대한 빨리 눌러야 하는 과제에서 왼쪽의 수행이 오른쪽의 수행보다 빠르고 정확하다(Eriksen & Eriksen, 1974).

만 다니다가 결국 한 마리도 못 잡고 허탕을 치곤 하였다. 이를 빗대어 욕심만 많고 아무 일도 이루지 못하는 경우에 이 속담을 쓴다. 이 속담은 행동에 지각뿐만 아니라 주의 역시 중요함을 시사한다. 꿩뿐만 아니라 사람들 역시 일상생활에서 여러 가지 대안 가운데 고민하다 일을 그르치는 경우는 흔하다.

어떤 상황에서 우리는 목표를 추구하고 방해물을 억제해야 한다. 예를 들어, 강원도 도로를 운전할 때 전방은 주시하고 옥수수나 감자떡을 싸게 판다는 광고 문구는 무시하고 계속 달려야 한다. Eriksen과 Eriksen(1974)은 이런 갈등적인 상황을 실험실로 가져와 탐구하였다. 이들은 사람들에게 화면 정중앙에 'H'가 나오면 왼쪽 버튼을, 'S'가 나오면 오른 버튼을 최대한 빨리 누르게 하였다(그림 12-10). 실험 결과, H와 S가 한꺼번에 나란하게 나오면 다른 비목표 낱자가 나올 때 비해 사람들의 반응시간이 느려지고 실수도 자주 하였다. 두 목표 낱자가 주변에 나오면 다른 방해 자극이 나올 때 비해 간섭이 크게 일어났다. Stroop 효과와 다른 점은 이 과제는 실험 시작 전에 정해진 2가지 규칙끼리 간섭을 일으킬 수 있음을 보여 준 것이다.

도로 위의 신호등은 보행자 신호와 운전자 신호가 서로 갈등적이다. 새 자동차를 인수하여 처음 운전대를 잡고 도로에 나갔을 때를 상기해 보라. 보행자 습관이 남아 있어 보행자의 빨간색 신호등에 차를 멈추거나 초록 신호에 지나가려는 충동을 느끼기 쉽다. 심지어 경험 많은 운전자 역시 가속 페달과 브레이크 페달을 혼동하여 사고를 내기도 한다. 잠시 딴생각을 할 때 이런 일이 일어날 가능성은 더 커지는데 주의의 역할이 얼마나 중요한지를 보여 준다. 특히 운전 중 휴대폰 사용은 주의를 낚아채 큰 사고로 이어질 수 있다.

Strayer 등(2003)은 운전 중 휴대폰 통화의 위험을 탐구하였다. 실험실에 대형 TV를 여러 대 붙여 실제 고속도로를 모사한 동영상을 제시하였다. 실험 참여자들이 앉은 자리는 마치 실제 자동차 운전석에 앉은 것처럼 핸들, 브레이크, 엑셀 등이 설치되었고, 이들을 조작하면 화면이 실제처럼 바뀌었다. 이 **운전 시뮬레이터**(driving simulator)에 익숙해지도록 몇 분간 연습을 한 후 참여자들은 앞에 보이는 선도 차량을 따라가며 16km를 운전하는 과제가 주어졌다. 그래서 선도 차량과 일정한 거리를 두고 운전을 하는데, 선도 차량 뒤범퍼에 빨간 불이 들어오면서 서서히 멈추면 브레이크 페달을 밟았고, 선도 차량이 출발하면 이에 맞춰 참여 운전자도 엑셀페달을 밟아 제 속도로 달려야 하였다. 만일 브레이크를 밟아야 할 때 밟지 않으면 앞차와 충돌이 있었다. 선도 차량만 있을 때 낮은 교통 밀집도 조건이었고, 여기에 32대의 다른 차량이 더해져 높은 교통 밀집도 조건을 이뤘다. 운전만 하는 조건 이외에 전화 통화를 하는 조건이 있었는데, 이때 실

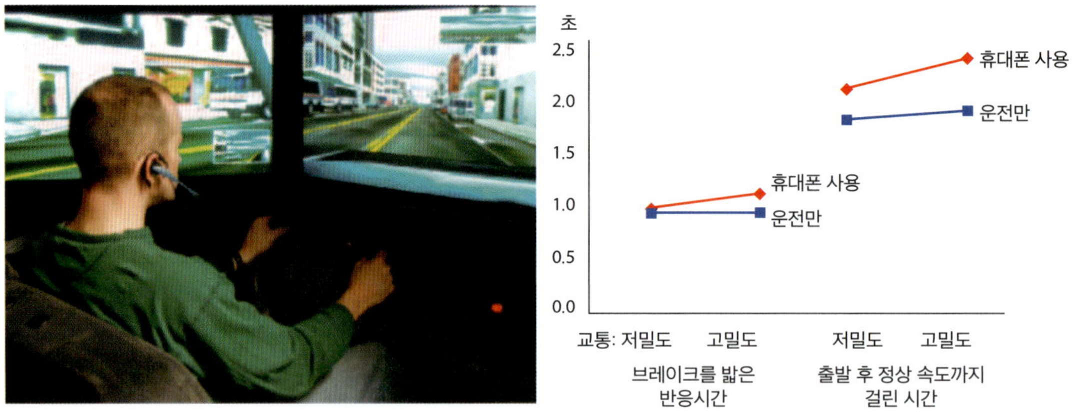

그림 12-11 운전 시뮬레이션 장비로 운전 중인 모습과 실험 결과.
휴대폰 사용 시 브레이크와 엑셀 반응 속도가 느려진다.

험 진행자는 미리 준비한 대화 각본에 따라 운전자와 대화를 하였는데, 운전자는 핸즈프리 장비를 머리에 쓴 채로 대화하였다. 이 실험에는 운전할 줄 아는 42명의 남녀 대학생들이 참여하였고, 이들은 네 조건(2 교통 밀집도×2 운전 중 전화 사용 유무) 모두를 미리 정해진 무작위 순서로 하나하나 경험하였다.

실험 결과, 교통 밀도가 높은 경우에 휴대폰 사용은 앞차와 충돌이 평균 3회 나타났으며, 다른 세 조건에서 충돌은 관찰되지 않았다. 브레이크 페달과 엑셀 페달 사용에 따른 반응시간을 살펴보았을 때 휴대폰을 사용하면서 운전할 때 앞차의 교통 상황에 따른 반응 행동이 느려진다(그림 12-11). 특히 교통 밀집도가 높을 때 휴대폰 사용 효과가 커지는데, 이는 차량이 주변에 많아질 때 이에 따라 주의가 분산되기 때문으로 추론된다.

운전 중 휴대폰을 사용할 때 앞차의 상황에 잘 대처하지 못한다는 실험 결과는 대화하는 데 주의가 쏠려 앞차가 눈에 잘 보일지라도 의식하기 어려움을 시사한다. 이 결과를 휴대폰 대화를 할 때 상대의 목소리가 귀로 들어온다는 점을 생각하면, 청각에 주의를 뺏기면 시각처리가 원활하지 못하다고 볼 수도 있는데, 즉 주의는 각 감각처리에 고유의 양이 있는 것이 아니라 감각기관을 초월한 한정된 용량(limited capacity resource)임을 알 수 있다. 그렇다면 시각처리에 주의하면 청각 처리를 잘못할까? 이 질문에 대한 답은 방에서 게임에 몰두하다 보면 밖에서 엄마가 부르는 소리를 못 듣는 경우를 떠올려 볼 때 쉬워 보인다. 이에 대한 객관적인 검토는 간단한 과제를 통해 가능하다(☞샛길 2).

샛길 2 **무주의 농**

Macdonald와 Lavie(2011)는 참여자들에게 화면에 십자 형태를 보여 주면서 십자를 이루는 수평선과 수직선의 색깔과 길이가 같은지 다른지를 판단하게 했을 때, 동시에 제시된 소리를 듣지 못함을 보여 주었다. 특히 색깔을 판단하는 시행보다 길이를 판단하는 시행에서 이런 오류는 컸는데, 그 이유는 색깔보다 길이를 판단하는 과제가 더 어려워 주의를 더 많이 뺏겼기 때문으로 추론된다. 이렇게 시각처리 때문에 청각처리가 원활하지 못하는 현상을 무주의 농(inattentional deafness)이라고 한다. 시각처리에 주의를 쏟으면 또한 피부에 전해지는 진동 역시 잘 지각하지 못하는데 이를 무주의 마비(inattentional numbness)라고 한다(Murphy & Dalton, 2016). 이는 우리가 어떤 일에 몰두하면 배고픈 줄도 모르는 현상을 설명한다.

어린이와 교통사고

어린이 교통사고는 매우 심각한 사회문제이다. 왜 우리나라가 다른 나라들에 비해 어린이 교통사고가 심각한 것일까? 그것은 우리나라 어른들이 어린이들에 대한 배려가 지독하게 부족하기 때문이다! 교통 상황은 어린 보행자들이 스스로 헤쳐 나가기 너무나 힘든 과제이다. 우리나라의 어린이 교통사고에 관한 자료를 분석해 보면, 나이가 어릴수록 교통사고에 취약하다(그림 12-12). 또한 어린이 보호구역 안보다 밖에서 더 많은 사고를 당하는 것으로 나타난다. 이 결과들은 교통사고가 어린이들의 주의력과 관련이 큼을 시사한다.

실제로 어린이들은 길을 건너면서 주의를 적절하게 배분하는 능력이 떨어진다. 최근 무주의맹 패러다임을 사용한 실험을 해 본 결과, 어린아이일수록 갑작스러운 물체의 출현을 의식하지 못하는 것으로 나타났다(Remington 등, 2014). 이 연구에서 평균 7~30세의 참여자들이 화면에 나타난 십자 형태의 수평선과 수직선 가운데 어느 쪽이 더 길이가 긴지를 판단하면서 동시에 십자 주위에 작은 사각형이 나타났는지를 보고하였는데, 작은 사각형을 알아보는 데 성공한 비율은 나이가 어릴수록 급격히 줄어들었다. 즉, 어린이들은 자기 일에 몰두하면 중간에 다른 사건이 끼어드는 것을 눈치채기 매우 어려움을 시사한다. 이 실험 결과는 많은 어린이가 왜 교통사고를 당하는지에 대해서도 힌트를 준다. 아마도 어린이들은 어른에 비해 주의를 적절히 분배하는 능력이 매우 떨어지기 때문에 자기 일에 집중하느라 지나가는 자동차를 무시할 가능성이 있을 것이다.

한편, 어린이는 잠재적 위험을 잘 지각하지 못한다. Davison과 Lawson(2006)의 연구에서, 3~18세의 참여자들은 여러 가지 환경 조건에서 길을 건너는 보행자 애니메이션을 보면서 위험한지 안전한지를 평가하였다. 그 결과 나이가 어릴수록 길을 건널 때 안전한 곳과 위험한 곳에 대한 판단력이 낮은 것으로 분석되었다. 마지막으로, 어린이는 움직이는 물체의 속도를 정확히 예측하지 못한다. 여러 연구에서 나이가 어릴수록 건널목을 건널 때 왼쪽이나 오른쪽 멀리서 달려오는 자동차의 속도를 과소평가하는 것으로 조사되었다. 자동차 속도의 과소평가는 어린이들이 충분히 길을 건널 수 있을 것이라는 판단을 하게 하여 위험에 빠지게 한다.

이 연구들을 종합하면, 어린이는 교통 상황을 스스로 대처하는 능력이 크게 떨어진다. 그러므로 어른들이 이를 고려하여 안전한 교통 상황을 조성해야 할 책임이 있다.

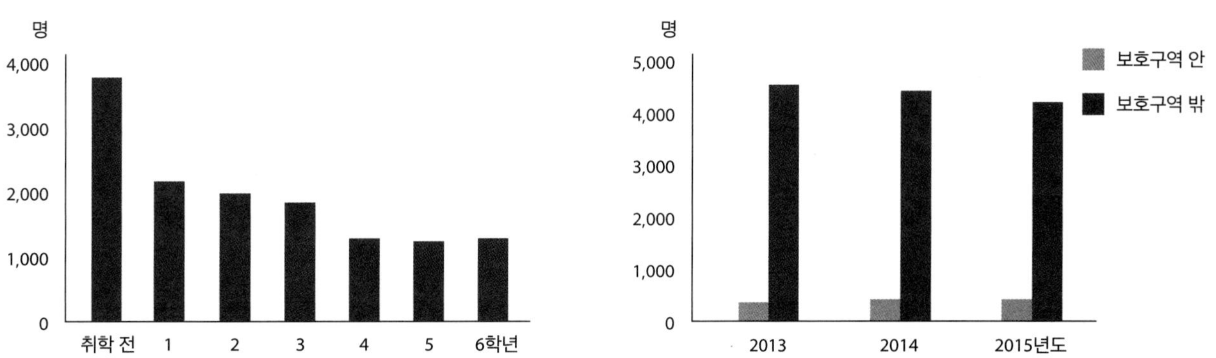

그림 12-12. 학년에 따른 교통사고 부상자 수와 연도 및 보호구역에 따른 부상자 수(도로교통공단, 2017).

심상

일상생활에서 머릿속으로 구체적인 감각 대상을 떠올리곤 하는데 심상(mental image)이라고 한다. 심상은 마음속에 떠올리는 시각적 이미지뿐만 아니라 머릿속으로 떠올리는 소리, 냄새, 촉각, 맛 등을 포함한다. 오랫동안 지각과 심상이 어떤 관계인지에 대한 논쟁이 있었는데, 뇌활동을 관찰하는 기술 발달로 많은 사실이 드러나게 되었다. 대표적인 발견으로, 어떤 물체를 눈으로 볼 때와 그 물체를 마음속으로 떠올릴 때 활성화되는 뇌 영역이 중첩된다는 것이다. 다만 머릿속으로 떠올릴 때 관련 뇌 영역의 활성화 정도가 약하다. 예를 들어, 나무를 눈으로 볼 때와 나무를 떠올릴 때 1차 시각피질이 활성화되는데, 다만 활성화 정도가 떠올릴 때가 조금 약하였다(Le Bihan 등, 1993). 마찬가지로 얼굴을 눈으로 볼 때와 마음속으로 떠올릴 때 방추회얼굴영역(FFA: Face Fusiform Area)이 공통으로 활성화되는데 심상에서는 조금 약하게 활성화된다(O'Craven & Kanwisher, 2000). 종합하면, 심상은 '약한 형태의 지각(weak form of perception)' 가설이 지지를 받고 있다(Pearson 등, 2015). 더군다나 심상은 자율신경계에 영향을 줄 수도 있는데, 머릿속으로 다리 훈련을 하는 것을 떠올리는 것만으로도 심박률과 호흡률을 증가시킬 수 있다(Decety 등, 1993). 음식을 먹는 것을 상상하는 것만으로도 식욕이 줄어들 수 있다(Morewedge 등, 2010). 따라서 심상은 지각만이 아니라 동작에도 비슷한 성질을 갖는 것으로 보인다.

지각심리학에서 심상에 관한 연구는 오랜 전통을 갖는다. 심적 회전(mental rotation)은 대표적인 현상으로 이는 마음속으로 이미지를 떠올리고 이를 평면 축에서 또는 깊이 축에서 방향을 돌리는 작동을 말한다. Shepard와 Metzler(1971)는 심적 회전이 일어나는 특성에 대해 살펴보았다(☞샛길 3). 정육면체 10개로 이뤄진 물체가 자극으로 사용되었다(그림 12-13). 친숙하지 않은 물체를 자극으로 사용한 이유는 친숙한 물체는 여러 방향에 대해 기억이 잘되어 있어 심적 회전이 아닌 기억에 의존해 과제를 해결할 가능성이 있기 때문이었다. 그림 자극들은 컴퓨터 프로그램을 이용하여 제작한 다음 사진으로 출력하여 순간 노출기로 제시되었다. 참여자들은 앞에 놓인 두 레버를 이용하여 동시에 제시된 2개의 물체가 단순히 같은지 다른지를 가능한 한 빠

샛길 3 관찰의 힘

일화에 따르면, Shepard는 자신이 키우던 독일산 셰퍼드와 뒷마당에서 놀고 있었다. 그가 뼈다귀를 던졌는데 그만 나무 울타리 너머로 넘어가고 말았다. 그런데 셰퍼드는 울타리로 달려가 멈추었다. 울타리 아래에는 세로로 기다란 구멍이 뚫려 있었다. 셰퍼드는 좀 더 잘 보기 위해 고개를 옆으로 비스듬히 돌려 구멍 속으로 내다보았다! 이 사건에 착안하여 Shepard는 심적 회전 연구를 시작했다고 한다. 좋은 연구 아이디어는 일상생활에서 얻을 수 있다는 교훈을 준다.

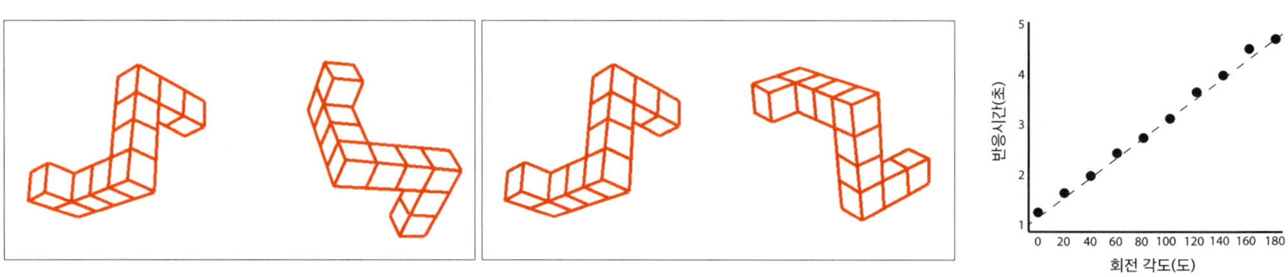

그림 12-13 면 회전 조건의 실험자극과 결과.
(왼쪽) 각 쌍에서 두 그림은 같은 물체인가? 왼쪽 쌍은 서로 방향이 90° 다른 예로 같은 물체를, 가운데 쌍은 서로 거울상일 뿐 같은 물체가 아닌 조건의 예이다. (오른쪽) 두 물체가 서로 회전된 각도가 클수록 '같다'고 반응한 조건들에서 반응시간으로 각도가 커질수록 판단시간이 느렸다.

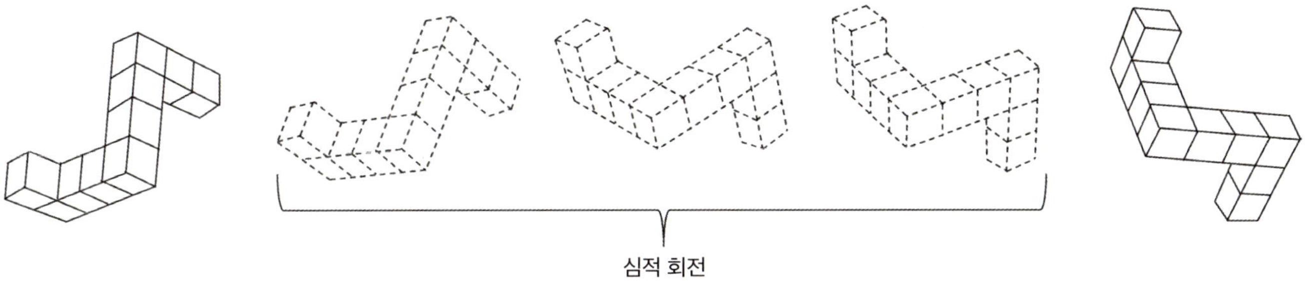

그림 12-14.
똑같은 2개의 자극(양 끝)이 제시되었을 때 두 자극이 같은지를 알아보기 위해 사람들은 그 중간의 이미지들을 마음속으로 떠올려 회전한다.

르게 그리고 덜 틀리도록 판단해 버튼을 눌러야 하였다(이 연구의 전체 정확률은 대략 96.8%였다). 물체의 거울상이 틀린 물체로 사용되었는데, 거울상의 특성상 참여자들은 물체가 같은지 다른지를 판단하기 위해서는 특정 속성의 차이가 아닌 전체적인 구조를 파악해야 하였다. 비교되는 2개의 물체는 서로 평면상 또는 깊이상의 방향이 0~360°에 이르기까지 달랐다. 그런데 왼쪽이나 오른쪽 어느 쪽이든지 심적 회전이 가능하므로 0°와 360°는 같으며, 오른쪽 270°는 왼쪽 60°와 같다. 따라서 0°에서부터 180°로 묶인다. 평면과 깊이, 동일 여부, 각도 10가지, 반복 등을 고려하여 모두 1,600쌍의 자극이 무작위로 섞여 제시되었다.

실험 결과, 두 도형이 제시된 각도 차이가 작으면 반응시간은 매우 빨랐지만, 각도 차이가 크면 클수록 참여자들의 반응시간은 점진적으로 느렸는데, 평균적으로 초당 60° 정도 걸리는 것으로 계산되었다. 반응에서 이러한 선형성(linearity)은 돌아간 각도가 평면상이건 깊이상이건 차이 없이 비슷하였다. 실세계에서 물체가 회전하는 속도가 일정하다고 가정했을 때 물체가 회전 각도가 크면 클수록 회전하는 데 걸리는 시간이 선형적으로 증가한다는 점을 고려하면, 이 실험 결과는 심상 회전 역시 실세계에서 일어나는 방식과 비슷한 방식으로 일어남을 시사한다.

이 연구에서 제안하는 심적 회전을 좀 더 구체적으로 묘사하면 그림 12-14와 같다. 서로 90° 각도로 틀어진 두 물체가 같은지를 확인하기 위해서는 사람들은 마음속으로 한 물체를 다른 물체 방향으로 회전할 필요가 있는데, 이 중간 과정은 눈에 보이지 않는다. 심적 회전은 특수한 실험실 상황에서나 관찰 가능하며 일상생활에서 경험하기 어려울 것으로 생각할지도 모른다. 그렇지만 심적 회전을 경험할 수 있는 기회는 매우 많다. 예를 들어, 벽에 붙어 있는 스위치와 천장에 배열된 여러 개의 조명을 대응시킬 때 심적 회전이 일어날 수 있다. 돌아가 있는 신발을 신을 때 신발을 또는 발을 심적 회전시켜 어느 쪽과 대응되는지 확인하는 경우에도 그렇다. 심지어 발은 보이지 않아도 심적 회전은 발의 체감각적 표상에 대해 일어날 수 있으므로 반드시 비교되는 두 자극이 바깥세상이 나란히 제시될 필요는 없다.

심적 이동

Kosslyn 등(1978)은 심상에서 물체가 이동하는 방식에 대해 이해하기 위해 가상의 섬 지도가 이용하였다(그림 12-15). 지도에는 나무, 샘, 우물, 오두막, 풀밭, 바위, 모래밭 등 7가지 물체가 놓여 있었다. 참여자들은 흰 종이를 지도 위에 얹어 놓고 각 물체의 정확한 위치를 표시하고 확인하여 지도를 완전하게 학습하였다. 작은 빨간 점이 물체들의 한가운데 놓여 정확한 위치의 기준으

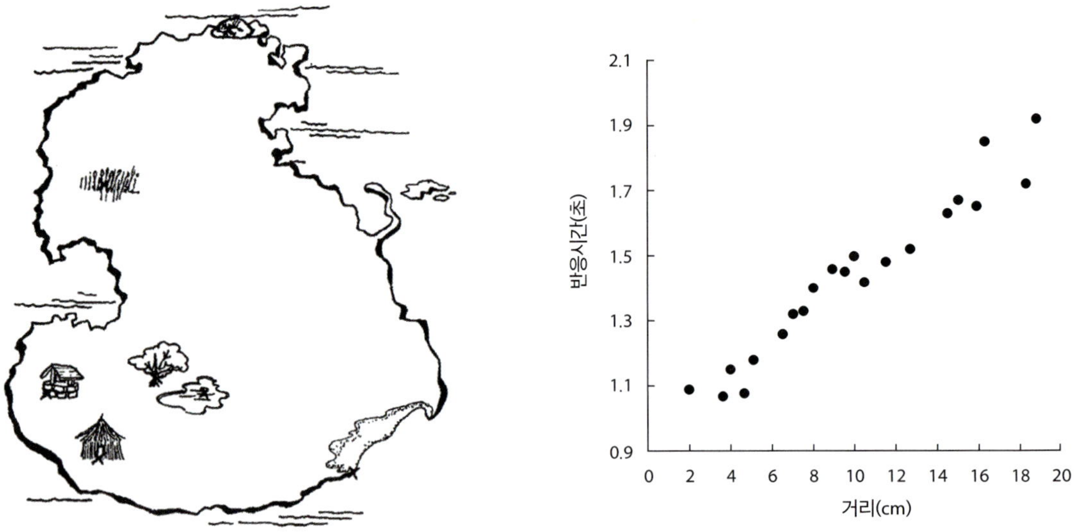

그림 12-15 실험 자극과 결과.
(왼쪽) 실험에 쓰인 섬 지도. (오른쪽) 거리에 따른 반응시간 분포.

로 쓰였다. 이 7개의 물체를 둘씩 짝지으면 모두 21가지 경우의 수가 나오며, 두 물체의 거리는 2cm에서부터 19cm까지 다양하게 늘어서 있었다. 남녀 대학생 11명이 이 실험에 참여하였다. 실험이 시작되면 녹음기에서 특정 물체가 호명되었고, 참여자들은 그 물체와 위치를 마음속으로 떠올렸다. 5초 후 다른 물체가 호명되었고 참여자들은 마음속으로 작은 점을 떠올려 이 점이 첫 번째 물체의 위치에서 두 번째 물체 위치까지 가장 빠른 길로 재빨리 달려 도달하자마자 버튼을 눌러야 하였다. 심상주사(mental scanning)라고 불리는 이 방법을 사용한 실험 결과, 두 물체의 거리가 멀면 멀수록 작은 점이 이동하는 시간 역시 선형적으로 길었다. 그림 12-15는 이 실험에 사용된 섬 지도와 결과를 보여 준다. 이 실험 결과 역시 심상에서 벌어지는 물체의 이동은 물리적 세계에서 일어나는 방식과 비슷하게 일어남을 시사한다.

거리에 따른 심상적 이동은 이런 복잡한 섬 지도가 아니라 벽에 걸린 시계를 이용해서도 간단하게 체험해 볼 수 있다. 둥근 벽시계를 떠올리고 초침이 12시 위치에서 오른쪽으로 3시 위치로 옮겨갈 때와 9시 지점으로 이동하는 모습을 머릿속으로 그려 보라. 3시에 비해 9시로 이동할 때 시간이 더 소요됨을 쉽게 알 수 있다.

심상의 방해

마음속에 떠올린 이미지는 실제 눈에 맺힌 상에 비해 약한 신경활동을 보일 뿐 거의 비슷한 처리 과정을 거친다는 가설이 대체로 지지받고 있다(Pearson 등, 2015). 따라서 심상과 지각은 도움을 줄 수 있지만, 방해가 될 수도 있다. Brooks(1968)의 연구는 대표적이다. 이 연구에서 참여자들은 문장 과제와 그림 과제를 수행하였다. 문장 과제에서 "a bird in the hand is not in the bush"라는 문장을 떠올리면서 각 단어가 명사인지 아닌지를 판단하는 것이었다. 정답은 No, Yes, No, No, Yes, No, No, No, No, Yes이다. 그림 과제에서 참여자들은 그림 12-16에 나타나 있는 것처럼 'F'를 떠올리고 왼쪽 아래서부터 출발해 바닥과 천장에 코너가 해당하는지 아닌지를 대답해야 하였다. 정답은 Yes, Yes, Yes, No, No, No, No, No, No, Yes이다. 그런데 반응하는

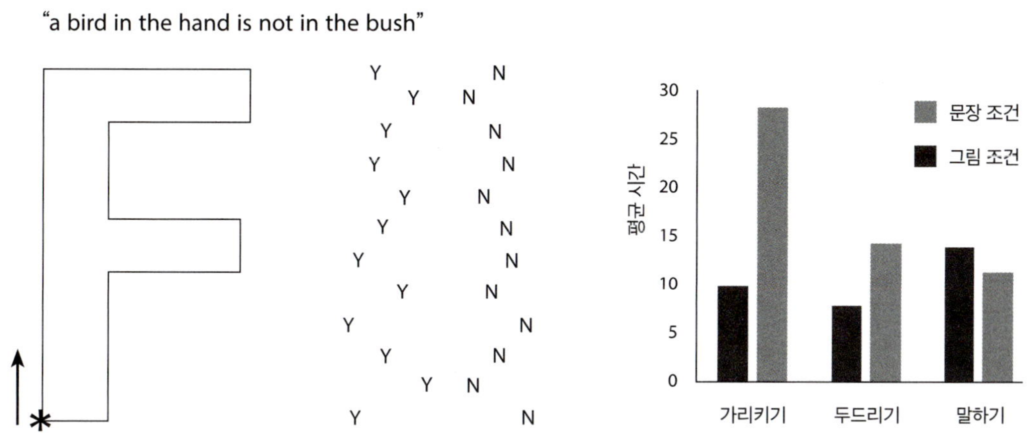

그림 12-16 실험 자극과 결과.
(위) 문장 자극. (왼쪽) 그림 자극. (가운데) 반응지. (오른쪽) 각 과제를 완성하는 데 걸린 시간(초).

방식이 3가지였다. 가리키기 조건에서 참여자들은 미리 준비된 응답지를 보고 그 위에 적힌 Y와 N을 손가락으로 가리켜 응답하였다. 특히 이 응답지에 적힌 낱자들은 공간적으로 일정하지 않아 낱자 위치를 주의 깊게 살펴야 하였다. 두드리기 방식에서 참여자들은 Yes는 왼손으로 No는 오른손으로 책상을 두드려 응답하였다. 마지막으로, 말하기 방식에서 참여자들은 입으로 Yes 또는 No라고 말로 대답하였다.

실험 결과, 매우 재미있는 현상이 발견되었다. 문장을 떠올리고 말로 보고하게 했을 때 다른 두 반응 방식보다 더 오래 걸렸다. 한편, F를 떠올려 과제를 수행하는 경우 손으로 반응지 위에 낱자를 가리켜 반응하게 했을 때 가장 느렸다. 따라서 이 결과는 심상의 내용이 반응 방식이 같은 양식이면 반응이 방해받음을 가리킨다. 아마도 심상처리와 반응처리가 공통의 자원을 사용하기 때문에 서로 경쟁하기 때문으로 풀이된다.

비록 이 연구는 실험실 상황에서 방해되는 조건을 애써 만든 것이지만 현실에서 비슷한 예를 찾을 수도 있다. 예를 들어, 운전할 때 내비게이션 시스템의 화면이나 TV 화면 또는 자동차 앞 유리창에 나타나는 헤드 업 디스플레이 화면이 도로에 펼쳐진 운전 상황과 일치하지 않을 때 운전에 방해될 수 있다. 이런 방해는 소리에서도 나타날 수 있는데, 특정 소리를 떠올리면 이로 인해 귀에 전달되는 소리 신호가 잘 들리지 않을 수도 있다(Segal & Fusella, 1970). 이런 예들은 심상이 동작을 방해할 수 있음을 보여 주는데, 반대로 특정 동작이 마음 작동을 방해할 수도 있다. 예를 들어, 조이스틱을 손으로 회전하는 동작을 하면서 심상 회전 과제를 하게 했을 때 손 움직임 방향과 심상 회전 방향이 일치하지 않으면 심상 회전의 수행이 크게 떨어진다(Wexler 등, 1998).

시뮬레이션

동작 시뮬레이션

심상은 우리가 동작할 때도 일어난다. 이사를 하거나 새로 산 책상 때문에 방의 가구들을 다시 배열하는 일을 생각해 보자. 실제로 일일이 옮겨 보기 전에 머릿속으로 또는 종이 위에 가구들의 배치를 떠올리거나 그려 본 다음에 가구를 옮기는 일이 현명할 것이다. 이렇듯 머릿속으로 특정 상황을 가정하고 조건들을 적용하여 나올 수 있는 결과물을 생각해 보는 일을 시뮬레이션(simulation)이라고 하며, 특히 동작이 개입한 경우를 동작 시뮬레이션(action simulation)이라고 한다. 시뮬레이션을 통해 어떤 일을 안전하고 경제적으로 해낼 수 있는 이점이 있다. 물론 책상 위에 컵을 향해서 손을 뻗기 전에 또는 뻗으면서 팔을 어느 정도 멀리 뻗어야 하는지를 알기 위해 행하는 시뮬레이션처럼 거의 자동으로 일어나는 시뮬레이션이 있으며, 결혼식 행사를 미리 머릿속에 그려 보는 것처럼 의식적으로 일어나는 시뮬레이션도 있다.

심지어 특정 물체를 보는 것만으로도 특정 행동이 반사적으로 유도될 수도 있다. Gibson(1979)은 이를 행동 유도성(affordance)이라는 개념으로 설명하였다. 예를 들어, 사과는 '나를 따서 먹어 주세요.'라고 말하고, 물은 '나를 마시세요.' 또는 '헤엄치세요.'라고, 의자는 '내 위에 앉아 주세요.'라고, 칼은 '나를 들어 무언가 자르거나 찌르세요.'라고, 길은 '내 위를 걸어 보세요.'라고, 숲은 '나에게 숨으세요'라고, 여자는 남자에게 '나를 사랑해 주세요.'라고 말한다. 흥미롭게도 양전자 단층촬영(PET)으로 뇌영상을 기록한 실험에서 가위, 망치, 스패너, 빗과 같은 도구의 이미지만 보고서도 참여자들의 뇌에서 동작을 실제로 수행할 때 관여하는 전운동피질(premotor cortex)이 활성화된다는 것이 밝혀졌다(Grafton 등, 1997). 이는 실제로 도구를 볼 때 도구와 연합된 동작이 마음속에서 일어남을 시사한다.

테이블 위에 잔으로 손을 내밀어 커피를 마시는 일을 생각해 보자. 매우 간단한 일이지만 적어도 (1) 손을 내밀고 (2) 잔을 쥐고 (3) 입으로 잔을 가져오는 세부적인 과정들로 나뉘진다. 만일 이 과정들이 눈으로 잔을 보는 순간 미리 계획되어 한 번에 수행된다면 이를 피드포워드 처리(feedforward process)라고 한다. 손을 얼마나 멀리 뻗고 어느 정도 세기로 잔을 쥐고 어느 정도 속도로 입으로 가져와야 하는지 등이 미리 계획되고, 동작이 시작되면 계열적인 순서대로 진행된다. 반면, 동작을 하다가 예상대로 잘되지 않음을 시각 또는 손의 위치를 말해 주는 내지각으로 확인하고 원래 계획을 수정하여 동작을 바꿔야 하는 경우도 있다. 예를 들어, 막상 잔으로 손을 X 거리만큼 뻗어도 여전히 잔에 닿지 않거나, 잔을 들고 보니 생각보다 무겁거나 미끄러워 힘을 다르게 주어야 하거나, 커피가 뜨거워 좀 더 천천히 입으로 가져와야 한다. 이렇게 들어온 정보가 고려되는 것을 피드백 처리(feedback process)라고 한다. 피드포워드 처리는 빠르지만 예상하지 못한 상황에 대처하기 어려운 단점이 있고, 피드백 처리는 정밀하지만 그만큼 느린 게 단점이다.

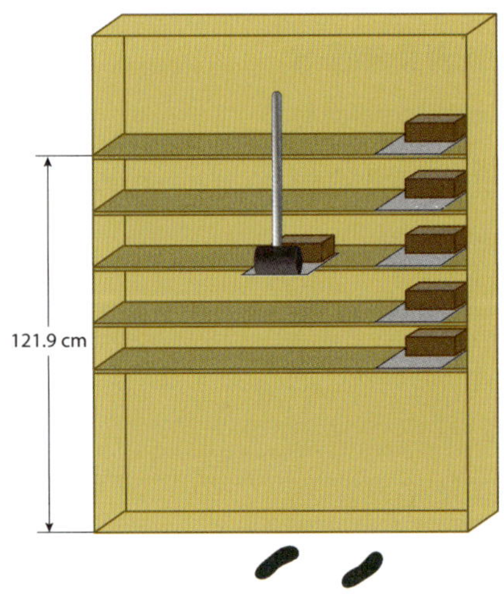

그림 12-17 최종-상태 편안 효과.
참여자들은 가운데 막대를 들어 올려 오른쪽 선반에 옮겨야 한다. 옮기는 위치에 따라 막대를 쥐는 위치가 달라진다.

일상생활에서 일련의 동작을 할 때 사람들은 다음 동작을 편하게 하려고 앞에서 미리 고려하여 동작을 취하는 경우들이 있다. 예를 들어, 잔에 커피를 따를 때 잔의 손잡이가 손 방향에 위치하도록 잔을 테이블 위에 놓곤 한다. 이렇게 연속된 동작을 취할 때 최종 목적을 이루는 동작이 불편하지 않도록 앞 동작에서 배려하는 경향을 최종-상태 편안 효과(end-state comfort effect)라고 한다. Cohen과 Rosenbaum(2004)은 사람들에게 막대를 들어 선반에 없는 매우 간단한 과제를 요구하였다(그림 12-17). 흥미롭게도 사람들은 올려놓아야 하는 위치가 높을수록 막대의 아래를 들었고 낮을수록 막대의 위를 드는 경향이 있었다. 즉, 막대를 들어 올릴 때부터 올려놓는 동작을 고려하는 것처럼 보였다.

신체적 요인 오른손잡이는 오른손을 사용할 때 왼손잡이는 왼손을 사용할 때 같은 동작을 취할 때 더 쉽다. 즉, 손잡이와 동작 유창성은 밀접한 관계가 있다. 손잡이와 관련하여 그리기 쉬운 대상의 방향이 있다. 오른손잡이와 왼손잡이 모두 위에서 아래로 그리는 것을 선호하지만 왼쪽 오른쪽에 대해서는 선호가 다르다. Van Sommers(1984)는 선분, 동그라미, 사각형, 의미 있는 물체 등을 그릴 때 오른손잡이와 왼손잡이가 어떻게 다른지를 살펴보았다. 대표적으로, 선분을 그릴 때 오른손잡이는 왼쪽에서 시작해 오른쪽으로, 왼손잡이는 오른쪽에서 시작해 왼쪽으로 그리는 것을 좋아한다. 또한 동그라미를 그릴 때 오른손잡이는 왼쪽으로, 왼손잡이는 오른쪽으로 그리기를 좋아한다. 따라서 얼굴 옆 모습을 그릴 때 정수리부터 그려 내리기 시작한다면 오른손잡이는 얼굴이 왼쪽을 향하도록, 왼손잡이는 오른쪽을 향하도록 그리는 게 쉬울 것이다. 유럽에서 그려진 많은 초상화의 인물들이 왼쪽을 향하는 경향이 큰데, 이는 아마도 화가들이 오른손잡이였을 가능성이 크다(McManus& Humphrey, 1973).

한편, 우세한 손은 종종 주어진 상황과 고려되어 방향 선호를 결정짓는다. 예를 들어, 오른손잡이에게 냉장고 문이 오른쪽에 있는 것보다 왼쪽에 있는 게 더 좋을 것이다. 냉장고 안에 들어 있는 김치 통을 꺼내는 일은 좀 더 정밀한 동작이 필요한데 오른손이 냉장고 손잡이에 붙어 있을 경우 서툰 왼손을 사용해야 하기 때문이다. 이 때문에 종종 김치 통을 떨어트려 바닥을 치우는 일이 발생한다. 또한 식탁에서 오른손잡이에게 국그릇이 밥그릇 오른쪽에 있어야 편리하다. 밥그릇이 높기 때문에 만일 밥그릇 오른쪽에 있으면 국을 뜨러 가는 오른손이 방해받기 때문이다. 그렇지만 왼손잡이에게는 정반대가 더 편할 것이다. 그렇다면 국그릇을 밥그릇 오른쪽에 두어야 하는 우리 문화는 오른손잡이를 위한 것이다.

앞에 컵이 놓여 있을 때 사람들은 손잡이와 가까운 손을 이용할 가능성이 크다(그림 12-18). 동작이 쉬운 정도를 동작 유창성(action/motor fluency)이라고 하는데 물체 선호와도 관련이 있는 것으로 알려져 있다. Hayes 등(2008)은 오렌지 주스, 당근 통조림, 잼 병 등을 책상 위에 올려두고 참여자들에게 손으로 들어 일정한 위치에 옮기라는 지시를 한 다음 얼마나 좋아하는지를 9점 척도로 물었다. 그 결과 손으로 옮기기 편할 때 다른 방해물이 있어 옮기기 어려울 때 비해 더 좋아하는 것으로 나타났다. 어떤 사람들은 이 결과가 연구에 참여한 사람들이 실험 목적을 눈치챘기 때문이라고 지적할 수도 있다. 그런데 실험 목적을 의식하지 못하는 상황에서도 동작 유창성은 선호와 강하게 연합된 것으로 보이는 실험이 있다. Beilock과 Holt(2007)는 두 알파벳 쌍을 제시하고 어느 쪽을 더 선호하는지를 고르게 하였다. 키보드를 능숙하게 치는 사람들은 'FV' 쌍보다 'FJ' 쌍을 더 선호하는 것으로 나타났지만, 타자 치기에 능숙하지 않은 사람들은 차이를 보이지 않았다(Beilock & Holt, 2007).

그림 12-18 컵의 손잡이 위치와 손의 반응 양립성. 컵을 집으라고 할 때 왼손으로 집을 가능성이 크다.

연구자들에 따르면, 'FV'는 둘 다 왼손 검지로 쳐야 하므로 동작이 편하지 않지만, 'FJ'는 치는 손가락이 달라 동작이 쉬운데, 알파벳을 보는 순간 동작이 암묵적으로 수행되기 때문이라고 해석하였다. 이 두 연구를 고려하면 동작을 실제로 수행할 때와 암묵적으로 동작을 수행할 때 가용되는 감각운동체계의 활성화가 선호와 관련되어 있음을 알 수 있다.

생각해 보면, 이런 실험에 의존할 필요도 없이 일상생활에서 동작 유창성으로 인한 선호는 매우 흔한 것처럼 보인다. 예를 들어, 앉기 편한 의자, 자신의 키에 맞는 자전거, 손에 잘 맞는 연필이나 컵, 조작이 쉬운 휴대폰이나 TV 리모컨 등 거의 모든 물체가 동작 유창성과 관련되어 선호가 결정되는 것으로 해석할 수 있다. 또한 동작 유창성과 선호는 단지 물체 같은 하드웨어뿐만 아니라 컴퓨터 소프트웨어에도 적용될 수 있을 것이다.

감정 시뮬레이션

Damasio(1994)는 이런 대리적 감정이 뇌에서 일어나는 과정을 '마치-인양 고리(as if loop)'라는 용어를 고안하여 추론하였다. 그에 따르면 많은 학습을 통해 뇌에 마치-이렇다면 고리가 형성되며 신체에 직접적인 자극 없이도 이 고리 자체의 활성화만으로 신체에 가해진 자극을 받았을 때와 비슷한 효과를 낼 것이라고 제안하였다(그림 12-19).

감정을 몸의 반응을 이용하여 설명하는 Damasio는 의사결정에서도 뇌는 몸의 반응을 이용한다는 가설을 제안하였다. 신체표지가설(somatic maker hypothesis)에 따르면 사람들은 학습 시 일어나는 쾌와 불쾌의 심적 상태를 체감각을 관장하는 뇌 영역에 흔적을 남긴다. 예를 들어, 카드 게임에서 특정 카드를 골라 큰돈을 잃으면 사람들은 불쾌한 감정을 경험한다. 불쾌한 감정과 함께 신체는 긴장도의 증가와 심박수 증가 등과 같은 체감각의 속성들이 함께 경험된다. 나중에 카드를 골라야 하는 비슷한 상황에 직면했을 때 신체는 이전에 불쾌감을 일으켰던 카드의 위치나 주변 단서들이 뇌의 체감각 관장 영역에 남아 있던 속성들을 무의식적으로 재활성화시킨다. 뇌는 이에 따라 직감적으로 그 카드를 고르는 것을 머뭇거리게 한다.

한편, 기대나 암시로 인해 무의식적으로 일어나는 관념근 동작(ideomotor action)이라고 한다 (☞14장). 관념근 동작은 타인과 상호작용할 때 종종 일어나기도 한다. 좋은 예로, 사람들은 친한 사람들과 대화를 할 때 상대의 표정, 말투, 팔짱 끼기 같은 제스처 등을 자기도 모르게 따라 한다. 이런 따라 하기는 의식적으로 일어나지 않기 때문에 잘 떠오르지 않을 수도 있다. Chartrand과 Bargh(1999)는 이를 실험실에서 재연해 보았다.

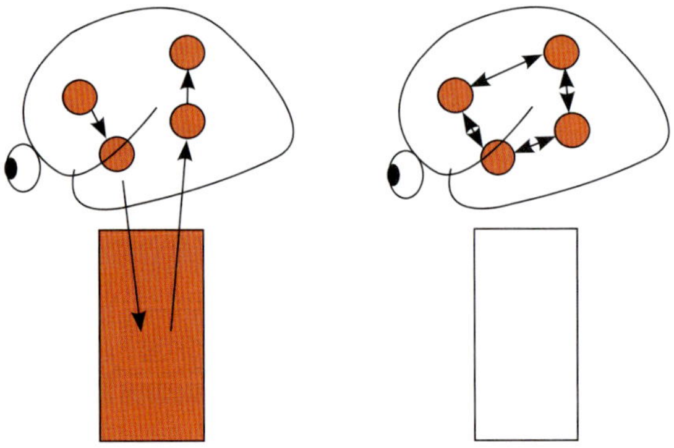

그림 12-19 '마치-인양' 고리.
(왼쪽) 몸고리(body loop). (오른쪽) 마치-인양 고리. 반복적인 경험을 통해 고리가 신체에서 오는 피드백 없이도 뇌 안에서 만으로 형성되어 신체에 직접적인 자극을 우회하여 감정적 시각 자극 또는 상상만으로 가동된다. 예를 들어, 남이 팔에 주사 맞는 모습을 보거나 단지 상상하는 것만으로도 자신이 팔에 주사를 맞는 것과 비슷한 감정을 느낄 수 있다.

남의 행동을 무심결에 따라 하기

Chartrand과 Bargh(1999)의 실험에서, 참여자들은 실험 보조원과 대화를 나누게 된다. 이때 참여자가 보조원의 행동을 얼마나 따라 하는지가 연구 관심이었다. 참여자는 보조원의 정체를 모른 채 자신과 똑같은 참여자 신분으로 알고 있었다. 보조원은 2명이었는데, 표정과 말투 등을 서로 다르게 하였다. 참여자들은 각 보조원과 10분씩 따로따로 대화를 나눴다.

실험자는 참여자에게 실험 장면을 녹화하겠다는 양해를 구하고 방으로 안내해 의자에 앉게 한 후 다른 방에서 서류를 가져오겠다며 1분 정도 나가 있었다. 이때 녹화된 참여자의 행동은 실험 시 일어나는 행동의 비교 점수가 되었다. 돌아온 실험자는 참여자에게 이전의 심리 검사를 개정하는 프로젝트를 진행 중이고 그 과정이라고 안내하면서 신문, 잡지에서 오려 온 사진들을 제시하면서 각 사진에 대해 자유롭게 의견을 말해 주기를 부탁하였다. 특히 실험자는 사진들에서 심리적인 반응들이 얼마나 쉽게 나오는지가 중요하므로 내용보다는 사진이 쉬운 정도에 좀 더 주의해서 평가해 주기를 부탁하였다. 그런 다음, 밖에 나가서 실험 보조원을 데려와 다른 의자에 앉혔다. 앞서 온 참여자에게는 새로 들어온 보조원을 파트너가 된 다른 참여자라고 소개하였다. 실험자와 실제 참여자, 그리고 다른 보조원은 세모꼴로 앉아 있었고, 실험자 앞에는 책상이 놓여 있어 참여자에게 몸이 보이지 않았다. 그렇지만 다른 보조원의 몸은 참여자에게 모두 보여 참고될 수 있었다.

참여자는 각각 참여자와 보조원의 사진 세 장씩을 받았고, 각 사진에 대해 대략 1분씩 자신들의 의견을 서로 교환하도록 지시를 받았다. 먼저, 보조원이 자신의 사진 한 장에 대해 1분 정도 설명하였고, 실험자는 참여자에게 자신의 사진을 하나 골라 설명하기를 권하였다. 이때 보조원은 미리 계획된 특정 행동을 같이하였는데, 말할 때 뜸 들이기, '음' 같은 소리내기, 웃는 표정 등이었다. 작업이 끝나면, 다른 파트너와 바꿔야 한다며 실험자는 보조원을 데리고 나가 1분 정도 나갔다 다른 보조원을 데리고 들어왔다. 다시 사진 평가가 시작되었는데, 두 번째 보조원은 첫 번째 보조원이 했던 행동이 아닌 얼굴 만지기, 다리 떨기, 무표정 같은 다른 표정 짓기 등을 하였다.

작업이 끝나면 실험자는 보조원들을 데리고 나갔다가 바로 혼자 다시 들어와 모든 실험 목적을 참여자에게 설명하고 실험 목적을 눈치챘는지를 물었는데, 특히 보조원들의 행동을 의식적으로 따라 했는지를 물었다. 실험 목적은 의식적이지 않은 무의식적인 따라 하기를 살피는 일이어서 이 과정이 중요하였다. 녹화된 참여자의 행동은 제3의 두 평가자에게 의뢰해 행동을 평가하게 했는데, 보조원의 모습은 녹화되지 않아 순수하게 참여자의 행동을 평가할 수 있었다.

실험 결과, 보조원의 행동에 따라서 참여자가 따라 하는 행동이 달라졌다(그림 12-20). 흥미롭게도 35명 참여자 전원이 두 보조원의 얼굴 표정과 행동이 다르다는 사실을 알아채지 못하였다. 이는 상대를 따라 하는 행동이 의식적이지 않고 자동적으로 일어남을 시사하는데, 이를 주변색에 자신의 피부색을 바꾸는 카멜레온에 빗대 **카멜레온 효과**(chameleon effect)라고 한다.

더 나아가 Chartrand과 Bargh는 두 번째 실험에서, 행동을 따라 하는 사람의 매력이 증가하는지를 살펴보기 위해 실험 1과 비슷한 절차를 따르되 보조원이 참여자의 행동을 따라 하게 하거나 가만히 있도록 하였다. 실험 결과, 자신을 따라 하는 보조원을 좀 더 호감 있게 느끼거나

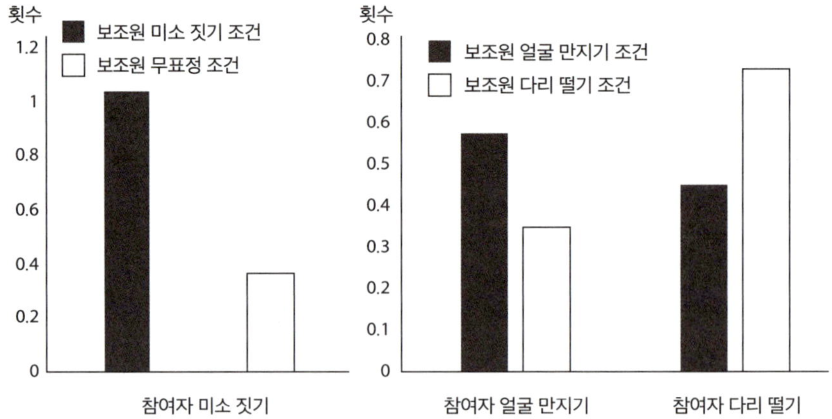

그림 12-20 참여자가 보인 미소 짓기와 얼굴 만지기 행동 분당 횟수.

실험 진행이 더 부드러웠다고 평가하였다.

학자들은 남을 따라하는 행동이 사회적 유대감을 의미하는 라포(rapport)를 형성하여 사회생활에서 유리하다고 제안한다. 실제로 레스토랑을 배경으로 한 실험에서, 손님들의 식사 주문을 그대로 따라 한 종업원이 받은 팁이 단순히 식사 주문 후 'okay!'만 종업원에 비해 더 많은 팁을 받았다(Van Baaren 등, 2003). 이런 사회적 모방 행동은 술을 마실 때 더 잘 일어나는 것으로 알려져 있는데(Sayette 등, 2012), 아마도 술이 무의식적으로 타인을 모방하는 동작을 더 잘하게 하여 함께 있는 사람들과 결속력을 증가시키기 때문으로 보인다. 더 나아가 친한 사람들끼리 오랫동안 함께 살면 비슷한 표정을 자주 짓기 때문에 얼굴 근육 사용이 비슷해져 표정도 닮을 가능성이 있다. '부부는 닮는다'는 말이 있는데, 결혼 25년이 넘는 부부의 얼굴이 결혼한 지 얼마 안 된 부부에 비해 얼굴이 닮는 것으로 알려져 있다(Zajonc 등, 1987).

지각-동작 공명이론

Prinz(1997)는 타인의 행동이 자신의 행동을 일으키는 것에 대해 지각과 동작의 공명이론(resonance theory)으로 설명하였다. 이 이론에 따르면 지각과 동작은 공통부호(common codes)를 사용한다(그림 12-21). 이 공통부호로 인해 지각과 동작은 직접적인 흐름이 발생한다. 예를 들어, 타인이 땅콩을 집는 모습을 관찰할 때 똑같은 동작이 활성화되어 실제로 일어날 수 있다. 이를 지각에 대한 동작의 공명이라고 한다. 역으로 자신이 땅콩을 집는 동작을 할 때 타인이 땅콩을 집는 동작을 더 선택적으로 민감하게 처리하게 된다. 이를 동작에 대한 지각의 공명이라고 한다(Schütz-Bosbach & Prinz, 2007). 즉, 자신이 특정 동작을 해 봄으로써 타인이 하는 똑같은 동작을 더 잘 이해할 수 있음을 뜻한다. 스스로 울면서 남이 우는 모습을 보면 더 깊이 공감할 수 있음을 시사한다. 춤을 출 때 자신도 그 동작

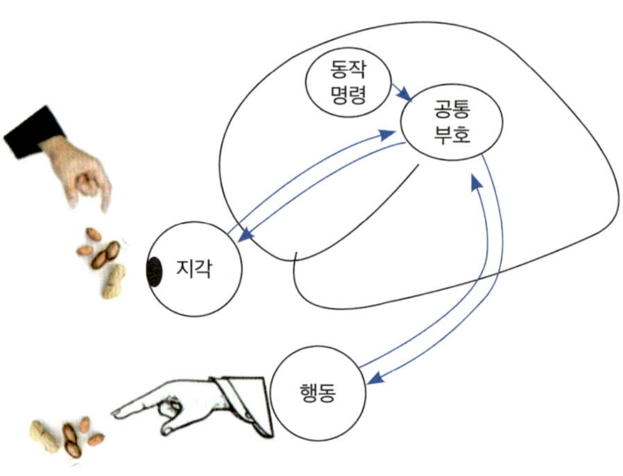

그림 12-21 지각과 동작 공명이론.
지각과 동작은 공통 부호로 처리되어 구분이 되지 않는다.

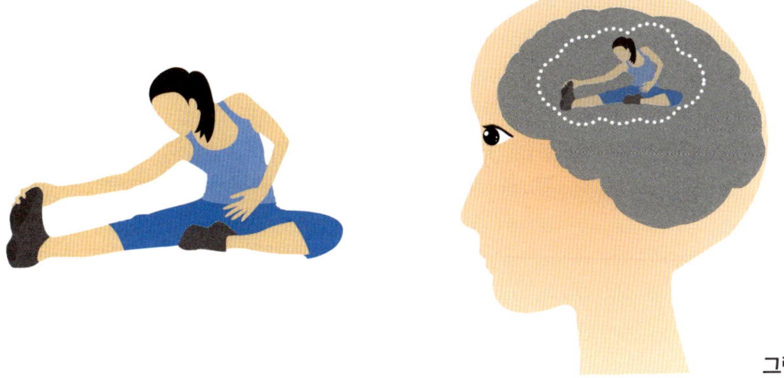

그림 12-22 타인의 동작에 대한 시뮬레이션.

을 따라 하면 타인의 동작이 더 잘 이해된다. 공명이론에 따르면 타인의 행동을 보는 것과 그 행동을 자신이 하는 것이 서로 구분되지 않는다. 이는 평소에 우리의 동작이 우리 스스로에 의해 수행된다는 느낌이 강하다는 사실을 떠올리면 잘 이해되지 않는다. Prinz의 설명에 따르면 우리 자신의 행동에 대해서는 거의 언제나 동작 명령을 수반하기 때문에 자신의 행동이 잘 의식되어 타인의 행동으로부터 구분할 수 있지만, 동작 명령 처리가 방해를 받거나 약해지는 경우 의도적인 동작 명령의 신호 없이 특정 행동을 지각하는 것만으로도 같은 동작이 유도되어 일어날 수 있다.

마음추정(TOM: Theory of Mind)은 짧게 ToM으로 불리곤 하는데 믿음, 의도, 바램, 가장하기, 관점과 같은 마음의 상태를 자기 자신 또는 타인에게 적용할 줄 아는 능력이다. 이를 통해 타인의 마음이 어떤 상태인지 이해할 수 있으며 사회생활을 하는 데 필수적이다(Premack & Woodruff, 1978). 이론이라고 불리는 이유는 이것이 관찰 가능하지 않은 마음속에서 일어나는 작용이기 때문이다. 몸-기반 인지 이론가들은 마음 이론의 기초에 타인의 행동을 자동으로 따라서 하는 능력이 있다고 제안한다(Gallese, 2003). 즉, 앞에서 살펴본 거울신경체계, 지각-동작 공명 체계 등이 있어 마음 이론이 가능하다고 믿는다.

동작 시뮬레이션은 자신의 동작에 대해서만이 아니라 타인의 동작을 이해하고 예측하는 데 필수적인 능력이다(그림 12-22). 몸-기반 이론가들은 자동으로 일어나는 사회 행동들도 시뮬레이션으로 본다. 예를 들어, 우리는 친구와 대화할 때 친구가 웃으면 우리도 따라 웃곤 하는데, 몸-기반 이론가들은 이런 모방 행동도 시뮬레이션이라고 한다. 즉, 자신의 얼굴 표정을 친구의 얼굴과 비슷하게 만들어 친구의 감정 상태를 대리로 느껴 보는 일이기 때문이다.

정리

지각과 동작은 기능적으로 연속적인 관계이다. 물체의 지각 속성들은 물리적 속성들과 높은 상관을 갖는 경우가 흔하다. 어두운색은 무겁고 밝은색은 가볍다. 흙길은 걷기 쉽지만, 얼음 빛이 도는 길은 미끄러지기 쉽다. 지각 속성과 물리적 속성의 상관에 대한 지식은 동작을 준비하는 데 도움을 준다. 행위자로서 인간은 신체의 반응 공간이 왼쪽과 오른쪽으로 나뉘어 있고, 이 공간은 눈앞에 놓인 대상을 통제할 때 투사되어 동작에 영향을 줄 수 있다. 자극-반응 양립성은 통제를 가할 대상과 신체의 반응 공간의 일치를 말한다. 주의는 정확한 동작을 하는 데 결정적인 역할을 할 수 있다. 심상과 시뮬레이션은 특정 동작을 직접 하지 않고서도 안전하고 경제적으로 시험해 볼 수 있는 능력이다. 사회적 동물로서 인간은 타인의 감정에 공감하고 동작을 따라 하려는 자동적 경향이 있다.

더 읽어 보기

집기와 잡기 동작의 신경과학적 개관은 Castiello(2005)를 보라. 심상과 동작 시뮬레이션의 논의는 Hesslow(2002)를 보라. 거울세포체계에 대한 논의는 Rizzolatti와 Craighero(2004)를 보라. 시뮬레이션에 대한 개관은 Hesslow(2002)를 보라. 의사결정에 대한 신체표지 가설에 대한 논의는 Bechara 등(2005)을 보라. 반응시간의 속도와 정확률의 득실에 대해서는 Heitz(2014)를 보라. 뇌-기계 상호작용(BMI)에 대한 간결하지만 중요한 개관은 Nicolelis(2001)와 Lebedev와 Nicolelis(2006)를 보라.

| 참고문헌 |

Aglioti, S., DeSouza, J. F., & Goodale, M. A. (1995). Size-contrast illusions deceive the eye but not the hand. *Current Biology*, *5*(6), 679-685.

Bechara, A., Damasio, H., Tranel, D., & Damasio, A. R. (2005). The Iowa Gambling Task and the somatic marker hypothesis: some questions and answers. *Trends in Cognitive Sciences*, *9*(4), 159-162.

Beilock, S. L. & Holt, L. E. (2007). Embodied preference judgments: can likeability be driven by the motor system? *Psychological Science*, *18*(1), 51-57.

Brooks, L. R. (1968). Spatial and verbal components of the act of recall. *Canadian Journal of Psychology*, *22*(5), 349.

Castiello, U. (2005). The neuroscience of grasping. *Nature Reviews Neuroscience*, *6*(9), 726-736.

Chartrand, T. L. & Bargh, J. A. (1999). The Chameleon effect: the perception-behavior link and social interaction. *Journal of Personality and Social Psychology*, *76*, 893-910.

Cohen, R. G. & Rosenbaum, D. A. (2004). Where grasps are made reveals how grasps are planned: generation and recall of motor plans. *Experimental Brain Research*, *157*(4), 486-495.

Craft, J. L. & Simon, J. R. (1970). Processing symbolic information from a visual display: interference from an irrelevant directional cue. *Journal of Experimental Psychology*, *83*, 415-420.

Damasio, A. R. (1994). *Descartes' Error: Emotion, Rationality and the Human Brain*. New York: Putnam.

Davison, K. K. & Lawson, C. T. (2006). Do attributes in the physical environment influence children's physical activity? A review of the literature. *International Journal of Behavioral Nutrition and Physical Activity*, *3*(1), 19.

Decety, J., Jeannerod, M., Durozard, D., & Baverel, G. (1993). Central activation of autonomic effectors during mental simulation of motor actions in man. *Journal of Physiology*, *461*(1), 549-563.

Eriksen, B. A. & Eriksen, C. W. (1974). Effects of noise letters upon the identification of a target letter in a nonsearch task. *Attention, Perception, & Psychophysics*, *16*(1), 143-149.

Fitts, P. M. & Seeger, C. M. (1953). S-R compatibility: spatial characteristics of stimulus and response codes. *Journal of Experimental Psychology*, *46*, 199-210.

Franz, V. H., Gegenfurtner, K. R., Bülthoff, H. H., & Fahle, M. (2000). Grasping visual illusions: no evidence for a dissociation between perception and action. *Psychological Science*, *11*(1), 20-25.

Fuster, J. M. & Bressler, S. L. (2015). Past makes future: role of pFC in prediction. *Journal of Cognitive Neuroscience*, *27*(4), 639-654.

Gallese, V. (2003). The manifold nature of interpersonal relations: the quest for a common mechanism. *Philosophical Transactions of the Royal Society of London B:Biological Sciences*, *358*(1431), 517-528.

Gallese, V., Fadiga, L., Fogassi, L., & Rizzolatti, G. (1996). Action recognition in the premotor cortex. *Brain*, *119*(2), 593-609.

Gibson, JJ. (1979). *The Ecological Approach to Visual Perception*. Boston: Houghton Mifflin.

Goodale, M. A. & Milner, A. D. (1992). Separate visual pathways for perception and action. *Trends in Neurosciences*, *15*(1), 20-25.

Gordon, A. M., Forssberg, H., Johansson, R. S., & Westling, G. (1991). Visual size cues in the programming of manipulative forces during precision grip. *Experimental Brain Research*, *83*(3), 477-482.

Grafton, S. T., Fadiga, L., Arbib, M. A., & Rizzolatti, G. (1997). Premotor cortex activation during observation and naming of familiar tools. *NeuroImage*, *6*(4), 231-236.

Harshfield, S. P. & DeHardt, D. C. (1970). Weight judgement as a function of apparent density of objects. *Psychonomic Science*, *20*, 365-366.

Hayes, A. E., Paul, M. A., Beuger, B., & Tipper, S. P. (2008). Self-produced and observed actions influence emotion: the roles of action fluency and eye gaze. *Psychological Research*, *72*(4), 461-472.

Heitz, R. P. (2014). The speed-accuracy tradeoff: history, physiology, methodology, and behavior. *Frontiers in Neuroscience*, *8*, 150.

Hesslow, G. (2002). Conscious thought as simulation of behaviour and perception. *Trends in Cognitive Sciences*, *6*(6), 242-247.

Jeannerod, M. (1984). The timing of natural prehension movements.

Journal of Motor Behavior, 16(3), 235-254.

Kosslyn, S. M., Ball, T. M., & Reiser, B. J. (1978). Visual images preserve metric spatial information: evidence from studies of image scanning. *Journal of Experimental Psychology: Human Perception and Performance, 4*(1), 47.

Lebedev, M. A. & Nicolelis, M. A. (2006). Brain–machine interfaces: past, present and future. *Trends in Neurosciences, 29*(9), 536-546.

Le Bihan, D., Turner, R., Zeffiro, T. A., Cuenod, C. A., Jezzard, P., & Bonnerot, V. (1993). Activation of human primary visual cortex during visual recall: a magnetic resonance imaging study. *Proceedings of the National Academy of Sciences, 90*(24), 11802-11805.

Macdonald, J. S. & Lavie, N. (2011). Visual perceptual load induces inattentional deafness. *Attention, Perception, & Psychophysics, 73*(6), 1780-1789.

McManus, I. C. & Humphrey, N. (1973). Turning the left cheek. *Nature, 243*, 271-272.

Mishkin, M., Ungerleider, L. G., & Macko, K. A. (1983). Object vision and spatial vision: two cortical pathways. *Trends in Neurosciences, 6*, 414-417.

Morewedge, C. K., Huh, Y. E., & Vosgerau, J. (2010). Thought for food: Imagined consumption reduces actual consumption. *Science, 330*(6010), 1530-1533.

Murphy, S. & Dalton, P. (2016). Out of touch? Visual load induces inattentional numbness. *Journal of Experimental Psychology: Human Perception and Performance, 42*(6), 761.

Nicolelis, M. A. (2001). Actions from thoughts. *Nature, 409*(6818), 403-407.

O'Craven, K. M. & Kanwisher, N. (2000). Mental imagery of faces and places activates corresponding stimulus-specific brain regions. *Journal of Cognitive Neuroscience, 12*(6), 1013-1023.

Pearson, J., Naselaris, T., Holmes, E. A., & Kosslyn, S. M. (2015). Mental imagery: functional mechanisms and clinical applications. *Trends in Cognitive Sciences, 19*(10), 590-602.

Pohl, W. (1973). Dissociation of spatial discrimination deficits following frontal and parietal lesions in monkeys. *Journal of Comparative and Physiological Psychology, 82*(2), 227.

Premack, D. & Woodruff, G. (1978). Does the chimpanzee have a theory of mind? *Behavioral and Brain Sciences, 1*(04), 515-526.

Prinz, W. (1997). Perception and action planning. *European Journal of Cognitive Psychology, 9*(2), 129-154.

Remington, A., Cartwright-Finch, U., & Lavie, N. (2014). I can see clearly now: the effects of age and perceptual load on inattentional blindness. *Frontiers in Human Neuroscience, 8*, 229.

Rizzolatti, G. & Craighero, L. (2004). The mirror-neuron system. *Annu. Rev. Neurosci., 27*, 169-192.

Sanders, A. F. (1990). Issues and trends in the debate on discrete vs. continuous processing of information. *Acta Psychologica, 74*(2-3), 123-167.

Sayette, M. A. 1., Creswell. K.G., Dimoff, J.D., Fairbairn, C. E., Cohn, J. F., Heckman, B. W, Kirchner, T. R, Levine, J. M, Moreland, R. L. (2012). Alcohol and group formation: a multimodal investigation of the effects of alcohol on emotion and social bonding. *Psychological Science, 23*(8), 869-878.

Schütz-Bosbach, S. & Prinz, W. (2007). Perceptual resonance: action-induced modulation of perception. *Trends in Cognitive Sciences, 11*(8), 349-355.

Segal, S. J. & Fusella, V. (1970). Influence of imaged pictures and sounds on detection of visual and auditory signals. *Journal of Experimental Psychology, 83*(3p1), 458.

Shepard, R. N. & Metzler, J. (1971). Mental rotation of three-dimensional objects. *Science, 171*, 701-703.

Simon, J. R. & Small, A. M. (1969). Processing auditory information: interference from an irrelevant cue. *Journal of Applied Psychology, 53*, 433-435.

Strayer, D., Drews, F. A., & Johnston, W. A. (2003). Cell phone-induced failures of visual attention during simulated driving. *Journal of Experimental Psychology: Applied, 9*, 23-32.

Stroop, J. R. (1935). Studies of interference in serial verbal reactions. *Journal of Experimental Psychology, 18*(6), 643.

Van Baaren, R. B., Holland, R. W., Steenaert, B., & van Knippenberg, A. (2003). Mimicry for money: behavioral consequences of imitation. *Journal of Experimental Social Psychology, 39*(4), 393-398.

Van Sommers, P. (1984). *Drawing and Cognition: Descriptive and Experimental Studies of Graphic Production Processes*. Cambridge, MA: Cambridge University Press.

Westling, G. & Johansson, R. S. (1984). Factors influencing the force control during precision grip. *Experimental Brain Research, 53*(2), 277-284.

Wexler. M., Kosslyn, S. M., & Berthoz, A. (1998). Motor processes in mental rotation. *Cognition, 68*(1), 77-94.

Zajonc, R. B., Adelmann, P. K., Murphy, S. T., & Niedenthal, P. M. (1987). Convergence in the physical appearance of spouses. *Motivation and Emotion, 11*(4), 335-346.

13 자기 지각

모든 사람은 신체와 마음이 평생 조금씩 바뀐다. 아주 어릴 때의 자신과 지금의 자신을 생각해 보라. 키, 체중, 체형 등 신체적 특징과 친구들, 사회적 환경, 하는 일 등 사회적, 직업적인 것들도 크게 바뀐다. 그럼에도 인간은 자기 또는 타인의 정체가 평생 바뀌지 않는 것으로 보는 경향이 있는데, 이러한 정체성의 지속은 안정된 사회를 위해 필요한 착시일지 모른다. 자기(self) 개념은 생리적인 수준부터 인지적·사회적 수준에 이르기까지 다양한 수준에서 이해할 수 있다. 크게 인기를 끌고 있는 두 학자의 제안을 살펴보는 것이 자기를 이해하는 데 도움이 될 것이다.

신경심리학자 Antonio Damasio(2000)는 자기를 크게 3가지로 나눴다. 원생 자기(proto self)는 신진대사, 체온, 생체 주기와 같은 신체 유지와 관련된 자기이다. 핵심 자기(core self)는 내가 여기에 있다는 느낌처럼 감각에 의존하며 기쁨, 슬픔과 같은 감정적 느낌도 포함한다. 자서전적 자기(autobiographical self)는 과거 경험과 앞으로의 목적 등 기억에 의존하는 자기이며 언어로 기술될 수 있다. 이 각각은 뇌에서 담당하는 영역이 다르다(그림 13-1).

철학자 Shaun Gallagher(2000)는 더 줄여 자기 신체 유지와 관련된 자기와 자서전적 자기로 나누었다. 최소자기(minimal self)는 지금 이 순간에 자기 신체 활동에 관한 것이다. 여기에는 자기 신체가 자기 것이라는 자기-소유감(sense of self-ownership)과 자신의 동작이 자신이 명령한 것임을 아는 자기-대행감(sense of self-agency)이 주요 성분이다. 대행감이라는 말은 뇌가 자기 신체

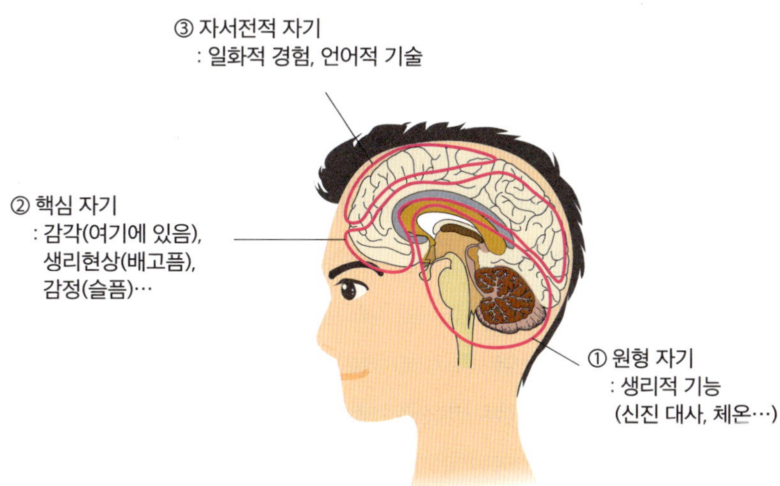

그림 13-1 3가지 유형의 자기 영역(Damasio, 2000).

에 일을 시켜 자신의 신체로 동작하는 느낌이라는 것이며 자기 수행감과 같다. 일상에서 사용하는 대행은 자신이 남에게 일을 부탁하는 것을 말하는데, 이 뜻이 아님에 주의해야 한다. 최소자기는 반드시 의식적일 필요는 없다. 예를 들어, 길을 걸으면서 휴대폰으로 대화를 할 때 자신이 걷고 있다는 것은 잘 의식하지 않지만, 다리가 자신의 것이고 자신이 걸으라고 명령한 주체임을 알 수 있다. 이 정의에 따르면 사람만이 아니고 동물을 비롯해 곤충도 자신의 몸을 이끌고 살아갈 수 있으므로 최소한의 자기 개념이 있다고 가정할 수 있다. 해설적 자기(narrative self)는 흔히 사람들이 자신이 어떤 사람인지 소개할 때 말하는 내용으로 정의된다. 이는 Damasio가 제안한 자서전적 자기와 비슷하다.

자기에 대한 두 제안은 시간을 기준으로 할 때 서로 비슷하다. 바로, 감각을 바탕으로 한 즉시적인 자기와 오랜 삶의 기억에 따른 지연된 자기이다. 지각심리학자들이 관심 있는 자기는 전자에 가깝다. 이 장에서는 실시간으로 생성되는 자기에 대한 느낌을 중심으로 살펴본다.

생태적 자기

생물체는 환경에서 자신의 신체가 특정 위치에 있음을 안다. 인지심리학자 Ulric Neisser(1988)는 이 1인칭 시점인 '내가 지금 여기'에 있다는 주관적 인상을 생태적 자기(ecological self)라고 불렀다. Neisser에 앞서 생태주의 심리학자 James Gibson(1950/1979)은 저기(there)에 대응하는 개념으로 여기(here)가 있으며, 이 둘은 불가분의 관계이고, 여기에 해당하는 것이 자기라고 제안하였다. 즉, 자기는 환경에서 정의되며, 환경 없이 자기라는 개념은 무의미하다. 자기 동작도 마찬가지로 볼 수 있다. 내가 어떤 동작을 취할 때 그에 대한 결과물이 존재한다. 이 결과물에 대응하는 것이 바로 자기이다.

Gibson은 자기라는 인상을 만드는 자극이 최소한 8가지가 있다고 제안하였다(1950: 225). 이를 요약해 보면, 피부에서 오는 체감각 자극, 신체 자세 유지에 필요한 고유감각 자극(근육, 건, 전정체계), 눈에 맺히는 시각 자극, 시각장의 경계 등이다. 먼저 시각에 관한 것 2가지를 살펴보자.

시각과 자기

두 눈으로 세상을 볼 때 눈에 맺힌 이미지는 관찰자 자신의 고유한 위치를 명세한다(☞3장). 만일 조금만 자리를 이동해도 이 상은 바뀌며 그에 따라 '여기'에 있다는 인상도 바뀐다. 여기와 관련된 자기는 인공적인 매체를 통해 착시 경험을 일으킬 수 있다. 영화관에서 넓은 시야로 펼쳐지는 장면을 볼 때 자신이 영화 속 카메라의 렌즈 위치에 있는 것 같은 현장감에 빠진다. 더욱이 4D 영화에서 영상 이외에 관람석 의자의 진동, 냄새, 바람, 물과 같은 자극은 여기에 있다는 느낌을 더욱 강렬하게 한다.

시각장의 경계에 따른 자기는 흥미롭다. 시각장은 시야의 범위를 말하는데 옆으로 누운 달걀 모양이다(☞1장). 시각장의 경계는 코를 비롯한 신체 일부가 담겨 있으며 개인마다 고유하다

그림 13-2 현대인의 시각적 자기.
Ernst Mach의 그림으로 왼쪽 눈으로 들어온 바깥세상을 표현한다. 관찰자 자신의 코와 다리 너머로 저기 밖이 보인다 (Gibson(1950)에서 재인용).

(그림 13-2). 물론 코가 낮은 사람의 경우는 그렇지 않을 수 있다. 그 대신 안경 테두리가 비슷한 효과를 가질 것이다. 마찬가지로 아침에 깨어나 어젯밤 벗어 놓은 안경을 찾으며 경험하는 흐릿한 세상에 대해 '이게 나구나.' 하는 인상도 비슷할 것이다.

하지만 영화관에서 경험하는 현장감은 관찰자 스스로 현장으로 이동하여 발생한 것이 아닌 수동적으로 제시된 것이므로 자기 대행감은 없다. 반면, 가상현실과 증강현실에서는 관찰자의 능동적 이동에 의해 상이 변하므로 자기 대행감이 발생한다. 현장감이 반드시 자기 대행감을 수반하는 것은 아니다.

동작과 자기

일상생활에서 우리는 끊임없이 몸을 움직인다. 우리는 움직일 때마다 여러 감각의 변화를 예상한다. 테이블 위의 커피잔을 들어 입으로 가져오는 동작을 생각해 보자. 먼저, 손을 움직이는 내 내 자기고유감각에 의해 손의 위치가 전달되며, 커피잔을 들어 올릴 때 손끝에 무게가 더해짐을 느낀다. 시각적으로 커피잔을 향해 손이 나아가서 손과 함께 입으로 올라오는 것이 보인다. 청각적으로 손이 잔에 닿을 때 '달그락' 하는 소리가 들린다. 잔을 손으로 쥘 때 손가락의 피부에 잔의 따뜻함과 단단함이 전달된다. 커피잔이 입 근처로 올 때는 고소한 냄새가 난다. 이러한 감각 정보들의 예상은 자신이 커피잔을 들어 올리고 있다는 대행감 때문에 가능하다.

자기 동작에 대한 대행감을 설명하기 위해 연구자들은 전진 모형(forward model)을 도입하였다. 이 모형은 움직임 지각에서 살펴본 안구의 동반방출 모형을 이루는 일부 성분과 같은 개념이다(☞7장: 그림 7-6). 동반방출 모형에서, 눈이 움직일 때 '눈 근육 신호'가 발생함과 동시에 '눈 근육 신호 복사' 신호도 동시에 발생하며, 눈이 실제로 움직이는 경우라면, 세상의 이미지가 바뀜이 동시에 예측된다. 전진 모형은 눈 근육 복사 신호를 입력으로 결과에 대한 예측을 출력으

샛길 1 왜 자기 자신을 간지럽히기 어려울까?

Weiskrantz 등(1971)은 이 의문을 풀기 위해 참여자들의 발바닥을 3가지 방법으로 간지럽혔다. 피부에 17g의 압력으로 1mm 거리만큼 간질이기 위해 특별한 도구가 고안되었다. 이 도구의 손잡이를 이용해 참여자 본인이 자신의 발바닥을 간질이거나, 실험자가 간질이거나, 그리고 손잡이에 참여자 팔이 올려져 있었지만 실제로는 실험자가 도구를 작동시킨 조건이 있었다. 실험 결과, 참여자들은 실험자가 간지럽힐 때 자신의 손이 도구에 올라가 있어 함께 움직였지만, 실험자가 도구를 작동시킨 조건, 스스로 간지럽힌 조건 순으로 간지럼 정도가 크다고 느꼈다.

연구자들은 이 결과를 해석하기 위해 뇌에서 일어나는 간지럼 동작 명령과 실제로 발에서 전해져 오는 체감각의 피드백 신호를 이용하였다. 이 모형에 따르면, 자기 스스로 간지럽히는 경우 자기가 내린 동작 명령이 발생했을 때 이를 예상하기 때문에 피부에서 간지럼 신호가 오면 간지럼을 덜 느낀다. 반면, 실험자에 의해 간지럼이 일어나는 경우는 예상하지 못했기 때문에 간지럼이 크게 느껴진다. 마지막으로, 자신의 손이 실험자에 의해 움직여지는 조건에서는 자신이 내린 간지럼 명령이 없었기 때문에 스스로 수행할 때보다 더 크게 느껴진다.

Blakemore 등(2000)은 로봇팔을 이용해 참여자들의 손바닥을 다른 방식으로 간지럽혔다. 이 연구에서는 실험자가 간질인 조건 이외에 간질이기 시작한 시점과 실제로 손바닥에 자극이 가해진 시간이 달랐는데, 0, 100, 200, 300ms였다. 실험 결과, 시간차가 클수록 간지럽다는 반응이 높았는데, 가장 긴 300ms 시간차는 실험자가 간지럽힌 조건과 큰 차이가 없을 정도였다. 이 연구자들은 더 나아가 조현병과 우울장애를 앓는 사람들을 같은 방식으로 간지럽혔다. 사전에 이 환자들을 환청 경험이 있거나 신체적 피동체험(passivity experiences)을 겪는 사람들과 그렇지 않은 사람들로 분류하였다. 실험 결과, 환청/피동체험을 겪는 환자들은 타인이 간지럽히건 자신이 간지럽히건 비슷한 정도로 간지럼을 느꼈지만, 이 증상을 앓지 않는 환자들은 정상인들처럼 스스로 간지럽히는 경우 간지럼을 덜 느꼈다. 따라서 환청과 피동체험을 느끼는 경우 자신이 내린 명령 동작을 예상하지 못함을 시사한다.

로 삼는 내적 회로이다. 이 모형을 눈이 아닌 다른 신체 동작에 대해서도 적용할 수 있다. 예를 들어, 뇌에서 손으로 커피잔을 쥐라는 동작 명령을 내릴 때 이 명령에 대한 신호를 뇌의 다른 영역에 보내는 원심성 복사(efference copy)가 발생함과 동시에 팔의 연속적인 움직임이 예측된다. 만일 이 전진 모형이 제3의 영역에서 실제로 시각, 청각, 피부, 후각 등의 감각으로부터 온 감각 피드백 신호(sensory feedback)와 비교되어, 두 신호가 일치하면 자신이 한 동작이며, 일치하지 않으면 자신이 내린 사건이 아니다. 따라서 원심성 전진 모형의 원활한 기능과 감각 피드백의 시간차 역시 중요하다. 이는 왜 자기 자신을 간지럽히기 어려운지를 설명한다(☞샛길 1).

손을 이용해 테이블 위에 커피잔을 들 때 우리는 어느 한순간에 이 동작을 시작하는 것처럼 느낀다. 그렇지만 뇌 연구에 따르면 사람들이 자발적인 동작으로 할 때, 운동영역의 활성화는 약 1초 정도 점진적으로 증가하다가 손이 움직일 때를 시점으로 서서히 감소하는 것으로 알려져 있다. 손을 움직이기 직전 서서히 활성화가 증가하는 부분을 준비전위(readiness potential) 또는 운동전 전위라고 한다(그림 13-3). 흥미롭게도 준비전위 상당 시간 동안은 사람들 자신이 손을 움직이려는 의도를 전혀 의식하지 못하는 것처럼 보인다. Benjamin Libet는 이 현상을 자유의지(free will)와 연관시켜 큰 관심을 끈 연구자이다(Libet, 1985).

그와 동료들의 연구에서, 참여자들은 자신의 손바닥을 굽히는 간단한 동작을 하도록 요구받았다(Libet 등, 1983). 또한 동시에 참여자들의 운동영역의 활동이 뇌전도(EEG: electroencephalogram) 장비로 측정되고 있었다. 뇌전도는 두개골 바로 아래에 모여 있는 신경들이 집단적으로 전기적 신호를 생성할 때 두개골 밖으로 스며 나오는 약한 전자파이다. Libet은 참여자들 앞에 바늘이 60초가 아닌 대략 2.56초에 한 바퀴 도는 시계를 놓았다. 시계에는 1~12까지 숫자가 새겨져 있

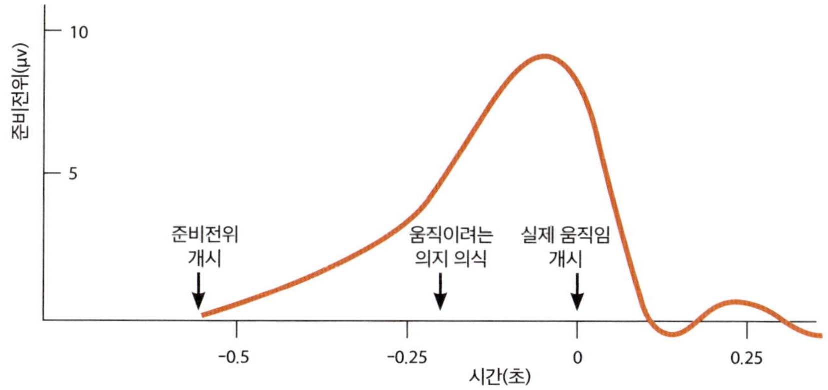

그림 13-3 자유의지 실험 결과(Libet, 1985).

었다. 그리고 참여자들에게 돌고 있는 시계바늘을 관찰하면서 아무 때나 검지를 굽히라고 하였다. 단, 손가락을 실제로 움직이기 전 마음속으로 손을 움직이려고 했을 때 시계바늘의 위치를 기억하라고 하였다. 이 과제를 통해 사람들은 자신이 내린 동작 명령이 의식되기 이전에 뇌활동이 손가락 동작을 위해 가동됨을 알게 되었다. 이를 Libet 시계 패러다임(Libet clock paradigm)이라고 한다. 예를 들어, 한 참여자가 바늘이 숫자 7에 위치했을 때 마음속으로 손가락을 움직이라고 명령을 내렸다고 보고하고, 바늘이 숫자 8쯤에서 실제로 손가락이 움직였다고 하자. 계산 결과 손가락을 굽힌 명령과 손이 움직인 시점 사이에는 대략 0.2초가 걸렸다. 그런데 Libet가 참여자들의 뇌 운동영역에서 일어난 뇌활동을 살펴보니 전위의 변화가 시작된 것은 바늘이 숫자 2쯤에 위치하고 있을 때였다. 계산 결과, 참여자 자신이 손가락을 움직이라는 동작 명령을 내렸다는 의식이 발생하기 대략 1초 전에 이미 뇌는 손가락을 움직이기 위한 활동을 시작했다는 것이다! Libet의 발견은 인간 뇌의 단일 신경 활동 기록을 통해서도 검증되었는데, 대략 사람이 자신의 손가락 동작을 의식하기 0.7초 전에 신경들의 활성화가 시작되었다(Fried 등, 2011). 이게 사실이라면 우리의 뇌활동을 바라보는 로봇과 가위바위보를 한다면 언제나 질 수밖에 없다. 로봇은 우리가 무엇을 낼지 1초 전에 이미 알고 이기는 동작을 내기 때문이다.

Daniel Wegner는 좀 더 충격적인 제안을 한다. 그에 따르면 모든 동작은 무의식에서 시작하며, 어떤 동작을 취할 때 느끼는 의도나 의식은 우리 마음이 조작한 트릭(trick)에 불과하다(Wegner & Wheatley, 1999; Wegner, 2003). 이 트릭은 동작 명령과 실제 동작을 인과관계로 묶어 주기 때문에 유용하다. 즉, 우리는 이 인과관계를 바탕으로 동작 명령과 실제 동작이 늘 규칙적으로 발생함을 의식적으로 학습할 수 있다. 만일 그렇지 않다면 학습은 더디거나 실패할지 모른다. 이 생각은 사실 영국의 경험주의 철학자 David Hume의 제안이기도 하다. Wegner는 자신의 제안에 대한 근거로 Libet의 발견과 함께 의식이 수반되지 않는 동작들의 존재를 든다.

자신의 동작들이 스스로 만들어 낸 의식적인 의도 때문에 일어나는 것이 아니라는 주장은 두려움을 준다. 우리는 거의 언제나 의식이 함께하는 자유의지를 가지고 동작을 한다고 믿기 때문이다. 그렇지만 Lebet의 실험에서 말하는 의도는 근육으로 신호를 보내기 직전에 해당한다. 우리는 어떤 동작을 하기 전에 의식적으로 충분히 긴 시간을 두고 고민하고 계획하는 단계를 거치는데 사전의도(prior intention)라고 한다. 어떤 동작의 본질적 원인은 사전의도이므로, 가령 사람들의 나쁜 동작이 직전에 존재하는 의도가 원인이라고 해서 책임을 면하는 것은 아니다. 한편,

준비전위가 시작된 이후라도 강한 마음을 먹으면 뇌에서 내린 동작 명령을 취소할 수 있다. 그렇지만 실제 근육이 움직이기 직전 0.2초까지만 가능하다(Schultze-Kraft 등, 2016). 화가 머리끝까지 치밀어 올라 책상을 내리치려는 수~운간 살며시 손을 내려놓을 수 있는 것이다!

몸 도식과 몸 이미지

이제 자기 신체와 관련된 자기 개념을 살펴보자. 감각(시각, 청각, 후각, 미각, 체감각)과 동작의 주체라는 느낌에서 오는 자기와 자기 신체에 대한 의식적 지각과 평가로서 자기이다. 이 둘을 간단히 각각 몸 도식과 몸 이미지라고 한다(표 13-1). 카프카의 소설 *변신*은 몸 도식과 몸 이미지의 갑작스러운 변화에 대해 매우 흥미롭게 설명하고 있다(☞샛길 2).

표 13-1 몸 도식과 몸 이미지.

	몸 도식	몸 이미지
의미	신체 위치, 방향, 자세에 대한 표상	신체 이미지에 대한 지각과 평가
정보 입력	주로 체감각계	주로 시각계
의식	주로 자동적	주로 의식적
가치	가치 판단 적음	가치 판단 큼
외부 영향	물리적, 신체적 자극에 영향	문화와 사회에 영향받음

몸 도식

몸을 적절히 가누고 동작을 올바로 하기 위해 뇌는 신체 기관의 위치를 실시간으로 정확히 파악해야 한다. 이렇게 신체 기관의 위치에 대한 뇌의 공간적 표상을 몸 도식(body schema)이라고 한다. 몸 도식은 무의식적이며 자신의 신체를 움직이는 데 자동으로 고려된다. 몸 도식에 문제가 있으면 자신의 신체를 제대로 움직이지 못할 뿐만 아니라 자신의 신체가 자기 소유라는 느낌도 적게 된다. 몸일체성 장애(BIID: Body Integrity Identity Disorder)에 시달리는 사람들은 자신의 신체 일부가 자신의 것이 아닌 것 같은 느낌으로 괴로워한다. 심지어 어떤 환자들은 큰 위험을 감수

샛길 2 **카프카의 *변신***

"… 이불을 걷어 내는 것은 매우 쉬운 일이었다. 몸을 조금 위로 밀어 올리자 이불이 저절로 흘러내리는 것을 느꼈다. 하지만 그 이상 진전시키기 어려웠는데, 그의 몸이 이상할 정도로 넓었기 때문이다. 그는 앉으려면 팔과 손이 필요했지만 아주 많은 작은 다리들만이 무질서하게 끊임없이 움직이고 있었고 이 다리들을 통제할 수도 없었다. 만일 다리 하나를 구부리려고 하면 오히려 펴졌고, 간신히 구부렸을 때 나머지 다른 다리들은 매우 고통스러운 듯이 이리저리 움직였다. "하지만 나는 침대에 쓸모없이 머물러서는 안 돼." 하고 그레고르는 스스로 말했다. …. " (Kafka, 1915)

주인공 그레고르는 어느 날 아침 일어나 보니 자신이 곤충으로 변해 있었다. 인정하고 싶지 않았지만 곤충의 몸이 자신임을 깨닫는다. 처음에 몸은 자유자재로 잘 움직일 수 없었지만, 서서히 몸을 가눌 수 있게 되고 심지어 문밖으로 기어나가 사람들을 놀라게 하기도 하였다. 여관을 하는 가족들은 처음에는 곤충으로 변한 그레고르를 위해 최선을 다했지만, 서서히 힘들어 지쳤고 마침내 방에 가둬 죽게 내버려 둔다. 그레고르의 죽음 뒤 가족은 여행을 떠난다.

하고 기꺼이 자신의 신체 일부를 잘라낸다(☞Google: body integrity identity disorder). 그런데 몸 도식은 아직 완전하게 이해되지 않고 있는데, 그 이유는 몸 도식이 해부학적으로만 이해하기 어려운 추상적인 성질을 함께 갖고 있기 때문이다. 먼저 신체 위치의 표상이 뇌에서 어떻게 일어나는지 살펴보자.

신체 표상

1차 체감각 표상 가장 먼저 모기가 어디에 앉아 있는지를 뇌에서 파악해야 하는데 뇌에 전달된 피부 위치에 대한 지도를 1차 체감각 표상(primary somatosensory representation)이라고 한다. 즉, 신체 어느 곳에 외부 자극이 전해지면 이에 짝지어진 뇌 영역의 신경들이 활성화되고 이에 따라 신체의 특정 위치에 무엇인가가 닿았다는 의식이 따라오는데 이 과정을 위치화(localization)라고 한다. Penfield와 동료들은 1900년대 중반에 신체 위치와 대응하는 뇌 영역을 조사하였다. 심한 간질로 뇌수술을 앞둔 환자들의 양해를 구해, Penfiled는 환자의 체감각피질과 운동피질 이곳저곳에 매우 낮은 전압의 전류를 매우 짧은 시간 동안 흘려 주면서(예를 들어, 4V를 1초 동안 흘려 주고서) 환자로부터 신체의 어느 곳에 닿는 느낌이 있는지를 물었다. 연구자들은 실험을 진행하면서 전문 화가를 입회시켜 환자의 보고를 좀 더 시각적으로 잘 이해할 수 있도록 피부에 대응하는 뇌 영역을 짝지어 그림을 그렸다.

그림 13-4는 이때 얻은 그림 가운데 하나이다. 뒤 귀를 연결하는 방향으로 뇌를 잘랐을 때 이와 같다. 뇌 표면에 전류를 흘렸을 때 자극된다고 느끼는 피부를 나타내었는데, 이 표시를 작은 사람이라는 뜻의 호문쿨루스(Homunculus)라고도 부른다. 몇 가지 흥미로운 특징이 이 그림에서 나타난다. 첫째, 대체로 피부에서 인접해 있으면 뇌에서 대응하는 지점이 인접해 있다는 것을 알 수 있다. 예를 들어, 입과 눈을 맡고 있는 뇌 영역은 서로 이웃해 있다. 이렇게 피부에서 공간적으로 근접한 관계가 뇌에서도 이어지는 것을 신체위상적 조직화(somatotopic organization)라

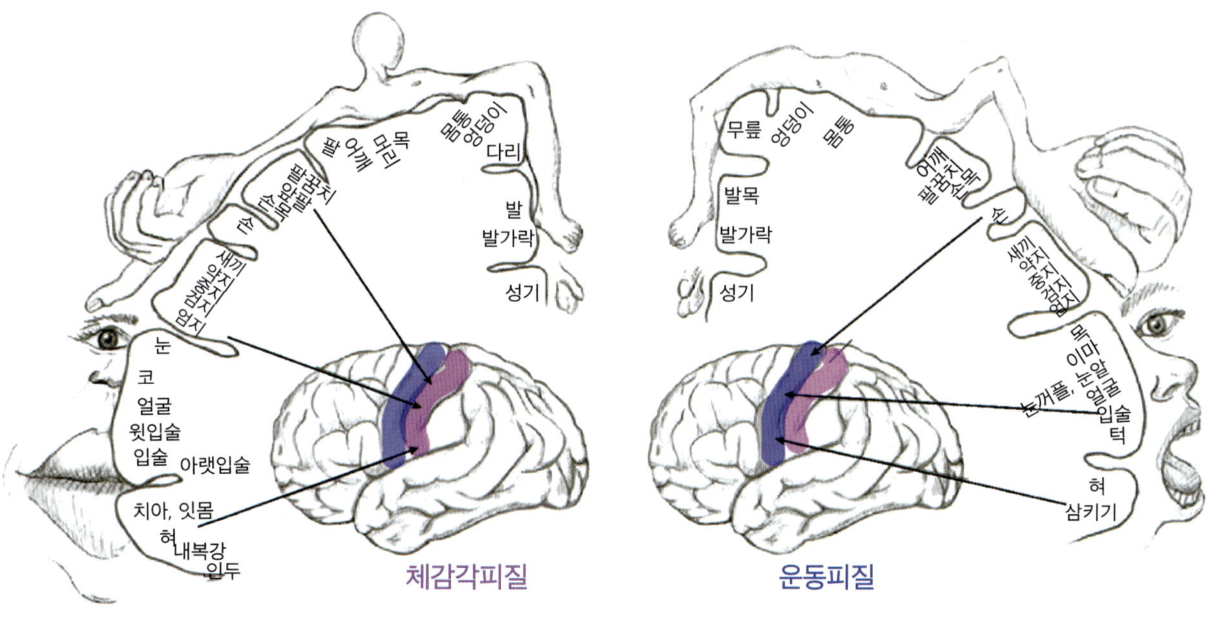

그림 13-4 체감각피질과 운동피질의 호문쿨루스(Penfield & Jasper, 1954).

고 한다. 이는 망막에 맺힌 상들의 공간적 관계가 시각피질에 그대로 전달되는 망막위상적 조직화(retinotopic organization)와 비슷한 개념이다. 둘째, 체감각피질에서 가장 넓은 피부를 맡고 있는 뇌 영역은 얼굴과 손이라는 점이다. 반면, 허벅지와 엉덩이 등은 훨씬 넓은 피부를 가졌음에도 이를 담당하는 뇌 영역은 작다. 담당하는 뇌 영역이 넓다는 것은 그만큼 정밀하게 피부감각을 느낄 수 있다는 것이다. 실제로 면봉 끝으로 친구의 얼굴이나 허벅지를 찌르고 정확히 얼굴 또는 허벅지 어느 곳에 면봉이 닿았는지를 손가락으로 짚어 보라고 물어 보라. 허벅지보다 얼굴에서 매우 정밀한 답이 나올 것이다. 셋째, 운동피질에서도 역시 가장 넓은 영역은 얼굴과 손이다. 이는 그만큼 정교한 얼굴과 손동작을 지원하기 위해서이다. 얼굴 근육을 이용하면 다양한 표정을 지을 수 있지만, 허벅지로는 거의 불가능하다. 허벅지에 볼펜으로 얼굴을 그려 표정을 지어 보라!

오늘날 신체 피부를 담당하는 체감각피질을 조사하기 위해 Panfield처럼 직접 뇌에 전류를 가하는 방법을 사용하는 경우는 드물다. 뇌에 직접 전기를 자극하는 대신 특정 피부에 미세한 전기 자극을 주면서 MRI로 뇌활동을 기록하여 자극된 피부와 대응하여 활성화되는 뇌 영역을 찾는 비침습적 방법이 주로 쓰인다(Yang 등, 1993). Panfiled 시절에 1차 체감각 표상은 어린 시절 이후 고정된 것으로 여겨졌지만 오늘날의 시각은 다르다. 예를 들어, Elbert 등(1995)은 비침습적 방법을 사용하여 평균 10년 이상 바이올린, 첼로 또는 기타를 전문적으로 연주하는 음악인들의 손가락을 담당하는 체감계 피질을 살펴보았다. 현악기를 다룰 때 왼손의 손가락은 정교한 음을 내는 데 매우 중요한 기능을 한다. 연구 결과, 왼손의 손가락들을 맡고 있는 오른쪽 체감각 피질의 영역이 일반인보다 넓었지만, 오른손 손가락을 담당하는 영역은 이 음악인들도 일반인들과 차이가 없었다. 따라서 오랜 운동을 통해 1차 체감계 피질은 운동을 지원하도록 재조직(reorganization)되는 것처럼 보인다. 뇌는 신체 발달, 운동이나 사고 등으로 신체가 바뀜에 따라 끊임없이 업데이트될 필요가 있다.

자세 표상 1차 체감계를 이용해 모기가 오른쪽 어깨에 앉았다는 것을 알았다면 다음으로 왼손의 위치를 파악할 차례이다. 왼손의 위치는 보통 왼쪽 엉덩이 근처에 있지만, 늘 그런 것은 아니다. 다른 일로 인해 머리 위에 있을 수도 있고, 오른쪽 엉덩이 근처에 있을 수도 있다. 따라서 왼손으로 모기를 쫓는 적절한 동작을 취하기 위해서는 오른쪽 어깨를 기준으로 왼손의 상대적인 위치를 파악해야 하는데, 이렇게 신체기관들의 상대적인 위치를 파악하는 과정을 자세 표상(postural representation)이라고 한다. 여기서 눈치챌 수 있듯이 뇌는 특히 손과 다리처럼 자유롭게 움직이는 신체기관에 대해서는 실시간 상대적으로 위치를 알고 있어야 하는데, 이는 아직 완전히 이해되지 않고 있으며 추론적인 수준에 이해가 머물러 있다(Longo 등, 2010; Serino & Haggard, 2010). 더욱이 문제를 어렵게 하는 것은 자세 표상이 체감각만 아니라 시각과 청각 같은 다른 감각들과 복합적으로 일어날 수 있다는 점이다.

1장에서 소개하였듯이, 영국의 생리학자 Charles Sherrington(1906)은 자극의 원천을 기준으로 지각체계를 크게 3가지로 나누었다. 시각, 청각, 후각, 미각, 체감각 등을 자극한 외부 대상을 파악하는 과정으로 이를 외원지각(exteroception)이라고 한다(☞1장). 몸속에서 오는 갈증이나 배고픔 등의 신호를 통해 신체를 건강하게 유지할 수 있는데, 이렇게 몸속에서 오는 자극에 대

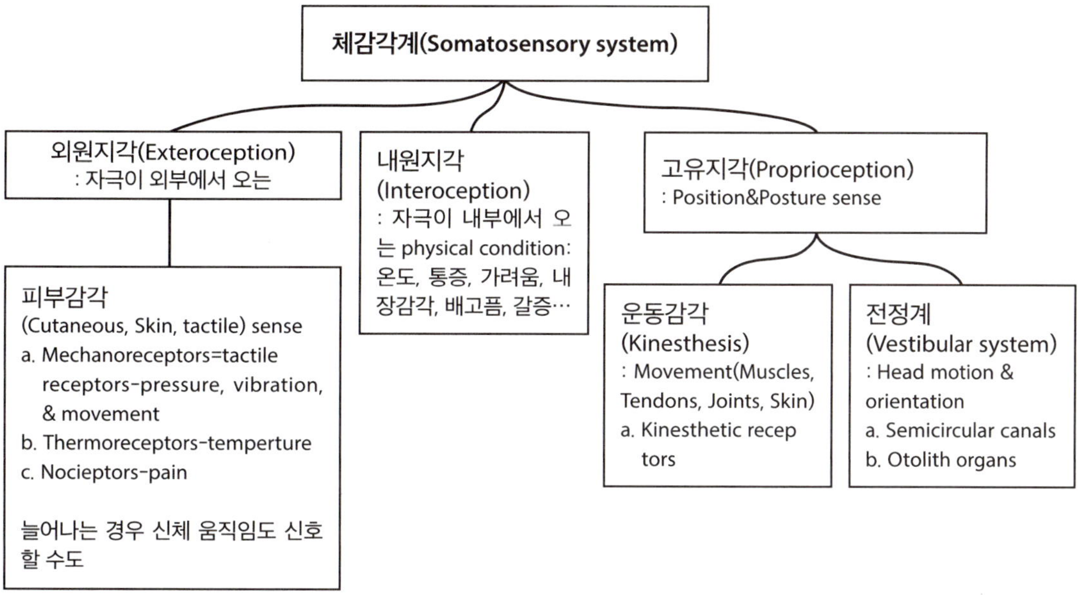

그림 13-5 체감각계의 분류.

한 감각을 내원지각(interoception)이라고 한다. 한편, 자기고유지각(proprioception) 또는 고유지각은 팔, 다리, 몸통, 머리 같은 신체 기관의 물리학적 특성들에 관한 정보가 뇌로 전달되어 자신의 움직임, 자세, 신체 기관의 위치, 무거운 정도, 근육의 노력 정도 등을 파악하는 과정이다. 역사적으로 고유지각의 분류는 학자에 따라 별도로 분류되기도 하고 체감각계로 분류되기도 하는데, 매우 복잡하기 때문이다. 그림 13-5는 고유지각을 체감각계로 분류했을 때를 보여 준다.

고유지각은 사람이 가만히 쉬고 있을 때도 일어나지만 동작을 취할 때 더 분명해지고 대체로 의식을 수반한다. 넓은 의미로 고유지각체계는 근육, 피부, 시각 등에서 오는 운동감각(Kinesthesis)과 귀 안쪽에 있는 전정계(Vestibular system)로 이뤄져 있는데, 일반적으로 고유지각을 근육 운동에서 오는 운동감각과만 짝지어 언급되는 경향이 있다. 이에 따라 운동감각은 근육감각으로 불리기도 한다. 고유감각 덕분에 신체 부분들이 어디에 있는지 계산되기 때문에 어둠 속에서도 자세와 균형을 유지할 수 있다. 고유감각 수용기들은 피부, 근육, 관절에 있는데, 나이가 들면서 이 수용기들이 둔감해져 노인들이 자세를 잘 잡지 못해 낙상의 위험이 생기는 이유 중 하나가 되기도 한다(Proske & Gandevia, 2012). 그림 13-6은 팔을 들어 올리고 내릴 때 팔의 위치를 알려주는 고유감각이 근육과 건에서 발생하는 모습을 보여 준다.

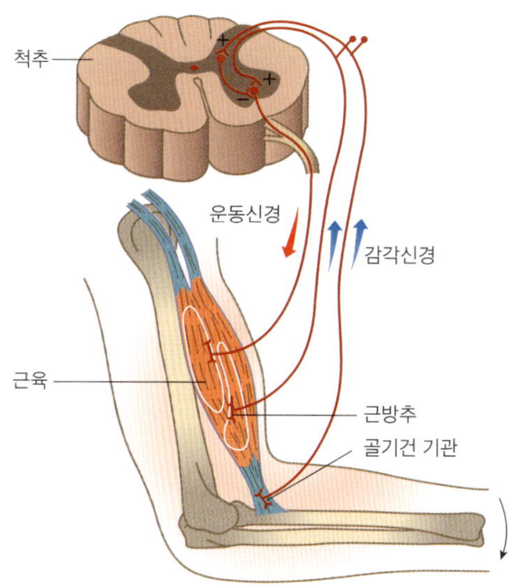

그림 13-6.
팔을 들어 올리고 내릴 때 팔의 위치 정보는 뼈에 연결된 근육과 건에서 온다(Proske & Gandevia, 2012).

고유지각을 외원지각 또는 내원지각으로 분류하지 않고 따로 분류하는 것도 일리가 있다. 사람이 스스로 허공에서 자세를 취할 때를 보면 자극이 내부에서 발생하므로 내원지각으로 볼 수 있지만, 계단을 내려갈 때처럼 계단의 높낮이가 자극되어 신체로 하여금 내려가는 자세를 유도하므로 외원지각으로도 볼 수 있기 때문이다. 그렇지만 몸의 자세 유지에 기여하는 감각이라는 기능의 면에서, 고유지각에 기여하는 것이 고유감각 수용기만은 아니다. 왜냐하면 우리는 촉각, 청각과 시각 등을 통해서도 자세를 유지할 수 있는 단서를 받기 때문이다. 눈을 감고 한쪽 발을 들고 균형을 잡을 때보다 눈을 뜨고 균형을 잡는 게 훨씬 쉬우며, 어둠 속에서 손가락 끝으로 의자 끝을 슬쩍 대는 것만으로도 이 일은 쉬워진다. 따라서 고유지각을 이해할 때 근육 단서에만 제한을 두지 말고 폭넓게 보아야 한다(Gibson, 1966).

몸 도식 착시: 고무 손 착시

Botvinick과 Cohen(1998)은 '고무 손 착시(rubber hand illusion)'를 보고하였다. 이 실험에서 참여자는 왼손을 테이블 위에 올리고 시선은 앞에 놓인 고무 손을 향하였다. 자기 손과 고무 손 사이에는 가림막이 있어 실제 자기 손은 보이지 않았다. 실험자는 페인트 붓 2개로 참여자의 실제 손과 고무 손의 등을 동시에 아래위로 쓸어내렸다. 이 실행이 10분 동안 이어졌고 참여자들은 무작위 순서로 제시된 9개의 질문에 7점 척도로 답을 하였다. (실제 손과 고무 손에 페인트 붓이 동시에 닿는 것이 중요하며, 고무 손의 색깔과 생김새가 실제 손과 비슷할수록 이 착시가 잘 일어난다.) 이 질문지에서 위 3개는 실험 질문이며, 나머지 6개는 비교하기 위한 통제 질문이었다. 실험 결과, 사람들은 실험 질문의 평균과 통제 질문의 평균에서 차이를 나타내었다.

자기 실제 손이 고무 손의 위치에 있는 것처럼 느낀다는 착시는 손의 위치를 알려주는 고유감각이 시각에 의해 영향을 받을 수 있음을 가리킨다. 또한 고무 손이 자기 손처럼 느껴지는 착시는 신체에 대한 자기-소유감(sense self-ownership)이 시각에 의해 영향을 받음을 가리킨다. 종합적으로 이 실험 결과들은 시각과 촉각이 뇌에서 통합되어 처리됨을 시사한다. 그렇다면 왜 자기고유감각이 시각에 영향을 받는 일이 발생할까? 이는 아마도 서로에게 방해보다는 이익이 되기 때문일 것이다. 즉, 일상생활에서 거의 언제나 시각이 전달하는 정보와 자기고유감각이 전달하는 정보는 일치한다. 예를 들어, 테이블 위에 놓인 커피잔을 손으로 집을 때 손끝이 컵에 닿았다는 느낌과 눈에서 볼 때 이 두 물체가 서로 닿았다는 정보는 일치한다. 만일 어느 한쪽의 정보가 환경의 방해에 따라 부족한 경우 서로의 결함을 메울 수 있을 것이다. 예를 들어, 안경을 벗거

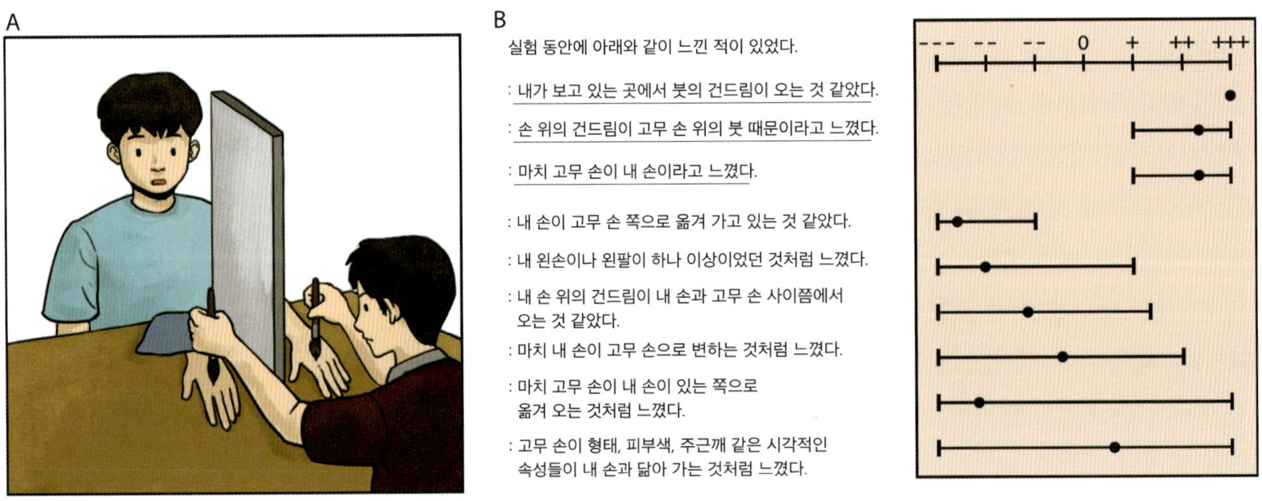

그림 13-7 고무 손 착시.

(A) 참여자의 왼손은 벽에 가려져 있고 참여자는 고무 손의 손등에 주의한다. 실험자는 고무 손과 참여자의 실제 손 위를 2개의 붓으로 쓰다듬듯 아래위로 드린다. (B) 9개의 질문(왼쪽)에 대한 각각의 반응(오른쪽). 밑줄 친 질문들은 모두 통계적으로 의미 있었으며 고무 손 착시와 직접 관련이 있다고 가정되는 것들이었다(---: 아주 아니다. +++: 아주 그렇다. 막대는 반응 분포이다).

나 연기로 인해 눈이 잘 보이지 않는 경우 촉각에 주로 의지해서 컵을 들 수 있고, 아이싱을 하여 손 감각이 무딘 경우 눈에 맺힌 정보에 의해 정확히 컵을 쥘 수 있을 것이다. 그러므로 뇌는 자기 신체의 위치는 자기고유감각만이 아닌 시각 등 하나 이상의 감각에 의해 명세화되는 길을 선택한 것처럼 보인다. 실제로 장애인이 의수 또는 의족을 오랫동안 사용하는 경우 이 물체들을 자신의 일부처럼 느끼거나, 정상인이 오랫동안 사용하는 도구 역시 자신의 일부로 느끼는 현상은 고무 손 착시를 일으키는 것과 비슷한 원인 때문일 것이다.

몸 도식 착시: 유체이탈

온몸이 통째로 실제 있는 위치에서 다른 곳으로 이동하는 느낌인 유체이탈 경험(out-of-body experience)은 카메라 장비를 이용하여 경험할 수 있다(Ehrsson, 2007; Lenggenhager 등, 2007). Ehrsson(2007)의 실험에서 참여자들은 의자 위에 앉아 있었고, 자신의 뒷모습을 실시간으로 찍고 있는 CCTV 카메라의 장면을 눈에 쓴 머리-장착 디스플레이를 통해 바라보았다(그림 13-8-A). CCTV 카메라는 입체로 장면을 참여자 두 눈으로 전송하여, 참여자는 3차원으로 장면을 구경할 수 있었다. 이때 어느 정도 뒤쪽의 카메라 위치에서 자신의 등을 바라보고 있는 것 같은 착각을 느끼고, 자신의 몸도 뒤에 있는 것처럼 느낀다. 이 착시를 좀 더 분명히 하려고, 실험자는 참여자의 가슴과 CCTV 카메라가 놓인 위치의 허공을 막대기로 톡톡 건드렸다. 참여자의 디스플레이에는 실험자의 오른손은 자신의 몸통에 가려져 보이지 않았지만 왼손과 막대의 모습은 보였다(☞YouTube: Illusion of out-of-body experience). 막대기로 가슴을 건드리는 타이밍은 동시 또는 시간차를 조금 두어 비동시로 달랐다. 2분 정도 동시 조건과 비동시 조건 시행이 각각 이어졌고, 고무 손 착시에서 사용되었던 것과 비슷한 질문 10개에 참여자들은 자신의 경험 세기를 7점 척도로 표시하였다. 그 결과, 참여자들은 비동시 조건에서보다 동시 조건에서 자신이 앉아 있는 위치가 카메라의 위치로 이동한 것 같은 착시를 더 강하게 경험하였다. 또한, 좀 더 객관적인 증거를 얻기 위해 참여자의 손가락의 피부 전도율을 측정하였다. 참여자가 카메라 위치에 있다고 착각을 일으킬 때 실험자가 망치로 카메라 위치의 허공에 내려치자 피부 전도율은 착각을 덜 일으키는 조건에 비해 크게 변하였다. 피부 전도율은 몸이 긴장할 때 증가하는데, 망치로 위협을 당했다고 지각한다면 피부 전도율이 증가할 것이다. 이 실험 결과들은 시각 정보와 촉각 정보의 교차 감각에 의해 자신의 위치에 대한 지각에 영향을 받을 수 있음을 시사한다는 점에서 고무 손 착시와 비슷하다.

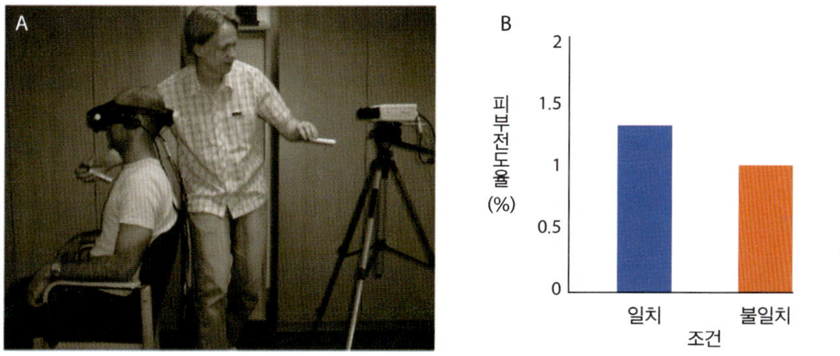

그림 13-8 유체이탈 유도 실험과 결과(Ehrsson, 2007).

몸 이미지

Meltzoff와 Moore(1977)는 신생아들이 어른의 얼굴 움직임을 잘 따라 하는지를 살펴보았다. 태어난 지 20일도 채 되지 않은 신생아들은 실험자가 혀 내밀기, 입 벌리기, 입술 내밀기 등을 했을 때, 같은 행동을 더 자주 따라 하였다(그림 13-9). 이후 연구자들은 태어난 지 몇 시간도 안 되는 신생아도 이런 얼굴 모방 행동을 할 수 있다는 사실을 밝혔다.

신생아가 어른의 얼굴을 보고서 혀를 내미는 능력에서, 자신의 얼굴을 거울로 본 적도 없는 아기가 어떻게 상대의 혀와 자신의 혀가 같은 기관인지 알 수 있을까? 직관적으로 아기는 자신이 바라본 어른의 얼굴과 태어날 때부터 가지고 있던 자신의 얼굴 도식과 대응시키는 능력이 있는 것처럼 보인다. 얼굴 도식(face schema)이란 자신의 얼굴 각 부분에 대한 뇌의 표상 또는 지도를 뜻한다. 상대의 얼굴을 보고 얼굴 도식에서 자신의 얼굴과 대응되는 부분을 찾는 일이 필요하다. 또한 자신의 얼굴 대응이 일어난 후에 상대의 얼굴 움직임을 똑같이 따라 할 수 있다는 것은 얼굴 도식으로, 얼굴을 움직이는 데 쓰이는 동작 도식(action schema)과 같거나 똑같은 복사물로 추정된다. 즉, 시각적으로 파악된 얼굴과 동작으로 일어나는 얼굴 움직임은 같은 도식을 사용했을 것으로 추론된다. 거울신경은 이 과정에서 중요한 역할을 하는 것으로 추정된다(☞샛길 3). 따라서 특정 얼굴 움직임을 보는 순간 얼굴 도식이 활성화되어 그에 따는 동작이 자동적으로 나왔을 것이다. 같은 실험에서, 신생아는 실험자의 손가락 움직임도 잘 따라 했는데, 이는 얼굴만이 아니라 다른 신체 기관에 대해서도 최소한의 지도를 가지고 태어나는 것처럼 보인다.

갓 태어난 아이가 어른을 보고 간단한 동작을 따라 한다고 해서 자신을 알고 있다고 할 수 있을까? 이는 다루기 까다로운 문제로, 자기를 어떻게 정의하느냐에 따라 답이 달라질 수 있다. 만일 자기라는 개념을 신체의 자동적인 반사에 제한한다면 태어나자마자 자신을 안다고 할 수 있을 것이다. 즉, 엄마 젖을 빨 때 아기는 입을 엄마 젖을 향해 움직이는데 자신의 신체를 움직이는 것이므로 자신을 안다고 할 수 있을 것이다. 하지만 의식적으로 자신의 대해 아는 것을 자기라고 폭넓게 정의한다면 자기를 아는 일은 좀 더 발달이 필요하다. 예를 들어, 유아는 5개월은 되어야 자신의 걸음걸이를 타인의 걸음걸이와 구분 가능하다(Bahrick & Watson, 1985). 또한 엄마가 아기 얼굴에 몰래 립스틱을 묻히고 거울을 보여 주었을 때 적어도 18개월은 되어야 자기 얼굴에 무엇인가 묻었음을 안다는 듯한 행동을 보일 수 있다(Amsterdam, 1972). 즉, 의식적으로 자신을 아는 것은 상당한 심리적 발달이 필요함을 시사한다(☞YouTube: rouge test).

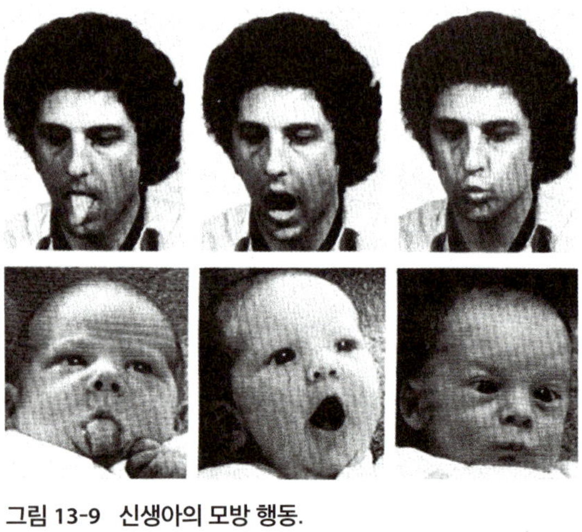

그림 13-9 신생아의 모방 행동.
신생아는 성인의 간단한 얼굴의 부분 움직임을 따라할 수 있다(Meltzoff & Moore, 1977). 그림 1-15는 태어난 지 5일째인 우리나라 아기의 예이다

더욱이 시선을 넓혀 성인에 대해 고찰해 볼 때, 우리는 우리 자신의 얼굴이나 몸의 물리적 특징에 대해 잘 알고 있으며, 심지어 가치 판단을 하곤 한다. 예를 들어, '턱이 각이 졌다, 코가 낮다, 살이 쪘다, 다리가 짧다.' 등의 판단을 함과 동시에 '못생겼다, 이성에게 매력이 없을 것이다'와 같은 평가를 하기도 한다. 그러므로 자기 신체에 대한 자기라는 개념은 인생 전반에 걸쳐 서서히

샛길 3 거울신경

Di Pellegrino 등(1992)은 원숭이 뇌에서 동작에 관여하는 영역인 F5에 있는 신경들의 활동을 측정하였다. 이 영역은 사람의 전운동피질(premotor cortex)에 해당하는데, 여기에 있는 신경들은 어떤 동작을 할 때 관여한다. 이 연구자들은 먼저 이곳의 신경들이 원숭이가 스스로 손으로 땅콩 같은 물체를 집을 때 활성화하는 것을 확인하였다. 흥미롭게도 원숭이의 실제 손은 가만히 있음에도 이 신경 가운데 많은 신경이 실험자가 종이 위에 땅콩을 집는 손을 보기만 해도 활성화되는 이양식 신경들이었다. 즉, 손으로 하는 특정 동작을 스스로 할 때와 이 동작을 하는 타인의 손을 구분하지 못하는 것처럼 보였다. 몇 년 후 같은 실험실에서, 타인의 손동작이 눈으로 보여야만 이 신경들이 스스로 같은 손동작을 할 때처럼 활성화되는지를 살펴보았다(Umilta 등, 2001). 이를 위해 원숭이의 비슷한 영역에 있는 신경들이 스스로 책상 위에 있는 물건을 집을 때 활성화되는지를 먼저 확인하였고, 그다음으로 같은 동작을 실험자가 하되 이 모습이 완전히 보일 때와 물건을 집는 마지막 부분이 가림막으로 가려져 있는 경우 신경들의 활성화를 비교해 보았다. 실험 결과, 손이 완전히 보일 때와 일부분이 가려져 있을 때 신경의 활성화 정도는 비슷하였다. 즉, 손이 부분적으로 보이지 않아도 원숭이는 마치 보는 것처럼 뇌의 일부분 신경들은 비슷하게 활성화되었다. 따라서 손동작의 의미를 이해하고 추정하는 것으로 해석될 수 있다. 이 현상은 물체 일부분이 또는 잠시나마 전체가 책상이나 의자 등에 가려져 있다고 해도 물체가 존재한다는 시각적 완성의 동작 버전으로 볼 수 있다.

오늘날 이 세포들은 거울신경(mirror neurons)이라고 불린다. 사람의 뇌를 직접 관찰하기 어려워 fMRI, TMS, MEG와 같은 뇌활동을 측정하는 장비들의 도움으로 거울신경의 분포를 확인하였다. 여기에는 언어 처리를 맡고 있는 브로카 영역을 포함하는 배측 전운동피질(ventral premotor cortex), 후두정피질(posterior parietal cortex) 등이 포함된다. 또한 뇌수술을 앞둔 환자 21명의 동의를 구해 손동작을 할 때와 같은 손동작을 하는 타인을 볼 때 활성화되는 신경들을 확인하였다(Mukamel 등, 2010). 인간의 경우 동작 수행과 동작 관찰에 동시에 활동을 보이는 신경이 뇌 전 영역에 넓게 분포되어 있고, 어떤 네트워크를 이루면서 활동하는 것처럼 보이는데, 이를 거울신경체계(mirror neuron system)라고 부른다. 거울신경체계는 타인의 동작을 이해하고 같은 동작을 따라 하는 모방 동작에 중요한 역할을 한다고 제안된다. 예를 들어, 대화할 때 상대가 웃는다면 그 의미를 이해하고 자신도 따라 웃을 수 있어야 원활한 사회활동을 할 것이다. 만일 이를 적절히 수행하지 못한다면 대화는 길게 이어지지 못할 것이다.

발달하는 것으로 볼 수 있다. 이렇게 자기 신체의 외모에 대한 지각과 미적·성적 매력에 대한 믿음을 몸 이미지(body image)라고 하며 몸 도식과 비교된다(☞표 13-1).

신체 매력

몸 이미지는 지각과 평가만으로 끝나지 않고 정서적으로 위축되게 할 수도 있다. 부정적 몸 이미지는 자신의 몸이 다른 사람들에 비해 현저히 못나서 부끄러워하거나 정서 불안으로 이어지기도 한다. 심한 경우 잦은 성형수술과 거식, 폭식으로 이어지기도 한다. 반면, 긍정적 몸 이미지는 자신의 몸을 현실적으로 바라보는 것을 말하며, 자기의 몸을 수용함으로써 편안함을 느낀다. 또한 사람들은 자신의 얼굴을 다른 사람이 평가하는 것보다 조금 더 매력적이라고 생각하는 경향이 있다(Epley & Whitchurch, 2008).

이제 자신의 몸에 대한 스스로 평가에 대해 생각해 보자. 나이와 성별에 따라 몸에 지방이 쌓이는 양상이 다르다. 사춘기가 지나면서 성호르몬 분비가 증가하는데, 남성 호르몬인 테스토스테론은 복부에 지방이 쌓이도록 촉진하고 엉덩이 쪽에는 억제한다. 반면, 여성 호르몬인 에스트로겐은 복부 지방은 억제하고 엉덩이 지방을 증가시킨다. 이에 따라 사춘기가 지나면서 남성은 복부가, 여성은 엉덩이에 지방이 쌓이게 된다. 여성이 남성보다 상대적으로 허리가 잘록해지게 된다. 허리-엉덩이 비율(WHR: waist-to-hip ratio) 또는 복부 지방률이란 허리둘레를 엉덩이 둘레로 나눈 값이다. 만일 허리둘레가 45cm인 사람의 엉덩이가 60cm라면 45/60 = .75가 된다. 흔

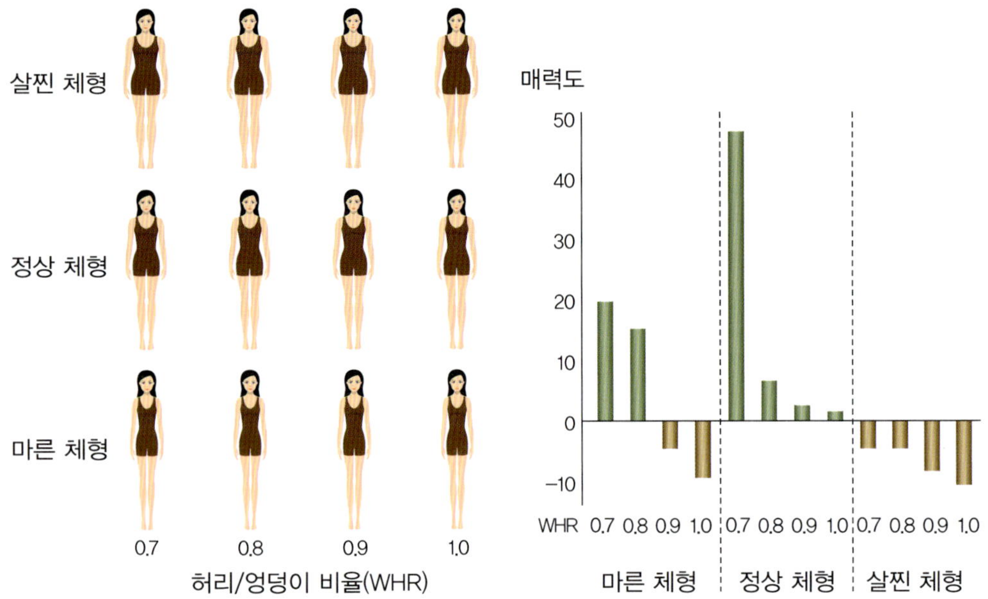

그림 13-10 실험에 사용된 그림과 매력도. 체형에 따른 허리/엉덩이 비율이 다르게 표현되었다.

히 여성의 허리/엉덩이 비율이 남성보다 더 낮은 값을 보인다. 그런데 여성의 경우 낮은 허리/엉덩이 비율이 2세 생산 능력 또는 건강과 정적인 상관이 있는 것으로 알려져 있다. 따라서 낮은 허리/엉덩이 비율은 우세한 유전자를 알리는 신호가 될 수 있다. 진화론적 관점에서 여성과 남성의 신체 매력은 우세한 유전자를 알리는 신호에 대한 선호라고 설명한다(Thornhill & Grammer, 1999; Hönekopp 등, 2007). 그렇다면 정말로 허리/엉덩이 비율은 매력과 관련이 있을까?

Singh(1993)는 3개의 연구를 통해 낮은 허리/엉덩이 비율의 여성이 남성에게 선호된다는 증거를 찾았다. 첫 번째 연구에서, 미스아메리카에 뽑힌 여성들과 *플레이보이* 잡지에서 주요 모델의 허리/엉덩이 비율이 0.68~0.72였다(1971~2010년의 미스코리아 진의 허리/엉덩이 비율은 0.7이다). 일반 여성들의 허리-엉덩이 비율은 이보다 높다는 점을 고려하면 낮은 허리/엉덩이 비율의 여성이 매력적으로 평가됨을 시사한다. 두 번째와 세 번째 연구에서, 체중과 허리/엉덩이 비율이 담긴 여성의 체형이 그림 자극으로 이용되었다(그림 13-10). 20대부터 50대에 이르는 남성들이 참여하였고, 12장의 그림을 보고 매력 있는 여성을 순서대로 나열하도록 하였다. 이와 함께 매력적/섹시, 건강한, 젊어 보이는, 아이를 갖고 싶은, 아이를 더 잘 낳을 것 같은 등의 평가를 위해 가장 높은 순으로 위에서 세 장을, 가장 낮은 순으로 아래서 세 장을 고르도록 하였다. 실험 결과, 체중에 따른 세 집단 모두에서 허리/엉덩이 비율이 낮을수록 더 매력적으로 평가되었으며, 정상 체형, 마른 체형, 살찐 체형 순으로 높은 평가를 받았다. 이 평가는 나이와 관계없이 모든 연령의 남성에게서 비슷하였다.

이 연구에 쓰인 여성의 체형 자극이 실제 신체를 잘 반영하지 못했다고 비판할 수도 있다. 그렇지만 다른 연구에서 사실적인 그림으로 좀 더 정교한 실험을 하였는데, 결과는 비슷하였다(Kościński, 2014). 위 연구에서 허리/엉덩이 비율이 주요한 요인으로 평가되었지만, 체중 역시 매력 평가에 중요한 시각 단서일 수 있다는 사실이 보고되었다. 따라서 체중이 반영된 신체 지수 역시 매력에 어떻게 영향을 주는지 관심을 끈다. 한편, 남자의 경우 다리의 길이가 신체 매력에 중요하게 작용하는 것으로 조사되었다(Versluys 등, 2018).

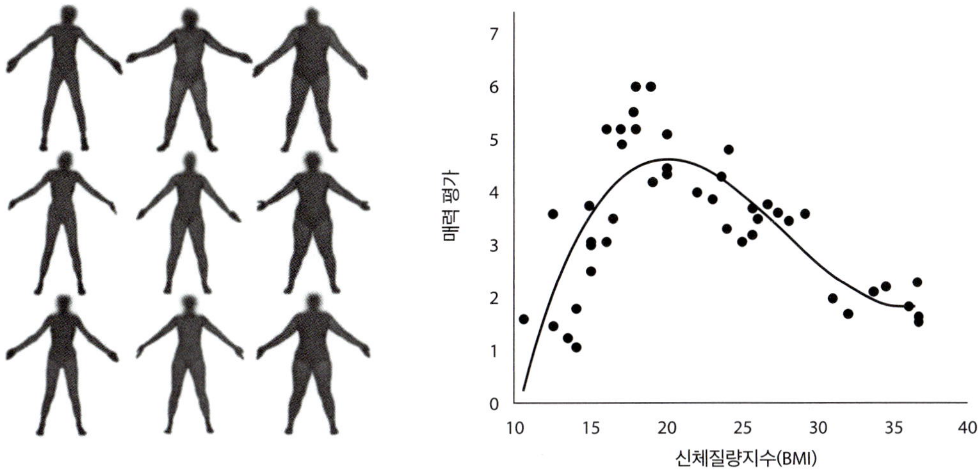

그림 13-11.
(왼쪽) 실험에 쓰인 자극의 예. 세로 열에서 위에서부터 아래로 허리/엉덩이 비율이 낮아지고 신체질량지수는 동일하다. 각 가로 열에서 왼쪽에서 오른쪽으로 신체질량지수는 증가하는 대신 허리/엉덩이 비율은 일정하다. (오른쪽) 실험 결과.

신체질량지수(BMI: body mass index)는 체중(kg)을 키(m)의 제곱으로 나눈 값이다. 만일 체중이 60kg인 사람의 키가 175cm라면 1.75m로 환산되어 60/(1.75×1.75) = 19.6 정도이다. 신체질량지수 역시 건강과 2세 생산에 중요한 요인으로 알려져 있다. Tovée 등(1999)의 연구에서, 신체질량지수가 다른 여성들의 앞모습이 남성들에게 얼마나 매력적인지 평가되었다. 여성들은 신체질량지수에 따라 5가지로 범주로 나뉘었다. 즉 아주 마른 형(15 이하), 약간 마른 형(15~19), 정상형(20~24), 조금 살찐 형(25~30), 비만형(35 이상)이다. 정상형은 매우 건강한 체형으로 많은 빈도를 의미하지 않으며, 오히려 빈도가 낮다. 이와 함께 각 범주에는 허리/엉덩이 비율이 0.68~0.98에 속하는 체형이 골고루 들어 있었다. 각 범주에 속하는 여성들은 몸에 착 달라붙는 옷을 입고 카메라 앞에 같은 포즈로 서서 얼굴을 가린 채 고해상도 사진을 찍었다. 이렇게 각 범주에 속하는 여성 10명씩 모두 50명의 체형 사진이 천연색으로 마련되었다. 그림 13-11은 이 중 몇 개를 보여 준다. 참여자들은 50장을 무작위 순서로 먼저 훑어보았다. 두 번째로 보았을 때 모든 사진에 10점 척도로 평가하였는데, 매력이 작은 수준부터 높은 수준까지 0~9점까지 부여하였다. 이 연구에는 평균 나이 20.8세의 남자 대학생이 참여하였다.

연구 결과, 신체질량지수와 허리/엉덩이 비율 모두 매력과 관련이 있었다. 신체질량지수와 매력의 관계는 비선형적이어서 18~19를 중심으로 이를 벗어날수록 매력이 감소하였다. 반면, 허리/엉덩이 비율은 낮을수록 매력이 높은 것으로 나타났다. 흥미롭게도 두 요인을 모두 통계적으로 검토했을 때 신체질량지수가 허리/엉덩이 비율보다 매력을 예측하는 데 압도적이었다. 즉, 남성들은 허리/엉덩이 비율보다 키와 체중의 관계를 매력 요인으로 우선 고려하는 것으로 보인다. 연구자들은 허리/엉덩이 비율보다 신체질량지수가 건강과 출산에 더 깊은 관련이 있다는 의학 연구들을 살펴볼 때 이 연구 결과는 진화론적인 설명과 부합하는 것이라고 설명하였다.

신체 매력의 논쟁

앞에서 여성의 허리/엉덩이 비율과 신체질량지수가 남성에게 매력을 판단하는 데 주요 요인임을 살펴보았다. 그렇지만 이 두 요인에 대한 가장 높은 매력을 일으키는 최적의 수치가 문화마다 다를 수 있다는 여러 증거가 있다. 예를 들어, 서구 문화의 영향을 거의 받지 않은 페루의 Matsigenka 남자들은 허리/엉덩이 비율이 높은 여자에게 더 매력을 느낀다(Douglas & Shepard, 1998). 아프리카 Zulu족 남자들은 영국 남자들과 달리 신체질량지수가 높은 여성을 더 매력적으로 보았다(Tovée 등, 2006). Matsigenka 문화와 Zulu 문화에서는 식량과 같은 자원이 충분하지 않으며, 이 경우 매력적으로 평가되는 허리/엉덩이 비율과 신체질량지수는 서양 문화의 맥락과 다를 수 있다. 흥미롭게도 이 두 연구에서 같은 부족이라도 고향을 떠나 서양 문화의 접근이 가능한 지역으로 이주한 남자들이 매력적으로 느끼는 여성의 체형은 서양의 남자 쪽에 가까운 것으로 알려져 있다.

한편, 같은 문화권의 남자들일지라도 사는 지역에 따라 선호하는 여성의 체형이 다른 것으로 조사되었다. 타이에서는 도심지에 사는 남자들에 비해 시골 산간 지방에 사는 남자들이 허리/엉덩이 비율과 신체질량지수가 높은 여성을 더 매력 있다고 평가하였다(Swami & Tovée, 2007). 심지어 배고픈 남자들은 배부른 남자들에 비해 허리/엉덩이 비율과 신체질량지수가 높은 여성을 더 매력 있다고 평가한다(Swami & Tovée, 2006). 이러한 여성 체형에 대한 남성의 매력 평가에서 보이는 문화 차이는 사람들이 처한 사회 환경 역시 매력 평가에 중요한 요인임을 시사한다.

동물 사회에서 짝짓기는 종족을 알아보는 것 이상으로 복잡하고 정밀한 과정을 거친다. 그런데 짝짓기를 할 때 좋은 상대를 고르는 기준은 2세를 잘 출산할 수 있느냐 하는 단순한 문제로 귀결된다. 즉, 건강의 신호가 외모, 소리, 냄새, 움직임에 잘 드러나 있다면 선택받을 가능성이 클 것이다. 한편, 인간 사회의 경우 이 문제는 엄청나게 복잡하다. 단지 상대의 건강만 아니라 결혼생활이 장기간에 일어나는 것으로서 좀 더 장기적인 요인들이 짝 선택에 개입된다. 여기에는 성격, 지능, 학벌, 수입, 능력, 부모의 재력 같은 것들이 있다.

여기서 신체 매력에 관한 Fredrickson과 Roberts(1997)의 물체화 이론에 귀 기울일 필요가 있다. **물체화/대상화**(objectification)는 신체와 마음으로 이뤄진 인간을 신체를 따로 떼어 마치 객관적 물체처럼 가치적으로 평가함을 뜻하는데, 특히 여성의 신체에 대한 사회적 시선을 의미한

샛길 4 **물체화 이론**

Fredrickson과 Roberts(1997)에 따르면 인간 사회에서 권력과 힘이 남성에게 편중되어 여성은 남성의 시선에 민감해질 수밖에 없다고 제안한다. 길을 걷다가 여성 신체에 대한 남성의 시선 스캔, 광고에서의 노골적인 여성의 아름다움에 대한 기준 제시, 영화, 드라마, 잡지에서의 여성의 아름다움에 대한 은밀한 기준 제시 등을 경험하면서 여성은 아름다움에 대한 남성 또는 사회의 기준을 습관적으로 내면화한다. 여성은 자기 신체가 사회의 이상적인 기준과 맞지 않으면 부끄러움과 불안 수준이 높아지고, 이는 다시 우울장애, 섭식 장애, 절정 경험의 부재, 성-역기능 등 부적응적인 행동으로 이어질 가능성이 크다. 여성은 늘 일정한 정도의 주의 자원을 자신의 신체 감독에 할당하기 때문에 어떤 일에 몰입하기 어려워 삶의 긍정감이 떨어지며, 배고픔과 같은 내적 신호에 둔감해져 건강을 해칠 수도 있다. 그렇지만 만일 여성이 이 사회적 압력에서 벗어나고 자기에게 더 집중한다면 삶의 질이 높아질 수도 있는데, 50대 여성이 가장 충만한 삶을 보고하는 결과를 설명한다. 자기 신체의 물체화 습관에서 벗어나는 방법으로는 방송에서 볼 수 있는 예쁜 몸매의 기준에 덜 노출되는 것, 교육을 통해 물체화의 본질을 이해하는 것, 그리고 체육 활동을 통해 신체를 평가의 대상이 아닌 기능으로 보는 노력을 기울이는 것 등이 제안된다.

다. 물체화 이론은 여성 신체의 의미를 생물학적인 관점을 넘어 사회문화적 관점에서 설명하려는 시도이다(☞샛길 4). 이 이론은 과격하게 들리는 면이 있지만, 한국 사회에 부는 서구식 미의 기준을 따르려는 사회 현상들을 생각하면 고개가 끄덕인다.

로봇의 자기 지각

최근 로봇에 '자기의식'과 비슷한 개념을 적용하려는 노력이 계속되고 있다. 이러한 노력은 로봇이 일 처리를 좀 더 현명하게 할 수 있도록 하기 위해서이다. 첫째, 신체적 수준의 자기에 대해, Saegusa 등(2014)의 연구에서, 로봇은 머리에 달린 카메라 시스템을 이용해 자신의 팔 위치를 실시간으로 탐지하여 모터에 반영할 수 있다. 그뿐만 아니라 사람이 테이블에 놓인 컵을 쥐고 떨어뜨리는 동작을 시범했을 때, 이 로봇은 이를 해석하여 자신의 팔을 이용해 이 동작을 정확히 따라 할 수도 있었다. 이 시범들은 로봇이 최소한의 몸 도식을 표상할 수 있음을 뜻한다.

둘째, 로봇의 자기 개념을 인지적인 수준에서 이해하려는 연구들이 있었다. Jun Tani는 대표적인 연구자이다. 1998년 연구에서, 그의 로봇은 바퀴를 굴려 시계 방향으로 복도를 계속해서 돌아다녔다(그림 13-12). 주어진 과제는 2가지이다. 왼쪽에 보이는 벽을 계속 따라다니는 것과 길 한복판에 놓인 물체를 탐지하는 것이었다. 로봇의 머리에 달린 카메라 시스템은 로봇 주변의 환경과 자신의 위치를 명세하였다. 이 과제들은 로봇이 하기엔 엄청나게 어려운 일이다! 먼저, 로봇의 위치에 따라 벽과 물체의 이미지가 다르고, 움직일 수 있는 복도의 상황도 다르므로 이를 파악하고 적절히 움직여야 한다. 그런데 컴퓨터의 처리 자원은 제한되어 있으므로 시각처리와 동작처리를 동시에 수행하기 어려운 순간이 많았다. 다행히 이 로봇은 순환신경망(RNN: recurrent neural network)을 이용한 학습 능력이 있었는데, 이 구성에는 과거 경험이 축적되어 이 자료를 문제 상황을 이해하는 데 이용한다. 그 결과 로봇이 점진적으로 과제를 수행하는 게 부드러워졌다.

만일 로봇은 과제가 제대로 수행되지 않거나 시간 지연이 생기면 문제 상황이라고 판단하고 현재의 수행 방식을 중단하고 다른 식으로 수행을 시도하는데 길 찾기 임무가 부드러운 방법을 찾을 때까지 계속한다. Tani는 이렇게 환경/신체 정보의 상향적 처리와 임무를 수행하라는 하향적 명령이 갈등을 일으킬 때 로봇에 일종의 '자기의식'이 발생한다고 제안한다. Tani의 제안은 거창하지 않지만, 로봇이 스스로 문제 상황을 파악하고 새로운 시도를 해 본다는 점에서 인

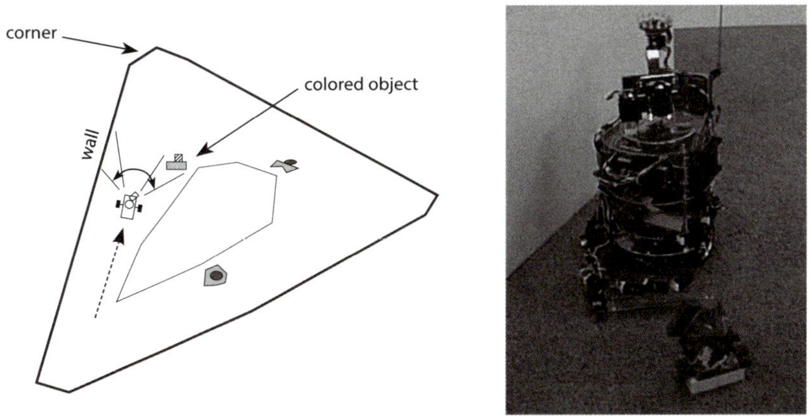

그림 13-12.
로봇은 바퀴를 굴려 벽을 따라 복도를 계속 돌면서 물체를 탐지한다(Tani, 1998).

간의 자기 또는 의식의 목적과 다를 게 없다. 이 제안은 일상생활에서 우리 경험과 비슷하다. 일이 잘 풀릴 때는 자신을 돌아볼 시간도 없는데 일이 잘 풀리지 않을 때는 비로소 사는 게 무엇인지, 나는 누구인가에 대해 고민하게 된다.

정리

생태적 자기는 지각에 의해 즉각적으로 자신이 지금 여기에 있다는 인상이다. 몸 도식은 자신의 신체 위치에 대한 표상으로 고유지각만이 아니라 체감각과 시각에 의해서도 영향을 받는 매우 복잡한 개념이다. 자신의 신체 주변은 뇌에서 특별한 관심을 받는다. 몸 이미지는 자신의 신체에 대한 지각과 평가이며, 사회문화적 압력에도 영향을 받는다. 적절한 몸 도식과 몸 이미지의 유지는 건강한 삶에 매우 중요하다. 자신이 행한 동작이 자신의 것이라는 느낌은 뇌에서 만들어진 것이라는 제안이 있으며, 세계를 안정되게 지각하는 데 도움이 된다. 거울신경체계는 타인의 동작을 모방하고 이해하는 데 도움을 준다.

더 읽어 보기

고유지각에 관한 생리학적 개관은 Proske와 Gandevia(2012)를 보라. 도구 사용에 따른 몸 도식 확장에 대한 신경심리학적 개관은 Maravita와 Iriki(2004)를 보라. 내원지각에 대한 신경과학적 개관은 Craig(2002)를 보라. 얼굴 표정과 감정의 관계를 몸-기반 인지의 관점으로 살펴보고 싶으면 Niedenthal(2007)을 보라. 자동증에 대한 폭넓은 개관은 Moors와 De Houwer(2006)를 보라. 의도적 동작에 대한 행동과학적 개관은 Haggard(2005)를 보라. 의도적 동작에 대한 신경과학적 이해는 Haggard(2008)를 보라. 자기에 대한 신경과학적 이해는 Northoff 등(2006)의 메타 연구를 보라. 신체의 시각적 처리에 대해서는 Downing 등(2001)을 보라.

| 참고문헌 |

Amsterdam, B. (1972). Mirror self-image reactions before age two. *Developmental Psychobiology, 5*(4), 297-305.

Bahrick, L. E. & Watson, J. S. (1985). Detection of intermodal proprioceptive-visual contingency as a potential basis of self-perception in infancy. *Developmental Psychology, 21*(6), 963.

Blakemore, S. J., Wolpert, D., & Frith, C. (2000). Why can't you tickle yourself? *Neuroreport, 11*(11), R11-R16.

Botvinick, M. & Cohen, J. (1998). Rubber hands 'feel' touch that eyes see. *Nature, 391*(6669), 756.

Cardinali, L., Frassinetti, F., Brozzoli, C., Urquizar, C., Roy, A. C., & Farnè, A. (2009). Tool-use induces morphological updating of the body schema. *Current Biology, 19*(12), R478-R479.

Craig, A. D. (2002). How do you feel? Interoception: the sense of the physiological condition of the body. *Nature Reviews Neuroscience, 3*(8), 655-666.

Damasio, A. (1999). *The Feeling of What Happens: Body and Emotion in the Making of Consciousness*. Houghton Mifflin Harcourt.

Di Pellegrino, G., Fadiga, L., Fogassi, L., Gallese, V., & Rizzolatti, G. (1992). Understanding motor events: a neurophysiological study. *Experimental Brain Research, 91*(1), 176-180.

Douglas, W. Y. & Shepard, G. H. (1998). Is beauty in the eye of the beholder? *Nature, 396*(6709), 321-322.

Downing, P. E., Jiang, Y., Shuman, M. & Kanwisher, N. (2001). A cortical area selective for visual processing of the human body. *Science, 293*, 2470-2473.

Ehrsson, H. H. (2007). The experimental induction of out-of-body experiences. *Science, 317*(5841), 1048.

Elbert, T., Pantev, C., Wienbruch, C., Rockstroh, B., & Taub, E. (1995). Increased cortical representation of the fingers of the left hand in string players. *Science, 270*(5234), 305.

Epley, N. & Whitchurch, E. (2008). Mirror, mirror on the wall: Enhancement in self-recognition. *Personality and Social Psychology Bulletin, 34*(9), 1159-1170.

Fredrickson, B. L. & Roberts, T. A. (1997). Objectification theory. *Psychology of Women Quarterly, 21*(2), 173-206.

Fried, I., Mukamel, R., & Kreiman, G. (2011). Internally generated preactivation of single neurons in human medial frontal cortex predicts volition. *Neuron, 69*(3), 548-562.

Gallagher, S. (2000). Philosophical conceptions of the self: implications for cognitive science. *Trends in Cognitive Sciences, 4*(1), 14-21.

Gibson, J. J. (1950). *The Perception of the Visual World*. Boston: Houghton Mifflin.

Gibson, J. J. (1966). *The Senses Considered as Perceptual Systems*. Boston: Houghton Mifflin.

Gibson, J. J. (1979). *The Ecological Approach to Visual Perception*. Boston: Houghton Mifflin.

Haggard, P. (2005). Conscious intention and motor cognition. *Trends in Cognitive Sciences, 9*(6), 290-295.

Haggard, P. (2008). Human volition: towards a neuroscience of will. *Nature Reviews Neuroscience, 9*(12), 934-946.

Hönekopp, J., Rudolph, U., Beier, L., Liebert, A., & Müller, C. (2007). Physical attractiveness of face and body as indicators of physical fitness in men. *Evolution and Human Behavior, 28*(2), 106-111.

Kafka, F. (1915). *Die Verwandlung*. Leipzig: Kurt Wolff.

Kościński, K. (2014). Assessment of waist-to-hip ratio attractiveness in women: an anthropometric analysis of digital silhouettes. *Archives of Sexual Behavior, 43*(5), 989-997.

Lenggenhager, B., Tadi, T., Metzinger, T., & Blanke, O. (2007). Video ergo sum: manipulating bodily self-consciousness. *Science, 317*(5841), 1096-1099.

Libet, B. (1985). Unconscious cerebral initiative and the role of conscious will in voluntary action. *Behavioral and Brain Sciences, 8*(4), 529-539.

Libet, B., Gleason, C. A., Wright, E. W., & Pearl, D. K. (1983). Time of conscious intention to act in relation to onset of cerebral activity (readiness-potential) the unconscious initiation of a freely voluntary act. *Brain, 106*(3), 623-642.

Longo, M. R., Azanon, E., & Haggard, P. (2010). More than skin skip: Body representation beyond primary somatosensory cortex. *Neuropsychologia, 48*, 655-668.

Maravita, A. & Iriki, A. (2004). Tools for the body (schema). *Trends in Cognitive Sciences, 8*(2), 79-86.

Meltzoff, A. N. & Moore, M. K. (1977). Imitation of facial and manual gestures by human neonates. *Science, 198*, 75-78.

Moors, A. & De Houwer, J. (2006). Automaticity: a theoretical and conceptual analysis. *Psychological Bulletin, 132*(2), 297.

Mukamel, R., Ekstrom, A. D., Kaplan, J., Iacoboni, M., & Fried, I. (2010). Single-neuron responses in humans during execution and observation of actions. *Current Biology, 20*(8), 750-756.

Neisser, U. (1988). Five kinds of self-knowledge. *Philosophical Psychology, 1*(1), 35-59.

Niedenthal, P. M. (2007). Embodying emotion. *Science, 316* (5827), 1002-1005.

Northoff, G., Heinzel, A., De Greck, M., Bermpohl, F., Dobrowolny, H., & Panksepp, J. (2006). Self-referential processing in our brain—a meta-analysis of imaging studies on the self. *Neuroimage, 31*(1), 440-457.

Penfield, W. & Jasper, H. (1954). *Epilepsy and the Functional Anatomy of the Human Brain*. Boston: Little, Brown.

Proske, U. & Gandevia, S. C. (2012). The proprioceptive senses: their roles in signaling body shape, body position and movement, and muscle force. *Physiological Reviews, 92*(4), 1651-1697.

Saegusa, R., Metta, G., Sandini, G., & Natale, L. (2014). Developmental perception of the self and action. *IEEE Transactions on Neural Networks and Learning Systems, 25*(1), 183-202.

Schultze-Kraft, M., Birman, D., Rusconi, M., Allefeld, C., Görgen, K., Dähne, S., ... & Haynes, J. D. (2016). The point of no return in vetoing self-initiated movements. *Proceedings of the National Academy of Sciences*, 113(4), 1080-1085.

Serino, A. & Haggard, P. (2010). Touch and the body. *Neuroscience & Behavioral Reviews, 34*(2), 224-236.

Sherrington, C. S. (1906). *The Integrative Action of the Nervous System*. Cambridge: Cambridge University Press.

Singh, D. (1993). Adaptive significance of female physical attractiveness: role of waist-to-hip ratio. *Journal of Personality and Social Psychology, 65*(2), 293.

Swami, V. & Tovée, M. J. (2006). Does hunger influence judgments of female physical attractiveness? *British Journal of Psychology, 97*(3), 353-363.

Swami, V. & Tovée, M. J. (2007). Differences in attractiveness preferences between observers in low-and high-resource environments in Thailand. *Journal of Evolutionary Psychology, 5*(1-4), 149-160.

Tani, J. (1998). An interpretation of the 'self'from the dynamical systems perspective: a constructivist approach. *Journal of Consciousness Studies, 5*(5-6), 516-542.

Thornhill, R. & Grammer, K. (1999). The body and face of woman: One ornament that signals quality? *Evolution and Human Behavior, 20*(2), 105-120.

Tovée, M. J., Maisey, D. S., Emery, J. L., & Cornelissen, P. L. (1999). Visual cues to female physical attractiveness. *Proceedings of the Royal Society of London B: Biological Sciences, 266*(1415), 211-218.

Tovée, M. J., Swami, V., Furnham, A., & Mangalparsad, R. (2006). Changing perceptions of attractiveness as observers are exposed to a different culture. *Evolution and Human Behavior, 27*(6), 443-456.

Umilta, M. A., Kohler, E., Gallese, V., Fogassi, L., Fadiga, L., Keysers, C., & Rizzolatti, G. (2001). I know what you are doing: a neurophysiological study. *Neuron, 31*(1), 155-165.

Versluys, T. M., Foley, R. A., & Skylark, W. J. (2018). The influence of leg-to-body ratio, arm-to-body ratio and intra-limb ratio on male human attractiveness. *Royal Society Open Science*, *5*(5), 171790.

Wegner, D. M. (2003). The mind's best trick: how we experience conscious will. *Trends in Cognitive Sciences*, *7*(2), 65-69.

Wegner, D. M. & Wheatley, T. (1999). Apparent mental causation: Sources of the experience of will. *American Psychologist*, *54*(7), 480.

Weiskrantz, L., Elliott, J., & Darlington, C. (1971). Preliminary observations on tickling oneself. *Nature*, *230*(5296), 598-599.

Yang, T. T., Gallen, C. C., Schwartz, B. J., & Bloom, F. E. (1993). Noninvasive somatosensory homunculus mapping in humans by using a large-array biomagnetometer. *Proceedings of the National Academy of Sciences*, *90*(7), 3098-3102.

14 착시와 속임수

시각, 청각, 미각, 후각, 체감각 등 모든 감각에서 사실과 다른 지각이 일어날 수 있는데 착시(illusion)라고 한다. 그런데 사실 이렇게 착시를 정의하는 것은 쉬운 일은 아니다. 사실이란 무엇인가? 깨끗해 보이는 물 한 잔을 마신다고 하자. 비록 아무것도 없는 것 같지만 물속에는 무수히 많은 미생물이 헤엄치고 있을 수 있다. 깨끗해 보이는 것은 사실이 아니므로 깨끗하게 보는 것을 착시라고 할 수 있을까? 땅은 늘 정지해 있는 것처럼 보인다. 그런데 실제 지구는 엄청나게 빠른 속도로 공전과 자전을 한다. 따라서 땅이 정지해 있는 것으로 보는 것을 착시라고 할 수 있을까? 이 예들은 착시를 사실에 기초하여 정의하는 것이 철학적인 주제임을 가리킨다.

착시 연구로 유명한 Richard Gregory(1977)는 자, 저울, 온도계 등 측정 도구로 확인 가능한 사실에 한정해서 착시를 정의하자고 제안하였다. 예를 들어, 실제로 똑같은 길이의 막대가 달라 보이는 착시는 자로 쟀을 때 육안으로 확인 할 수 있다. 즉, 인간의 감각으로 탐지 가능한 사실적 자료에 대해서만 착시의 범위를 제한하자는 것이다. 컵 안의 물속에 들어 있는 미생물을 맨눈으로 탐지하기 어렵다고 해서 깨끗하다고 보는 것은 착시가 아니다. 또한 지구가 움직이는 것을 맨몸으로 탐지하기 어렵다고 해서 땅이 가만히 있는 것처럼 지각하는 것은 착시라고 보기 어렵다.

더 나아가 Gregory는 착시를 현상학적 현상까지 포함할 것을 제안하였다. 이는 객관적인 사실과 다른 주관적으로 의식되는 내용을 말한다. 그림 14-1의 Necker 큐브는 평면의 종이 위에 그려져 있지만, 대체로 아래를 향하고 있거나 아래로 향하고 있는 깊이가 있는 대상으로 해석한다(☞5장). 마음속에서 일어나는 현상에 대해서 객관적으로 정답인지 아닌지 따지기 어렵다. 다만 동일한 대상에 대해서 서로 다른 해석이 있다면 서로에 대해서 착시라고 할 수 있다. 이 가정에 따르면 앞의 장들에서 살펴본 애매한 도형들, 불가능한 도형들은 모두 착시일 수 있다. 정리하면, 착시는 '맨 감각으로 확인할 수 있는 대상의 물리적 속성에 대한 오류적 지각'과 '현상학적 현상에 대한 불확정적 지각'으로 정의할 수 있다.

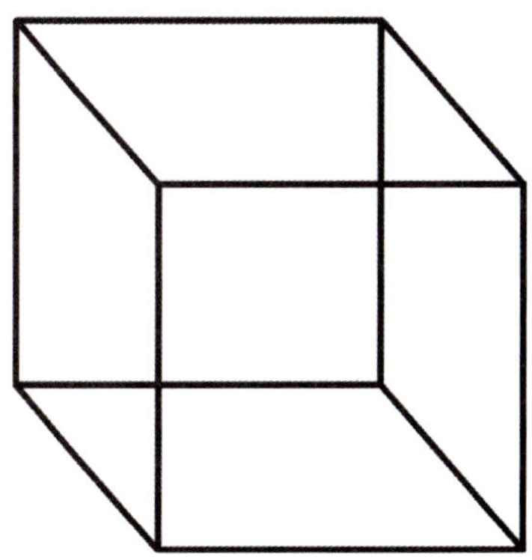

그림 14-1 Necker 큐브의 애매성. 큐브의 깊이는 3가지 해석이 가능하다(왼쪽 아래로 향한 모습. 오른쪽 위로 향한 모습. 평면의 도형).

착시의 원인은 생각보다 쉽게 밝히기 어렵다. Necker 큐브 착시가 눈 수준에서 일어나는지, 초기 뇌 수준에서 일어나는지, 인지적인 수준에서 일어나는지 확정하기 어렵다. 유명한 착시 대부분은 설명하는 이론이 최소한 대여섯 개는 된다. 심지어 지평선에 있는 달이 하늘 높이 뜬 달보다 크게 보이는 달 착시에 대한 설명은 100가지가 넘는다(☞5장)! 착시에 관여하는 지각체계를 이루는 특정 부속물

표 14-1 처리 수준에 따른 착시의 분류.

처리 수준		현상과 예
초기	신호(빛, 소리, 냄새…)	투명한 유리, 신기루, 물에 반쯤 잠긴 막대, 가상현실?
	감각(눈, 귀, 코…)	눈부심, Mach 띠, Troxler 소멸, 색 동화, Neon 확장 색, 잔효(폭포 착시, 색 잔상)
감각통합		복화술, McGurk 효과, 충돌/통과 착시, Japanese 착시
지각		깊이대비, 색 대비, 크기대비, 가현운동(애니메이션), 크기-무게 착시, 애매한 도형
인지		마술, 사기, 착시적 재인(풀숲에 있는 사람을 멧돼지로 오인)

들 일일이 떼어 내어 고유 기능을 확인하면 착시가 왜 일어나는지 이해할 수 있겠지만 그러기는 어렵다. 다만 정교한 실험과 고민을 통해 착시를 일으키는 원인에 대해서 짐작해 볼 수 있다. 표 14-1은 착시를 지각처리 수준에 따라 대략 분류한 것으로 임시적임에 주의해야 한다.

착시 기제의 순기능

착시를 정의하는 일보다 더 어려운 문제는 실은 착시를 일으키는 기제에 대한 필요성에 있다. 직접적으로 말해, 착시는 없애야만 하는 결함일까? 착시를 경험하지 못하는 지각체계는 착시를 경험하는 지각체계보다 더 우월하다고 할 수 있을까? 이에 대한 답은 쉽지 않다. 많은 착시가 일어나는 이유는 지각체계가 정상적으로 작동하기 때문에 발생하기 때문이다.

처리 방식에 따른 착시

지각체계의 작동은 그 자체로 여러 가지 한계를 가지고 있다. 자극의 신호가 감각으로 처리할 수 있는 범위를 넘으면 착시를 경험할 수 있다. 너무 어두우면 아무것도 없는 것으로 보이고, 너무 밝으면 눈이 부셔 볼 수 없다. 신경세포는 본래의 기능을 발휘하는 데 회복 시간이 필요하다. 밝은 곳에 있다가 영화관 같은 어두운 곳에 들어가면 잘 보이지 않는데, 시신경이 민감해지는

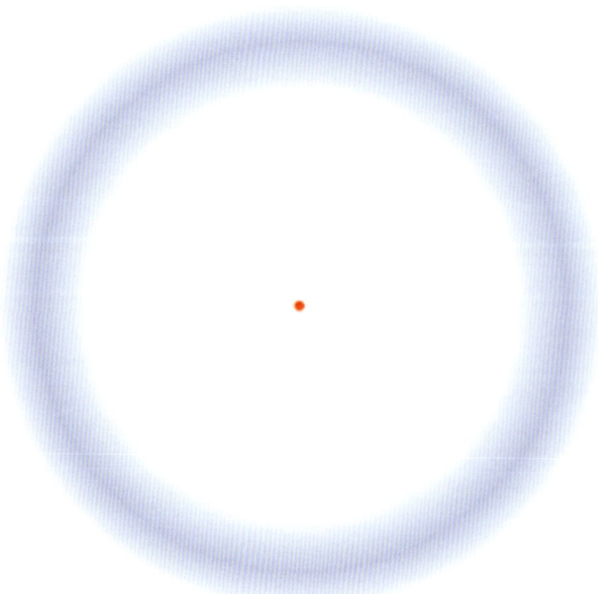

그림 14-2 Troxler 소멸.
가운뎃점을 응시하고 있으면 주변의 원이 사라진다.

데 시간이 필요하기 때문이다. 자극 신호는 신체의 기계적인 특성 때문에 착시를 일으킬 수 있다. 우리 몸이 움직이거나 멈출 때 귓속에 있는 전정기관의 세반고리관에서 신호가 발생하여 알아차릴 수 있다. 그런데 이곳에 들어 있는 림프액은 몸이 움직일 때와 멈출 때만 물리적인 변화를 일으키므로 기차, 배, 비행기 같은 탈것 안에서 똑같은 속도로 몸이 움직일 때는 변화가 없어 몸이 정지한 것 같은 착시를 일으킨다. 신경세포가 같은 자극에 계속 노출되었을 때 신경적 피로가 일어나고 이에 자극 신호를 제대로 처리하지 못해 착시를 경험할 수 있다. 그림 14-2는 트록슬러 소멸(Troxler's fading)인데, 가운뎃점을 가만히 보고 있으면 주변 테두리가 어느 순간 사라진다. 이러한 착시들은 지각체계의 생리적 · 기계적 처리의 한계와 관련되어 있다.

항등성에 따른 착시

지각체계는 대상에서 오는 신호의 전달 환경과 무관하게 대상의 지각적 특징을 안정적으로 처리하는 능력이 있다. 하지만 이 능력은 착시를 일으키기도 한다. 그림 14-3은 심적 회전 실험으로 유명한 Shepard가 고안한 착시이다(☞12장). 2개의 테이블이 있는데, 실제로 상판의 크기와 모양이 완전히 똑같다! 그럼에도 왼쪽의 상판이 훨씬 길고 좁아 보인다. 빈 종이를 왼쪽의 책상 위에 대고 밑에 비치는 선을 따라 그린 다음 방향을 돌려 오른쪽 책상 위에 대어 확인해 보라. 이 착시는 지각체계가 왼쪽의 테이블이 먼 방향으로 놓여 있으므로 크기 항등성에 따라 더 길게 보기 때문에 일어난다. 이 해석은 현실적 개연성이 높으므로 정확한 지각일 가능성도 크다. 눈이 바라보는 바깥세상의 물체를 원격자극(distal stimulus)이라 하고 눈에 맺힌 상을 근접자극(proximal stimulus)이라고 한다. 원격자극은 3차원 세계에 있고 근접자극은 2차원 세계에 있다. 지각은 근접자극을 자료로 원격자극으로 복구하는 과정임을 생각한다면 Shepard 테이블을 착시라고 생각하는 것은 근접자극 자체를 지각의 대상으로 생각하기 때문이다. 그러므로 항등성에 따른 정확한 지각과 착시는 동전의 양면과 같다.

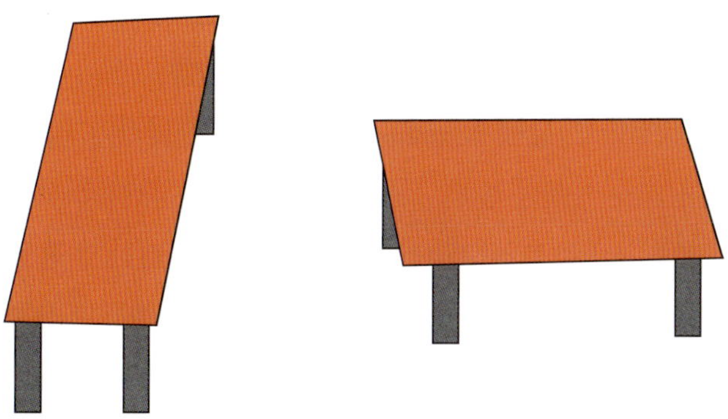

그림 14-3 Shepard 테이블.
두 테이블의 상판은 방향만 서로 90° 다를 뿐 크기와 모양이 똑같다.

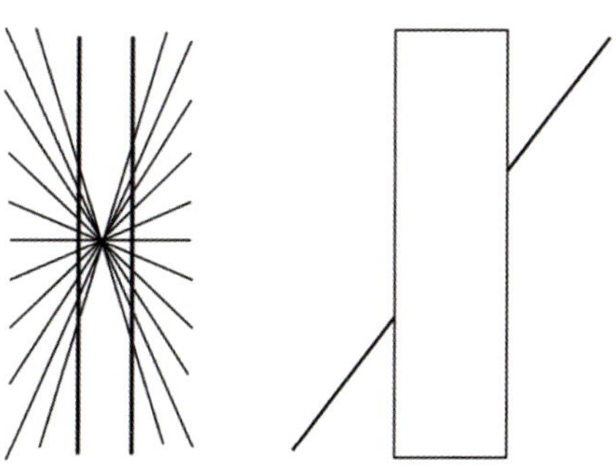

그림 14-4 Herring 착시와 Poggendorff 착시.

아마 로봇이라면 이런 착시를 일으키지 않을 것이다. 그렇지만 과연 이 그림에서 착시를 경험하지 않는 것이 좋은 일일까? 어린 시절 시각 능력을 상실했다가 각막 수술을 통해 52세에 시력을 다시 회복한 SB는 정상인들이 경험하는 착시를 경험하지 못하였다(☞5장). 예를 들어, 정상인들은 Herring 착시에서 선분이 휘어 보이고, Poggendorff 착시에서 두 선분이 어긋나게 보이는데(그림 14-4), SB에게는 모두 반듯하게 보였다. 그런데 SB는 사물의 거리와 깊이를 파악하지 못해 자동차가 다니는 집 밖으로 나설 수 없었다(Gregory & Wallace, 1963). SB의 사례를 보면, 착시를 경험하는 것은 정상적인 지각과 매우 밀접한 상관이 있음을 짐작할 수 있다.

단서에 따른 착시

5장에서 다양한 깊이 단서들을 살펴보았다. 자연 세계에서 깊이 단서들은 매우 신뢰할 만한 깊이 정보이며, 지각체계는 이에 매우 민감하다. 따라서 이 단서들이 조작된 그림을 볼 때 착시를 일으킬 수 있다. 그림 14-5에서 사람이 공중에 붕 뜬 것으로 보인다. 지각체계는 국기의 그림자를 발판의 깊이 단서로 잘못 이용했기 때문이다. 단서에 따른 착시 역시 정상적인 지각처리 과정에서 나올 수 있는 것이므로 결함이라고 보기 어렵다.

그림 14-5.
여성이 공중에 떠 있는 것으로 보일 수 있다.

지각의 효율성과 착시

모든 작동하는 기계, 자동차, 전기 장치, 생물 기제, 지각체계 등은 본래의 기능에 약점이 있다. 커피 자동판매기를 생각해 보자. 이 장치는 동전에 전류를 흘려 전류의 흐름을 분석하여 동전의 재질을 알아내고 빛을 이용해 크기를 재어 최종적으로 10원, 50원, 100원, 500원짜리인지 판단한다. 그런데 가치가 낮음에도 재질과 크기가 비슷한 다른 나라 동전을 넣으면 이 자동판매기는 속을 수 있다. 즉, 자동판매기가 착시를 일으킬 수 있다. 이 오류를 없애기 위해 좀 더 정교한 장치가 필요하다. 동전의 앞과 뒤에 새겨진 문양을 인식하는 장치이다. 하지만 이를 위해서는 윈도우가 깔린 컴퓨터를 자동판매기에 장착해야 할지 모르며 만일 그럴 경우 관리에 많은 돈과 에너지가 필요할 것이다. 어떤 장치의 효율성을 처리의 정확성, 신속성, 경제성 등으로 종합적으로 판단한다면, 재질과 크기만으로 동전을 확인하는 커피 자동판매기 방식은 매우 효율적이다.

마찬가지로 지각체계의 운명도 비슷하다. 감각이 탐지한 대상을 재인하기 위해 지각체계는 다양하고 정교한 장치들을 가지게 되었다. 그럼에도 여전히 한계가 있어 착시를 일으킬 수 있다. 만일 모든 착시를 방지하는 장치를 뇌에 장착한다면 머리가 엄청나게 커져야 할지 모른다. 한편,

착시가 매우 많은 것 같지만 긴 인류의 역사를 고려하면 아주 많지는 않다. 대부분 19세기 이후 지각 연구가 본격적으로 시작되고 발견되었다. 이 사실은 그만큼 지각체계는 착시를 잘 일으키지 않을 정도로 정밀함을 시사한다.

지각 연구 도구로써 착시의 가치

착시는 대체로 자동적이고 빠르게 일어나며, 미리 알고 있어도 피하기 어렵다. 이 사실은 착시를 일으키는 기제가 지각체계에 매우 견고하게 자리 잡고 있음을 시사한다. 지각 연구자들은 종종 착시를 지각체계의 작동을 이해하기 위한 시금석으로 이용한다. 또한 잘 개발한 착시는 학문적 관심뿐만 아니라 대중의 관심도 받는다. 그림 14-6에서 왼쪽은 전통적인 동시밝기대비이고 오른쪽은 Adelson의 체크-그림자 착시이다. 두 예는 동시밝기대비 현상이지만 Adelson의 착시는 훨씬 큰 흥미를 불러일으킨다. 이 그림의 구조와 그림자는 좀 더 현실과 가까워 관찰자는 눈에 맺힌 근접자극보다 바깥세상에 놓인 원격자극으로 보려는 의지가 더 강해진다. 이렇게 같은 현상임에도 의미를 어떻게 부여하느냐에 따라 가치가 달라질 수 있다. 이를 마술사의 쇼맨십에 빗대어 과학자의 쇼맨십이라고 부를 수 있다. 과학자의 쇼맨십은 과학자의 권위와 믿음을 증가시키는 특징들이다. 과학자의 실험에 관련된 것만 아니라 논문이 실린 저널, 근무하는 기관, 말투, 복장, 외모, 집 등 많은 것을 포함한다. 물론 가끔 자신의 쇼맨십을 실체적 성과 없이 교묘하게 돈을 버는 데 사용하는 과학자들이 있어 주의해야 한다.

그림 14-6 동시밝기대비의 두 예.
(왼쪽) 전통적인 동시밝기대비 착시. 가운데 두 회색은 같은 밝기이다. (오른쪽) Adelson 체크-그림자 착시. A와 B 면의 물리적 밝기는 동일하다.

속임수와 위장

남에게 잘못된 믿음을 유도하는 일을 속임수(deception)라고 한다. 일상생활에서 속임수는 매우 폭넓게 접할 수 있다. 유머, 깜짝 파티, 하얀 거짓말, 도박에서 패 속임수, 농구에서 속이기 동작, 전화 사기, 출신학교 및 직업 사칭, 경찰과 군에서 위장 작전 등이 있다. 그런데 사람들에게 금전적/신체적/심리적 손해를 끼치거나 잘못된 믿음으로 유도한다면 이는 사기(fraud)이다.

동물의 세계에서는 속임수가 중요하다. 위장은 대표적인 속임수이다. 몸의 색깔, 밝기, 형태, 다른 물체 등을 이용해 자신의 몸이 탐지되거나 재인되는 것을 막는 전략을 위장(camouflage)이라고 한다. 대표적으로 카멜레온과 문어는 자신의 몸 색을 배경과 일치시켜 눈에 잘 띄지 않게 하는 기술이 있다. 그렇지만 다른 많은 동물은 자신의 피부색을 능동적으로 바꿀 수 있는 능

그림 14-7 위장의 예.
우리나라 매미와 실잠자리.

력이 없다. 다만 타고난 신체 특징으로 자신의 몸을 위장할 수는 있다. 그림 14-7은 우리나라에서 흔히 볼 수 있는 매미와 잠자리이다. 이 곤충들은 자신이 주로 서식하는 환경과 몸 색깔 및 무늬가 비슷하여 눈에 잘 띄지 않는다.

위장술의 종류는 다양하다. Stevens와 Merilaita(2009)는 위장술을 크게 5가지로 구분하였다. 배경 일치(background matching)는 몸을 배경의 색, 밝기, 무늬와 비슷하게 하여 숨기는 전략으로, 가장 흔하다. 역음영(countershading)은 신체의 음영을 이용하는 것이다. 바깥세상에서 태양은 위에 있으므로 땅 위에 있는 물체들의 위는 밝고 아래쪽은 어둡다. 따라서 멀리서도 입체가 눈에 잘 띈다(☞Google: countershading). 역음영은 이런 규칙과 정반대로 신체의 위를 어둡게 하고 아래를 밝게 하는 전략이다. 펭귄, 까치, 고등어가 좋은 예이다. 방해색(disruptive coloration)은 무늬들을 이용해 신체의 가장자리 부분을 혼란스럽게 하여 탐지를 어렵게 하는 것이다. 방해표식(distractive markings)은 신체 일부가 눈에 띄는 선명한 색과 무늬로 주의를 끌어 전체적인 신체 형태를 재인하는 것을 방해하는 전략이다. 화려한 무늬를 가진 나방의 날개가 좋은 예이다. 깜박임 융해 위장(flicker-fusion camouflage)은 신체에 줄무늬가 있는 동물이 움직일 때 순간적으로 시각을 혼란스럽게 하여 신체를 파악하기 어렵게 하는 전략이며, 심지어 마차 바퀴 착시(☞7장)를 일으키기도 한다. 얼룩말, 줄무늬 뱀이 좋은 예이다(☞Google: flicker-fusion camouflage).

얼룩말의 띠 무늬는 피를 빨아먹는 파리가 덜 앉게 하는 효과가 있다. 한 실험에서 말 모형이 얼룩말 띠(흰색과 검은색 교차)로 칠해져 있거나 1가지 색(검은색, 갈색, 회색, 흰색)으로 칠해져

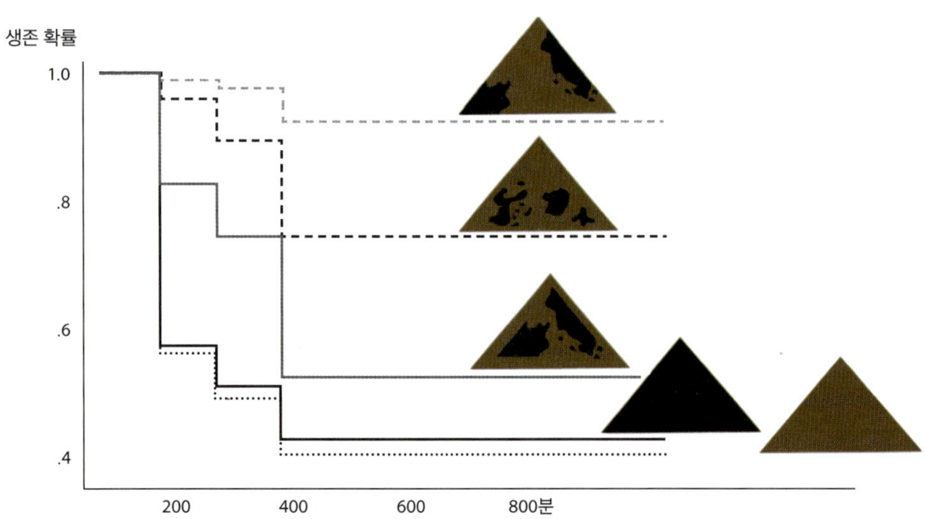

그림 14-8 위장 형태에 따른 애벌레의 생존율.
값이 클수록 그 삼각형에 꽂힌 애벌레가 오랫동안 남아 있었음을 뜻한다. 멀리서 새들이 벌레를 찾기 위해서는 나무 껍데기에서 먼저 삼각형부터 눈에 띄어야 하기 때문에 결국 이 삼각형이 얼마나 잘 위장되었는지를 보여 준다.

놓여 있었고, 연구자들은 파리들이 앉는 개체수를 세었다. 그 결과 얼룩말 띠 조건이 다른 조건들에 비해 월등하게 적게 파리가 앉는 것으로 확인되었다(Egri 등, 2012). 흥미롭게도 아프리카 원주민들의 몸에 칠하는 전통적인 줄무늬 위장도 파리들이 덜 달라붙게 하는 효과가 있었다(Horváth 등, 2019). 이 연구들은 위장이 특정 대상의 시각체계를 교란할 목적으로 발달했음을 시사한다.

Cuthill 등(2005)은 위장 효과를 알아보기 위해 현장 실험을 수행하였다. 이들은 참나무 껍질과 비슷한 색과 무늬로 삼각형을 만들었다. 삼각형은 넓이 5cm, 높이 2.5cm로 그림 14-8에 나와 있는 것처럼 5가지였다. 무늬가 가장자리에 있는 것, 안쪽에 무늬가 있는데 가장자리가 일직선인 것, 안쪽에 무늬가 있으면서 가장자리가 울퉁불퉁한 것, 무늬가 없는 짙은 갈색인 것, 무늬가 없는 검은색인 것이다. 각 삼각형은 15개씩 모두 75개가 준비되었고, 인적이 드문 숲속 참나무 기둥에 무작위로 핀으로 고정되었다. 삼각형 가운데에는 애완동물을 키울 때 먹이로 주는 벌레인 거저리(mealworm)가 한 마리씩 함께 고정되었다. 실험자들은 숲에서 철수하고 2, 4, 6, 24시간 간격으로 돌아와 삼각형 애벌레가 여전히 삼각형에 붙어 있는지를 확인하였다. 분석 결과, 무늬가 아무것도 없는 삼각형에 비해 무늬가 있는 삼각형에서 애벌레가 더 오랫동안 붙어 있었다. 즉, 새들이 이들을 보지 못한 것이며, 잘 위장되었음을 뜻한다. 또한 무늬가 있는 것들 가운데 가장자리가 위장된 것이 그렇지 않은 것보다 더 효과적이었다. 따라서 가장자리의 불분명성이 위장에 중요함을 시사한다.

인지적 착시와 마술

인지적 착시는 관찰자의 기대와 잘못된 해석에 의해 나타난다. 다른 착시들은 미리 알아도 착시를 피하기 어렵지만, 인지적 착시는 사실을 알게 되면 더 이상 착시를 경험하지 않는다. 마술이 좋은 예이다. 처음에 아주 놀라운 마술임에도 수법을 알게 된 뒤에는 '아하!' 하는 경험과 함께 착시는 사라진다.

마술사는 무대에 서는 순간 자신의 행위들이 눈속임을 인정하는 것이며, 관객들 역시 이를 인지하고 속임수를 즐긴다. 다만 이 가정들은 시각적 환영을 극대화하기 위해 암묵적인 합의하에 진행될 뿐이다. 무대 위에서 펼쳐지는 연극이나 뮤지컬도 연기하는 내용이 실제가 아닌 가정이다. 때에 따라서 무대 밖 야외에서 마술 시연이 열리기도 하지만 이 경우에도 사람들에게 이 시연이 실제라는 잘못된 믿음을 주어서는 안 된다. Uri Geller는 속임수를 사용하여 관객들에게 자신의 쇼가 사실이라는 잘못된 믿음을 주었다는 점에서 사기꾼으로 볼 수 있다(☞Google: James Randi, Wikipedia).

심지어 스탠퍼드 대학교의 전기/생물 공학과 교수들도 속아 넘어가 Uri Geller의 텔레파시 능력을 증명하였는데, 최고의 학술지라고 불리는 *Nature*에 결과가 실리기도 하였다(Targ & Puthoff, 1974). (연구자들이 심리학과 교수들이 아닌 것에 안도한다.) 나중에 이 실험에 대해 신랄한 비판과 재검증 실패가 있었지만(Marks, 1986; Marks & Kammann, 1978), Uri Geller의 초능력이 과학 학

샛길 1 Uri Geller의 한국 방문

1984년 9월 23일 일요일 오후 7시 10분 KBS 무대에 이스라엘에서 온 Uri Geller가 등장하였다(그림 14-9). 생방송으로 진행된 이 날 쇼로 거리가 한산할 정도였다. 한쪽 손에 있던 숟가락이 휘어지고, 감춰진 그림이 염력으로 투시되고, 무의 씨가 싹을 틔웠다. 시청자들은 큰 충격을 받았고, Uri Geller를 의심하는 이는 적었다. 당시 사회는 상식이 잘 통하지 않을 때였다.

故障난 時計가 간다

全國을 놀라게한 「유리 겔라」씨

신비의 초능력을갖고 있는이스라엘의 유리겔라씨(38)가 23일하오7시10분부터 9시 25분까지 2시간15분동안 KBS1 TV를 통해 염력(念力)과 텔레퍼디로 숟가락을 구부리거나 고장난시계등을 가게하자 이를 지켜본 전국의 수많은 시청자들은 경탄과 경이를 체험했다. 이날 겔라씨는 게스트로 출연한 탤런트 李鍾珍이 그린 사과모양의 그림을 텔레퍼디로 거의 비슷하게 복사해냈는가하면 「음」하는 소리하나로 나침반의 방향을 90도정도바꾸기도했다.

또 겔라씨가「움직여」하는 소리와함께 전국에서 고장난 시계를 TV앞에 갖다놓고 기적을 기다리던 일부 시청자들의 시계가 다시 작동하기도했다. 그는 또 보통사람의 힘으로는 구부릴수없는 숟가락과 포크를 손가락으로 문질러 엿가락처럼 휘게하거나 부러뜨리고 무우씨를 싹트게하는 신비한 힘을 보여주었다.

이어 그는 몸무게가 86kg이나되는 어른을 다른3명과 함께 손가락힘만으로 가볍게 들어올리는 괴력도 보여주었다. 이시범에 참가했던 출연자 한사람은 나중에『손바닥에 전기가 통하는것같은 느낌을 받았다』며 『사람을 들어올리는데조금도 힘이 들지않았다』고 그의 신비한 힘을 증언했다.

「음」소리내자 나침반방향90도회전

TV보던어린이 앞니 부러지기도

겔라씨의 초능력은 특히 어린이들에게 효과가커 전남光州에서는 6살난아이의 앞니가 부러지는 소동이 있었고 구토를한 어린이들도 많았다는것.

이날 일요일하오 서울시민들은 겔라씨가 초능력을 보여주는 생방송을 보려고 일찍 귀가하는 바람에 거리가 한산해지기도했다.

한편 일부 시청자들은 『사회자의엄성한진행솜씨와함께공영방송인 KBS가 화제중심의프로를 2시간넘게 전국네트워크를 동원, 생방송한것은 전파낭비가아니냐』고불평하기도했다.

그림 14-9 "고장난 시계가 간다" (*경향신문*, 1984년 9월 24일).

술지에 실린 사실은 충분히 배울 만큼 배운 전문 학자라고 할지라도 그 속임수를 알아채기가 매우 어려웠다는 것을 보여 준다 (☞샛길 1).

마술은 움직임 맥락에서 벌어지는 착시라고 볼 수 있다. 비록 마술 자체는 무대 예술로서 자연과학적인 탐구 대상은 아니지만, 마술에 관련된 대부분의 지각 과정이 지각심리학에서 밝혀진 이론들로 잘 설명된다. 이 장에서는 마술을 통해 지각처리 과정을 이해할 수 있는 응용적 가치가 충분하므로 이에 대해 살펴보자.

지각적 추론

흔히 마술사의 손이 관객의 눈보다 빠르기 때문에 마술에 속는다고 한다. 그렇지만 야구에서 보면 투수가 시속 150km에 이르는 공을 쳐 낼 정도로 사람의 눈은 느리지 않다. 마술사는 속임수를 성공시키는 동작을 재빠르고 눈에 띄지 않게 수행하고, 사실과 다른 지각적 추론(perceptual inference)을 유도하기 때문에 사람들이 속는다. 우리가 바라보는 위치는 세상에 놓인 물체들을 정확히 바라보는 데 한계가 있다. 물체들은 서로 부분적으로 가리거나 가려진 채로 투사되고, 조명에 따라 밝기와 색이 다르게 투사되기도 하며, 거리에 따라 크기가 다르게 투사되고, 보이는 각도에 따라 형태가 일그러진 채 투사된다. 만일 우리가 눈에 맺힌 그대로를 실세계라고 지각하면 큰일일 것이다. 책상에 가려진 사람 다리가 안 보인다고 해서 없다고 가정할 수는 없는 일이다. 우리 시각체계는 '부족한' 또는 '왜곡된' 눈의 정보를 받을 수밖에 없으며, 이를 바탕으로 세상을 완전하게 표상해야만 하는 숙제가 있다. 이때 세상에 대한 지각적 규칙을 이용하는데, 이것이 지각적 추론이다. 이는 오랜 학습의 결과로 거의 무의식적으로 일어나는데, Helmholtz가 제안한 무의식적 추론(unconscious inference)이라는 개념으로 표현되기도 한다. 세상에서 벌어지는 일들은 대체로 규칙적이며, 자연은 인간을 속이려는 의도가 없으므로 지각적 추론은 감각 자극이 부족한 조건에서도 사실과 부합하는 결론에 이르게 한다. 따라서 매우 신뢰할 만하다.

지각적 추론은 움직임이 더해진 사건 지각에서도 일어난다. 우리는 특정 사건이 시작될 때 그 사건에 대한 지각적 기대(perceptual expectation)를 하게 된다. 마술에서 겪는 놀라움은 각 마술 사건에서 생겨난 지각적 기대가 깨졌을 때 따라온다. 그러므로 사건적 착시를 만들어 내는 마술사는 회화적 착시를 만들어 내는 지각심리학자와 직업이 닮았다. 단지 마술사는 훨씬 더 많은 인기를 누리고 지각심리학자는 그렇지 못한 차이가 있다.

물체의 기능

지각적 기대를 이루는 데는 매우 중요한 가정이 있다. 동전 사라지기 마술에서 동전은 스스로 사라지거나 나타나지 않고, 공중에 홀로 떠 있을 수 없고, 깨지지 않고, 커지거나 작아지지 않고 등등 이는 동전 자체가 가진 물리적 성질 또는 기능에 관한 지식이다. 이런 지식은 동전만이 아니고 우리를 둘러싼 모든 물체에 해당한다. 이런 지식은 태어날 때부터 많은 시행착오를 겪으며 자연스럽게 익힌 것이다. 물체들은 거의 일관된 성질을 보여 주기 때문에 물체 기능(object function)은 깊이 학습되어 그 물체를 보는 순간 의식하지 않고도 자동으로 활성화된다. 의식되지 않는다고 해서 우리 머릿속에 있는 물체 기능에 대한 지식이 사라진 것은 아니라는 사실은 마술을 통해 쉽게 드러난다. 마술에 주로 등장하는 놀라움의 재료들은 바로 이렇게 우리가 일상생활에서 보아 온 물체들에 대한 시각 사건들이다. 마술에서 가장 흔하게 개입하는 몇 가지 주요 기능을 예로 들어 설명해 보자.

1) 견고성 물은 그릇에 따라 모양이 바뀔 수 있고, 고무줄은 늘어나고, 돌멩이는 단단하다. 이처럼 모든 물체는 모양이 변하거나 변하지 않는 고유한 물리적 견고성(rigidity)이 있다. Uri Geller가 1970년대 들고나온 숟가락 휘기(spoon bending)는 견고성 예측을 깨는 대표적인 마술이다. 단단한 금속으로 만들어진 것처럼 보이는 숟가락의 목을 손가락으로 문지르거나 쥐고 있으면 서서히 엿가락처럼 휘어진다(그림 14-10). 우리는 금속 숟가락은 손가락으로 구부러뜨리기 어려울 정도로 강한 견고성이 있다는 것을 잘 알기 때문에, 숟가락이 쉽게 휘어지는 모습을 보면 놀라게 된다. 금속 숟가락을 휘는 방법은 다양한 것으로 알려져 있다. 미리 숟가락을 여러 번 휘었다 폈다 하여 작은 압력에도 쉽게 휘어지게 하는 방법에서부터 잘 휘어지는 형상기억 합금으로 숟가락을 만들기도 한다.

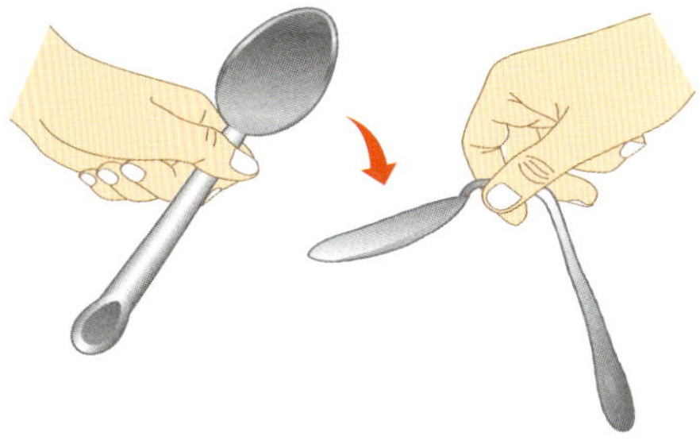

그림 14-10 숟가락 휘기.

숟가락 휘기는 단단함의 예상을 깬 마술인데 반대로 부드러움의 예상을 깨는 마술도 가능하다. 물 위 걷기(walking on water) 마술에서, 마술사는 투명하게 비치는 물 위를 걷는다. 관객들은 물은 단단하지 않음을 잘 알고 있기 때문에 마술사의 체중을 지탱하는 모습에 놀란다. 이 마술은 관객들은 볼 수 없는 투명한 플라스틱을 물속에 미리 넣어 두고 그 위를 마술사가 걷기 때문에 가능하다.

견고성은 물체의 단단한 정도이므로 우리가 상호작용하는 데 매우 중요한 정보이다. 이러한 정보는 시각적으로 보이는 표면결을 이용해 알 수 있거나 손이나 발을 이용해 접촉했을 때 얻는 촉감으로 알 수 있다. 예를 들어, 눈이 쌓이거나 얼음이 얼어붙은 길은 미끄러울 수 있고, 진흙 길은 발이 빠질 수 있고, 돌멩이가 박힌 길은 발바닥이 아플 수 있다. 따라서 이러한 정보에 의한 물체의 기능이 일치하지 않을 때 우리는 놀란다.

2) 생물성 마술사는 미녀를 소개한다. 미녀는 웃는 얼굴로 옆에 세워진 나무 상자에 들어간다. 마술사는 상자 문을 걸어 잠그고, 옆에 놓인 긴 칼을 미녀가 들어 있는 상자 여기저기에 쑤셔 넣는다(그림 14-11). 처음에는 미녀가 몸을 틀어 칼을 피할 수도 있을 것 같은데, 마술사는 아랑곳하지 않고 미녀가 더 이상 피할 공간이 없을 정도로 칼을 꽂아 상자를 통과시킨다. 관객들이 술렁이고, 마술사는 상자에 박힌 칼을 하나하나 다시 뺀다. 관객들이 상자 속 미녀가 죽었을 것으로 의심하는 순간, 마술사가 열어젖힌 문으로 미녀가 환하게 웃으며 나온다!

미녀는 생물로서 칼이나 못에 찔리면 피를 흘리고 목숨이 위태로울 수 있다. 즉, 생물성(animacy) 제약이 있다. 마술사가 미녀가 들어 있는 상자에 칼을 꽂거나 못을 박으면 우리는 칼이나 못이 미녀의 몸을 통과할 것이라고 추론한다. 그렇지만 상자를 열었을 때 미녀는 몸에 아무런 해를 받지 않고 나타나며, 견고성과 생물성이 위배되기 때문에 사람들은 놀라움을 감추지 못한다. 위 마술에서, 칼이나 못은 단단한 쇠로 만들어져 휘지 않는 견고성이 있고, 사람의 몸은 어느 정도 구부릴 수 있지만 최소한의 공간이 필요하며 칼이나 못 같은 단단한 물체에 찔리는 약한 견고성이 있다. 또한 같은 물체가 동시에 같은 장소를 점유할 수 없다는 물리학 기본 원리인 Pauli의 배타 원리(Pauli exclusion principle)도 잘 알고 있다.

반대로, 사람들은 생물이 아닌 물체들을 볼 때 스스로 움직일 수 없음을 기대한다. 마술사들은 스스로 움직일 수 없는 물체들이 움직이게 함으로써 놀라움을 일으킨다. 마술사의 보자기 위에서 춤추는 달걀이나(그림 14-18), Uri Geller가 죽은 시계 초침이나 나침반 바늘이 스스로 움직이게 하는 마술이 좋은 예이다.

앞에서 언급한 물체의 기능이란 물체의 물리적인 성질을 의미하였다. 그렇지만 물체는 도구로서 기능도 있다. 즉, 쇠숟가락은 그 자체로 견고한 성질로서 기능이 있지만 물을 뜨거나 밥을 뜨는 기능도 있다. 그림 14-12에는 우리나라에 사는 새들의 모습이다. 이 새들의 부리는 모

그림 14-11 신체 기능 위배를 이용한 마술.

그림 14-12 우리나라에서 볼 수 있는 새.
(왼쪽부터) 매, 청딱따구리, 밀화부리, 저어새, 참새.

양이 서로 다르다. 새의 부리 모양은 주로 먹는 먹이와 깊은 관련이 있다. 쥐나 물고기를 즐겨 먹는 새는 먹이를 놓치지 않는 부리가 유리할 것이다. 나무 구멍 깊숙이 사는 벌레를 먹는 새는 뾰족하고 긴 부리가 필요할 것이다. 딱딱한 콩을 먹는 새는 부리가 짧고 단단하면 유리할 것이다. 물속 진흙에 사는 작은 생물체를 먹는 새는 물고기를 잘 잡을 수 있는 주걱 모양의 부리가 있으면 좋을 것이다. 작은 쌀이나 땅 위에 벌레를 먹는 새는 가볍고 조금 뾰족한 부리면 좋을 것이다.

3) 중력성 물체는 기체나 새가 아닌 이상 공중에 떠 있을 수 없다. 모든 물체는 땅이나 다른 지지대 위에 놓여 있기 마련이다. 비록 사람들이 중력(gravity)이라는 물리적인 개념을 이해하지 못할지언정 중력과 관련된 현상에는 매우 친숙하다. 따라서 중력을 위반하는 공중 부양 마술에 사람들은 매우 놀라게 된다(그림 14-13).

4) 영속성 마술사가 기다란 마술사용 모자를 벗는다. 두 손으로 모자챙을 잡아 관객에게 모자 안쪽을 보여 주고 손도 넣어 돌려서 안에 아무것도 없다는 것을 확인해 준다. 모자 안쪽이 천장을 향해 하고, 잠시 후 모자 안에서 흰 토끼를 꺼낸다(그림 14-13). 토끼는 마술사의 어깨에 사뿐히 앉아 관객의 박수를 받는다. 이 마술에서 관객은 마술사의 빈 모자를 보고 아무것도 그 안에서 나타나지 않으리라고 기대한다. 왜냐하면 일상생활에서는 확인된 공간에서 어떤 물체가 갑작스럽게 나타나는 경우가 없기 때문이다. 그런데 토끼가 모자 속에서 나타나고, 이 사건은 관객의 놀라움을 자아낸다.

이 마술에서 놀라운 것은 비어 있던 모자 속에서 토끼가 나타난 것이다. 물체는 스스로 움직일 수 없다면 특정 시공간을 차지하고 가만히 있어야만 한다. 따라서 아무 이유 없이 갑자기 나타나거나 사라질 수 없다. 이를 물체 영속성(object permanence)이라고 하는데, 모든 물체에 해

그림 14-13 영속성 위배, 중력성 위배 마술.

그림 14-14 컵과 공 마술.
마술사는 하나의 컵으로 공을 덮어 가둔다. 3개의 컵을 테이블 위에서 이리저리 움직이는데, 서로 포개기도 한다. 관객은 마음속으로 공이 어느 컵에 들어 있는지 짐작하지만 실제 공이 들어 있는 컵은 다르다. 실제 마술에서 쓰는 공은 잘 구르지 않는 물체로 둥글게 만 화장지나 알루미늄 포일 등이 좋다.

당되는 기본 규칙이므로 이 가정이 깨졌을 때 이것이 바로 놀라운 일이다. 이 성질을 이용한 마술은 다양하다. 상자 속에 들어 있던 미녀는 사라지고 그 대신 사자가 들어 있는 마술, 손수건에서 흰 비둘기가 나타나 날개를 퍼덕거리는 마술, 자유의 여신상이 사라지는 마술 등이 있다.

컵과 공(cups and balls)은 물체 영속성을 이용한 마술이며, 가장 오래된 마술 중 하나로 기원전 2500년부터 있었다는 기록이 남아 있다(☞YouTube: cups and balls). 우리나라에도 예전에 기차역이나 고속버스 터미널 근처에 야바위꾼들이 있었는데, 행인들의 주머니를 털던 사기 마술로 유명하다. 이 마술은 다양한 변형이 있지만, 기본적인 절차는 다음과 같다. 테이블 위에 컵 3개가 뒤집혀 있고 마술사는 각 컵을 들어 올리면서 어느 하나 아래에 작은 공이 들어 있음을 확인해 준다(그림 14-14). 컵을 이리저리 옮기는데, 관객이 충분히 눈으로 따라갈 수 있어 공이 들어 있는 컵을 끝까지 확신하게 된다. 그런데 마술사가 그 컵을 들어 올리면 공은 사라지고 없다! 이 마술은 물체 영속성을 부정하기 때문에 관객은 놀라고 만다.

물체 영속성 지각과 발달 연구에서 유아들이 언제부터 물체 영속성을 획득하는지를 밝혀내는 것은 많은 관심을 받아왔다. 물체가 눈에 보이지 않아도 여전히 존재한다고 믿는 물체 영속성은 스위스 발달심리학자 Piaget가 처음 연구하였다. 그는 인형 같은 물체를 유아의 눈앞에서 보여 준 후 등 뒤로 숨겼을 때 유아가 등 뒤로 돌아가서 인형을 찾으려고 하는지를 살펴보아 유

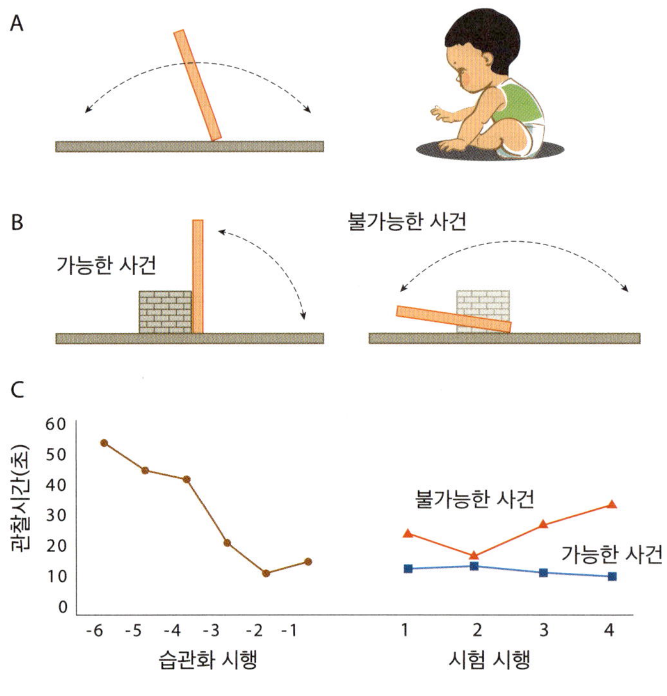

그림 14-15 (A) 습관화 단계. (B) 시험 시행 단계. (C) 실험 결과.

아가 언제부터 물체 영속성 개념이 발달하는지를 연구하였는데, 8~12개월 된 유아들이 이런 행동을 보이기 시작하였다. Piaget 이후의 연구자들은 유아가 Piaget가 생각했던 것보다 훨씬 전에 물체 영속성 개념을 획득한다는 증거를 보여 주었다.

Baillargeon(1987)은 유아들이 물체 영속성이 훨씬 일찍 발달하지만, 행동하기에 근육이 발달하지 못해 숨겨진 물체를 찾으려고 행동하지 못할 수 있다고 의심하고, 새로운 실험 장치를 고안하여 습관화-탈습관화(habituation-dishabituation) 절차를 이용하여 실험하였다.

그림 14-15에서 보듯이 유아들은 아무것도 없는 바닥 위에서 널빤지가 180° 회전하는 장면을 여러 번 경험한다. 유아들은 처음 보는 대상을 오랫동안 응시하다 계속 보게 되면 덜 응시하는 성질이 있기 때문에 널빤지가 움직이는 장면을 여러 번 볼수록 점점 관찰 시간이 줄어든다. 유아들은 6회 이상 관찰하는 습관화 시행을 경험하고, 시험 시행 또는 탈습관화 시행이라고 불리는 과정에 들어가는데, 여기서 유아들은 널빤지 뒤에 작은 상자가 놓인 것을 먼저 보게 된다. 만일 물체 영속성 개념을 안다면, 유아는 뒤에 상자가 있으면 널빤지가 뒤로 완전히 젖혀지지 않을 것을 알 것이다. 널빤지가 상자가 있을 만한 위치까지 넘어가서 멈추는 '가능한 조건'과 널빤지가 완전히 뒤로 넘어가는 '불가능 조건'에 각각 할당되어 유아들의 관찰시간이 기록되었다. 그 결과, 불가능한 조건에서 유아들의 관찰시간이 더 늘었는데, 이는 놀라운 사건이기 때문에 더 오랫동안 관찰한 것으로 추론할 수 있다. 이러한 차이는 4개월 된 유아에서 나타났는데, 이로 보아 물체 영속성 개념은 Piaget가 생각했던 것보다 훨씬 어린 시기에 획득되는 것으로 보인다.

Kellman과 Spelke(1983)는 물체가 부분적으로 가려진 대상에 대한 물체 영속성 획득에 살펴보았다. 이 연구자들도 습관화-탈습관화 방법을 이용하여 유아들을 대상으로 실험하였다. 유

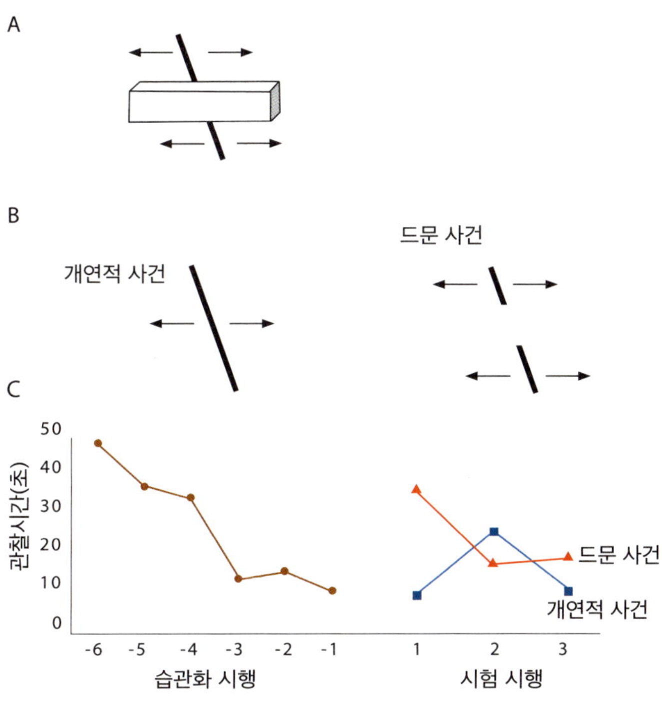

그림 14-16. (A) 습관화 시행. (B) 시험 시행. (C) 결과.

아들은 먼저 그림 14-16에 보이는 것처럼 다른 물체 뒤에서 좌우로 움직이는 막대를 지루할 정도로 관찰하였다. 그 뒤 시험 시행에서 온전한 막대 1개와 2개의 다른 막대가 움직이는 것을 관찰하는 시간을 가졌다. 만일 유아들이 습관화 시행에서 다른 물체 뒤에 있는 막대를 온전하게 지각했다면, 시험 시행에서 온전한 막대를 보고 지루하게 여기고 덜 보았을 것이다. 실제로 실험 결과, 4개월 된 유아들은 막대가 둘인 경우에 더 오랫동안 응시하였다. 따라서 시각적 완성은 이때부터 발달하는 것으로 추론된다.

그렇지만 이 실험 결과들로 볼 때, 만 1세도 안 된 아이들이 마술에 속을 것으로 생각해서는 안 된다. 마술을 즐기는 데 훨씬 복잡하고 정교한 학습과 주의가 들어가기 때문이다. 실제로 5세 이하는 성인만큼 마술에 잘 속지 않는다(Hyman, 1989).

대응문제

물체들은 사람들이 이동시키거나 관점을 바꿀 때 다른 물체에 일부 또는 완전히 가려지기도 한다. 그런데도 그 물체가 온전히 그 자리에 늘 있다고 지각하는데, 이 과정은 매우 자동적으로 일어난다. 그래서 다른 물체에 가려져 있던 물체가 정말로 사라지면 놀라곤 한다. 이것이 마술에서 물체 영속성을 이용하는 원리이다. 물체 영속성을 이용한 마술은 종종 물체들 일부와 일부 또는 조금 전에 보았던 물체와 지금 보고 있는 물체와 대응문제(correspondence problem)를 낳는다. 이 개념은 앞서 움직임 지각에서 살펴보았던 시간에 따라 제시되는 물체들끼리 같은지 다른지를 풀어야 하는 대응문제와 같다(☞7장). 간단한 마술을 예로 들어 보자.

> 마술사는 관객 1명을 선택해서 지갑에서 만 원짜리 지폐를 꺼내 들더니 반으로 접어 찢는다! 관객은 잠시 어리둥절하다. 마술사는 찢어진 지폐를 두 손에 넣은 후 마술의 입김을 불며 요리조리 만지작거린다. 동시에 '얍' 하는 소리와 함께 지폐를 관객에게 제시한다. 지폐는 멀쩡하다!

이 마술의 원리는 매우 간단하다. 마술사는 미리 만 원짜리 지폐를 잘 접어서 가짜 엄지 속에 끼워 실제 엄지에 씌워 감추어 둔다. 멀리서 보면 가짜 엄지는 진짜처럼 생겨서 전혀 의심을 사지 않는다. 그러고는 관객에게 얻은 지폐를 찢어 손으로 잘 접은 다음 가짜 엄지 속에 들어 있는 멀쩡한 다른 지폐와 바꿔치기한다. 관객들은 찢어진 지폐를 멀쩡한 지폐와 같은 물체로 보기 때문에 놀라지 않을 수 없다. 대응문제를 위치, 색깔, 크기, 형태 같은 지각 속성들을 비교하여 푼다고 배웠다. 마술에서도 마찬가지이다. 겉으로 보기에 비슷한 물체일수록 같은 물체로 볼 가능성이 크다. 대응문제를 이용한 마술은 대단히 많은데, 큰 놀라움을 일으키는 것을 효과가 좋은 마술로 분류할 수 있다. 예를 들어, 마술사가 온몸을 천이나 옷으로 감추고 잠시 세워 둔 관을 지나쳐 나와서 천을 걷어 보이니 미녀이고, 정작 마술사는 관객석 뒤에서 걸어 나온다. 아마도 마술사는 관 뒤에서 재빨리 같은 옷을 입은 미녀와 교대하고 자신은 밑으로 뚫린 비밀 통로를 이용해 관객석 뒤까지 재빨리 뛰어가서 미녀가 옷을 벗을 때에 맞춰 걸어 내려올 것이다.

지각적 집단화 이용: 단순성, 좋은 연속, 공동 운명

마술에서는 종종 집단화 원리가 이용된다(☞3장). 그림 14-17의 A를 보자. 마술사는 미녀를 기다란 나무 상자에 미녀에게 들어가게 요청한다. 미녀는 미소를 띠며 상자에 들어가고, 마술사는 톱으로 상자를 반으로 자른다. 상자가 잘리는 동안 미녀는 미소를 잃지 않는다. 다른 도우미들은 심지어 반으로 잘린 상자를 이리저리 돌려 보기도 하는데, 그렇지만 잘린 쪽을 관객에게 보이지는 않는다. 이 마술에서, 사람들은 미녀가 반으로 나뉘어 있지만, 같은 한 명의 사람으로 지각한다. 여기에는 숨겨진 가정이 있다. 하나는 몸 일부가 가려졌다고 해서 없는 것이 아니라 여전히 존재한다는 가정인 시각적 완성(visual completion) 원리가 들어 있다. 실세계에서 물체들은 저마다 독립된 공간을 차지하고 있지만, 사람들의 관점에서 물체들은 관찰자와 상대적 거리에 따라 부분적으로 또는 전체가 서로 중첩될 수 있다. 이를 단순하게 표현한 것이 그림 B이다. 이 그림을 볼 때 사람들은 검은색 세로 막대가 회색 가로 막대를 가리고 있다고 지각한다. 가려진 회색 막대는 2개의 막대와 하나의 막대로 해석 가능하지만 하나의 막대로 지각할 가능성이 크므로 단순성(simplicity) 원리로 볼 수 있다.

한편, 이 마술에는 다른 집단화 원리도 숨어 있다. 상자에 들어간 미녀는 머리와 발을 동시에 흔들어 보인다. 이때 관객은 발과 머리가 한 사람의 몸이라고 지각하게 되므로 공동 운명(common fate) 원리가 숨어 있다. 하늘에 날아가는 철새들이 한 집단으로 보이듯이 공동 운명 원리는 새나 물고기들이 함께 움직일 때 가용된다. 또한 몸통은 숨겨진 채 발끝과 머리만 관객에게 보인다. 이때 발과 머리는 일직선 상에 놓여 있어 한 물체로 지각되므로 좋은 연속(good continuation)의 원리가 숨어 있다. 만일 일직선이 아니라면 다른 두 사람으로 지각될 가능성이 있다. 그림 14-17의 C는 좋은 연속을 이용하는 잘린-로프-복원 마술(cut-and-restored rope trick)이다. 마술사는 기다란 로프를 반으로 접어 가운데를 가위를 자른다. 그런데 로프를 모두 풀면 똑같은 길이의 로프 2개가 아니라 기다란 줄 하나와 짧은 줄 하나가 나온다. 실제로 마술사가 자른 부분은 로프의 가운데가 아니라 한쪽 끝임에도 손으로 가린 로프의 부분 때문에 로프가 정확히 둘로 나뉜 것으로 잘못 지각되기 때문이다(Barnhart, 2010).

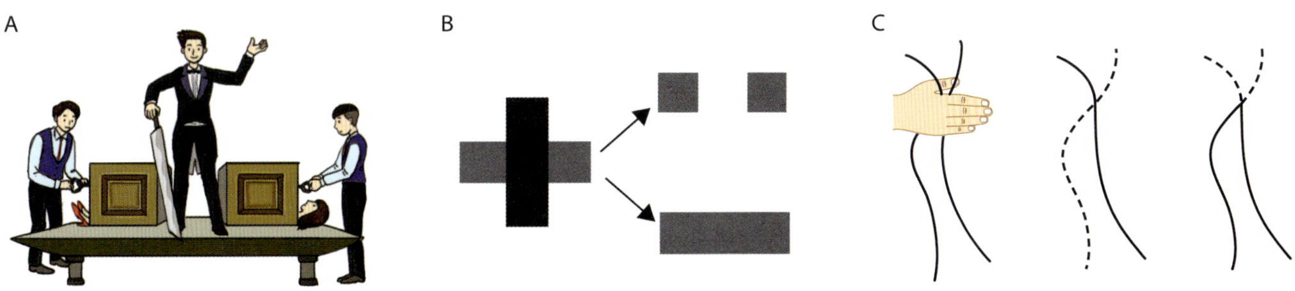

그림 14-17 마술에서 좋은 연속의 원리.

주의와 오방향

마술에서 주의는 매우 중요한 요인이다. 예를 들어, 그림 14-18에 제시된 마술을 살펴보자. 이 마술에서 마술사는 양손으로 보자기를 쥐어 펼쳐 보이는데, 보자기 가운데서 달걀이 올라와 춤을 춘다. 이때 관객은 마술사의 손은 2개뿐이고 달걀은 스스로 움직일 수 없다는 가정 때문에 눈이 휘둥그레질 것이다. 물론 여기에도 눈속임이 있다. 마술사의 오른손은 진짜 손처럼 만들어진 가짜 나무 손이다. 따라서 진짜 오른손은 보자기 뒤에서 달걀을 움직이고 있는 것이다. 이 마술은 매우 간단하지만 달걀이 보자기 위에서 춤추는 것을 놀랍게 보이도록 하기 위해서 사전에 몇 가지가 확인되어야 한다. 마술사는 보자기를 주머니에서 꺼내어 앞뒤로 움직여 보자기 이외에 아무것도 없다는 것을 확인시켜야 한다. 또한 마술사는 두 손 이외에 아무런 도구가 없다는 것도 보여 주어야 한다. 그러면서 재빨리 미리 숨겨 둔 가짜 손을 꺼내어 보자기 한쪽을 잡아야 하며, 보자기를 펼치고 위아래로 흔들어서 두 손이 시각적 집단화가 일어나 진짜 두 손으로 동작하는 것처럼 보이도록 해야 한다. 이 과정들 하나하나가 주의를 받아야 예상치도 못했던 달걀이 보자기 위로 등장할 때 마침내 관객은 놀라움을 동반한 시각적 환영을 경험할 것이다.

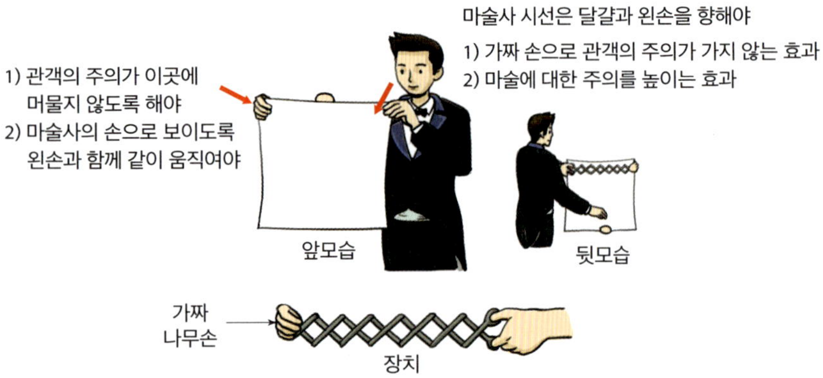

그림 14-18 달걀이 보자기 위에서 춤추는 마술. 마술사는 가짜 손으로 보자기를 쥐고 있고 남아 있는 오른손으로 미리 숨겨 둔 달걀을 들어서 보자기 위에서 좌우로 움직이는 모습을 보여 준다. 앞에서 보면 달걀이 스스로 보자기 끝에서 이리저리 춤추는 것처럼 보일 것이다. 이 마술에서 마술사는 관객이 가짜 손에 주의하도록 마술사의 시선은 오른손이나 보자기 가운데에 두어야 한다. 아래는 가짜 손이 진짜 손의 역할을 대신하는 원리를 보여 준다. Nelms(1969)의 그림 108, 109, 110을 편집함.

만일 어떤 사람이 이 부분만 보았다면 놀라움이 덜할 텐데 그 이유는 보자기 위에 달걀이 나오게 하는 것은 불가능하지 않다는 것을 추론하기 때문이다. 즉, 마술사가 어떤 도구를 이용해서 달걀이 움직이게 하고 있을 것으로 생각할 수 있다. 그렇지만 처음부터 이 마술을 보아 온 사람들은 이 추론을 하지 못한다. 왜냐하면 보자기 이외에는 아무것도 없는 것을 보았고, 빈 보자기에 따른 지각적 기대가 형성되었기 때문이다. 이 차이가 바로 시각적 환영을 경험할 수 있느냐 없느냐를 결정한다. 이는 연극의 장 또는 막의 개념을 이용해서 설명할 수 있다. 연극 한 편에서 중요한 장이나 막을 이해하지 못하고서는 연극 전체에서 나오는 감동에 이를 수 없다. 따라서 마술사는 관객의 주의를 마술의 이해에 필요한 사건에 향하도록 노력해야만 한다. 이렇게 마술의 이해에 꼭 필요한 주의를 마술의 주의라고 한다. 의미 있는 마술일수록 사람들은 그 결과가 궁금하여 더 깊은 주의를 할 것이다. 마술사는 관객이 마술에 주의하도록 노력하는 동시에 마술의 원리를 감추기 위해 관객의 주의를 돌려야 하는 순간도 있다. 이 마술이 시작될 때, 두 번째로 마술사는 가짜 손에 관객의 주의가 가지 않도록 해야 한다. 왜냐하면 눈치 빠른 관객은 가

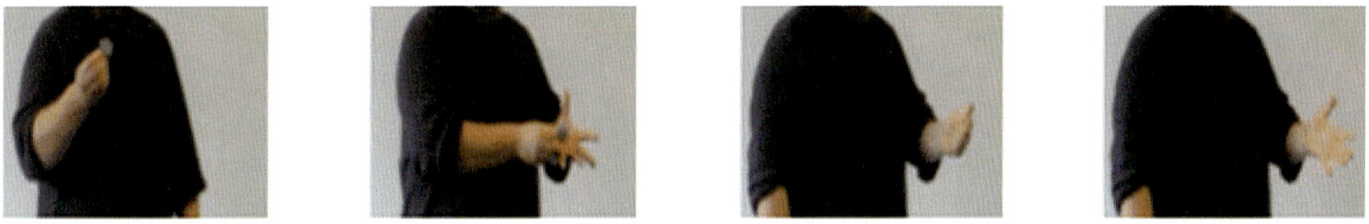

그림 14-19 동전이 사라지는 마술의 예.
오른손으로 동전을 보여 주고, 왼손에 넘겨준 다음, 쥐었던 왼손을 펴면 동전이 없다(Beth & Ekroll, 2014).

짜 손이라는 것을 면밀한 관찰 끝에 알아차릴 수 있기 때문이다. 이렇게 하기 위해서는 마술사는 자신의 시선을 가짜 손에서 멀리하고 보자기 위에 머물도록 하거나 달걀을 재미있게 움직여 관객의 주의를 가짜 손에서 돌려야 한다.

한편, 관객마다 고유의 관심에 따른 주의가 있는데, 어린이는 무대 위의 인형이나 동물에 주의할 것이고, 성인 남자는 마술사를 도와주는 미녀의 다리에 시선을 떼지 못할 것이다. 이를 관객의 주의라고 한다. 성공적인 마술은 이 마술에 대한 주의와 관객의 주의가 일치되어야만 하며, 이 두 주의가 일치되도록 하는 것은 마술사의 쇼맨십이다. 따라서 마술사는 마술 시작 전에 관객의 연령층, 성별, 장소 등을 미리 고려하여 관객의 관심 특징에 대해 파악해 두어야 한다.

이 마술의 성공에서 가짜 손은 필수적인 요소이다. 만일 이 가짜 손이 손 모양이 아니라 집게 모양이었다면 아무도 마술에 속지 않고 보자기 뒤에 가려진 오른손으로 달걀을 움직였을 것이라고 추론할 것이다. 그렇지만 모양과 색이 오른손과 닮았기 때문에 관객들은 달걀이 스스로 움직였다고 추론하게 된다. 이렇게 관객들로 하여금 관객의 주의를 이용하여 마술의 숨겨진 원리를 잘못 추론하게 하는 기술을 오방향(misdirection)이라고 하며, 마술에서 필수적이다. 그런데 오방향은 매우 포괄적인 개념으로 마술 소품에만 국한되지 않는다. 오방향을 좀 더 자세히 이해하기 위해 다른 예를 들어 보자.

그림 14-19처럼 마술사는 오른손으로 동전을 들어 보인 뒤 왼손으로 건넨다. 왼손에 들어 있어야 할 동전은 잠시 뒤 없는 것으로 확인된다. 이 마술은 몇 개의 작은 사건들로 구성된다. 마술사가 동전을 오른손에서 왼손으로 넘기는 동작은 일상에서 아주 흔한데, 우리가 스스로 자주 하기도 하며 남들이 하는 동작을 관찰하기도 한다. 따라서 우리는 자신도 모르게 이 규칙에 따라 동전이 왼손으로 넘어간 것으로 추론하는 것이며, 동전이 이 손에 남아 있다고 기대하는 것이다. 마술사가 동전을 다른 손에 전달하는 손동작을 하여 관객으로 하여금 동전이 실제로 다른 손에 전달된 것으로 지각하도록 하는 기술 역시 오방향이라고 한다. 그러므로 오방향이라는 개념은 마술의 소품뿐만 아니라 마술사의 동작도 포함할 수 있다. 쉽게 말해 오방향은 관객이 마술이 일어나는 실제 원리에서 벗어나 잘못된 추론을 하도록 유도하는 모든 것을 지칭한다.

마술을 알아차리는 데 꼭 시선이 필요할까?

마술에 속는 이유는 마술사의 손이 너무 빨라서 눈이 따라가지 못하기 때문이라고 생각할 수 있다. Kuhn과 Tatler(2005)는 이런 생각에 의문을 던지는 연구를 수행하였다. 이들은 라이터와 담배가 사라지는 간단한 마술을 관찰자들 앞에서 시연하였는데(그림 14-20), 실은 라이터와 담배는

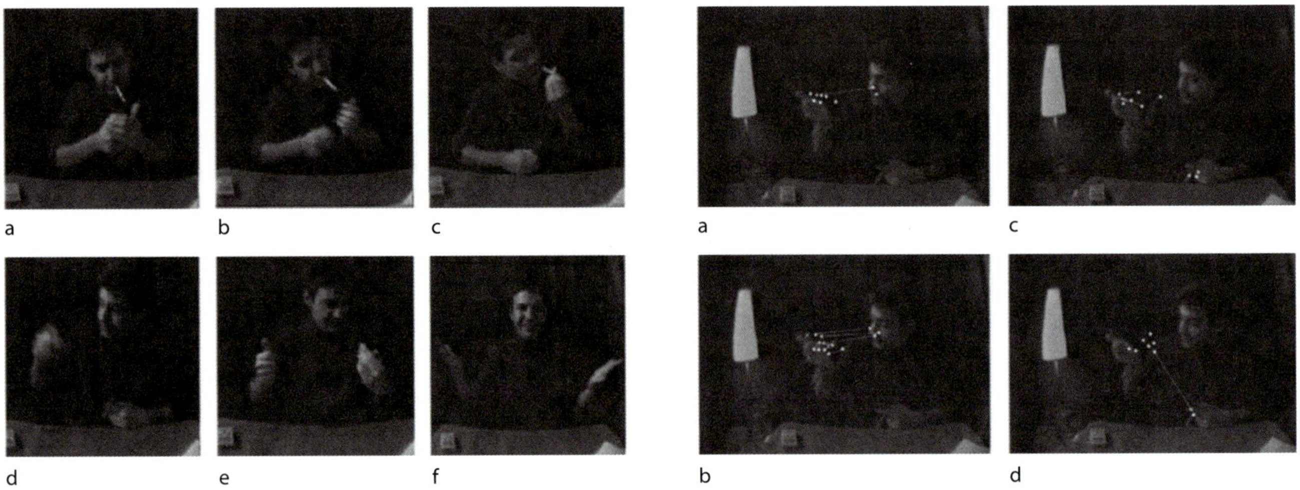

그림 14-20
(왼쪽) 라이터와 담배가 사라지는 마술(a~f). (오른쪽) 담배가 테이블 밑으로 떨어지는 순간 참여자들의 시선이 멈춘 곳을 보여 준다. (a) 마술을 사전에 듣지 못한 참여자들의 시선이 머문 곳을 흰 점으로 보여 준다. (b) 사전에 마술에 대해 들은 참여자들의 시선이 멈춘 곳으로 흰 점으로 표시된 위치는 알아채지 못한 사람들의 시선이 멈춘 곳이고, x로 표시된 위치는 알아챈 2명의 시선이 멈춘 곳이다. (c) 사전에 듣지 못한 참여자들이 두 번째 마술을 볼 때 시선이 멈춘 곳을 보여 주는데, 이때는 모든 참여자가 담배가 테이블 밑으로 떨어진 것을 알아챘다. (d) 사전에 마술에 들은 조건에서 처음에 속임수를 알아챈 2명을 제외한 다른 8명이 두 번째로 마술을 볼 때 시선이 머무는 곳을 보여 준다. 4개 그림에서 화살표는 담배가 떨어지는 순간 눈 움직임이 일어난 크기와 방향을 보여 준다(Kuhn & Tatler, 2005).

테이블 밑으로 밀려 떨어졌다. 관찰자들은 머리에 눈 운동을 탐지하는 장치를 매단 채 마술을 감상하였다.

20명의 관찰자가 참여하였는데, 10명에게는 마술을 보여 주기 전에 라이터와 담배가 사라지는 마술을 보게 될 것이라고 알려주었고, 다른 10명에게는 그림 감상에 관한 실험이라고 말하고, 마술에 대해서는 아무런 말도 하지 않았다. 실험 결과 마술에 대해 사전에 들은 10명 중 2명만이 속임수를 알아차렸고, 다른 18명은 모두 알아채지 못하였다. 알아채지 못한 사람들 모두 같은 마술을 두 번째 보았을 때는 속임수를 알아차렸다. 흥미로운 사실은 그들의 시선이 머문 곳이었는데, 속임수를 알아채든 못 채든 시선은 대체로 속임수가 벌어지는 곳이 아닌 마술사의 얼굴과 허공에 떠 있는 손에 있었다는 점이다. 즉, 시선이 반드시 속임수가 일어나는 곳에 머문다고 해서 이를 알아채는 것도 아니고, 다른 곳에 머문다고 해서 못 알아채는 것도 아님을 시사한다.

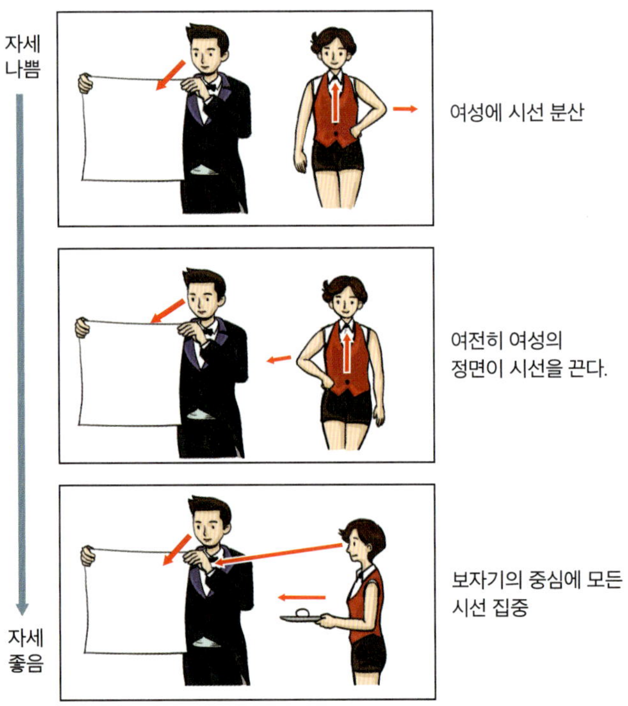

그림 14-21 마술사의 자세와 관객의 주의.

마술사는 관객의 주의를 다루는 기술을 끊임없이 연마해야 한다. 마술사는 마술을 성공시키려고 관객의 주의를 따돌리기만 해서는 안 된다. 왜냐하면 마술을 통해 놀라움의 즐거움을 경험하기 위해서 관객은 마술에 관심을 가져야만 하기 때문이다. 따라서 마술사는 관객으로 하여금 마술 자체에 대한 주의를 유지하면서 기술이 들통나지 않도록 중요한 순간에 관객의 주의를 다른 곳으로 유도해야 한다. 그림 14-21은 마술사가 취해야 할 자세에 대한 한 가지 예를 보여 준다.

마술사가 마술 기술을 감추기 위해서 관객의 주의를 순간적으로 이용하는 것은 어디까지나 소극적인 이용일 뿐이다. 이보다 더 중요하고 마술이 추구해야 하는 궁극적인 것은 관객이 마술 자체에 몰입하도록 하는 마술의 극적 요소이다. 마술사의 쇼맨십이 제대로 작동될 때 관객은 마술사가 보여 주고 싶지 않은 속임수에 의심을 거두고 마술에 넋이 빠지게 된다.

무대 예술로서 마술

그렇다면 지각적 기대는 어떻게 생길까? 이는 그림 14-19에서 보여 준 동전 사라지기 마술에서 동전이 왼손에 들어 있다는 기대는 마술사가 앞서 보여 준 몇 개의 동작에서 발생한다. 또한 마술사가 미리 말을 해서 관객에게 알릴 수도 있다. 마술사가 어떻게 지각적 기대를 불러일으키는지 전문 마술사인 Nelms(1969)의 교훈을 들어 보자. 그에 따르면 그림 14-22에 제시한 것처럼 하나의 마술은 적어도 9개의 기본 단계로 이뤄진다고 설명하고 있다.

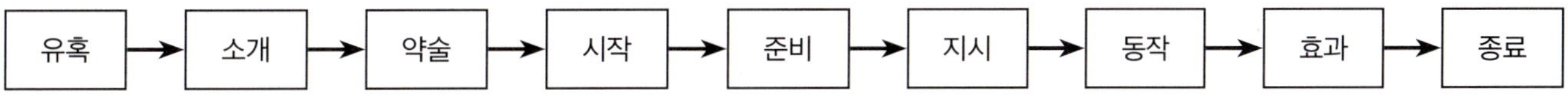

그림 14-22 마술의 단계.

(1) **유혹** 무대 위에서 마술사가 소란스러운 분위기를 잠재우고 관중의 관심을 끄는 단계이다. 기술 좋은 마술사라면 "신사 숙녀 여러분!" 같은 뻔한 말로 시작하지는 않겠지요?

(2) **소개** 관중의 시선을 끌었다면, 다음 순서는 마술을 시연할 분위기로 무대를 이끄는 일이다.

(3) **약술** 마술에서 놀라움은 기대가 깨질 때 일어난다고 앞서 설명하였다. 그러므로 만일 무대 위에서 어떤 일이 일어날지 전혀 예측하지 못한 상태에서 놀라운 일이 벌어지면 놀라움보다 당황함이 앞설 수 있다. 마술사는 어떤 마술을 시연할지 한두 문장으로 간략히 설명하여 마술에 대한 기대를 형성할 필요가 있다.

(4) **시작** 약술이 끝났고, 관객의 호기심이 한껏 고조되었을 때, "좋아요, 이제 보여 드리죠." 같은 말로 마술을 시작하여, 본격적으로 관객의 주의가 모이도록 유도한다.

(5) **준비** 마술에 필요한 도구와 장비가 무대 위에 올려지고 마술 시연이 준비된다.

(6) **지시** 마술 도구와 장비에 대한 의심을 없애는 단계로, 무대 위로 자발적으로 올라온 사람들이나 관객 전체를 상대로 확인해 준다. 관객은 마술을 보는 과정에서 다양한 의심을 하여 엉뚱한 곳에 주의하거나 스스로 만든 여러 설명을 이용하여 마술 효과를 떨어트릴 수 있는데, 이를 통제할 필요가 있다.

(7) **동작** 마술 시연을 뜻한다.

(8) **효과** 놀라움을 경험하는 클라이맥스로 보통 매우 짧다.

(9) **종료** 관객이 마술에서 놀라움을 경험한 뒤부터 다음 마술이 소개되지 전까지이다.

속임수와 확신

마술에서 관객은 시각적 환영을 즐긴다. 시각적 환영은 어디까지나 실제가 아닌 묘사에 불과한 것이다. 따라서 마술에서 눈속임(deception)은 필수적인 요소이다. 그런데 이 눈속임은 매우 기술적으로 일어나서 관객에게 확신(conviction)을 줘야 한다. 묘사와 확신의 관계를 연극을 예를 들어 설명할 수 있다. 극장에서 관객들은 배우의 연기를 보고 극에 빠져들어 감동하는데, 이 감동을 위해서는 배우의 연기와 무대 장치 등이 가짜가 아닌 진짜라는 믿음을 줘야 한다. 그래야만 관객은 앞에 놓인 것이 진실이라고 믿게 되는 것이다. 이것은 영화나 미술 작품에서도 마찬가지이다. 관객이 보는 것이 스크린이나 캔버스 같은 매체라는 틀 안에 표현된 것이어야만 한다. 마술에서 마술사의 행동은 물론 말투, 복장, 표정 같은 것들도 관객의 의심을 살 수 있기 때문에 철저하게 다뤄져야만 한다. 따라서 마술사는 이런 점들을 신중히 고민해야만 한다. 그럴 때만이 무대 위의 마술이 시각적 환영이 될 수 있고, 관객은 눈속임이라는 사실을 미처 생각하지 못한 채 시각적 환영에 매료되는 것이다. 즉, 마술사가 이끄는 사건을 구성하는 좀 더 높은 수준의 의미에 주의함으로써 마술이 사실 눈속임이라는 기본적 사실에 대한 의심을 거두게 된다. 이는 매우 놀라운 기술이다. 그림 14-23은 이를 간단하게 보여 주고 있다.

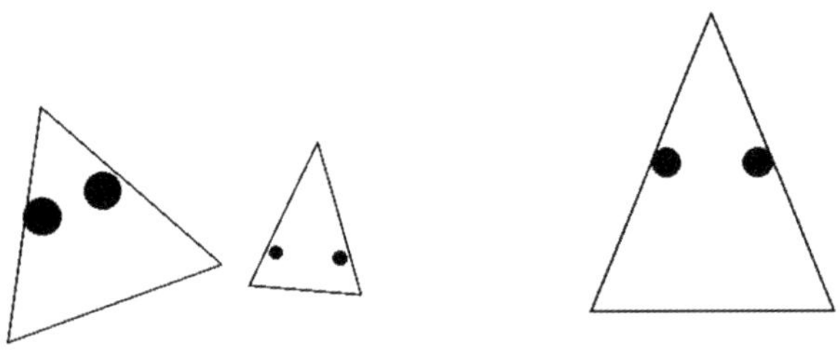

그림 14-23 집단화와 다층적 의미.
이 그림은 여러 수준에서 지각할 수 있다. 먼저 제일 낮은 수준에서 점들과 선분들로 분석해서 볼 수 있는데, 9개의 선분과 6개의 점이 보인다. 그다음 얼굴 모양의 3개 삼각형이, 그다음에는 엄마, 아기, 아빠 같은 사회적 관계가, 그다음은 우울 또는 행복 같은 감정적인 상태가 지각될 수 있다. 점점 높은 수준의 특징을 지각할 때 사람들은 낮은 수준은 덜 주의하여 의식하지 못한다는 점을 주목하라. 마술사가 마술에 높은 의미를 부여할 때 관객은 이에 몰입하게 되어 마술이 눈속임이라는 의심을 아예 잊게 된다.

의미 부여

일상에서 의미(meaning)라는 단어는 여러 가지 뜻으로 쓰인다. 가장 흔한 것으로 특정 대상을 언어로 지칭하는 상징으로서 의미일 것이다. 그렇지만 마술에서 말하는 첫 번째 의미는 마술 행위가 맥락에서 갖는 목적을 뜻한다. 예를 들면, 마술사가 아무것도 없이 비어 있는 모자에서 샌드위치를 꺼내는 마술은 그 자체로 목적이 약하다. 그렇지만 배고픈 관객에게 샌드위치를 비어 있는 모자에서 꺼내어 건네 주는 것은 목적이 있다. 그러므로 후자의 예가 더 의미 있다고 말할 수 있다. 의미 없는 마술은 단순한 눈속임 또는 트릭(trick)에 불과하며 의미가 더해져야 시각적 환영(illusion)이 될 수 있고, 마술사는 이 환영을 추구해야 한다. 트릭과 환영에 대한 몇 가지 차이는 표 14-1에서 볼 수 있다. 이 원리는 단지 마술에만 제한되지 않고 연극, 영화, 미술 같은 모든 예술에 적용된다. 이들 모두에서 예술가가 관객에게 바라는 것은 예술가가 느낀 감정이지 이를

표 14-1 트릭과 환영의 차이. 트릭은 단지 눈속임에 불과하지만 마술의 환영은 의미가 더해질 때 생기는 예술적 체험이다.

	시각적 트릭	시각적 환영
관객의 주의	속임수에 주의	의미에 주의
관객의 자세	의심	믿음
관객의 감정	불편	감동

그림 14-24 해리 후디니의 탈출 마술.
후디니가 나무 상자에 갇혀 바다에 던져지기 전 수갑에 묶인 양손을 들어 보이고 있다(1912년). 이 마술은 바다가 아닌 평지에서도 할 수 있을 것이다. 그렇지만 배 옆에 일렁이는 바닷물이 평지보다 보는 사람의 긴장을 더 불러일으킨다. 즉, 바다에서 행하는 것이 평지에서 행하는 것보다 더 큰 흥미를 자아내고, 그래서 더 의미 있는 마술이라고 말할 수 있다(*New York Daily News*, 2012년 9월 12일).

표현한 수단이 아니다.

마술에서 말하는 의미의 두 번째는 관객의 흥미이다. 즉, 마술 자체가 아무런 목적이 없다 해도 관객이 관심을 두고 흥미를 느낀다면 의미가 있다고 말한다. 미국에서 활동한 해리 후디니(Harry Houdini, 1874~1926)는 늘 많은 관객을 몰고 다녔다. 후디니를 유명하게 만든 마술은 각종 포박 도구에서 탈출하는 것이었다. 후디니는 탈출 마술을 정해진 무대 밖으로 옮겨 펼쳐 보이곤 하였다. 시내 거리, 감옥, 항구 등 사람들의 왕래가 잦은 곳에서 마술을 선보이곤 하였다. 그림 14-24는 한 예를 보여 주고 있다. 개념적으로 후디니의 마술을 탈출 마술로 분류할 수 있지만, 관객들은 싫증 내지 않고 마음을 졸이며 후디니의 마술을 지켜보곤 하였다. 그 이유는 매번 다른 탈출 환경에서 과연 탈출할 수 있을까 하고 강한 호기심을 느꼈기 때문이다. 이렇게 탈출이라는 똑같은 목적임에도 사람들은 새로운 탈출 환경에 대해 흥미를 느끼곤 하는데, 이것 역시 의미 있는 마술이라고 할 수 있다. 이를 위해 후디니는 다양한 마술 환경에 대해 고민했을 것이고, 이를 실행에 옮기는 것을 후디니의 쇼맨십이라고 할 수 있다.

그 옛날 메소포타미아 같은 고대 문명 시절, 천재지변과 생로병사는 하늘에서 내려온 것으로 이해의 대상이 아니었다. 그런 사회에서 사람들이 보여 준 종교, 주술, 마술 같은 초월적 대상에 대한 무조건적 믿음과 경외는 자연스러운 일이다. 그러나 과학이 발달한 오늘날 자연의 많은 수수께끼가 풀렸음에도 여전히 사람들은 신비로움에 대한 추구를 멈추지 않는다. 과학 기술과 정치, 문화가 발달했음에도 생활에서 어려움은 형태만 바뀌었을 뿐 언제나 존재하기 때문일 것이다. 초과학에 대한 동경과 과학에 대한 동경은 모두 현재 처한 어려움을 벗어나려는 동기를 공통적으로 가진다는 점에서 비슷하다.

관념근 동작

어떤 동작들은 사람의 의지없이 일어나는 것처럼 보이기 때문에 놀라움을 일으킨다. 최면에 빠진 사람이 지시자의 말에 따라 손을 올리거나 수맥봉으로 수맥찾기, 요동 진자, 오링 과제 등이 좋은 예이다(그림 14-25). 동작은 뇌에서 보낸 운동 명령에 의해 근육을 통해 구현되는데, 어떤 운동 명령은 의식을 수반하며 어떤 동작은 수반되지 않는다. William Carpenter(1852)는 무의식적 운동을 크게 3가지로 나눴다. 호흡, 삼키기와 같은 자동적으로 일어나는 생리적인 동작들이 있고, 뜨거운 난로에서 재빨리 손 떼기 같은 반사적인 동작들이 있다. 그런데 이 동작들은 습관화되어 있기 때문에 놀라움을 주지 않는다. 또한, 기대, 암시, 타인의 동작 관찰로 인해 동작이 무의식적으로 일어날 수 있는데, 이를 관념근 동작(ideomotor action)이라고 한다(ideo는 idea이며, motor는 근육 운동을 뜻한다). 예를 들어, 배가 불러도 맥줏집에서 자꾸 땅콩을 향해 손을 뻗는다(James, 1879). 당구에서 공을 치고 공이 목표물을 향해 굴러가도록 자기도 모르게 공과 함께 몸을 기울인다(Prinz, 1992). 축구 경기에서 중요한 순간 선수의 발과 함께 시청자의 발이 앞으로 나아갈 수 있다. 권투 중계를 보던 사람도 주먹이 올라갈 수 있다. 이런 동작들은 분명하고 의식적인 뇌의 명령 없이도 일어날 수 있는데, 역시 습관화되어 있기 때문에 놀라움의 대상이 아니다. 그런데 관념근 동작은 일상적인 맥락이 아닌 신비감을 일으키는 맥락에서 일어날 때 놀라움을 안긴다.

수맥찾기(dowsing)는 수맥봉이라는 2개의 금속이나 나무 막대기를 양손으로 수평을 잡아 쥐는 것으로 시작된다. 수맥봉을 부드럽게 양손에 쥐고 천천히 걷다 보면 지하에 물이 흐른다고 주장되는 지점에서 두 막대가 서로를 향해 움직인다. 행위자 자신은 막대를 움직이지 않았다고 생각하기 때문에 막대의 움직임은 외부의 힘에 의해 일어난 것이라고 믿는다. 그렇지만 한 실험에서 50cm 밑에 수로를 묻고 사람들에게 수맥봉을 이용해 수로를 찾으라고 했을 때 성공할 확률은 우연 수준과 차이가 없는 것으로 밝혀졌다(☞Google: Dowsing, Wikipedia). 행위자는 권위자에 의해 이미 어느 지점에 물이 흐르고 있다는 암시를 받기 때문에 자신도 모르게 막대가 움직이게 손에 미세한 힘을 줄 수 있다. 또는 지형지물의 분위기에 의해 권위자의 지시 없이도 일어날 수 있다. 우리나라에서 수맥봉은 수맥찾기뿐만 아니라 명당 찾기나 귀신 찾기 등에도 이용되는데, 이것은 우리 고유의 것이 아니라 근세에 유럽에서 건너온 것으로 추론된다.

요동 진자(exploring pendulum)는 원이 그려진 종이 위에서 진자를 가만히 쥐고 있으면 어느

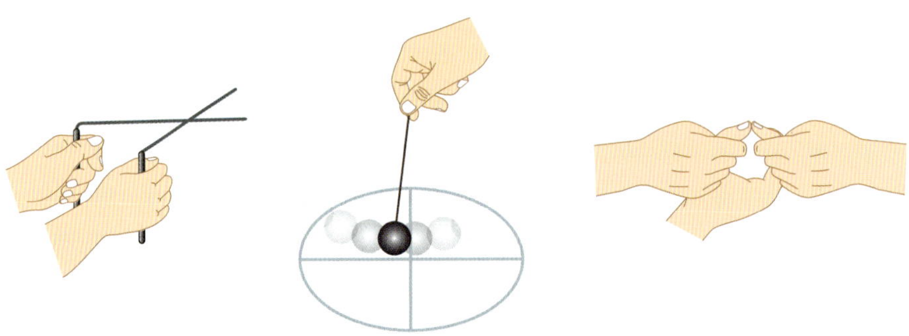

그림 14-25 수맥봉, 요동 진자, 오링 과제.

순간부터 서서히 움직이다 더 크게 왕복 운동을 하거나 불규칙한 방향으로 움직이는 것을 말하며, 여러 가지 변형이 있다. 지시자가 말한 방향대로 진자가 움직이거나 특정 방향으로 움직이므로 귀신이 진자를 움직였다고 지시되기도 한다. 그렇지만 이 현상은 지시자의 암시에 의해 행위자의 손에 미세한 힘이 가해졌기 때문이다. 학생들 사이에서 유행하는 귀신 불러오기 행위인 '분신사바' 역시 이에 속한다. 이 현상 역시 함께 볼펜을 쥐고 있는 사람의 손에서 전달된 매우 작은 힘이 증폭되어 일어날 수 있다.

오링 과제(O-ring test)는 한 손의 엄지와 검지 끝을 이용하여 O자를 만들어 놓고 온 힘으로 이를 유지하라고 했을 때, 검사자가 두 손으로 두 손가락을 잡아당겨 근육의 힘을 측정하는 것이다. 의학에서 환자의 손가락 힘을 검사하기 위해 개발된 것이지만, 일부 종교에서 외부의 힘을 증명하는 도구로 왜곡되어 사용하기도 한다. 예를 들어, 검사 중인 손바닥에 소용돌이와 같은 상징이나 부적을 붙여 놓으면 여간해서 붙어 있던 손가락이 잘 떨어지지 않는다는 시연을 보인다. 그렇지만 상징이나 부적에 대한 설명이 지시되어 피검자가 손가락을 쥐는 동작이나 손가락을 벌리려는 검사자의 손동작에 영향을 미칠 수 있다.

이런 관념근 동작들은 행위자가 자신의 동작에 대한 분명한 의식 없이 일어나기 때문에 외부의 힘(external forces)에 의해서 일어난다는 착각을 일으키곤 한다. 그렇지만 실험실에서 정상인을 상대로 쉽게 시연된다(Hyman, 2003). 정말 외부 힘이 존재한다면 이렇게 우스꽝스러운 방법으로 힘을 나타내겠는가? 이런 현상을 놀이로서 시연하는 일은 어쩔 수 없지만, 악용하여 순진한 사람들을 복종시키는 일은 잘못이다.

신비적 믿음은 시간에 따라 과장된다

Wiseman과 Lamont(1996)의 조사에서 신비적 믿음은 시간에 따라 과장될 수 있음이 밝혀졌다. 이 연구자들은 인도의 밧줄 마술에 대한 사람들의 기억을 추적하였다. 이 마술은 14세기부터 내려온 전설적인 마술이다. 알려진 바에 따르면 이렇다.

> 마술사가 밧줄을 하늘 높이 던지면 밧줄은 하늘 높이 올라가 매달린 채로 있다. 마술사를 도와주는 소년이 지시에 따라 밧줄을 타고 올라가 사라진다. 마술사가 소년을 부르며 외치지만, 아무런 대답이 없자 마술사는 칼을 허리에 차고 올라가 사라진다. 몇 분 후, 위에서 다툼과 함께 비명이 들리고, 땅바닥으로 소년의 것으로 보이는 잘린 팔과 다리가 떨어진다. 마술사가 내려와 몸 조각들을 천으로 덮고 주문을 외우자 소년이 살아 천에서 나온다.

19세기 후반 이 마술은 입에서 입으로 전해지면서 살이 더해져 인도의 신비로움의 상징이 되었다. 그렇지만 어떤 마술사도 실제로 이 마술을 대중 앞에서 보여 준 적은 없었다. 그럼에도 이 마술을 보았다는 많은 목격자가 있었는데 어찌 된 일일까? Wiseman과 Lamont(1996)은 목격자들이 이 마술에 대한 설명을 과장하여 신비로움을 덧붙였는데, 이러한 경향은 시간이 지날수록 더 심해질 것이라는 가설을 세웠다. 이 연구자들은 이 마술을 보았다는 증인들이 기술한 문장 21개를 찾았고, 과연 이 마술을 처음 보고 기술한 때부터 시간이 지남에 따라 그들의 설명이 얼마나 인상적인지 그 정도를 5개의 범주로 나눴다.

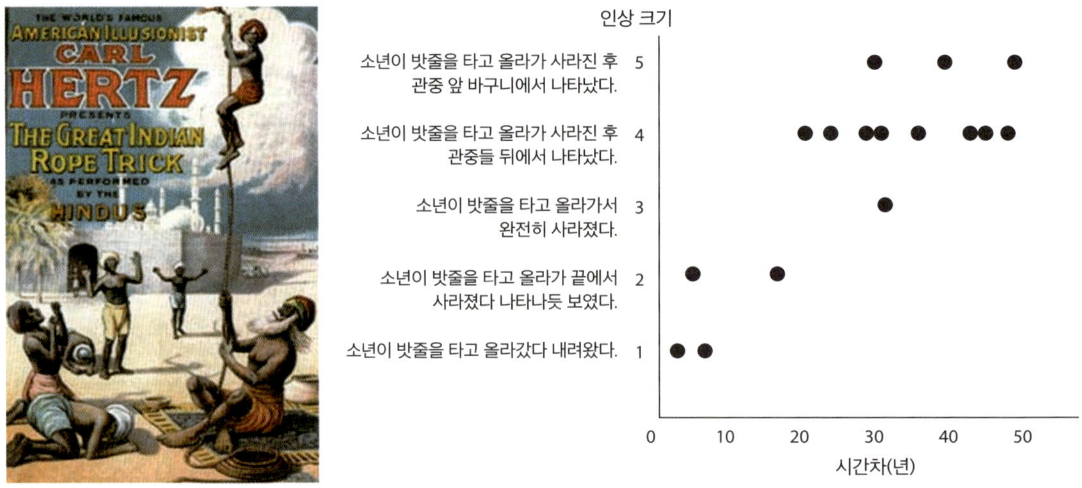

그림 14-26 인도 밧줄 마술.
인도 밧줄 마술을 보았다는 사람들의 목격 시점과 설명 시점에 따른 인상 크기. 오래전 기억일수록 인상 크기가 증가한다. 즉, 마술에 대한 과장이 심해질 가능성을 시사한다.

조사 결과(그림 14-26), 목격과 설명의 시간 차이가 클수록 자신들이 받았던 인상의 정도가 더 심해지는 것으로 나타났다($r = .866$). 즉, 원래 자신들이 보았던 마술을 과장되게 기술하는 경향을 시사한다. 그렇다면 목격자들은 아무것도 보지 않고 그런 설명을 했을까? 연구자들은 목격자들이 최초에 얼마간 비슷한 광경을 보고, 예를 들어 맨발로 세워져 있는 대나무에 올라가는 소년 마술이나 밧줄 중심 잡기 묘기 등, 여기에 살을 덧붙일 것이라고 추론하였다. 자신이 실제로 이 마술을 시연했다는 마술사가 있었는데, 그는 이 마술을 밤에 했고 밧줄 끝에 잘 안 보이는 철사를 달아 큰 나무에 묶었고 땅바닥에 떨어뜨린 고깃덩어리는 원숭이 사체였으며, 소년과 자신은 곡예 전문가이며, 소년을 자신의 마술 복장 속에 숨기고 내려와 바구니에서 나타나게 했다고 한다. 비록 이 연구가 이 마술이 정말로 시연되었는지는 밝히지 못했지만, 전달되는 과정에서 이 마술에 왜곡이 일어날 수 있음을 보여 준다.

타인의 지시(suggestion)는 지각자의 지각에 영향을 줄 수 있다. 자동 운동 현상에서(☞7장), 실제로는 가만히 서 있는 불빛이 움직인다고 다른 사람들이 옆에서 말했을 때, 사람들은 이 착시를 더 강하게 보고하곤 한다(Sherif, 1935). 마술에서도 지시는 마술을 성공시키는 데 매우 중요한 요소이다. 지시는 타인의 언어에 의해 명시적으로 전달될 수 있지만, 타인의 말투와 표정, 타인의 존재 같은 비언어적인 형태로 또는 방, 도로, 건물 등의 주변 환경을 통해 암시적으로 전달될 수도 있다.

지시와 마술 효과

Wiseman과 Greening(2005)의 실험에서 참여자들은 2분짜리 동영상을 보았다. 첫 1분 동안, 동영상에는 탁자 위에 숟가락, 포크, 나이프, 열쇠 등의 금속 물체들이 놓여 있었고, 마술사는 진행자의 지시에 따라 열쇠를 집어 가운데가 휘어지는 마술을 보여 주었다. 마술사는 휘어진 열쇠를 탁자 위에 놓았고 나머지 1분 정도 열쇠의 클로즈업 장면이 시청되었는데, 실제로는 전혀 움직이지 않았다. 한 조건의 참여자들은 탁자 위에서 열쇠가 계속해서 휘고 있다는 구두 지시를 들었고(지시 조건), 다른 조건의 참여자들은 아무런 지시를 듣지 않은 채 정지된 열쇠를 보기만 하였다(비지시 조건). 동영상 시청이 끝나고 참여자들은 정말로 열쇠가 휘어지고 있었는지 그렇지 않았는지를 질문지에 표시하였다. 분석 결과, 지시 조건의 참여자 23명 중 9명(39%)이 실제로 물체가 계속 휘어졌다고 보고하였고, 비지시 조건에서는 23명 중 단 1명(4.35%)만이 그렇게 답하였다. 이 결과는 진행자의 지시가 마술 효과를 증가시킴을 보여 준다. 한편, 이 연구에서 초자연 현상을 믿느냐와 그렇지 않으냐에 따른 결과를 분석했을 때 차이가 나타나지 않았다. 즉, 실험 전에 초자연적인 현상이 일어날 수 있음을 믿는지를 7점 척도로 표시하게 한 후 실험에 참여하였는데, 이 점수가 높다고 해서 열쇠가 계속 휘어지고 있다고 지각할 가능성과는 상관이 나타나지 않았다.

그런데 분위기에 따라 초자연 현상에 대한 평소의 믿음이 마술 효과를 증가시킬 수도 있다. Wiseman 등(2003)은 혼령을 불러오는 의식에 참여자들을 초대하였다. 물론 이 의식은 가짜였다. 실험은 창문이 없는 넓은 방에서 매우 희미한 조명 아래서 진행되었다. 실험자는 "이 의식은 시체를 건드려서 혼령을 불러오는 그런 것이 아니고 염력으로 물체들을 움직이는 의식이다."라는 말로 분위기를 주도하였다. 방에는 지름 25cm 작은 원탁이 있었고 이를 빙 둘러싸고 한 번에 25명 정도의 참여자들이 의자에 앉았다. 탁자 위에는 공, 핸드벨, 곤봉 모양의 악기인 마라카스가 놓여 있었다. 희미한 조명마저 꺼지고 방은 완전히 어두웠지만, 탁자와 다른 물체들은 야광 페인트가 칠해져 있어 겨우 보였다. 실험이 시작되고 진행자는 사람들에게 옆 사람과 손을 잡으라고 하고 탁자 위에 놓인 마라카스에 주목하라고 하였다. 몇 분 후 마라카스는 스스로 탁자 위를 굴러 바닥에 떨어졌다. 그다음 진행자는 참여자들에게 탁자 위의 공에 집중하라고 하였다. 잠시 후 공이 46cm가량 떠올랐다가 바닥으로 굴러떨어졌다. 이 마술들은 실제로 눈에 보이지 않는 막대기에 의해 수행되었다. 그다음 진행자는 탁자 위에 남아 있는 마라카스를 염력으로 움직여 보도록 하였다. 그렇지만 마라카스가 움직인다는 말은 하지 않았다(비지시 조건). 마지막으로, 진행자는 참여자들에게 탁자를 염력으로 움직여 보도록 하였다. 그러면서 탁자가 조금씩 떠오른다고 지시하였는데, "탁자가 떠오르고 있습니다. 좋습니다." 와 같은 말을 하였다(지시 조건). 즉, 마라카스와 탁자는 움직이지 않았지만, 진행자는 탁자에 대해서만 움직이고 있다는 거짓 지시를 하였다. 실험이 끝나고 2주 후 참여자 모두 152명에게 마라카스와 탁자가 움직이는 것을 보았는지를 묻는 질문지가 우편으로 발송되었고, 110명이 설문지를 채워 돌려보냈다. 분석 결과, 마라카스보다 탁자가 움직였다고 보고한 참여자가 많았다. 마라카스에 대해 11명(10%)은 움직였다, 13명(12%)은 잘 모르겠다, 나머지 86명(78%)은 움직이지 않았다고 보고하였다. 반면, 탁자에 대해 34명(31%)은 움직였다, 34(30.8%)명은 잘 모르겠다, 나머지 42명(38.2%)은 움직이지 않았다고 보고하였다. 한편, 초자연 현상이 혼령을 불러오는 의식에서 일어날 수 있다는 응답에 대해 긍정적인 답변을 한 사람들과 부정적인 답변을 한 사람들로 나누어 탁자 조건에 대한 응답이 어떻게 다른지를 살펴보았는데, 전자가 후자에 비해 탁자가 움직인다고 응답한 빈도가 높았다. 이는 진행자의 지시 이외에 초자연 현상에 대한 평소의 신념 역시 마술에서 착시를 경험할 가능성을 증가시킴을 보여 준다. 물론 진행자의 명시적인 지시만이 아니라 어둡고 경건한 분위기 역시 암묵적인 지시로서 역할을 했을 것이다.

그런데 이 연구는 아쉽게도 실험이 끝난 직후에 탁자가 움직이는 착시를 보았는지를 묻지 않고, 2주 후에 물었기 때문에 지각보다는 왜곡된 기억이 자료에 반영되었을 가능성이 있다. 기억은 지시에 의해 쉽사리 왜곡되는 오기억(false memory)을 불러일으킬 수 있다는 사실이 여러 차례 검증되었기 때문이다(Loftus, 1997). 이는 앞서 인도의 밧줄 마술을 시간에 따라 과장되게 기억하는 경향에서도 추론할 수 있다. 초자연 현상의 믿음 효과가 숟가락을 휘는 마술 실험에서는 나오지 않고 혼령을 불러오는 마술 실험에서 나온 이유는, 아마도 후자의 실험 환경이 암묵적인 지시 효과가 있어 평소의 신념이 강화되었기 때문일지 모른다. 심리학의 많은 연구에서 투시, 텔레파시, 예지력인 초감각적 지각(ESP: extra sensory perception), 귀신 같은 초자연 현상을 믿는 사람들의 심리 요인이 폭넓게 밝혀졌다. 교육 수준, 나이, 성별, 성격 등 다양한 요인들이 관련된다(Irwin, 1993).

시각적 속임수는 종종 우리 사회에서 사기와 관련되어 문제가 되기도 한다. 사기도박, 사이비 종교의 신도 모집, 역술인의 과거 짐작, 화학 시연을 통한 가짜 약 판매, 수맥봉을 이용한 수맥찾기 등 다양한 영역에서 볼 수 있다. 뜨거운 숯 위를 걷기처럼 어떤 시범들은 속임수는 아니지만, 초자연적인 현상으로 착각되는 경우도 있다. 사람들은 보이는 것을 강하게 믿는다. 이런 믿음을 이용하여 금전적, 심리적 이득을 취하는 행위는 사기이다. 우리나라에 전통적으로 이어져 내려오는 무당의 굿은 아픈 마음을 치료하는 데 매우 좋은 치료 효과를 보이기도 한다. 굿에서 무당은 종종 작두 타기와 같은 시연을 통해 사람들에게 신비감을 유도하여 치료 효과를 높이곤 한다. 하지만 이는 어디까지나 치료를 위해 부수적으로 사용되어야 하며, 금전적, 심리적 이득을 취하기 위한 도구가 되어서는 안 된다.

정리

착시는 지각적 결함이지만 넓은 의미에서 정상적인 작동을 위한 부수적인 현상이다. 마술은 속임수를 즐기는 시각 예술이다. 마술에 속는 원리는 지각을 가능하게 하는 원리와 동일하다. 마술을 통해 지각처리 과정이 좀 더 분명하게 드러나며, 이는 시각적 착시가 지각심리학 연구에서 갖는 함의와 비슷하다. 지각적 추론의 힘은 평소에 잘 의식되지 않지만, 마술 경험을 통해 매우 잘 드러난다. 지시는 마술 효과에 실시간으로 또는 시간이 흐른 후 기억 왜곡을 증가시킨다.

더 읽어 보기

Coren과 Girgus(1978)는 착시를 모아 정리하였다. 착시의 역사에 대해서는 Wade(2000)를 보라. 착시의 신경과학적 관점에 대한 개관은 Eagleman(2001)을 보라. 세상에서 볼 수 있는 물체와 물체들의 관계에 대한 지식이 어떻게 발달하는지에 대해서는 발달심리학자인 Spelke(1990)의 논문이 좋은 안내서이다. 그림 14-23과 관련하여 시각 대상의 집단화와 의미의 발생에 대해 Pinna와 Reeves(2009)는 풍부한 예와 자세한 설명을 담고 있다. 기하학적·시각적 착시를 일으키는 원리에 대해서는 Rock(1975)를 참고하라. 놀라움은 학습에서 매우 중요한 개념이다. 놀라움을 신경과학적 수준에서 어떻게 설명되는지를 알아보려면 Hebb(1949)를 보라. 마술에서 인지적 기대와 주의가 어떤 역할을 하는지에 대해 좀 더 학문적인 이해를 하고 싶다면 Kuhn 등(2008)과 Macknik 등(2008)을 보라. 마술사들이 꼭 갖춰야 할 쇼맨십에 관한 책은 Nelms(1969)이다. 속임수의 심리학에 대해서는 Hyman(1989)을 보라. 신비로움에 대한 인간의 유혹을 잘 설명하고 있는 책으로는 Kurtz(1991)가 있다. 초자연 현상의 믿음과 관련 있는 심리적 요인에 대해서는 Irwin(1993)을 참조하라. 착시 연구로 유명한 Richard Gregory의 홈페이지에서 다양한 자료를 얻을 수 있다(http://www.richardgregory.org/). 동물의 위장술에 대해서는 Stevens와 Merilaita(2009)의 짧은 개관을 보라.

| 참고문헌 |

Baillargeon, R. (1987). Object permanence in 3½ and 4½ month old infants. *Developmental Psychology, 23*, 655-664.

Barnhart, A. S. (2010). The exploitation of Gestalt principles by magicians. *Perception, 39*, 1286-1289.

Beth, T. & Ekroll, V. (2015). The curious influence of timing on the magical experience evoked by conjuring tricks involving false transfer: decay of amodal object permanence? *Psychological Research, 79*(4), 513-522.

Coren, S. & Girgus, J. S. (1978). *Seeing is Deceiving: The Psychology of Visual Illusions*. Oxford, England: Lawrence Erlbaum.

Cuthill, I. C., Stevens, M., Sheppard, J., Maddocks, T., Párraga, C. A., & Troscianko, T. S. (2005). Disruptive coloration and background pattern matching. *Nature, 434*(7029), 72-74.

Eagleman, D. M. (2001). Visual illusions and neurobiology. *Nature Reviews Neuroscience, 2*(12), 920.

Egri, Á., Blahó, M., Kriska, G., Farkas, R., Gyurkovszky, M., Åkesson, S., & Horváth, G. (2012). Polarotactic tabanids find striped patterns with brightness and/or polarization modulation least attractive: an advantage of zebra stripes. *Journal of Experimental Biology, 215*(5), 736-745.

Gregory, R. (1997). *Eye and Brain: The Psychology of Seeing*. Princeton: Princeton University Press.

Gregory, R. L. & Wallace, J. G. (1963). Recovery from early blindness. *Experimental Psychology Society Monograph, 2*, 65-129.

Hebb, O. D. (1949). *The Organization of Behavior: A Neuropsychological Theory*. New York: Wiley.

Horváth, G., Pereszlényi, Á., Åkesson, S., & Kriska, G. (2019). Striped bodypainting protects against horseflies. *Royal Society Open Science, 6*(1), 181325. doi:10.1098/rsos.181325

Hyman, R. (1989). The psychology of deception. *Annual Review of Psychology, 40*, 133-154.

Hyman, R. (2003). How People Are fooled by ideomotor action. *Date Accessed, 29*(10), 10.

Irwin, H. J. (1993). Belief in the paranormal: a review of the empirical literature. *Journal of the American Society for Psychical Research, 87*(1), 1-39.

Kellman, P. J. & Spelke, E. S. (1983). Perception of partly occluded objects in infancy. *Cognitive Psychology, 15*(4), 483-524.

Kuhn, G. & Tatler, B. W. 2005. Magic and fixation: Now you don't see it, now you do. *Perception, 34*(9), 1155-1161.

Kuhn, G., Amlani, A. A., & Rensink, R. A. (2008). Towards a science of magic. *Trends in Cognitive Sciences, 12*, 349-354.

Kurtz, P. (1991). *The Transcendental Temptation: A Critique of Religion and the Paranormal*. New York: Prometheus Books.

Loftus, E. F. (1997). Creating false memories. *Scientific American, 227*(3), 70-75.

Macknik, S. L., King, M., Randi, J., Robbins, A., Teller., Thompson, J., & Martinez-Conde, S. (2008). Attention and awareness in stage magic: turning tricks into research. *Nature Reviews Neuroscience, 9*, 871-879.

Marks, D. F. (1986). Investigating the paranormal. *Nature, 320*(6058), 119-124.

Marks, D. & Kammann, R. (1978). Information transmission in remote viewing experiments. *Nature, 274*(5672), 680.

Nelms, H. (1969). *Magic and Showmanship: a Handbook for Conjurers*. New York Dover Publications.

Pinna, B. & Reeves, A. (2009). From perception to art: how vision creates meanings. *Spatial Vision, 22*, 225-272.

Prinz, W (1992). Why don't we perceive our brain states? *European Journal of Cognitive Psychology, 4*, 1-20.

Rock, I. (1975). *An Introduction to Perception*. New York: Macmillan.

Sherif, M. (1935). A study of some social factors in perception. *Archives of Psychology, 187*, 1-60.

Spelke, E. S. (1990). Principles of object perception. *Cognitive Science, 14*, 29-56.

Stevens, M. & Merilaita, S. (2009). Animal camouflage: current issues and new perspectives. *Philosophical Transactions of the Royal Society B: Biological Sciences, 364*(1516), 423-427.

Targ, R. & Puthoff, H. (1974). Information transmission under conditions of sensory shielding. *Nature, 251*(5476), 602-607.

Wade, N. J. (2000). *A Natural History of Vision*. Cambridge, MA: MIT Press.

Wiseman, R. & Greening, E. (2005). It's still bending: Verbal suggestion and alleged psychokinetic ability. *British Journal of Psychology, 96*(1), 115-127.

Wiseman, R. & Lamont, P. (1996). Unravelling the indian rope-trick. *Nature, 383*, 212-213.

Wiseman, R., Greening, E., & Smith, M. (2003). Belief in the paranormal and suggestion in the séance room. *British Journal of Psychology, 94*(3), 285-297.

15 예술 지각

19세기 말 Fechner(1876; McManus 등, 2010)는 최초로 예술을 심리물리학적으로 이해하려고 시도하였다. 그가 제안한 예술 역치(aesthetic threshold)라는 개념은 감상자에게 예술적으로 긍정적 또는 부정적인 경험을 갖게 하는 최소한의 자극 수준을 뜻한다. 그는 화가들 사이에서 알려진 좋은 그림의 규칙에 대해서도 검증을 시도하였다. 황금 분할(golden section)이 정말로 선호도와 관련이 있는지를 실험적으로 살펴본 연구가 대표적이다. 이 연구에서, 면적은 같지만, 가로와 세로의 비율이 1:1부터 2:5로 조금씩 다른 직사각형 10개를 무작위로 늘어놓고 남녀 참여자 347명에게 가장 선호하는 사각형을 고르도록 하였다. 그 결과 대략 35%의 참여자들이 황금 분할인 1:1.618의 비율을 보인 사각형을 중심으로 선호되다가 이 비율에서 멀어질수록 선호율 역시 떨어졌다. 실험 미학(experimental aesthetics)이란 이렇게 예술을 경험적이고 객관적인 방법으로 탐구하는 방법을 말하며, 오늘날 많은 예술심리학자가 이를 따르고 있다. 물론 실험에서 객관적 검증을 위해 특정 요인들에 대한 통제가 가해지는데, 이렇게 나온 실험 결과를 일반화하기에는 위험이 있다. 왜냐하면 예술 경험은 여러 요인과 함께 작동하는 전체성의 힘이 크며 개인의 주관에 따라 크게 달라지기 때문이다.

예술 감상의 특징

앞에서 배운 지각 과정들은 감각이 탐지한 정보를 바탕으로 어떻게 바깥세상에 있는 그대로 사실적으로 표상하는지에 관한 것이었다. 그런데 예술 감상의 대상은 종종 사실의 표상과 매우 다르다. 심지어 실세계를 그대로 찍은 사진일지라도 최소한의 학습이 필요하다. 실제로 성인이라

그림 15-1 *격랑 속의 배*(Ivan Aivazovsky, 19세기 후반)와 *Black square*(Kazimir Malevich, 1915. Tretyakov Gallery).

고 할지라도 사진을 처음 본 남아프리카 부족의 사람은 사진이나 그림을 보고 물체를 재인하거나 물체들의 깊이 관계를 이해하지 못하였다(Deregowski, 1972). 이런 점에서 사진이나 그림도 추상화일 수 있다(Zimmer, 2003).

예를 들어, 그림 15-1의 두 그림은 감상자의 다른 태도를 요구한다. 사람들은 왼쪽 그림을 보며 '어떻게 이렇게 사실처럼 그렸지?'라고 감탄한다. 그런데 같은 태도로 오른쪽 그림을 본다면 '이걸 그림이라고 그린 것인가!' 하고 화를 낼 것이다. 하지만 오른쪽 그림은 미술사에서 매우 중요하며 값으로 따지기 힘들 정도로 가치가 높다. 19세기 카메라의 등장으로 예술가들 사이에서 사실을 그대로 흉내 내기를 점점 거부하고 예술 본연의 의미를 추구하자는 절대주의(Suprematism) 운동이 불었다. Malevich도 그중 한 사람으로 구체적 형태가 가진 사전지식의 구속에서 벗어나 순수한 예술적 감정을 표현하기 위해 단순한 도형만 그렸다. 그러나 이런 역사적 의미를 모르는 사람에게 이 그림은 거무튀튀한 검은 사각형으로 보일 뿐이다. 그러므로 만일 미술관에서 Marcel Duchamp의 *분수*(*Fountain*)라는 제목의 소변기와 마주칠지라도 당황하지 않는 척해야 한다!

상징적 가치

Malevich의 검은 사각형에서 보았듯이 일상생활에서 마주하는 대상들과 달리 예술 작품들은 다양한 상징적 가치를 갖는다. 즉, 작품 자체가 아닌 주변적인 정보에 의해 감상이 영향을 받을 수 있다. 작가의 유명도 역시 중요하며 유명 작가의 작품임을 알고 있을 때와 그렇지 않을 때 감상의 질이 크게 달라질 수 있다(Raab, 1970). 또한 작품의 진위에 따라 감상의 질이 달라질 수 있는데 반 고흐의 작품을 보여 주면서 단순히 가짜라고 했을 때 감상의 질은 크게 떨어진다(Leder, 2001). Wolz와 Carbon(2014)의 최근 연구에서, 작품이 복제된 것이라는 정보를 주었을 때 감상자들은 인지/감정적인 측면의 감상의 질 저하뿐만 아니라 작가의 재능에 대해서도 낮추어 보는 경향이 있었다. 일상생활에서 우리의 경험을 살펴보면 이런 연구들의 결과는 수긍이 간다. 아마도 그림이 걸려 있는 미술관의 이름값이나 작품의 거래가도 감상에 영향을 줄 것이다. 이렇게 작품 자체 이외의 요인에 의해 감상이 영향을 받을 수 있는데, 이를 예술 작품의 상징적 가치(symbolic value)라고 한다. 소비자가 구매를 결정하는 장면에서 제품의 상징적 가치는 제품이 만들어진 나라 또는 브랜드 등이 될 것이다(Creusen & Schoormans, 2005). 종종 작품의 진위를 두고 심각한 갈등이 일어나는데 그림의 상징적 가치가 매우 중요하기 때문일 것이다.

과장과 축소

예술가들은 전달하려는 정수(essence)를 위해 세밀한 묘사를 크게 줄이는 대신 중요한 것을 과장하곤 한다. Attneave의 고양이는 최소 정보만 담긴 그림이지만 무엇을 표현하고 있는지 잘 재인될 수 있음을 예시한다(☞샛길 1). 물론 축소와 과장으로 표현된 그림은 실제와 다르므로 감상자들은 낯선 느낌을 받을 수 있다.

심지어 화가는 그림을 사실과 다르게 표현할 수도 있다. 그림 15-3은 매우 유명한 예이다. 19세기 유명 화가들은 말이 달리는 역동성을 강조하기 위해 공중에서 말의 모든 다리가 양방향

샛길 1 Attneave의 고양이

Attneave(1954)는 사람들에게 도형을 주고서 옆에다 그대로 따라 그리도록 하였다. 다만 그림을 그리기 전에 먼저 중요한 지점이라고 생각하는 10개의 점을 먼저 스스로 찍은 다음 점들을 따라 선을 잇도록 하였다. 그림 15-2의 왼쪽은 1가지 예를 보여 주는데, 고구마 모양의 도형을 주었을 때 사람들이 찍은 점의 빈도를 선분의 길이로 나타낸 것이다. 선분이 길수록 사람들이 중요한 지점이라고 생각한 것을 의미한다. 사람들은 대체로 윤곽의 각도가 크게 꺾이는 지점을 중요하게 보았는데 이 지점들이 이 형태에 대한 정보가(information value)가 높음을 말한다. 그림 오른쪽은 고양이에 대해서 가장 빈번하게 선택된 지점들을 선분으로 연결한 결과이다. 이 그림은 Attneave의 고양이(Attneave's cat)라고 하는데, 가장 중요한 지점들만의 직선 연결로 고양이를 충분히 재인할 수 있음을 시사한다. 즉, 최소한의 정보만으로도 우리는 대상을 파악할 수 있다.

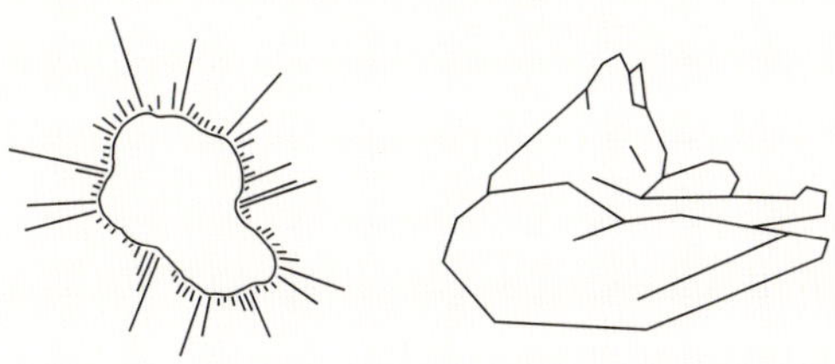

그림 15-2.
형태가 크게 바뀌는 지점은 높은 정보가를 지닌다(Attneave, 1954).

으로 쭉 뻗는 자세(flying gallop)를 그리곤 한다. 말이 너무 빨리 달려 관찰할 수 없었기 때문에 화가들은 종종 상상으로 말의 발 위치를 그려 넣곤 하였다. 이에 대해 최초로 Muybridge(1878)는 말이 달리는 모습을 카메라에 담아 화가들의 상상이 틀렸음을 지적하였다. 즉, 말은 공중에 떠 있을 때 발을 모두 모으고 네 발이 모두 앞뒤로 뻗는 경우에도 발 하나는 땅에 닿는다. 하지만 실제와 그림이 다르다고 하여 예술적 가치가 떨어지는 것은 아니다. 왜냐하면 그림에서 틀린 것은 말뿐만 아니라 색, 밝기, 크기 등 셀 수 없이 많다. 무엇보다 화가가 원하는 것은 사실적인 묘사보다 감상자가 이 그림에서 말의 역동성을 느끼게 하는 것이기 때문이다.

이렇게 그림의 왜곡에서 느낌이 더 강렬해지는 것을 신경심리학자들은 동물 행동에서 관찰된 정점 이동 효과(peak shift effect)라는 개념으로 이해한다(Ramachandran & Hirstein, 1999)(☞3장). 이와 마찬가지로 그림영역에서 대상이 과장되거나 축소될 때 감상자로 하여금 더 큰 매력을 유도할 수 있다. 감상자들이 평소에 신체가 최대한 움츠러들었다 최대한 펴질 때 힘의 가장 큰 이동을 느낀다면 말 달리는 모습이 사실과 다를지라도 말의 다리가 쭉 벌어진 모습에서 더 큰 역동성을 느낄 수 있을 것이다.

예술에서 표현이 과장되는 경향은 그림만 아니라 무용과 같은 다른 분야에서도 볼 수 있다.

그림 15-3 ***The Derby at Epsom*****(Théodore Géricault, 1821. Louvre). 말 달리기 실사(Muybridge, 1878).**

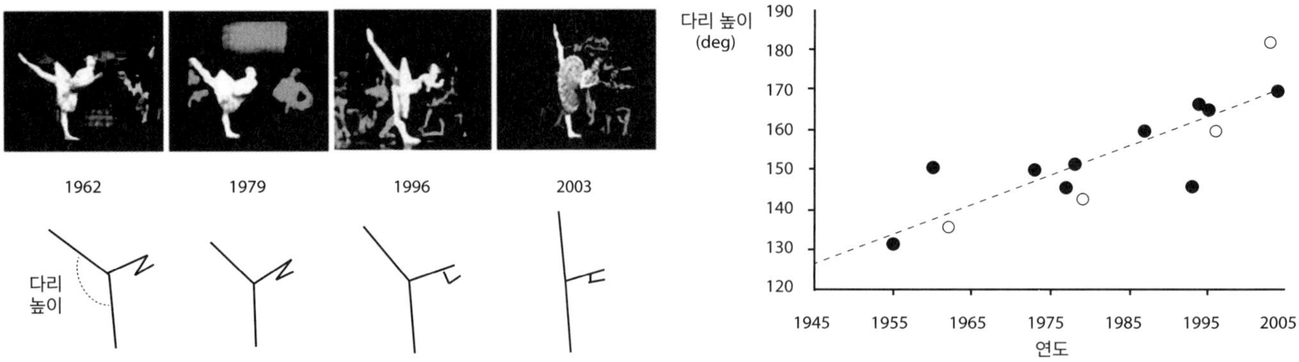

그림 15-4 아라베스크 팡세 동작을 취하고 있는 발레리나의 예(Daprati 등, 2009).
오른쪽 그림에서 흰 점 4개는 왼쪽 그림에 제시된 발 높이 예의 각각에 해당하며, 나머지 검은 점들은 조사된 다른 예들이다.

Daprati 등(2009)의 조사에 따르면, 발레에서 무용수들이 무대 위에서 발을 들어 올릴 때, 시대가 흐를수록 점점 더 높이 드는 경향이 나타났다(그림 15-4). 이 연구자들은 이와 함께 각 연대의 대표적인 발레 자세를 막대 모형으로 만들어 사람들에게 어떤 모형을 선호하는지를 물었다. 그 결과, 발을 높이 들수록 선호도가 높았다. 이에 따라 연구자들은 발레리나의 발이 높아지는 경향을 예술에 대한 사회적 압력으로 설명하였다. 즉, 관객들은 끊임없이 창의적이고 혁신적인 예술가를 추구하는데, 이 압력이 발레리나의 동작에 영향을 미쳤다는 것이다. 실제로 발레 이외에 피겨스케이팅이나 기계체조 등도 무대 위에서 선보이는 기술 수준이 점점 높아지고 있음을 오래전 영상과 최근 영상을 비교해 보면 알 수 있다. 아마도 회화의 사실주의에서 인상주의 그리고 극단적으로 형태와 색상이 단순화되는 절대주의, 야수파, 추상파로 이어지는 흐름도 얼마간 정점 이동으로 설명될 것이다.

의미의 고차적 조직화

우리는 앞에서 형태주의 심리학자들이 제기한 조직화에 대해 배웠다. 눈앞에 제시된 대상으로부터 요소들이 근접성, 유사성과 같은 집단화 규칙들에 의해 영역이 구분되고, 전경-배경 집단화를 거쳐 바탕과 물체로 조직화된다. 여기서 요소들을 단지 매우 작은 점으로만 생각한다면 지각적 조직화는 예술심리학을 설명하는 데 매우 기초적인 역할밖에 하지 못한다. 왜냐하면 미술관에서 감상의 대상인 그림은 요소들의 조직화 이상의 처리를 요구하기 때문이다. 따라서 요소들을 무의미한 요소들이 아닌 의미가 담긴 물체 수준으로 끌어올릴 필요가 있다.

예를 들어, 그림 15-5의 Edward Hopper의 *Nighthawks*(1942)를 살펴보자. 대체로 사람들은 이 그림에서 '고독'을 전달받는다. 오른쪽은 집단화 원리를 시범하기 위해 네 사람의 머리 위치와 옷 색깔에 따라 단순화되었다. 공동영역의 집단화 원리에 의해 네 사람은 집단화되며, 이 안에서 다시 오른쪽 세 사람은 근접성에 의해 집단화되고, 왼쪽 남자는 분리된다. 한편, 양복을 입은 두 사람은 같은 색깔의 옷을 입어 유사성에 의해 집단화된다. 즉, 왼쪽 남자는 서로 다른 집단화 원리들 사이에서 갈등으로 긴장과 함께 옅은 정도의 고독을 불러일으킨다. 그렇지만 '고독'이 좀 더 분명하게 느껴지는 감상을 위해서는 단순한 집단화에서 오는 의미가 아닌 좀 더 높은 수준의 의미가 필요하다. 즉, 사람들이 단순한 점들이 아닌 구체적인 의미가 있는 대상으로 지각되

그림 15-5 그림에서 집단화.
Nighthawks(Edward Hopper, 1942. The Art Institute of Chicago).

어야 한다. 이에 따라 좀 더 높은 수준의 감상이 가능하다. 예를 들어, 등장인물들의 관계와 심리 상태 등에 대해 생각해 볼 수 있는데, 왼쪽의 두 남자는 비슷한 옷을 입고 있어 서로 비교를 일으킨다. 나이와 직업이 비슷할 것으로 추론되며, 등을 보이며 앉아 있는 남자는 홀로 있어 더욱 고독해 보인다. 웨이터를 향해 있는 두 남녀는 밤이 늦은 시각임에도 살짝 손을 잡고 있는 것으로 볼 때 건전한 관계가 아닐 가능성이 있으며, 이 남자 역시 고독할 것으로 추론할 수 있다.

이렇게 집단화 원리를 물체 수준에서 고려할 때 형태주의 이론은 그림 감상에 편리한 이론적 토대가 된다. Pinna와 Reeves(2009)는 전통적으로 형태주의 심리학자들이 제안하는 요소 조직화로는 예술 작품을 설명하는 데 충분하지 않으며 요소들이 의미 또는 개념적 수준에서 고려되는 더 높은 수준의 의미 조직화(meaning organization)가 필요하다고 제안한다. 요약하면, 예술을 올바로 감상하기 위해서 감상자는 실세계의 이미지를 대할 때와 다른 예술적 태도(aesthetic attitude)가 필요하며(Ingarden, 1961), 고도로 개념화, 추상화되고 있는 현대미술에서 더욱 중요해지고 있다.

예술 감상 모형

예술 감상을 이해하기 위한 가장 좋은 길은 감상 모형을 살펴보는 것이다. 감상에 관한 심리 모형이 다수 제안되었다. 정보처리적 관점에서 설명하는 이론과 최근에 주목받고 있는 인지-기반 이론에 대해 살펴보자.

정보처리적 관점

대부분의 미술 감상 모형은 정보처리적 관점에 기반을 두고 있다(Leder 등, 2004; Marković, 2012). Leder 등(2004)이 제안한 모형이 가장 널리 인용되고 있다(그림 15-6). 이 모형의 가장 큰 특징은 감상 과정을 지각-인지 그리고 지각-감정 처리가 계열적 또는 병렬적 순서로 진행된다고 가정하는 것이다. 각 단계를 하나씩 짚어 가며 이해해 보자.

사전-분류(pre-classification): 미술 감상은 미술 작품을 대면하면서부터 적극적으로 시작된다. 그렇지만 작품을 대하기 전에 감상자는 그림이 걸려 있는 미술관과 같은 장소 맥락에

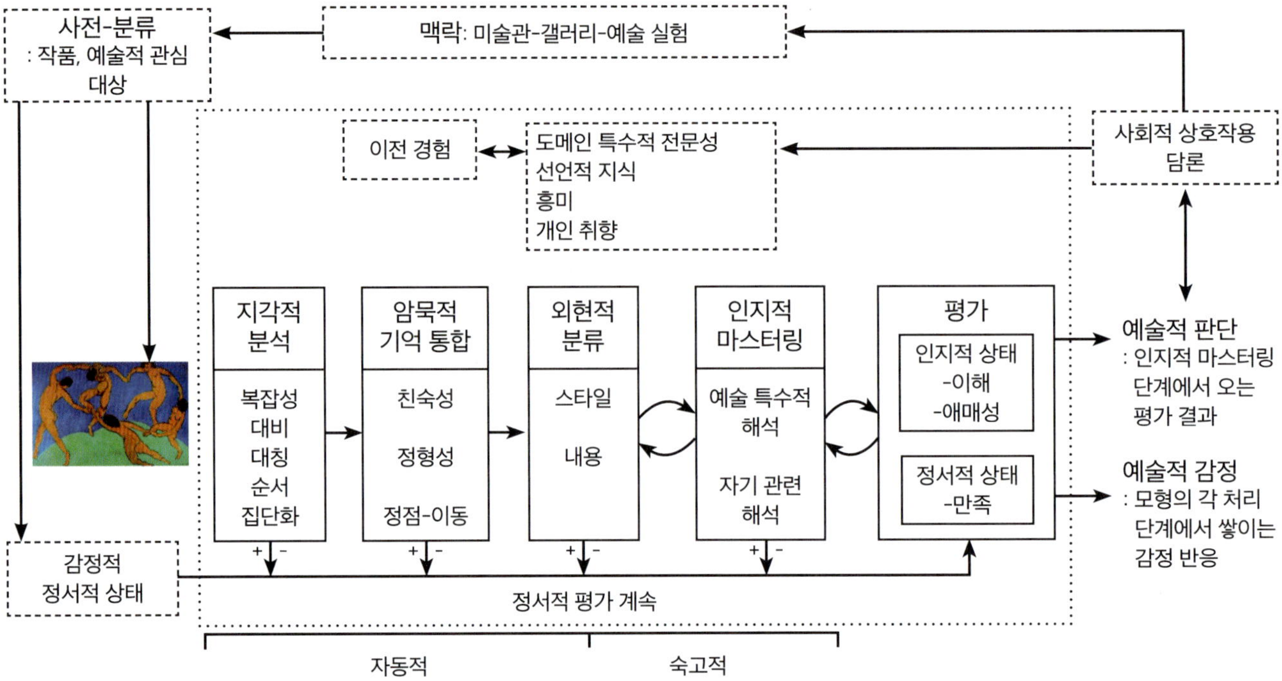

그림 15-6 예술 감상 모형(Leder 등, 2004).

노출되므로 마음속으로 '작품을 감상할 것'이라는 예상을 한다. 따라서 일상적인 마음 가짐과 다른 예술적 태도가 그림을 보기 전에 활성화되는데, 이를 사전-분류라고 한다. 예술적 태도는 미술관이 아닌 집에 걸려 있는 그림을 감상할 때도 그림의 프레임이라는 장치를 통해 일어날 수 있을 것이다.

지각적 분석(perceptual analyses): 이 단계에서 감상 대상의 형태, 깊이, 색깔, 대비, 복잡성, 선명성, 대칭 순서, 집단화 등과 같은 기초적인 지각처리가 일어나며 이 특징들에 따른 선호가 일어날 수 있다.

암묵적 기억 통합(implicit memory integration): 과거에 경험한 특정 기억이 의식되지 않은 상태로 그림 감상에 미치는 단계이다. 친숙성은 친숙한 스타일의 그림이 더 선호됨을 말한다. 전형성(prototypicality)은 대표성을 의미하기도 하며, 여러 물체를 경험함에 따라 모두를 대표하는 특징들이 더 선호됨을 말한다. 얼굴의 평균성과 대칭성은 전형성으로 볼 수 있다. 정점-이동(peak shift)은 평소에 가장 높은 반응을 보이던 대상의 특징이 바뀔 때 그에 대한 관찰자의 최고 반응 지점도 옮아감을 말한다. 사람들은 큰 눈을 좋아하는 경향이 있는데, 순정 만화 캐릭터들은 눈이 비정상적으로 크게 묘사될 때 선호가 증가할 수 있다. 친숙성, 전형성, 정점-이동은 몇 가지 예이며, 이외에 다양한 기억들이 이 과정에 영향을 미칠 수 있다.

외현적 분류(explicit classification): 그림에 대한 지식과 전문성이 드러나는 단계로, 그림의 내용과 스타일에 대해 무엇을 그렸는지 어떤 양식인지 또는 어떤 화가의 그림인지가 언어로 표현될 수 있다. 특정 스타일로 정확히 분류했을 때 내적 자기 보상이 따른다.

인지적 마스터링(cognitive mastering)**과 평가**(evaluation): 인지적 마스터링은 그림의 의미에 대한 인지적 해석이 통달 되는 단계이다. 개인의 전문 지식을 이용하거나 자신과 관련한 과거

기억과 연관시켜 가능하다. 인지적 마스터링은 평가 단계와 함께 상호적으로 작동한다. 만일 인지적 해석이 적절해야 평가 단계에서 그림 해석의 애매성이 줄어드는데, 인지적 해석이 적절하지 않으면 그림의 애매성은 여전히 높아 이에 대한 피드백이 인지적 마스터링 단계로 전달되어 이 과정이 되풀이된다. 평가 단계는 인지적 상태와 함께 정서적 상태도 중요하다. 정서적 상태는 이전 각 처리 단계에서 발생한 감정적 반응을 뜻한다. 감상하는 동안 각 단계에서 정적인 감정이 충분하면 만족을 느끼게 된다.

감정적-정서적 상태(emotional-affective state): 각 지각 인지 분석 단계의 처리와 함께 정서적 평가가 계속해서 축적된다.

이처럼 Leder 등(2004)의 감상 이론은 작품의 맥락과 함께 감상자의 지각-인지-감정의 개입을 포괄하고 있으며, 그림 감상의 복잡한 여러 특징을 잘 설명하는 장점이 있다. 이 모형에 대해 Bullot과 Reber(2013)는 대체로 긍정적인 평가를 하면서도 그림의 역사적 배경에 관한 지식의 역할이 부족하다고 지적하며 이를 반영한 감상 모형을 제시하였다. 즉, 많은 유명 그림들이 그 시대의 사조를 담고 있는데 제대로 그림을 감상하기 위해서는 그림을 둘러싼 역사적 사실을 이해할 필요가 있다고 강조한다. 그렇지만 역사적 맥락은 작가의 고유성이 점점 중시되는 현대에 와서 큰 의미를 갖지는 못할 것이다.

몸-기반 이론

몸-기반 인지 이론에 따르면 몸이 처한 상태가 인지에 영향을 준다(☞12장). 예를 들어, 배고픈 상태에서 부정적인 생각이 긍정적인 생각을 촉발하기 쉬울 것이다. "금강산도 식후경"이라는 속담은 이에 꼭 맞는다. 또한 신경과학에서 발견된 거울신경체계는 다른 사람의 모습, 동작, 소리 등을 자신의 것과 동일시하는 것처럼 작동한다. Freedberg와 Gallese(2007)는 몸-기반 인지 이론과 거울신경체계에 기반하여 예술 감상을 이해하려고 노력하였다. 이 이론에서 예술 작품과 감상자를 이어주는 것은 신체적 공감(bodily empathy)이며 이것은 작품에 표현된 대상과 감상자 자신의 몸을 동일시하는 데서 오는 감정적 반향이다. 예를 들어, Michelangelo의 조각 작품 Slave(그림 15-7)를 살펴보자. 이 조각상에서 노예로 보이는 사람의 신체가 일부분만 돌에 새겨져 있다. 그럼에도 온전한 신체의 지각적 완성 작용으로 인해 신체 일부분은 돌멩이가 아닌 돌멩이 안에 묻힌 것처럼 지각된다. 감상자는 이 조각상을 보고 노예의 구속된 상태가 얼마나 고통스러운지를 자신의 신체를 비슷한 환경에 처한 것으로 시뮬레이션하여 공감할 것이다. 그러므로 사람이 표현된 모든 종류의 예술 작품에는 이런 방식의 설명이 적용될 수 있다.

한편, 몸-기반 인지 모델은 작품에서 예술가의 동작을 시뮬레이션할 수 있다고 제안한다. 예를 들어, Jackson Pollock(1912~1956)의 그림을 볼 때 마루에 깔린 캔버스 위에 물감을 흩뿌리는 그의 동작을 연상할 수 있거나, Lucio Fontana(1899~1968)의 작품을 볼 때 캔버스를 날카로운 칼로 베는 그의 동작을 연상할 수 있다. 이런 접근은 주로 붓을 사용한 우리 옛 그림의 감상에 잘 들어맞는다. 예를 들어, 추사 김정희의 *세외선향*(*世外僊香*, 세상 밖 신선한 향기)에서 난초, 버섯, 글씨 등을 보고 붓의 움직임을 느낄 수 있다.

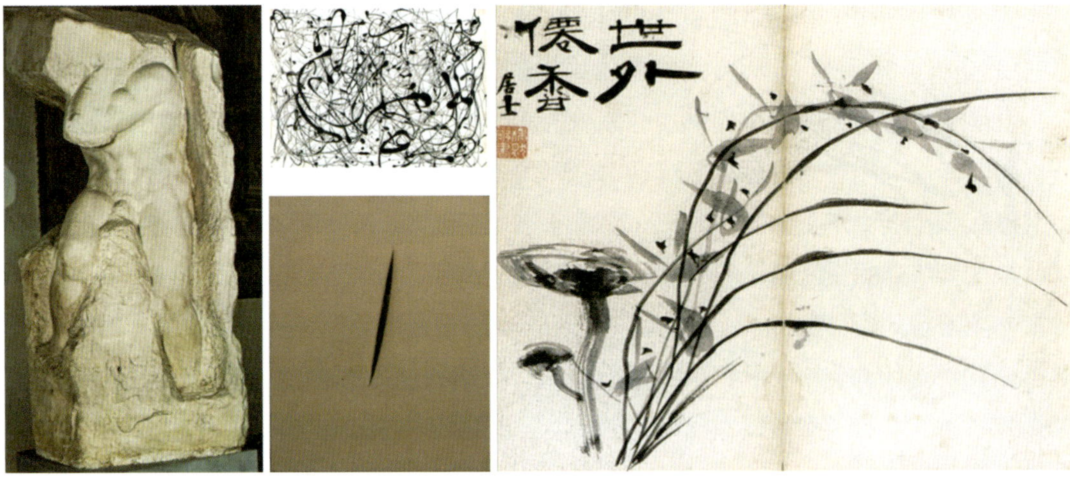

그림 15-7.
(왼쪽) *Atlas Slave*(Michelangelo, 1475~1564. Galleria dell'Accademia di Firenze). (가운데 위) *Number 14*(Jackson Pollock, 1951. Yale University Art Gallery). (가운데 아래) *Spatial Concept*, '*Waiting*' (Lucio Fontana, 1960. Tate Modern). (오른쪽) *세외선향*(*世外僊香*)(김정희, 1786~1856. 간송미술관).

감상에 대한 몸-기반 인지 이론은 사람과 관련된 대상이 들어 있는 작품을 감상할 때의 심리를 설명하는 데 장점이 있다. 그렇지만 사람과 관련이 먼 사물이 표현되거나 기하학적 도형들로 이뤄진 작품 감상에 이 이론을 적용하는 데는 한계가 있다.

신기성과 친숙성 논쟁

인간을 포함한 동물은 탐색 행동(explorative behavior)을 한다. 탐색 행동이란 주변 환경에서 정보를 얻기 위해 몸을 지향하여 살피는 것이다. 예를 들어, 저쪽에서 부스럭거리는 소리가 들린다면 동물은 소리 나는 쪽으로 귀를 쫑긋 세우고 조심스레 다가가 무엇이 있는지 발로 헤집어 볼 것이다. 탐색 행동을 하는 동안 동물은 놀라움, 복잡성, 혼동, 불일치, 위험, 긴장 등을 경험한다. 탐색 행동을 하는 넓게 보면 새로운 무엇인가를 추구하는 것도 포함할 것이다. 예를 들어, 서 있는 자세로 미끄럼틀을 타는 어린이의 위험한 행동, 흙으로 끊임없이 새로운 모양의 그릇을 만들어 그 결과를 음미하는 도공의 행동, 그림에서 새로운 무엇을 발견하고 즐거움을 느끼는 감상자의 행동 등이 있다. 이 가운데 그림 감상을 통한 탐색 행동은 매우 점잖고 고상하다. 이런 행동들은 대체로 물질이나 생물적 안정 등이 보상으로 따르지 않는데도 일어나므로 이런 보상들에 따른 행동을 설명하는 전통적인 학습 이론들로 설명이 어렵다(Berlyne, 1966).

자극의 신기성(novelty) 또는 새로움이란 상대적인 개념으로 개인의 경험에 따라 다르기 마련이다. 신기한 것을 대면할 때 흔히 사람들은 심장박동의 증가, 피부 전도율 증가, 동공의 확장 같은 생리적 변화와 함께 놀라움, 호기심, 주의력 같은 심리적 성질의 변화를 경험하는데, 이를 추구하는 것은 극도로 지루한 환경을 싫어하는 신경계의 속성 때문일 수도 있다. 현실에서 이 2가지 탐색 행동은 같은 대상에 함께 일어날 수 있기 때문에 늘 구분이 잘 되는 것은 아니다. 예를 들어, 벽에 걸린 그림에 주의하는 이유는 단순히 그 그림의 강렬한 색상 또는 낯선 형태가 눈에 띄었기 때문일 수도 있지만 감상자 스스로 좀 더 그림에서 특별한 의미를 찾아 흥미로운 감정을 느끼기 위해서 바라보는 것일 수도 있다.

복잡성과 선호

Berlyne(1958)은 복잡하고 새로운 그림이 더 흥미로운지를 살펴보았다. 그는 복잡한 대상이 단순한 대상에 비해 더 새로울 가능성이 크기 때문에 사람들의 시선을 더 끌 것이라고 가정하였다. 참여자들은 스크린에서 120cm 앞에 앉아 있었고, 실험 목적은 얼마나 많은 그림이 제시되었는지를 기억하고 있는지 알아보는 것이라고 들었다. 두 장의 그림이 옆으로 나란히 10초 동안 동시에 제시되었는데, 하나는 덜 복잡하고 다른 하나는 더 복잡한 것으로 가정되었다. 그림 15-8은 이 실험에 쓰인 자극들을 보여 준다. 스크린 뒤에서 실험자는 작은 구멍으로 참여자의 눈을 관찰하여 어느 그림을 먼저 보는지 그리고 얼마나 오랫동안 각 그림을 보고 있는지를 초시계를 이용해 측정하였다.

실험 결과, 사람들은 두 그림 중 왼쪽에 제시된 그림을 먼저 보는 경향이 강하였는데, 이는 글을 왼쪽에서 오른쪽으로 읽는 문화적 습관 때문일 수 있다. 다음으로 응시시간을 살펴보았을 때 모든 종류의 그림에서 일관되게 복잡한 그림(평균 4.71초)을 단순한 그림(평균 3.31초)보다 더 오랫동안 보는 것으로 나타났다. 이에 따라 Berlyne은 복잡한 대상이 지각적 호기심을 더 끈다고 결론지었다. 여기 소개한 결과로만 보았을 때, 복잡한 자극을 더 오랫동안 본다는 것이 사람들의 호기심을 끌었다기보다 단순히 해석하는 데 정보가 더 필요했기 때문이라고 해석할 수 있다. 따라서, 사람들로 하여금 정말로 복잡한 자극이 더 흥미롭고 즐거운 감정을 느끼는지를 살펴볼 필요가 있었다.

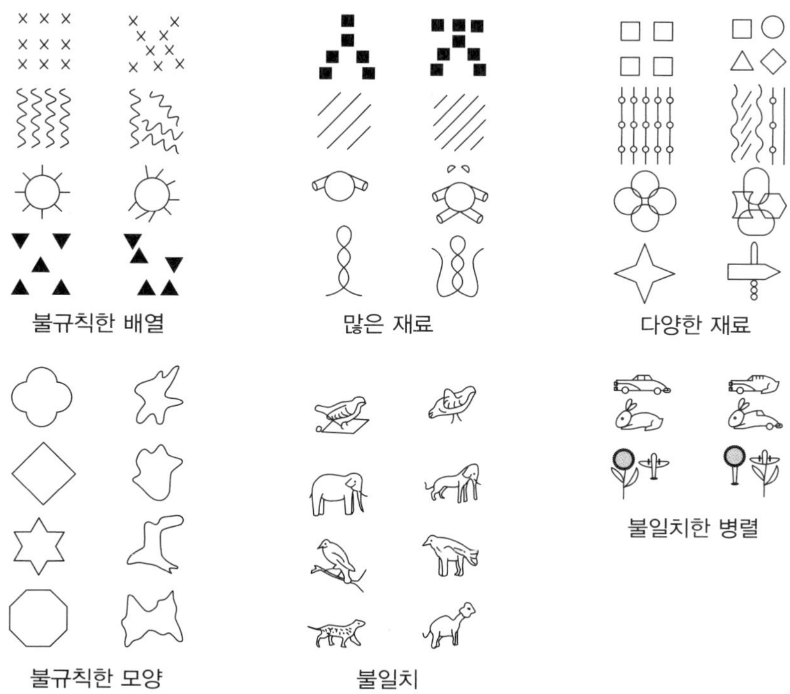

그림 15-8.
각 두 장의 그림에서 오른쪽이 좀 더 복잡하다고 가정되었는데 이는 이전 연구들의 정의에 따른다. 모두 여섯 종류의 복잡성이 실험에 쓰였다.

신기성과 선호

새로운 자극이 즐거움과 흥미를 주는지를 알아보기 위해 Berlyne이 수행한 두 편의 연구를 더 살펴보자. 즐거움(pleasure)과 흥미(interest)는 다를 수 있다. 즐거움은 언제나 긍정 정서가 주를 이루지만, 흥미는 부정 정서를 일으키는 대상에도 나올 수 있다(Silvia, 2008). 이 두 연구에서, 그림 15-9의 각 도형이 하나씩 9초 동안 스크린에 제시되었다. Berlyne과 Parham(1968) 연구에서, 반복되어 제시되는 자극이 신기성이 떨어지를 알아보고자 하였다. 이 연구에서, 남녀 40명씩 모두 80명의 심리학 개론을 듣는 학생들이 참여하였고, 이들은 실험이 시작되기 전에 제시된 도형이 얼마나 새로운지를 7점 척도로 완전히 숙지하였다(7-아주 새롭다, 6-상당히 새롭다, 5-약간 새롭다, 4-새롭지도 친숙하지도 않다, 3-약간 친숙하다, 2-상당히 친숙하다, 1-아주 친숙하다). Berlyne(1970) 연구에서 새로운 자극이 즐거움과 흥미를 주는지를 살펴보고자 하였는데, 80명의 대학생은 똑같은 자극에 대해 얼마나 즐거운지(실험 1), 그리고 56명의 대학생은 얼마나 흥미로운지(실험 2)를 역시 7점 척도를 이용하여 응답하는 방법을 숙지한 후 본 실험에 들어갔다. 제시되는 도형의 조합은 다양하였고 미리 짠 표에 의해 골고루 할당되었다. 같은 도형이 계속 제시되다가 색이 바뀐 같은 도형 또는 색과 형태가 바뀐 도형이 나오기도 하였고, 새로운 도형의 위치가 전반부에 또는 후반부에 나오기도 하였다. 여기서는 한 가지 조합에 대한 결과만 소개한다.

실험 결과, 같은 그림이 계속 보일수록 점점 새롭다는 평가는 낮아졌고, 새로운 도형이 나올 때 새롭다는 평가가 높았다(그림 15-10). 즐거운 정도와 흥미로운 정도 역시 처음 나타났을 때 가장 높은 경향을 보였다. 이 결과는 새로 경험하는 자극이 즐거움과 흥미로움 같은 심리적 쾌락을 동반함을 보여 준다.

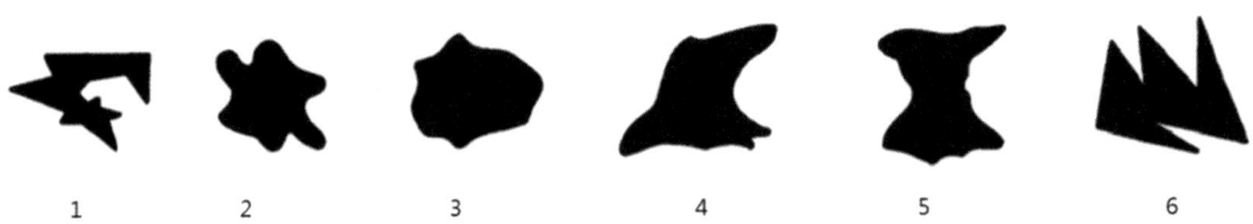

그림 15-9.
실험에 사용된 도형들로 색상은 빨강, 초록, 파랑, 노랑, 회색, 갈색, 보라 등이었다.

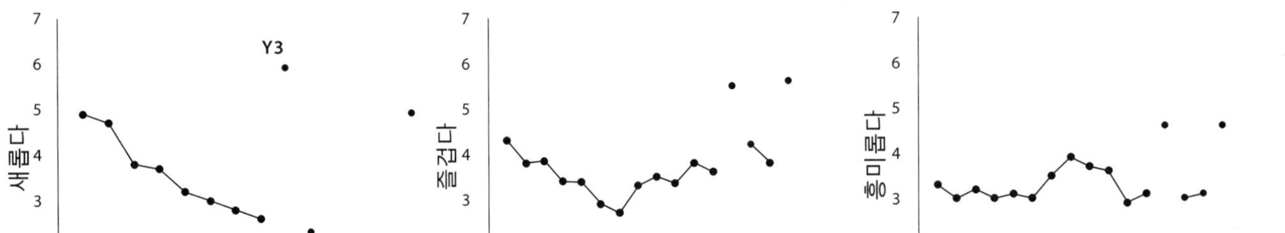

그림 15-10 실험 결과.
가로축은 도형들이 제시된 순서를 뜻한다. G2는 그림 15-9의 두 번째 도형이 초록색으로 제시됨을, Y3는 세 번째 도형이 노란색으로 제시됨을 뜻한다. 즉, 왼쪽 그림의 경우, 2번 도형이 초록색으로 8회 제시되다가 3번 도형이 노란색으로 1회, 그리고 다시 2번 도형이 초록색으로 4회, 끝으로 3번 도형이 노란색으로 1회 제시되었음을 뜻한다. 세로축은 3가지 도형이 얼마나 새로운지에 대해(왼쪽 그림), 얼마나 즐거움을 주는지에 대해(가운데 그림), 얼마나 흥미를 주는지에 대해(오른쪽 그림) 답한 평균 응답 점수이다. 아주 아니다(1)부터 아주 그렇다(7)까지 표현되어 있다. (그림에서 ---- 표시는 같은 그림이 계속 제시되었음을 뜻한다.)

Berlyne이 수행한 일련의 연구들은 우리가 왜 새로운 대상에 매력을 느끼는지를 잘 설명한다. 그렇지만 이와 달리 친숙한 대상이 더 선호된다는 반대의 증거도 있다. 친숙성(familiarity)에 따른 선호는 심리학에서 오랫동안 검증된 현상으로 인간을 포함한 동물들은 반복적으로 대면한 대상에 애착을 형성한다. 예를 들어, 우리는 처마가 예쁜 기와집과 명절에 입는 한복 등에 지루해하지 않고 깊은 정감을 느낀다. 새로운 것만 추구한다면 도대체 왜 한 나라의 고유한 문화와 예술이 사라지지 않고 전통으로 남아 있을까?

친숙성

그림 선호의 신기성 가설과 정반대로 친숙성 가설을 지지하는 연구도 있다. Cutting(2003)은 단순 노출이 그림 선호도에 영향을 줄 수 있는지를 살펴보았다. 그는 유명한 그림들은 자체가 예술적이기도 하지만, 어떤 주변적인 힘에 의해서 유명하게 되었다는 의견을 갖고 있었다. 사실 인상주의 그림들은 태동하던 19세기 당시에 전문가들로부터 '대충 그린 그림' 같다는 조소를 들을 만큼 예술성이 높은 작품으로 받아들여지지 않았다. 특히 Cutting은 오늘날 우리가 높이 평가하는 인상주의 그림들이 오르세 미술관에 걸린 것들이 많은데, 그 자체로 높은 예술성이 있기 때문이기보다는 널리 홍보되었기 때문일 수도 있다는 의문을 품었다(☞샛길 2). 단순 노출(mere exposure)이란 특정 사건이나 대상에 여러 번 노출되어도 이것들에 편향된 선호를 자동적이고 무의식적으로 갖는 현상이다.

Cutting은 먼저, 카유보트가 소유했다가 오르세 미술관에 소장되게 된 그림 39점과 다른 미술관으로 빠져나간 그림 27점을 더해 모두 66장의 그림을 연구 대상으로 선정하였다. 66장 이외에 같은 화가들에 의해 그려졌지만, 카유보트가 아닌 다른 사람들에게 수집되어 오르세 또는 다른 미술관에 보관된 그림 66장을 추가로 선정하였다. 따라서 모두 66쌍의 그림 132장이 마련되었다. 각 쌍의 그림들은 주제, 스타일, 그려진 시기 등이 비슷하였다. 그림 15-11은 이 가운데 한 쌍의 예를 보여 준다. 그림 자극들은 스캐너와 포토샵 등을 이용하여 비슷한 크기의 JPEG 파일로 편집되었다. 다음으로, Cutting은 조수와 함께 근무지인 코넬 대학교의 도서관들을 찾아가서, 이 그림들을 인용하고 있는 1901~2002년에 출판된 각종 전시 카탈로그, 미술책, 잡지 등을 뒤져 그림들이 얼마나 자주 인용되고 있는지를 조사하였다. 그 결과, 2~282회로 복사본이 그림책에 인용되었다(평균 32.1회). 특히 오르세 미술관에 소장된 그림들이 다른 곳에 소장된 그림들에

샛길 2 **오르세 미술관과 인상주의**

부유한 Caillebotte(카유보트, 1848~1894)는 자신이 화가이면서 인상주의 화가들의 후원자이자 그림 수집가였다. 세잔, 드가, 마네, 모네, 피사로, 르누아르, 그리고 시실리의 그림들이 주요 수집품이었다. 42세에 갑작스레 카유보트가 죽었고 카유보트의 그림들은 프랑스 국립미술관에 기증되었다. 그런데, 파리 미술 아카데미는 전통적인 미술을 고집했기 때문에 국립미술관에서 인상주의 그림을 기증받거나 전시되는 것에 배타적이었다. 따라서, 결국 인상주의 그림 39점만 들어갈 수 있었다. 이 그림들은 원래 철도역이었던 오르세 미술관이 1986년 개관하면서 다른 많은 그림과 함께 이곳에 자리 잡게 되었다. 재미있게도 오늘날 오르세 미술관은 인상주의의 집으로 불리고 있다. 오르세 미술관은 전 세계에 자신들의 소장품을 적극적으로 홍보하는 것으로 유명하다.

비해 출현빈도가 훨씬 높았다(43.1회 대 20.9회). 어쩌면 이 빈도는 코넬 대학교 도서관만의 특징일 수 있기 때문에 추가로 예술사 색인(BHA: Bibliography of the History of Art)을 참조하여 인용도를 살펴보았는데, 높은 상관을 보였다. 그렇지만 Amazon, Google 등이 제공하는 인터넷 정보를 참조했을 때는 특정 유명 그림이 자주 인용되는 경향이 뚜렷하여 신뢰할 만한 상관을 보이지는 않았다. 과연 각 그림의 인용 빈도는 사람들의 선호도와 어떤 관계가 있을까?

연구 1에서, 166명의 남녀 대학생들은 큰 교실에 함께 앉아 무작위로 섞인 각 그림 쌍을 양쪽에 동시에 8초씩 슬라이드로 제시받았다. 이들은 두 그림 중 좋아하는 그림이 어떤 것인지 그리고 각 그림을 전에 어디에서 보았는지를 표시하였다(이전 연구에서 앉아 있는 자리에 따른 그림 감상 차이는 없었기 때문에 자리 효과는 살펴보지 않았다). 마지막으로, 각 학생은 미술관 같은 예술 작품을 경험할 수 있는 장소를 얼마나 자주 방문했는지를 적었다.

연구 결과, 오르세 미술관이 소장한 카유보트 그림들과 다른 곳에 소장된 같은 화가의 그림들에서 선호도에서 차이가 없었고 학생들이 알아보는 비율에서도 차이가 없었다. 또한 카유보트가 소장한 그림들이 사전 조사에서도 인용 빈도가 더 높지 않았다. 이는 카유보트가 특별히 좋은 그림만 알아본다는 가정이 옳지만은 않은 것임을 시사하며, 프랑스 정부의 홍보 노력으로 오르세 미술관의 그림들이 다른 미술관에 소장된 작품들에 비해 더 자주 전시되고 홍보된다는 점을 고려하면(43.1회 대 20.9회), 학생들이 이 그림들의 빈도를 의식하지 못한다는 것을 시사하기도 한다. 그런데 흥미롭게도 학생들은 오르세 작품들을 8%가량 더 선호한다고 보고하였다(54% 대 46%). 따라서 이 차이는 자주 본 경험 때문일 가능성이 크다.

연구 2에서, 좀 더 나이든 대학원 이상의 학생들과 교수들을 상대로 시행되었는데, 연구 1에서보다 그림들을 좀 더 잘 알아보는 비율이 높아졌지만 카유보트 그림들과 다른 미술관의 그림들과의 차이는 없었다. 그렇지만 역시 빈번하게 마주할 수 있는 오르세 그림들이 더 선호되었다(58% 대 42%). 연구 3에서, 10세 이하의 어린이가 참여하였는데, 빈도 효과는 나타나지 않았다.

어떤 이는 연구 1에서 얻어진 차이 8%가 너무 작은 효과가 아니냐고 반문할 수도 있다. 그렇지만 비교되는 그림들이 같은 화가의 매우 비슷한 스타일의 그림임을 주목할 필요가 있다. 만

그림 15-11 르누아르의 두 그림.
왼쪽은 *Le Moulin de la Galette*(1876)로 카유보트가 수집하여 오르세 미술관에서 소장하고 있으며 가장 흔하게 전시되는 그림이다. 오른쪽은 *Le déjeuner des canotiers*(1881)로 미국의 은행가인 Phillips가 수집하여 워싱턴 특별시에 있으며 1921년에 문을 연 Phillips Collection에서 볼 수 있다. *Duncan Phillips*(1886~1966)는 미국에 유럽의 인상주의 그림들을 포함한 현대미술을 소개하는 데 큰 역할을 한 사람으로, 어머니와 함께 3,000점 이상의 그림을 모아 미술관을 열었다. 오른쪽 그림은 이 미술관이 자랑하는 대표적인 인상주의 그림이다.

일 그림 15-11의 르누아르 그림과 김홍도의 *씨름도*를 비교할 경우 어떨지 생각해 보라. 아마도 그 차이는 매우 벌어질 것이다. Cutting의 연구는 왜 우리나라에서 우리 전통 미술보다 서양 미술이 폭넓게 선호되고 있는지에 대해 한 가지 교훈을 주는데, 우리가 우리 전통 미술보다 서양 미술에 노출될 기회가 꾸준히 더 많았기 때문일지 모른다. 예를 들어, 학교의 미술 교과서, 가정과 식당의 달력, 연습장의 표지 등에서 서양 미술을 볼 기회가 많을 수 있다. 미술의 종류와 관련해서 설치 미술과 같은 다른 장르보다 회화를 더 예술의 전형으로 보는 것도 회화에 대한 친숙성 때문일 수 있다.

사실적 묘사가 주를 이루던 시대에 등장한 인상주의 그림들은 처음에 그림 같지도 않은 그림이라는 엄청난 비난을 들었던 점을 고려하면, 친숙성은 확실히 그림에 대한 선호를 바꾸는 것처럼 보인다. 그렇지만 친숙성은 그 자체로 왜 사람들이 그림을 선호하는지에 대해 구체적으로 설명하지 못한다.

자주 보는 일은 지각적으로 어떤 변화를 일으키는 것일까? 한 가지 대답은 그림 해석이 점점 쉬워질 가능성에 있다. 즉, 어떤 그림을 자주 보게 되면 그림의 형태적 또는 의미적 처리를 점점 쉽게 할 것이다. 이에 관하여 지각처리의 쉬운 정도 또는 지각적 유창성(perceptual fluency)이라는 개념이 도입되었다. 그림이 쉽다는 것은 그만큼 처리가 빠르고 정확하다는 뜻이다. 예를 들어, 휘갈겨 써 알아보기 어려운 서명과 정자로 또박또박 쓴 서명 가운데 후자가 더 유창성이 높다고 볼 수 있다. 유창성 이론에 따르면 더 유창한 그림일수록 더 선호된다(Reber 등, 2004). 도형이 단순하고, 대칭적이고, 전경과 배경 구분이 뚜렷하고, 밝기와 색 대비가 크고, 선과 색이 분명한 그림이 더 선호될 것이다. 또한 형태나 스타일이 애매하여 범주화하기 어려운 그림보다 특징이 분명하여 특정 범주의 원형에 가까울수록 더 선호될 것이다. 그림 선호에 유창성에 기반한 친숙성은 Berlyne이 제기한 신기성과 갈등적인 면들이 많다.

이제 그림의 신기성과 친숙성이 어떻게 동시에 선호도에 영향을 줄 수 있는지 타협점에 대

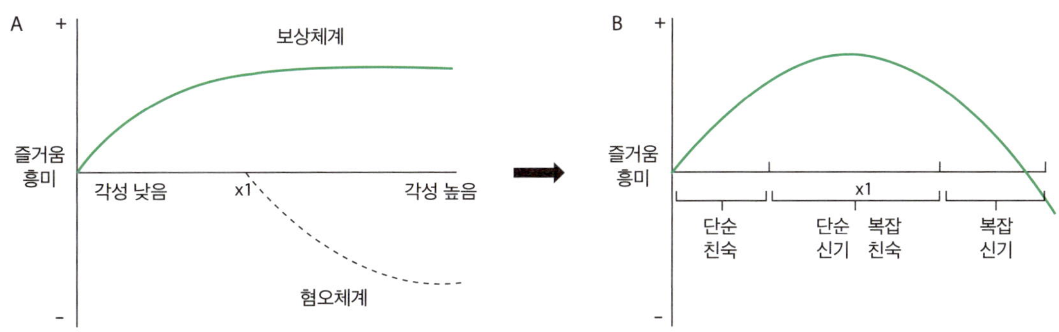

그림 15-12 Berlyne(1971)은 각성 수준에 따라 즐거움과 흥미가 달라진다고 전제하는데, 적당한 각성이 가장 높은 즐거움과 흥미를 불러일으킨다고 제안하였다. 그는 각성을 일으키는 시각 자극의 3가지 속성을 들었다. 대조 속성(collative properties)은 두 그림을 비교해서 또는 이전 기억과 비교해서 얼마나 복잡하고 신기한지에 관한 것이다. 심리물리적 속성(psychophysics properties)은 그림을 구성하는 색상이나 밝기 같은 물리적 성질을 뜻한다. 예를 들어, 강렬한 원색이 채도가 낮은 색에 비해 각성을 높일 것이다. 생태적 속성(ecological properties)은 그림과 관련된 상징, 의미, 학습된 기억 등에 관한다. 그런데 그림의 복잡성과 신기성은 각성을 일으키는 정도가 다르다. (왼쪽) 뇌에서 각성 수준이 어느 정도 유지되면 보상체계(reward system)가 작동하여 심리적 쾌가 증가하지만 각성 수준이 너무 높으면 혐오체계(aversion system)가 작동하여 오히려 심리적 쾌는 하락한다. (오른쪽) 왼쪽 그래프에서 정적 가치를 일으키는 보상체계와 부적 가치를 일으키는 혐오체계의 가산적 작동으로 나타난 결과로, 두 체계가 함께 작동하는 x1 지점에서 심리적 쾌는 최고조에 이르며 점차 낮아진다. 단순하고 새로운 그림 또는 복잡하고 친숙한 그림이 가장 큰 심리적 쾌를 일으킨다.

해 생각해 보자. 만일 신기성과 친숙성이 하나의 연속선의 극단에 놓인 상대적 개념이라면 두 변인이 동시에 같은 방향으로 선호도에 영향을 미치는 것은 모순이다. 오늘날 이 문제를 완전히 해결하고 있는 모델은 없는데, 다만 Berlyne(1971)은 그림의 신기성과 친숙성 요인, 즐거움과 흥미의 요인 사이에 각성(arousal)이라는 생리적인 매개 요인을 도입하여 얼마간 복잡한 설명을 제시하였다. 소개하지는 않았지만, Berlyne(1966)은 다른 연구에서 선분이 아주 많아 거의 까맣게 보일 정도로 아주 복잡한 도형을 이용하였는데, 그 연구에서는 비교적 단순한 도형이 오히려 더 시선을 오래 끌었다. 즉, 너무 복잡하면 사람들이 회피하는 경향을 보인 것이다. 이 결과와 함께 그는 도형의 신기성과 복잡성이 너무 크면 각성 수준이 증가하고, 너무 높은 각성은 오히려 즐거움과 흥미를 떨어뜨린다고 설명한다. 그림 15-12는 이를 간략히 보여 주는데, 단순하고 새로운 그림 또는 복잡하지만 친숙한 그림이 적당한 각성을 동반하여 즐거움과 흥미를 가장 크게 이끈다. 그렇지만 다른 연구를 보면 복잡할수록 예술적으로 더 선호된다는 증거도 있다(Osborne & Farley, 1970).

이 이론에 따르면 Cutting의 친숙성에 따른 그림 선호 효과는 인상주의 화가들의 그림이 적당히 복잡한 상태에서 친숙성을 유지했기 때문으로 풀이된다. 시간이 흐름에 따라 그림의 친숙성이 증가하면서 동시에 싫증도 증가하겠지만, 그 속도는 그림의 복잡성에 따라 달라질 수 있다. 단순한 그림의 경우 흥미에서 싫증으로 재빨리 이어지지만, 복잡한 그림의 경우 충분한 노출에도 싫증으로 넘어가는 흐름이 매우 더디거나 아예 의식되지 않을 수도 있다. 신기성, 유창성, 친숙성은 그림 감상에 개입하는 요인들로 평가되며, 어떻게 서로 관련 있는지 아직 많은 논란이 있다. 좀 더 체계적인 연구를 통해야만 관계가 드러나겠지만, 그림의 종류가 다양하며, 감상에서 개인차가 크기 때문에 쉽사리 이해되기 어려울 것이다.

인지적 요인

문제 해결

그림 감상을 문제 해결(problem solving) 과정으로 설명하는 이론이 있다. 일상생활에서 우리가 바라보는 사물들은 보는 즉시 어떤 물체인지 파악이 되기 때문에 이 설명이 쉽게 다가오지 않을지 모른다. 그렇지만 한 번에 바로 어떤 물체인지 파악이 어려운 그림들을 이용해서 이를 시연해 볼 수 있다. 앞서 물체지각에서 보았듯이 애매한 도형들은 그런 예에 속한다. 비슷하게 그림 15-12 왼쪽의 흑백 그림도 그렇다. 얼굴 사진을 검은색과 흰색만으로 표현하여 얼굴 형태에 대해 최소한의 정보만 담고 있다. 이것은 이를 고안한 연구자의 이름을 따서 무니 얼굴(Mooney face)이라고 한다(Mooney, 1957). 이런 도형들은 한참을 바라보고 있으면 어느 순간 '아하!' 하며 그 안에서 의미를 발견하게 되는데, 이를 지각적 통찰(perceptual insight) 또는 지각적 아하(perceptual aha)라고 한다. 신경심리학자들은 이럴 때 뇌의 보상체계가 활성화되기 때문에 즐거운 기분을 느낀다고 설명한다(Ramachandran & Hirstein, 1999).

실제로 2개의 독립적인 연구들은 지각적 통찰을 경험할 때 감상자들이 그림을 더 선호하는

그림 15-13.
(왼쪽) 무니 얼굴. (가운데) *Violin and Jug* (Georges Braque, 1910. Kunstmuseum Basel). (오른쪽) *Girl with Mandolin*(Picasso, 1910. Museum of Modern Art).

것으로 나타났다. 무니 얼굴을 이용한 자극을 만든 한 연구에서(Muth & Carbon, 2013) 참여자들은 무니 얼굴 18장 또는 비슷하지만 얼굴이 아닌 그림 18장을 모니터에 제시받았고, 각 자극을 얼마나 좋아하는지 먼저 평가하였고, 그다음 얼굴을 얼마나 잘 알아볼 수 있는지와 얼마나 얼굴이 같은지를 7점 척도로 응답하였다. 분석 결과, 얼굴을 알아보는 정도가 그림 선호도와 관련이 있는 것으로 나타났다. 다른 연구에서(Muth 등, 2013), 입체주의 화가들의 그림들을 이용하였는데(그림 15-13), 이 그림들은 얼마간 추상적으로 표현되어 쉽게 무엇을 그렸는지 파악되지 않는다. 이 연구에서도 마찬가지로 참여자들은 120장의 입체주의 그림을 모니터에 제시받았고, 각 그림에서 묘사된 대상들을 얼마나 좋아하는지 그리고 그림 속 대상이 무엇인지를 얼마나 잘 알아볼 수 있는지 7점 척도에 응답하였다. 그 결과, 이 두 응답 간에 묘사된 대상을 탐지해 내는 정도와 선호도 사이에 강한 정적 상관이 발견되었다. 즉, 사람들은 대상을 잘 재인해 낼수록 더 그림을 좋아하였다.

이 두 연구는 그림 감상에서 감상자의 문제 해결 과정이 중요할 수 있음을 잘 보여 준다. 하지만 이 연구 결과를 미술관에 걸려 있는 모든 그림을 감상하는 과정에는 적용하기 어렵다. 왜냐하면 이 연구에서 사용된 그림들처럼 모든 그림이 모호하지 않을뿐더러 이 연구에 쓰인 것처럼 대상이 무엇인지에 대한 정답이 있는 것도 아니기 때문이다. 또한 우리는 문제에 대한 답을 안다면 앞서 Berlyne이 지적했던 것처럼 신기성이 급격히 줄어들어 얼마 지나지 않아 지루해질 가능성도 있다. 따라서 이 연구들에 쓰인 그림들이 계속해서 흥미롭기는 어려울 것이다. 그렇지만 이 연구들의 결과를 직접적으로 적용하기보다는 추상적인 수준에서 시사하는 것을 생각할 필요가 있다. 즉, 애매함이 전혀 없는 세상을 사실적으로 묘사한 그림에서조차 우리는 그림이 담고 있는 의미를 찾고자 애쓰는 일이 흔하기 때문이다.

제목, 설명 효과

Russell(2003)은 그림에 대한 의미 정보가 많으면 그림 감상이 더 즐거울 것으로 생각하였다. 그렇지만 이전 연구에서 이 효과는 잘 관찰되지 않았다. 아마도 정보 효과가 매우 적거나 그림이 다를 수 있는 등 다른 여러 이유 때문에 효과가 드러나지 않았으리라고 추론하였다. 따라서 그는 그림 종류를 매우 단순하게 하고, 다른 요인들보다 정보에 민감할 수 있는 조건을 만들어 실험하였다.

이 연구에서 유명 화가의 복제 그림 12장이 사용되었는데(예를 들어, 그림 15-14), 모두 추상화

그림 15-14.
(왼쪽) *Shadow Country*(Yves Tanguy, 1927. Detroit Institute of Arts). 탕기는 프랑스 태생 미국의 초현실주의자로, 자신을 무의식적인 마음의 목소리를 녹음하는 장치라고 여겼다. 그의 그림은 아주 독특한데, 반절은 바다가 반절은 육지 풍경이 담겨 있는데, 유령 같은 꿈의 공간에 형태가 불분명하고, 이름을 알 수 없는 물체들 그리고 상상 속의 생물들이 퍼져 있다. (오른쪽) *Mechanical Elements*(Fernand Leger, 1924. The Metropolitan Museum of Art). 레제는 영화 기술에 크게 감화되었다. 이 작품에서 그는 예술 작품의 정밀성과 기계 장치의 정밀성 사이의 유사성을 표현하였다. 여러 추상적인 곡선과 직사각형을 마주하는데, 이들은 기계에 붙어 있는 바싹 짧게 자른 부분들과 결합되어 있다. 그림 전체는 조립된 영화 장치를 열쇠 구멍으로 들여다본 모습이다.

또는 반추상화였다. 구체적인 의미가 담겨 있는 구상화가 아닌 추상화를 사용한 이유는 정보의 역할이 구상화보다 추상화에서 더 잘 드러날 것이라고 보았기 때문이다. 3가지 조건이 있었는데, 아무런 정보가 없이 그림만 감상하는 조건(무정보), 그림 제목만 제공된 조건(제목 조건), 그리고 제목과 함께 50단어 내외의 설명이 제공된 조건이었다.

지각 유창성

그림이 지각적으로 덜 유창하거나 애매한 그림이 더 선호될 수 있다는 증거가 있다. Jakesch 등(2013)은 초현실주의 화가인 Rene Magritte가 그린 그림들을 이용하였다. Magritte는 모순적이고 애매한 그림들을 많이 그린 화가로 유명하다. 이 실험에서 Magritte가 그린 그림 원본과 포토샵으로 애매함을 편집한 그림들이 참여자들에게 제시되었다. 예를 들어, 그림 15-15에 보이는 그림은 원본으로 부츠와 사람의 발이 하나로 묘사되어 애매하였다. 애매하지 않은 그림으로 발 대신 완전한 부츠가 그려졌다. 참여자들에게 이 그림들을 0.5~1초 동안 보여 주고 얼마나 좋아하는지 그리고 얼마나 흥미를 느끼는지를 7점 척도로 대답하게 하였다. 실험 결과, 사람들은 애매한 버전들이 해석하기는 더 어렵지만, 더 좋아하고 흥미롭다고 평가하였다. 따라서 그림 감상에서 애매성은 감상자의 선호에 중요한 요인으로 보인다.

그림의 지각적/의미적 애매성이 갖는 감상의 긍정성에 대해 Van de Cruys와 Wagemans(2011)는 신경과학의 예측 부호화를 이용하여 설명한다. 그들은 형태주의자들이 말하는 단순성, 규칙성, 대칭성 등 집단화 원리들이 분명한 그림들은 처리가 쉬운 대신 금방 싫증 날 수 있다고 한다. 반면, 대부분 화가는 자신의 그림에서 첫눈에 쉽게 처리되지 않도록 약간 애매하게 하여 감상자로 하여금 주의를 기울이게 하는 것처럼 보이는 데 주목한다(Mamassian(2008)도 비슷한 제안을 하였다). 뇌는 지각 대상이 감각을 타고 들어올 때 이를 수동적으로 처리하는 것이 아니라 지식 또는 이미 지각체계에 담겨 있는 세상에 대한 규칙성에 기대어 능동적으로 처리하는데, 이를 예측부호화(predictive coding)라고 한다. 만일 기대와 일치하면 적은 심적

그림 15-15.
Le Modele rouge(Rene Magritte, 1947. Centre Pompidou).

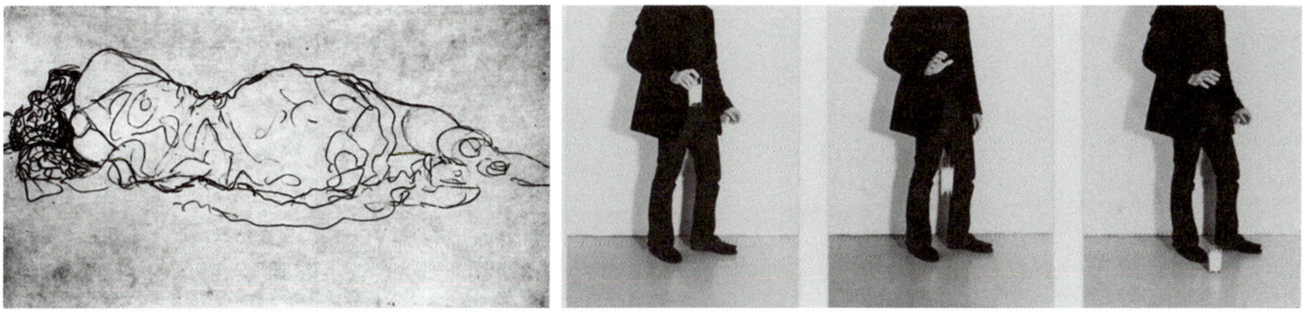

그림 15-16.
Reclining Woman(Gustav Klimt, 1914/1917. Albertina Museum)과 *Dropping Milk*(William Wegman, 1971. Museum of Modern Art).

자원을 할당하고, 기대와 일치하지 않으면 예측오류(predictive error) 신호 또는 놀라움이 발생하여 일치하지 않는 부분에 더 주의하여 정밀한 처리로 이어진다. 이러한 전략은 손쉬운 처리 대상에 대해서는 심적 자원을 아끼고, 예상치 못한 대상에 대해서는 학습할 수 있는 기회를 제공한다는 점에서 효율적이다. 예측 부호화 이론은 지각뿐만 아니라 인지와 동기 등에서도 폭넓게 적용 가능하다(Den Ouden 등, 2012). 예를 들어, 그림 15-16의 Klimt의 그림을 처음 대할 때, 선들이 무의미하게 엉켜 있는 것으로 보인다. 그렇지만 면밀한 관찰 끝에 여성의 몸매와 투명한 옷이 구분됨을 경험한다. Wegman의 연속 사진에서, 왼쪽에서 오른쪽으로 시선을 옮길 때 우유컵이 깨질 것을 기대한다. 그런데 마지막 사진에서 우유컵은 멀쩡한 채로 바닥에 놓이게 되며 이때 예측이 틀렸음이 드러난다. 그림 15-15의 Magritte 그림은 지각 수준에서 선명하지만 인지적 수준에서 애매하여 높은 수준에서 감상자의 주의 기울이기를 유도할 것이다. 예측 부호화에 따른 감상 이론은 러시아 문학 이론가인 Viktor Shklovsky가 제안한 낯설게 하기(defamiliarization) 개념과 이론적으로 공통점이 있다. 창작자는 낯설게 하기 기법을 통해 자신의 작품을 너무 자동적으로 처리되지 않도록 하여 감상자의 조심스러운 감상을 유도할 수 있다. 예를 들어, 영화에서 과거-현재-미래로 가는 시간 흐름을 미래에서 시작해서 과거로 장면들을 배치하여 극적 긴장감을 유지하게 할 수 있다.

장소 효과

Maslow와 Mintz(1956)는 그림 감상이 환경에 영향받을 것이라고 가설을 세웠다. 3개의 방이 준비되었는데, 아름다운 방은 베이지색으로 칠해진 벽이었고, 고급스러운 가구와 예쁜 양탄자가 깔리고 넓은 창문이 2개 딸린 깨끗한 방이었다(3.4×4.3m). 더러운 방은 삼면이 진한 회색으로 칠해져 있었고, 반쪽짜리 창문이 2개 딸리고, 비우지 않은 쓰레기통과 재떨이가 있었고 질이 떨어지는 가구가 놓여 있었다(2.1×3.7m). 마지막으로 보통 방은 교수연구실로 평범한 가구로 채워져 있었다(4.6×5.2m). 3개의 방 모두 높이는 3m였다. 아름다운 방과 더러운 방 조건은 남녀 16명씩 할당되었고, 보통 방에는 남학생만 10명이 할당되었는데, 앞의 2개 방에서 성별 효과가 나타나지 않았기 때문이었다.

실험에 쓰인 그림은 네거티브로 처리된 남녀 얼굴 사진 10장이었다(그림 15-18). 참여자들은 실험 목적이 얼굴을 보고서 상동증(stereotypy)을 알아낼 수 있는지를 살펴보는 것이라고 들었다.

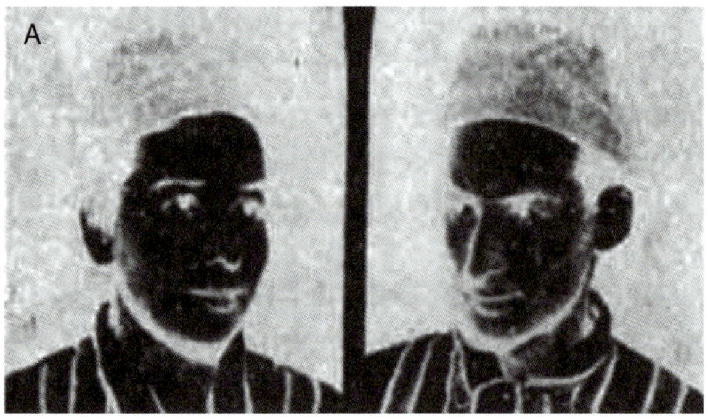

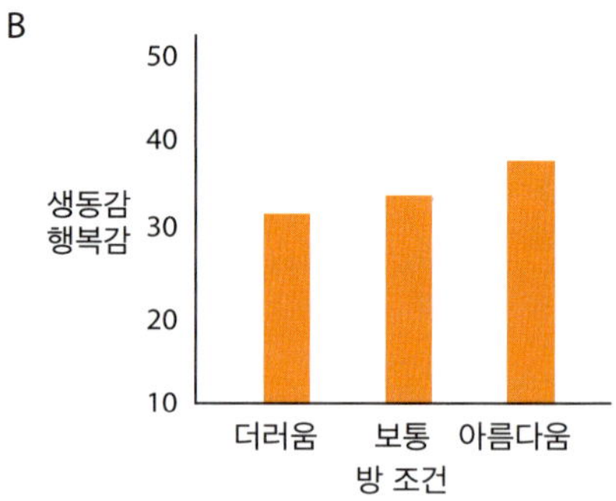

그림 15-17. (A) 실험에 쓰인 자극. (B) 실험 결과.

참여자들은 얼굴 사진을 보면서 '얼마나 얼굴에 생동감이 있는지', '얼마나 심리적인 행복감이 있는지'를 1~6점으로 표시하였다. 따라서 사진이 모두 10장이었기 때문에 총점은 10~60점이었다. 그림 15-17 오른쪽 그림에 나타나 있듯이 생동감과 행복감 면에서 아름다운 방, 보통 방, 더러운 방 순서로 점수가 높았다. 따라서 이 연구는 시각 대상에 대한 평가는 이 행위가 일어나는 환경에 따라 달라짐을 시사한다.

Maslow와 Mintz(1956)의 연구는 지각과 행동에 대한 환경 효과에 많은 관심을 불러일으켰다. 예를 들어, 작업이나 학습에 미치는 환경 효과에 관심 있는 조직이나 학습 분야에 영향을 주었고(Davis, 1984), 제품이 놓인 환경, 종업원이나 소비자 행동의 관계에 관심이 있는 마케팅 분야에 영향을 주었다(Bitner, 1992). 대체로 이 연구들은 좋은 환경이 긍정적인 행동과 상관이 높다는 가설을 지지한다. 그렇지만 이들의 연구가 늘 지지된 것은 아니다. Wilmot(1990)는 Maslow와 Mintz의 연구를 좀 더 체계적으로 반복 실험을 하였는데, 정반대로 깔끔하게 정돈된 방 조건보다 어수선하게 물건들이 널려 있는 방에서 더 높은 감상 점수가 나왔다! 다행히도 이 연구는 잘 알려져 있지 않은데, 지극히 나왔으면 하고 기대하는 결과들이 그렇지 않은 연구들에 비해 사회적으로 그리고 학문적으로도 지지가 되는 것 같다. 더러운 방이 긍정적인 행동을 일으킨다는 것이 정말로 사실이라면 얼마나 혼란스러운 일인가!

Maslow와 Mintz(1956)의 연구에 사용된 그림 자극은 예술 작품과는 거리가 있다. Locher 등(2001)은 전문적인 예술 작품들을 미술관, 프로젝터 슬라이드, 컴퓨터 모니터에 다르게 제시하고 참여자들에게 얼마나 흥미로운지 그리고 즐거운지 등을 물었다. 그 결과, 미술관에 걸려 있을 때가 다른 두 매체로 전달되었을 때보다 긍정적인 감정이 더 높게 나타났다. 역시 그림은 미술관에 걸려 있을 때 더 높은 평가를 받을 가능성이 크다. 같은 옷이라도 유명 백화점에 걸려 있으면 한 번 더 보게 되는 사람들의 행동도 이와 비슷하게 설명될 수 있을 것이다.

측면 조직화

대부분의 물체들은 앞과 뒤 같은 방향이 있다. 그림영역에서 대상의 위치와 방향 등 배치와 관련된 구성을 측면 조직화(lateral organization)라고 한다. 그림의 선호는 측면 조직화에 따라 달라질 수 있다. Palmer 등(2008)은 그림의 주요 대상의 위치가 그림 안에서 어디에 있을 때 감상자들이 선호하는지를 조사하였다. 사람들은 대상의 방향과 그림의 방향을 고려하는 것으로 나타났

그림 15-18 대상이 어느 쪽을 향할 때를 더 선호하는가?(Chokron & De Agostini, 2000)

다. 예를 들어, 오른쪽을 향해 서 있는 사람은 그림의 왼쪽에 있을 때가 오른쪽에 있을 때보다 더 선호되었다.

측면 조직화에 대한 선호는 그림 자체의 속성만 아니라 감상자가 왼손잡이인지 오른손잡이인지와 같은 신체적 요인과 -읽기/쓰기 방향과 같은 문화적 배경도 중요하다. Chokron과 De Agostini(2000)는 읽기/쓰기 방향이 왼쪽에서 오른쪽인 프랑스 사람들과 반대로 오른쪽에서 왼쪽인 이스라엘 사람들에게 측면 조직화가 다른 그림을 보여 주고 어느 쪽을 더 예술적으로 선호하는지를 물었다(그림 15-18). 그 결과 프랑스 사람들은 그림의 대상이 오른쪽으로 향할 때를 더 선호하였고, 이스라엘 사람들은 왼쪽으로 향할 때를 더 선호하였다.

전 세계의 글자 문화는 저마다 독특한 특징들이 있는데, 특히 글의 방향은 흥미롭다. 글의 방향은 세로쓰기와 가로쓰기, 그리고 오른쪽과 왼쪽을 고려하여 크게 4가지로 나뉜다. 유럽 사람들은 가로 방향이되 왼쪽에서 오른쪽으로 읽고 쓰며(우횡서, 右橫書), 아랍과 히브리 사람들은 가로 방향이되 오른쪽에서 왼쪽으로 읽고 쓴다(좌횡서, 右橫書). 중국이나 일본 사람들은 세로 방향이되 오른쪽에서 왼쪽으로 읽고 쓰며(우종서, 右縱書), 몽골 사람들은 세로이되 왼쪽에서 오른쪽으로 읽고 쓴다(좌종서, 左縱書). 글자의 읽기/쓰기 습관은 단지 글자영역에만 머물지 않고 다른 영역에까지 확장되는 것으로 알려져 있다.

Lee와 Oh(2016)는 글씨 읽기/쓰기의 방향 변화가 그림 방향의 배치 관습에 영향을 주는지에 대해 좀 더 직접적인 증거를 찾고자 하였다. 우리나라의 글씨 읽기/쓰기 방향은 20세기에 걸쳐 100여 년 동안 오른쪽에서-왼쪽에서 왼쪽에서-오른쪽으로 완전히 바뀌었다. 이렇게 완벽하게 글씨 읽기/쓰기의 방향이 바뀐 나라는 매우 드물다. 일본이나 중국도 바뀌는 추세에 있지만 여전히 과거의 세로쓰기 전통이 강하게 남아 있고, 오른쪽에서 왼쪽으로 읽고 쓰는 관습이 강하다. 연구자들은 *동아일보*와 *조선일보*를 선정하고 이 두 신문에 실린 사진과 손 그림의 방향을 조사하였다. 1920~2013년까지 출판된 신문에서 무작위로 4월을 정하고, 이 기간에 나온 지면에서 사람이 찍히거나 묘사된 그림들의 방향을 세었는데, 광고와 방향이 중립적인 그림들은 제외

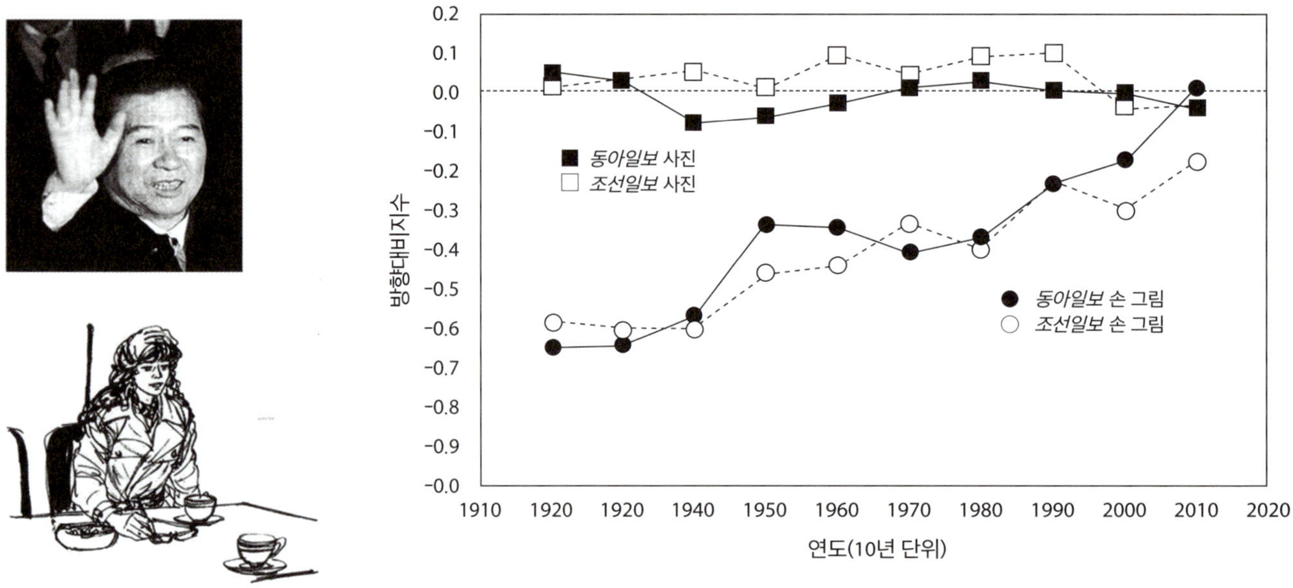

그림 15-19. (왼쪽) 사진과 손 그림의 예. (오른쪽) 연도별 그림 방향의 대비지수.

되었다. 사진 37,300개와 손 그림 7,658개가 모였고, 왼쪽과 오른쪽의 상대적 비율은 방향대비지수 함수를 통해 계산되었다(방향대비지수(directional contrast index)=(오른쪽-왼쪽)/(오른쪽+왼쪽)). 이 대비지수 값이 +이면 그림 방향의 오른쪽 비율이, -이면 왼쪽 비율이 높음을 나타낸다. 그 결과, 그림 15-19에서 볼 수 있듯이 사진은 연도와 관계없이 왼쪽과 오른쪽의 방향이 거의 1:1로 변화가 없었는데, 손 그림의 경우 꾸준히 오른쪽으로 증가하였다. 연구자들의 추론에 따르면 아마도 사진은 현장의 여건이 중요하여 사진기자가 임의로 사진의 방향을 정하기 어려웠을 것이고, 따라서 특정 방향의 우세가 나타나기 어려웠을 것이다. 반면, 손 그림의 경우 화가의 생활 습관이 반영될 가능성이 크고, 이에 따라 그림의 방향에 변화가 나타났을 가능성이 있다. 즉, 화가들이 사는 시대의 글씨 읽기/쓰기 방향이 그림의 배치에 영향을 주었을 것이다.

신경 미학

뇌활동을 관찰할 수 있는 기술의 발달은 자연스럽게 예술과 뇌활동의 관계에 대한 관심으로 이어졌다. 신경 미학(Neuroaesthetics)이라고 불리는 이 새로운 연구영역에서, 연구자들은 예술에 관한 심리 현상과 뇌활동의 상관을 찾고자 한다.

한 연구에서, 참여자들은 fMRI 기기 안에 누워서 소리를 듣거나 그림을 보았다. 이 자극들에 대한 주관적인 느낌은 아름답거나, 추하거나, 중립적이었다. 그러면서 이 참여자들의 뇌활동이 기록되었는데, 분석 결과 내측안와전두피질(mOFC: medial orbito-frontal cortex) 영역만이 아름답다고 평가된 소리를 듣거나 그림을 볼 때 활성화되었다. 이에 따라 연구자들은 이 영역이 '아름다움의 중추'일 것이라고 추론하였다(Ishizu & Zeki, 2011).

또 다른 연구에서, 예술 조각상이 원래와 같이 몸의 분절들이 황금비율을 가질 때와 그렇지

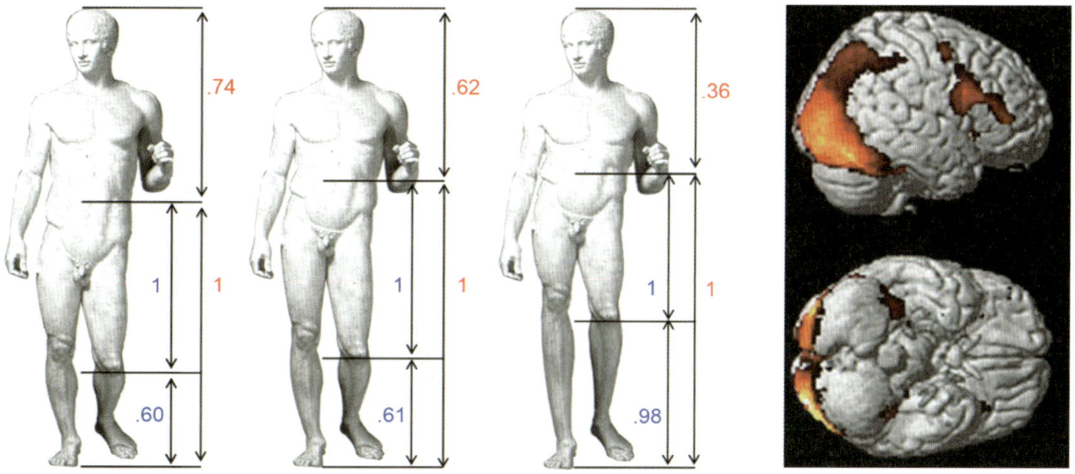

그림 15-20.
(왼쪽) 세 분절의 몸의 길이가 다르게 편집된 그림. 가운데는 황금비율을 유지한 원래 그림이며, 양쪽은 몸통과 다리 길이가 황금비율과 다른 그림이다. (오른쪽) 황금비율을 가진 아름다운 몸을 보았을 때 활성화된 영역들(Di Dio 등, 2011).

않을 때를 감상할 때 활성화되는 뇌 영역이 달랐다(그림 15-20). 즉, 황금비율을 가진 원래 그림은 다른 그림들에 비해 더 아름답다고 평가되었으며 활성화되는 뇌 영역들이 달랐는데, 대표적으로 섬 영역(insular)과 편도체(amygdala)의 활성화가 두드러졌다(Di Dio 등, 2007).

이러한 연구들은 예술 작품에서 아름다움을 느끼는 심리 과정을 뇌활동 수준에서 이해한다는 장점이 있다. 물론 예술에 대한 신경과학적 접근이 모두 환영받는 것은 아니다. 일부 연구자들은 예술에 대한 신경과학적 접근에 대해 매우 회의적이다(예를 들어, Conway & Rehding, 2013). 가장 중요한 이유는 아름다움에 대응한다고 추론되는 뇌 영역이 다른 많은 대상에도 활성화되기 때문이다. 그렇다면 이 영역들이 활성화될 때마다 사람들이 아름다움을 느낀다고 확신할 수 있는가? 또한 예술이 언제나 황금비율, 규칙성, 대칭성과 같은 일반적으로 알려진 아름다움의 원리들과 늘 일치하는 것은 아니다. 예를 들어, 그림 15-21을 보자. Modigliani가 그린 여인의 목은 너무 길고, 우리의 달항아리는 대칭적이지 않지만 많은 사람이 아름다움을 느낀다. 또한, 원이 한가운데에 있을 때보다 중심에서 약간 벗어날 때 중심으로 이동하려는 긴장이 발생한다(Arnheim, 1956). 예술 감상은 매우 주관적이며, 사회적, 환경적 맥락에 민감하므로 아름다움에 대

그림 15-21 비례, 대칭이 맞지 않아도 예술적으로 지각되는 예들.
(왼쪽) *La Femme aux macarons*(Amedo Modigliani, 1917). (가운데) *달항아리*(국립중앙박물관). (오른쪽) Arnheim 효과(Arnheim, 1956).

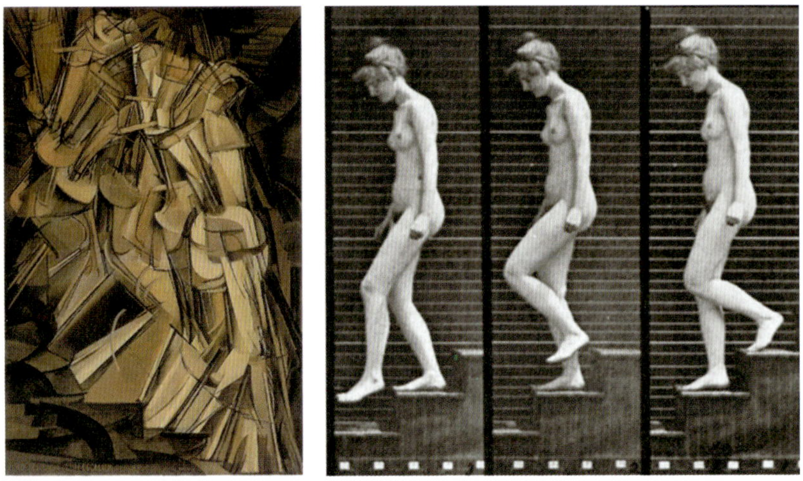

그림 15-22.
(왼쪽) *Nude Descending a Staircase, No. 2*(Marcel Duchamp, 1912. Philadelphia Museum of Art).
(오른쪽) *Woman Walking Downstairs*(Eadweard Muybridge, 1887)의 일부.

응하는 객관적인 뇌 영역을 찾고자 하는 노력이 타당하지 않게 보일 수 있다.

한편, 예술에 대한 신경과학적 접근은 행동 실험에서 드러내기 어려운 주관적 감상을 객관적으로 지지하는 자료를 제공할 수 있다. 예를 들어, Kim과 Blake(2007)는 fMRI를 이용하여 그림에 대한 지식이 그림 감상에 영향을 주는지를 뇌 수준에서 이해하였다. 이 연구에서 사전지식이 필요한 애매한 그림이 참여자들에게 제시되어 감상이 되는 동안 뇌활동이 기록되었다. 그림 15-22의 왼쪽은 Duchamp의 그림으로 계단을 내려오는 여인이다. 이 그림은 움직이는 대상을 연속 사진으로 촬영한 Muybridge(1887)의 작품에서 영향을 받은 것이다. Duchamp의 그림에서, 여인은 입체파의 기법으로 추상적으로 그리고 중첩되어 표현되어 처음 이 그림을 대하는 사람들은 이 그림이 무엇인지 이해하지 못할 것이다. '보일러 연통'과 같다는 답이 돌아오기도 한다. 그렇지만 이 그림을 알거나 계단을 내려오는 사람의 연속 그림을 본 적 있는 사람이라면 이 그림에서 약한 정도의 움직임을 지각한다고 보고한다.

Kim과 Blake(2007) 연구에서, 이 그림에 대한 사전지식이 있는 사람들의 뇌에서 움직임을 볼 때 반응하는 영역인 MT+가 움직임이 표현되지 않은 그림을 볼 때보다 더 활성화되었는데, 이 차이는 이 그림을 아는 사람들의 뇌에서만 나타났다. 그러므로 움직임이 함축된 그림을 보고서 움직임을 지각한다는 사람들의 주관적 보고가 뇌활동을 통해 추가로 뒷받침되는 것이다. 종합하면, 그림에 대한 지식이 있는 사람들이 그림에 대한 사전지식이 작가가 의도한 대로 그림을 좀 더 정확하고 풍성하게 감상할 가능성이 있음을 시사한다.

예술과 인공지능

인공지능의 발전은 예술에도 큰 변화를 가져오고 있다. 컴퓨터 프로그램이 유명 화가들이 남긴 그림들을 학습하여 비슷한 스타일의 그림을 창작할 수도 있다. 예를 들어, Mondrian이나 Kandinski의 그림에서 기하학적 도형들을 추출하고 이들의 조합을 통해 비슷한 화풍의 그림을 창작할 수도 있다(그림 15-23). 아마도 가까운 미래에는 훨씬 복잡한 유형의 그림들도 인공지능을 이용하여 쉽게 모방이 될 것이다.

과연 인공지능의 등장은 예술에 어떤 변화를 가져올 것인가? 유명 화가들의 그림은 작품의

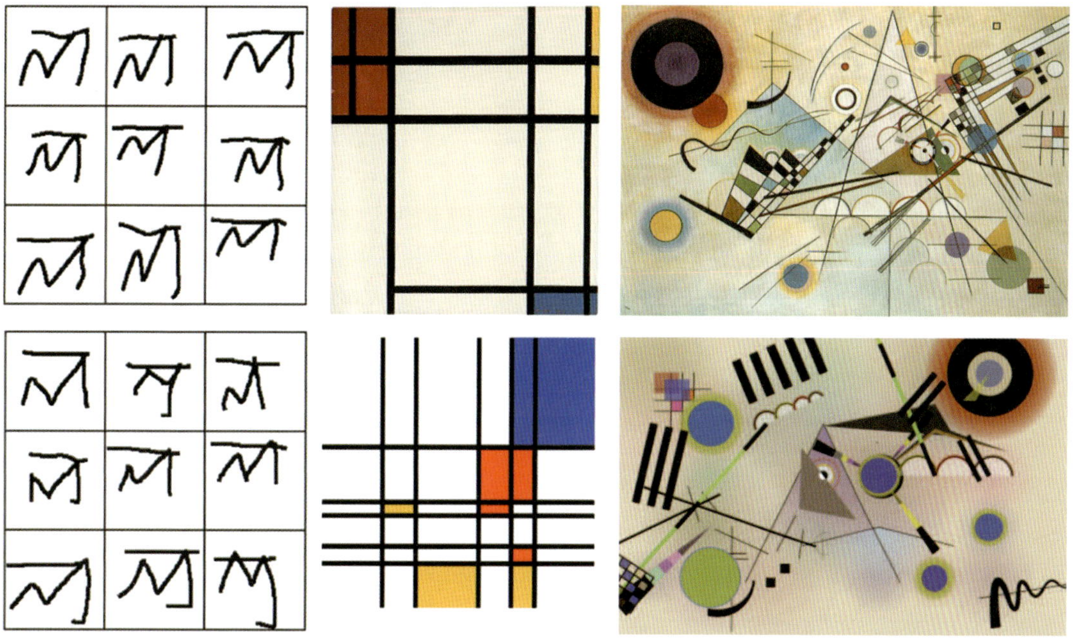

그림 15-23.
위 열은 각각 사람 또는 화가들이 그린 것들이고, 아래는 인공지능이 창작한 것들이다. (왼쪽) 특정 문자를 보고 사람과 인공지능이 생성한 그림(Lake 등, 2015). (가운데) *Red blue yellow and white: Nom III*(Mondrian, 1939)와 인공지능 창작물(Andrzejewski 등, 2010). (오른쪽) *Composition VIII*(Wassily Kandinsky, 1923. Guggenheim Museum)과 인공지능 창작물(Zhang 등, 2012).

숫자가 제한되어 있다. 이로 인해 감상자들에게 이 그림들은 지루해지고 있다. 인공지능이 비슷한 유형의 그림들을 창작할 수 있다면, 감상자 입장에서는 좋아하는 화가의 새로운 그림을 집에서 마음껏 즐기는 일이 가능할 것이다. 반면, 유명 그림들을 소장하고 있는 미술관 입장에서는 사람들이 더 이상 비싼 입장료를 내고 굳이 미술관에 오지 않을 가능성에 대해 걱정할 것이다. 예술가들 역시 모든 작업 과정을 일일이 도맡는 고통 대신 인공지능을 이용하여 좀 더 편하게 창작하는 길을 택하게 될지도 모른다.

정리

예술 작품 지각은 일상생활에서 마주하는 대상들의 지각과 다르다. 예술 작품의 감상에는 상징적 가치가 중요하다. 예술 감상에서 작품에 대한 신기성과 친숙성은 복합적으로 작용하는 것으로 보인다. 예술 작품의 선호에는 인지적·감정적·문화적 요인들이 개입한다. 신경 미학은 예술 감상을 뇌활동에서 이해하고자 한다.

더 읽어 보기

Arnheim(1956)은 형태주의 이론을 예술 세계에 확장하였는데, 균형, 긴장, 역동에 대해 음미해 볼 수 있다. 실세계와 예술 세계의 차이에 대해 좀 더 숙고하려면 Mamassian(2008)을 보라. 예술심리학에 대한 개관은 Palmer 등(2013)을 보라. 시각예술영역에서 선호에 대한 개관은 Palmer 등(2013)을 보라. 그리기와 글자 쓰기와 같은 손동작에 대해 깊은 관심이 있다면 Van Sommers(1984)의 책을 권한다. 지각적 유창성에 대한 개관은 Reber 등(2004)을 보라. 공감에 대한 신경과학적 입장에 대해서는 Freedberg & Gallese(2007)를 보라. 디자인을 심리학적 원리로 설명한 시도에 대해서는 Lidwell(2010)을 보라. 신경 미학에 대해서는 Chatterjee(2011), Chatterjee와 Vartanian(2014), Jacobsen(2006)을 보라.

| 참고문헌 |

Aglioti, S. M., Minio-Paluello, I., & Candidi, M. (2012). The beauty of the body. *RendicontiLincei*, *23*(3), 281-288.

Andrzejewksi, D., Stork, D. G., Zhu, X., & Spronk, R. (2010). Inferring compositional style in the NeoPlastic paintings of Piet Mondrian by machine learning. In *Proceedings of Electronic Imaging: Computer Image Analysis in the Study of Art* (SPIE).

Arnheim, R. (1956). *Art and Visual Perception: A Psychology of the Creative Eye*. Berkeley, CA: University of California Press.

Attneave, F. (1954). Some informational aspects of visual perception. *Psychological Review*, *61*(3), 183.

Berlyne, D. E. (1958). The influence of complexity and novelty in visual figures on orienting responses. *Journal of Experimental Psychology*, *55*(3), 289.

Berlyne, D. E. (1966). Curiosity and exploration. *Science*, *153*, 25-33.

Berlyne, D. E. (1970). Novelty, complexity, and hedonic value. *Perception & Psychophysics*, *8*, 279-286.

Berlyne, D. E. (1971). *Aesthetics and Psychobiology*. New York: Appleton-Century-Crofts.

Berlyne, D. E. & Parham, L. C. C. (1968). Determinants of subjective novelty. *Perception & Psychophysics*, *3*, 415-423.

Bitner, M. J. (1992). Servicescapes: the impact of physical surroundings on customers and employees. *JournalofMarketing*, 57-71.

Bullot, N. J. & Reber, R. (2013). The artful mind meets art history: toward a psycho-historical framework for the science of art appreciation. *Behavioral and Brain Sciences*, *36*(02), 123-137.

Chatterjee, A. (2011). Neuroaesthetics: a coming of age story. *Journal of Cognitive Neuroscience*, *23*(1), 53-62.

Chatterjee, A. & Vartanian, O. (2014). Neuroaesthetics. *Trends in Cognitive Sciences*, *18*(7), 370-375.

Chokron, S. & De Agostini, M. (2000). Reading habits influence aesthetic preference. *Cognitive Brain Research*, *10*(1-2), 45-49.

Conway, B. R. & Rehding, A. (2013). Neuroaesthetics and the trouble with beauty. *PLoS Biol*, *11*(3), e1001504.

Creusen, M. E. & Schoormans, J. P. (2005). The different roles of product appearance in consumer choice. *Journal of Product Innovation Management*, *22*(1), 63-81.

Cutting, J. E. (2003). Gustave Caillebotte, French impressionism, and mere exposure. *Psychonomic Bulletin & Review*, *10*(2), 319-343.

Daprati, E., Iosa, M., & Haggard, P. (2009). A dance to the music of time: aesthetically-relevant changes in body posture in performing art. *PLoS One*, *4*(3), e5023.

Davis, T. R. V. (1984). The influence of the physical environment in offices. *Academy of Management Review*, *9*(2), 271-283.

Den Ouden, H. E., Kok, P., & De Lange, F. P. (2012). How prediction errors shape perception, attention, and motivation. *Frontiers in Psychology*, *3*, 548.

Deregowski, J. B. (1972). Pictorial perception and culture. *Scientific American*, *227*, 82-88.

Di Dio, C., Macaluso, E., & Rizzolatti, G. (2007). The golden beauty: brain response to classical and renaissance sculptures. *PLoS One*, *2*(11), e1201.

Fechner, G. T. (1997). Various attempts to establish a basic form of beauty: Experimental aesthetics, golden section, and square. M. Niemann, J. Quehl, & H. Hoege, Trans. *Empirical Studies of the Arts*, *15*, 115-130.

Freedberg, D. & Gallese, V. (2007). Motion, emotion and empathy in esthetic experience. *Trends in Cognitive Sciences*, *11*(5), 197-203.

Ingarden, R. (1961). Aesthetic experience and aesthetic object. *Philosophy and Phenomenological Research*, *21*(3), 289-313.

Ishizu, T. & Zeki, S. (2011). Toward a brain-based theory of beauty. *PLoS One*, *6*(7), e21852.

Jacobsen, T. (2006). Bridging the arts and sciences: A framework for the psychology of aesthetics. *Leonardo*, *39*(2), 155-162.

Jakesch, M., Leder, H., & Forster, M. (2013). Image ambiguity and fluency. *PLoS One*, *8*(9), e74084.

Kim, C. Y. & Blake, R. (2007). Brain activity accompanying perception of implied motion in abstract paintings. *Spatial Vision*, *20*(6), 545-560.

Lake, B. M., Salakhutdinov, R., & Tenenbaum, J. B. (2015). Human-level concept learning through probabilistic program induction. *Science*, *350*(6266), 1332-1338.

Leder, H. (2001). Determinants of preference: When do we like what we know? *Empirical Studies of the Arts*, *19*, 201-211.

Leder, H., Belke, B., Oeberst, A., & Augustin, D. (2004). A model of aesthetic appreciation and aesthetic judgments. *British journal of Psychology*, *95*(4), 489-508.

Lee, H. & Oh, S. (2016). How directional change in reading/writing habits relates to directional change in displayed pictures. *Laterality: Asymmetries of Body, Brain and Cognition*, *21*(1), 1-11.

Lidwell, W., Holden, K., & Butler, J. (2003). *Universal Principles of Design*. Gloucester, MA: Rockport.

Locher, P. J., Smith, J. K., & Smith, L. F. (2001). The influence of presentation format and viewer training in the visual arts on the perception of pictorial and aesthetic qualities of paintings. *Perception*, *30*(4), 449-465.

Mamassian, P. (2008). Ambiguities and conventions in the perception of visual art. *Vision Research*, *48*, 2143-2153.

Marković, S. (2012). Components of aesthetic experience: aesthetic fascination, aesthetic appraisal, and aesthetic emotion. *i-Perception, 3*(1), 1-17.

Maslow, A. H. & Mintz, N. L. (1956). Effects of esthetic surroundings: 1. Initial effects of three esthetic conditions upon perceiving "energy" and "well-being" in faces. *Journal of Psychology, 41*, 247-254.

McManus, I. C., Cook, R., & Hunt, A. (2010). Beyond the golden section and normative aesthetics: why do individuals differ so much in their aesthetic preferences for rectangles? *Psychology of Aesthetics, Creativity, and the Arts, 4*(2), 113.

Mooney, C. M. (1957). Age in the development of closure ability in children. *Canadian Journal of Psychology, 11*(4), 219-226.

Muth, C. & Carbon, C. C. (2013). The aesthetic aha: on the pleasure of having insights into Gestalt. *Acta Psychologica, 144*(1), 25-30.

Muth, C., Pepperell, R., & Carbon, C. C. (2013). Give me Gestalt! Preference for cubist artworks revealing high detectability of objects. *Leonardo, 46*(5), 488-489.

Osborne, J. W. & Farley, F. H. (1970). The relationship between aesthetic preference and visual complexity in absract art. *Psychonomic Science, 19*(2), 69-70.

Palmer, S. E., Gardner, J. S., & Wickens, T. D. (2008). Aesthetic issues in spatial composition: Effects of position and direction on framing single objects. *Spatial Vision, 21*(3), 421-449.

Palmer, S. E., Schloss, K. B., & Sammartino, J. (2013). Visual aesthetics and human preference. *Annual Review of Psychology, 64*, 77-107.

Pinna, B. & Reeves, A. (2009). From perception to art: how vision creates meanings. *Spatial Vision, 22*(3), 225-272.

Raab, E. (1970). Malername und Bildurteil, Psychologieästhetischer Urteile, E. Raab & H. Eisendle (Eds.), *Studien zur : Vol. 4*. (Graz: Institut für Wertungsforschung, 1970), pp. 34-74.

Ramachandran, V. S. & Hirstein, W. (1999). The science of art: a neurological theory of aesthetic experience. *Journal of Consciousness Studies, 6*(6-7), 15-51.

Reber, R., Schwarz, N., & Winkielman, P. (2004). Processing fluency and aesthetic pleasure: is beauty in the perceiver's processing experience? *Personality and Social Psychology Review, 8*(4), 364-382.

Russell, P. A. (2003). Effort after meaning and the hedonic value of paintings. *British Journal of Psychology, 94*, 99-110.

Silvia, P. J. (2008). Interest-The curious emotion. *Current Directions in Psychological Science, 17*, 1.

Van de Cruys, S. & Wagemans, J. (2011). Putting reward in art: a tentative prediction error account of visual art. *i-Perception, 2*(9), 1035-1062.

Van Sommers, P. (1984). *Drawing and Cognition: Descriptive and Experimental Studies of Graphic Production Processes*. Cambridge, MA: Cambridge University Press.

Wilmot, D. (1990). Maslow and Mintz revisited. *Journal of Environment Psychology, 10*(4), 293-312.

Wolz, S. H. & Carbon, C. C. (2014). What's wrong with an art fake? Cognitive and emotional variables influenced by authenticity status of artworks. *Leonardo, 47*(5), 467-473.

Zhang, K., Harrell, S., & Ji, X. (2012). Computational aesthetics: on the complexity of computer-generated paintings. *Leonardo, 45*(3), 243-248.

Zimmer, R. (2003). Abstraction in art with implications for perception. *Philos Trans R Soc Lond B Biol Sci., 358*(1435): 1285-1291.

부록

심리물리학

오늘날 심리학에서 실험을 통한 마음의 탐구는 매우 당연한 것으로 여겨진다. 그렇지만 이런 관습은 고작 19세기가 되어서야 시도되기 시작하였다. Gustav Fechner(1801~1887)는 독일의 자연과학자로서 마음을 객관적으로 연구할 수 있는 방법에 대해 골몰하였다. 그는 자극의 세기가 체계적으로 바뀔 때 감각/지각의 반응이 어떻게 바뀌는지를 기술하는 수학적 방법을 고안하고, 이를 심리물리학(psychophysics)이라고 불렀다. 예를 들어, 소리의 크기를 증가시키면서 사람들에게 어느 정도로 시끄러운지 물어볼 수 있다. 이때 외부의 소리를 물리적 자극(physical stimulus), 시끄러운 정도를 지각적 반응(perceptual response)이라고 하며, 모두 변할 수 있는 값이므로 변인(variables)이라고 볼 수도 있다. 간단히 말해 심리물리학은 물리적 자극과 지각적 반응의 관계에 대한 수학적 기술이라고 할 수 있다. 자료가 숫자를 가짐에 따라 비교가 가능해지는데 감각, 조건, 사람 간의 통계적 비교를 할 수 있다.

Fchner와 비슷한 시기에 인근에 살았던 Ernst Weber(1795~1878)는 생리학자로서 촉각을 연구하고 있었고, Fechner의 아이디어에 큰 영감을 얻었다. Weber는 지각심리학에서 중요한 기초 개념들을 고안하는 데 중요한 실험들을 하였는데, 그중 최소가지차(JND: just noticeable difference)가 유명하다. 그는 사람들에게 한 손에는 추를 들게 하고 다른 손에는 다른 추를 들게 하여 얼마나 두 추의 무게가 달라야 다르다는 사실을 지각하는지를 연구하였다. 이때 알아차릴 수 있는 최소한의 무게 차이를 최소가지차라고 한다. 최소가지차는 차이 역치(difference threshold)라고도 불린다. 예를 들어, 왼손에 1kg 추를 들었을 때 오른손에 얼마나 무거운 추를 들어야 1kg보다 더

그림 1 Gustav Fechner와 Ernst Weber.

표 1 Weber의 법칙.

a. (기준)비교 자극	b. 최종 자극 (a+a*d)	c. 최소가지차 (b-a)	d. 웨버 분수 (c/a)
1kg	1.02kg	0.02kg	0.02kg
2	2.04	0.04	0.02
3	3.06	0.06	0.02
4	4.08	0.08	0.02
5	5.1	0.1	0.02
6	6.12	0.12	0.02
7	7.14	0.14	0.02
8	8.16	0.16	0.02
9	9.18	0.18	0.02
10	10.2	0.2	0.02

무겁다고 느낄까? 만일 1.02kg은 되어야 한다고 측정되었을 때 차이 역치는 0.02kg이다. 연구에 따르면 기준 자극이 무거우면 무거울수록 비교 자극은 훨씬 더 무거워야 한다. 예를 들어, 왼손에 10kg 추를 들었을 때 오른손에는 0.02kg이 아닌 0.2kg이 더 무거운 추를 들어야 더 무겁다고 느낄 것이다. 즉, Weber는 비교하는 추의 무게가 무거워질수록 두 추의 차이 역시 일정한 정도로 무거워야 그 차이가 탐지될 수 있음을 알았으며, 이를 Weber의 법칙 또는 분수(Weber's law, Weber's fractions)라고 한다(표 1).

지각심리학에서 역치를 찾는 일은 매우 중요하다. 역치(threshold)란 감각으로 탐지할 수 있는 최소한의 자극 에너지를 말한다. 역치를 통해 개인의 지각 능력의 범위를 알 수 있고, 개인들 또는 집단 간 능력을 비교할 수 있다. 예를 들어, 일상에서 시력은 가장 흔하게 접할 수 있는 역치이다. 검사자가 벽에 걸려 있는 시력 차트에 새겨진 글자를 하나씩 가리키면서 '무슨 글자인지' 묻는데, 이런 방식의 시력 측정을 한 번쯤은 경험했을 것이다. 이때 검사자가 찾는 것은 피검사자에게 보일락 말락한 글자 크기로 바로 시력의 역치이다. 이를 통해 피검사자에게 알맞은 안경을 만들어 줄 수 있다. 역치에는 절대 역치와 상대 역치가 있다. 절대 역치(absolute threshold)는 탐지하는 데 필요한 최소한의 물리적 자극의 세기로 보통 정답률의 50% 지점을 본다. 앞서 예를 든 시력은 절대 역치의 예이다. 절대 역치는 대체로 나이가 들수록 크게 높아지는데, 감각이 둔해져 탐지하는 데 필요한 신호의 강도가 높아지기 때문이다. 예를 들어, 손목시계의 초침 소리가 어느 정도 거리에서 들리는지를 이용해 청각 역치를 측정할 때, 귀가 어두울수록 시계를 귀에 더 가까이 대어 시계 소리를 크게 들려줘야 할 것이다. 이와 함께 역치 이하의 물리적 세기에 대한 지각을 역하 지각(subthreshold perception), 그리고 역치 이상의 세기를 역상 지각(suprathreshold perception)이라고 표현한다. 역차 지각이 존재한다는 일부 연구가 있기는 하지만 일반적으로 사람들이 일상생활에서 경험하는 것은 역상 지각이 대부분이다.

재인 역치(recognition threshold)는 자극이 있는지 없는지 또는 두 자극의 차이를 묻는 것이 아니라 제시된 자극이 무엇인지를 아는지에 관한 것이다. 안경원에서 시력을 잴 때 안경사가 가리키는 글자가 무엇인지를 말해야 하는데, 이는 재인 역치를 재는 것이다. 또는 멀리서 보이는 얼굴이 친구인지 아닌지를 아는 데는 친구의 얼굴이 보여야 하는 최소한의 거리가 있다. 이 역시 재인 역치에 관한 것이다.

Fechner는 역치를 재는 방법으로 3가지를 제시하였다. 각각의 방법을 설명하기 위해 소리를 탐지하는 상황을 예로 들어 보자.

조절법(method of adjustment): 관찰자가 직접 자극 세기를 작은 세기에서부터 큰 쪽으로 또는 그 반대로 조절 버튼을 이용해 조절해 가며 스스로 역치를 찾는다. 짧은 시간에 역치를 찾는 장점이 있다.

한계법(method of limits): 실험자가 소리를 작은 세기에서부터 큰 세기로 또는 그 반대로 들려주면서 관찰자가 소리를 듣는지 듣지 못하는지를 파악하여 역치를 찾는다.

조절법과 한계법은 처음에 들려주는 소리가 기준이 되어 반응이 편향될 수 있다는 단점이 있다. 예를 들어, 소리가 작은 세기부터 출발하는 경우 매우 조금만 소리가 커져도 '들린다'는 응답을 하는 반면, 큰 소리에서부터 출발하는 경우 조금만 줄여도 '들리지 않는다'고 답할 수 있다. 즉, 작은 소리부터 출발한 조건에서 중단된 지점의 소릿값이 큰 소리부터 출발한 조건에서 중단된 지점의 소릿값보다 작을 수 있다. 이를 기준점 효과(anchorage effect) 또는 이력현상(hysteresis)이라고 하며, 지각 실험에서 흔하게 관찰된다.

항상 자극법(method of constant stimuli): 소리의 크기를 일정한 간격으로 달리해서 여러 개 만들어 놓고 이를 한 번에 하나씩 무선적으로 제시하면서 '들리는지', '안 들리는지'를 선택하게 하여 역치를 재는 방법이다. 각 표본은 최소한 수십 번에서 많게는 수백 번을 제시해서 전체 응답률이 50%가 되는 자극 세기를 역치로 계산한다. 이 방법의 단점으로는 많은 자극 표본을 준비해야 하므로 노력이 많이 든다. 항상 자극법은 오늘날 심리물리학에서 가장 흔하게 사용되는 방법이다. 그림 2는 전형적인 자료 패턴을 보여 준다. 이 그림에서 역치는 응답률의 50% 지점에 해당하는 자극 세기로, 여기서는 대략 5.5 정도이다. 최소가지차 또는 차이 역치는 응답률의 25% 지점과 75% 지점에 해당하는 자극 세기 차이를 2로 나눈 값으로 정하는데, 이 그림에서 75%에 해당하는 자극 세기는 대략 7.5이며, 25%에 해당하는 자극 세기는 3.5로 나타나 결국 7.5-3.5=4가 되어, 이를 2로 나누면 대략 2.0으로 나타난다.

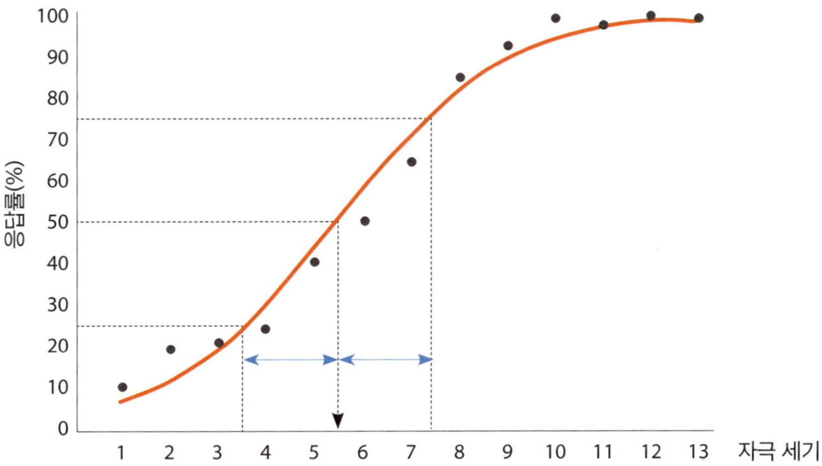

그림 2 항상 자극법을 이용한 역치 측정 실험에서 볼 수 있는 전형적인 자료 패턴의 예.
가로축은 자극의 세기로 소리의 경우 소리 크기를 의미한다. 세로축은 각 자극 세기에 대해 참여자의 응답률을 백분율로 나타낸 것이다. 점들은 각 자극 세기에 대한 참여자들의 응답 비율을 표시한 것이다. 빨간색 곡선은 원자료에 심리물리 함수를 적용한 것이다. 가로축은 물리적 자극과 같은 독립변인을 세로축은 응답률 같은 종속변인을 배치하는 것이 관례이다. 파란색 선분은 최소가지차를 뜻하고 검은색 화살표는 주관적 동등점(PSE)을 뜻한다.

특정 물리적 자극에 대한 감각의 관계를 연구할 때 이 두 변인의 수학적 기술은 특정한 함수를 띠게 되는데 이를 심리물리 함수(psychophysical function)라고 한다. 심리물리 함수는 다양한 모양의 직선이나 곡선의 모양을 띠는데, 통계적인 자료맞춤 과정을 거쳐 결정된다(Oh, 2015; Myung, 2003). 가령 아주 간단한 예로, 어떤 연구자가 사람이 어느 정도 세기의 불빛을 알아볼 수 있는지에 대해 관심이 있다고 하자. 성인 10명을 모아 어두운 방에서 모니터에 불빛을 무작위로 13개 수준의 세기로 제시하면서 불빛이 보이는지 안 보이는지를 묻는 실험을 진행하였다. 불빛이 아주 약하거나 없으면 보았다는 응답이 적을 것이고, 불빛이 강해지면 보았다는 응답이 높아질 것이다. 응답은 불빛의 각 세기 수준에서 100회씩 하였고, '예'라는 응답으로 응답률이 계산되었다. 그림 2는 이 실험에 대한 가상적인 결과를 보여 준다. 여기서 알 수 있듯이, 불빛 세기가 점점 증가함에 따라 불빛을 보았다는 응답도 증가함을 알 수 있다. 따라서 이 연구자는 단순히 불빛 세기와 반응률의 관계 자체에 관심이 있다면 두 변인 간 회귀 분석으로 통계적 검증을 하고 연구를 끝낼 것이다. 그렇지만 만일 결과 분포에 대해 특정 모델을 적용하거나 결과를 가지고 집단 간 비교를 할 목적이라면 결과 분포를 다른 방법으로 기술해야만 한다.

현상학적 방법

역치를 측정하는 것은 감각 능력의 경계선을 탐구하는 것이다. 그렇지만 일상생활에서 우리가 경험하는 자극들은 대부분 역상에서 제시되며 감각처리보다 더 높은 수준인 지각 과정이 개입된다. '어떤 얼굴이 예쁜가?'라는 물음에 대한 답을 찾는데, 얼굴 자체가 보이는지 안 보이는지를 묻는 것은 실험 전에 당연히 갖춰야 할 기초적인 것이다. 또한 '예쁘다'는 지각은 옳고 그름을 따질 수 없는 대상이다. 현상학(Phenomenology)이란 개인의 주관적인 경험에 관한 학문이다. 현상학적 방법(phenomenological method)은 참여자에게 자극을 제시하고, 그에 관한 주관적 경험을 묻는 것이다. 지각심리학에서 현상학적 방법은 매우 폭넓게 사용되는데, 이 책에서 소개한 대부분 실험들이 이에 해당한다. 물론 현상학적 방법은 관찰자의 주관적인 보고에만 의존하므로 주관적인 보고가 과연 타당한지 그리고 신뢰할 만한지에 관한 근본적인 한계가 있다.

신호탐지이론

앞에서 역치를 측정하는 3가지 방법을 소개하였다. 이 방법들은 사람들이 감각한 것을 아무런 변형 없이 있는 그대로 보고한다는 가정에 기반한다. 그렇지만 사람의 반응이란 감각처리 이외에 주의와 기대 같은 판단 처리에 의해서도 간섭받는다. 신호탐지이론은 정반응 비율과 오반응 비율을 확률론에 근거하여 판단의 차이를 계산해 준다.

신호탐지이론(SDT: signal detection theory)은 공학에서 시작되었다. 기계장치의 신호 검출력을 계산하기 위해 고안되어 주요 용어들이 공학적이다. 신호탐지이론은 획기적인 발전을 거쳐 오늘날 지각, 인지, 기억, 진단, 판결 등 여러 분야에서 폭넓게 쓰이고 있다. 본래 신호(signal)는 바깥 세계에서 오는 의미 있는 물리적 자극을 지칭하였지만, 심리학에서 신호는 의미 있는 자극뿐만 아니라 미리 정해진 특정 자극을 가리키기도 한다. 따라서 SDT의 D는 소음 속에서 신호를 정확히 알아채는지에 대해 탐지(detection)라고 하며, 만일 이미 본 얼굴을 처음 본 얼굴 속에서 가려낼 때처럼 여러 신호 가운데 미리 정해진 특정 신호를 알아채는 것에 대해서는 구별(discrimination)의 의미이기도 하다. 신호탐지이론은 객관적으로 답이 있는 실험 상황에 주로 적용되는데, 많은 지각심리학 실험에서 관찰자의 주관적인 평가를 측정하므로 신호탐지이론을 적용하기 어렵다. 예를 들어, 주변의 원 때문에 가운데 놓인 원의 크기가 작아 보이거나 커 보이는 에빙하우스 착시 실험에서 사람들은 당연히 착시를 경험하는데, 착시는 그 자체가 틀린 것이므로 신호탐지이론보다는 얼마나 착시가 크게 일어나는지를 살펴보는 현상학적 방법이 적합하다.

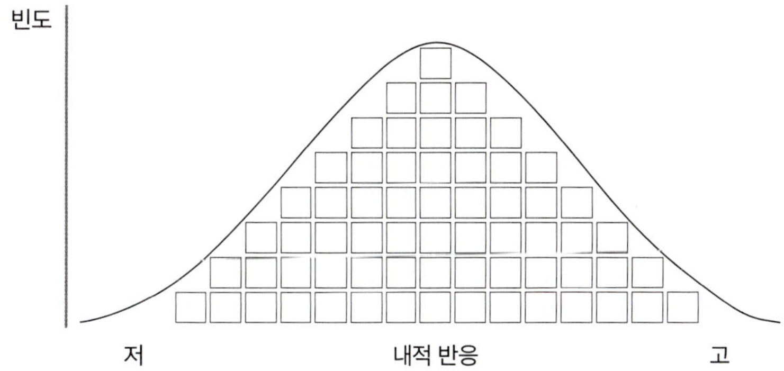

그림 3 소음에 대한 확신의 빈도.
각 사각형은 내적 반응의 세기에 따른 빈도를 말한다.

신호탐지이론에서는 소음(noise)이 늘 어느 정도 존재하는 상황을 가정한다. 예를 들어, 휴대폰을 들고 지하철을 타고 가는 상황을 생각해 보자. 지하철의 덜컹거리는 소리, 진동, 다른 사람과 충돌 등 늘 소음이 있다. 그래서 주머니 속에 휴대폰에서 진동이 울리지 않아도 울린 것으로 착각하곤 한다. 매일 일정한 거리를 똑같은 소음 속에서 수십 차례 다니면서 마음속으로 빈도를 세어 보았다고 가정하자. 때로는 진동을 1회 느낄 때도 있고, 20회 느낄 때도 있지만, 평균적으로 10회를 느꼈다고 하자. 즉, 실제 휴대폰 진동이 없음에도 소음만으로도 휴대폰 진동이 울렸다고 판단하는 빈도가 일종의 분포를 띠게 된다. 이를 정리하면 그림 3 분포와 비슷할 것이다. 한편, 진동이 실제로 울렸을 때를 가정해 보자. 이때도 역시 소음과 진동 신호가 뒤섞여 때로는 놓치기도 하고 때로는 정확히 판단하기도 할 것이다. 같은 방법으로 휴대폰에서 진동이 울렸다고 판단한 빈도를 세어 보니, 10회에서부터 30회의 분포를 이루고, 평균적으로 20회였다고 하자. 이 역시 빈도 분포를 그리면 그림 3과 비슷할 것이다. 이때 소음과 신호에 대한 확률분포를 함께 그리면 탐지력이 크면 클수록 두 분포의 거리가 점점 벌어질 것이다.

두 분포의 차이가 크면 클수록 소음과 신호를 정확히 구분한다는 뜻이므로 이를 민감도(sensitivity)라고 한다. 민감도는 탐지력(detectability) 또는 구별력(discriminability)을 뜻하는 *d'*(디 프라임)으로 표기한다. 결국 두 분포의 차이가 크면 클수록 *d'* 값도 증가한다. 그림 4는 구별력에 따른 두 분포의 관계를 보여 준다.

앞에서 소음은 지하철에서 오는 외부 소음을 예로 들었다. 그렇지만 심리학에서 말하는 소

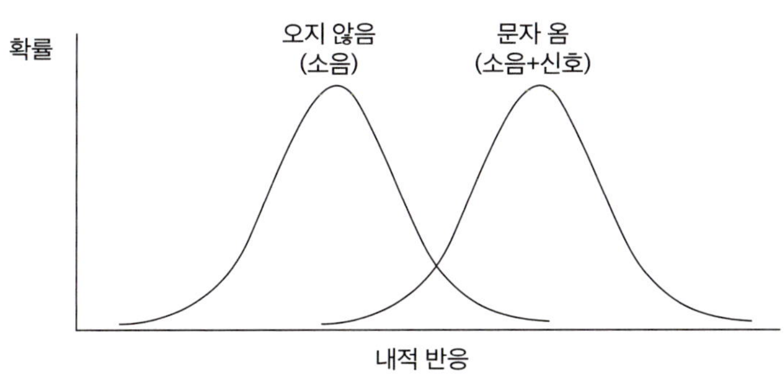

그림 4 신호가 없을 때와 있을 때에 대한 내적 반응의 확률분포.

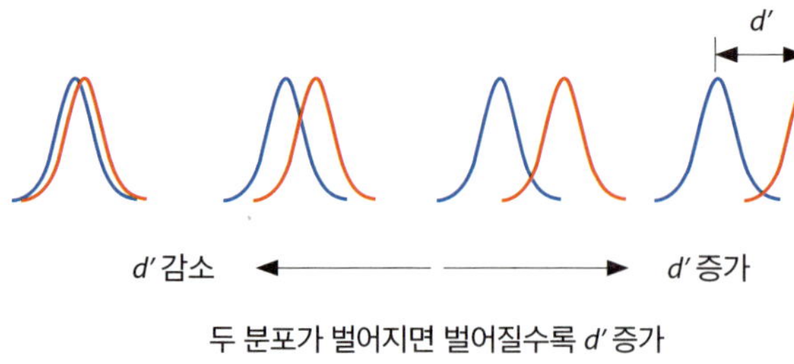

그림 5 소음과 신호에 대한 반응 분포와 d′의 관계. 두 분포의 거리가 멀수록 d′은 증가한다(파란선은 소음에 대한 신경활동의 확률분포, 빨간 선은 신호에 대한 신경활동의 확률분포를 뜻한다).

음은 내부 소음에 대한 의미가 더 크다. 외부 소음이 거의 없는 경우에도 관찰자 내부에는 소음이 늘 존재한다고 가정된다. 신경활동 수준에서 신경은 아무런 외부 자극이 없어도 기본적으로 일으키는 신경 충동이 있으며, 이를 기저선(baseline)이라고 한다. 더욱이 감각체계를 이루는 신경들은 복잡하게 연결되어 있어 스스로 감각 활동에서 동요가 있다. 이에 따라 외부 자극이 없을 때일지라도 늘 어느 정도 감각 활동의 동요가 있다고 보며, 이 역시 소음이라고 한다.

반응 준거

앞에서 휴대폰의 진동에 대해 휴대폰을 꺼내 확인하는 빈도를 이용하여 반응 분포를 표현하였다. 한편, 주머니 속 휴대폰에서 진동이 느껴졌다고 해서 이것이 언제나 휴대폰을 꺼내는 동작으로 이어지는지는 별개의 문제이다. 즉, 관찰자는 진동이 느껴지는 감각에 대해 어느 정도로 세어야 휴대폰을 꺼내는 동작으로 이어질지에 대해 생각해 보자. 만일 이 관찰자가 누군가를 만나러 가는 길에 지하철을 타는 경우라면 작은 감각에도 휴대폰을 꺼내 보려고 할 것이다. 반면, 혼자 예비군 훈련을 받으러 가는 경우처럼, 누군가를 만날 수 없는 경우라면, 웬만한 감각에도 휴대폰을 꺼내 보지 않을 것이다. 이렇게 자신의 감각에 대해 이것은 진동이다 아니다 하는 판단을 하는 기준을 반응 준거(response criterion)라고 한다.

반응 준거는 소음 분포와 신호 분포가 겹치는 중립 지점에서부터 떨어진 거리를 사용한다. 반응 준거가 엄격하여 'no' 반응 쪽으로 편향된 경우를 보수적(conservative), 반응 준거가 자유로워 'yes' 반응을 선호하는 경우를 허용적(liberal)이라고 한다. 반응 준거는 c로 표현하는 것과 β로 표현하는 것이 있다. 준거 c는 이론적으로 두 분포의 중립 지점에서 실제로 yes/no 판단한 지점 사이의 거리를 표준 점수로 나타낸 것이며, 준거 β는 준거 c에 해당하는 지점에서 소음의 우도에 대한 신호의 우도로 구한다. 여기서 우도란 이 지점의 확률, 즉 높이를 뜻한다. 그림 6은 소음과

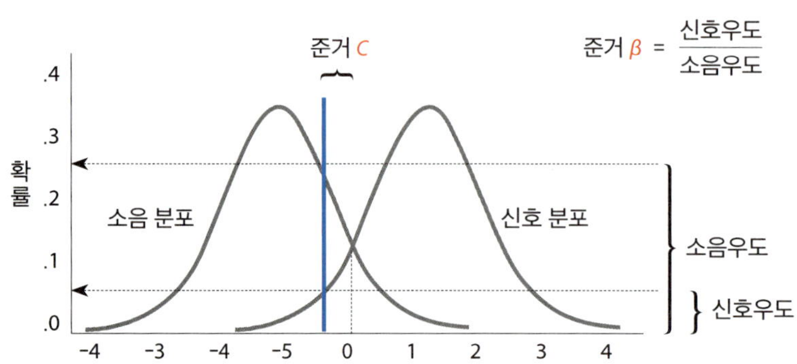

그림 6 반응 분포와 준거의 관계.

신호에 대한 반응 분포에서 준거의 의미를 보여 준다. 준거 ß는 폭넓게 쓰이지만, 최근에는 *c*의 사용이 우선으로 권고된다(Stanislaw & Todorov, 1999).

준거 *c*는 소음 분포와 신호 분포가 겹치는 부분인 중립 지점을 0으로, 허용적이면 – 방향으로, 보수적이면 + 방향으로 값을 갖는다. 그림 6의 예에서, *c*는 대략 -0.4로 나타난다. *ß*는 신호우도를 소음우도로 나눈 것으로 중립 지점에서 신호우도와 소음우도는 값이 같으므로 1이 되며, 반응이 허용적일수록 소음우도가 증가하여 1보다 작은 방향으로 반응이 보수적일수록 소음우도가 감소하여 1보다 큰 값을 갖게 된다. 그림 6의 예에서, 신호우도와 소음우도는 대략 0.05와 0.25로 나타나, *ß*=신호우도/소음우도= 0.05/0.25 = 0.2이다. 하지만 반응의 대칭적인 특징을 위해 *ß*를 사용하기보다 자연로그를 취한 *lnß*의 사용이 더 권해진다. 반응 준거 *c*와 마찬가지로 *lnß* 값이 0은 중립적인 반응을, –는 허용적임을, +는 보수적임을 뜻한다.

d′, *c*, *ß* 의 계산

신호 여부(휴대폰 진동 없음과 있음)와 문자라는 판단 또는 동작과의 관계를 확률분포로 나타낼 수 있다. 그림 7에서, 4가지 가능한 경우들이 확률분포로 표시되어 있다. 소음만 있는 경우에 문자가 아니라는 판단을 한 경우를 정확 기각(correct rejection), 문자라는 잘못된 판단을 한 경우를 오경보(false alarm)라고 한다. 한편, 진동이 실제로 울렸을 때, 진동이 왔다고 판단한 경우를 적중(hit)이라고 하고, 진동이 오지 않았다고 틀린 판단을 하는 경우를 놓침(miss)이라고 한다. 적중률과 오경보율을 이용해 신호탐지이론의 주요 파라미터값들을 구할 수 있다. 소음에서 신호를 구분하는 yes/no 패러다임의 *d′*, *c*, *ß*의 함수식과 엑셀 계산 식은 표 2와 같다.

앞에서 배운 공식을 이용하여 탐지력과 준거의 값을 계산해 보자. 참여자 2명이 휴대폰에서 문자가 왔다는 진동이 왔는지 오지 않았는지를 구별하는 실험에 참여했다고 가정하자. 참여자 A와 B의 반응이 표 3에 표시되어 있다. 이 표를 얼핏 보면, 참여자 A가 B보다 정확률이 높아 더 좋은 수행을 한 것처럼 보인다. 그렇지만 오경보율이 B보다 높아 전체적인 탐지력이 A가 B보다 높은 것 같지도 않다. 좀 더 분명한 비교를 위해서는 계산이 필요하다.

먼저, 두 사람의 탐지력(*d′*)을 엑셀로 계산해 보자. 엑셀에서 표준점수로 변환하는 함수는 NORMSINV이다. 그림 8은 계산 과정과 결과를 보여 준다. 참여자 A와 B의 적중률과 오경보율을 입력하고 NORMSINV 함수를 이용하면 *d′*이 구해진다. 여기서 볼 수 있듯이 참여자 A의 *d′*은 0.93이고, 참여자 B의 *d′*은 1.72로 나타나 결국 참여자 B의 탐지력이 높은 것으로 나타난다.

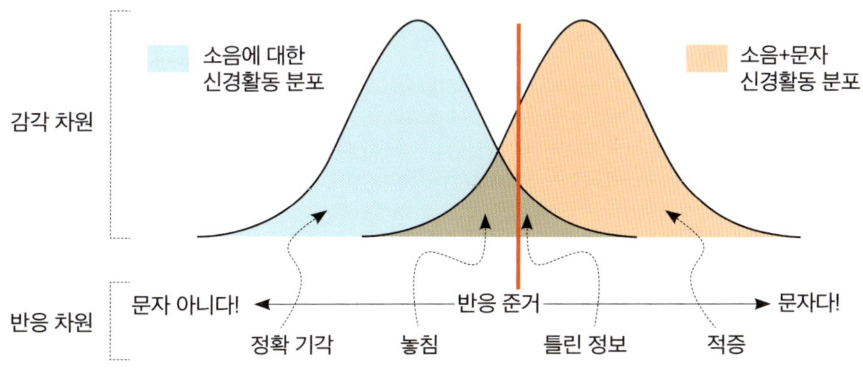

그림 7 소음만 있을 때와 문자 신호가 함께 있을 때 대한 신경활동 또는 반응 분포.

표 2 Yes/No 패러다임의 d', c, $ß$, $lnß$의 함수 식과 엑셀 계산 식.

함수 식	엑셀 식
$d' = z(H) - z(F)$	=NORMSINV(적중률)-NORMSINV(오경보율)
$C = -\frac{1}{2}[z(H) + z(F)]$	=-(NORMSINV(적중률)+NORMSINV(오경보율))/2
$ß = -e^{((z(H)^2 - (z(H)^2)/2)}$	=-(NORMSINV(적중률)+NORMSINV(오경보율))/2
$lnß = (z(F)^2 - (z(H)^2))/2$	=(NORMSINV(오경보율)^2-NORMSINV(적중률)^2)/2

*함수 식에서 H는 적중률, F는 오경보율을 뜻한다.

표 3. 신호가 있고 없음에 대한 관찰자 A, B의 응답. 4가지 범주에 따른 비율이 제시되어 있다.

		A의 반응		B의 반응	
		문자다!	아니다!	문자다!	아니다!
자극	있음	83% 적중	17% 놓침	67% 적중	33% 놓침
	없음	51% 오경보	49% 정기각	10% 오경보	90% 정기각

준거 c를 계산하여 보자. 그림 9는 두 참여자의 적중률과 오경보율을 구한 과정을 보여 준다. 참여자 A는 -0.49로 허용적인 것으로 구해지며, 참여자 B는 0.42로 보수적인 반응을 보인 것으로 구해진다.

준거 $ß$를 계산해 보자. 그림 10은 두 참여자의 적중률과 오경보율을 이용하여 구한 $ß$를 구한 과정을 보여 준다. 참여자 A는 0.63으로 허용적인 것으로, 참여자 B는 2.06으로 보수적인 반응을 보인 것으로 구해진다.

준거 $ß$를 계산해 보자. 그림 11은 두 참여자의 적중률과 오경보율을 이용하여 구한 $lnß$를 구한 과정을 보여 준다. 참여자 A는 -0.45로, 참여자 B는 0.72로 구해진다.

앞에서 제시한 파라미터들의 계산식은 yes/no 패러다임에 적용된다. 그 이외에 2안 강제선

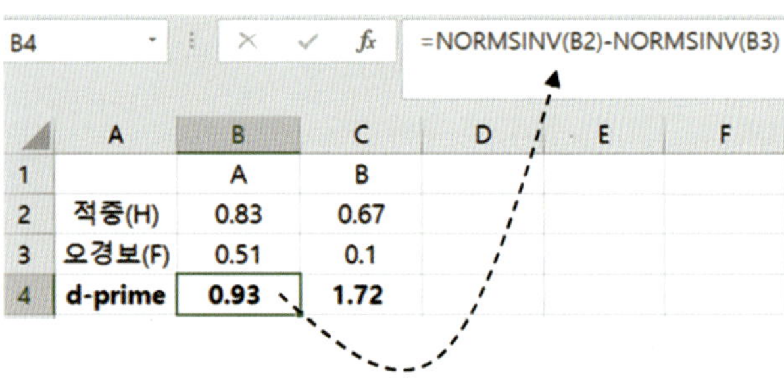

그림 8 d' 계산의 예.
참여자 A와 B의 값이 각각 0.93과 1.72로 구해진다.

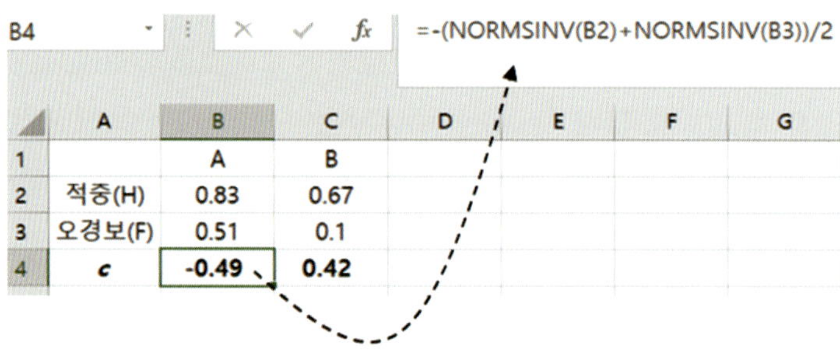

그림 9 준거 c 계산의 예.
참여자 A와 B의 값이 각각 -0.49와 0.42로 구해진다.

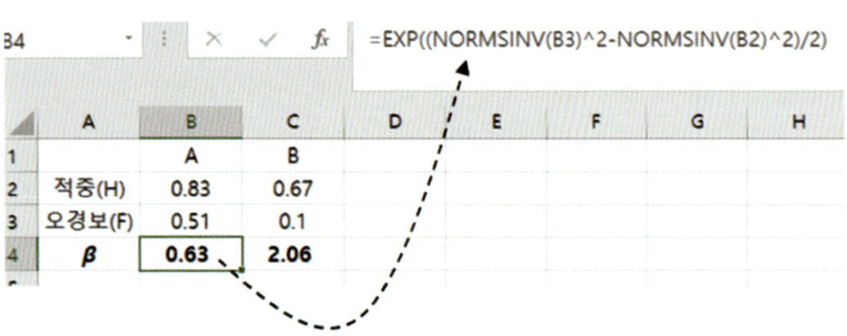

그림 10 준거 $ß$ 계산의 예.
참여자 A와 B의 값이 각각 0.63과 2.06으로 구해진다.

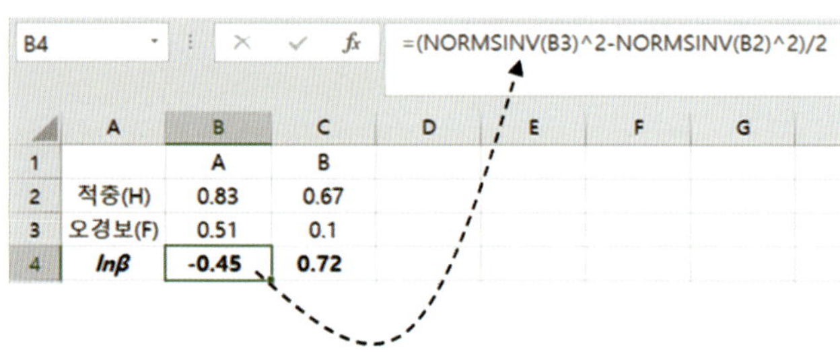

그림 11 준거 $lnß$ 계산의 예.
참여자 A와 B의 값이 각각 -0.45와 0.472로 구해진다.

택 과제(2AFC), 3안 강제선택 과제(3AFC) 등 다른 패러다임에서 파라미터들의 계산식은 조금씩 다르다. 이에 대해서는 Kingdom과 Prins(2016)를 참고하라.

극단적 반응에 대한 대처

신호탐지이론은 확률 이론에 근거하므로 어떤 참여자의 적중률과 오경보율이 100% 또는 0%가 나오면 계산이 불가능하다. 즉, 과제가 너무 쉬워 모두 맞추거나 너무 어려워 모두 틀리게 되면 계산이 되지 않는다. 대체로 전체 적중률이 80% 정도의 난이도가 될 수 있도록 예비 실험을 통해 적절한 자극 강도를 찾은 다음 본 실험에 들어가야 한다. 이는 쉽지 않은 과정으로 실험자의 노력과 정성이 요구되는 부분이다. 과제의 난이도를 적절하게 조절했음에도 참여자들의 능력에 따라 모두 맞히거나 모두 틀리는 경우가 있다. 해결책으로 확률 0과 1을 시행수(N)를 고려하여 각각 1/2N, 1-1/2N으로 변환하여 계산하는 것이 제안된다(Macmillan & Creelman, 2004). 예를 들어, 20번 시행에서 0% 오경보가 나온 경우 1/(2×20)=0.025로, 20번 시행에서 100% 적중률이 나온 경우 1-1/20=0.975로 바꾸어 계산한다.

$$0 \rightarrow \frac{1}{2N} \qquad 1 \rightarrow 1 - \frac{1}{2N}$$

적용: 미국 경찰은 흑인에 대해 편파적일까?

미국에서 종종 경찰관들이 흑인들이 무기를 소지했다고 오해하고 총을 쏘는 일이 발생하고 있다. 이에 대해 인권 단체들과 흑인들은 경찰관이 흑인에 대한 인종차별을 하고 있다고 비판한다. Correll 등(2002)은 대학생들을 상대로 간단한 컴퓨터 프로그램을 이용하여 실제로 사람들이 흑인을 무기와 연관 짓는 경향이 큰지를 살펴보았다. 화면에 나온 사람이 무기를 소지하고 있는지 그렇지 않은지를 두 버튼을 이용해 재빨리 반응하게 하였다. 그 결과 탐지력을 뜻하는 d'에 차이가 나타나지 않았지만, 반응 준거(c)에서 실제로 흑인에 대해 허용적으로 무기를 소지하고 있다고 잘못 반응하는 경향이 발견되었다.

Plant와 Peruche(2005)는 실제로 현직에 있는 경찰들도 그런지 그리고 컴퓨터 프로그램으로 훈련하면 그런 허용적인 반응 준거에서 변화가 있는지를 알아보기 위해 경찰관들을 실험에 초대하였다. 경찰관의 80% 이상은 백인이었다. 참여자들은 단순히 컴퓨터 모니터에 보이는 사람이 무기를 소지했는지 그렇지 않은지를 최대한 빠르게 두 버튼을 이용해 반응하는 것이었다. 판단해야 할 물체들은 백인 또는 흑인의 얼굴과 함께 제시되었다. 또한 실험을 두 회기로 나누어 진행하여 전기와 후기 사이에 어떠한 변화가 있는지를 살펴보았다. 그림 12는 실험 절차와 결과를 보여 준다. 실험 결과, 실제로 이전 연구처럼 탐지력을 뜻하는 d'에서 흑인과 백인 사이에서 통계적으로 차이가 나지 않았다. 반면, 반응 준거에서 흑인이 무기와 함께 나올 때는 허용적으로 판단하는 경향이 관찰되었다. 그런데 전기에서 이런 경향은 후기에는 나타나지 않았다. 이에 따라 연구자들은 컴퓨터 게임을 통해 흑인과 무기를 연관 지어 지각하는 편파적 경향성이 줄어들 수 있다고 결론지었다.

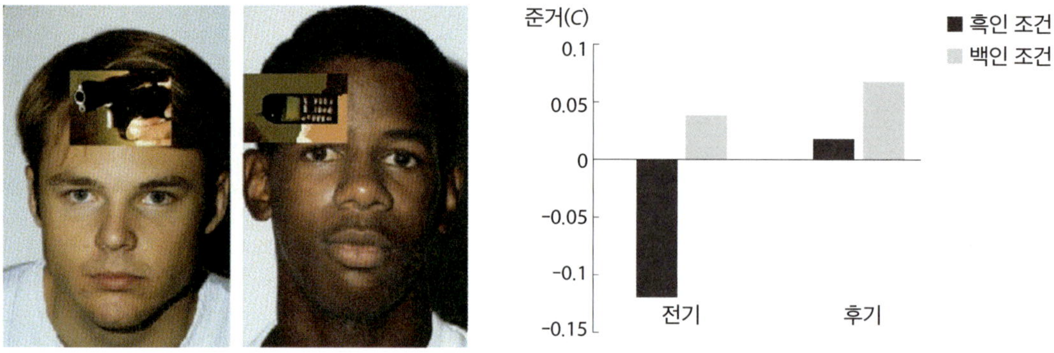

그림 12. (왼쪽) 실험 자극의 예. (오른쪽) 실험 결과. 반응 준거가 -로 갈수록 허용적임을 주목하라.

수용자 반응특성 곡선

때때로 d'과 c를 수용자 반응특성 곡선을 이용하여 제시하면 개인 간 또는 집단 간 차이를 좀 더 쉽게 시각적으로 확인할 수 있다. 수용자 반응특성 곡선(receiver operating characteristic curve)은 흔히 ROC 곡선이라고 불리는 것으로, 가로축을 오경보율로 세로축을 적중률로 표시한 것이다.

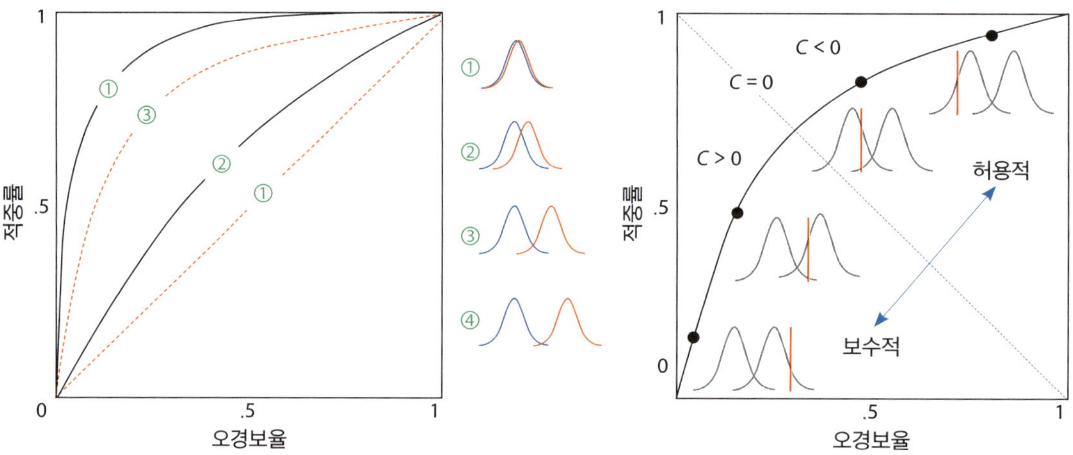

그림 13. (왼쪽) 탐지력이 클수록 왼쪽 위로 곡선이 가까워진다. (오른쪽) 반응 준거가 보수적일수록 왼쪽으로, 허용적일수록 오른쪽으로 이동한다.

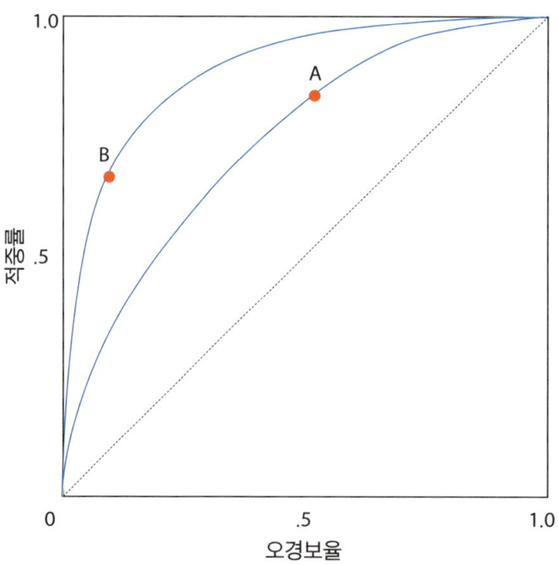

그림 14. 참여자 A와 B의 위치가 빨간색 점으로 표시되어 있고, 그 위에 각각의 파란색 ROC 곡선이 지나가고 있다.

이 그림에서 탐지력이 증가할수록 ROC 곡선은 왼쪽 위의 구석에 가까워진다(그림 13). 그림 14는 참여자 A와 B의 반응을 ROC 곡선으로 표시한 것이다. 이 그림에서 볼 수 있듯이 B가 A보다 왼쪽 위로 더 가까움을 알 수 있다. ROC 곡선은 원자료를 자료 적합 과정을 통해 구할 수 있는데 반응의 차이를 시각적으로 이해하기 쉽도록 도와준다.

비모수적 자료에 대한 탐지율과 반응 준거 계산

앞에서 살펴본 신호탐지이론에서, 소음 분포와 신호 분포는 정규분포를 가정한다. 분포가 대칭적이며 두 분포의 표준편차가 동일함을 가정한다. 이런 가정 아래 탐지율과 반응 준거를 계산하는 방법을 모수적 검증이라고 한다. 그런데 모든 실험 결과들이 모수적인 가정에 들어맞는 것은 아니다. 기억 검사를 예로 들어 보자. 20명의 참여자에게 100장의 얼굴을 보여 주고 10분 후에 이미 본 100장의 얼굴 사진과 처음 본 얼굴 사진 100장을 섞어 모두 200장을 제시하고 보았던 얼굴인지 그렇지 않은 것인지를 두 버튼을 이용해 반응하는 실험을 생각해 보자. 그 결과 20명의 자료를 살펴보았는데, 적중률은 0~90% 사이에 나타난 반면, 정확 기각률은 0~40% 범위에서 나타났다고 하자. 이는 이미 본 사진과 처음 본 사진에 대한 반응 분포가 다름을 의미한다. 그림 15의 분포는 이러한 예를 보여 준다. 따라서 소음과 신호에 대한 반응 분포가 정규분포를 따른다는 가정 위에서 계산되므로 이런 경우 탐지력 d'과 반응 준거 c의 사용은 적절하지 않을 수 있다.

이러한 경우 정규분포 가정 대신 비모수적 가정(nonparametric assumption)이 필요하다(Pollack & Norman, 1964). 이때 탐지력 d' 대신 A'을, 반응 준거 c 대신 B''_D를 사용한다(Donaldson, 1992;

그림 15 소음과 신호에 대한 반응 분포가 다른 경우.

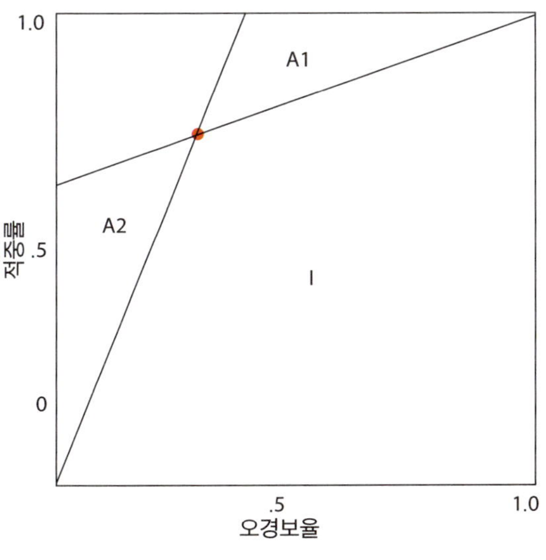

그림 16 A'의 개념. A'=I+(A1+A2)/2이다.

표 4 탐지력 A와 반응 준거 b를 구하는 식.

F ≤ 0.5 ≤ H일 때	F ≤ H < 0.5일 때	0.5 < F ≤ H일 때
$A=\frac{3}{4}+\frac{H-F}{4}-F(1-H)$	$A=\frac{3}{4}+\frac{H-F}{4}-\frac{F}{4H}$	$A=\frac{3}{4}+\frac{H-F}{4}-\frac{1-H}{4(1-F)}$
$b=\frac{5-4H}{1+4F}$	$b=\frac{H^2+H}{H^2+F}$	$b=\frac{(1-F)^2+(1-H)}{(1-F)^2+(1-F)}$

*H는 적중률, F는 오경보율을 뜻한다.

Grier, 1971). A'은 단순히 ROC 곡선에 적중률과 오경보율을 표시해서 구한다. 그림 16은 오경보율이 0.3, 적중률이 0.75인 자료에 대해 A'의 개념이다. A'은 영역 I과 (A1+A2)/2를 더한 면적이다. 반응 준거 B''_D는 일종의 A1과 A2의 대비지수로 (A1-A2)/(A1+A2)이다. A1과 A2의 면적이 동일한 경우 결과값이 0이며, A1이 A2보다 크면 결과값이 +가 되어 반응이 보수적임을 뜻한다. 반면, A1이 A2보다 작으면 결과값이 −가 되어 반응이 허용적임을 뜻한다.

비모수 분포에 대해 탐지력 A'과 반응 준거 B''_D를 구하는 계산식은 수십 년 동안 사용되어 왔는데, 최근에 계산식에 대한 보정이 이뤄졌으며 현재는 탐지력 A'은 A로, 반응 준거 B''은 b라는 용어로 바뀐 계산식의 사용이 권해진다(Zhang & Mueller, 2005). 탐지력 A와 반응 준거 b를 구하는 식은 표 4와 같다.

평정과 신호탐지이론

앞에서 살펴본 신호탐지이론은 원자료가 yes/no 과제에서 온 경우에 이용할 수 있다. 한편, 매 자료에 대해 yes/no 가운데 하나를 택하는 방식이 아닌 얼마나 확신하는지를 척도상에서 고르는 방법에 대해서도 신호탐지이론은 적용 가능하다. 이는 앞에서 살펴본 수용자 반응특성 곡선 분석을 통해 가능하다. 그림 17에 나타나 있는 것처럼 탐지력이 큰 경우와 낮은 경우를 가정하고, 5단계에 걸쳐 반응 준거를 설정하였을 때 표현되는 수용자 반응특성 곡선을 보자.

여기서 알 수 있듯이 탐지력이 높아 두 분포의 거리가 먼 경우 반응 준거의 위치에 따른 수용자 반응특성 곡선의 위치가 왼쪽 위 구석에 가깝지만(빨간색), 탐지력이 낮아 두 분포의 거리가

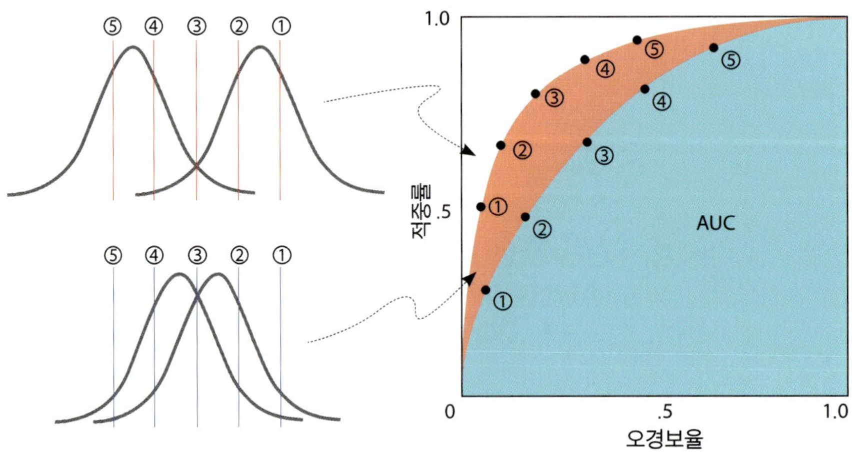

그림 17 탐지력과 반응 준거에 따른 수용자 반응특성 곡선.
AUC는 곡선 밑 영역을 뜻한다.

짧을수록 곡선이 왼쪽 위 구석에서 멀어짐을 알 수 있다(파란색). 이에 따라 만일 각 곡선 아랫부분을 비교해 보면 전자가 후자에 비해 넓음을 알 수 있다. 이렇게 수용자 반응특성 곡선의 아래 영역을 ROC 영역(ROC area) 또는 곡선 밑 영역(AUC: area under curve)이라고 하며, 이를 통계적으로 비교하여 차이를 검증할 수 있다. AUC는 이론적으로 0부터 1까지 존재할 수 있지만 대체로 0.5부터 1 사이에 나타나며, 값이 클수록 탐지력이 높다는 뜻이며 반응의 정확률과 비례한다. 한편, 반응 준거의 위치가 보수적인 경향에서 허용적인 경향으로 옮겨갈수록 수용자 반응특성 곡선의 위치가 왼쪽 아래에서 오른쪽 위로 옮겨감을 알 수 있다.

평정을 사용하는 방법은 여러 지점의 반응 준거를 대신하여 평정값을 사용하는 것이다. 예를 들어, 수련의가 X-레이 사진을 보고 폐암인지 아닌지를 얼마나 잘 구분하는지를 살펴보기 위해 신호탐지이론을 사용한다고 가정해 보자. 실제로 폐암으로 판정 난 사진 100장과 그렇지 않은 사진 100장을 5명의 수련의들에게 골고루 나누어 주고 각 사진에 대해 6점 척도로 평정하게 할 수 있다: '폐암이 매우 확실하다'-'폐암이 상당히 확실하다'-'폐암이 약간 확실하다'-'폐암이 아님이 약간 확실하다'-'폐암이 아님이 매우 확실하다'-'폐암이 아님이 강하게 확실하다'. 폐암인 사진을 신호로 보고 그렇지 않은 사진은 소음으로 가정하고, 각 사진에 대한 반응 빈도를 전체 빈도를 기준으로 비율로 환산할 수 있다. 표 5는 가상의 빈도 자료를 평정 범주와 반응 준거를 기준으로 정리한 것이다.

그림 18은 준거에 따른 확률분포와 함께 표 5에서 반응 준거에 따른 누적 빈도율을 ROC 곡선으로 옮겨 놓은 것이다. 여기서 폐암이 아닌 사진에 대한 반응은 가로축에 폐암 사진에 대한 반응은 세로축에 정리하였다. ROC 영역의 면적 계산은 크게 2가지로 나뉜다. 사다리꼴 방법(trapezoid method)은 각 지점에서 수선을 내린 후 나타난 삼각형 또는 사다리꼴의 면적을 모두 더해서 구한다(이 그림에서 t1에서 t6까지). 다른 방법은 원자료에 대해 파워함수 또는 누적정규분포 함수 등을 이용하여 최대우도법이나 자승합으로 적합한 후 구하는 것이다(England, 1988). 적합 자체는 원자료가 정규분포를 따른다는 가정을 전제하는 것이다. X-레이에서 폐암을 구분하는 경우처럼 단일한 검사에 대한 ROC 영역이 통계적으로 유의미한지를 따질 수도 있지만, X-레이와 CT의 비교처럼 복수의 검사에 대한 ROC 영역 비교도 가능하다. 실제 임상 장면에 신호탐지이론을 적용할 때 사용되는 용어가 다르다. 적중률 대신 참 양성(True Positive) 또는 민감도(sensitivity)라는 용어가 사용되며, 오경보율 대신 거짓 양성(False Positive) 또는 1-특이도

표 5 폐암 진단에서 정확기각과 오경보에 대한 가상의 빈도 자료.

범주	폐암(신호)		정상(소음)		반응 준거
	빈도	누적률	빈도	누적률	
1-폐암이 매우 확실하다.	35	.35	8	.08	>1
2-폐암이 상당히 확실하다.	26	.61	10	.18	>2
3-폐암이 약간 확실하다.	17	.78	12	.30	>3
4-폐암이 아님이 약간 확실하다.	12	.90	16	.46	>4
5-폐암이 아님이 매우 확실하다.	6	.96	24	.70	>5
6-폐암이 아님이 강하게 확실하다.	4	1.0	30	1.0	>6
합	100		100		

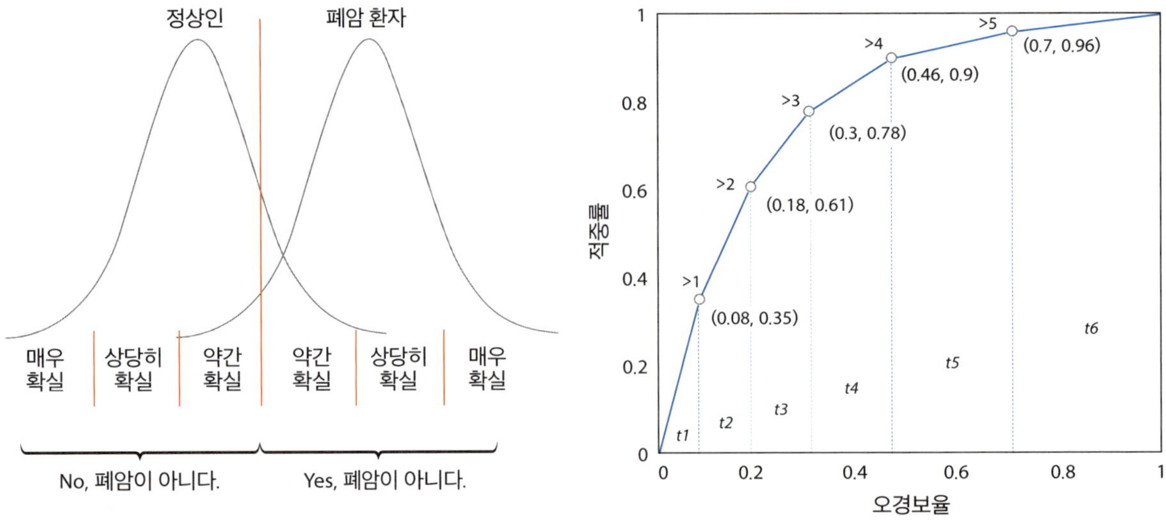

그림 18. (왼쪽) 준거에 따른 확률분포. (오른쪽) 표 5에 따른 ROC 곡선.

(Specificity)라는 용어가 사용된다. 민감도는 실제로 질병이 있는 사람을 질병으로 진단하는 비율을 말하며, 특이도는 질병이 없는 사람을 질병이 아니라고 진단하는 비율을 의미한다.

더 읽어 보기

신경과학에서 심리물리학이 어떻게 기여하고 있는지를 살펴보기 위해서는 Read(2015)를 보라. 신호탐지이론과 적용에 대한 짧은 실용적 안내는 Stanislaw와 Todorov(1999)를 보라. 신호탐지이론에 대한 심층적인 이해에 대해서는 Kingdom과 Prins(2016), Macmillan과 Creelman(2004)을 보라. 신호탐지이론을 임상영역에 어떻게 적용하는지를 살펴보기 위해서는 Swets(1988)와 Swets 등(2000)을 참고하라.

| 참고문헌 |

Correll, J., Park, B., Judd, C. M., & Wittenbrink, B. (2002). The police officer's dilemma: using ethnicity to disambiguate potentially threatening individuals. *Journal of Personality and Social Psychology, 83*(6), 1314.

Donaldson, W. (1992). Measuring recognition memory. *Journal of Experimental Psychology: General, 121*(3), 275.

England, W. L. (1988). An Exponential Model Used for optimal Threshold selection on ROC Curves. *Medical Decision Making, 8*(2), 120-131.

Grier, J. B. (1971). Nonparametric indexes for sensitivity and bias: computing formulas. *Psychological Bulletin, 75*(6), 424.

Kingdom, F. A. A. & Prins, N. (2016). *Psychophysics: A Practical Introduction* (2nd Ed.). Academic Press.

Macmillan, N. A. & Creelman, C. D. (2004). *Detection Theory: A User's Guide* (2nd Ed.). New York: Psychology Press (pp. 8-9).

Myung, I. J. (2003). Tutorial on maximum likelihood estimation. *Journal of Mathematical Psychology, 47*, 90-100.

Oh, S. (2015). An introduction to non-linear data fitting using the Microsoft Excel. *Kor. J. Psychol.: Gen*. 오성주(2015). 엑셀을 이용한 비선형 자료 적합 소개. 한국심리학회지: 일반, 34(3), 741-767.

Plant, E. A. & Peruche, B. M. (2005). The consequences of race for police officers' responses to criminal suspects. *Psychological Science, 16*(3), 180-183.

Pollack, I. & Norman, D. A. (1964). A non-parametric analysis of recognition experiments. *Psychonomic Science, 1*(1-12), 125-126.

Read, J. C. A. (2015). The place of human psychophysics in modern neuroscience. *Neuroscience, 296*, 116-129.

Stanislaw, H. & Todorov, N. (1999). Calculation of signal detection theory measures. *Behavior Research Methods, Instruments, & Computers, 31*(1), 137-149.

Swets, J. A. (1988). Measuring the accuracy of diagnostic systems. *Science, 240*(4857), 1285-1293.

Swets, J. A., Dawes, R. M., & Monahan, J. (2000). Psychological science can improve diagnostic decisions. *Psychological Science in the Public Interest, 1*(1), 1-26.

Zhang, J. & Mueller, S. T. (2005). A note on ROC analysis and non-parametric estimate of sensitivity. *Psychometrika, 70*(1), 203-212.

찾아보기

D

E

F